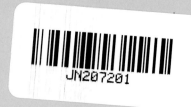

バビロンに滅ぼされた悲運の王国

古代マリ王国の政治と宗教

中田一郎 著

中央大学出版部

目　　次

I　古バビロニア時代—それはアムル人の時代

II　マリ王国の支配構造

V　マリ人名研究

メソポタミア史　略年表

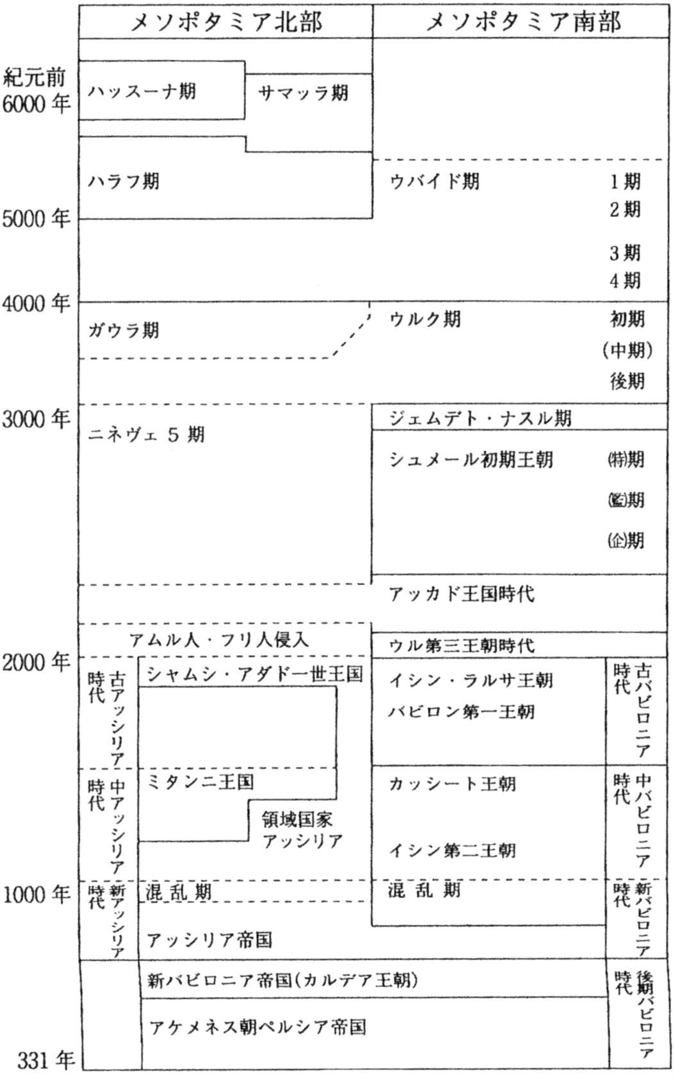

中田一郎『メソポタミア文明入門』(岩波ジュニア新書) 2011 年
より許可を得て転載

地図１　紀元前２千年紀のメソポタミア

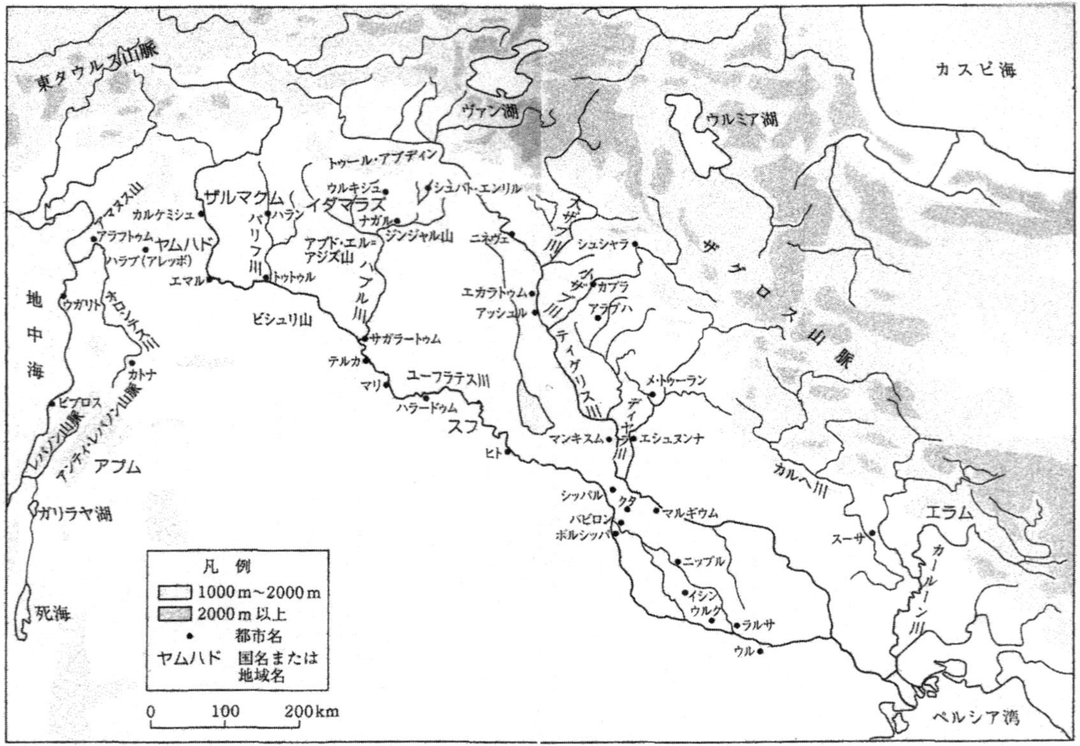

中田一郎『メソポタミア文明入門』（岩波ジュニア新書）2011 年より許可を得て転載

地図２　マリ支配下のユーフラテス中流域

ジムリ・リム時代に、蛇行するユーフラテス川の東側にハブル川から運河（Nahr Dawrin）が掘られていた。蛇行するユーフラテス川を下る場合は160–170kmの距離になったが、運河を下った場合は115–120kmくらいに短縮された

1：ユーフラテス川からマリへの船の引き込み用運河
2：ハブル川からの船用の運河
3：ワディ・エッスアブからの灌漑用運河
4：崖下の運河

Jean-Cl. Margueron, *Mari. Métropole de l'Euphrat*, Paris 2004, p. 67 より許可を得て転載
@Pichard/J.-Cl. Margueron

図 1　マリ遺跡付近のユーフラテス氾濫原断面図

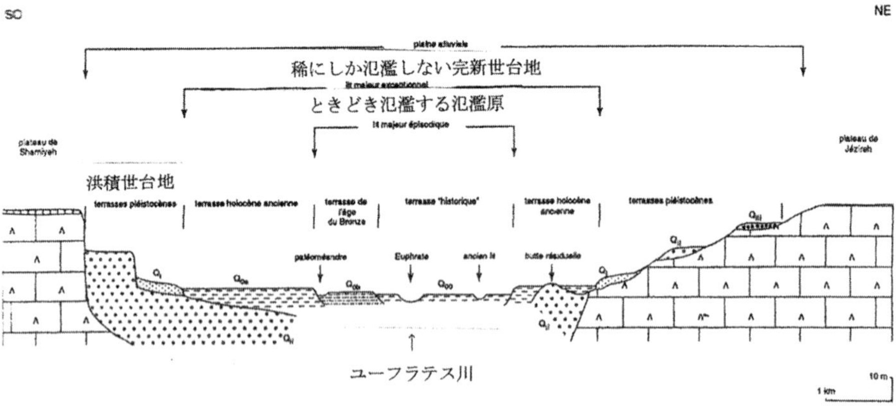

Jean-Cl. Margueron, *Mari. Métropole de l'Euphrat*, Paris 2004, p. 32
より許可を得て転載　@Pichard/J.-Cl. Margueron
一部に日本語の説明を加えさせていただいた

凡　例

1. ルーヴル美術館所蔵のマリ文書は，Textes cunéiforms du Louvre（TCL）XXII-XXXI（=ARM I－X）として出版されたが，これらの文書のローマ字翻字とフランス語訳を付したものは Archives royales de Mari. Transcriptions et Traductions I-X として Paul Geuthner から別に出版されており，ARMT と略称される。本論集で史料として用いたのは ARMT である。TCL シリーズでのマリ文書出版は TCL XXXI を最後として途絶えており，その後のマリ文書の出版は，ローマ字翻字にフランス語訳（および粘土板文書のマイクロフィッシュ，研究論文／解説）をつけた形で出版されており，これらも ARM XXVI などと略称されている。本論集では，厳密には略称 ARMT を使わなければならないところも慣行に従い ARM と表記していることをお断りしておきたい。なお，ARM（T）の巻数は大文字ローマ数字で ARM II，ARM XIII などと表記している。
2. 文中（カッコ）を使って言葉を補っていることがある。また，アッカド語テキストとその日本語訳の中にも（カッコ）付きで言葉を補っているところがあるが，この部分は原文にはなく，筆者が説明のために言葉を補った部分である。
3. また，［四角カッコ］は，（カッコ）内の文章をさらに補う必要がある場合と，アッカド語テキストで破損している部分を研究者が復元している部分に使用している。アッカド語テキストとその訳文中に［四角カッコ］が頻繁に出てくるが，これらはテキストを出版した研究者の復元部分であることをご理解いただきたい。
4. アッカド語の翻字部分に⸢*na*⸣などとあるのは，粘土板上の楔形文字の一部が消失していることを示す。
5. ...... は原文の文字が不鮮明，または原文の一部省略を示す。
6. 訳文中の……は，判読できない部分，あるいは一部省略を示す。

7. // は並行箇所を示す。
8. ／は，マルトゥ／アムルのように「または」の意味で使用する。
9. / は，改行していることを示す。
10. {} 内の文字は，重複して書かれた文字。

はじめに

1　マリの自然環境

ギリシア語で「川の間（の地）」を意味するメソポタミアという呼称は，現代の一般的用法ではユーフラテス川とティグリス川に挟まれた地域（とその周辺地域）を指す。特に両川に挟まれた地域は，アラビア語でジャジーラ（「島」）と呼ばれる。ジャジーラは，シンジャール山 Dj. Sinjar とアブドゥル・アジズ山 Dj. Abd. El-Aziz を境に上ジャジーラと下ジャジーラに分かれる。上ジャジーラでは，年間最低でも 250mm 以上の降水量があり天水農業が可能であるが，下ジャジーラではそれ以下となり，人工灌漑によらなければ農耕は不可能である（地図 3 参照）。

西アジアでは，1 年が雨季（11 月～ 3 月）と乾季（4 月～ 10 月）に分かれる。天水農業が可能な地域では，雨季の初めに大量の雨が降るが，この時期に麦（特にメソポタミア南部では大麦が中心）の種播きが行われる。（耕地を犂き，種播きの準備をするのは 7 ～ 10 月）その後雨はほとんど降らず収穫前の 2 ～ 3 月にまた雨（「春の雨」）が降る。大麦の収穫期は 4 ～ 5 月である。マリに関していえば，年間降水量が 140mm 以下で天水農業は不可能であった。

マリ（遺跡名：テル・ハリリ Tell Hariri）の周辺では，平均して気温は高く，砂漠地帯または半砂漠地帯では昼と夜の温度差は 20 ～ 25 度になる。また，冬には摂氏 0 度まで下がり，夏には 50 度にもなる。風も一定しない。南からは高温のハムシン *Khamsin* と呼ばれる南風が吹き，冬には雪に覆われた東アナトリア高原から吹き下ろす北風シャマル *Shamal* が吹く。これらはまた砂嵐の原因となる[1)]。

ティグリス川はサマラ付近より南で，ユーフラテス川はヒト付近より南では

1） Margueron 2014, 8.

周辺より高いところを流れる天井川となるが，それより北では周辺より低い氾濫原（flood plain）を流れる（地図 3）。マリは，ユーフラテス川が大きく蛇行していたために生じた氾濫原の中の幅約 2 キロメートルの完新世台地に造られた都市であった（図 1）。この完新世台地はユーフラテス川の水面より，約 2 〜 3 メートル高くなっていた。ユーフラテス川からは船の引き込み用の運河（地図 2）が王宮まで掘られていたが，その後長い間にこの運河による浸食等で，現在のマリ遺跡は元の都市マリの 3 分の 1 ほどになってしまっているという。

2　マリ遺跡の発見

1933 年 8 月，お墓の蓋にする石材を探していたベドゥインたちがテル・ハリリで 1 つの石像の大きな断片を発見した。このニュースを聞き知ったアブ・ケマルに駐在していたフランス軍の司令官カバーヌ中尉はすぐに石像の発見場所に行き，その石像をアブ・ケマルに運び，そこからアレッポに輸送した。この石像発見のニュースはベイルートを経てパリのルーヴル美術館に伝えられ，アンドレ・パロに発掘調査が命じられた[2)]。

それまで，テル・ハリリが古代のどの都市に当たるか議論さえされていなかった。例外的に W. F. オルブライトが古代のマリの遺跡である可能性を示唆していたに過ぎない[3)]。

アンドレ・パロは 1933 年 12 月 10 日にテル・ハリリに到着，12 日から発掘調査を開始したが成果なく，場所を遺跡の西端に移して発掘を再開したところ，翌日にはエビフ・イリ（Ebih-Il）やイディ・ナールム Idi-Nārum の石像を発見した。そして，翌 1934 年 1 月 23 日，肩から背中にかけて「マリの王イシュキ・マリ Išqi-Mari」と刻まれた（以前はラムギ・マリと呼ばれていた）石像を発見し，テル・ハリリが間違いなく古代都市マリの遺跡であることが判明した。

2）　Margueron 2004, 506.

3）　例えば Albright-Dougherty 1926, 15-20（特に 20 頁）.

3　マリ発掘調査の略史

ジャン・クロード・マルゲロンは，マリの発掘調査の歴史を5期に分けて略述している。第1期は1933年に始まり，第二次世界大戦が始まる1938年までで，アンドレ・パロが隊長を務めた。この期間に約1万5千点に及ぶ粘土板文書（断片を含む）が発見された。第2期は，第二次世界大戦で12年間の中断を経て，1951年に再開され，アンドレ・パロ隊長の下で1954年，スエズ動乱で中断するまで発掘調査が行われた。第3期も同じくアンドレ・パロ隊長の下で1960年から1974年まで前3千年紀の王宮などの発掘調査が行われた。第4期はジャン・クロード・マルゲロン隊長の下でマリの発展とその自然環境との関係および都市マリの始まりなどに重点を置いて発掘調査が行われた。第5期は2005年にパスカル・ブテーリン隊長の下で始まったが，2011年からシリアの内戦のため発掘調査が中断している。この間深刻な盗掘の被害に遭っていると報告されている（Margueron 2014, 10）。

4　マリ出土の文書の特徴とその刊行の経緯

マリ王国は，バビロンのハンムラビによって滅ぼされた悲運の王国で，首都マリの王宮も完全に破壊され，その後同じ場所に大きな都市が建設されることがなかった。そのため人目につく遺丘（テル）ができることもなく，首都マリの遺跡は完全に忘れ去られてしまった。しかし，そのことが反ってわれわれには幸いした。王宮は破壊されたもののその遺構や遺物の多くが後代の人々によって乱されることなく残った。バビロンがマリを征服した時に，当時の王宮の文書庫に保管されていた粘土板文書がバビロンの軍隊に随伴していた書記達によって調べられ，文書の一部はバビロンに持ち去られたのではないかと思われるが[4)]，それでも多くの粘土板文書が残ったのは幸いであった。こうして残っ

4）　Charpin, D. 1995, 29-40.

た文書で比較的多いのは手紙の類で，これらが本論集に収録されている論文の基本史料の一つとなっている。

粘土板に書かれた手紙は，他の粘土板文書と同様，破損している場合が多く，これらが出版される際に，破損個所が，研究者の慧眼と努力により復元されていることが多いが，時にはこれらの復元が後の研究者達によって修正されることもある。これは手紙に限ったことではない。しかし，手紙の場合，差出人は受取人側の状況を前提にして手紙を書いている。返信の場合は，「……に関して書いてこられましたが」などと相手の手紙の内容を簡単に要約した上で，返書が書かれている場合が多いが，受取人の状況がわからず，手紙の内容を理解するのに苦しむこともある。これは史料としての手紙の難点の1つである。

マリの手紙のもう1つの難点は，日付が付されていないため手紙の年代付けが困難な点である。ジョルジュ・ドサンの時代は内容的に興味深い手紙類の刊行が優先されたようだが，ジャン・マリー・デュランとドミニク・シャルパンが中心となって再開された未刊のマリ文書の刊行は，ドサンの時代の刊行方針と大きく違って，まずマリ王国の歴史の大筋を確立するために日付の付いている経済行政記録の刊行を優先した。ドミニク・シャルパンと奥様のネレ・ツィーグラーとの共著である『アムル時代のマリと近東』(2003年)[5] は，そのような刊行と研究の方針が見事に結実した成果と言って差し支えない。本論集に含まれている論文は，広い意味での宗教に関係した論文が多いが，時代設定に関しては全面的にシャルパンとツィーグラー共著の『アムル時代のマリと近東』に負っている。

5　マリ王国とは

以下に古バビロニア時代のマリ王国に関していくつか参考になりそうなこと

5)　Charpin, D. – N. Ziegler 2003b.

を記しておきたい。まず第1は，古バビロニア時代のマリ王国の人口構成についてである。マリ王国の人口構成を示してくれる最も興味深い史料は，以下に引用するバフディ・リムの手紙であろう。バフディ・リムは，主君ジムリ・リム王宛の手紙で次のように助言している。

どうかわが主よ，ご自身の王威を大切になさいますように。あなた様はハナ人の王であらせられるのはもちろんですが，同時にアッカド人の王でもあらせられるのです。どうかあなた様は馬にはお乗りにならないで，ラバに牽かれる車にお乗りになって，ご自身の王威を大切になさいますように。(ARM VI 76:19-25)

この手紙から，マリ王国には，ハナ人とアッカド人がいたことがわかる。ハナ人という呼称はマリ文書にしばしば出てくるが，その意味は必ずしもはっきりしない。一般には，ハナ人は，マリ文書の時代に移牧に携わっていた特定の半遊牧民を指すと考えられているが，最近は遊牧民を指す普通名詞であると考える研究者もいる。ここでは，前者の考え方に従っている。

マリ時代のハナ人は大きくシマル人と呼ばれるグループとヤミン人と呼ばれるグループに分かれていた。シマルは「左」を意味し，ヤミンは「右」を意味するが，マリ文書においては，シマル人と言う呼称は東に向って左，すなわち「北の人々」の意味で，ヤミン人と言う呼称は，東に向って右，すなわち「南の人々」を意味した。旧約聖書のヨシュア記18章11節などに出てくるベニヤミン族（ヘブライ語で，ブネイ・ヤミン，直訳すると「南の子等」）も，マリのヤミン人と同じ造語法でできた部族名であった。しかし，これは部族名の本来の意味であって，マリの時代にシマル人とヤミン人が南北に別れて半遊牧の生活をしていたというわけではない。それに対し，アッカド人とは，セム系の先住民で，古アッカド時代（前24世紀後半から前22世紀初め頃まで）からメソポタミア南部のシュメール文化の影響を受けてきた人達であった。

第2に，マリの王ジムリ・リムが「マリおよびハナの地の王」を自称したことから分かるように，マリの王は，1つにはマリの地と2つには移牧を行う半遊牧民グループのハナ人を支配する王であったと理解される。「マリの地」とは，今日のトゥトゥルから南のアブ・ケマル辺りまでのユーフラテス川中流域の氾濫原を指し，これにハブル川河岸地帯も含まれていたと思われる。他方，「ハナの地」とは主にハブル三角地帯（マリ文書ではイダマラズと呼ばれた）で羊の群れを連れて移牧をしていた半遊牧民の地を指す。ただし，「ハナの地」の王と言ってもイダマラズで移牧に携わる遊牧民の人的支配を意味したに過ぎず，イダマラズの地一帯を支配したというわけではない。

ハナ人が，シマル人グループとヤミン人グループから成っていたことは既に述べたが，ヤミン人は，ジムリ・リム時代に，2度にわたってシマル人のジムリ・リム王権に対して戦いを挑んだ。ヤミン人の中にはマリ王国の外で半遊牧の生活を営んでいた人達もいたが，マリ王権の支配領域内の都市で定住生活を行っていたヤミン人もいた。解放されたヤミン人戦争捕虜の居住地を見ると彼等の居住地はマリ王国内に点在していたことが分かる[6)]。

第3に，マリ王国の支配下にあった地域は，既に述べたように，ユーフラテス川のトゥトゥルからマリの直ぐ南に位置するアブ・ケマルまでの地域とハブル川のカトゥナン以南の地に限られていた。アブ・ケマルの南のユーフラテス川中流域はスフ地区と呼ばれていた。ジムリ・リムがここを支配できたのはジムリ・リム治世の終わり頃で，それまではエシュヌンナ王国や「上メソポタミア王国」のシャムシ・アダド1世の支配下にあった。

マリが支配できた地域は北から，4つの地区 *ḫalṣum*，すなわちカットゥナン地区，サガラートゥム地区，テルカ地区，マリ地区からなっていて，各地区には王によって任命されたシャーピトゥム *šāpitum* と呼ばれる知事がいた。また，それぞれの地区の中にはいくつかの都市または町邑があり，そこにはスガーグム *sugāgum* と呼ばれる市長がいた。スガーグムも王によって任命されたが，知事の場合と違って，地元の有力者がスガーグムに任命されていた[7)]。な

6) 本論集の第4章「マリのヤミン人捕虜解放記録」を参照。
7) 本論集の第3章「マリ地方行政の一側面—スガーグム制度を中心に—」を参照。

お，イダマラズなどで遊牧生活を送っていた遊牧民（ハナ人）を王に代わって監督していたのは王によって任命されたメルフム *merḫum* と呼ばれる役人であった。メルフムは知事のいる地区でも，移牧に従事する遊牧民を監督することもあったが，知事にはメルフムに直接指示を与える権限はなく，メルフムに何かを要求する場合は王を通じてお願いするという形を取った[8)]。

第4に，前19世紀末から前18世紀の中頃までのマリの住民は旧住民のアッカド人と西から移住して来たアムル人からなっていたことは，既に述べた。アムル人が日常会話で使用していた言語は西セム語のアムル語（アモリ語）であったと思われるが，旧住民のアッカド人が日常使用していた言語はセム語ではあったが東セム語のアッカド語であった。しかし，残っている文書はすべてアッカド語で書かれており，アムル語で書かれた文書は残っていない。そのためアムル語がどんな言語であったかよく分かっていない。

マリにアムル語を話す人達がいたことは，アッカド語で書かれた手紙などにアムル語と思われる単語がでてくることや，マリ文書に出てくる人名にアムル語の人名が多いことなどから容易に推測できる。例えば，いわゆるリム王朝の創始者であるヤハドゥン・リム Yaḫdun-Lim の名前やその父親のヤギド・リム Yaggid-Lim の名前，あるいはリム王朝最後の王であるジムリ・リム Zimri-Lim の名前はいずれもアムル語の名前である。しかし，その意味については，他の西セム語の語彙を参考にして解釈が試みられているが，常に成功しているとは言い難い。本論集にはマリの人名を資料として扱った論文も含まれているが[9)]，アムル系の神々やアムル語系の人名の分析が十分できていない理由は上述したような難しさにある。

ここで1点注意しておかなければならないのは，マリの場合，アッカド語の名前の持ち主が必ずしもアッカド人であると言えないことである。例えば，通常シャムシ・アダド1世（アムル語に直すと，サムシ・アッドゥ）と呼ばれている

---

8) 本論集の第2章「メルフム役人と遊牧民支配」を参照。

9) 本論集の第17章「神名を含むマリ人名に反映されている人々の関心事」および第18章「神名を含む女性人名の研究」を参照。

「上メソポタミア王国」の王の息子の１人でエカラトゥムの王であった人物はイシュメ・ダガン Išme-Dagan（「ダガン神が聞きたもうた」）で，その名前はアッカド語であるが，その兄弟でマリ王のヤスマハ・アッドゥ Yasmaḫ-Addu（「アッドゥ神は聞きたもうた」）の名前はアムル語であった。（因みにヤスマハ・アッドゥをアッカド語に直すと，イシュメ・アダドとなる）なぜ兄弟の１人がアッカド語の名前で，もう１人がアムル語の名前なのかよく分かっていない。

6　本論集の構成

最後に，本論集の内容を簡単に紹介しておく。第I部の「アムル（アモリ）人のバビロニア移住」はビシュリ山付近からメソポタミア南部に移住してきたとされるアムル人の移住ルートとアムル人の故郷について論述している。第II部に掲載した論文では，メルフムと呼ばれた知事職とスガーグムと呼ばれた市長職の検討を通じて，マリの地方支配について論述している他，マリの支配領内にいたヤミン人叛乱の際のヤミン人捕虜の扱いや「人口調査」と言われているテービブトゥム *tēbibtum* について検討している。第III部の論文では当時の政治にとって不可欠であった神意を知る手段としての預言，夢（幻を含む）および神々への犠牲として捧げられた小家畜（主に雄の羊）の内臓を見て占う内臓占いについて詳述している。マリ出土文書はこれらについて，量的にも質的にも第一級の史料を提供してくれている。第IV部では，主に犠牲用の家畜支出記録に見る公的祭儀の対象となった神々（パンテオン）と神名を含む人名の分析からわかる民間信仰の対象となった神々（パンテオン）を比較検討しているほか，マリ文書とマリ人名に目立って登場する数神を取り上げて論じている。第V部の論文では神名を含む人名の分析を通してマリ文書に名前を残している人々の関心事，また男女間での関心事の微妙な違いなどに焦点をあてて分析・検討している。なお，本論集所掲の論文初出については，「初出一覧」をご覧いただきたい。

最後になったが，本論集の出版は2024年度中央大学学術図書出版助成によることを感謝をもって記しておく。

I

古バビロニア時代
——それはアムル人の時代

第1章
アムル（アモリ）人の
バビロニア移住とその故郷

1　ウル第三王朝時代のアムル（アモリ）人の バビロニア移住

古代メソポタミアで最も官僚制が整った中央集権国家を打ち立てたウル第三王朝も，第5代目にして同王朝最後の王，イッビ・シン（在位前2028-2004年）の代になると，支配下にあった諸都市が次々と独立し，ウルの支配下に留まった地域も，無政府状態に陥ってしまった。その様子をドラマティックに伝えてくれる手紙がいくつか残っている[1)]。その中の一通はウルの王イッビ・シンに宛てたイシュビ・エラからの手紙である。イシュビ・エラは，イッビ・シンの治世11年頃イッビ・シンの許から独立し，イシンに拠って独自の王国を建てた人物であったが，この手紙を書き送った時点では，外面的にはウル王イビ・シンの忠実な家臣として振舞っていたらしい。

この手紙によると，イシュビ・エラはウル王イッビ・シンから20ビルトゥ（約600kg）という大量の銀を託されて，穀物を買いにイシンとカザルに出かけたことがわかる。当時，首都ウルは食糧難に直面していた。イシュビ・エラは，この銀で大量の穀物を手に入れることができたが，国土の治安が極度に悪化したため，せっかく購入した穀物を首都に届けることができないと王に訴え，併せていくつかの提案を行っている。

1）　Sollberger, E. 1976, 7; Kramer, S. N. 1963, 333-334 などを参照。

わが王イッビ・シンへ，あなたの僕イシュビ・エラより。あなた様は，穀物を購入するためイシンとカザッルに行くよう私にお命じになりました。穀物の値段は，いまや銀1シケル（約8.3g）にたいし穀物1グル（約300リットル）にまでなりました。………　これまでに穀物の購入に20ビルトゥを費やしました。しかし，敵のマルトゥ（アムル人）が今やあなた様の国に侵入したという報告を聞いて，私は72,000グルの穀物をすっかりイシンに持ち込みました。ところで，マルトゥ（＝アムル人）は全員シュメールのただ中に入り，強大な要塞を次々に攻略してしまいました。マルトゥのために，私はその穀物を輸送することができません。彼らは余りにも強く，私は立ち往生しています。どうか水密化された120グル積みの船を600隻送ってください。………　そしてそれらの船を川と　………　沿に………　まで持って来させてください。………　そして船を停泊させる諸地点の責任を私に持たせてください。………　穀物は良い状態で保管されるでしょう。もし，そちらに穀物がなければ，私が持っていきます。王よ，エラム人は戦争で弱っています。………　どうか参ってしまうことがありませんように。どうか彼らの後に従って歩むようなことがありませんように。私は，あなた様の王宮とその町々の餓えを15年にわたって癒すにたる穀物を所有しています。どうか王よ，私をイシンとニップルの責任者にしてください。（Kramer, S. N. 1963, 333[2)]）

この手紙から，ウル第三王朝の支配領域における治安の悪化した原因が少なくとも三つあったことがわかる。1つは穀物不足，2つ目はマルトゥ（アムル人を意味するシュメール語）がシュメールの只中に流入してきたこと，3つ目は，隣国エラムとの戦争であった。

この手紙に対する返事であったかどうかは不明であるが，イッビ・シンがイシュビ・エラに宛てた手紙（OECT 5, No. 27）から，イシュビ・エラが購入した

2）　Michalowski, P. 2011, 416-432に詳しい注釈付きの新しい訳が提供されているが，Kramer訳と大筋において大きく異なるところがないので，Kramer訳をそのまま残しておく。

穀物が無事イッビ・シンに届けられたことがわかる。イシュビ・エラは，先に引用した手紙で，穀物の値段が高騰して2倍になったため，実際に購入できた穀物は，当初予定した購入量の半分であったと弁明しているが，イッビ・シンは，実際に購入した穀物の半分しか送ってこなかったと苦情を言っている。イシュビ・エラが購入した穀物の半分をピンハネしたのか，それとも実際に穀物の値段が倍になって，予定量の半分しか購入できなかったのか，それを確かめることは不可能であるが，当時，穀物の値段が高騰した事実はあったらしい[3)]。

ここで，一言，イッビ・シンとイシュビ・エラの手紙の信憑性に触れておく必要がある。上に言及した手紙にはいくつかの写本があるため，この手紙が書記学校の教科書用に作成された「手紙の文例」であって，実際に両者が交換した手紙ではないとする意見があるからである。しかし，ここでは，真性の手紙が，後に多少の修正を施して「手紙の文例」として教材に取り入れられたのではないかと考えておく。

ウル第三王朝時代末期のメソポタミア南部は，ウルの政権側から見れば，多少の誇張があるにしても，アムル人が「全員シュメールのただ中に入り，強大な要塞を次々に攻略」するような状況にあった。イッビ・シンの前任者であるシュ・シンの治世4年の年名から，アムル人の流入を阻止するために「ティドゥヌム（＝アムル人）を遠ざける長城」が築かれたことを知るが，実はこの長城は，ウル第三王朝二代目の王シュルギ（治世前2094-2947年頃）の治世36年・37年の年名でその建設が記念されている長城がシュ・シンの治世4年に完成したものであったらしい[4)]。

G. ブチェラッティは，1996年に，ウル第三王朝支配下の諸都市で作成されたアムル人関係の文書を収集整理しているが[5)]，それによると，シュルギの治世44年頃からドレーヘム（古代名：プズリシュ・ダガン），ラガシュその他の地で作成された行政文書にアムル人についての言及が増え始めることが確認で

3） Jacobsen, Th. 1953, 42, n. 49.

4） Ziegler, N. 2001, 41.

5） Buccellati, G. 1966, 253ff.

き，バビロニアへのアムル人の流入は，シュルギの代に既に始まっていたことがわかる。ウル第三王朝の家畜集配センターがあったドレーヘムで作成された文書では，アムル人は家畜搬入者としてあるいは家畜受領者として言及されていることが多い。搬入された家畜（羊・山羊の類が多いが，牛の場合も少なくない）の数は1件あたり平均10数頭，受領した家畜は，それに対し，1件あたり平均数頭である。ドレーヘム文書に言及されているアムル人は，ドレーヘム以外の地に居住していたと考えられる。これに対し，ラガシュ出土の文書の場合は，食料や衣類の支給を受けている者，あるいは固形ビールやパンを支給された使節などが目立つ。特に前者は，ラガシュに居住していたのであろう。

特に注目したいのは，ウンマで作成されたシュルギ治世48年の日付のある穀物支給記録（*Or* 18, 24）である。この文書は，シュルギの治世末年にウンマにアムル人の兵士たちが存在したことを示している。言い換えると，ウンマやラガシュのアムル人関連文書から，アムル人は，ウル第三王朝時代の早い時期から半世紀以上にわたって兵士や労働者としてメソポタミア南部に移住してきたが，シュ・シンの治世になると，ウルの政権にとり大きな軍事的威嚇となるに至った。しかし，イッビ・シンの治世になってウル第三王朝の支配から独立していったエシュヌンナ（イッビ・シン治世3年頃独立）やイシン（同治世11年頃独立）やメソポタミア南部の他の諸都市が，ウルと同じように，アムル人を軍事的威嚇ととらえていたかどうか疑わしい。

例えば，イシュビ・エラ治世12年（=イッビ・シンの治世23年頃）のイシンの史料BIN 9, 152は，「エラム軍の敗北に際し，アムル人への贈り物である銀を包むため（NIG$_2$.KEŠDA KU$_3$ BABBAR ŠE）の890頭分の羊と山羊の皮」を支給したことを記録している。R. H. ホワイティングは，BIN 9, 152を，イシュビ・エラが対エラム戦でアムル人から受けた支援の見返りとして銀の贈り物をしたことを示すものであると理解する[6)]。また，BIN 9, 316にはイシュビ・エラから贈物（NIG$_2$.ŠU.TAG$_4$.A）を受けとった40人近いアムル人の名が記されている

6）　Whiting, Jr. R. M. 1987, 25 & n. 74.

が，このうち2名が地位の高いアムル人であることから，ホワイティングは，この記録に登場するアムル人はいずれも部族長か集団の長で，イシュビ・エラと友好関係にあったことを示すものと解釈している7)。実際，イシュビ・エラ治世5年（=イッビ・シンの治世16年頃）以降アムル人に対する皮革製品の贈物（NIG$_2$.ŠU.TAG$_4$.A）を記録したイシン出土文書がかなりの数あることが知られている。これらの史料は，イシンの周辺にアムル人部族が居住し，イシンは彼らと友好的な関係にあったことを示している8)。さらに，イシュビ・エラによって地位を回復されたエシュヌンナの支配者ヌール・アフム9)も，「アムル人の長（*rabiān Amurrim*）」のタイトルを持つアブディ・エルと，互いに，自分の息子のために相手の娘を嫁に取るなど，相互に緊密な関係を築いていた。

この後，前20世紀の第4四半期から前19世紀の第1四半期にかけて，アムル人は，バビロニアのラルサやバビロンなどの諸都市に拠ってアムル人王朝を創立した。他にも，短命であったが，ウルク，マナナ，キシュ等にもアムル人支配者が登場した10)。

2　アムル人の移住ルート

2-1　アムル人の移住ルート

ウル第三王朝時代末にはバビロニア一帯でアムル人が目立つ存在になったが，それから1世紀から1世紀半の間にまずラルサに，次いでバビロンにアムル人王朝が創設されたことを見てきた。しかし，アッカド王国の事実上最後の王であったシャル・カリ・シャリがビシュリ山でマルトゥ（アムル人）に勝利したことを記念した年名からわかるように，アムル人はもともとシリアのビシュリ山（標高867メートル）の南の地を故郷とする遊牧民であった。また，アム

7）Whiting, Jr. R. M. 1987, 25 & n. 74.
8）Buccellati, G. 1966, 302–310; van der Mieroop, M. 1987, 115.
9）中田 2006a, 18.
10）中田 2006a, 18.

ル人を意味するシュメール語マルトゥは，同時に「西」をも意味し，シュメール人にとって，アムル人はもともと「西の人」と理解されていた。

では，アムル人がどのようなルートを通ってバビロニアに移住したのであろうか。まず第1に考えられるのは，ビシュリ山からユーフラテス川の西岸沿いに南下するルートである。現在このルート沿いにシリアからイラクに至る幹線道路が走っている。第2のルートは，ビシュリ山から，後のアラム人がそうしたように，一旦ユーフラテス川を渡り上ジャジーラに入り，年間降水量が200-400ミリメートルの地帯を東に移動するルートである。そのあとはティグリス川沿いに南下するのが第2のルートである。現在は，モースルとバグダッドを結ぶ幹線道路がティグリス川西岸を走っている。

地図3　メソポタミアの風土

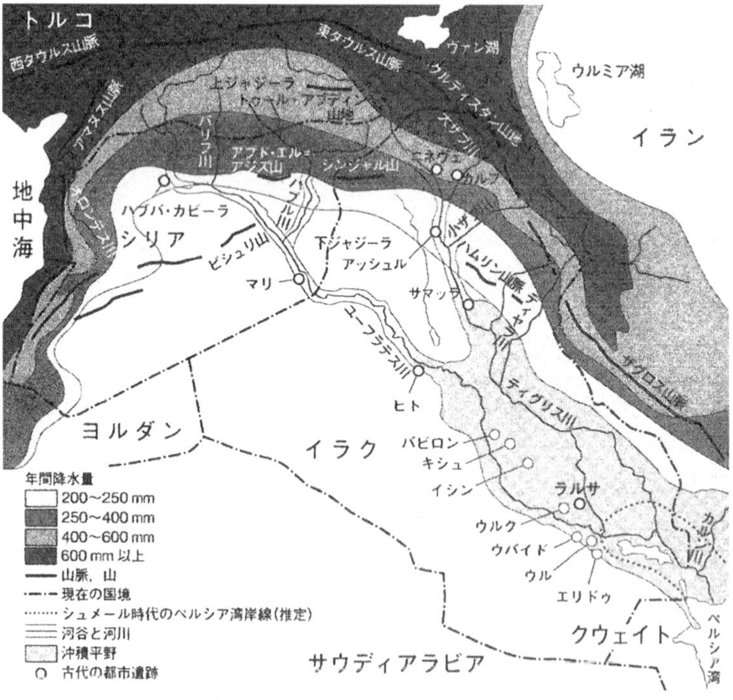

中田一郎『メソポタミア文明入門』(岩波ジュニア新書，2011年第2刷3頁より)

第3のルートは第2のルートと一部重複するが，ニネヴェからは大ザブ川沿いにエルビルに向かい，キルクークを経てハムリン盆地に向かうか，アッシュルから小ザブ川沿いにハムリン盆地に入るかの選択肢がある。後のトゥルック人のような非友好的な山岳民族がいた可能性を考えると，アッシュルを経由するルートの方が比較的安全なルートではなかっただろうか。ハムリン盆地からは，ディヤラ川に沿ってバビロニアに向かうことができた。第3のルートはハムリン盆地を経由し，ディヤラ川に沿って下りバビロニアに入る点が特徴である。

以下で，これら三つのルートの内，アムル人がバビロニアに移住するのに利用した可能性の最も高いルートがどれであったかを検討する前に，次のことを確認しておきたい。

アムル人は，族長に率いられ，羊・山羊などの小家畜の群れを連れて一族で移動した。一族の中には，女性や子供，幼児や老人も含まれていたはずである。また，彼らの移動は遊牧生活をしながらの移動で，何年あるいは場合によっては何十年もの歳月をかけて移住したのではないだろうか。（もちろん，途中で定住し，農耕生活に移行するグループもいたに違いない。）そうだとすれば，遊牧民の移住は，軍隊の移動は言うまでもなく，商人たちの商用旅行とも全く異なっていたと思われる。このような遊牧民の移住には，食料と水と塩，それに家畜のための牧草地などが確保される必要があった。そのためには，年間最低降水量が200ミリメートルあるいはむしろ250ミリメートル以上の地帯を，時間をかけて移住する以外になかったことになる。

移住中の遊牧民集団がどれくらいの規模であったかを推定することは，ほとんど不可能である。古バビロニア時代の軍隊の大隊（300-500人規模？）の指揮官が「マルトゥの長（UGULA.MAR.TUまたはGAL MAR.TU）」と言う称号を有していたが，もし，これがもともと移住中のアムル人グループの引率者をさす呼び名であったものが，後に大隊の指揮官の称号として使用されることになったのだとすれば，アムル人の族長が率いたグループの規模は，家族を含めて1200-2000人規模（大隊の規模を4倍にしたもの）であったと推定することも可能である。

2-1-1　ユーフラテス川沿いのルート

このルートは，いくつかの概説書の地図に主要交易路の1つとして記されている[11)]。先に言及したG. ブチェラッティも，以下に述べる第3のルートにも魅かれながらも，アムル人がこのルートを移住に使用した可能性を捨てきれないでいる[12)]。しかし，このルートについては，交易ルートとしてさえ頻用されたかどうかを疑う研究者も多い[13)]。何よりも，このルートは，先に述べた年間最低降水量が200ミリメートルを下回る地帯にあり，アムル人移住ルートには不向きであった。実際，このルート上に位置するマリにアムル人の存在が確認されるようになるのは，ハンムラビ（在位前1792-1750年頃）の1世代前くらいからである。また1980年代に行われたハディサ・ダム建設[14)]に伴う水没遺跡の緊急調査でも，特に調査地域の南半分では古バビロニア時代の遺跡がほとんど確認されていない[15)]。要するに，この地域の気候・地勢条件が町や集落の立地に不向きであったと言うことであろう。

2-1-2　ティグリス川沿いのルート

このルートは，一旦ユーフラテス川を渡り，250 － 400ミリメートルの年間最低降水量が期待できる上ジャジーラに入り，次いで上ジャジーラを東に移動して，ティグリス川に出た後，ティグリス川沿いに南下するルートである。このルートは，古バビロニア時代の軍隊がラルサからエマルまで強行軍した際に利用したルートで，その行程記録が残っており，「エマルへの道」として知ら

11）　例えば，Kuhrt, A. 1996; Hallo, W. W. – W. K. Simpson 1998^2; Dalley, S. 2002.

12）　Buccellati, G. 1996, 251–252.

13）　Leemans, W. F. 1960, 102–103; Durand, J.-M. 1990a, 86–87; Joannès, F. 1996.

14）　シリアとイラクの国境から直線距離で130キロほどユーフラテス川を下ったところにあり，緯度的には，ティグリス川沿いのサマッラ（北緯34度11分）とほぼ同じ緯度上にある。

15）　“Excavations in Iraq,” *Iraq* 45, 1983, 199–224を参照。

れる[16)]。しかし，このルートも第1のルートと同様，ティグリス川沿いの部分は，年間最低降水量が200ミリメートル以下で，アムル人の移住ルートではあり得なかった。今でこそ，ティグリス川西岸を車が行き交う幹線道路が走っているものの，大変厳しいルートで，オスマントルコ時代においてすらヨーロッパ人がバグダッドからモースルに行くのに，このルートではなく，ハムリン盆地への迂回ルート（次の第3のルート）を利用したと言われている[17)]。

2-1-3　ハムリン盆地とディヤラ川沿いの道を経由するルート

第3のルートは，ユーフラテス川を渡って上ジャジーラに入り，次いで上ジャジーラを東に移動し，ティグリス川に達した後，ティグリス川を渡り，大ザブ川または小ザブ川沿いにクルディスタンに向かうルートである。クルディスタンに入ると，ハムリン山脈東側のハムリン盆地とディヤラ川を経由してバビロニアに入るルートである。アムル人の移住ルートの候補として挙げた3つのルートの内，このルートが唯一，年間最低降水量が250-400ミリメートルの地帯，すなわち天水農業が可能で，食料や水および小家畜のための牧草地に恵まれた地帯を通過する。

M. レボーが作成した1993年の地図にはこのルートが最も重要なコミュニケーション・ルートとして太線で表示されている[18)]。J. N. ポストゲイトは，既に1984年に，このルートの重要性を論じている[19)]。D. R. フレインは，初期王朝時代の地名リスト中の9つの地名がアッシュルからエシュヌンナまでのこのルート沿いの地名であったことを確認しており[20)]，ハムリン盆地とディヤラ川沿いを経由するこのルートが初期王朝時代からシュメール人に馴染みの深いものであったことを示している。この点は，ユーフラテス川中流域の地名がこの地

16）　Hallo, W. W. 1964, 57-88（特に84頁を参照）。
17）　Postgate, J. N. 1984, 15-16.
18）　Lebeau, M. 2000, 158.
19）　Postgate, J. N. 1984, 149-159.
20）　Frayne, D. R. 1992, 55,

名リストに全く出てこない事実と極めて対照的である。

1977年から1980年にかけて行われたハムリン盆地水没遺跡の緊急発掘調査で，多くの遺跡が発掘されたが，その中にはバグダッドから直線距離にして100キロ余り上流のサマラを中心に栄えたサマラ文化の遺物だけでなくメソポタミア北部で栄えたハラフ文化を示す遺物も発見されており，このルートが初期王朝時代以前からモノとヒトと情報が行き交う重要なルートであったことがわかる[21)]。

D. シャルパンは，前2千年紀のメソポタミアに，ヤムトバルやイダマラズのように，同じ地名が2箇所，場合によっては3箇所に現れることに注目し，これはアムル人の移住の跡を示すものであると述べている。それというのも，これらの地名が前3千年紀に存在しなかったからである。ティグリス川の東の地域とバビロニアの両方に現れる同一地名が少なくとも5つあることは[22)]，シャルパンは明確に述べていないものの，アムル人がビシュリ山の周辺からユーフラテス川を越えて上ジャジーラに移動，さらに東に移動し，次いでティグリス川を超えて，ハムリン盆地に入り，そこからディヤラ川沿いにバビロニアに移住したことを示す証拠と考えてよいのではないか。

以上3ルートの検討から，第3のルートがアムル人のバビロニアへの移住ルートとして最も可能性が高いと考える。

3　アムル人の故郷

アムル人の移住ルート推定の前提になっているのは，アムル人の故郷が西方のビシュリ山周辺であったとの理解である。確かにミハロウスキーが主張するように，ウル第三王朝時代のアムル人との関わりで出てくる地名はティグリス川東部のディヤラ地域やハムリン盆地を中心とする地名である。しかし，彼等のもともとの故郷はビシュリ山西端の南側に位置するエル・コ（ウ）ム辺りで

21）　中田1999，参照。
22）　Charpin, D. 2003a, 19-32.

はなかっただろうか（地図3の「ビシュリ山」の「シ」の文字の辺り）。この地域は，確かに年間降水量が120ミリ以下で，それだけを考えると人が住めるようなところではない。しかし，この地域にはいくつかのワディ（涸れ川）があるばかりでなく，アイン（泉）がつく遺跡名が多くあることが示すように，年中湧き出る泉がたくさんあり，人々や動物が生息できる環境に恵まれていた（地図4）。

エル・コ（ウ）ムが知られるようになったのは，1960年代末で，本格的な発掘調査は，スイスのバーゼル大学とダマスコの考古調査局との共同調査が最初ではないだろうか。ダマスコとバーゼル大学の考古学調査隊の調査結果によると，この地域は旧石器時代から人間が継続して居住していたことが確認されて

地図4　エル・コウム

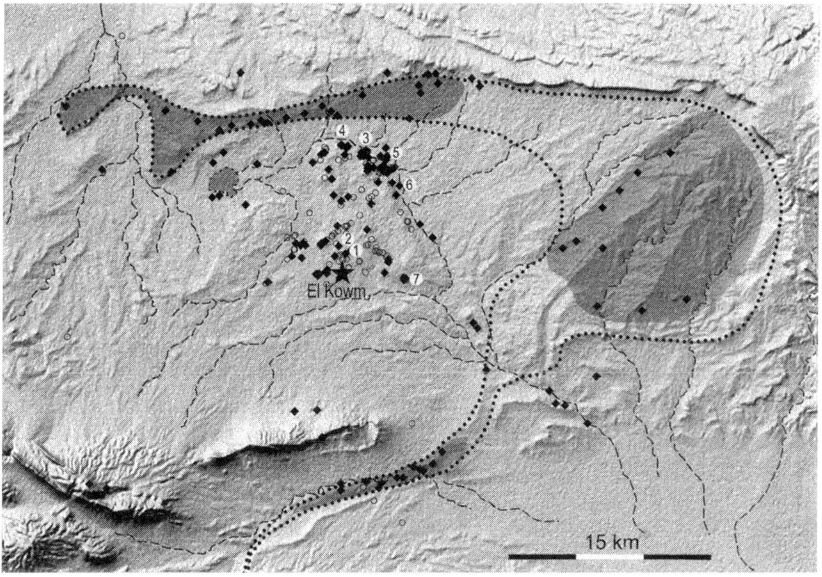

J.-M Le Tensorer 2011, p. 199より許可を得て再録。© Jean-Marie Le Tensorer
地図の中央部の ① Hummal, ② Ain Al Fil, ③ Nadaouiyeh Ain Askar, ④ Qdeir Ain Ojbeh, ⑤ Umm El Tlel, ⑥ Juwal Ain Zarqa, ⑦ Meirahは自然の泉または人工的に作られた井戸。特に②～④，⑥の場所名にAin（泉）が含まれていることに注意。また，濃いグレーの部分はフリント（火打ち石）が沢山見つかっている地域で，◆印は旧石器時代の遺跡

いるが，特に前7000年から6500年頃に人口の増加が見られた。前6300年頃にはワディを利用した簡単な灌漑が行われ，エンメル小麦の栽培が行われていたと言われている。また，ガゼルが多く生息していて，ガゼルの囲い込み猟も行われていた[23)]。

また，E.ヴィルスによると，1960年代にシリア北部で移牧に携わっていたハディディン族は乾季には畜群を連れてユーフラテス川を越えて北上し，上ジャジーラで放牧を行っていた[24)]。時代は違うが，古バビロニア時代に上ジャジーラのイダマラズ地方の遊牧民を監督する役目を負っていたマリのメルフム役人であったイバル・エルは，主君のジムリ・リムに「シマル人遊牧民の放牧地（*nawûm*）の右はエビフ（Ebih）山であり，左はタルハユム（Talhayum）です。」（A.3901）と述べている。ここでは北に向かって右／左といわれているので，シマル人遊牧民の放牧地は，ティグリス川の東側のハムリン山脈の東に位置するハムリン盆地からハブル三角地帯西端のタルハユムまで広がっていたことにな

写真1　エル・コウム

J.-M Le Tensorer2011, p. 200 より許可を得て再録 . © Jean-Marie Le Tensorer

23)　Jagher, R. Reto & Jean-Marie Le Tensorer 2011, 197-208.

24)　Wirth, E. 1971, Karte 11 を参照。

る。これらを念頭において考えると，ウル第三王朝時代にハムリン盆地やディヤラ川流域にいたとされるアムル人の故郷がもともと西のビシュリ山周辺であったとしても驚くにあたらない。

4　アムル人とマルトゥ神

マルトゥは，「マルトゥ（アムル人）」あるいは方角の「西」を表す他に，神であることを示す決定詞を添えると，「マルトゥ神／アムル［ム］神」を表す。この神マルトゥ／アムルは，アムル人の背後にあってアムル人を動かす「力」の神格化されたもので，おそらくはシュメール人が創り出した神であるというのが，研究者の一致した見解である[25)]。なぜなら，この神はアッカド時代後半以降にアッカド語またはシュメール語の人名の構成要素として現れるが，アムル語の人名に現れることは，ほとんどないからである。また，その祭儀もあまり知られていない。マルトゥ神は，バビロニアの神々の中では新参者であるため，アムル神を主神として祀る都市はなかったということであろう。

ところで，マルトゥ神とカザルの守護神ヌムシュダとその配偶神ナムラトの娘アドガルキドゥとの結婚をテーマとした興味深い神話「マルトゥの結婚」が知られている[26)]。それによると，結婚を願望するマルトゥは，母親のアドバイスに従って宴会を催し，ヌムシュダ夫婦とその娘アドガルキドゥを招待する。その席でレスリングが行われ，マルトゥは実力を発揮した。ヌムシュダはマルトゥが気に入り，金銀財宝を与えようとするが，マルトゥはそれらに興味を示さず，ヌムシュダの娘が欲しいと願う。他方，娘のアドガルキドゥは，女友達からマルトゥ神について，都市の生活を知らない粗野な遊牧の神で，羊の毛皮をまとい，テントに住み，祈ることを知らず，山中に武器で住まいを造り（？），跪くことを知らず，生肉を食し，生まれてこのかた家を知らず，死んで

25）　Edzard, D. O. 1995, 433ff.; Beaulieu, P.-A., 2005, 31-46 および Nakata, I. 1974, 53-57 などを参照。

26）　Römer, W. H. Ph. 1993, 495-506.

も埋葬されることがないなどと警告されるが，「それでも私はマルトゥと結婚したい！」と言って結婚するという話で，シュメール人やアッカド人が先ず遊牧民アムルから自分達を守るために，マルトゥ神を創り上げ，次いで彼らをバビロニア社会の一員としてそれほど無理なく受容するために，マルトゥ神とヌムシュダ神の娘との結婚を神話の世界で演出したのであった[27)]。

27)　なお，Beaulieu, P.-A. 2005, 33–46 を参照。また，神アムルの図像学的研究に関しては，Kupper, J.-R. 1961 を参照。

II

マリ王国の支配構造

第2章
メルフム役人と遊牧民支配

はじめに

紀元前18世紀前半，西アジアで6つの王国が覇を争った時期があった。その状況について最もドラマチックに証言してくれるのが，マリ王国のジムリ・リム Zimrī-Lim 王に宛てた家臣イトゥール・アスドゥ Itūr-Asdu の手紙（A.482）である。この手紙の全体は，今もって未刊であるが，問題の箇所は，G. ドサンの紹介で早くから知られている[1]。

> そして，わが主が王たちに，「イシュタル女神の犠牲（祭）に来なさい」と書いて寄越された件に関連して，私は王たちをタルマンニ[2]に集め，彼らに

1） *ù aš-*[*š*]*um ša be-lí a-na* LUGAL.MEŠ *iš-pu-ra-am um-ma-mi a-na ni-qí* ^{d}*ištar al-ka-nim* / LUGAL.MEŠ *a-na ta*-ar-ma-ni*$_{5}$*-im**^{ki} *ú-pa-ḫi-ir-ma a-wa-tam ki-im aṣ-ba-sú-nu-ši-im* / *um-ma a-na-ku-ma ú-ul i-ba-aš-ši* LUGAL *ša a-na ra-ma-ni-šu da-an-nu* / (25) *wa-ar-ki ḫa-am-mu-ra-bi* LÚ KÁ.DINGIR.RA^{ki} 10 15 LUGAL.MEŠ *i-la-ku wa-ar-ki ri-im-*[^{d}SU.]EN LÚ *la-ar-sa*^{ki} *qa-tam-ma wa-ar-ki i-ba-al-pí-*AN LÚ *èš-nun-na*^{ki} *qa-tam-ma* / *wa-ar-ki a-mu-ud-pí-*AN LÚ *qa-ṭá-nim*^{ki} *qa-tam-ma*/ *w*[*a-a*]*r-ki ia-ri-im-li-im* LÚ *ia-am-ḫ*[*a-a*]*d*^{ki} 20 LUGAL.MEŠ *i-la-ku* . . .（Dossin, G. 1938, p. 117-118）なお，*ta*-ar-ma-ni*$_{5}$*-im**^{ki} は，Durand, J.-M. 1987b，230による。Charpin, D. & N. Ziegler 2003b, 206, n. 330も参照。

2） G. Dossin は，この地名を *ša-ar-ma-ne-eḫ*^{ki} と読んだが，そのような地名はこれまでに知られていない。ここでは，J.-M. Durand に従って，*ta*-ar-ma-ni*$_{5}$*-im**^{ki} と読む。タルマンニはイダマラズ地方の町で，小王国の首都の座にもなっていた（Charpin, D. - N. Ziegler 2003b, 267）。

次のように告げました。すなわち，「自分たちだけで強い王はいない。バビロンの王（文字通りには「人」以下同じ）ハンムラビには10人（から）15人の王が従い，ラルサの王リム・「シ」ンには同数の（王が従い），エシュヌンナの王イバル・ピ・エルには同数（王が従い），カトナの王アムト・ピ・エルには同数（王が従い），ヤム［ハド］の王ヤリム・リムには20人の王が従う……」と。

メソポタミア南部のバビロン王国とラルサ王国，ディヤラ川流域のエシュヌンナ王国，シリア西部のアレッポを首都とするヤムハド王国とその南に位置するカトナ王国，そしてユーフラテス川中流域にあったジムリ・リムのマリ王国もこれに加わり，合わせて6国が覇を争っていた（地図1）。手紙の発信人イトゥール・アスドゥは，当時イダマラズの都市ナフル[3]に駐在していたマリ王国の高官で，ジムリ・リムに好意的なイダマラズの王たちをタルマンニに集めてジムリ・リムに対する支持を表明するためにイシュタル女神の犠牲祭に出席するよう勧めたものと思われる。

ジムリ・リムの統治期間は13年と数ヶ月とされるが，イトゥール・アスドゥの演説はジムリ・リム時代の最盛期であった治世6-10年（=5'-9'年）の一時期を反映したものであったと考えられている[4]。バビロンのハンムラビ王がラルサ，エシュヌンナ，そしてマリの諸王国を滅ぼしてバビロニアを統一するわずか数年前のことである。

本小論において取り上げるジムリ・リム治下のマリ王国は，ほかの5つの王国と同様アムル人[5]の王国であった。しかしマリ王国は，当時のメソポタミア

3）シャムシ・アダド1世時代の手紙ARM V 51によると，Naḫurは，Talḫayûm, Kiridaḫat, Ašnakkumなどと並んで，イダマラズ地方の4地区の1つで，Naḫurの町はその地区の行政センターになっていた。現在のトルコとの国境近くのシリア北部の町カミシュリかその近くに位置したとする意見がある。Heimpel, W. 2003, 618.

4）Charpin－Ziegler 2003b, 206, B. Lafontはイトゥール・アスドゥのこの手紙をマリが最盛期に入る直前のジムリ・リム治世5年（＝4'年）に年代付けしている（Lafont, B. 2001, 222, n. 33）。

文明の中核地帯から離れたユーフラテス川中流の河岸の地マリに首都を置き，定住民と遊牧民の両方を支配下に持つ特異な王国であった[6)]。以下では，メルフム役人に注目することによって，マリ王国の遊牧民支配の一側面を見てみたい。

1　定住民と遊牧民の二重王国

1-1　ジムリ・リムの王号をめぐるいくつかの問題

マリ王国の特異性をよく示しているのが，ジムリ・リムとその祖父（または叔父）で，マリにおける西セム系の王朝の創設者であったヤハドゥン・リム王の王号である。ジムリ・リムの王号を伝えているのは，次に掲げる建築碑文が１点（A）と印章碑文が３点（B～D）である。

A．ジ［ムリ・リム］／ヤハド［ゥン・リム］の子／マリ［，トゥトゥル］および［ハナの］地の王／（以下省略）（建築碑文）[7)]

---

5)　アムル（アモリ）人という呼称は，アッカド王国のシャル・カリ・シャリ（在位前 2217-2193 年頃）の頃から文献に登場する。メソポタミア南部に文明を築いたシュメール人やアッカド人は，アムル人を西方からやって来た人々という意味のシュメール語で MAR.TU，アッカド語で *Amurrû* と呼んだ。前 20 世紀になるとこれらの西セム系の民族は西アジアの各地に自分たちの王国を創設した。先に言及したイトゥール・アスドゥの手紙に言及されているバビロン王国をはじめとする諸王国はいずれも西セム系の王国であった。

6)　同じく周辺部に位置しながら覇を競い合ったヤムハド（首都はハラブ＝アレッポ）やカトナからは当時の文字資料が出土しておらず，マリ文書を通して分かっていること以外は，ほとんど何もわかっていない。

7)　^{I}*zi-i*［*m-ri-li-im*］/ DUMU *ia-aḫ-d*［*u-un-li-im*］/ LUGAL *ma-ri*［^{ki} *tu-ut-tu-ul*^{ki}］/ *ù ma-a-at*［*ḫa-na*^{ki}］以下省略（R.I.M.E. 4, E 4.6.12.3）。ジムリ・リムの祖父（あるいは叔父？）であるヤハドゥン・リムもマリとトゥトゥルおよびハナの地の王（^{I}*ia-aḫ-du-un-li-im*/ DUMU *ia-gi*（*）*-id-li-im*/ LUGAL *ma-ri*^{ki}/*tu-ut-tu-ul*^{ki}/ *ù ma-at ḫa-na*^{ki}）」（R.I.M.E. 4, E 4.6.8.1:1-5）と称していた。

B．ジムリ・リム／ダガン神に任命された者／エンリル神に愛される者／ユーフラテス川の河岸を征服した者／マリおよびハナの地の王／ヤハドゥン・リムの子（印章碑文）[8)]

C．ジムリ・リム／ダガン神に任命された者／エンリル神に愛される者／マリおよびハナの地の王／ヤハドゥン・リムの子（印章碑文）[9)]

D．ジムリ・リ［ム］／ダガン神に愛［される］者／［…］神に［任］命された者／マリおよびハナの地の王／ハドゥニ・［アッドゥ］の子（印章碑文）[10)]

これら4点（A～D）の碑文に見られる王号の検討に入る前に整理しておかなければならないことがある。既にお気付きの通り，A～Cの3つの碑文はジムリ・リムをヤハドゥン・リムの子としており，先にヤハドゥン・リムがジムリ・リムの祖父（あるいは叔父）であったと述べたことと矛盾する。それどころか，4つ目の碑文（D）は，ジムリ・リムがヤハドゥン・リムの子ではなかったことを示唆する。

ここでは，この問題に関する比較的妥当と思われるシャルパン－ツィーグラーの説を紹介するに留めたい。2人の説は，ヤハドゥン・リムの子供たちについては不明な点が多いが，ヤハドゥン・リムには，スム・ヤマム（ヤハドゥン・リムの後に王位に即いた），ラナ・アッドゥ，ハドニ・アッドゥ他の子供達がいて，ジムリ・リムは，印章碑文（D）が示唆しているように，ハドゥニ・アッ

8）　^{I}*zi-im-ri-li-im ša-ki-in* ^{d}*da-gan* / *na-ra-am* ^{d}*en-líl* / *ga-mi-ir* / *aḫ* ^{I7}BURANUN^{ki} / LUGAL ma-ri^{ki}/*ù ma-a-at ḫa-na* / DUMU *ia-aḫ-du-un-li-im*（R.I.M.E. 4.5.12.4）．なお，ヤハドゥン・リムも都市名トゥトゥル抜きの「ヤハドゥン・リム，ヤギド・リムの子，マリおよびハナの地の王（^{I}*ia-aḫ-du-un-li-im* / DUMU *ia-gi-id-li-im* / LUGAL *ma-ri*^{ki} / *ù ma-at ḫa-na*^{ki}）（R.I.M.E. 4, E4.6.8.2:17–19）」という王号を使用していた。

9）　*Zi-im-ri-li-im* / *ša-ki-in* ^{d}*da-gan* / *na-ra-am* ^{d}*en-líl* / LUGAL *ma-ri*^{ki} /*ù ma-at ḫa-na* / DUMU *ia-aḫ-du-un-li-im*（R.I.M.E. 4, E 4.6.12.5）．

10）　*Zi-im-ri-li-i*［*m*］/［*n*］*a-ra-am* ^{d}*da-gan* /［*š*］*a-ki-in* ^{d}［. . . ］/LUGAL *ma-ri*［^{ki}］/ *ù ma-at ḫ*［*a-na*］/ DUMU *ḫa-ad-ni-*^{d}［IM］（R.I.M.E. 4, E4.6.12.6）．

ドゥの子供であったとする。従って，ジムリ・リムはヤハドゥン・リムの子ではなく孫ということになる。このことは，ジムリ・リムの母アッドゥ・ドゥリAddu-dūrīがハドニ・アッドゥの妻であったとされることとも符合する。ただし，ハドニ・アッドゥはヤハドゥン・リムの子ではなく兄弟だとする意見もあるので，ジムリ・リムがヤハドゥン・リムの甥であった可能性も残っている[11)]。

では，なぜA～Cの3つの碑文で，ジムリ・リムがヤハドゥン・リムの子と書かれることになったのだろうか。実は，ヤハドゥン・リムの治世とジムリ・リムの即位の間には，ヤハドゥン・リムの子スム・ヤマムの20ヶ月ほどの治世[12)]と20年近いシャムシ・アダド1世の王国（「上メソポタミア王国」）による支配期間[13)]があり，その間ジムリ・リムがアナトリア地方に亡命していたという事情がある[14)]。ジムリ・リムは，シャムシ・アダド1世の王国の崩壊後，ヤムハド王国の支援を受けて祖父が創設したマリの王座を奪還したが，その後，自分がヤハドゥン・リムの正統な後継者であることを宣言する意味で「ヤハドゥン・リムの子」と称したというのがシャルパン－ツィーグラーの説である[15)]。

1-2　ユーフラテス川河岸地帯の王国

さて，ジムリ・リムの王号の問題に話を戻そう。ジムリ・リムは，彼の3種類の印章碑文（B～D）の中で，同一の王号「マリとハナの地の王」を使用す

11)　Charpin－Ziegler 2003b, 44–45; 175, n. 37.

12)　Charpin－Ziegler 2003b, pp. 66–69, 175.

13)　Charpin－Ziegler 2003bによると，シャムシ・アダド1世の支配期間は前1792-1775年頃であった（Charpin－Ziegler 2003b, 75）。

14)　ジムリ・リムの亡命がヤハドゥン・リムからスム・ヤマムへの政権交代の時かシャムシ・アダド1世王国による支配が始まった時かははっきりしない。また，亡命先は，従来アレッポとされてきたが，ここではDurandに従ってアナトリアとしておく（Durand1998, 487）。

15) Charpin－Ziegler 2003b, 175.

る。しかし，上に引用した建築碑文（A）には，「マリ［，トゥトゥル］およびハナの地の王」とある。欠損箇所に地名トゥトゥルを復元するのが正しいかどうか若干の疑問があるが，おそらく，祖父（あるいは叔父？）ヤハドゥン・リムが建築碑文 R.I.M.E. 4, E4.6.8.1 で使用した王号「マリ，トゥトゥルおよびハナの地の王」に基づく復元であろう[16)]。

「マリ（，トゥトゥル）およびハナの地の王」は，マリ（，トゥトゥル）の王（以下マリの王と記す）であり，かつハナの地の王でもあることを示す複合的な王号である。マリの王とは，ユーフラテス川の河岸地帯（より厳密には，上流のトゥトゥルから下流のマリまでの間の河岸地帯）の王の意味である。上に引用した印章碑文（B）で，ジムリ・リムは自身を「ユーフラテス川の河岸を征服した者」と述べているが，このことと，同じ碑文中で，ユーフラテス川中領域（河岸地帯）の最高神ダガン[17)]をジムリ・リムに対する王権付与者としていたことと密接に関連している。なぜ支配領域が河岸地帯に限定されていたのかと訝る向きもあるかもしれないが，ユーフラテス川中流域の年間降水量は，天水農耕に不可欠の年間最低降水量 250 ミリメートルをかなり下回っており，ユーフラテス川の河岸地帯（マリの辺りでは川を挟んで幅約 12 キロメートルほどの氾濫原）の両側に広がる台地は人の住まない荒地で，農耕はもちろんヒツジ・ヤギなどの小家畜の飼養にも適さない土地であった（図 1）。

ジムリ・リム時代，この地域は，南からマリ Mari，テルカ Terqa，サガラートゥム Saggarātum およびカトゥナン Qaṭṭunan の 4 つの地区（*ḫalṣum*）に分かれており，ジムリ・リムはこれらの地区を知事（*šāpiṭum*）を通して，または各地区に存在する大小の町や村は，それぞれの町村の行政の長であるスガーグム（*sugāgum*）を通して統治した。知事は，通常，中央から派遣され，スガーグムは在地の有力者の中から王によって任命されたようである[18)]。

---

16)　しかし，ヤハドゥン・リムはもう 1 つの建築碑文（R.I.M.E. 4, E4.6.8.2）の中では，地名トゥトゥル抜きの王号を使用している。ヤハドゥン・リムの王号における地名トゥトゥルの有無の意味は定かでない。

17)　ダガン神については，Nakata1974, 111-122（本論集の第 16 章を参照）。

ユーフラテス川中流域の河岸地帯は，もともとヤミン人[19]が拠点としていた地域であった。ヤミン人はヤハドゥン・リムの時代に1回[20]，ジムリ・リム時代には2回にわたって，マリ王権に対して反乱を起こしたが[21]，いずれの反乱も簡単に鎮圧されて，マリ王権の支配に服した。この後，ヤミン人はマリの王権による人口調査[22]を受け入れ，それに基づく兵役義務と運河工事などの労役義務を担うことになった。

ヤミン人達は5つの部族[23]に分かれ，それぞれに部族長（「王」と呼ばれた）がおり，これまで知られている3回の反乱の後も，この部族の仕組みはそのまま温存されていた。部族長を中心とした意思決定構造とマリ王権の役人である知事（シャーピトゥム）や市長（スガーグム）によるマリ王権の支配構造がどのように関わっていたのかについては，史料が少なくよくわかっていない。

移牧に携わるヤミン人たちがユーフラテス川の河岸地帯から遠く離れたバリフ川上流域（ザルマックム地方）で放牧していたことはよく知られているが，他にもヤムハド王国，カトナ王国，およびアムル王国などの領土にまでヒツジ・ヤギの群れを連れて移動するヤミン人もいたらしい[24]。マリ王権はおそらくこ

---

18)　Nakata, I 1989, 113-118（本論集第4章）を参照。

19)　ヤミン人は，直訳すると，「南（日の出の方向に向かって「右」の意味）の子等」の意味で，後述のシマル人，すなわち，「北（日の出の方向に向かって「左」の意味）の子等」と対をなす呼称であった。そして，ヤミン人もシマル人も，ともに西セム系の民族で，遡れば，同じ先祖にたどり着くと考えられていた。なお，ヤミン人，シマル人，およびハナの意味と用法についての議論は大西 2007, 1-19 によくまとめられている。

20)　ヤハドゥン・リムの建築碑文（R.I.M.E. 4, E 4680:67-91）。

21)　中田 2009，79-81（本論集第5章）を参照。

22)　人口調査については，中田 1990，1-70（本論集第6章）を参照。

23)　ヤフルル族（Yaḫrurû），ヤリフ族（Yariḫû），ウプラプ族（Uprapû），アムナーヌム族（Amnānum）およびラッブー族（Rabbû）の5部族。Adelina Millet Albà によると，ジムリ・リム治世5年頃のマリ，テルカおよびサガラートゥムの3地区のヤミン人の人口は，これら3地区の全人口（Adelina Millet Albà は約5万人と推定する）の約4分の1であったと見積もる。（Albà 2004, 225-234）。

24)　「ヤムハドの国，カトナの国，およびアムルの国がヤミン人の放牧地（*nigḫum*）

れらの人々も知事やスガーグムを通してある程度掌握していたものと思われる。

1-3　移牧に携わる遊牧民の王国

では，ジムリ・リムの複合的な王号「マリおよびハナの地の王」の後半部分であるハナの地の王とは何を意味するのであろうか。ジムリ・リムが属したマリ王朝（いわゆるリム王朝）の創設者であるヤハドゥン・リムの王号も基本的にはジムリ・リムの王号と同じで，彼もハナの地の王でもあった。ハナ（*ḫana*）は，従来固有名詞と考えられ，西セム系民族であるヤミン人とシマル人の総称（自称）で，メソポタミア南部で使用されていたアムル人という呼称（他称）に対応するものと考えられていた。しかし，最近では，デュランに従って，これを移牧に携わる遊牧民を意味する普通名刺と理解するのが一般的になっている。これに従うと，「ハナの王」とは遊牧民の王ということになるが，これでは余りにも漠然としていて王号に相応しくないと思われる。幸いなことに，中央アナ・トリア南部のアジェムホユック[25]から出土した2つの粘土製封泥に，ヤハドゥン・リムの娘ナギハ［……］の印章の印影が残っていた。それによると，「ナギハ［……］／マリおよびシマ［ル］人の地の王／ヤハドゥン・リ［ム］の娘」[26]とあり，「ハナの地の王」の意味について，極めて重要な示唆を与えてくれる。すなわち，「ハナ」とは，実は（移牧に携わる）「シマル人」を意味したのである[27]。ヤハドゥン・リムはユーフラテス川中流の河岸地帯の王

で，ヤミン人たちはその国で穀物（大麦）をたらふく食し，彼らの畜群は草を食べているように，昔からハナ人（移牧に携わるシマル系遊牧民）の放牧地（*nigḫum*）はイダマラズである。」A. 2730:33-38 (Durand, J.-M. 2004, 120-121)。これは *merḫûm* 役人のイバル・エルが主君ジムリ・リムに書き送った手紙の一部である。この手紙については，のちに再度取り上げることになる。

25） 日本オリエント学会編『古代オリエント事典』岩波書店，2004年の「アジェムホユック」（大村正子）の項を参照。

26） ［*n*］*a-gi-ḫa-*［…］/ DUMU.MUNUS *ia-aḫ-du-li-im*［ki］/ *ù ma-at* DUMU *si-im-*［*a-al*］(R.I.M.E. 4, E4.6.8.6).

であると同時に，（移牧に携わる）シマル人の王でもあった。

シマル人は，ユーフラテス川中流の河岸地帯（氾濫原）に定住し，農耕を営むグループ[28]と移牧を行う遊牧民グループに分かれていた。メルフム役人（*merhûm*）のイバル・エル Ibāl-El は，ヤミン人の放牧地（*nigḫum*）がシリア西部のヤムハド王国，カトナ王国，あるいはアムル王国にまで及んでいると述べた同じ手紙の中で，「昔からハナ人（移牧に携わるシマル系遊牧民）の放牧地（*nigḫum*）はイダマラズである」と述べている[29]。イダマラズとは，シリア北部のハブル三角地帯を指す地域名である。ここは，天水農耕が可能な年間最低降水量 250mm 以上の降水量に恵まれ，現在でも，シリアの穀倉地帯とされている。メルフム役人イバル・エルは，主君ジムリ・リムからの別の問い合わせに対して，シマル人遊牧民の「放牧地／畜群（*nawûm*）の右はエビフ（Ebiḫ）山であり，左はタルハユム（Talḫayum）です。」（A.3901）とも述べている。*nawûm* という言葉は，「放牧地」，「放牧地の家畜」あるいは「放牧地の遊牧民」などと，訳し分けられるが，常にうまく訳し分けられるとは限らない。ここでは北に向かって左／右といわれているので，シマル人遊牧民の放牧地／畜群は，ティグリス川の東側のハムリン盆地からイダマラズ西部のタルハユムまで広がっていたことになる。ハムリン盆地も，250mm 以上の年間最低降水量に恵まれた地帯であった。

この広大な地帯には，「王」が統治する多くの小王国があった。本小論の冒頭で引用したイトゥール・アスドゥの手紙の中で，彼は「王たち」を集めて，マリにおけるイシュタル女神の犠牲祭に出席するよう勧めたとされるが，この手紙の無名の「王たち」がまさにこのような小王国の王たちであった。従っ

27）注 19 を参照。

28）注 23 で述べたように，Millet Albà は，ジムリ・リム治世 5 年ころのマリ，テルカおよびサガラートゥムの 3 地区の全人口を約 4 万人と推定しているが，その約 4 分の 1 がヤミン人であったとみている。ということは，残りの約 4 分の 3 がシマル人他であったということになる。特にマリ地区には，シマル人の町や集落が多く存在した。Albà 2004, 225–234 を参照。

29）注 24 を見よ。

て，ジムリ・リムの複合的な王号に「ハナの地」が含まれていても，それはイダマラズ全域をマリ王国の領土として支配したという意味ではなく，そこで羊や山羊の群れを放牧させながら移動するシマル人遊牧民の人格支配のみを意味したに過ぎないのである。当然，それら小王国の住民である農耕民は自国の「王」の支配に服していた。

シマル人は，大きくヤバス（Yabasu）とアシャルガユム（Ašargayum）の2つのグループに分かれるが，これらについて言及された史料が少ないため，その実態はよくわかっていない。便宜上，これらを部族と呼んでおくが，ヤミン人の5部族の場合と違って，「王」と呼ばれる部族長は知られていない。

2　メルフム役人

2-1　メルフム役人の任命者

移牧に携わるシマル人遊牧民にとって不可欠の役割を果たしたのが，既に何度かでてきたメルフム役人（*merhûm*）である。メルフム役人は，「遊牧地の長」と解される。イダマラズで活躍したメルフム役人は，イバル・エルの他に，イバル・ピ・エル Ibāl-pî-El も知られているので，ヤバスとアシャルガユムの2つの部族に対応して2名のメルフム役人がいたのではないかというのが比較的有力な意見である。

ほかにも，後述するごとく，シャムシ・アダド1世の王国が崩壊した直後ジムリ・リムのマリ王座復帰に重要な役割を果たしたバンヌム Bannum がメルフム役人であったことが知られているし[30]，また，ヤミン人の間にもメルフム役人がいたこともわかっているが（後に引用する ARM I, 62 を参照），その役割やマリ王権との関わり合いについてはほとんど何もわかっていない。

メルフム役人が主君である王に手紙を書くときは，発信人である自分の名前

30）　中田 2022, 61-70 を参照。

を記した後，「あなた（王）の僕」と書いた。これは王国の役人の手紙に共通することで，任命者が王であったことを示している。ジムリ・リム時代のメルフム役人の任命の実際については史料がなくわかっていないが，メルフム役人の任命に関わりのある史料が全くないわけではない。その1つが，次に引用するバンヌムの手紙（A.1098）である。

もし，（移牧に携わる）遊牧民たち（LU_2 *ḫa-na*）が他のメルフム役人を任命するよう／あなた様（ジムリ・リム）に圧力をかけ，「われわれのメルフム役人であるバンヌムが／ユーフラテス川河岸に滞在するのなら，われわれは別のメルフム役人を任命したい（*nišakkan*）」と言うなら，／あなた様は彼らに次のように回答してください。すなわち「以前彼（バンヌム）は遊牧地（*nawûm*）に住んでいた。しかし，シマル人，ヌムハ，およびヤムトバルの基盤は確立された。／彼はユーフラテス川河岸に来て，／要塞を明け渡させ，ユーフラテス川河岸におけるお前たちの基盤を確立した。／現在，私はここ（イダマラズ）にきているので，／その人（バンヌム）を要塞の守備のために残した。／さて，私が（マリに）到着し次第，お前たちのメルフム役人をお前たちに送り返すことにしよう。」このようにあなた様は彼らに回答してください（A.1098:6'-15'）[31]。

バンヌムは，シャムシ・アダド1世の王国がマリを支配していた時代に既に

31） *ù šum-*[*ma* LÚ *ḫa-na a-na me-er-*[*ḫi-i*]*m ša-ni-im-ma ša-ka-nim/ik-ta-*[*ab*]*-ta-ku-um um-ma-m*[*i iš-t*]*u-ma ba-an-nu-um me-er-ḫu-ni/ i-na a-aḫ pu-ra-at-tim wa-ši-ib* [*me-er*]*-ḫe-em ša-né-em ni-ša-ka-an/ at-t*[*a k*]*e-em a-pu-ul-šu-nu-ti um-ma at-ta-ma pa-na-nu-um i-na na-wi-im ú-ši-ib-ma/ iš-di* [DUM]U *si-ism-a-al nu-um-ḫa-a ia-mu-ut-ba-al*^{ki} *ša-ki-in-ma / a-na a-aḫ pu-ra-at-tim it-ta-al-kam-ma/ da-*[*an*]*-na-tim*^{ki} *ú-še-ep-ti-ma iš-di-ku-nu i-na a-aḫ pu-ra-at-tim ú-ki-in/i-na-an-na aš-šum a-na-ku an-ni-i*[*š*] *al-li-ka-am/* LÚ *ša-a-ti i-na a-aḫ pu-ra-at-tim a-na da-an-na-ti*[*m*] *ku-ul-lim ú-zi-ba-aš-šu/ i-na-an-na ki-ma ka-ša-di-ia me-er-ḫi-ku-nu a-ṭà-ra-da-ku-nu-*⌜*ši*⌝*-im an-ni-tam a-pu-ul-šu-nu-/ti*（A.1098:6'-15'）. Villard, P. 1994, 297, n. 33.

メルフム役人となっていて，イダマラズのシマル系遊牧民たちだけでなく，シンジャル山南のヌムハやヤムトバル地方でも多大の信頼を得ていたことがわかる。バンヌムは，シャムシ・アダド1世の王国が崩壊した後，その王代としてマリを支配していたヤスマハ・アッドゥ（シャムシ・アダド1世の子）をマリから追い出し（暗殺し？），王都の解放に貢献したが，ジムリ・リムが即位後まもなく支配権強化のためにイダマラズに遠征中，バンヌムを王都マリの留守役に任命していたことが背景にあった。

放牧地にいる遊牧民たちは，ジムリ・リムに，自分たちのメルフム役人を返して欲しい，さもなければ我々は別のメルフム役人を任命する（*nišakkan*）というのである。これを文字通り読むと，メルフムの任命権者は放牧地の遊牧民ということになるが，これは，バンヌムが自身を「あなた（王）の僕」と呼んでいることからも信じ難い。幸い，シャムシ・アダド1世の時代に，王代としてマリを統治していたヤスマハ・アッドゥが，ハブ［ドゥマ・ダガン］をメルフム役人に任命することに関して父王シャムシ・アダド1世にお伺いを立てた手紙の回答（手紙）が残っている。

(5'-7') 話かわって，アヤ・ラ・スム（の子）ハブ［ドゥマ・ダガン］を「メルフム職」に任命することに関して，お前は書いて寄越した。［お前が書いて寄越した］ように，(8'-9') ハブドゥマ・ダガンはメルフム［職］に任命するのに適している。彼の知事職は何ほどのものなのか？ (10') 彼は広大な領土を治めているとでも言うのか？ (11') 彼にトゥトゥルを治めさせ，（同時に）メルフム役人としての務めも果たさせよ。(12') 彼の同僚たちが広大な領土を治めているように，(13'-14') 彼は（引き続き）トゥトゥルを治めるべきである。（そうすれば）それ（？）は［彼の同僚］が治める領土のように（広大に？）なる（ARM I 62:5'-14'）[32]。

---

32)　(5') *ša-ni-tam aš-šum ḫa-ab-* [*du-ma-*^{d}*da-gan*] (6') ^{I}*a-ia-la-su-mu-ú a-na* [*me-er-ḫu-tim*] (7') *ša-ka-nim ta-aš-pu-ra-am ki-ma ša t*[*a-aš-pu-ra-am*] (8') *ḫa-ab-du-ma-*^{d}*da-gan-ma a-na me-er-ḫu-*[*tim*] (9') *ša-ka-nim i-re-ed-du mi-nu-um ša-pí-ṭú-us-sú* (10') *tu-ša-ma ma-*

この手紙はシャムシ・アダド1世の時代のものであり，メルフム役人候補のハブ［ドゥマ・ダガン］にトゥトゥルの知事も兼ねさせると言うのであるから，ヤミン人遊牧民のメルフム役人の任命話かもしれないが，任命者は王とされている点は，先のバンヌムの手紙の解釈の際にも参考になる。ついでに付け加えると，この手紙を読む限り，メルフム職は知事職より上位の役職と考えられていたようである。

2-2　遊牧民とその畜群の安全管理

メルフム役人の役割は多方面にわたっている。何よりも重要なのは，遊牧民とその家畜の群れの安全を確保することであろう。メルフム役人であったイバル・ピ・エルはシマル人遊牧民が放牧地を決めてテントの設営を始めるときに，放牧地（*nawûm*）を4つの管轄区に分け，それぞれの管轄区の安全に関して内臓占いを行わせている。イバル・ピ・エルからマリ王ジムリ・リムに宛てた手紙によると，第1の管轄区は，「荒野の放牧地」であったが，内臓占いの結果は「吉」であった。第2の管轄区は「シンジャル山の東側と西側にある放牧地」で，この管轄区の安全に関する内臓占いの結果は「凶」であった[33]。第

---

tam ra-pa-áš-tam i-ša-ap-pa-a[*r*]（11'）*ù tu-ut-tu-ul*^{ki} *li-iš-pu-ur ù me-er-ḫu-tam li-pu-úš*（12'）*ù ki-ma* LÚ.MEŠ *tap-pu-šu ma-tam ra-pa-áš-tam i-ša-ap-pa-ru*（13'）*ù šu-*[*ú t*]*u-ut-tu-ul*^{ki} *li-iš-pu-ur ù ki-ma ma-tim*（14'）*ša tap**-[*pu-šu*] *i-ša-ap-pa-ru šu-ú*（ARM I, 62:5'－14'）.

33）（5）遊牧民たちが（テント）設営に入っていたので，［再］び，（6-7）私が命じて，4つの管区に分けて放牧地の安［全に関して］内臓占いを行わせました。（8）最初の管轄区（ステップ）の放牧地に関して［内臓］占いを行わせた［ところ］，荒地（の）放牧地の［占］い結果は吉でした。2つ目の管轄区，すなわち（11）シンジャル（山）の東側と西側（12）の放牧地に関して内臓占いを行わせました。（13）シンジャル山の放牧地に関する占い結果は凶でした。（以下省略）（（5）[*a-tu*]*-ur-ma ki-ma na-wu-u*[*m i-n*]*a ša-ka-ni-ša*!（6）*a-*[*na-ku*] *te-re-tim a-na* 4 *q*[*a*]*-ta-tim*（7）*a-*[*na šu*]*-lum na-we-e-em ú-še-pí-iš*（8）[*qa*]*-ta*[*m i*]*š-te-*[*e*]*t a-na na-we-e-em ša qa-ṣe-e-em*（9）*ú-še-pí-*[*i*]*š-*[*ma te*]*-re-tum ša a-na na-<we>-e-em*（10）[*š*]*a qa-*[*ṣ*]*e-e-e*[*m ša-a*]*l-ma qa-tam ša-ni-tam*（11）*a-na na-we-e-em š*[*a i-na a*]*q-da-ma-at* ^{d}SAGGAR$_2$（12）*ù a-ḫa-ra-ti* [*ša-a*]*k-na-at ú-še-pí-iš-ma*（13）*te-re-tu ša a-na na-we-e-e*[*m š*]*a ša i-na* ^{d}SAGGAR$_2$（14）*ša-*[*a*]*k-na-at la-ap-*

3，第4の管轄区についても内臓占いが行われたはずであるが，手紙のその部分は破損していて判読不可能である。この手紙には，シンジャル山の南東部で，涸れ川タルタルへの出発点に当たる地名ガッシュム Gaššum[34] も見えるので，内臓占いの対象となった放牧地は，4管轄区すべてを合わせると，相当広大であった。

安全に関する内臓占いを行って万全を期しても，放牧地にはいろいろなことが発生し，メルフム役人はその対応に追われたようだ。メルフム役人イバル・エルの手紙（A.915，Amurru 3, p. 143）によると，畜群に損害が生じ，そのニュースがジムリ・リム王に伝わったらしい。イバル・エルは，王からの問い合わせに対して，「何らかの損失については，アシャルガユム人（シマル人の1部族）とシマル人が（直接）私に問い合わせて来るべきです」[35] と述べている。デュランは，これをメルフム役人が損失の責任を取ることを表明したものと理解する[36]。イバル・エルは，これに続いて，（その）畜群を再編し，ヤムトバル地区から撤退させたと報告している[37]。

また，イバル・エルは同じ手紙（A.915）で畜群に疫病が発生したこと（？）を報告している。

（15）ワディ（涸れ川［複数］）の（シマル人）遊牧民はヒツジに（16）疫病を罹患させ（？），次のように苦情を言っています。（17-18）「どうしてメルフム役人は来て，彼の畜群（の面倒）を（19）見ないのだ？」と。（19-20）私は彼らの苦情を聞き，ディールまで（21）行き，言葉をかけて（22）放牧地の人々の気持ちを鎮めました[38]。

---

ta）（ARM XXVI/1, 180:5:14［A.4470］）. 訳はこのテキストを出版した J.-M. Durand の訳と若干異なるところがある。

34） Gaššum については，Durand 2004, 139 を参照。

35） *a-na ḫi-ṭì-tim mi-im-ma a-ša-*［*ru*］-［*ga-yu-ú-um*］/ *ù* DUMU *si-ma-a-al*^{meš} *li-ša-la-a*［*n-n*］*i*（Durand 2004, 143）.

36） Durand 2004, 144.

37） A.910:11-12（=Durand 2004, 144）.

2-3　放牧地の小王国との友好関係の確保

シマル系遊牧民が移牧を行った土地は，シンジャル山の南側やティグリス川の東側にまで及ぶこともあったが，基本的には，イダマラズと呼ばれる，比較的降水量に恵まれた地域であった。そこには，いくつもの小王国があり，その住民は農耕民であったことについては，既に触れた。移牧に携わるシマル人にとっては，彼らの畜群のための水や塩[39)]や放牧地と，自分たちが食べる穀物が必要であり，放牧地の農耕民から手に入れる必要があった。他方，農耕民にとっても遊牧民が提供する羊の乳製品や食肉用の子羊（オスの羊は生後18ヶ月くらいで犠牲用あるいは食用として売却処分されるのが普通であった）が必要であった。このように，遊牧民と農耕民は，相互補完の関係にあったが，生活習慣や価値観の違いなどあり，争いを起こすこともあった。従って，移牧に従事する遊牧民にとっては，定住農耕民と良好な関係を維持することが重要であった。メルフム役人は，イダマラズの王たちと条約を結ぶことによって，相互の友好関係を確立するよう努力した。以下に，メルフム役人イバル・エルがマリ王ジムリ・リムに書き送った極めて興味深い手紙（A.1056=ARM II, 37）を紹介したい。

(1) わが主に言え。(3) あなたの僕，(2) イバル・エル（は次のように申します）。(4) イバル・アッドゥの手紙がアシュラッカから (5) 到着しましたので，私はアシュラッカに (6a) 行きました。(7)（シマル系）遊牧民とイダマラズの間で (6b) 子ロバを殺すために（条約を結ぶために）(8) 彼らは子犬と子山羊を連れてきましたが，(9) 私はわが主に敬意を払って，子犬 (10) と子山羊

---

38)　LÚ *ḫa-na*^{meš} *ša na-ḫa-li* UDU.ḪÁ / *ú-ša-am-qí-it-ma ut-ta-as-sà-mu* / *um-ma šu-nu-ma a-na mi-nim me-er-ḫu-um* / *la i-la-kam-ma na-wa-*{ŠU}*-šu* / *ú-ul i-pa-la-ás ta-az-zi-im-ta-šu-nu* / [*e*]*š-me-e-ma a-di de-er*^{ki} / [*a*]*l-li-ik-ma i-na a-wa-tim* / [*li-*]*ib-bi na-we-im ú-ni-iḫ* (A.915:15-22, Amurru 3, 143).

39)　Guichard, M. 1997, 186-188 を参照。

を（殺すことを）許しませんでした。(11) 私は母ロバの子である子ロバを (12) 私自身が（命じて）殺させました。(13-14) 私は（シマル系）遊牧民とイダマラズの間に条約（関係）を成立させました。(15) フラに至るまで，(16) イダマラズ全域で (17-18) ハナ人は満腹するまで食することができるでしょう。そして満腹した人は争いを起こしません[40]。(19) どうかわが主は喜んでくださるように。この手紙を (20) ラタスパトゥムから (21) わが主の許に送らせます。(22) 私のこの手紙の後 (23) 2 日で［わが］主の許に (24) 到着するでしょう。(25) 畜群とシマル人（遊牧民）は平穏です[41]。

ここで，「子ロバを殺す」(6b 行）と直訳した表現はシマル人の間で「協定／条約／契約を結ぶ」ことを意味した。小動物を殺す行為は，一種の象徴行為で，もし条約に違反すれば殺された動物のようになると言うことを意味したものと思われる[42]。ただし，この儀式で使用される動物には地域や民族／部族に

40）　この箇所の訳は CAD Š$_1$, p. 11b による。

41）　(1) *a-na be-lí-ia qí-bí-ma* (2) *um-ma i-ba-al-*AN (3) ÌR-*ka-a-ma* (4) *tup-pí i-ba-al-*^{d}IM *iš-tu áš-la-ak-ka*^{ki} (5) *ik-šu-da-am-ma a-na áš -la-ak-ka*^{ki} (6) *al-li-ik-ma a-na ḫa-a-ri-im qa-ṭá-li-im* (7) *bi-ri-it ḫa-na*^{meš} *ù i-da-ma-ra-az* (8) *me-ra-na-am ù ḫa-az-za-am iš-šu-ni-im-ma* (9) *be-lí ap-la-aḫ ma-a me-ra-na-am* (10) *ù ḫa-az-za-am ú-ul ad-di-in* (11) [*ḫa*]*-a-ra-am* DUMU *a-ta-ni-im* (12) [*a*]*-na-ku ú-ša-aq-ṭì-il* (13) *ša-li-ma-am bi-ri-it ḫa-na*^{meš} (14) *ù i-da-ma-ra-aṣ aš-ku-*[*u*]*n* (15) [*a-d*]*i ḫ*[*u*]*-ur-ra-a*^{ki} (16) *i-na i-da-ma-ra-aṣ ka-li-šu* (17) *ḫa-na*^{meš} *i-ša-ab-bi-i-ma ša-bi-'u*$_5$*-um* (18) *ge-re-em ú-ul i-šu-ú* (19) *be-lí li-iḫ-du tup-pí an-ne-e-em* (20) *i-na ra-ta-as-pa-tim*^{ki} (21) *a-na ṣe-er be-lí-ia ú-ša-bi-l*[*a*]*-am* (22) *wa-ar-ki tup-pí-ia an-né-e-*[*i*]*m* (23) *a-di* U$_4$ 3 KAM *a-na ṣe-er be-lí-ia* (24) *a-ka-aš-ša-da-a*[*m*] (25) *na-wu-um ù* DUMU *si-im-a*$_4$*-al ša-lim*（A.1056 = ARM II, 37）（この翻字は Charpin 1993, 185 による。）なお，ほぼ同じ内容の手紙が Sunuḫru-ḫal にも送られている（A.1056 = Charpin, 1993, 185, No. 9）。

42）　実は，このメルフム役人は，王宮の役人で王の側近でもあるシュヌフラ・ハル（Šunuḫra-Ḫalu）にもほぼ同じ内容の手紙を書き送っているが，そこでは，イダマラズ側の代表たちは「子犬と雌ヤギ（*me-ra-na-um ù ḫa-az-za-am*）」ではなく，「子牛と雌ヤギ（*me-ra-am ù ḫa-az-za-am*）を持ってきたとなっている。おそらく，<*na*>を書き落としたものと思われる。因みに，創世記 15 章 9 節以下で言及されている契約締結には 3 歳の雌牛と 3 歳の雌ヤギと 3 歳の雄ヒツジと山鳩と鳩の雛が使われたこと

よって微妙な違いがあったらしい。地元の王／長老たちは，「子犬と子山羊」を連れてやってきたが，シマル人ジムリ・リムにとっては，「母ロバの子である子ロバ」でなければならなかった。メルフム役人であったイバル・エルはジムリ・リムの流儀を尊重して「子ロバを殺す」儀式を行って条約を結んだ。

メルフム役人は，このように王の名によって（シマル系）遊牧民（*ḫa-na*^{meš}）とイダマラズの間で条約を結ばせたことをジムリ・リム王に報告している。イダマラズはハブル三角地帯の地域名で，具体的にはイダマラズにある小王国の王たちと，（シマル系）遊牧民を代表するメルフム役人が，イダマラズにおける放牧権に関して条約を結んだと言うことである。イバル・アッドゥはイダマラズの主要な小王国の1つであったアシュラッカの王で，アシュラッカにイダマラズの王たちが集まったのであろう。

イバル・エルはイダマラズとの条約締結を内容とするもう1つの手紙（A.2226）を書き送っている。シャルパン D. Charpin によると，これらの2つの手紙（ARM II, 37 と A.2226）は同じ条約締結についての報告で，イダマラズ側の条約参加者の名前が報告されている A.2226 の方が先に送られたものであったのではないかと推定する。

(1) わが主に言え。(2) あなたの僕，イバル・エルは次のように申します。(3) アシュナックムの人（王），イシュメ・アッドゥ，(4) イダマラズの地の長老たち，(5-6) ウルギシュ，シナハ，フラの長老たちとヤプトゥルの長老たちは (7) マラハトゥムにやって来ました。(8-9) シュドゥフムの人ヤタル・マリクとアシュナックムの（人）ア［ピル・シン］とウルギシュの有力者たちが (10) 来て，(11)「われわれはわれわれの［条約］のために，山羊と子犬を (12)［殺したい］」と言いましたが，［私は同意］せず，(13-14) 次のように言いました。「昔から，わが主，［ジムリ・リムは，］［決して］(15)［条約］のために［山］羊や子犬を［殺しませんでした。］と。(16) 私は自ら，銀で

になっている。

（子）ロバを購入し，(17) 雌ロバの子の子ロ［バを殺させました。］（18 行以下の表面は破損。裏面は省略）[43]。

手紙 A.2226 によると，条約にはアシュナックム Ašnakkum の王イシュメ・アッドゥ Išme-Addu のほか，ウルギシュ Urgiš，シナハ Šinaḫ，フラ Ḫurra，およびシュドゥフム Šuduḫum などの小王国がイダマラズのメンバーとして参加しているが，そのほかにイダマラズの北西隣のヤプトゥル Yapṭur 地方の長老たちも参加しているのは興味深い。ア［ピル・シン］はアシュナックムの［人］とされるが，当時は最初に言及されているイシュメ・アッドゥがアシュナックムの王であった。手紙 A.2226 によると，イダマラズの王たち／長老たちが集合しているのはマラハトゥム（「塩の町」）とされるが，シャルパンは条約が締結された場所は ARM II 37 で言及されているアシュラッカの町ではないかと考えている。また，条約締結の時期は，手紙 A.2226 の末尾にイシュタル女神の犠牲祭に出席する予定と書かれていることから，ジムリ・リムの治世 10 年（＝9' 年）で，エシュヌンナ，ついでエラムがそれぞれ弱体化し始め，ハブル川上流域に対する干渉が収まり始めた頃ではないかとする[44]。

ここで紹介したイダマラズとシマル人遊牧民との条約の締結は，基本的には，放牧権をめぐるものであったが，ジムリ・リムのマリ王権に対して敵対関

---

43)　(1) [*a-na*] *be-lí-ia qí-bí-ma* (2) [*u*]*m-ma i-ba-al*-AN ÌR-*ka-a-ma* (3) ^{I}*iš-me-*^{d}IM LÚ *aš-na-ak-ki-im*^{ki} (4) LÚ ŠU.GI.MEŠ *ma-at i-da-ma-ra-az*^{ki} (5) LÚ ŠU.GI.MEŠ *ur-gi-iš*^{ki} *ša ši-na-aḫ*^{ki} (6) *ša ḫu-ur-ra-a*^{ki} *ù* LÚ ŠU.GI.MEŠ *ia-ap-ṭú-ur* (7) *a-na ma-la-ḫa-ti*^{ki} *il-li-ku-nim-*[*m*]*a* (8) ^{I}*ia-tar-ma-lik* LÚ *šu-du-ḫi-im ù a-*[*pil-*^{d}SUʾ EN] (9) [LÚ] *aš-na-ak-ki-im ù qa-qa-da-at ur-gi-iš*^{ki} (10) [*pa-ni*]*-šu-nu iṣ-ba-tu-nim-ma il-li-ku-nim* (11) [*um-ma-m*]*i* ÙZ [*ù*] *mé-ra-nam a-na* [*za-ka-r*]*i-ni* (12) [*i ni-i*]*q-ṭu-u*[*l*] *ù a-na-ku ù-ul* [*am-gu-ur*] (13) [*um-ma a-n*]*a-ku-ma iš-tu pa-na a-di wa-*[*ar-ka*] (14) [*ma-ti*]–[*ma*] *be-el-ni* [^{I}*zi-im-r*[*i-li-im*] (15) [Ù]Z [*ú*]*-lu-ma mé-ra-nam a-na* [*za-ka-ri-im ú-ul iq-ṭu-ul*] (16) *a-na-ku* ANŠE *a-na* KÙ.BABBAR *a-ša-*[*am*] (17) ANŠE *ḫa!-a-ra-am* DUMU-*ra a-ta-n*[*im ú-ša-aq-ṭì-il*] (18) [x x x ANŠE *ḫa!-a-ri-im š*[*u-* ……]（裏面は省略）(A.2226 = Charpin, D. 1993a, 182–185 (No. 7).

44)　この条約締結の歴史的背景については，D. Charpin 1993, 168–171 を参照。

係にある，または同王権と敵対関係にある強国に従属する小王国が，マリ王国に帰属する遊牧民と条約を結ぶことはあり得ず，この条約が同時に政治的な意味を持った宗主権条約でもあったことは言うまでもない。イバル・エルがこの手紙の末尾に，「[その地] はすべてわが主の前に跪きました。どうぞわが主よ，喜んでください！」[45] と述べているのは，その意味である。

3　遊牧民部隊の編成と指揮

3-1　シマル系遊牧民の部隊編成

メルフム役人のもう1つの重要な役割は，シマル系遊牧民を集めて部隊を組織することであった。ユーフラテス川河岸のヤミン人がジムリ・リムの軍隊の一翼を担ったことについては既に触れたが，マリの軍隊に欠かせなかったのは，シマル系遊牧民の部隊であった。そして，兵員の招集と指揮の面で重要な役割を果たしたのが，メルフム役人であった。マリの高官ハブドゥ・マリク Ḫabdu-Malik の手紙[46] の中で，シンジャル山麓の南に位置するアンダリグの王アタムルムの手紙を引用しているが，アタムルムはその中で，メルフム役人が（シマル人）遊牧民（LÚ *ḫa-na*^meš^）を招待して自分の支援に来てほしいと要請している。

また，マリの将軍ヤッシ・ダガン Yassi-Dagan はジムリ・リムに宛てた長い手紙の中で，「さて，どうかわが主は家臣たちに諮り，王様の検討結果に従って，内臓占いを行わせ，吉の結果に従い，もしそれが「行く」ということであれば，どうぞこちらに来てください。もしそうでなければ，メルフム役人に手紙を書き，彼に1000人か2000人の（シマル系）遊牧民部隊の指揮を取らせ，われわれのところに到着させてください」[47] と述べている。先に触れたよう

---

45)　(22')［*ma-tum*］*ka-lu-ša a-na be-lí-ia* (23')［*lu-ú i*］*k-ta-an-ša-am be-lí lu ḫa-di* (A.2226:22'-23' = D. Charpin 1993, 184). 欠損箇所の復元は D. Charpin による。

46)　ARM XXVI/2, 389 (A.2125):9-15

に，ユーフラテス川河岸地帯のマリ，テルカおよびサガラートゥムの3地区の総人口がおよそ4万人とすると，これはかなり大規模な軍隊と言えるが，1人のメルフム役人がそれほどの規模の軍隊を編成し，しかも指揮する権限を有していたことは驚きである。

3-2　知事とメルフム役人

最後に，同じマリ王国の役人でありながら，管轄地域がはっきりしている知事と家畜を連れて移動する遊牧民を管轄する「放牧地の長」であるメルフム役人との間には，微妙な摩擦が生じることがあったことにも触れておきたい。

サガラートゥム地区の知事ヤキム・アッドゥが部下の警備兵に命じて調べさせたところ，「（シマル系）遊牧民のヒツジはラスクム Lasqum にまで拡がって草を食べている。囲い込まれた放牧地（*haṣirātum*）はラスクムにまで達している」ことが判明したと王に報告している。ラスクムは，ユーフラテス川中流の町ハラビト（現在の Halabiye）の近くにある台地で，サガラートゥム地区の中にあり，以前この地域の農耕民と遊牧民との間でトラブルがあった場所らしい。遊牧民はメルフム役人の管轄下にあり，知事は，たとえ自分の管轄下にある場所で放牧している遊牧民であっても，彼らに直接口出しすること，あるいは放牧地の長であるメルフム役人に直接指示を与えることができなかったらしい。知事ヤキム・アッドゥは，「私の地区はメルフム役人の地区でもあるということをどうぞご承知おきください」[48] と，ラスクムから遊牧民を退去させるようメルフム役人に指示を与えるよう暗に王に要求しているのである。

47）（77）*i-na-an-na be-lí it-ti* ÌR-*di*^{meš}-*šu li-iš-ta-al-ma ak-ki-ma mu-uš-ta-lu-ti-šu*（78）*te-re-e-tim li-še-pi-iš-ma a-na zi-im te-re-e-ti-šu ša-al-ma-tim*（79）*šum-ma ša a-la-ki-im be-lí li-il-li-kam ú-la-šu-ma*（80）*be-lí a-na ṣe-e*r LÚ *me-er-ḫi-im li-iš-pu-ur-ma* 1 *li-im ú-lu-ma* 2 *li-im ḫa-na*（81）LÚ *me-er-ḫu-um pa-ni-šu li-iṣ-ba-tam-ma a-na ṣe-ri-ni li-ik-šu-dam-ma*（A.1025:77–81 = Kupper, J.-R. 1990, 339）.

48）*be-lí lu i-de ḫa-al-*[*ṣi*] *ḫa-la-a*[*ṣ* L]Ú *me-er-ḫi-i-im*]（ARM XIV 81:16）. ラスクムの位置関係については，Durand 1988, 125–127 を参照。

おわりに

以上，紀元前 18 世紀前半，バビロンのハンムラビ王の時代に，短期間ではあるが，定住農民と移牧に携わる遊牧民の二重王国を形成して，バビロン王国と肩を並べて繁栄したマリ王国の遊牧民支配の様子を概観した。定住民を国や州や町や村を単位にして管理・支配するのに比べ，自然が作る境界以外に境界を知らない遊牧民を支配することがいかに困難であったかは想像に難くない。ジムリ・リム時代に限れば，マリ王国の遊牧民支配は，比較的うまく行った方かもしれない。

第3章
マリ王国地方行政の一側面について
――スガーグム制度を中心に――

はじめに

スガーグム *sugāgum* と呼ばれる役人は，単にマリ王国の歳入一般に貢献したのみならず，マリ王権にとって，領域内の住民掌握に不可欠の存在であった。マリ王国は，いくつかの地区 *halṣum* に分かれ，知事 *šāpiṭum* が，各地区の行政にたずさわったが[1]，王国の役人としてはこの知事に服しつつも，スガーグム役人は，王から直接任命されて町や村または部族集団の維持・管理に当たった。これらのスガーグム役人は，それぞれの所属共同体の有力者であって，その所属共同体の利益に反するような場合は，知事に対してはもちろん，時には王に対しても，不服従の挙に出ることがあった。従って，スガーグム役人は，王国の地方役人ではあったが，王権に対して，かなり自律性を持っていたと言える。

スガーグム役人については，クペール J.-R. Kupper 以来，既に何人ものマリ研究者が触れてきたし，特に最近では，タロン Ph. Talon が相次いでスガーグム制度に関する論文を発表してきた[2]。従って，今またスガーグム役人の問題を取り上げることは，屋上屋を架すの感なきにしもあらずであるが，最近の相次ぐマリ文書集の出版[3] によりスガーグム関係の資料が一時に比べてかなり増

1） Marzal, A. 1971, 186ff.; Kupper, J.-R. 1982. 43–47 などを参照。

2） 以下の第 4 節を参照。

3） Kupper, J.-R. 1983; Bardet, G. et al. 1984 そして特に Talon, Ph. 1985a.

えたこと，またスガーグム制度を，マリ王国の遊牧民支配との関連でのみ捉えようとするタロンの立場[4]に疑問を抱くに至ったことなどから，スガーグム制度に関する史料を今一度点検し，現時点で知り得ることをまとめ，かつ問題点を整理しておきたい。

最近になって，クペールやタロンが，スガーグム制度についてのそれぞれの見解を変更し，タロンに至っては，さらにもう一度変更して旧説に戻っているが[5]，このこと自体スガーグム制度理解の難しさを示している。伝えられるところでは，未刊のスガーグム関係史料もあって，出版が予定されているとのこと[6]。従って，本小論で論述することが，未刊文書の出版によって一部変更を余儀なくされることは，十分予測される。この点については，予め断っておきたい。

本小論で利用した史料の多くは，ジムリ・リム時代のものであるが，ジムリ・リム時代にあっては，スガーグム役人のマリ王国地方行政に対して持つ意義が増大した可能性は十分考えられよう[7]。

1　スガーグム役人の配置状況

これまで出版された古バビロニア時代のマリ文書から，スガーグム役人として名前が知られている人物は70人[8]を超えることがわかっている。スガーグム職が終身職であったかもしれない[9]ことを考えると，これはかなりの数と考えられる。マリ王国内におけるスガーグム役人の配置状況を正確に知ることは

4）　Talon, Ph. 1985b, 277; Talon, Ph. 1986, p. 4 などを見よ。

5）　Kupper と Talon の見解の変更については，以下の第 IV 節を参照。

6）　J.-M. Durand - J.-R. Kupper (eds.), *Miscellanea*, p. 277 の編者注を参照。

7）　Talon, Ph. 1986, 4 を参照。

8）　ARM XXIV 23 は，奥付部分が破損していて読み方が必ずしも明瞭でないため，この文書から読み取れる35人は，この数字から除外している。

9）　Talon, Ph. 1979, 150 を参照。ただし現存する史料から見る限り，スガーグム職が終身職であったことを証明することは困難と思われる。

不可能であるが，スガーグム役人またはスガーグム職 *sugāgūtum* の言及例のいくつかを検討することで，この点について多少の示唆が得られるのではないだろうか。

スガーグム役人（複数形）の言及例中，地名，部族名あるいはそれに類する限定句が後に付されて出てくるもののみを拾い出すと，次のごとくである。

・ハナ人たち[10]のスガーグム役人（複数）

LÚ.MEŠ … *su-ga-gu ša* LÚ ḪA.NA.MEŠ（ARM II 53:10）

$^{\text{LÚ.MEŠ}}$*su-*[*ga*]*-gu ša* ḪA.NA（ARM II 53:17）

$^{\text{LÚ.MEŠ}}$*su-ga-gi ša* ḪA.NA.M[EŠ]（ARM II 98:9'）

^{LÚ}su-ga-gu^{MEŠ} ša ḪA.NA.[MEŠ]（ARM XXIV 6 iv20', 25'）

・ヤミン人たち[11]のスガーグム役人（複数）

$^{\text{LÚ.MEŠ}}$*su-ga-gu ša* DUMU.MEŠ *ya-mi-na*^{ki}（ARM II 53:12, 26）

LÚ *su-ga-gu* MEŠ …[*š*]*a* DUMU.MEŠ *ya-mi-na*（Benj. 984）

・ヤミン人たちの町々[12]のスガーグム役人（複数）

$^{\text{LÚ.MEŠ}}$*su-ga-gi*$_4$ *ša a-la-ni ša* DUMU.MEŠ *ya-mi-na*（ARM II 92:12; cf. IIÍ1:5-7）

・ストゥ人[13]のスガーグム役人10名

10 ^{LÚ} *su-ga-gu*^{MEŠ} *ša sú-*[*ti-i*]（ARM XXIV 32;16）

・（サガラートゥム）地区のスガーグム役人（複数）

$^{\text{LÚ.MEŠ}}$*su-ga-gu ša ḫa-al-ṣí-im*（ARM XIV 8:5）

10）ハナ人についての研究としては，注4に記したTalonの1985bの論文が新しい。

11）文書には，通常，DUMU.MEŠ *ya-mi-na*（「南の子等」の意）と書かれているが，最近，人名 *bi-ni-ya-mi-na*（ARM XXII 328 iii 16）により，再びビニ・ヤミン／ビニ・ヤミナの呼称を採用する研究者が出て来ているが（例：Anbar, M. 1985, 17-24），ここではヤミン人と呼んでおく。

12）「町々」と訳したが，「村々」と訳すべきかもしれない。多分，比較的小さな町々を指していると思われる。Anbar, M. 1985, 20を参照。

13）Kupper, J.-R. 1957, 3-145.

これらの言及例から，スガーグム役人（複数）が，地名，部族名あるいはそれに類する限定句付きで記される場合，その限定句は，「ハナ人の」，「ヤミン人の」あるいは「ストゥ人の」のごとく，部族ないしは部族連合[14] の名であるか，「地区」*ḫalṣum* のごとく大きな行政単位によって限定されていることがわかる。

これに対し，スガーグム役人（単数）が，地名あるいはそれに類する限定句付きで出てくるのは，次の２例のみである。

a-na a-la-ni ša DUMU.MEŠ *ya-mi-na aš-pu-ur-ma* ^{LÚ}*su-ga-gu-um ša du-um-te-*[*e*]*n*^{ki}[15] *ki-a-am i-pu-la-an-ni*（ARM III 38:15-18）

私は，ヤミン人の村々に手紙を書き送ったところ，ドゥムタンのスガーグム役人（単数）が，次のように私に回答してきました。

[^{I}*ḫa*]*-am-ma-nu* ^{LÚ}*su-ga-gu-um ša di-i*[*r*^{ki} *iš-me*]*e-ma* [*a-na*] *ṣe-ri-ya iš-pu-ra-am*（Benj. 984）[16]

ディー［ル］のスガーグム役人である［ハ］ンマヌが［聞］いて，私［に］書き送ってきました。

この２例からだけでも，スガーグム役人の単数形に付された地理的限定句は，スガーグム役人の複数形に対して付される地理的限定句に比べて，具体的・限定的で，特定の町邑ないしは集落であることがわかるが，スガーグム役人（単数）およびスガーグム職についての次のような言及例を見れば，この点は一層明らかになる。

（5）^{I}*sa-ku-ra-nu*（6）^{I}*ma-na-ta-nu*（7）*i-na ḫa-ar-ra-tim*^{ki} *wa-aš-bu*（8）^{I}*ga-i-la-lum*

14）　Luke, J. 1965, 64 を参照。
15）　Kupper, J.-R. 1964, 169 を参照。
16）　現在は，Dossin, G. 1983, 155 に再録されている。

(9) ^{I}*za-zu-nu-um* (10) ^{I}*iš-di-ya* (11) *i-na a-ma-tim*^{ki} *wa-aš-bu* (12) ^{I}*ḫa-ti-ku* ^{LÚ}*su-ga-ag-šu-nu* (13) *ga-ú-um ya-ma-ḫa-m*[*u*-x(?)] (14) 5 LÚ.MEŠ *an-nu-tu*[*m*] (15) *ga-a-šu-nu i-zi-bu-m*[*a*] (16) *a-na ṣe-ri-ya* (17) *it-ta-al-ku-nim* (ARM IV 1:5-17)

(5) サクラヌ，(6) マナタヌは (7) ハルラトゥムに住む。(8) ガイルアルム，(9) ザズヌムおよび (10) イシュディヤは，(11) アマトゥムに住む。彼らのスガーグム役人はハティクであり，(13)（その）氏族は，ヤマハムである。(14) これらの人々は，(15) 自分たちの氏族を離れて，(16) 私の許に (17) やって来ました。

この手紙は，「上メソポタミア王国」の王シャムシ・アダド1世がその息子でマリの王であるヤスマハ・アッドゥに宛てたもので，ジムリ・リム時代のものではないが，多少の参考にはなる。ここでは，ヤマハムと呼ばれる氏族(*gā'um*)[17] を離脱した5人の人々が，シャムシ・アダドの許に移住してきたというわけであるが，彼らの，すなわち，ヤマハムのスガーグム役人は1人で，ハティクという人物であった。なお，ヤマハム[18] は，ハナ人[19] の構成メンバーの1つであった。

(8) ^{I}*ḫi-*[*i*]*m-di-ya* ÌR*-ka* (9) *il-li-ik-ma* URU *ša-a-t*[*u*] *a-na i-di be-lí-š*[*u*] *ú-t*[*e-e*]*r-ma* (10) *ma-a-tam ša-a-ti ú-uš-ki-i*[*n*] *ù* ^{LÚ}*su-ga-ag-*[*šu*] (11) *ša-ki-in be-lí-ya iš-ku-un* (ARM X 84:8-11)

(8) あなたの僕ヒムディヤは，(9) 行ってその町を［彼の］主の側に引き戻し，(10) その土地を服従させ，「その」[20] スガーグム役人（単数）を (11) わ

17) *gā'um/gayum* は ethnic であると同時に geographic な意味合いを有する西セム系の言葉で，氏族あるいはそれに近い集団ないしはその居住地域を意味すると考えて差し支えない。また，このことばは，ヤミン人またはそのサブ・グループとの関係で用いられた例がないことは，既に何人かの研究者によって指摘されている。*gā'um/gayum* についての最近の研究として，Talon, Ph. 1985b, 277-284.

18) Talon, Ph. 1985b, 283.

19) Talon, Ph. 1985b, 277-284.

が主の代官として置いたのです。

この手紙は，後に別の観点からもう一度取り上げることになるが，ここではジムリ・リムから離反した「その町（＝アマズ）」を，ジムリ・リムの属王ヒムディヤがこれを撃ち，再度ジムリ・リム側に引き戻し，ジムリ・リムの代官としてスガーグム役人を１人置いたという点に注目しておきたい。

この関連で見落としてならないのは，次ぎに掲げるスガーグム職 *sugāgūtum* についての言及例である。これらは，いずれもスガーグム役人の任命問題を検討する際もう一度取り上げることになるので，ここではスガーグム役人の配置状況について知りうることを，それぞれ簡単に指摘するにとどめる。

(5) *i-na pa-ni-tim su-ga-gu-ut* (6) *ya-i-il*[ki] *ya-ta-rum i-pu-úš* (7) *ù ya-ta-rum a-na ši-ma-ti-šu* (8) *it-*[*t*]*a-la-ak* (ARM I 119:5-8)

(5-6) 以前，ヤーイル（の地）のスガーグム職を務めたのは，ヤタルムでしたが，(7-8) ヤタルムは死にました。

これは，シャムシ・アダドに宛てたヤスマハ・アッドゥの手紙の一部で，後半では死亡したスガーグム役人の後任者選びが話題になっている。この手紙を見る限り，「ヤーイルの地（*ya-i-il*[ki]）のスガーグム職」は１つのみであったという印象を受ける。

次の言及例もヤスマハ・アッドゥ時代のもので，役人の１人タリム・シャキム Tarīm-Šakim がヤスマハ・アッドゥに宛てたものである。

(16) *i-na-an-na a-nu-um-ma* (17) [I]*ka-a-li-*AN*-ma*……(20) *be-lí a-na su-ga-*

20) Dossin は，*su-ga-ag-*[*šu*]と，男性の pronominal suffix を復元している。この復元に従えば，それは URU *ša-a-t*[*u*]を指すか，Himdiya を指すかのいずれかとなる。ここでは，Himdiya を指すと考えておく。なお，この手紙については，後にもう一度触れる。

[g]*u-tim* (21) [*ša*] *ti-iz-ra-aḫ*^{ki} (22) [*li*]*-iš-*[*ku*]*-un-*[*š*]*u-ma* (ARM V 24:16–22)
(16) さて，(17, 20–22) わが主よ，どうかカアリ・エルマを……ティズラハ（の地）［の］スガーグム職に任じてください。

この手紙もまた，ARM I 119と同様，前任者の死亡により空席となったティズラハという町のスガーグム職の後任の選定を話題としているが，この場合，「ティズラハ（の地）のスガーグム職」は1つのみと考えるのが妥当であろう。

最後に引用するのは，サガラートゥム地区の知事ヤキム・アッドゥがジムリ・リムに宛てた手紙の一部である。

(6) IGI *be-lí-ya a-ḫa-am-nu-t*[*a*] *ki-a-am* (7) *iq-bi um-ma-a-mi s*[*u-g*]*a-gu-ut* (8) BAD^{ki}*-ya-aḫ-du-li-im* (9) *ù-ul e-ep-pé-* {x} *-eš*$_{15}$ (ARM XIV 46:6–9)
(6) アハム・ヌタは，わが主の前で次のように (7-8) 言いました。「ドゥール・ヤハドゥン・リム（の町）のスガーグム職を (9) 務めるつもりはありません」と。

アハム・ヌタは，ドゥール・ヤハドゥン・リムにいるのではなくマリに来ており，スガーグム職を務めることを拒絶している上，通常はスガーグム役人の下にあって，兵士や労働者集団の中堅的管理責任者として活躍するラプットゥムという職名で呼ばれる役人まで拘禁され，ドゥール・ヤハドゥン・リムは無法状態に陥っていると，この手紙の発信者が嘆いているところから判断すると（11–17行を参照），この比較的重要な町においてすらスガーグム役人は1人しかいなかったことが明らかである。

以上，いくつかの文書の検討結果をまとめると，次のごとくになろうか。スガーグムの複数形が限定句つきで用いられる場合は，ヤミン人，ハナ人，あるいはストゥ人など部族ないしは部族連合のごとく極めて大きな集団か，あるいは地区 *ḫalṣum* のごとく大きな行政単位との関連においてであって，もっと小さな所属集団（例：ヤマハム）あるいは町（例：ドゥール・ヤハドゥン・リム）

との関連で言及されるスガーグム役人は，いずれも単数である。このことから，氏族集団であれ町や村であれ1つの共同体には，スガーグム役人は通常1人しかいなかったと考えられる。もっとも，例外がないわけではなく，例えば，ヤマハムと同列の氏族 *gā'um/gayum* であるとされるヤバスに少なくとも5人のスガーグム役人がいたと指摘されていること[21)]，また ARM VII 311＝Bottéro, J. 1958, 167 によると，サガラートゥムの3人の長老たちがスガーグム役人になったと記されていることなどである。ヤバスは，ハナ人グループの中では，最も重要な氏族の1つで，従って他の氏族より大きな集団であった可能性がある。また，ARM VII 311＝Bottéro, J. 1958, 167 の場合，3人のスガーグム役人の中の1人，ムト・ラメー Mut-ramē が ARM XXII 290:8–9 でヤマハム（サガラートゥム地区内に位置した）の人とされていることから[22)]，この史料のサガラートゥムは，町ではなく同名の地区 *ḫalṣum* の名として使用されている可能性も十分ある[23)]。

いずれにしても，1つの共同体（集団であれ地域であれ）にスガーグム役人が任命される場合，原則として，1人のみ任命されたものと思われる[24)]。複数のスガーグム役人に言及されている場合は，ヤミン人とかハナ人とかの総括的集団あるいは地区 *halṣum* の中にいるスガーグム役人たちをひっくるめて言及しているものと理解しておきたい。

なお，次節に移る前に，スガーグム制度の基本的性格について，若干触れておきたい。タロンは最近の論文の中で，スガーグム役人の所属共同体が定住形態をとっているか移動形態をとっているかの別により，スガーグム役人を集落

21）　Talon, Ph. 1985b, 283.

22）　Talon, Ph. 1985b, 283.

23）　G. Evans は，3人の長老たちが1つのスガーグム職をめぐって贈り物合戦をしているとみるが（Evans, G. 1963, 67, n. 3），このテキストの 15–16 行は，「スガーグム職についたサガラートゥムの長老たち」と訳す以外になく，Evans の解釈は無理である。

24）　J. M. Sasson は，スガーグム役人が共同体の数だけ存在したのではないかと述べている。Sasson が根拠として挙げている ARM II 103:12 は，それだけでは証拠となり得ないが，考え方としては，十分首肯できるものである（Sasson, J. M. 1969, 13）。

の責任者としてのスガーグム役人と氏族の長 sheikh 的存在としてのスガーグム役人に2分している[25)]。そして，タロンは，前者の場合，1集落につき1人のスガーグム役人が普通であるのに対して，後者の場合は1集団に複数のスガーグム役人がいたと考えている[26)]。

スガーグム役人をいくつかのカテゴリーに分ける試みは，既にクペールが行っている[27)]。クペールは，スガーグム役人を，役割を基準にして，4つのカテゴリーに分類している。しかし，スガーグム役人は，時と場合により色々な機能を果たし得たと思われるので，クペールのごとくスガーグム役人を特定の文書中で果たしている役割に基づき分類することには問題が多い。

他方，タロンの分類の基準となっているスガーグム役人の所属共同体が定住形態を取るか移動形態を取るかの別も，個々の共同体に当たっていくと，タロン自身が認めている如く[28)]，判定は容易でなく，その分類法の有効性に疑問が残る。従って，ここでは役割や所属共同体には違いがあってもスガーグム役人の性格は同じであって，そのような分類の対象にはならないと考えておく。

ところで，スガーグム制度は，特にジムリ・リム時代のマリ王権にとって，ヤミン人やハナ人などに代表される王国領内の半遊牧の部族民を掌握するために利用された，との理解が一般的である。これは，後で述べるごとく，スガーグムの名において王室に納入する「支払い」に，銀と小家畜が用いられているものの，大麦などの農産物が含まれていない点を考え合わせると，かなりの説得性がある。しかし，既に述べたごとく，ドゥール・ヤハドゥン・リムやアマズといった町々にもスガーグム役人が任命されていることを考慮に入れると，スガーグム制度を半遊牧民にのみ結びつけるのは問題である。

---

25)　Talon, Ph. 1986, 5.

26)　Talon, Ph. 1985b, 281; Talon, Ph. 1986, 5.

27)　第1カテゴリーは，氏族または村の首長たち（chefs）で，一般には一種の支配集団 une sorte de collège を形成する。第2のカテゴリーは，特定の土地（localité）の行政責任者で，moqtar に近い。第3カテゴリーは，王の派遣役人で，その任地からの権限付与を欠く。第4カテゴリーは軍人である。Kupper, J.-R. 1957, 17-18.

28)　Talon, Ph. 1985b, 281.

ここで見落としてならないのは，例えば，逃亡者の捕縛あるいは防止のため，地区全土に警戒態勢を敷く際，

a-na LÚ.MEŠ *ša ba-za-ḫa-tim ù a-li-ša-am a-na* ^{LÚ}*su-ga-gi*^{MEŠ} *ù* ^{LÚ}NU.BANDÁ^{MEŠ} *dan-na-tim aš-ku-un*（ARM XIV 75:7-9. Cf. ARM II 92:12, 21: II 103:9-13）

私は駐屯地の人々と町村毎にスガーグム役人（複数）およびラプットゥム役人（複数）に厳命しておきました。

と書かれていることである。もし，スガーグム制度を領内の半遊牧民の支配という観点から理解しようとすれば，ここに引用したような役割分担は説明できなくなるのではないだろうか。従って，ここでは，スガーグム制度を半遊牧民をも含めた地方支配一般との関連で理解すべきものと考えておく。

2　スガーグム役人の任職

スガーグム役人の任命に関連して最も興味ある資料の1つが，ARM V 24である。

(1) *a-na be-lí-ya y*[*a-ás-ma-a*]*ḫa*-[^{d}IM] (2) [*q*]*í-bí-m*[*a*] (3) *um-ma ta-ri-im-ša-ki-im* (4) ÌR-*ka-a-ma* (5) ^{I}*ba-aq-qum* LÚ *ti-iz-ra-aḫ*^{ki} (6) *a-na ši-im-tim* (7) *it-ta-la-ak* (8) *ù* LÚ.MEŠ DUMU.MEŠ *ti-iz-ra-aḫ*^{ki} (9) *i*[*l*]*-li-ku-ni-im-ma* (10) *um-ma-a-mi ka-a-li*-AN-*ma* (11) *a-na ša-pí-ru-ti-ni* (12) *šu-ku-un* (13) *ù* 1 MA.NA KÙ.BABBAR (14) *a-na é-kál-lim qa-ba-su* (15) *id-di-in* (16) *i-na-an-na a-nu-um-ma* (17) ^{I}*ka-a-li*-AN-*ma* (18) *a-na ṣe-er be-lí-ya* (19) *aṭ-ṭa-a*[*r-d*]*a-aš-šu* (20) *be-lí a-na su-ga-*[*g*]*u-tim* (21) [*ša*] *ti-iz-ra-aḫ*^{ki} (22) [*li*]*-iš-*[*ku*]*-un-*[*š*]*u-ma* (23) [1] MA.NA KÙ.BABBAR *a-ša-ri-*[*iš*] (24) [*li-im*]*-ḫu-ru-*[*š*]*u*

(1) わが主ヤスマハ・アッドゥへ (2)　言え：(4) あなたの僕 (3) タリム・シ

ャキム（は次のように言います）。(5) ティズラハの人，バックムは，(6-7) 亡くなりました。(8) そこでティズラハの人々が (9) やってきて，(10) 次のように言いました。「カアリ・エルマを (11) われわれの長（*šāpirum*）に (12) 任命してください。」(13-15) そして，彼は王室に銀1マナ（約500グラム）を与える事を約束しました[29]。(16) さて，(17) カアリ・エルマを (18) わが主の許へ (19) お送りします。(20-22) わが主よ，彼をティズラハ［の］スガーグム職に任命してくださいますように。(23) 銀1マナをそちらで (24) 彼から受け取られますように。

ヤスマハ・アッドゥに宛てられたこの手紙は，前任者が死亡しため空席になったスガーグム職の補充に関わるものである。任命権は，王ヤスマハ・アッドゥにあるが，問題のスガーグム役人の任地の人々が，新しいスガーグム役人の候補者を推挙している点が興味をひく。ティズラハ[30]の人々とマリ王の間の仲介役を務めるタリム・シャキム[31]も，地元の人々が推す人物を新しいスガーグム役人に任命するよう王に進言している。後で述べるように，スガーグム役人が，彼の所属する集団なり町邑なりと王権との間の重要なパイプ役を果たしていた事を考えれば，タリム・シャキムの助言は至極当然のことであろう。

もう1点，興味を惹くのは，カアリ・エルマが王に銀1マナを支払う約束をしていることである。この銀は，スガーグム職を獲得するための「保証金」[32]とも「代金」とも受けとれるが，この問題については，別に後で取り上げたい。

29)　Talon は，ARM XIV 62 の中に見られるカアリ・エルマに ARM V 24 で問題となっている後継者選びが順調に行った結果を見，併せて，シャムシ・アダド時代（V 24）とジムリ・リム時代の特に村落行政における連続性を示す具体例であると考える（Talon, Ph. 1979, 146）。

30)　マリ地区の町の1つ（Kupper, J.-R. 1979, 35）。

31)　シャムシ・アダド時代のマリ王室高官（Ph. Talon, *RA* 73［1979］, pp. 144–145; ARMT XVI/1, p. 202）。

32)　この訳語については，Talon, Ph. 1979］, 145 を参照。

この手紙の中で，スガーグムが，後には町邑の長を意味する言葉としても用いられる *šāpirum* と同義的に用いられていることから（11行），タリム・シャキムのスガーグム職理解の一端が知られ，興味深い。

手紙の約半分が破損しているため，不明の部分が多いが，ヤスマハ・アッドゥが父シャムシ・アダド王に宛てた手紙 ARM I 119 もまた死去したヤーイルのスガーグム役人の後任者選びを問題にしている。恐らく，ヤーイルの代表5人がやってきて，後任者の候補を推薦し，その推薦に従って後任者が決定されたことが報告されているものと思われるが，手紙の中身が破損のため読めず，不確かさが残る。

（1）*a-na a-ad-da-a*（2）*qí-bí-ma*（3）*um-ma ya-as-ma-aḫ-*^{d}IM（4）DUMU-*ka-a-ma*（5）*i<-na>pa-ni-tim su-ga-gu-ut*（6）*ya-i-il*^{ki} *ya-ta-ru-rum i-pu-úš*（7）*ù ya-ta-rum a-na ši-ma-ti-šu*（8）*it-*[*t*]*a-la-ak i-na-an-na* 5 LÚ.MEŠ（9）[　　]*-ša-tim* LÚ.MEŠ *ya-i-la-ya*^{ki}（10）[　　] *ḫi-ib-ri-im*（11）[*a-na ṣe-ri*]*-ya il-li-ku-nim-ma*（12）[　　]*-ma*（13）[　　]*-ti-šu-nu*（14）[　　]*-ti-ni-mi*（15）[　*an*]*-ni-tam iq-bu-nim*（16）[　　]-^{d}IM（17-18）2行完全に消失　（19）[*a-na pu-ḫa-at ya-ta-r*]*i-im*（20）[*a-na su-ga-*]*gu-ut*（21）[*ya-i-il*]^{ki} *aš*$_{2}$*-ta-ka-an*（22）[x MA.NA] x KÙ.BAB-BAR *ù/ú-lu*] 5 ME UDU.ḪÁ（23）[*a-na é-kál*]*-lim*（24）*id-di-in/ i-na-ad-di-in* x x] *-im*[33]（25）[　　]UDU.ḪÁ（26）[　　]*-ri-šu*（27）[　　-]*ak*（28）*a*[*n-n*]*i-tam a-ad-da-*]*a*（29）*lu-*[*ú*　　*i-*]*de*（ARM I 119）

(1) パパへ。(2) 言え。(4) あなたの息子 (3) ヤスマハ・アッドゥ（は次のように言います）。(5-6) 以前，ヤタルムがヤーイルのスガーグム職に就いていましたが，(7) ヤタルムは死亡 (8) しました。さて，(9-10) 5人（破損のため訳出不能。「ヤーイルの人々」「氏族」などの言葉が読める）の人々が (11) 私の［もとに］きて，(12-14)（恐らくヤーイルの使節のことが記されていたと思われる）(15)［こ］のように彼らは私に言いました。(16-18)（完全に破損。新しく任命

33）　11-24行の復元は，Birot, M.（*apud* Talon, Ph. 1982, 57, n. 11）による。

されるはずのスガーグム役人の名が記されていたと思われる）(19)［ヤタ］ルム［の代わりに］(20-21) 私は［ヤーイルのスガー］グム職に任命しました。(22-24)［彼は］［Xマナの］銀［と／あるいは］羊500頭を王［宮に］［納入しました／することになっています。］(25-27)（25行の末尾に「羊（複数）」が見られるが，後は完全に破損している）(28-29) こ［のことをパパは］どうかご［承］知おき下さい。

この手紙の内容は，先のARM V 24に非常に似ている。異なる点は，ARM V 24が王室役人からマリ王ヤスマハ・アッドゥに宛てられた取り次ぎの手紙であるのに対して，ARM I 119は，マリ王ヤスマハ・アッドゥから父であるシャムシ・アダド王に宛てられた事後報告であるということだけである。

次に，インバトゥムがジムリ・リム王に宛てた手紙ARM X 84を見てみたい。

(1) [*a-na*] *be-lí-ya* (2) [*qí-bí-ma* (3) *um-ma in-ba-tum* GEMÉ-*ka-a-ma* (4) *tup-pa-am* [*š*]*a be-lí ú-ša-bi-lam eš-me* (5) *aš-šum* URU *a-ma-àz*^{ki} *ma-da-tim be- lí ú-ur-ri-*[*kam-ma*] (6) *iš-pu-ra-am* URU *A-ma-àz*^{ki} *iš-tu pa-na wa-ar-*[*ki*] (7) *ma-a-at be-lí-ya i-il-l*[*a-a*]*k ù ki-ma* URU *šu-ú* (8) *i-na i-di be-lí-ya iš-lu-ṭú* ^{1}*ḫi-*[*i*]*m-di-ya* ÌR-*ka* (9) *il-li-ik-ma* URU *ša-a-t*[*u*] *a-na i-di be- lí-š*[*u*] *ú-t*[*e-e*]*r-ma* (10) *ma-a-tam ša-a-ti ú-uš-ki-i*[*n*] *ù* ^{LÚ}*su-ga-ag-*[*šu*] (11) *ša-ki-in be-lí-ya iš-ku-un*（ARM X 84:1-11）

(1) わが主［へ］。(2) 言え。(3) あなたの婢（はしため），インバトゥム（は次のように言います）。(4) わが主が送ってこられた手紙を聞きました。(5) わが主は，アマズの町に関して，多くのことを長［々］と (6-7) 書いてこられました。アマズの町は，以前からわが主の国に［追］従してきまし［た］が，その町が，(8) わが主の側から（離れて）独自の道を歩み始めましたので，あなたの僕ヒムディヤは，(9) 行って，この町を彼の主の側に引き戻［し］，(10) その国土を服従させ，［彼の］スガーグム役人を (11) わが主の代官[34]

としておいたのです。

手紙の発信者インバトゥム[35)]は，ジムリ・リムの娘の1人であるが，ジムリ・リムの外交政策に従って，今はアンダリグ Andarig の王ヒムディヤに嫁いでいる。この手紙は，ヒムディヤのアマズ攻撃に猜疑心を抱いたジムリ・リムに対し，その妻で，ジムリ・リムの娘でもあるインバトゥムが，自分の夫のとった行為を弁護する目的で書かれたものである。

インバトゥムの手紙に見られる例は，先の ARM V 24 や ARM I 119 に見られるケースとは異なり，離反した町を武力で屈服させ，そこに，その町の住民の意向とは関わりなく，スガーグム役人を任命したケースである。問題点は，10 行の *sugāg-* につく人称代名詞の接尾辞 pronominal suffix の復元が仮に正しいとしても，［*-šu*］（［彼の／その］）が何を指すか明らかでないことである。アマズの町を指すと見る可能性とジムリ・リムを指すと見る可能性の両方が考えられるが，むしろ後者と理解すべきであろうか。ただし，手紙の文脈から判断して，任命されたスガーグム役人は，この時点では，まだジムリ・リムが任命した役人とは言えないことである。だからこそ，そのスガーグム役人を「わが主の代官（として）」と，わざわざ断る必要があったのであろう。

ARM XIV 46 は，サガラートゥム地区の知事，ヤキム・アッドゥからジムリ・リム王に宛てられたもので，辞任を希望して任地を離れざるを得なかった現職のスガーグム役人に関わる興味深い手紙である。

（1）*a-na be-lí-ya*（2）*qí-bí-ma*（3）*um-ma ya-qí-im-*^{d}IM（4）ÌR-*ka-a-ma*（5）*i-nu-ma i-na ma-ri*^{ki} *wa-*［*aš-b*］*a-ku*（6）IGI *be-lí-ya a-ḫa-am-nu-t*［*a*］ *ki-a-am*（7）*iq-bi um-*

34）　Kupper, J.-R. 1982, 51 は *šaknu* を “representant” と訳し，王の representant としてのスガーグム役人を *ḫazannu* に近いものと見る。一方，Talon, Ph. 1982, 57 で，“comme préposé de mon seigneur” と訳している。

35）　インバトゥムについては，Sasson, J.M. 1973, 62-63; Batto, B. F. 1974, 49; Birot, M. 1979, 126 の他，Finet, A. 1982, 3; Charpin, D& Durand, J.-M. 1985, 335 などを参照。

ma-a-mi s[u-g]a-gu-ut (8) BAD^{ki}-ya-aḫ-du-li-im {x} (9) ú-ul e-ep-pé {x} -eš$_{15}$ (10) du-pu-ra-ku ša ša-ka-nim li-[i]š-ku-nu (11) i-na-an-na aš-šum ṭe$_{4}$-mi-i[m] (12) ša a-na ṣe-er be-lí-ya (13) aš-pu-ra-a[m] (14) ^{I}ma-aš-ḫu-um ^{LÚ}NU.BANDA$_{3}$ (15) a-bu-ul-la-tim ka-li (16) ù a-ḫa-am-nu-ta i-na ma-r[i]^{ki}-ma (17) a-lum BAD^{ki}-ya-aḫ-du-li-im [n]a-di (18) i-na-an-na ^{I} {x} a-ḫa-am-nu-ta (19) be-lí li-na-aḫ-ḫi-id-ma (20) a-na BAD^{ki}-ya-aḫ-du-li-im (21) li-it-ta-al-kam šum-ma a-ḫa-am-nu-[t]a (22) la i-ma-ga-ar 1 LÚ ták-lam (23) ša BAD^{ki}-ya-aḫ-du-li-im ú-ša-al-la-mu (24) be-lí li-wa-e-ra-aš-šu-ma (25) li-iṭ-ru-da-aš-šu

(1) わが主へ，(2) 言え。(4) あなたの僕，(3) ヤキム・アッドゥ（は，次のように言います)。(5) 私が，マリに滞在していたとき，(6) アハム・ヌ［タ］が，わが主の面前で，次のように (7-9) 言いました。「私は，ドゥール・ヤハドゥ・リムのスガーグム職に就くつもりはありません。私は追放されているのです[36]。(10) どうか彼らが，任命されるべき人物を任命しますように」と。(11-13) さて，私が，わが主に書き送った報告の故に，(14) ラプットゥム役人であるマシュフムが (15) 市門のところで拘束されています。(16) そしてアハム・ヌタは，マリにいるのです。(17) ドゥール・ヤハドゥ・リムの町は，放置されたままです。(18-19) そこで，どうかわが主は，アハム・ヌタに命令して，(20) 彼がドゥール・ヤハドゥ・リムに (21) 来るようにしてください。もしアハム・ヌタが (22-23) 同意しないなら，ドゥール・ヤハドゥ・リムの行政を担当できる信頼できる人物1人に (24) 指示を与え，(25) 派遣してくださるように。

この手紙のアハム・ヌタは，恐らく，スガーグム職にあったが，任地で何か問題があって追放され，マリに来ており，スガーグム職辞任の意向を王に伝え

36）Kupper は，"je m' en vais" と訳すが（Kupper J.-R. 1982, 50)，Birot, 1974（ARMT XIV 46 の当該箇所）および Talon 1982, 56 は，"je suis chassee" と訳す。ここでは，後者の訳に従っておく。なお，この問題については，Moran, W. L. 1981, 46 および Talon 1982, 56, n. 8 を参照。

ている。ヤキム・アッドゥは，アハム・ヌタの留任を希望しているかのごとくであるが，もし本人にスガーグム職を引き受ける意思がなければ，たとえ王といえども強制することができなかったようである。

スガーグム役人は，また，彼より地位の低いラプットゥム役人と一緒に言及されることがあるが（ARM II 103; XIV 75 など），ARM XIV 46 もその 1 例である。1 つの町のスガーグム役人とラプットゥム役人がいなくなると，その町は麻痺状態に陥ったかのごとくで，両役人，とりわけスガーグム役人は重要であった（22 行の「信頼できる人物」に注目）[37]。

以上，スガーグム役人の任命に関して述べてきたことをまとめると次の通りである。

(1) スガーグム役人の任命権は王にあり，スガーグムたちは，「王の僕」と考えられていた（ARM II 33:10 を参照）。従って，スガーグム役人に関する限り，知事でさえ，たとえそれが自分の任地内のことであっても，選任権をもたなかった。

(2) 町や村のスガーグム役人が選任される際，その土地の人々は自分たちのスガーグム候補を推挙することができた（例：ARM I 119; ARM V 24）[38]。ただし，その町や村がマリから離反する危険性がある場合は，その町や村の意向にかかわりなくスガーグム役人が選任されることもあった（ARM X 84）。任地の

---

37) Talon は，スガーグム役人とラプットゥムの立場の違いについて，後者は軍事面に関係するのに対し，前者は非軍事面にかかわっていたのではないかとしている（Talon 1982, 52）。しかし，後述するごとく，スガーグム役人が軍事面で果たしている役割を見ると，この説明は必ずしも説得的ではない。

38) この例に挙げた文書は，いずれもシャムシ・アダド時代のもので，これらの文書に見られるスガーグム役人任命の方式が，ジムリ・リム時代に行われたかどうか多少の疑問が残る。Talon は *Akkadica* 48 (1986) 所掲の論文で，シャムシ・アダドの遊牧民支配はかなり緩やかで，遊牧部族民の自治を大幅に認めていたのに対し，ジムリ・リムは，彼らをその支配機構に完全に組み込んでいたと述べ（pp. 4–5），両者の遊牧民支配の差を強調している。Talon の論文には，そのような議論の根拠が示されていないので何とも言えないが，もし彼の議論が具体的根拠に基づくものであれば，先の疑問は無視できないものとなる。

意向は，推挙という形で肯定的に表明される場合の他に，非協力という否定的な形で表明されることもあった（ARM XIV 46）。

(3) スガーグム候補が，スガーグム職就任の要請を断る場合もありえた（ARM XIV 46）。

(4) スガーグム役人の任職に際して，銀・家畜等の授受があった可能性が指摘されているが，これについては次節で取り上げたい。

3　*ša sugāgūt* PN の意味

スガーグム職に任職されるに際し，銀あるいは家畜，またはその両方の授受があったかもしれないことについては，既に触れた。そのような可能性については，つとにクペールが，ARM I 119 および ARM V 24 との関連で指摘し[39)]，ビロー M. Birot も，クペールの説に従いつつ，ARM IX 70 および 169 に言及されているそれぞれ 200 頭と 250 頭の羊が，スガーグム職を手に入れるための代価の現物支払いに当るとした[40)]。そして，ルーク J. Luke[41)]，エヴァンズ G. Evans[42)]，サッソン J. M. Sasson[43)] などがクペールおよびビローの説に従った。

ところが，1977 年，ヤング D. W. Young とマシューズ V. H. Matthews が共同執筆の論文で，ARM IX 70 および ARM IX 169 に見られる羊はスガーグム職を手に入れるための代価ではなく，むしろスガーグム役人が王室に対して行う奉仕の代償として中間で受け取ることができる地方税の上前であるという説を発

39） Kupper, J.-R. 1957, 17。しかし，最近の論文，“Les pouvoirs locaux dans le royaume de Mari,” in Finet A.（ed.）1982, p. 51 で，Kupper は，この考え方について，ジムリ・リム時代に関しては実証不可能とし，王宮第 108 号室出土の未刊の文書に基づき，「スガーグム役人は，銀または小家畜の形での税を課し，その税収入を，一部自分自身のために取った後，王室金庫に支払った。」と述べている。

40） Birot 1960, 296.

41） Luke, J. 1965, 160.

42） Evans, G. 1963, 67, n. 3.

43） Sasson, J. M. 1969, 13.

表した[44]。ヤングとマシューズの新説は，マリ文書に基づいたものというよりは，文化人類学者達の遊牧社会研究の成果によるもので，特に，アイロンズ W. Irons の報告するヨムト・トゥルクメン Yomut Turkmen の *saqlau*（「保護者」の意）の制度[45]によって説明しようとしたものであった。*saqlau* は，ヤングとマシューズの紹介によると[46]，何人かの sheikhs を下に従えるほどの有力者でその生活の基盤は，定住農民や他の遊牧民を略奪から守ることと引き換えに彼らから受け取る「保護料」などであったが，ヤングとマシューズは，ARM IX 70 および 169 に見られる羊は，まさに *saqlau* の受ける「保護料」に相当するものであると主張した[47]。

ヤングとマシューズの説は，文化人類学者達の遊牧社会研究成果を利用しようとした点で興味があるが，その新説を裏付けるマリ文書の史料を欠き，その意味で説得性を欠く[48]。

1979 年，タロンは，既に何度か言及した論文で，ヤングとマシューズも承知している ARMT VII 311（私が購入した ARMT VII には No. 311 は含まれていない）＝Bottéro1958, 164–165 の中で，「彼らのスガーグム職の銀（*kasap sugāgūtišunu*）」と「彼らの贈り物の額（*šīm qīšātišunu*）」とが同義的に用いられている点に着目し，これが ARM V 24 に見られる状況とも同じであること，すなわち，クペールが最初に主張したごとく，銀の移動は，2 例いずれにおいても，スガーグム候補から王宮への方向であることを再度強調した[49]。そして，このような理解が正しいことを，タロンは，当時未刊の史料を用いて明らかにした。（これら未刊の史料は，現在は，Ph. Talon, 1985a に含まれている）タロンが利用した史料は，小型の個別記録と大型の集積記録の 2 種類あり，その中の，小型の個別記録は

44）　Young D. W.-V. H. Matthews 1977, 123–124.

45）　Irons, W. 1971, 151.

46）　Young, D. W. -V. H. Matthews 1977, p. 124.

47）　注 46 を見よ。

48）　Young-Matthews の利用したマリ文書は，ARM I 119, V 24 それに VII 311=*RA* 52, pp. 164–166 のみである。

49）　Talon 1979, 147.

次のような形式になっている[50)]。

x *ma-na* KÙ.BABBAR

x UDU.ḪÁ

ša sugāgūt PN LÚ GN/DUMU PN_2

ša adini lā šuddunu/mahrā

日付

銀　X　マナ

羊　X　頭

某地の人／某人の子，何某のスガーグム職のもの

未納の分／受領した分

日付

この形式のやや変化したものが，次に示す ARM XXIV 57 で，

1 *ma-na* KÙ.BABBAR

ša su-ga-gu-ut ^I^*ia-an-ṣí-bi-im* LÚ *ḫi-ma-ra-an*^ki^

te-er-di-tum a-na GI.PISAN LUGAL *i-na ma-ri*^ki^

日付

銀1マナ（約500グラム）

ヒマランの人，ヤンツィブのスガーグム職の（ための）もの

マリにある王の金庫に納入

日付

となっている。「マリにある王の金庫に納入」という言葉は，この支払いが王の金庫に入るべきものであったことを反論の余地なく証明してくれる。なお，

50)　以下は，Talon 1979, 147-148 の紹介である。

これらの個別記録の一覧表を参考までに掲げておく（表1）。

表1　個別記録一覧表

史料（ARM）	銀（1マナ＝約500g）	羊（頭）	スガーグム名	所属／親子関係
XXIV 59	1/3	30（未納）	Yaqqimum	Abātum の人
XXIV 57	1		Yanṣibum	Ḫimarān の人
XXIV 56		1000（未納）	Ṣābiḫum	Yakallit の人
XXIV 60	[2]（未納）		Dagan-abī	Ṣubātum の人
	[2]（未納）		I-ḫi-id-ir-ru*	Zibnātum の人
XXIV 55	2 5/6（未納）		Namišum	Šakka の人
XXIV 58		110	An(i)-Lim	Abī-nakar の人
" "		100	Lāyasim	" "
" "		100	Ibāl-pî-El	Nisia の人
" "		150+x（未納）	Ayanum	Aqba-[　　] の人
XXIV 53		100（未納）	Zu-ḫanunim	Yakallit の人
XXIV 54		250（未納）	Rip' i-Addu	Ibāl-El(?)の人
IX 70		200	Baḫdi-Addu	Yabasum の人
IX 169		250	Milki-Addu	Hali-ḫadun の子

Talon 1979, 148 の表中の未刊であった「史料」が，Talon 1985a の中で公刊されたので，新しい史料番号に書き換えている。＊印箇所については，Talon 1982, 59, n. 16 を参照。

大型の集積記録[51]とは，これらの小型の個別記録のいくつかをまとめたものである。次に示すのは，大型記録の1つ ARM IX 248 で，タロンが，内容的に一部並行している ARM VII 227，ARM XXIV 61-63（当時未刊）その他によって復元し，*RA* 73 (1979), 149 に発表したものである。なお，翻字テキスト中の（// XXIV 63 ii'）などの表示は，平行テキストの該当箇所を示したもので，それらの箇所の復元はその並行テキストに依っていることを示す。

51）　ARM VII 227; IX 248; XXIV 61-63 の5つで，いずれも複数のコラムからなる。これらは，性格には duplicates ではないが，互いに並行した内容を持っていることが推察される（Talon 1979, 150）。

(4') [*i-na* x *ma-na* KÙ.BABBAR *ša*] *Bu-nu-*^{d}*A-mi* (// XXIV 63:2') (5') [LÚ . . . . . .]^{ki} (6') [x *ma-na* KÙ.BABBAR *ma-ḫi-i*]*r* 1 *ma-na* KÙ.BABBAR LÁx × U-*sú* (7') [*i-na* x *ma-na* KÙ.BABBAR *ša*] *Ya-an-ṣí-bi-im* (// XXIV 57?) (8') [LÚ *Ḫi-ma-ra-a*]*n*^{ki} (9') [x *ma-na* KÙ.BABBAR *ma-ḫ*]*i-ir* 1 *ma-na* KÙ.BABBAR LÁ × U-*sú* (10') [. . .]-*ri-im* LÚ *Ša-am-da-ni-tim*^{ki} (11') [. . .]-x-*ra-nim* LÚ *Da-bi-iš*^{ki} (12') [x *ma-na* KÙ.BABBAR *ma-ḫ*]*i-ir* 5 *ma-na* KÙ.BABBAR LÁ × U-*sú* (13') [10 SU KÙ.BABBAR LÁ × U *Me-ni*]-*ḫi-im* LÚ Ú-*ta-a-ḫi*^{ki} (XXIV 63 ii 2') (空白) (14') [. . .]-(?) *Pu-ra-tim* (15') [. . .]-*ta-ri* LÚ *We-er-i* (16') [. . . LÁ] × U-[*s*]*ú* (空白) (rev. 6') [*i-na* 4 *ma-na* 10 SU KÙ.BABBAR *ša A-bi-E-p*]*u-uḫ* (rev. 7') [DUMU *Aš-ma-at* 2 ÁB.BA 3 GU_4 1 ME 30 UDU.ḪÁ 1] SILÁ.NITA *ma-ḫi-ir* (rev. 8') [1 *ma-na* 5 SU KÙ.BABBAR L]Á × U-*sú* (rev. 9') [*i-na* 2 1/2 *ma-na* KÙ.BABBAR *ša Ti-il-a-a*]*b-nu-ú* (rev. 10') [1 ME 50 UDU.ḪÁ *ma-ḫi-*]*ir* (// XXIV 63 ii' 7'–11') (rev. 11') [1 ME UDU.ḪÁ *ša Mu-ta-tar* LÚ *A*]-*bi-na-ka-ar* (// XXIV 61 iii 4') (rev. 12') [50 UDU. ḪÁ *ma-ḫi-ir* 50 UDU].ḪÁ LÁ × U-*sú* (rev. 13') [1 *ma-na* KÙ.BABBAR 1 ME UDU.ḪÁ *š*]*a Ba-aḫ-di-*^{d}IM LÚ Ya_8-*ba-si-i* (rev. 14') [3 ANŠE 89 UDU.ḪÁ *ma-ḫ*]*i-ir* (// XXIV 61 iii' 6'–8', IX 70) (rev. 15') [41 UDU.ḪÁ LÁ × U]-*sú* (rev. 16') [2 ME UDU. ḪÁ *Ḫa-bi*! -*ri-im* (?) LÚ Ya_8]-*ka-li-ti-i* (// XXIV 62 i 17') . . .

(4'-5') [……の人] ブヌ・アミ [の銀Xマナのうち,] (6') [銀Xマナは受領], 銀1マナは未納。(8') [ヒマランの人] (7') ヤンツィブム [の銀Xマナのうち,] (9') [銀Xマナは受] 領。銀1マナは未納。(10') シャムダニトゥムの人 [……] リム, (11') ダビシュの人, [……] ラニム,
(12') [銀Xマナは受] 領, 銀5マナは受領。銀5マナは未納。(13') [銀10シキル] はウタアヒの人,「メニ] ヒムの未納分 (空白部分の後) (14') ……(15') ウェルゥの人 [……] タリ (16') [……] は未 [納]。(空白) (Rev. 6' a-7') [アシュマトの子]「アビ・エプ] ブ [の銀4マナ10シケルのうち,] [雌牛2頭, 雄牛3頭, 羊130頭], 雄山羊 [1頭] は受領, (Rev. 8') [銀1マナ5シケルは未] 納[52]。(Rev. 9') ティ [ルア] ブヌー [の銀2と1/2マナの

内,］(Rev. 10')［羊150頭は受領。(Rev. 11')［ア］ビ・ナカル［の人，ムート・アタルの羊100頭（の内)］［羊50頭は受領。羊50頭は］未納。(Rev. 13')ヤバスの人，バフディ・アッドゥの銀1マナと羊100頭（の内)］(Rev. 14')［ロバ3頭，羊89頭は受］領，(Rev. 15')［羊41頭は未］納。(Rev. 16')［ヤ］カリトの［人，ハビルムの200頭の羊（の内)］……。

大型の集積記録の中で繰り返される文章のパターンとして次の例を挙げることができる。

i-na 2 5/6 *mana* KÙ.BABBAR *ša Na-mi-ši-im*
LÚ Š*a-ak-ka*^{ki}
1 1/2 *ma-na* KÙ.BABBAR *ma-ḫi-ir*
1 1/3 *ma-na* KÙ.BABBAR LÁ×U-*sú*
シャカの人，ナミシュムの（納入すべき）
銀2 5/6　マナの内
銀1 1/2マナは受領
銀1 1/3マナは未納

これは大型の集積記録ARM XXIV 61 ii' 6'-8'(Talon 1979, 148では仮ナンバー33)の一部で，「シャッカの人，ナミシュムの（支払うべき）銀2 5/6マナ」を記録したものであるが，これは，次の個別記録ARM XXIV 55を再録したものであった。

2 5/6 *ma-na* KÙ.［BABBAR］

52)　アビ・エブブが支払うべき銀4マナ10シケルのうち，物納で雌牛2頭，雄牛3頭，ヒツジ130頭，雄ヤギ1頭を納入し，残りが銀1マナ5シケルであることから，Talonは物納した雌牛2頭，雄牛3頭，ヒツジ130頭，雄ヤギ1頭の合計金額は3マナ5シキルに相当したと述べている（*RA* 73, 1979, p.150, n. 10)。

ša su-ga-gu-ut Na-mi-ši-im LÚ *Ša-ak-ki-i*[*m*]
ša a-di-ni la šu-du-[*nu*]
日付
銀 2 5/6 マナ
シャッカの人，ナミシュムのスガーグム職（のため）のもの
未納分
日付

個別記録 ARM XXIV 55 では銀 2 5/6 マナが全額未納となっているが，これより時間的には後に作成された集積記録を見ると，その後一部（銀 1 1/2 マナ）が支払われていたことがわかる。

さて，問題はこの銀の支払いの性格である。タロンはここで紹介している 1979 年の論文で，その額に触れ，それが「スガーグム役人の富またはその任地の広さに相応する」[53] とし，この支払いの性格を，通説通り，役職を手に入れるための値 prix de la fonction と考えていたのではないかと思われる[54]。しかし，その後書かれた論文を見ると，タロンは，この支払いの性格について必ずしも確信を持っていなかったようである。1982 年に出版された論文で，彼は，1979 年論文で述べたことを翻して，(1) この支払いが毎年共同体に課せられた税で，スガーグム役人はその徴税人（実際は，スガーグム役人の取り分も税に上乗せされた）と考えるか，(2) 当該地域または共同体が自分たちの選ぶ人物をスガーグム職に任用してもらうことへの代償で，これはスガーグム役人を通じて納入されたと考えるか，のいずれかであるとしている[55]。この中，(1) の場合は，スガーグム制度についてのヤングとマシューズの考え方と多少共通する部分がある。

ところが，タロンが 1986 年に出版した論文で，この支払いについての考え

53) Talon 1979, 151.
54) Talon, 1979, 143.
55) Talon 1982, 51.

方を再度変更して，1979 年論文のそれに戻している[56]。特に根拠が挙げられていないので，タロンの見解の変更の理由を知ることはできない。タロンの見解の再三の変更は，何よりも史料の乏しさに起因するものであるが，仮にスガーグム役人が納入した銀や家畜の一部または全部が有力者としてのスガーグム役人によって自分の所属する兄弟から挑発されたような場合でも，王室文書という性格を持ったマリ文書にその事実が現れてくるかどうか疑問である。いずれにしろ，ここでは，この点についての結論を出さず，いくつかの可能性を紹介するに留め，新しい関連史料の出版を待つことにしたい[57]。

4　スガーグム役人の役割

スガーグム役人は，地方の住民にとっては，何よりもマリ王権の権力の代表であり，同王権の意向を代弁する者であった。スガーグム関連の史料にみられるスガーグム役人の役割として，まず取り上げなければならないのは，兵士および労働要員の確保である。ヤスマハ・アッドゥは，軍事行動を開始するにあたって，父王で「上メソポタミア王国」の王シャムシ・アダドから兵員召集に関して次のような指示を受けている。

(15) *ši-ip-ṭà-am ki-a-am i-di-in-šu-nu-ši-im* (16) *um-ma-a-mi* LUGAL KASKAL *i-la-ak ka-lu-ma* (17) *a-di ṣe-eḫ-ri-im li-ig-da-mi-ir* (18) *su-ga-gu-um ša ṣa-bu-šu la gu-mu-ru-ma* (19) 1 [L]Ú *i-iz-zi-bu a-sa-ak* LUGAL *i-ku-ul* (20) *ki-a-am ši-ip-ṭà-am i-di-in-šu-nu-ši-im* (ARM I 6:15–20)

(15) 彼らに次のように命令を与えなさい。(16–17) すなわち，「王は遠征に行こうとしている。子供 1 人に至るまで全員集まるように。(18–19) 自分の軍隊が全員集合せず，1 人でも残しておくようなスガーグム役人は王のタブーを犯すものである。」(20) このように，彼らに命令を与えなさい。

56)　Talon 1986, 4.
57)　注 6 を見よ。

これは，ヤスマハ・アッドゥ時代の手紙であるが，ジムリ・リムの時代においても，スガーグム役人のこの面における役割に大きな変化はなかったであろう。スガーグム役人には，「自分の軍隊（*ṣābušu*）」と呼ばれるものがあって，王の遠征の際には，彼の軍隊を提供しなければならなかった[58]。

軍隊に欠員が生じた場合，その欠員を補充することもスガーグム役人の重要な役割であった。バフディ・リムからジムリ・リムに宛てられた手紙の１つ，ARM VI 32 には，

（13）*ṣa-bu-um im-*[*ṭ*]*i-tam* [*i*]*r-ši-ma*（14）*ù a-di ta-am-li-tam*（15）*ṣa-ba-am ú-m*[*a*]*-al-lu- ú*（16）LÚ *su-ga-gi ú-ul ú-wa-aš-ša-ar*

（13）軍隊に欠員が生じた。（14-15）軍隊の員数が完全にそろうまで，（16）私は私のスガーグム役人を放免しないでしょう。

と書かれている。同じバフディ・リムの手紙 ARM VI 40 には，*biḫrum*[59] と呼ばれるエリート兵士の徴兵もスガーグム役人の役目の１つとして記されている（5-8 行）

運河工事等の作業員確保責任については，ジムリ・リムに宛てられたキブリ・ダガンの手紙 ARM III 6 が示唆に富んでいる。

（1）*a-na be-lí-ya*（2）*qí-bí-ma*（3）*um-ma ki-ib-ri-*^{d}*d*[*a-gan*]（4）ÌR*-ka-a-ma*（5）^{LÚ}*ṣa-ba-am e-pí-*[*i*]*š-ta* [*š*]*a ḫa-*[*a*]*l-ṣ*[*í-i*]*m*（6）*ù* DUMU.MEŠ *ter-qa*^{ki} *a-na ši-pí-ir* I$_7$（7）*ša ma-ri*^{ki} *ù-ka-am-m*[*i*]*-is*（8）*i-na* ^{LÚ}*ṣa-bi-*[*i*]*m ša a-*[*l*]*a-ni* [x x x]（9）*mu-ut-ta-tum ú-ul i*[*l-l*]*i-ku-nim*（10）[*a*]*-lum ša ki-ma* 50 *ṣa-bu-um i-*[x]*-ik-*[x x]（11）[x] *ṣa-ba-am* [x x x x x x]（12）[x x *š*]*a* 30[　　]（13）[x x] *ṣa-ba-*[*am*　]（14）[x x] *ḫa-ab-*[　　]（15）[*ma*]*-ḫa-ar be-*[*lí-ya*　]（16）[*be-lí*（?）]*l*[*i*]*-da-an-ni-i*[*n-ma*

58）「彼／彼らの軍隊」と言う言葉は，他に ARM III 6:19 や III 21:12 にも見られる。「彼／彼ら」とは，もちろんスガーグム役人を指す。

59） M. Birot 1974, 231 を参照。

(?)] (17) *a-*[*n*]*a* [L]Ú.MEŠ*su-ga-g*[*i*MEŠ] (18) [*l*]*i-*[*iš*]*-pu-ru-nim-*[*m*]*a* (19) *ṣa-ba-šu-nu* [*l*]*i-ka-am-m*[*i*]*-su-*[*ni*]*m*（以下省略）

(1) わが主へ。(2) 言え。(4) あなたの僕，(3) キブリ・ダガン（は次のように申します)。(5-7) 私は，（テルカ）地［区］の労働集団（*ṣābam ēpištam*）とテルカの人々をマリの運河工事のために召集しました。(8)［xxx］の町の人々の中，(9) 半数はやってきませんでした。(10-15 行は破損のため訳出不可能） (16) どうか［わが主（？)］が，厳しく命じられますように。(17) そしてどうかスガーグム役人「達」に (18) 手紙を書き送り，(19) 彼らの（スガーグム役人［達］の？）集団をわれわれのために集めるようにしてください。(以下省略)

この手紙を見ると，作業員を集めるのはスガーグム役人の役目であったらしい。キブリ・ダガンは，テルカ地区の知事であるにもかかわらず，同じ地区内のスガーグム役人を自分の命令に服させることができず，王に直接命令してくれるよう頼まなければならなかった。ARM III 38 はスガーグム役人が強制労働者 sablum[60] の召集にもかかわっていたことを示す（5-26 行)。

時には，軍隊を指揮することもスガーグム役人の役割の１つであった[61]。イバル・ピ・エルは，その手紙 ARM II 25 の中で,「私は，その軍隊を［バ］フディ・アッドゥに指揮を［とらせて]，わが主の許に派遣しました。」(7'-8' 行）といっている。このバフディ・アッドゥは，ARM IX 70 などからスガーグム役人であることがわかるが，この同じバフディ・アッドゥは，ARM II 118 で彼の率いる軍隊の指揮についてジムリ・リム王に次のように報告している。

(4) ḪA.NA.MEŠ *wa-ar-ku-um ik-šu-da-am* (5) ḪA.NA.MEŠ *pa-nu-um ù wa-ar-ku-um ša-lim* (6) *ú-ul mu-ur-ṣù-um* {[*ú*]*-ul mi-im-ma*} (7) *mi-im-ma ḫi-ṭì-tum ú-ul i-ba-aši-ši* (8) *ù ša ša-ab-ri-im ša-lim* (9) *mi-im-ma li-ib-bi be-lí-ya la i-na-aḫ-*[*ḫi-i*]*d*

60) *sablum* については，Held, M. 1968, 93-94 を参照。

61) ARM I 6:18; III 6:19 および III 21:12 などの軍隊もスガーグムの指揮下にあったと考えられる。

(10) *ša-ni-tam i-na* KASKAL.MEŠ *ka-li-ši-[n]a* (11) *uz₄-na-am ša-ak-na-ku-ma* (12) *ya-ga-a-tum ma-da-a* (13) *i-na-an-na i-na* KASKAL *an-ni-tim uz₄-na-am aš-ku-un-ma* (15) *ia-ga-tum ù mi-im-[ma]* (16) *ú-ul i-ba-aš-[ši]* (17) *ṣú-ḫu-um-ma me-lu-lu-u-[ma]* (18) *ki-ma i-na* É.ḪÁ*-ta-ti-šu-nu wa-aš-bu* (19) *li-ib-ba-šu-nu ṭà-ab* (20) *ša ṣí-ir-mi-im-ma e-pé-eš* (21) *ka-ak-ki-i da-ak na-ak-ri-im-ma* (22) *li-ib-bi* ÌR.MEŠ *be-lí-ya i-da-ab-bu-ub* (23) *be-lí lu-ú ḫa-di-i*

(4) 後発のハナ人（部隊）が到着しました。(5) ハナ人（部隊）は，先発後発両部隊とも無事です。(6-7) 病人も欠員もありません。(8) そして……(*ša šabrim*) も無事です。どうかわが主は，ご心配なさらないでください。(10-11) 話変わって，私はすべての遠征で，（兵士の状態に）注意していますが（文字通りには，「耳を立てる」），(12) 苦情は多いです。(13) さて，この遠征でも，(14) 私は注意しましたが，(15) 苦情その他一切 (16)［あり］ませんでした。(17)（あるのは）笑いと遊びふざけだけです。(18) あたかも自分たちの家にいるときのごとく (19) 彼らの気持ちはなごんでいます。(20-22) わが主の僕どもが思っているのは，戦いと敵を打ち破る努力についてだけです。(23) わが主よ，どうぞおよろこびください。

スガーグム役人は，軍隊（あるいは労働集団）の人員調査（*tēbibtum*）[62] にも関わっていた。例えば，キブリ・ダガンがジムリ・リム王に宛てた手紙 ARM III 21 の中で次ぎのように述べている。

(5) *aš-šum ṣa-bi-im ša a-l[a]-ni ša* DUMU.MEŠ *ya-mi-na* (6) *ub-bu-bi-im* (7) $^{\text{LÚ.MEŠ}}$*su-ga-gu-šu-nu* (8) *[i]l-li-ku-nim* (9) $^{\text{LÚ.MEŠ}}$*eb-bi-šu-nu* (10) *aš-ku-un-ma* (11)

62) 通常，*tēbibtum* は census, *ubbubum* は census を行うと訳されるが，その実態については，不明な点が多い。宗教と結びつけて考える Kupper 説（Kupper 1950 in A. Parrot [ed.] 1950, 99–110）と宗教との結びつきを否定する Speiser 説（1958, 17–25）が代表的な説として存在するが，この問題についての最近の言及として，Anbar, M. 1973, 18, n. 59 および Sasson, J.M. 1985, 443 を挙げておく。

ṣa-ba-am iš-ṭú-ru-[*nim*]*-ma* (12) *a-nu-um-ma tup-pa-am ša ṣa-bi-šu-nu* (13) *a-li-ša-am aš-ṭù-ra-am-ma* (14) *a-na ṣe-er be-lí-ya* (15) [*u*]*š-ta-bi-lam* (16) *be-lí tup-pa-am ša-a-tu* (17) [*l*]*i-iš-me* (III 21:5–17)

(5-6) ヤミン人の町々の軍隊の人員調査を行うことに関して，(7) 彼らのスガーグム役人たちが (8) やってきました。(9-10) 私は，彼らの「信頼できるもの」を立てたところ，(11) 彼ら（「信頼できるもの」）は隊員（の名前）を書いてくれました。(12-13) 隊員を町ごとに記した名簿を (14) わが主に (15) 送らせます。(16) どうかわが主はその名簿を (17) ご覧下さい（文字通りには，おき聞きください）ますように。

スガーグム役人が人員調査 *tēbibtum* に関わったことを示す文書は，他に，ARM I 6 や XIV 64 などがあるが，スガーグム役人が具体的にどのように関わっていたかは明白ではない。ARM XIV 64 によると，サガラートゥム地区の知事ヤキム・アッドゥが，ある土地の軍隊の人員調査をすることに関連して，その軍隊の人たちのスガーグム役人に 5 回も手紙を書き送ったが，そのスガーグム役人は出頭しなかったと，ジムリ・リム王に報告している。しかし，同じ手紙の初めの部分で，ヤキム・アッドゥは，「私が調べ（て作っ）た『人とその名のリスト』をわが主に送らせました。」と言っており，人員調査を行い「人とその名のリスト」を作成する最終責任者は，知事であったとも受け取れるからである。

以上，兵士あるいは労働要員の確保とその管理に関わるスガーグム役人の役割を見てきたが，スガーグム役人は，法と秩序の維持の分野でも重要な役割を果たしていた。例えば，ARM I 13:8–11 では，スガーグム役人（複数）が逃亡者（複数）を捕縛するよう命じられている[63)]。またジムリ・リム宛のアスクドゥムの手紙 ARM II 98 によると，スガーグム役人は，配下に *sakbû*（あるいは *sagbû*）と呼ばれる警備兵[64)] を従えて，侵入者の捕縛に当っていたようだ。

63)　逃亡者の問題は深刻な問題であったが，これについては，例えば，Sasson, J. M. 1977, 93, n. 5 を参照。

(4') *ù a-ḫa-ra-tam iš-tu ap-pa-an*[ki] (5') *a-di ni-a-ti bu-ur-tim* (6') LÚ.MEŠ *sa-ak-bu li-iš-bu-ma* (7') *ša a-na li-ib-bi na-we-em a-na e-ti-qí-im* (8') *pa-nu-šu ša-ak-nu li-ik-s*[*ú*]*-nim-na* (9') *a-na pa-an* LÚ.MEŠ *su-ga-gi ša* ḪA.NA.MEŠ (10') *a-na ma-ri*[ki] *li-pa-aḫ-ḫi-ru-šu-nu-*[*ti*]

(4'-5') 対岸のアッパンからわれわれの井戸までの間に (6') サクブー役人（複数）を配置し，放牧地の中へ入ろうとする者を捕縛せよ。(9') そして，ハナ人のスガーグム役人（複数）の許に，(10') すなわちマリに彼らを集めなさい。

また，ヤキム・アッドゥは，ジムリ・リムからの指示に従って，スム・ディタナなる人物に所属する逃亡職人を逮捕すべく万全の措置をとったと報告している手紙（ARM II 103）の中で，次のように述べている。

(5) *aš-šum* DUMU.MEŠ *um-me-ni ša su-mu-di-ta-na* (6) DUMU *ḫa-am-mu-ra-bi* (7) *ša in-na-bi-tu* (8) *be-lí iš-pu-ra-am* (9) *ki-ma na-aš-pa-ar-ti be-lí-y*[*a*] (10) *a-na* LÚ.MEŠ *ša ba-za-ḫa-tim* (11) *dan-na-tim aš-ku-un* (12) *ù a-li-ša-am* [LÚ]*su-ga-gi*[MEŠ] (13) *ù* [LÚ]NU.BANDA$_3$[MEŠ] *u-ta-ḫi-id* (14) *šum-ma a-na ḫa-al-ṣi-im* (15) *i-ṣa-ab-ba-tu-nim* LÚ.MEŠ *šu-nu* (16) *ú-ul uṣ-ṣú-ú*

(5-7) ハンムラビの息子スム・ディタナに属する逃亡職人達に関して，(8) わが主は書いてこられました。(9) わ［が］主の指示通り，(10) 駐屯地の人々に (11) 厳命を与え，(12) 町毎にスガーグム役人（複数）(13) とラプットゥム役人（複数）に繰り返し命じておきました。(14) たとえ彼らが（サガラートゥム）地区に (15) 向ってこようとも，(16) 彼らは逃げ出すことが出来ないでしょう。

この手紙によると，駐屯地 *bazaḫātum*[65] には駐屯兵がおり，町々（または村々）

64) Anbar, M. 1975, 592 を参照。

65) Anbar, M. 1974, 439-441; Anbar, M. 1975, 592 を参照。

(*ālišam*) には，スガーグム役人とラプットゥム役人がいて，この両方に警戒体勢をとらせれば万全であると考えていたらしい。

スガーグム役人が，マリ王権の権力を代表し，その意向を代弁する役割を果たしたことは，これまで見てきた通りであるが，それと同時に，地域住民の利益代弁者として重要な役割を果たしていたことも見逃せない。例えば，サガラートゥム地区のスガーグム役人たちがやってきて，同地区の知事ヤキム・アッドゥに次のような要求をしたことが伝えられている。

(5) $^{\text{LÚ.MEŠ}}$*su-ga-gu ša ḫa-al-ṣí-im* (6) *aš-šum* DINGIR.MEŠ *ša i-na sa-ga-ra-tim*^{ki} (7) *ù* BAD^{ki}*-ya-aḫ-du-li-im* (8) *ka-lu-ú i-na a-wa-*[*tim*] (9) *ki-a-am iṣ-ba-tu-ni-i*[*n*]*-n*[*i*$_5$] (10) *um-ma-a-mi* SI[SKUR$_x$.ḪÁ*-ma*] (11) DINGIR.MEŠ *wa-aš-še-e*[*r-ma*] (12) *i-na* É.ḪÁ-[*š*]*u-*[*n*]*u* (13) SISKUR$_x$.Ḫ[Á *l*]*i-i*[*q*]*-q*[*ú-š*]*u-nu-ši-im* (14) *ù aš-šum be-lí la a-ša-lu* (15) DINGIR.MEŠ *ú-ul ú-wa-aš-še-er* (16) *i-na-an-na šum-ma* DINGIR.MEŠ (17) *a-na kap-ra-tim*$^{\text{ki.[Ḫ]Á}}$ *ú-ta-aš-ša-ru* (18) *ù šum-ma la ú-ta-aš-ša-ru* (19) [*an*]*-ni-tam la an-ni-tam be-lí* (20) [*li-i*]*š-pu-ra-am-ma* (21) [*ša qa-bé-e*] *be-lí-ya lu-pu-úš* (ARM XIV 8:5-21)

(5-9) (サガラートゥム) 地区のスガーグム役人たちは，［サ］ガラートゥムとドゥール・ヤハドゥ・リムに留め置かれている神々（の像）に関して，次のように申し出ました。(10)「犠［牲（のため）です。］(11-13) 彼［ら（＝住民？）］が神々（の像）に対して［その］神殿で犠［牲を捧］げられるように，神々（の像）を返してください」と。(14) しかし，私はわが主にお伺いを立てておりませんでしたので，(15) 神々（の像）を返しませんでした。(16-17) 村々に神々（の像）が返還されるべきか (18) されるべきでないか，(19) あれかこれかをわが主は，(20) 私に書［き送ってくださいますように。］(21) そうしたら，わが主の［指示されたことを］いたします。

サガラートゥム地区のスガーグム役人たちは，それぞれの神殿で神々に犠牲を捧げたいという住民の要求を取り次いだのである。ジムリ・リムは，住民支配の一環として，祭儀の管理まで行っていたらしい。住民の要求を突きつけられたヤキム・アッドゥは，即答できず，王に指示を仰いでいる。

王または王室の高官は，問題によってスガーグム役人たちの意見を聞くこともあったらしい。バビロンに駐在していたマリ王国の高官の1人であるイバル・エルは，その手紙の中で，バビロン王ハンムラビのマリに対する援軍要請に言及した後，この問題について彼ら（スガーグム役人たち）の意見を諮ったと報告している（*ṭe*$_4$*-ma-am an-ni-em ...... ma-ḫa-ar* LÚ [*sú*]*-ga-g*[*i*]MEŠ ÌR*-di-ka* [*aš-ku*]*-un-ma*）。（ARM II 33:9-11）

スガーグム役人は，自分や自分の地域の住民の利益に反する事についての要請は，それを無視したり（ARM XIV 64），あからさまに不服従の意思を表明したりすることもあった（ARM III 38）。先にも触れたARM XIV 64は，人員調査に関するヤキム・アッドゥの手紙で，彼はそこで，

> (10') *aš-šum ṣa-bi-im am*$_x$(=PI)*-na-na-i*ki (11') *ša sa-aḫ-ri-i*ki (12') *u-bu-bu-bi-im a-na* LÚ *su-ga-gi-*[*š*]*u-*[*n*]*u* (13') 5*-šu a*[*š-p*]*u-ur-ma* (14') *ú-u*[*l il-l*]*i-ku-nim* (ARM XIV 64:10'-14')
>
> (10'-13') 私は，サフルの地のアムナヌの軍隊の人員調査を行うことに関して，彼［ら］のスガーグム役人に5回も書き送りましたが，(14')［彼は］来ま［せん］でした。

と報告している。

ARM III 38は，強制労働のため男女の労働用員を要塞に召集させよというジムリ・リムの命令をキブリ・ダガンが（知事を務めるテルカ地区の）ヤミン人の町々にも伝えたところ，1つの町のスガーグム役人から次のような回答が来たと報告している。

> (15) *a-na a-la-ni ša* DUMU.MEŠ *ya-mi-na* (16) *aš-pu-ur-ma* (17) LÚ*su-ga-gu-um ša du-mu-te-*[*e*]*n*ki (18) *ki-a-am i-pu-la-an-ni* (19) [*um*]*-ma-*[*m*]*i* LÚ *na-ak-rum* (20)

[l]e-el-li-kam-ma (21) *i-na a-li-ni-ma* (22) *li-it-ba-la-an-ni-ti* (23) *an-ni-tam i-pu-ul* (24) *ù qa-tam-ma i-na e-ṣé-di-im* (25) *i-na a-la-ni ša* DUMU.MEŠ *ya-mi-na* (26) *ma-am-ma-an ú-ul ú-še-zi-ba-[a]n-ni* (ARM III 38:15-26)

(15-16) 私は，ヤミン人の町々にも書き送りましたが，(17) ドゥムタンのスガーグムは，(18) 次のように回答してきました。(19) すなわち，「敵が (20) 来るなら来て，(21) われわれの町から (22) われわれを連れ去ってくれ！」(23) 彼は，このように回答してきました。(24) 刈り入れのときも同様に，(25) ヤミン人の町々からは，(26) 誰も私の助けにきてくれませんでした。

最後に紹介したい文書は，ヤミン人の首長 (sheikh) の１人であったヤスマハ・アッドゥ（シャムシ・アダド時代のマリ王とは別人）がジムリ・リムに宛てた手紙 (ARM II 53) である[66)]。この手紙には，ジムリ・リムにより奪われた自分自身の町の返還を要求するヤミン人スガーグム役人達の言葉が引用されている。この言葉は，ヤミン系部族アムナーヌムの「王」，ツーラ・ハンムと，同じくヤミン系のヤフルル部族の「王」ヤリム・リムに対して語られたものである。

(20) *a-na ṣe-er zi-im-ri-li-im* (21) *al-ka-ma ù a-la-ne-ne er-ša* (22) *[šu]m-ma la-hu-un-*^{d}*da-gan* (23) *[la i]-il-la-ak ú-lu ne-da-ak-šu* (24) *ú-lu šu-ma i-na* ^{GIŠ}GU.ZA-*šu* (25) *nu-da-ap-pa-ar-šu an-ni-tam* (26) $^{LÚ.MEŠ}$*su-ga-g[u] ša* DUMU.MEŠ *ya-mi-na*^{ki} *i-da-ab-bu-bu* (ARM II 53:20-26)

(20-21)（あなた方は）ジムリ・リムの許に行き，われわれの町々を取り返してください。(22) [も] しラフン・ダガン（ウプラプ族の「王」）が，(23) 行こうとしなければ，われわれは彼を殺すか，(24-25) 彼をその王座から追い出すでしょう。」このように (26) ヤミン人のスガーグム役人たちが語りました。

66)　この興味ある手紙の問題および背景については，Anbar, M. 1968, 228-232; Anbar, M. 1985, 22-23; Charpin D. et J.-M. Durand 1985a, 331 などを参照。

これはかなり過激な要求である。ただこの要求がこれらのスガーグム達によって直接なされたのではなく，ヤミン系部族であるアムナーヌムやヤフルルの「王」（首長）たちを通じてなされている点が注目される。ただ，彼らの要求がどうしてこのような形でなされたのかということになると，史料は何も語ってくれない。

以上，スガーグム役人の役割について述べてきたことをまとめると，次のようになろうか。スガーグム役人はマリ王国の地方役人として，王権のために，自分の所属する集団なり地域の兵員・労働力の確保・維持・指揮等に努める傍ら，逃亡者の防止や逮捕など法と秩序の維持にも責任を持たされていたが，同時に，自分の所属する集団または地域の利益代表的側面を有しており，人員調査や兵員・労働要員の動員の際にそのような側面が強く現れることがあった。

第4章
マリのヤミン人捕虜解放記録

はじめに

戦争や武力衝突で敗北し，敗北した側の男女が捕虜として連行されることは，メソポタミアでも珍しいことではなかった。捕虜は，囚われの地で様々な労役についたが，過酷な労役と精神的苦痛から，天寿を全うすることなく死亡する者も少なくなかったと思われる。そんな中で，幸運にも，囚われの地を通りがかった商人に身請けしてもらい，自分の故郷にたどり着いた捕虜もいたらしいことは，ハンムラビ「法典」第32条から知ることができる。そこでは，王の遠征に従軍して捕虜となった兵士を商人が身請けし，兵士の故郷まで連れ帰った場合，商人が立て替えた身請け金を誰が支払うかが問題となっている[1)]。しかし，解放された捕虜に関して，解放した側が残した記録は極めて珍しいと言える[2)]。

1) マリ出土文書（ARM XXIII 540）には，人数は不明だが複数のハナ人捕虜（？）の解放のためにマリ王宮から3 1/3マナの銀が支出されたことが記録されている。同様の例がM.11351（未刊のマリ出土文書）にも見られる事をKupperは報告している（Kupper, J.-R. 1982, 171）。

2) 他に，ジムリ・リム治世8年に，ヌムハ地方の都市クルダの王ハンムラビから銀2マナの贖い金を受け取り，相当な数（人数は不明）のヌムハの住民（戦争捕虜？）を解放した例も知られている（ARM XIV 48[＝49]）。また，サガラートゥム地区の運河管理人イリ・シャキムの贖い金の額と支払い方法についての交渉の経過を，同地区の知事ヤッキム・アッドゥからジムリ・リムに宛てられた手紙（ARM XIV 17）

本稿で取り上げるのは，まさにそのような記録で，古代都市マリの遺跡（現在のシリアのテル・ハリリ）から出土したものである。付された日付からそれらがマリの国王ジムリ・リムの治世５年（紀元前 1771 年頃）に作成されたものであったことがわかる。先ずその記録の１つ（ARM VIII 77）を紹介してみよう。

(1) ^{I}*ḫa-at-ni*-AN-*ma* (2) LÚ [*ra-aq-qí*]-*im*^{ki}[3)] (3) NÍG.ŠU [*be-lí*]-*mu-uš-ta-al* (4) *ša na-ap-si*!-^{d}*da-ga*n! (5) *a-ḫu-šu* [*i*]*p-ṭú-r*]*u-šu* (6) ^{I}*ga-aḫ-šu* (7) LÚ *da-aš-ra-an*^{ki} (8) *ša ḫu-li* (9) *a-bu-šu ip-ṭú-ru-šu* (10) KÙ.BABBAR *ip-*$ṭe_{4}$*-ri-šu-nu* (11) *bu-nu-ma*-^{d}IM (12) *ma-ḫi-ir* (13) IGI PN (14ff.) ZL 5-vi-5.

(1) ハトニ・イルマ，(2)［ラック］ムの人，(3)［ベーリ］・ムシュタルのもとに配属されていた者，(4-5) 彼の兄弟ナプシ・ダガンが［贖った］。(6) ガハシュ，(7) ダシュランの人，(8-9) 彼の父フリが贖った。(10) 彼らの贖い金である銀は　(11) ブヌマ・アッドゥが　(12) 受領した。(13) 証人１名。(14ff.)　ジムリ・リム治世５年第 VI 月５日。

これは，マリ王国の役人が書き記した２人のヤミン人戦争捕虜解放の記録で，１）被解放者の名前とその出身地，２）解放前の配属先，３）被解放者の身元引受人とその続柄，４）贖い金の受領者，５）証人，および６）日付など，必要事項はほぼすべて記録されている。

１）解放された捕虜の名前は，ハトニ・イルマとガハシュで，その出身地はそれぞれ［ラックム］とダシュランであった。

２）解放直前の配属先は，ハトニ・イルマに関しては［ベーリ］・ムシュタ

から知ることができる。ここでの贖い金は，金額にして銀４マナから５マナと途方もなく高額で，ここには，なにか尋常ではない背景があったものと思われる（Durand 1998, 640ff に新訳と注解がある）。

3)　ARM VIII 77:1–9 は，ARM XXI 414:6–13 および ARM XXII 262 ii 37–41 に現れる並行記事に従ってテキストの読み方を訂正している。なお，ARM XXI 414:6 の *ṣi-lí*-AN-*ma* は，逆に ARM VIII 77:1 に従って *at-ni*-AN-*ma* とよむ。Villard, P. 1984. 477, n. 55 を参照。

ルの下であった。ガハシュに関しては，明記されていないが，ARM XXI 414:11 および ARM XXII 262 ii 40 からイシュヒ・イラバ（Išḫī-Ilaba）と考えられる。

3）ハトニ・イルマの身元引受人はナブシ・ダガンで，続柄は被解放者の兄弟。ガハシュの身元引受人はフリで，続柄は被解放者の父であった。

4）贖い金（金額は記されていないが，他の史料から1人当たり8シキルであったことがわかっている）を受領した役人はブヌマ・アッドゥであった。

5）証人1名の名前が記されているが，破損のため解読は困難。

6）日付は，ジムリ・リム治世5年第 VI 月5日である。

この記録（ARM VIII 77）は，ジムリ・リム治世5年のヤミン人の戦争捕虜解放に関わる史料の1つで，これまでのところ，この記録を含めて14点の関連史料が見つかっている。P. ヴィラール P. Villard はこれらの史料を整理・分析して，この年のヤミン人捕虜解放の経緯を明らかにしている[4]。本小論では主に P. ヴィラールの研究によりつつ，シリア・メソポタミア世界のおける文化接触の観点からこれら戦争捕虜解放の記録を取り上げてみたい。

1　ヤミン人戦争捕虜解放に関わる史料

これら14点の関連史料にはジムリ・リム治世5年第 V 月17日から同年第 XII 月某日（破損のため判読不能）までの日付が付されているが，P. ヴィラールは，これらの記録が時間の経過とその時々の必要に応じて作成されたものと考え，それらを大きく3つのグループに分けている。

第1グループ

第1グループに分類される史料は，日付が最も早いことに加えて，贖い金の

4）　Villard, P. 1984, 476-506.

支払いについて書かれていないことがその特徴である。

ARM XXIII 77

(1) $^{\text{I fd}}$*ad-mu-né-ri* (2) *ša sa-ad-di-im* (3) DUMU.MEŠ *ia-mi-na* (4) *a-na ì-lí-ne-ḫi-im* (5) *a-ḫi-ša* (6) *wa-aš-šu-ra-at* (7-11) ZL 5-v-17

(2-3)　ヤミン人に対する襲撃の際に捕らえられた (1)　アドム・ネーリは，(5)　彼女の男兄弟 (4)　イリ・ネヒムのもとへ (6)　解放された。(7-11)　ジムリ・リム治世５年第Ｖ月17日

ARM XXIII 76

(1) $^{\text{I f}}$*si-né-na* (2) NÍG.ŠU *ab-di* (3) *ša sa-a*[*d*]-*d*[*i-im*] (4) *ša* DUMU.MEŠ *ia-mi-na* (5) *ba-lu* KÙ.BABBAR (6) *a-na ì-lí-ne-ḫi-im* (7) *mu-ti-ša wu-úš-šu-ra-a*[*t*] (8-12) ZL5-v-25

(1) シネナ，(2)　アブディに配属されていた者，(3-4)　ヤミン人に対する襲［撃］の際に捕らえられた者，(5)　銀（の支払）なしに，(6-7)（彼女は）彼女の夫イリ・ネヒムのもとに解放された。(8-12)　ジムリ・リム治世５年Ｖ月25日

ARM XXIII 421

(1) $^{\text{I f}}$*si-né-na* (2) *a-ia-tum* (3) *ša i-na sa-di-im* (4) *ša* DUMU.MEŠ *ia-mi-na* (5) *ya-ás-si-*^{d}*da-gan* (6) *ir-de-em* (7) *a-na ì-lí-ne-ḫi-im* (8) DAM.<A.NI> *ú-šu-ra-a*[*t*] (9-12) [ZL 5-v-25]

(2)　…の (1)　シネナ，(3-4) ヤミン人に対する襲撃の際に (5) ヤッシ・ダガンが (6) 連行してきたもの，(7-8)　(彼女は)〈彼女の〉夫イリ・ネヒムのもとへ解放された。(9-12)　ジムリ・リム治世５年第Ｖ月25日

以上３点が第１グループに入る。ARM XXIII 421 は日付の部分が破損しているが，内容的に ARM XXIII 76 と酷似しているので，暫定的に後者と同じ日付

を復元することができる。

これらの史料では，贖い金の支払いに言及されていないか（ARM XXIII 77; ARM XXIII 421），はっきりと「銀（の支払い）なしに」と書かれている（ARM XXIII 76）。その理由は，P. ヴィラールが指摘するように，被解放者として登場する2人の女性の特別な身分にある。シネナは，身元引受人であるイリ・ネヒムの妻とされるが（ARM XXIII 77; ARM XXIII 421），このイリ・ネヒムは，ジムリ・リム治世5年のヤミン人戦争捕虜解放のきっかけとなったジムリ・リム政権とヤミン人の和平交渉の際のヤミン人側の指導者の1人であった[5]。そのため，イリ・ネヒムの妻の解放に関しては特別な配慮がなされたものと考えられる。

もう1人の女性アドム・ネーリの身元引受人もシネナの場合と同じイリ・ネヒムで，彼女はイリ・ネヒムの姉か妹であった。従って，彼女の場合も，シネナの場合と同様，特別な配慮がなされたものと思われる[6]。なお，ARM XXIII 421:5で言及されているヤッシ・ダガンは，マリの将軍であった。

第2グループ

以下の8点がP. ヴィラールの第2グループに属する。解放された人物の名前と出身地の他に，贖い金，銀8シキルの収納が記録されていることが第2グループの特徴である。

ARM XXIII 552（ARM XXII 262 vi 7’-16’ およびARM XXIII 554:20-23に再録されている）

(1) 8 GÍN K[Ù.BABBAR] (2) *ip-ṭe$_4$-er ḫa-l*[*u-pi-ia-mu*] (3) LÚ *ša ḫe-ṣú-ra-tim* (4)

5) ARM XXI 339:6-7の複合弓を贈られている人物は，この2人の女性の身元引受人と同一人物であろう。この文書の日付は，この女性達が解放されたジムリ・リム治世5年の第V月（日にちは失われている）。なお，この同じ文書からヤミン人との和平に貢献したアムナヌムの部族長ツーラ・ハンムの召使い（LÚ.TUR）にも布が贈られたことがわかる。）

6) Villard 1985, 494, n. 105を参照。

NÍG.ŠU *ḫa-zi-ir-*^{d}UTU（5）*i-na ḫa-am-še*-x（6）*ša ri-im-ši*-AN（7）[*š*]*a* LÚ *ki-na-te-e*（8）*ša ia-šu-ub-*^{d}IM（9）*ù i-ṣí-na-bu-ú aḫ-ḫu-šu*（10）*ip-ṭú-ru-šu*（11f.）[ZL 5]-v-25

（1）［銀］8シキル，（3）ヘツラートゥムの人，（2）ハ［ル・ピ・ヤム］の贖い金，（6-7）キナトゥム職のリムシ・イルの（5）……の（4）ハージル・シャマシュのもとに配属されていた者，（8-9）彼の兄弟達ヤシュブ・アッドゥとイツィ・ナブーが（10）彼を贖った。（11ff.）［ジムリ・リム治世5年］第V月25日

ARM VIII 77

（ARM XXI 414:6–13に再録，ガハシュの贖い金についてはARM XXII 262 ii 37–41にも記載されている。）この記録は，既に冒頭で紹介しているので，ここで再度紹介することはしない。

ARM XXI 414

（男性3名と女性1名の解放と贖い金の受領記録。ヤキラ・アフムの件はARM XXIII 554:8–10に，またガハシュムとハッサトゥムの件はそれぞれARM XXII 262 ii 38および同ii 13に再録されている。）

（1）^{I}*ia-qí-ra-a-ḫu-um*（2）LÚ *ra-aq-qí-im*（3）NÍG.ŠU *sa-am-si-*^{d}*da-*[*ga*]*n*（4）*a-na iš-ḫi-e-ba-al da-di-šu*（5）*wa-aš-šu-ur*（6）^{I}*at-ni*-AN-*ma*[7] LÚ *ra-a*[*q*]*-qí-im*（7）NÍG.ŠU *be-lí-mu-uš-ta-al*（8）*ša na-ap-si-*^{d}*d*[*a-ga*]*n a-*[*ḫ*]*u-šu ip-ṭú-ru-*[*š*]*u*（9）^{I}*ga-aḫ-šum*（10）LÚ *da-aš-ra-an*^{ki}（11）NÍG.ŠU *iš-ḫi-*^{d}*il-a-ba*$_{4}$（12）*š*[*a ḫu-li*][8] *a-bu-šu*（13）*ip-*[*ṭú-ru-*] *šu*（14）$^{I f}$*ḫa-as-sà-tum*（15）M[Í] *ga-ad-li-tum*（16）NÍG.ŠU *qí-iš-t*[*i-k*]*a-ka*（17）*ša la-na-*^{d}[IM] *a-ḫu-ša*（18）*ip-ṭú-ru-ši*（19）*i-ṭe*$_{4}$*-re-šu-n*[*u* É].GAL *ma-ḫi-ir*（20ff.）ZL 5 vi 6

（2）ラックムの人（1）ヤキラ・アフム，（3）サムシ・ダ［ガ］ンのもとに

7）並行記事ARM VIII 77:1によって読み方を訂正している。Villard 1984, 477, n. 55を参照。

8）並行記事ARM XXII 262 ii 38–41によって訂正。Villard 1984, 477, n. 55を参照。

配属されていた者，(4)　彼の叔父，イシュヒ・エバルのもとへ (5)　解放された。(6)　ラックムの人，アトニ・イリマ，(7)　ベーリ・ムシュタルのもとに配属されていた者，(8)　彼の兄弟ナプシ・［ダガン］が［彼］を贖った。(10)　ダシュランの人，(9)　ガハシュム，(11)　イシュヒ・イラバのもとに配属されていた者，(12)　彼の父フリが (13)　彼を［贖っ］た。(15)　ガドラの女性 (14)　ハッサトゥム，(16)　キシュテ［ィ・カ］ッカのもとに配属されていた者，(17-18)　彼女の男兄弟ラナ・［アッドゥ］が彼女を贖った。(19)　彼らの贖い金は［王］宮が受領した。(20ff.)　ジムリ・リム治世5年第VI月6日

ARM XXIII 79（ARM XXIII 553:6-7 に再録）

(1) 8 GÍN KÙ.BABBAR (2) *ip-ṭe$_4$-er* (39) *me-et-mi-im* (4) NÍG.ŠU *sa-am-si-^{d}da-gan* (5ff.) ZL 5-vi-16

(1) 銀8シキル，(3) メトムムの (2) 贖い金，(4) サムシ・ダガンのもとに配属されていた者。(5ff.) ジムリ・リム治世5年第VI月16日

ARM XXIII 553（2名の被解放者のうちメトムムの件は ARM XXIII 79 に単独で記録されている）

(1) 15 GÍN KÙ.BABBAR (2) *i-na* NA$_4$.ḪÁ *ma-<ḫi>*-ri[9] (3) *ip-ṭe$_4$-er* (4) *sa-ku-mi*-AN (5) LÚ *ša-la-ba-d*[*im*]^{ki} (6) *ù me-et-mi-i*[*m*] (7) NÍG.ŠU *sa-am-su-^{d}*[*da-gan*][10] (8) *aq-ba-a-ḫu-um* (9) *i-na* É *ku-up-ri-im* (10) *ma-ḫi-ir* (11ff.) ZL 5-vii-16

(1) 銀15シキル，(2) 市場の分銅で（計量）[11]。(3-6)　シャラバドゥムの人，

9)　原文では，「*ma-ri* の分銅で」と書かれているが，地名の後に付される決定詞 KI が書かれていないため，Villard に従い *ma-<ḫi>-ri* と読み，「市場で使用される分銅で」と訳しておく。Villard 1984, 524 を参照。

10)　6行と7行の人名の復元は，並行史料 ARM XXIII 79 に基づく。

11)　本来なら，2人の贖い金合計16シキルでなければならない。2人のうちの1人メトムムは第VI月16日に8シキルの贖い金で解放されているので，もう1人も同日同額の贖い金で解放されたものと思われるが，1ヶ月後の第VII月16日に再録のためにもう一度「市場の分銅」で計り直したところ，1シキル不足していたということ

サクミ・イルとメトム［ム］の贖い金，⑺ サムス・［ダガン］のもとに配属されていた者，⑻　アクバ・アフムが　⑼「アスファルトの家」で　⑽ 受領した。(11ff.)　ジムリ・リム治世 5 年第 VII 月 16 日

ARM XXIII 80（ARM XXIII 554 に再録）

(1) $^{\text{I f}}$*sa-li-ḫa* (2) MÍ *ra-aq-qí-tum*^{ki} (3) NÍG.ŠU *ḫa-zi-ir-*^{d}UTU (4) *ša i-din-*^{d}*da-gan* (5) *a-bu-ša ip-ṭú-ru-ši* (6) $^{\text{I f}}$*ḫa-ma-du* (7) MÍ *di-mé-tum*^{ki} (8) NÍG.ŠU LUGAL-*nu-úr-ma-ti-šu* (9) *ša* <*a-na*> *ia-an-ṣí-bi* (10) *a-bi-ša* (11) *wa-aš-šu-ra-at* (12ff.) ZL 5-vii-27

⑵　ラックムの女性 ⑴　サリハ，⑶　ハージル・シャマシュの下に配属されていた者，(4-5)　彼女の父イッディン・ダガンが彼女を贖った。⑺　ディムトゥムの女性　⑹　ハマドゥ，⑻　シャルム・ヌール・マーティシュの下に配属されていた者，(9-11)（彼女は）彼女の父ヤンツィブのもとへ解放された。(12ff.) ジムリ・リム治世 5 年第 VII 月 27 日

ARM XXIII 554（一部は ARM XXIII 262 と重複）

(1) [8 GÍN KÙ.BABBAR *ip-*]*ṭe*$_4$*-er* ^{f}*sa-li-ḫa* (2) [MÍ *ra-a*]*q-qí-tim ša i-din-*^{d}*da-gan* AD.A.NI (3) *ip-ṭú-ru-ši*

(4) [8 GÍN KÙ].BABBAR *ip-ṭe*$_4$*-er* ^{f}*ḫa-ma-di-im* MÍ *di-im-te-en* (5) [*a-na*] AD-*ša ia-an-ṣí-bi-im wa-aš-šu-ra-at*

(6) [8 GÍN *ip-ṭe*$_4$]*-er* ^{f}*ra-bi-a* MÍ *da-bi-iš*^{ki} (7) [*a-na t*]*a-šu-ba* AMA.A.NI *wa-aš-šu-ra-at* (8) [8 GÍN *ip-ṭe*$_4$*-er*] *ia-qí-ra-a-ḫi* LÚ ra-*qí-i* (9) NÍG.ŠU *sa-am-si-*^{d}*da-gan a-na iš-hi-e-ba-al* (10) *da-di-šu*[12)] *wa-aš-šu-ur*

(11) 8 GÍN *ip-ṭe*$_4$*-er ka-bi-e-šu-uḫ* NÍG.ŠU *ia-ar-ip-ab-ba* (12) *ša* ^{d}*a-mi-e-šu-uḫ* ŠEŠ.

であろう。これほどひどくはないが，同じような事態は，集計表 ARM XXII 264:16 のイシュヒ・エバル Išḫī-Ebal の贖い金にも見られる。この場合も，解放時に支払われた銀は 8 シキルであったと考えられるが，後になって計量し直すと 1/4 シキル（約 2.1 グラム）不足していたことが明らかになったということであろう。Villard 1984, 499-500 を参照。

12)　*dādišu* を「彼の叔父」と訳すことに関しては，Durand 1983b, 215-217 を参照。

A.NI *ip-ṭú-ru-šu*

(13) 8 GÍN *ip-ṭe*$_{4}$*-er ì-lí-e-tar* LÚ *mi-iš-la-an* (14) *a-na ì-lí-ša-ki-im* ŠEŠ.A.NI *wa-aš-šu-ur*

(15) 8 GÍN *ip-ṭe*$_{4}$*-er* ^{f}*ḫa-wi-na-la* NÍG.ŠU *ṣíl-lí-an-nu* (16) *a-na* ŠEŠ-<*ša*> *wa-aš-šu-ra-at*

(17) 8 GÍN *ip-ṭe*$_{4}$*-er zi-im-ri-*^{d}IM (18) LÚ *ra-aq-qí-im* NÍG.ŠU *sa-am-si-*^{d}*da-gan* (19) *ša ia-ri-im* ^{d}IM ŠEŠ.A.NI *ip-ṭú-ru-*<*šu*>

(20) 8 GÍN *ip-ṭe*$_{4}$*-er ḫa-lu-pu-ya*!*-mu* (21) LÚ *ḫu-ṣú-ra-tim*^{ki} (22) NÍG.ŠU *ḫa-zi-ir-*^{d}UTU *ša ia-šu-ub-*^{d}IM (23) *ù i-ṣí-na-bu-ú* ŠEŠ.A.NI *ip-ṭú-ru-šu*

(24) 8 GÍN *ip-ṭe*$_{4}$*-er* ^{f}*nu-ḫa-mu ka-la-at* (25) *iš-ḫi-e-ba-al*

(26) 8 GÍN *ip-ṭe*$_{4}$*-er* ^{f}*an-nu-iš-ha* (27) NÍG.ŠU *é-a-ka-bar ša i-ṣí-a-hu* (28) *a-ḫu-ša ip-ṭú-ru-ši*

(29) 8 GÍN *ip-ṭe*$_{4}$*-er ia-ás-ku-ri-im* (30) LÚ *da-aš-ra-an*^{ki} NÍG.ŠU *ḫa-zi-ir-*^{d}UTU (31) *ša ia-si-*AN ŠEŠ.A.NI *ip-ṭú-ru-šu*

(32) [8 G]ÍN *ip-ṭe*$_{4}$*-er a-ḫi-im a-na* ^{f}*ra-ḫi-ma* (33) [AMA].A.NI *wa-aš-šu-ur*

(34) [8 GÍN] *ip-ṭe*$_{4}$*-er a-bi-ta-ki-im* (35) [x-x-]x$^{k[i]}$ *ša iš-ḫi-e-ba-al* ŠEŠ.A.NI *ip-ṭú-ru-*[*šu*]

(36) [8 GÍN *ip-ṭe*$_{4}$*-e*]*r za-an-nim* LÚ *mi-iš-la-an*^{ki} (37) [*ša* x-x-]*ta-an* ŠEŠ.A.NI *ip-ṭú-ru-*[*šu*]

(38) [8 GÍN *ip-*]*ṭe*$_{4}$*-er* [x-]x-AN LÚ *mi-iš-la-an*^{ki} (39) [*ša* x-x-]x *ip-ṭú-ru-šu*

(40) [...............]-x-x

(41) [*ša* ....] x-x *ip-ṭú-ru-šu*

右の側面下段に ZL 5-vii-29 の日付がある。

この集計表は，一部に破損箇所があるほか，記載が省略されている項目があるが，基本的には，被解放者名，その出身地，解放前の配属先の責任者名，身元引受人名と続柄が記載されている。従って，ARM XXIII 554 は，表の形にして載せておきたい。記載が省略されている項目は元の記録に記載がなかったも

行	男／女	被解放者名	出身地	解放前の配属先	身元引受人	続柄
1	f	Saliḫa	Raqqum（T）	---	Iddin-Dagan	兄弟
4	f	Ḫamadan	Dimtân（T）	---	Yanṣībum	兄弟
6	f	Rabia	Dabišū（S）	Samsī-Dagan	Tašūba	母
8	m	Yaqir-aḫī	Raqqum（T）	Samsī-Dagan	Išḫī-Ebal	叔父
11	m	Kābi-Ešuḫ	---	Yarīp-Abba	Ami-ešuḫ	兄弟
13	m	Ilī-etar	Mišlân（M）	---	Ilī-Šakim	兄弟
15	f	Ḫawinala	---	Ṣillī-Annu	---	兄弟
17	m	Zimrī-Addu	Raqqûm（T）	Samsī-Dagan	Tarīm-Addu	兄弟
20	m	Ḫalu-pī-Yamu	ša Ḫuṣurātim（M）	Ḫāzir-Šamaš	Yašūb-Addu	兄弟
24	f	Nuḫamu	---	---	Išḫī-Ebal	義父
26	f	Annu-išḫa	---	Ea-kabar	Īṣi-aḫu	兄弟
29	m	Yaskurum	Dašrân（T）	Ḫāzir-Šamaš	Yassi-Il	兄弟
32	m	Aḫum	---	---	Raḫima	［母］
34	m	Abī-Takim	［　　］	---	Išḫī-Ebal	兄弟
36	m	Zannum	Mišlân（M）	---	［　］tan	兄弟
38	m	［　］x-AN	Mišlân（M）	---	［　　］	?
40-41	破損	破損	破損	破損	破損	破損

のと思われる。

なお，出身地の後に付されたMはマリ地区，Tはテルカ地区，Sはサガラートゥム地区を示す。略号を付していないアンダリク Andariq はイダマラツ地方，ガドラー Gadlâ とラサーユム Rasāyum はユーフラテス中流域に位置した。

ARM XXIII 81

(1) ^{f}*ḫa-li-ia-tum* (2) MÍ *mi-iš-la-an*^{ki} (3) NÍG.ŠU *ba-lu-um-nam-ḫe* (4)［KÙ.BABBAR *ip-ṭe*$_4$-］*ri-ša* (5) *é-kál-lum ma-ḫi-ir* (6ff.) ZL 5-vii-16

(2)　ミシュランの女性，(1)　ハリヤトゥム，(3)　バルムナムへのもとに配属されていた者。(4)　彼女の贖い金は　(5)　王宮が受領した。(6-7)　ジムリ・リム治世5年第VII月16日。

以上8点のうち，ARM XXIII 552は，日付の点で，第1グループのARM XXIII 421と同じであるが，解放された戦争捕虜の贖い金が明記されており，第2グループに属する。

ARM XXIII 554は次に紹介する第3グループのARM XXII 262に類似しているが，収納された贖い金の使途について触れられていない点で第3グループの記録とは性格を異にする。1人一律8シキルという贖い金の額は，ジムリ・リム政権とヤミン人の指導者達の間で行われた和平交渉で決まった額であると思われ，当時の奴隷1人の値段[13)]と比較するとかなり低く設定されていることがわかる。

第3グループ

ヴィラールが第3グループに分類した3点の記録は，いずれも集計記録で，収納した贖い金の使途をも明らかにするために作成されたものと思われる。当然，作成された日付も先の2つのグループの記録より後になる。

ARM XXII 262

この集計記録は，表面・裏面に各3コラムあり，各コラムは推定約50～70行からなるが，第iコラムと第iiコラムを除くと，各コラムとも欠損部分が多い。既に指摘したように，ARM XXII 262は，大部分がARM XXIII 554と同じ形式で被解放者の名前，出身地，解放前の配属先，身元引受人の名前，およびその続柄が記されているので，これらの情報を表形式にして紹介する。本集計記録がARM XXIII 554と大きく異なる点は，マリ王国の役人が受け取った贖い金の使途が記録されていることで，その部分は和訳をして原文を紹介する。

13）Durandは，金属加工等の特技を持つ奴隷（男性）で20シキル（ARM VIII 10），家内奴隷（女性）で15シキル（ARM VII 11:7）などの例もあるが，平均的な奴隷の値段は11シキルくらいであったと見ている（Durand 1983b, 193）。

行	男／女	被解放者名	出身地	解放前の配属先	身元引受人	続柄
Col.i						
1-6	f	Kakka-ḫaliya	Mišlân（M）	Balumme-namḫe	Aniti-Il	兄弟
7-1	m	Šubni-Il	Rasāyum	Bēlšunu	Yitmu-Nasi	兄弟
13-17	m	Atamrum	---	Samsī-Dagan	Išḫī-Ebal	---
18-22	m	Ibbi-Addu（Ì.ŠUR）	Raqqûm（T）	Aḫlammu（Ì.ŠUR）	Ībal-pī-Il	兄弟
23-28	m	Ḫabdu-Baḫlatī	Raqqûm（T）	Iddin-Dagan	Išḫī-Ebal	兄弟
29-33	m	Baḫlu-bāni	Mišlân（M）	Bāla-Il（LÚ.ENGAR）	Erra-qurrād	兄弟
34-38	f	Nanabu	Raqqûm（T）	Iskatan	Rabûm	兄弟
39-43	f	Nana	Raqqûm（T）	Rimšī-Il	Pîlum	夫
44-48	m	Ḫabdu-Kūbi	Damiqtum（T）	Ammitanu	Ḫabdu-Era<ḫ>	兄弟
49-53	m	Ilī-Eraḫ	Raqqûm（T）	Ḫitlanum	Bālum	兄弟
54-58	f	Annu-x-x	Raqqûm（T）	Iddin-Mamma	Mutī-Addu	兄弟
59-63	f	Rāḫiba	Mišlân（M）	Rimšī-Il	Šaṭūbi-Il	父
64-68	m	Ībal-pī-Il	Ilu-Muluk（K）	Ḫāzir-Šamaš	Īṣi-Qatar	兄弟
Col. ii						
1-5	m	Yamṣi-pī-Il	---	Samsī-Dagan	Yattin-Dagan	兄弟
6-12	m	Yatūr-Il	Mišlân（M）	Šarrum-nūr-mātišu	Ilī-šimḫaya	兄弟
13-17	f	Hassatum	Gadlâ	Qīšti-Kakka	Lana-Addu	兄弟
18-24	f	Yadiḫa	Mišlân（M）	Aḫu-waqar（ša MAŠ.KAR.RA）	Abī-rāpiḫ	兄弟
25-30	m	Bimutima-[Il]	Dumtân（M）	Yaṣṣib-Ad[du]	A-[m]a-[x]	兄弟
31-36	m	Ibni-[Ad]du	Mišlân（M）	Sîn-[iddi]nam	Išum-[bā]ni	父
37-41	m	Gaḫšum	Dašrân（T）	Išḫī-Ilaba	Ḫuli	父
42-46	m	Marḫi-Lim	Dašrân（T）	---	Abum	兄弟
47-51	m	Ilī-matar	Dašrân（T）	---	Ḫabdi-Ilma	父
52-57	m	Kir[ug]an	A[n]darig	I[lī-a]šraya	[x-x]-ŠA$_6$.GA	---
58		頭の「1 シキル（1 GÍN）」は読み取れるが，それ以外は失われている。また，この値（重量）が受領した金の値か銀の値かはっきりしない。				
59		冒頭の「2 シキル（2 GÍN）」は読み取れるが，それ以外は失われている。また，この値が受領した金の値か銀の値かはっきりしないが，Col. iii 11－14 を見ると，金の値であった可能性が大である。				

60		判読不可能				
Col. iii						
1-5	f	x-[z-I]šḫara	---	Yarīb-[ ]	---	[兄弟]
6-10	f	Ḫa-x-[ ]	Šalabātu[m]	---	Qīšti-ilī	息子
11-14		合計［金］2シキルと［銀］3マナ34「シキル］，10＋X人の贖い金（ŠU.NÍGIN 2 GÍN［KÙ.GI］3 1/2 *ma-na* 4［GÍN KÙ.BABBAR］*ip-ṭ*[*e*$_4$*-er*] 10（+)x［ ］）とある。				
15ff.		長い欠損部分の後，（…は）［彼／彼女を贖った］とある。				
1'-7'	m	---	Mišlâ[n]（M）	Yarīb-x	Ami-Ešu[ḫ]	兄弟
8'-12'	m	Ilī-E[t]ar	Mišlân（M）	---	---	---
Col. iv						
1'-6'	f	---	---	Ana-Sîn-ta[k]lāku	[ ]-Ebal	---
7'-16'	m	Ḫalu-pī-Yumu	Šaḫuzurātum	Ḫāzir-Šamaš	Ya[šūb-Addu]	兄弟[14]
					Ī[ṣi-Nabû]	兄弟[15]
17'-22'		8シキルの贖い金の受領の記録であるが，それ以上は欠損のため読み取り不可能。				
23'-29'	m	Yasku[r-]	Dašr[ân]（T）	Ḫāzir-[Šamaš]	Yassi-[Il]	---
					[Q]īšti-A.MAL	---
30'-32'	m	[ ]-ḫim	Dam[iqu]m（T）	N[a?-x-x]-Ištar	---	---
33' ff		約9行欠損				
1"-5"	m	---	Miš[lân]（M）	*ia-n*[*a-*]	Amu-[ ]	---
6"ff.		約6行欠損				
1'''-4'''	m	---	---	---	Iš[ḫ]ī-[ ]	[兄弟]
5'''-8'''	m	Nuḫmī-[ ]	Šalabātum	---	A[b]ī-rāpiḫ	父
Col. v						
1-10		合計2マナ32シキルの銀，男子13名，女子6名の贖い金。（銀1シキル当たり）羊毛15マナの市場価格で，布さらし職人（男性）と織布工（女性）のための2級品の羊毛38ビラト（約1,140キログラム）を購入するために支出（ŠU.NÍGIN 2 1/2 *ma-na* 2 GÍN KÙ.BABBAR *ip-ṭe*$_4$*-er* 13 LŪ.MEŠ 6 SAL.MEŠ *a-na ši-im* GÚ.SÍG.UŠ *i-na ma-ḫi-ra-at* 15 *ma-na* A.AN *a-na* SÍG.BA LÚ.TÚG.MEŠ *ù* SAL.UŠ.BAR.MEŠ）。				
11-15	f	Tadara	---	---	[x]-x-mi-[š]a?	---
16-21	f	x-*a-m*[*a*]	x-[x?-m]*i-im*	---	---	---

14） ARM XXIII 554:20-23により復元。

15） ARM XXIII 554:20-23により復元。

22-25	m	x-*mu-ši-ma*	---	---	---	---
26-34	f	[x-x-]*n*[*u?-s*]*a?*	以下は損のため判読不可能			
35-37	f	---	以下は損のため判読不可能			
38ff.		約 12 行破損				
1'-5'-						
Col. vi						
1-7		--- 各 4 ？［シキル］。（銀 1 シキル当たり）11 シキルの市場価格で，7 マナ 20 シキル（約 3.7 キログラム）の錫がスフ人スム・イシュタル，ハル・ラピフおよびワタルトゥムから購入された（4? G[ÍN]A.[AN][*a*]*-na ši-im* 7 1/3 *ma-na* AN.NA *i-na ma-*[*ḫ*]*i-rat* 11 GÍN A.AN *ša it-ti su-mu-Ištar ḫa-lu-ra-pí-iḫ ù wa-at-ta-ar-tim* . . . 6 文字が削除されている . . . *su-ḫa-i-im iš-ša-mu*）				
8-13	m	Yawi-Il	Mišlân（M）	Qīšti-Kakka	Maḫnub-Il	兄弟
14-18		（銀 1 シキル当たり）10 シキルの市場価格で，1 マナ 30 シキル（約 750 グラム）の錫を購入するために（支出）。この錫は商人マハヌブ・イルから購入された（*a-na ši-im* 1 1/2 *ma-na* AN.NA *i-na ma-ḫi-ra-at* 10 A.AN [*š*]*a it-ti ma-ḫa-nu-ub-*AN DAM.GÀR *iš-ša-mu*）。				
18		空白。				
19-28		ヤミン人の男性捕虜 30 名および女性捕虜 20 名の贖い金，1 人当たり（銀）8 シキルの割合で，合計 2 シキルの金と 6 マナ 36 シキルの銀をムカンニシュムが受領した（ŠU.NÍGIN 2 GÍN KÙ.G[I] 6 1/2 *ma-na* 6 GÍN K[Ù].BABBAR *ip-ṭe*$_4$*-er* 30 LÚ.MEŠ 20 SAL.MEŠ 8 GÍN A.AN *ša ša-la-at* DUMU.MEŠ *ia-mi-na ša mu-ka-an-ni-šum im-ta-ḫa-ru*）。				
29-33		日付：ジムリ・リム治世 5 年第 IX 月 17 日				
a:	f	Rabi[tum]	Dabišum	*Aḫ*[*u-ka?-abī?*]	Taš[ūba?]	母[16]
b:	f	以下判読不能				

ARM XXII 262 vi 19-28 の合計欄に記録されている男性捕虜 30 名，女性捕虜 20 名（合計 50 名）とこれらの男女の捕虜の贖い金である金 2 シキルと銀 6 マナ 36 シキル（約 396 シキル）が，ARM XXII 262 全体の総計であるのか，ARM XXII iii 11-14; v 1-20 などと同じ小計なのかはっきりしない。しかし，ARM XXII 262 vi 19-28 がこの文書の末尾にあること，および解放された捕虜の数とその贖い金の金額から判断して，これが総計であることは間違いない。贖い金

16）　ARM XXIII 554:6-7 により復元。

合計のうち，銀 6 マナ 36 シキルは，ほぼ 49 名分の贖い金に相当し，残りの 1 名は金 2 シキルを支払ったものと思われる（ARM XXIII 262, iii 11-14）[17]。

ARM XXII 264

……

ip-ṭ[*e_4-er*　　]

x *du* x x [　　]

a-na ši-im 20? [　　]

[SÍ]G?.BA LÚ.TÚG.MEŠ SAL.UŠ.B[AR.MEŠ]

x x [GÍ]N KÙ.BABBAR *ip-ṭe_4-*[*er*]

4 [LÚ].MEŠ *a-na ši-im* [AN.NA]

i-na m[*a*]*-ḫi-ra-at* 11? [GÍN A.AN]

[*ša it*]*-ti su-mu-*[*Ištar*]

$^{[I]}$ *ḫa-lu-ta-*[*pí-iḫ*]

ù LÚ.DIRI.GA *su-ḫa-yi*^{ki} [*iš-ša-mu*]

1/2 MA.NA KÙ.BABBAR *a-na ši-im* 5 1/2 MA.NA A[N.NA]

i-na ma-ḫi-ra-at 11 GÍN A.AN

ša it-ti su-mu-Ištar

ù a-ḫu-um-la-a-bi LÚ *su-ḫa-yi-i*^{ki}

iš-ša-mu

7 2/3 GÍN 15 ŠE KÙ.BABBAR *ip-ṭe_4-er iš-ḫi-e-ba-al*

LÚ *za-ar-ri*^{ki} *ia-ri-ḫi-i*^{ki}

a-na ši-im 1 1/3 MA.[N]A 5 GÍN AN.NA

17）金対銀の交換比率は時代により 1:4 から 1:8 位までの変動が見られる。マリ出土文書 ARM XXII 247:1-3 に「13.5 シキル 8 粒の金を購入するための…銀 1 マナ」（金：銀＝1：4.4）という例もあるが，ARM XXIII 540:1'-2' に「2 1/2 シキルの金を購入するための銀 10 シキル」（金：銀＝1：4）が支出された記録もあり，この個所の金 2 シキルは 1 人分の贖い金（銀 8 シキル）と見てよい。

i-na ma-ḫi-ra-at 11 GÍN A.AN
Rev. *ša it-ti a-ḫu-um-la-a-bi* DAM.GÀR
[LÚ] *su-ha-yi*^{ki} *iš-ša-mu*
9 GÍN K[Ù.BAB]BAR *ip-ṭe*$_4$*-er ia-wi*-AN
[LÚ] *mi-iš-la-an*^{ki}
NÍG.ŠU *qí-iš-ti-ka-ak-ka*
a-na ši-im 1 1/2 MA.NA AN.NA
[*i*]*-na ma-ḫi-ra-at* 10 GÍN A.AN
ša it-ti ma-aḫ-nu-ub-AN *iš-ša-mu*
11 1/2 GÍN KÙ.BABBAR *a-na ši-im*
1 GÚ 20 MA.NA NA$_4$ *ga-bi-i*
i-na ma-ḫi-ra-at 7 MA.NA A.[AN]
[*š*]*a a-na si-*[*pí*]*-ir* [　　　]
[x] x [　　　　　]
……

(1'-4')……，[　　　　　　　　]の贖[い金]，……。縮絨工および織女のための羊毛の配給として20？の[　　　　]を購入するために（支出）。

(5'-10')4人の贖い金である銀xx（32？）シキル，（銀1シキル当たり錫）11シキルの市場価格で錫がスム・[イシュタル]，ハル・タビフおよびスフ人の予備役（？）[18] から購入された（時の）代金として（支出）。

(11'-15')銀1/2マナ，5 1/2マナの錫を（銀1シキル当たり錫）11シキルの市場価格でスム・イシュタルとスフ人アフム・ラ・アビから購入された（時の）代金として（支出）。

(16'-21')ザリ・ヤリヒ人イシュヒ・エバルの贖い金である銀7 2/3シキル15粒，（銀1シキル当たり錫）11シキルの市場価格でスフ[人]商人アフム・

18）原語はLÚ.DIRIG.GA（*wattaru/attaru*）で，マリ文書では兵士や労働者の交代要員の意味で使われている。CAD A$_2$, 510b-511aを参照。

ラ・アビから錫5シキルが購入された時の代金として（支出）。

（22'-27'）キシュティ・カッカの下に配属されていたミシュラン人ヤウィ・イルの贖い金である［銀］8シキル，（銀1シキル当たり錫）10シキルの市場価格でマハヌブ・エルから10シキルの錫が購入された時の代金として（支出）。

（28'-32'）銀11　1/2シキル，1ビラト20マナ（1ビラト＝60マナ［約30キログラム］）のミョウバンを（銀1シキル当たり）7マナの市場価格で……を作るために［ミョウバンが購入された（時の）代金として］（支出）。

ARM XXII 263

3 1/2 MA.NA 8 GÍN. KÙ.BABBAR
ip-ṭe$_4$*-er* 23 LÚ.MEŠ 9 GÍN A.[A]N
1 LÚ 11 GÍN *ša a-na ši*-x-[x]?
a-na i-ma-ar^{ki} *u*[*b-lu*]
[ ]
[Ḫ]I?.A
[ ]*-ad-nu*
……………………
Rev. --- 空白 ---
[ŠU.NÍGIN x MA.N]A x 5/6 GÍN 15 ŠE KÙ.BABBAR
[ ] X-RI
[ ] *mu-k*]*a-an-ni-ši-im*
Tr.
5ff. 日付（ZL 5-xii-?）

この史料は，最初の数行と裏面の2行ほどに若干の文字を確認できるのみである。1-5行は，「1人一律銀9シキルの贖い金が23人分と11シキルの贖い金（を課せられた）1人分，（合わせて24人分の贖い金）3 1/2マナ8シキルの銀。これらの人々はエマルに［送られた（？）］」と読める。裏面にはこの集計表の合計金額が記され，それがマリの工房の責任者であるムカンニシュムに託されたことが記録されていたものと考えられるが，破損のため詳細は不明である。

エマルは，第2次ヤミン人戦争の際，ヤミン人側を支援し，ヤミン人の亡命者に「聖域」を提供していた。その時に捕虜となったエマル人が，次節で述べるごとく，マリ政権とヤミン人の間に和平が成立した段階で解放されることになったのであろう。

なお，ARM XXII 263に記されている贖い金は1人当たり8シキルではなく9シキル（1人だけ11シキル）であるが，ヴィラールは，この問題に関して，贖い金は出身の国またはエスニック・グループ毎に決められたものであろうと考えられている[19)]。

2　解放された捕虜の出身地・身元引受人の続柄・解放前の配属先

解放された捕虜の出身地として目立つのは，マリ地区のミシュラン Mišlân で，少なくとも13人がミシュランの出身である。次に目立つのはラックム Raqqûm で，同地出身の捕虜は少なくとも10人を数える[20)]。ラックムはテルカ地区の町（正確な所在地は不明）であるが，他にテルカ地区の町の出身者は少なくとも13人知られている[21)]。シマル系のマリ王国の支配域の中に，ヤミン人の町が点在していたことが注目される。

身元引受人となった人物と解放された捕虜との続柄で圧倒的に多いのは兄弟であるが，父親が身元引受人となった場合が次に多い。それ以外では，母親（2例），配偶者（1例），息子（1例），義理の兄弟（1例）等が身元引受人となっている[22)]。

19）　Villard 1984, 499. なお Durand, J.-M. 1990, 54-55を参照。

20）　ミシュラン Mišlân やラックム Raqqûm の出身者が多いのは，ジムリ・リムがこれらの町を陥落させたことによる。

21）　Villard 1984, 481-485.

解放前における捕虜の配属先については，特に女性の場合織物工房が多かったようである。アフ・ワカル Aḫu-waqar，アナ・シン・タクラーク Ana-Sîn-taklāku，ベールシュヌ Bēlšunu，イスカタン Iskatan，リムシ・イル Rimši-Il およびイッディン・マンマ Iddin-Mamma らに配属されていた捕虜達がそれに当る。一方，油造りの工房に配属されていた捕虜達もいた。Ì.ŠUR（油絞り人）と記されているアフランム Aḫlammu のもとに配属されていた捕虜の他，バルム・ナムヘ Balum-namḫe やイリ・アシュラヤ Ilī-ašraya に配属されていた捕虜達もこれに含まれると思われる。それ以外は，農耕や牧畜関係の仕事に従事させられていたと思われる。LÚ.ENGAR と記されたバラ・イル Bāla-Il はもちろん，シャルム・ヌール・マーティシュ Šarrum-nūr-mātišu，シン・イッディナム Sîn-iddinam，サムシ・ダガン Samsī-Dagan らに配属されていた捕虜達がこれに該当する[23]。

3　ヤミン人戦争捕虜解放の歴史的背景

ヤミン人は，古バビロニア時代マリの王族がシマル人であった[24]のに対し，同じ西セム系ハナ人[25]としての共通意識を持ちながらも，移牧に従事し定住化がシマル人の場合ほど進んでいなかったことなどもあって，自分たちの生活圏であったユーフラテス中流域に支配権を確立しつつあったシマル人のマリ王権と対立し，抗争を引き起こすことがあった[26]。

ヤミン人は，マリを首都とするシマル人の王朝をうち立てたばかりのヤハドゥン・リムの治世（前1810？-1794？年頃）に既に反乱を起こしている。ヤミン人は，ウプラピウム（Upprapium），ヤフルルム（Yaḫrurum），ヤリフム（yariḫum），

22）　Villard 1984, 494-495.

23）　Villard 1984, 485-494 を参照。

24）　Charpin D. - J.-M. Durand 1986, 150-156 を参照。

25）　ハナ人に関しては，大西庸之 2007, 1-19 を参照。

26）　この節の執筆に当っては，主に Charpin D. - N Ziegler 2003,150-156 を参考にした。

およびラッビウム（Rabbium），アムナーヌム（Amunānum）の５つの部族に分かれていたが，そのうちサマーヌム周辺を拠点とするウプラピウム族，トゥトゥル周辺を拠点とするアムナーヌム族，およびアバットゥム周辺に拠点を有するラッビウム族などが反乱を起こし，ヤハドゥン・リムに鎮圧されている[27)]。サマーヌムはテルカ地区南部に，トゥトゥルはバリフ川がユーフラテス川に合流する地点の近くに位置する現在のテル・ビアに，そしてアッバトゥムはトゥトゥルとエマルの間に，それぞれ位置した。地理的には，最後のアッバトゥムを別にすれば，サマーヌムもトゥトゥルもヤハドゥン・リムの支配域内に位置していた。

この後，マリは，クーデターで政権を奪ったスム・ヤマム（Sumu-Yamam）の短い統治期間（前 1793-1792 年頃）を経て，メソポタミア北部に勢力を拡大しつつあったシャムシ・アダド１世の王国の支配下に入り，その息子の１人でマリ王となったヤスマハ・アッドゥの支配を受けた（前 1792-1775 年頃）。

シャムシ・アダド１世の没後，メソポタミア北部のほぼ全域を支配したその王国は急速に崩壊，スム・ヤマムのクーデターの際に亡命した[28)]ヤハドゥン・リムの孫（または甥？）[29)]ジムリ・リムがアレッポを首都とするヤムハドの支援を受けてマリの王座に即いた。ジムリ・リムは，王座に即いた当初，ヤハドゥン・リムに仕えたことがあり，シャムシ・アダド１世時代にはシンジャル山南のヌムハとアンダリクのシマル系遊牧民の総督（*merḫum*）を務め，シャム

27）　ヤハドゥン・リムの碑文（Frayne, D.R. 1990, E4.6.8.2）を参照。

28）　ジムリ・リムの亡命がスム・ヤマムのクーデターの時かシャムシ・アダド１世によるマリ征服の時か，さらにまた亡命先が一般に言われてきたようにヤムハド王国の首都アレッポであったのかどうか，等については議論があるが，確かなことは分からない。Durand 2002, 66–67; Charpin – Ziegler 2003, 175 を参照。

29）　ジムリ・リムの父はハトニ・アッドゥ Ḫatnī-Addu で，母はアッドゥ・ドゥーリ Addu-dūrī であったとされる（Charpin – Durand 1985c, 336–337; D. Charpin – N. Ziegler 2003, 175, n. 37 を参照）。ただし，このハトニ・アッドゥが先王ヤハドゥン・リムの息子ではなく兄弟であった可能性もないわけではない（Charpin – Ziegler 2003, 45–46 を参照）。

シ・アダド王国崩壊後，ジムリ・リムのマリ復帰に重要な役割を果たしたバンヌム（Bannum）[30]の意見を入れて，ヤミン人の「王」たちと友好関係を結んだ。実際，ジムリ・リムはこの時，妹のアトラカトゥムをヤミン系ヤフルルム族の「王」スム・ダビ Sumu-dabi と結婚させた。しかし，バンヌムが死去した（ジムリ・リム治世1年第IX月）後，ジムリ・リムはシマル人寄りの政権運営へと方向転換した。

第1回ヤミン人戦争（前1773年頃）の直接のきっかけは，エシュヌンナ王イバル・ピ・エル2世がヤフルルム族の「王」スム・ダビに派遣した使節を，ジムリ・リムが拘束・訊問し，使節派遣の目的を探ろうとしたことにあった。この使節は，マリから10キロメートルほど北に位置するヤフルルム族の拠点ミシュランに向かっていたものと思われる。

この戦いで，ヤミン人の中心となったのはヤフルルム族の「王」スム・ダビの他，ウプラピウム族の「王」サムシ・アッドゥ Samsī-Addu，ヤリフム族の「王」ヤッギフ・アッドゥ Yaggiḫ-Addu，およびアムナヌム族の「王」ハルドゥム Ḫardum であった。

ヤミン人はエシュヌンナからの援軍を期待したが到着せず，逆にジムリ・リム側は同族のシマル人の支援はもちろん，シンジャル山南のヌムハやヤムトバルからの援軍も得て，サガラートゥムで勝利を収めることができた[31]。敗北したヤミン人の「王」達はハランの町に逃れ，バリフ川上流域のザルマックム地方の支配者達4人[32]と反ジムリ・リム同盟を結成，次の戦いに備えた。

エシュヌンナは，イピク・アダド2世（在位前19世紀中頃）の頃から拡張政策を採用し，その子で後継者のナラム・シン（在位：前19世紀末）の治世には

30）　Charpin - Ziegler 2003b, 175-176 を参照。

31）　ヤミン人戦争での勝利を記念したジムリ・リム治世3年（＝ZL 2' 年）の年名のヴァリアント「ジムリ・リムがサガラートゥムにおいてヤミン人を敗北させ，彼らの「王」達に勝利した年」（MU *zi-im-r*[*i*]*-li-im da-am*$_7$*-da-am ša* DUMU.MEŠ *ia-mi-na i-na sa-ga-ra-tim i-du-ku ù* LUGAL.MEŠ*-šu-nu ik-šu-d*[*u*]）」（ARM XXI 128:10-13）を参照。

32）　すなわち，Asdi-takim（Ḫarran），Sibkuna--Addu（Šuda），Yarkab-Addu（Ḫanzat），Bunuma-Addu（Niḫriya）の4人。Charpin - Ziegler 2003, 191 を参照。

ハブル川上流地域にまで遠征，そこを支配下に置くほどであった。その後，エシュヌンナは，自国の内紛やメソポタミア北部にシャムシ・アダド1世の強力な王国（上メソポタミア王国）が成立したこともあり，メソポタミア北部から手を引いていたが，イバル・ピ・エル2世（在位：前1779-1765年頃）の治世になってエシュヌンナは再びメソポタミア北部の政治に盛んに介入し始めた[33)]。ジムリ・リムの治世はまさにそのような時代であった。新しいマリ政権とヤミン人との不和はそのようなエシュヌンナに介入の機会を与えたし，ヤミン人もエシュヌンナのメソポタミア北部に対する野心を利用しようとしたに違いない。

ジムリ・リムの治世3年（前1772年頃）第VII月，シャルルム Šallurum が率いるエシュヌンナ軍がユーフラテス川沿いの町ラピクムを征服し，さらに上流のスフ地方のハルベやヤブリヤの町まで占領した。ザルマックム地方の支配者達と反ジムリ・リム同盟を結成して反撃の機会を狙っていたヤミン人達は，早速エシュヌンナのスフ地方侵略に呼応して挙兵した（第2回ヤミン人戦争）。これに対し，ジムリ・リムは先ずヤミン人の戦線をたたくことを決意，サマーヌム[34)]，ラックム[35)]およびミシュラン[36)]等ユーフラテス川中流域のヤミン人の拠点を陥落させた。また，ドゥール・ヤハドゥン・リム（現在のデル・エッゾール）での戦いでは，カトナ（Qatna）の軍隊がマリ軍の支援に来たこともわかっている[37)]。同年第VIII月末にはジムリ・リムがマリに戻っていたことがわか

33）エシュヌンナの上ジャジーラ（メソポタミア北部）に対する強い関心については，中田 2006a，6-9）を参照。

34）ジムリ・リムの治世3年第VIII月10日の日付のある記録（ARM XXI 412）にはサマーヌムとラックムで捕虜になった各1名の女性捕虜がマリ王女のもとに配属されたことが記録されている。

35）同年第VIII月10日の日付のあるサマーヌムとラックムで略奪した戦利品の記録（ARM XXI 412）が残っている。

36）第VIII月26日付けのミシュランからの戦利品／略奪品の記録（ARM XXII 321）を参照。また，第IX月8日付のミシュランの女性捕虜6名（ただし合計欄には7名とある）の名前と配属先の記録（ARM XXI 413）や同じ日付のミシュランの女性戦争捕虜9名の名前と配属先の記録（ARM XXII 64）も残っている。

37）ARM XXIV 170+XXIV 258 はカトナ Qaṭna の将軍（？）指揮下の10名に対して銀

っているので[38]，戦いは長く続くことなく終了したものと思われる。

エシュヌンナの軍隊は，その後もスフ地区に留まったが，第2回ヤミン人戦争のあと，エシュヌンナの関心の対象はシンジャル山南地域やハブル三角地帯に移った。しかし，エシュヌンナ軍がスフ地区から撤退したのは翌年のジムリ・リム治世4年第II月であった。

これを機に，ヤミン人とジムリ・リム王権およびシマル人との和解も急速に進んだ。この和解に貢献したのはラッピウム族の長であったダディ・ハッドゥン Dādī-Ḫadun であった。サンメータル Sammētar は，ジムリ・リム宛ての手紙（A.623［Durand, J.-M. 1990, 55, n. 81］= LAPO 18, No. 910）の中で，ジムリ・リムの家臣でサガラートゥムの知事スムフ・ラビ Sumḫu-rabi が同席する集まりで，このダディ・ハドゥンとエマルの指導者達（*taḫtamum* 集会）が，「われわれはヤミン人の側に立つことを止め，全員あなた方の［側］に立つ（直訳：［衣の］端をつかむ）ことにしました（*ni-zi-ib-ma* DUMU.MEŠ *ia-mi-na*［*lu-ú ni*］*-zi-ib-ma ka-la-ma qa-ra-an*［*ṣu-ba-t*］*i-ku-nu ni-iṣ-ba-*［*at*］)」と述べたと報告している。

この手紙（A.623）と前後して，ヤミン人の部族長の1人であったと思われるヤハドゥン・リムがジムリ・リムに宛てた手紙から，バリフ川沿いの町アフナ Aḫunâ 近くでツーラ・ハンム Ṣūra-Ḫammu の呼びかけによると思われるヤミン人の集会（原文では，「ハナ人の集会（*puḫur* ḪA.NA.MEŠ)」と書かれている。移牧に携わる［ヤミン］人達の集会の意か？）が開催されたことを知るが，そこに集まったヤミン人達は，「われわれはハナ人の集会において和平実現を決意します。敵対行為を止め……の命令によって［　　　　］を派遣します。ヤミン人の

の支給を記録したものであるが，ここには「彼（ジムリ・リム）がドゥール・ヤハドゥン・リムでの対ヤミン戦に言及されていることから，この支給はジムリ・リム治世3年（=ZL 2'）の第VII月かVIII月のことと考えられている）。Charpin – Ziegler 2003, 194 を参照。

38)　ARM XI 43 を参照（日付は「ジムリ・リムが *ma-ar mi-i* に敗北を与えた年」となっているが，*ma-ar mi-i* はより一般的なヤミン人の表記［DUMU.MEŠ *ia-mi-na*］の変形スペリングの1つと考えられている）。この史料は，首都マリにおいて王とその兵士達のために支出した食材とその量を記録したものである。

［スガーグム役人達］をあなた（ジムリ・リム）［のもとに］派遣します。（どうか）彼らに誠実に回答してください。今日より［後］，われわれは誠実に平和を実行します。シマル人とヤミン人の間に心配や恐怖が生じることはありません。彼らは安心して牧草地で放牧できるでしょう」と，決議した。翌ジムリ・リム治世５年（前1770年頃）第Ｖ月にツーラ・ハンム以下，ヤミン人の部族長達がマリを訪問したことも分かっている[39)]。

ラッビウムの首長であったダディ・ハッドゥンを除き，ヤミン人の首長のほとんど全員が交代したことは和解に大きく貢献した。ヤミン人の指導者達は，シャムシ・アダド１世の王国の崩壊後，ジムリ・リムと同格に扱われることを望んだが，この和解後は，ジムリ・リムの王国の中に土地保有を許された者に過ぎなくなった。また，ヤミン人を対象とした人口調査も実施されることになり，戦争の際には兵役義務を課せられることになった。これに対し，ジムリ・リムは，戦争の際に奪い取った土地の返還の他，ヤミン人の戦争捕虜の一部を原則有償で解放することにした。この戦争捕虜解放の記録が今回取り上げた史料である。

4　戦争捕虜解放記録の意味するもの

シマル系の王であるジムリ・リムに対して武力蜂起を起こしたヤミン人の戦争捕虜ではあるが，その取り扱い記録の詳細さ，正確さには驚かされる。マリ王宮の役人達がこれほど詳細かつ正確な記録を残した最大の理由は，王に対する説明責任 accountability であった[40)]。

---

39)　ARM XXV 117. また，ARM XXIII, pp. 17–21 を参照。

40)　M. Hudson は「説明責任」について次のように述べているが，これは本節の趣旨をうまく言い表したものと言える。「会計の本質は説明責任（原文イタリック）である。それは序列と従属を前提とする。会計システムは，少なくともそれが最初に発達した公の組織では，より大きな行政システムの一部である。上層部の担当者に説明責任を果たせるよう，昔の書記達はメソポタミアの王宮や神殿によって決められた範疇と様式に従ったのである。」（Hudson M. – C. Wunsch, 2004, 2）　なお，ウル第三

シャムシ・アダド1世は，その子でマリ王に就任させたヤスマハ・アッドゥに，知事達，上級官僚たち，身の回りの世話をする下級官僚達，兵役や労働に携わる要員，部族長達やその補佐役や下級役人達等，今いるすべての役人達に神々にかけて誓約させるよう書き送っている[41]。この誓約が何に関する誓約か述べられていないが，王に対する忠誠義務はもちろん，職務の忠実な遂行と不正を行わないことなどを誓約させたものであったことは間違いない。

ジムリ・リムも，マリ王権を奪回した直後のことと推測されるが，王宮の官僚に誓約をさせていたことを，J.-M. デュランが出版した誓約文から知ることができる。以下に，デュランの翻字（復元を含む），訳および注解[42]に従って，判読可能な部分を紹介する。

iš-tu zi-im-ri-li-im be-lí a-[*na* GIŠ.GU.ZA É *a-bi-šu i-ru-bu*]
KÙ.BABBAR KÙ.GI NA$_4$ *da-mi-iq-tim* GU$_4$ ANŠE
SAG.ÌR GÉME TÚG TÚG.NÌ.BÀR *aš-la-le-e-*⸢*em*⸣ *da-a*[*m-qa-am*]
ša AN-*lum iš-ku-nu ša a-na le-qé* DUMU ⸢*a*⸣-⸢*i*⸣-⸢*lu*⸣-*t*[*im šum-šu*]
i-re-du-ú iš-tu pé-e a-di K[Ù].GI
la él-qú-ú a-na le-qé-i-im le-qé-šu la a[*d-bu-bu*]
a-na KÙ.BABBAR *la ad-di-nu a-na wa-ar-ka-ti-*[*ia*]
la ad-du-ú a-na DUMU *a-wi-lu-tim šum-šu a-n*[*a gi-mi-il-lim*]
ù ta-ad-mi-iq-tim la ad-di-nu
KÙ.BABBAR kÙ.GI NA$_4$ *da-mi-iq-tim* GU$_4$ ANŠE SAG.ÌR [GÉME]
TÚG ^{TÚG}*ú-ṣé-im aš-la-*[*l*]*e-e-em dam-qa-am*
ša AN-*lum iš-ku-nu ša a-na le-qé* DUMU *a-wi-lu-tim šum-šu*

王朝時代の書記（官僚）の説明責任については，中田 2007, 99-100 でも簡単に触れている。

41）Durand 1997c, No. 49（A.3696 あるいは M.6060＝LAPO 16, 297）。もとのテキストは，Durand 1991, 16ff. にある。

42）Durand 1991, 16-23.

e-ri-du-ú LÚ *mu-úš-ke-nam en-ša-am*
i-na e-mu-qí-im la aḫ-mu-ṭú-ma la ⸢*él*⸣-[*qú*]
a-na KÙ.BABBAR *la-ad-di-nu a-na wa-ar-ka-ti-*[*ia*]
[*l*]*a a*[*d*]*-du-ú a-na gi-mi-il-tim ù ta-ad-mi-i*[*q-tim*]
[*a-na* DUMU *a*]-⸢*wi-lu*⸣*-tim šum-šu* <*la*> *ad-di-nu*

18-28　破損がひどいため省略

(1) わが主ジムリ・リムが［その父の家の王座に即いて］以来，(2) 銀であれ，金であれ，貴石であれ，牛であれ，ロバであれ，(3)　男奴隷であれ，女奴隷であれ，織布であれ，衣類であれ，［贅沢］品であれ[43]，(4-5)　いかなるものも[44]，(6)　私は盗らなかったし，第三者に盗るよう［唆さなかったし］，(7)　売却しなかったし，自分の後任者のために (8)　取っておかなかったし，［贈物］として (9) あるいは掛け売り[45] の形でいかなる者にも与えなかったことを誓います。

(10)　銀であれ，金であれ，貴石であれ，牛であれ，ロバであれ，男奴隷であれ，［女奴隷であれ］，(11) 織布であれ，衣類であれ，［贅沢］品であれ，(4-5)　いかなるものも，織布であれ，衣類であれ，［贅沢］品であれ，(12-13)　いかなるものも，弱い立場にある一般人から　(14)　私は力ずくで奪い取らなかったし，(15)　(奪い取った物を) 売却しなかったし，［私の］後任のために (16)　取っておかなかったし，贈物としてあるいは掛け［売り］の形で (17)　［いかなる者］にも与え［なかった］ことを誓います。(18-28) 省略

この誓約文の最初の9行は，ヤスマハ・アッドゥからジムリ・リムへの政権

43)　3行目後半の訳は Durand に従う。

44)　「いかなるものも」は訳ではなく，およその意味を日本語で表したものである。Durand 1991, 20 の注解を参照。

45)　この個所および16行の *tadmiqtum* は，より一般的な「掛け売り」の意味に理解しておく。CAD T の *tadmiqtum* の項を参照。

交代の混乱期に，王宮の物品（奴隷を含む）に関して窃盗の罪を犯さなかったことを誓うかたちになっている。次の8行は内容的には最初の9行とほとんど同じであるが，デュランの解釈通り[46]，無防備で弱い立場にある一般人（LÚ *mu-uš-ke-nam en-ša-am*）に対して窃盗の罪を犯さなかったことを誓わせたものと思われる。

このように，王国行政に関わる官僚達は，それぞれの持ち場で取り扱う物品の出納に関して常に説明責任を負わされていた。ヤミン人の戦争捕虜解放の記録もこのような王国行政のあり方に照らして理解するのが良いと思われる。

このような広い意味での会計制度は，楔形文字の誕生以来メソポタミアの官僚制度とともに発展してきたものと思われるが，説明責任に裏打ちされた会計制度が確立したのは，官僚制度が整ったウル第三王朝時代であったと考えられる[47]。メソポタミアの歴史で重要な役割を演じたアムル（アモリ）人は，ウル第三王朝時代にシリアのビシュリ山周辺からメソポタミアへと移動したが[48]，説明責任の考え方に裏打ちされた楔形文字と官僚の伝統は，逆に，メソポタミアからシリアへと伝播した。この伝播が具体的にどのような過程を経て行われたかは今後の研究課題となるが，シリアとメソポタミアの間には長年にわたって緊密な文化接触があったことは間違いない。

46）　Durand 1991, 21.

47）　ウル第三王朝時代の会計記録については，例えば，上で言及したHudson, M. - C. Wunsh 2004の中のM. van de Mieroop 2004, 47-64, Steinkeller, P. 2004, st65-88およびHallo, W.W. 2004, 89-106.の論文で取り上げられている。ウル第三王朝時代の行政文書は，CDLI <http://cdli.ucla.edu>（2003年7月現在）にデータ化されているものだけでも46,600点あると言われるが，これら会計文書作成の背景に，拙論で強調している官僚の説明責任の重要性を見る研究者（上述のHudson, M.やvan de Mieroop, M.）の他に，次年度あるいはさらにその先の会計企画を立てるためのデータとしての重要性を考える研究者（例えば，Charpin 2014, 45ff.を参照。）等もおり，会計文書作成の意図については議論があることを付け加えておく。

48）　この移住ルートに関しては，中田2006, 1-24および中田2006b, 4-13を参照。

第5章
マリ文書に見られる *tēbibtum* について

はじめに

本研究ノートの目的は，古バビロニア時代のマリ文書に現れる *tēbibtum*（センサスあるいは人口調査と訳されることが多い）および *tēbibtum* と語根を同じくする動詞 *ubbubum* をめぐるこれまでの議論を概観し，その関連史料をもう一度読み直すことによって，問題の所在を明らかにし，今後の *tēbibtum* の実態解明への手がかりとすることである。

以下では，(1) *tēbibtum* の実施例を概観した上で，(2) *tēbibtum* および *ubbubum* の解釈をめぐるこれまでの議論を振り返ることによって見解が分かれる点をいくつか特定し，(3) *ubbubum* と似た文脈で用いられる *paqādum* とは区別した後，(4-8) *tēbibtum* および *ubbubum* に関するテキスト情報をもう一度整理し直すという手順を踏む。(9-10) この研究ノートは *tēbibtum* の実態を解明できないままで終わらざるを得ないが，それでも今後の *tēbibtum* 研究の進むべき方向に関して，二，三示唆することができるのではないかと考えている。

本研究ノートでは，*tēbibtum* は和訳せずそのまま *tēbibtum* とし，*ubbubum* はこれも不本意ながら「*tēbibtum* を行う」と訳（?）している。*tēbibtum* の実態について確固たる結論に至ることができなかったからである。ただそのため，史料に *tēbibtum* がないにもかかわらず，訳文において *tēbibtum* が出てくるところがある。この点については，予めお断りしておきたい。原史料における正確な言葉遣いの確認は，末尾に付した対訳史料を参照していただければ幸いである。

1　*tēbibtum* の実施例

古バビロニア時代に年代付けされているマリ文書から，少なくとも2回大規模な *tēbibtum* が行われたことが知られている。その1回は，マリがシャムシ・アダド1世の「上メソポタミア王国」の支配下にあった時代で，アッドゥ・バーニがリンム（エポニム）職にあった年である[1)]。たまたまこの年に作成された不動産取得を示すマリ出土の証書（ARM VIII 8）の日付の欄に「*tēbibtum* が行われた年：(その年の）リンムはアッドゥ・バーニである」と書かれていたことからそのことが知られる[2)]。この日付は，一見して年名による年表示（バビロニア方式）とリンム職による年表示（アッシリア方式）が併用されたもののごとくであるが，ここでは年名による年表示と見えるものを D. Charpin とともに「偽年名」と見なしておく[3)]。

この年の *tēbibtum* については，マリ出土の手紙でこれに言及していると考えられているものがいくつかあるほか[4)]，ハガル・バザル出土の行政記録からも

1）この時代のアッシリアのリンム職にあった者達については，Birot, M. 1985, 219-242 を，またハンムラビ時代のマリ，バビロン，エシュヌンナ，ラルサの年代問題については，Charpin, D. - J.-M. Durand 1985, 305-306 を参照。ちなみに，Charpin-Durand に従えば，アッドゥ・バーニがリンム職にあった年は前1779／1778年で，ハンムラビの治世24／25年に当る。なお，リンム（エポニム）職に関しては，川崎康司 2004, 807 を参照。

2）他に，ARM VIII 5:23-24 を参照。

3）ARM VIII 5 および8の一見年名のごとく見える表示について，M. Anbar は年名と考え，例外的にその年の出来事（*tēbibtum*）に因んで制定されたものと考えるが（Anbar, M. 1973, 17-18），ここでは，Charpin, D. 1985, 252 に従って「偽年名」と考えておく。なお，この特殊な年表示については，Veenhof, K. R. 1985, 210-212 および Harrak, A. 1989, 207-208 などを参照。バビロニア方式の年表示については，前田徹 2004, 661-662 を参照。

4）例えば，以下に引用する ARM I 37 のほかに，ARM I 62, IV 7＋M.5737（＝Durand, J.-M. 1987, 196-198）など。

はっきりと確認することができる[5]。とりわけ，シャムシ・アダドがその息子でマリの王であったヤスマハ・アッドゥに宛てた手紙 ARM I 37 はこの *tēbibtum* の歴史的背景を知る上で重要である。

お前が送って寄越した手紙を聞いた。お前は次のように書いてよこした。すなわち，「ヤリム・アッドゥが近くにいないので，私はわが主の許に行けません。今私はカットゥナンに滞在中で，わが主がシュバト・エンリルに到着されるまで私はカットゥナンでわが主をお待ちします。」お前はこのように書いてよこした。エシュヌンナの「人」（＝王）が誓約に関して（*aššum napišti* [*šu*] *lapātim*）[6] 書いてよこした。神々にかけての誓いの文書（*tuppi nīš ilāni*）[7] から私が削除した言葉があり，私はエシュヌンナに書き送ったが，エシュヌンナの人々は妨害され（？）ており，そのメッセージが未だに……していない。そういうわけで，私は，未だこの町（アッシュル？）でぐずぐずしているのだ。お前はカットゥナンで私を待つことはない。メンビダのハッシュムに行きなさい。そこは国土の中央部で，全ハナ人がそこに集まっている。そこに行ってハナ人をお前のために集合させなさい。ハナ人に対する *tēbibtum* に着手し，ハナ人の *tēbibtum* を行いなさい。アダルの月の 12 日の暮れにこの手紙を送らせる。

エシュヌンナ王の「誓約」とは，「上メソポタミア王国」とエシュヌンナの間で締結される和平条約のことで，「神々にかけての誓いの文書」とはもちろんその条約文を指す。エシュヌンナは，シャムシ・アダドの「上メソポタミア王国」にとって東の強敵で戦いを交えた相手であった。

「上メソポタミア王国」は，アレッポを中心とする西の敵対的連合勢力への

5）Loretz, O. 1969, 199ff., Nos. 24, 36, 43, 46 および Gadd, C. J. 1940, 26–27（A. 926, 950, 971）など。

6）この表現については，Oppenheim, A. L. 1952, 132 を見よ。

7）Oppenheim, A. L. 1952, 132 を参照。

対応を迫られていたが，エシュヌンナとの和平条約が成立してようやくそれに対処できる状況となった。この時期に，シャムシ・アダド，ヤスマハ・アッドゥ，それにシャムシ・アダドのもう一人の息子でエカラートゥムの王であるイシュメ・ダガンの3人がそれぞれその統治領域で *tēbibtum* を実施した背景には，エシュヌンナとの戦争で失った兵力と新たな軍事行動に動員可能な兵力を調べる狙いがあったと言われる[8)]。

先に引用したシャムシ・アダドの手紙にはアダル Addarum の月（第 VIII 月，現在の 3/4 月）[9)] の 12 日と日付が付されていた。ヤスマハ・アッドゥは当然父王シャムシ・アダドの指示に従って行動したと思われるが，ハガル・バザル出土の史料からヤスマハ・アッドゥは翌月の 5 日にはハガル・バザルに到着しており，少なくとも同月 15 日までハガル・バザルに滞在していたことが知られる[10)]。先の手紙に出てくるハシュムがどこに位置したのかについては諸説あり[11)]，確定できない。シャルパンとデュランは，ハガル・バザルの町こそここで言及されているハッシュムである可能性があるとする[12)]。これは魅力的な提案であるが確証を欠く。

ハガル・バザル出土史料 No. 24（BM 131.714 = A.956）は[13)]，アッドゥ・バーニがリンム職にあった年のマクラヌム Maqrānum の月（第 IX 月）の 11 日に大量

---

8)　このときの *tēbibtum* に前後する「上メソポタミア王国」の政治的状況については，Anbar, M. 1973, 18–29 および Charpin, D. -J.-M. Durand 1985, 316–318 を参照。

9)　Addarum = ŠE.KIN.KUD の月を第 VIII 月（現在の 3／4 月）と考えることについては，Lacambre, D. 2002, 505–512 を参照。

10)　Addarum 以外のシャムシ・アダドの王国の暦については，Charpin, D. 1985a, 244–247 に従う。

11)　例えば，Gronenberg, B. 1980, 94; Anbar 1973, 20, n. 63 など。

12)　Charpin-Durand 1985c, 318.

13)　ハガル・バザル出土史料のナンバーは，Loretz 1969, 199ff. に従う。ただし，この史料集に含まれていないものについては，A. 926（= Gadd 1940, 26）のごとく表示する。なお，センサスに関連するハガル・バザル出土史料とその意味合いについては，Glaeseman, R. R. 1978, 59–65 を参照。ただし，王の「食卓」への参加を *tēbibtum* の構成要素の 1 つとする Glaeseman の考え方には賛成できない。

のパン用穀粉がヤスマハ・アッドゥの「食事（NÍG.DU）」の名目で支出されており，しかもこれが「*tēbibtum* に際して（*inūma tēbibtim*）」とされていることから，ヤスマハ・アッドゥのハガル・バザル滞在の理由の1つが *tēbibtum* の実施状況とその結果を確かめることにあったことは確かである。ハガル・バザル出土史料によると，アッドゥ・バーニがリンム職にあった年のアヤルム Ayyarum の月（アッダルムのすぐ前の第 VII 月）の4日（No. 36［BM 131.726＝A.978］）と6日（No. 43［BM 131.733＝A. 990］および A. 926［＝Gadd, C. J. 1940, 26］）に「*tēbibtum* に際して」*tēbibtum* に携わる調査員（LÚ.MEŠ *eb-bu-tim*）に大量の食料が支給されているばかりでなくマナの月（アヤルムの月の前の第 VI 月）の30日にも同様の支出が認められる（A. 971＝Gadd 1940, 26）ことから，ハガル・バザルではヤスマハ・アッドゥが到着する1ヶ月以上前から *tēbibtum* が始められていたことがわかる。なお，ARM VII 7からヤスマハ・アッドゥはマルカヌム（すなわちシャムシ・アダド暦のマクラヌムの月）の26日にはエマルに移動していたことがわかっている。

もう1回は，ジムリ・リム治世7年に行われた *tēbibtum* で，次の治世8年の年名がこの年の *tēbibtum* に因んで制定されていることからそのことを知ることができる[14]。ただし，この年の *tēbibtum* に言及していると思われる手紙が少なく，その時代的背景等について論じることは不可能である。また，この年の *tēbibtum* に基づいて作成された人名台帳がかなり出土していることが知られているが，そのほとんどは未刊のままで，この年の *tēbibtum* の記録であるとされる既刊の文書は1点あるいは2点を数えるにすぎない。*tēbibtum* が行われたジムリ・リム治世7年について集中的に検討を行ったサッソンは，この年を非常に平和な年と特徴付け，それゆえにこそ全国的な *tēbibtum* を実施することができたと論じている[15]。

14）「ジムリ・リムが彼の国土／国に *tēbibtum* を実施した年」（Parrot, A. 1950, 58, No. 26）。なお，古バビロニア時代マリの年代問題については，Charpin-Durand 1985c, 293-343 に従う。

15） Sasson, J. M. 1985, 444-452.

ジムリ・リム治世12年第II月の日付のある行政記録にバビロンに援軍として派遣されたヤミン人の「人名台帳 *ṭuppi* LÚ *u šumšu*」について言及されているが，もし ARM XIV 64 がこの年の援軍派遣に触れた手紙だとすれば[16)]，この援軍派遣に先立って何らかの規模の *tēbibtum* が実施された可能性が考えられる。

シャムシ・アダドがその手紙の中で，「これらの兵士達は3年間も *tēbibtum* が行われていない」（ARM I 36:28）と言っていることは周知のことで，もしこれを素直に読めば，*tēbibtum* は2・3年に1度は実施されるべきものとの理解があったかのごとくである。従って，われわれが知る以上に頻繁に *tēbibtum* が実施されていた可能性はある。

2　*tēbibtum* および *ubbubum* の解釈をめぐって

tēbibtum の訳語として，英語では census あるいはフランス語で recensement が多く用いられてきた。いずれも人口調査を意味するが，ほかにもかなりニュアンスの違う訳語を当てる研究者もいる。*tēbibtum* は，*ebēbum*（清くある）の D-stem である *ubbubum*（清くする）に対応する行為名詞 nomina actionis で「清くすること」を意味すると一応の説明はできる。しかし，これだけでは，*tēbibtum* がマリやハガル・バザル出土の文書の中で具体的に何を意味するのか明らかにならない。

マリ文書に現れる *tēbibtum* について，最初に総括的な研究を行ったのは J.-R. クペールであった。彼は1950年に発表された，“Recensement dans les textes de Mari” と題する論文のなかで[17)]，古代イスラエルや古典古代の例にも触れながら，マリにおいては，*tēbibtum* は “recensement（人口調査）” を，またそれに対応する動詞形 *ubbubum* は前後関係から “recenser（人口調査を行う）” を意味するとし，ARM III 21 はこの点で「極めて説得的である（tout à fait convaincante）」

16)　Bardet, G. et al. 1984, 362-364 における D. Soubeyran の説明を参照。
17)　Kupper, J.-R. 1950a, 99-110.

と述べている（pp. 100-101）。そして，*ubbubum*（清める）がどうして“recenser”すなわち「人口調査を行う」を意味するに至ったかという点について，バビロニアとおなじように宗教的な土地柄ゆえ，*tēbibtum* の諸作業に祭儀的儀礼が欠けていたなどということはあり得ず，*ubbubum* が「センサスを行う」という意味に用いられるようになった起源がこのような祭儀的儀礼にあったに違いないと説明した（Kupper 1950a, p. 103）。

そして，クペールはその研究の結果を次のようにまとめた。「……（マリにおいては）人口調査は日常的な事柄であったかのごとくである。それは軍事奉仕を強いられた人々にのみ関わるもので，その基本的目的は，従って，徴兵の準備を行うことである。われわれの情報が不足していて，それら（人口調査）が税の割当等他の目的にも利用されたかどうか知ることができない。*tēbibtum* は常にある程度の規模で，注意深く且つ計画的に実施された。実際の作業は，そのために特別に任命された役人に委ねられた。その作業がいかに重要であったかは，彼らの就任に先立って行われた厳粛な誓約から明らかである。彼らが登録を行った人々の名前は，町ごとのリストに記入される。諸手続きは，清めの儀式を伴ったと思われるが，これは史料からはわからない。」（Kupper 1950a, p. 100）

その後マリ史料集が2冊（ARM IV および V）が出版され，*tēbibtum* に関連する史料が7点ほど増えたこともあって，クペールは，1957年に出版した大著 *Les nomades en Mésopotamie au temps des rois de Mari*, Paris の中で，彼が先に発表した *tēbibtum* 理解に次のような修正を行った。この直接のきっかけになった史料は，すぐあとで一部を引用する ARM IV 57 であったと思われる。

クペールは，この著書の中で，「*tēbibtum* の名で呼ばれる制度の基本的目的は清めの儀礼（un rite purificatoire）であったことは明らか（évident）と思われる」と述べ直した（p. 23）。彼は *tēbibtum* の作業に付随したはずの祭儀的儀礼がその行事全体の名称となる等ということは理解しがたいとしながらも，「しかし，ここで，*tēbibtum* は『清め（purification）』以外の何ものをも意味しえなかったのである。後に *tēbibtum* の他の側面が前景に加えられることになったが，このことはそのような主張を決して損なうことはない。なぜならこのことこそ，この制度が達成しなければならない基本的存在理由であるからである。」(pp. 23-24) と主張した。そして，ヤスマハ・アッドゥが，イシュメ・ダガンに宛てた手紙 (ARM IV 57) で，「[私はハナ] 人と国土の *tēbibtum* を完了しました。国土の住民は心を安んじました」(9-12 行) と報告しているのは，過ちの赦しに至る清めの儀礼によって住民に心の平安が与えられたという意味以外にあり得ないとしている (p. 24)。クペールは，1950a 年論文で *tēbibtum* を基本的には徴兵の準備をするという軍事的側面を持った人口調査 (recensement) であるとした見解を修正して，1957 年にこれを清めの儀式 (rite purificatoire) であるとしたことは，強調点のかなり大きな変更であった。

クペールの新しい見解を正面から取り上げて論じたのはスパイザー Speiser であった。彼は，“Census and Ritual Expiation in Mari and Israel” と題する論文で[18]，*tēbibtum* の意味を，語源学的にではなく具体的用例に則して検討すべきであるとし，テキストから見る限り，*tēbibtum* とそれに関連する用語 (*ebbum, mubbibum, ubbubum* など) はセンサスの制度と過程を意味することは明らかであるとした (p. 174)。そしてさらに，*tēbibtum* の主たる目的は，利用可能な兵力についての信頼に足る資料を提供することにあったと述べる (p. 175)。もっとも，スパイザーも *tēbibtum* と呼ばれる制度に，悪魔払い的な (そしてその意味で宗教的な) 側面があった可能性は認めており，古代イスラエルの人口調査の際の「命の代償 (*kofel nafšô*)」あるいは「命の代償金 (*kesef hakkippūrim*)」に見られるような側面 (出エジプト記 30 章 11-16 節を参照) が *tēbibtum* にも存在した可能性を認めている (p. 180)。しかし，クペールの 1950a 年の見解と同様，*tēbibtum* はセンサスであり基本的には世俗的な制度であったというのがスパイザーの考え方であった。

その後 *tēbibtum* をテーマとして取り上げその問題を総括的に論じた研究者は

---

18)　この論文は，最初 *BASOR* 149, 1958, pp. 17-25 に掲載されたものであるが，その後 Finkelstein, J. J. et al. 1967, 171-186 に採録されている。以下に示すページ数は後者のページ数を示す。

いない。しかし *tēbibtum* の問題に関心を持ち，付随的に所見を述べている研究者はいる。年代順に言って先ず取り上げなければならないのが，2つのアッカド語辞典 *The Assyrian Dictionary of the Oriental Institute of the University of Chicago*, Chicago, 1965–2010（以下 CAD と略す）と *Akkadisches Handwörterbuch*, Wiesbaden, 1959–1981（以下 AHw と略す）であろう。

CAD は，E の巻（1958 年）（この巻の編集責任者は A. L. Oppenheim）でマリ文書における *ubbubum* に，「人々，社会集団，全人口を（彼らに対する請求権から）免責する（to clear persons, social groups, entire populations [from claims against them]）」という語義を与え，その根拠として，基本的には *ebēbum* がもつ一般的な意味を挙げるが，*ubbubum* するという行為がまれにしか行われない王権による行為で，これに該当する人々にたいして注意深く，依怙贔屓することなく行われたこと，またこのときに税が支払われ，耕地が再分配され，兵員名簿が新しくされたという，いわば，用例研究の成果を二次的な根拠として挙げている（CAD E, 7–8）。

また，*tēbibtum* には「（請求権からの全般的）免責（a [general] clearing [from claims]）」（CAD E, p. 6b）という意味を与えている。CAD は巻によって同じ単語でも訳が異なることがあるが，*tēbibtum* と *ubbubum* については，E の巻で明らかにされた解釈で一貫させているように思われる[19]。CAD は，用例研究を二次的に利用しながらも，*ebēbum* の持つ一般的な意味により忠実であろうとしている点でスパイザーとは立場を異にする。しかし，*ebēbum* の D-stem である *ubbubum* を“to clean（清める）”ではなく“to clear（免除／免責する）”によって理解しようとした点でクペール（1957）とも立場を異にし，*ubbubum* とその派生語 *tēbibtum* の研究に新しい見方を導入したと言える。ただし，例えば，*ubbubum* を「人々，社会集団，全人口を（彼らに対する請求権から）免責する」という時の「請求権」とは何かについて何も示唆が与えられていない点に問題が

19)　CAD A_2, p. 22b（ARM II 62:16 の訳），CAD K, p. 91a（ARM I 129:21 の訳），CAD M_2, p. 159b（ARM I 129:26 の訳），CAD S, p. 49a（ARM I 36:29 の訳）。ただし，CAD S, p. 142b（ARM I 6:39 の訳）では，*tēbibtum* をセンサスと訳している。

残る。

フォン・ゾーデンの編纂になるAHwは，1959年から分冊で刊行が開始され，*ebēbum*を含む分冊は1960年代初頭に刊行されていたと思われる（AHwの第1巻A-Lは1965年に刊行された）が，*ubbubum*に対して「（義務を厳密に確定することによってそれ以外の）要求から（諸部族を）解放する（[Stamme durch genaue Festlegung ihrer Pflichten] von [weiteren] Anforderungen freistellen）」（AHw, p. 181b）という語義を与えている。これは，CAD Eの説明と実質的には同じであると見なすことができる。ただ，1972年以降に刊行された分冊に含まれた*tēbibtum*の項では，これを「税と軍隊のための検閲（Musterung für Steuer u. Heer）」（AHw, p. 1341b）と説明しており，クペール（1950）およびスパイザーとほぼ同じ見方をしていると考えられる。しかし，この*tēbibtum*の説明は同じAHwの*ubbubum*の説明と合致しないとの批判を免れないであろう。

J. ルークは，彼の学位論文の中で，*tēbibtum*の問題に触れ，その基本的目的は軍事・労働奉仕が可能な人たちの名簿を作成することにあり，その際には，財産権の確認と行方不明者および死者の耕地の再分配も行われたと述べる。この名簿が課税に利用されたかどうかについては，可能性はあるが確証できないと述べている。また，*tēbibtum*に対応する*ubbubum*を，宗教的に清めるという意味にではなく，請求権等から法的に免責する（to clear）という意味に取っている。従って，ルークはこの点でCADの理解に近いと言える[20]。

オッペンハイムは，*Letters from Mesopotamia*, Chicago, 1967の中で，マリ文書をいくつか取り上げ英訳しているが，その中で*ina tēbibti warhim annîm*（ARM V 65:15-16）を「今月行われた請求権放棄の儀礼の間に（during the ceremony of the waiving of the claims performed this month）（p. 100. p. 97をも参照）と訳している。また*tēbibtum*に対応する動詞形*ubbubum*を含んだ文章*aššum* DUMU.MEŠ *yamin ubbubim*（ARM I 6:6-7）を，「ヤミン人に対する行政的・法的請求権をすべて放棄することについて（about the waiving of all administrative and legal claims incumbent on

20）　Luke, J. T. 1965, 249-250.

the northern (*sic.*) tribes)」(p. 96) と訳している。オッペンハイムの訳はかなり自由な訳であるが，それだけに彼の *tēbibtum* および *ubbubum* についての理解をはっきりと読み取ることができる。オッペンハイムは，おそらく彼の考え方を反映したものと思われる CAD E の立場と同じであり，ある意味では CAD E の背後にある考え方を示したものと言える。

A. E. グロックは，その学位論文で[21)]，*tēbibtum* を行わないで遠征のための戦闘要員の動員や補充を行ったことを示す ARM I 6:5-21 や ARM I 42:15-25 等のテキストに注目し，戦争に先立って行われる兵員の確保すなわち徴兵は *paqādum* によって表現されている事柄であって (pp. 69-71)，これは *tēbibtum* の本来の役割ではなかったとしている (p. 23)。グロックは *tēbibtum* をむしろ王に対する忠誠義務および兵役義務と引き換えに行われる王領地の授与のための手続きであったと見る (p. 75)。そして *ubbubum* を「清める (purify)」の意味に解釈し，これから派生した *tēbibtum* は政治的忠誠義務違反者に対する免責儀礼ではなかったかとしている (p. 75)。グロックの *tēbibtum* についての解釈が当っているかどうかは別にして，*ubbubum* によって表されている行為と *paqādum* によって表されている行為とを分けて考えようとした点は注目してよい。この点については後に再度触れることになろう。

M. アンバルは，1973 年の論文の脚注の中で *tēbibtum* に触れて，清め（の儀礼）（彼は *tēbibtum* を purification「清め」と訳している）は「当局と遊牧民の間の関係を決める最も重要な行政上の行為 (l' opération administrative la plus importante) である」と述べ，これには，センサス，土地の再分配，遊牧民に対する税の徴収が含まれ得るとし，基本的には祭儀的儀礼と遊牧民問題の取り決めが含まれたとしている[22)]。これは，どちらかと言えば，クペール (1957) に近い考え方であるが，*tēbibtum* を遊牧民対策と見たところはこれまでの諸説とはやや趣を異にすると言えるかもしれない。しかし，アンバルは最近 recensement と言う言葉を使っているため，今も同じ見解を維持しているのかどうか疑問である[23)]。

---

21) Glock, A. E. 1968.

22) Anbar 1973, 18, n. 59.

J. M. サッソンは，1972a 年の論文で *tēbibtum* に触れ，これを secular act of census- taking と考え，スパイザーの説に賛成しているが[24)]，最近の論文においても，*tēbibtum* についてのクペールの 1950 年の研究が今なお基本的であると述べながらも，年名から *tēbibtum* が行われたことが知られているジムリ・リムの治世 6 年に行われた祭儀行為でセンサスの実施にはっきりと結びつくようなものは何も見つけることができなかったとしている[25)]。

現在マリ文書の公刊に勢力的に取り組んでいる J.-M. デュランは，貴金属加工における *ebbum* と呼ばれる役人の職務を検討した結果，彼らは貴金属職人と王の間に立って，加工用に委託された貴金属の目減りを監視し，貴金属職人による盗みを防ぐ監査役の役割をはたしていたことを明らかにしたが，デュランはこれとの関連で *tēbibtum* にも触れ，*tēbibtum* は「決して lustration（罪業を祓い清めること）という意味での人々の purification（清め）でも，課税と徴兵のための単なる recensement（人口調査）（そのうえ *ubbubum* は決して「数える」を意味しない）でもなく，人々がそれによって糧食の支給を受ける apurement（義務／職務の会計検査）である。*tēbibtum* は，社会職能的カテゴリーに属する義務／職務を有する人々の数調べに関心を有するが，それは糧食の支給を受ける人々のリストから逃亡者や死亡者を除き，そのような人たちの取り分が他の人によって消費されることを防ぐ（「死者への慈悲を断つ」）ためである。この意味では，*tēbibtum* は purification（清め）と言うよりはむしろ épuration（不純物の除去）である。」と述べている[26)]。そして，デュランのグループのメンバーの少なくとも一部の人たちもこの見解に従っているようである（Soubeyran, D. 1984, 365 を参照）。グロックがこれより前に *tēbibtum* を recruitment（徴兵／召集）との関連においてではなく compensation（補償）との関連で見ようとした点（Glock, A.E. 1968, 66-88）では，Durand のこの見解を一部先取りしているとも言える。ただ

23） Anbar 1985, 19 and 23 を参照。

24） Sasson, J. M. 1972, 66.

25） Sasson, J. M. 1985, 444.

26） Durand 1983c, 126, n. 12.

tēbibtum を忠誠義務違反に対する免責のための「清め」としている点は説得性を欠く。これに対してデュランが *tēbibtum* を貴金属加工における *ebbum* 役人との関連で見ようとしたことは注目に値する。

以上 *tēbibtum* に関する諸説を概観してきた。諸説の分岐点を整理すると次の3つになろうか。先ず第1は，*tēbibtum* と動詞 *ubbubum* の解釈に際して，用例に基づく解釈を重視するか，あるいは本来の語義をより重視するかである。クペール（1950）やスパイザーおよびこれに従うルークやサッソンは前者に属すると言える。また，AHw（*tēbibtum*）もこれに加えることができよう。これに対して，クペール（1957），CAD, AHw（*ubbubum*），オッペンハイム，アンバルなどはどちらかと言えば後者に入るだろう。第2は，同じ語義重視でも，*ubbubum* を to purify/clean の意味に理解しようとするグループと，to clear の意味に理解しようとするグループに分かれる。クペール（1957），グロック，アンバルなどは前者に入るが，CAD, AHw（*ubbubum*），オッペンハイムなどは後者のグループに入る。デュランも，*tēbibtum* を épuration（不純物の除去）の意味に理解していることから，後者のグループに入る。第3は，用例重視でもスパイザー，AHw（*tēbibtum*），ルークやサッソンのごとく *ubbubum* と *paqādum* を同義的に考える立場（後述）とグロックや（おそらく）デュランのようにこれを区別しようとする立場とに分かれる。前者の場合は，*tēbibtum* と徴兵の関係が強調されるが，後者の場合は *tēbibtum* と徴兵は切り離して考えるべきだということになる。本来の語義重視と用例重視は二者択一的ではないので，既に見たように *tēbibtum* についていろいろな説が対立するのである。

3　*ubbubum* と *paqādum*

スパイザーは，既に言及した論文の中で[27]，*aššum ṣābim ubbubim*（ARM III 21:5）と *aššum ṣābim paqādim* が同じ意味であるという理解に立って，*paqādum*

27）注18を参照。

は，祭儀的な意味合いがない点を除けば，*ubbubum* と同じ意味で使われ，これら２つの動詞は互換可能（interchangeable）であると述べている（pp. 174-175）。問題は，スパイザーが，ARM I 42 および ARM II 1 のように，同じ手紙の中で *ubbubum* と *paqādum* の両方が使われている場合に全く注意を払っていない点である。

先ず，手紙 ARM I 42 であるが，発信人シャムシ・アダドはその手紙の中でヤリム・アッドゥの次のような言葉を引用している：「私は放牧地のハナ人を徴兵し（*apqidma*），ヤスマハ・アッドゥと一緒に行く兵士達 2000 人を組織しました（ukīn）。そして，この兵士達全員の個々の名前が粘土板に記載されています。」（5-8 行）すなわち，ヤリム・アッドゥが行った *paqādum* するという行為は，徴兵・部隊編成・配備・兵員名簿の作成という一連の作業に関わるものである。それに対し，同じ手紙の 15-21 行に３回出てくる *ubbubum* は，「お前の地区の兵士達は長い間 *tēbibtum* が行われていない（*ul ubbub*）」のように，既に徴兵されたマリ地区の兵士達で，遠征出発直前の，従って部隊に編成された兵士達を問題にしているので，徴兵・部隊編成・配備・兵員名簿の作成という作業自体とは直接結びつかないのである。

シャムシ・アダドがヤスマハ・アッドゥに宛てたもう１つの手紙（ARM II 1）においてもシャムシ・アダドはこれら二つの動詞をはっきり使い分けている。

> 話変わって，お前が *tēbibtum* を行うハナ人の中から（*ina ḫanê ša tubbabu*）私の王宮の門に配備させるために良い兵士 400 人を確保しろ（*ṣabit*）。これらの兵士達のうち，200 人の兵士，すなわち１個中隊を裕福な人々の子弟とするように。そして 200 人の兵士，すなわちもう１個中隊は困っている貧乏な人々とするように。私は王宮で良い仕事に配備するつもりだ（*apaqqid*）。（ARM II 1:10-20）（A）。

ここでも，*paqādum* は徴兵・部隊編成・配備という一連の作業に関わっているが，*ubbubum* はこの作業と直接関わらない。また，ここで *paqādum* された人々

は *ubbubum* された人々のうちの一部にしかすぎない。

従って，*ubbubum* という作業の対象となる人々は，既に徴兵され部隊に編成された兵士達（*ṣābum*）の場合と徴兵される以前の人々の場合とがあったが，*paqādum* のように徴兵・部隊編成・配備・兵員名簿の作成という一連の作業とは直接関わっていないことがわかる。スパイザーが *ubbubum // paqādum* を証明するために用いた *aššum ṣābim paqādim / ubbubim* との関連で述べれば，*paqādum* の場合，兵士達の部隊編成・配備・兵員名簿等の点で落ち度がないかどうか点検・整備するという意味であり，*ubbubum* の場合は，グロック が指摘するように[28]，それらとは直接関わりない作業（これが何であったか今のところ明らかにすることができない）であったのではないだろうか。ただ，後にもう一度言及することになるサガラートゥム地区の「新 *tēbibtum*」台帳（ARM XXIII 427）では LÚ.GÍR[29] と呼ばれる兵士達の名前が SI.LÁ + 地名とともに記載されていることである。この場合の SI.LÁ はアッカド語の *piqittum*（*paqādum* の派生語）に当り，所属または配属を意味するとされる[30]。すなわち，この台帳には兵士達の名とともにそれらの人々がそこから食料の支給を受ける所属または配属先が記されているのである。従って，*ubbubum* と *paqādum* の問題にはなお未解明の部分があると言わなければならないが，逆にまたこの辺りに *tēbibtum* 解明の鍵が隠されている可能性もある。ただ，ここでは便宜上，*ubbubum* と *paqādum* を先に述べたように区別しておくことにする[31]。

28）　Glock, A. E. 1968, 69–71.

29）　このテキストを刊行した B. Lafont によると，マリにおける LÚ.GÍR は *sasinnum*（弓矢作りの職人）と同じとするが（ARM XXIII, p. 323），特に根拠は挙げられておらず，すぐには受け入れがたい。LÚ.GÍR は LÚ.MUK（*sasinnum*）と文字が似ていることによるものと思う。LÚ.GÍR は文字通りには「小刀の人」の意。

30）　B. Lafont は，このように表示されている人々は王宮から糧食を SI.LÁ の後に示される土地で受け取ることになっていたと述べる（Lafont 1984, 323）。他に，Birot, B. 1974, 226 等を参照。

31）　アッカド語の *paqādum* と語根を共有するヘブライ語の動詞 *pqd* がセンサスの場面で用いられていることは周知の通りである。例えば，ダビデが，軍の司令官ヨアブ（達）に，「ダンからベエルシバに及ぶイスラエルの部族の間をめぐって，民を数え

4　*tēbibtum* の対象

tēbibtum は，基本的には，「国」，地区，町／集落，あるいはカールムなどの行政単位で語られる場合と，ヤミン人やハナ人と言った部族集団の単位で語られる場合がある。アッドゥ・バーニがリンムであった年の *tēbibtum* やジムリ・リムの治世6年のときの *tēbibtum* は，王国全体にわたって行われたもので，*tēbibtum* 関係の史料のかなりのものはこのいずれかの年の *tēbibtum* に関係した史料であると思われる。しかし，このような全国規模の *tēbibtum* でも，後で述べるように，先ず町あるいは集落単位で始められ，それが地区あるいは「国」レベルでまとめられ，最終的にはその結果が王の手元に集められる仕組みになっていた。従って，ここで「対象」というのは，史料である手紙の発信者が問題にしているレベルにおいての「対象」であって，当時の *tēbibtum* そのものの対象でないことを断っておく必要がある。

なお，より一般的には，「地（地域？）／国土」なり，地区なり，あるいはヤミン人なりの住民一般（成年男子）が *tēbibtum* の対象となっていると考えられるが，史料によっては，以下に示すように，兵士達（*ṣābum*）が *tēbibtum* の対象として考えられていた場合もある[32)]。

よ。民の数を知りたい」と命じているが（サムエル記下 24：2），このときの「『数えよ』（命令形）は *piqdū* と書かれている。センサスの場面に出てくる *pqd* を「数える」と現代語で訳出したのはもちろん文脈から訳したもので，Speiser が指摘するように（Speiser 1958, 17-25＝Finkelstein, J. J. *et al.* (eds.) 1967, 178-179），*pqd* そのものに「数える」と言う意味があったかどうか疑わしい。なお，古代イスラエルにおけるセンサスについては，既に Kupper が 1950 年論文で，また Speiser も既に言及した論文で扱っているので，ここで特に取り上げることはしない。

32）本小論第 III 節を参照。なお，以下の史料番号の後に付された（A）は所謂「アッシリア時代（シャムシ・アダド 1 世時代）」すなわちヤスマハ・アッドゥがマリの王であった時代の史料であることを示し，（Z）はジムリ・リムがマリの王であった時代の史料であることを示す。また，その後に付された（SA → YA）などは誰から誰に宛てられた手紙かを示す。略号 SA はシャムシ・アダドを，YA はヤスマハ・アッ

・話変わって，*tēbibtum* が実施されるべきである。兵士達の *tēbibtum* は行わなければならない。（ARM I 7:32-33）（A）
・これらの兵士達は3年間も *tēbibtum* が行われていない（ARM I 36:28）（A）
・お前の地区の兵士達は長い間 *tēbibtum* が行われていない（ARM I 42:15-16）（A）
・お前が *tēbibtum* を行った兵士達の台帳（ARM I 82:22）（A）
・ヤミン人の町々の兵士達の *tēbibtum* を行う件で（ARM III 21:5-6）（Z）
・サフルーのアムナーヌムの兵士達の *tēbibtum*（ARM XIV 64:10'-12'）（Z）

4-1　*tēbibtum* が地理的に限定されている場合

4-1-1 「地（地域？）／国土」

この場合，ただ「地」（*mātum*）と記されている場合と「○○の地」（*māt* GN）と記されている場合とがある。以下にその例を挙げよう。

・*tēbibtum* において大いに活躍し，依怙贔屓をしな［かった］と，お前は書いてきたが，私は非常にうれしかった。マリの地（*māt Mari*）で，*tēbibtum* を完了したら，私が書き送ったようにカトゥナーヌムに行って，カトゥナーヌム地区とそこのハナ人達の *tēbibtum* を行いなさい。*tēbibtum* の際は，依怙贔屓してはならない。終わった後，月末にシュバト・エンリルに［来なさい。］そこで会おう。お前が *tēbibtum* を行った兵士達の台帳をお前の……に運ばせなさい。［シュバ］ト・エンリルでそれらを聞きたい。（ARM I 82:5-25）（A）（シャムシ・アダド SA →ヤスマハ・アッドゥ YA）
・兵士達が戻ってきた。そこで私は全土に対して *tēbibtum* を行うつもりである（*ṣābum* [*it*]*ūram u anāku mā*(!)*tam ana kališa ubbab*）（ARM I 129:19-21）（A）（イシュメ・ダガン ID → YA）
・……エカラートゥムの地とヤフルルの地に対して私は *tēbibtum* を行った。

ドゥを，ID はシャムシ・アダドのもう一人の息子でエカラートゥムの王イシュメ・ダガンを，そして ZL はジムリ・リムをそれぞれ表す。

ヤムトバルのラザマの地で私が *tēbibtum* を行った時……（ARM II 18:4–8）（A）（ID → YA）

・こちらでは「国土」全体の *tēbibtum* を実施すること（*ubbum mā[t]i kal[iš]a*）に着手された。かの地ではおまえの兄（イシュメ・ダガン）が *tēbibtum* を行うだろう。こちらでは私が *tēbibtum* を行うが，お前も *tēbibtum* を怠ってはならない。（ARM IV 7:4–9）（A）（SA → YA）

・イシュメ・ダガン宛のヤスマハ・アッドゥの手紙：私は［国土］の *tēbibtum* を行いました（*mātam anāku ubbib*）。私は［ハナ］人と国土の *tēbibtum* を完了しました（*[Ḫan]û mātum utabbib*）。国民は心を安んじました（*libbi mātim uttib*）。どうかこのことを［ご承知おき下さい。］（ARM IV 57:8–12）（A）（YA → ID）

4-1-2　地区（*ḫalṣum*）

これに該当する例は，いずれも pronominal suffix または地名により限定された地区である。

・お前の地区の兵士達（*ṣābum ša ḫalṣika*）は長い間 *tēbibtum* が行われていない。*tēbibtum* の日は過ぎている。（ARM I 42:15–17）（A）（SA → YA）

・お前の地区で *tēbibtum* を行うことについて（aššum *tēbibtim ina ḫalṣika šakānim*）お前は次のように書いてよこした。（ARM I 62:5–6）（A）（SA → YA）

・マリの地で，*tēbibtum* を完了したら，私が書き送ったようにカトゥナーヌムに行って，カトゥナーヌム地区とそこのハナ人達の *tēbibtum* 行いなさい。（ARM I 82:13–15）（A）（SA → YA）

・［私の］地区の兵士達（*ṣābim ša ḫalṣi[ya]*）を点検する（*paqādim*）ことに関して，わが主（シャムシ・アダド）は次のように書いてよこされました。（ARM III 19:5–6）（Z）（キブリ・ダガン→ ZL）

・お前の地区［の］*tēbibtum*（*tēbib[tim] [ša] ḫalṣika*）に関してお前は書いて［よこした。］（ARM IV 83:5–6）（A）（ID → YA）

・ハリタ地区（*ḫalaṣ ḫalita*）は私が *tēbibtum* を行いましょう。（ARM V 45:9-10）（A）（ハシダーヌム→ YA）

4-1-3　その他（カールムやユーフラテス河岸など）

・わが主は，イディヤートゥムにカールムの *tēbibtum* を行うように命じましたので，私は自分の地区のカールムの *tēbibtum* を行いませんでした。（ARM XIV 64）（Z）（ヤキム・アッドゥ→ ZL）

・私はユーフラテス河岸（*aḫ purattim*）における *tēbibtum* について聞きました。（ARM II 130:33）（Z）（ヤッシ・ダガン→ ZL）

ジムリ・リム時代におけるマリ王国は，いくつかの「地区」に分かれていて，王によって任命された知事あるいは地区長官とでも呼べる *šāpiṭum* がその地区の行政に当っていた。しかし所謂「上メソポタミア王国」のシャムシ・アダド1世の支配下にあった「地区」と「国／地」の用法はジムリ・リム時代のそれとはいささか異なる。例えば，ARM I 42 および 46 で，シャムシ・アダドがヤスマハ・アッドゥの統治領域，すなわちマリの「国」を指して「お前の地区」と呼んでいる。この点はイシュメ・ダガンがヤスマハ・アッドゥに宛てた手紙で，「お前の地区」と呼ぶときも同じである（ARM IV 83)。従って，シャムシ・アダド時代の「上メソポタミア王国」の支配領域について語られる場合は，「国／地（*mātum*）」と「地区（*ḫalṣum*）」は同義的に用いられることもあり得ると考えるべきであろう。なお，カールムとはいくつかの都市に存在した商人居住地区で，独立した行政単位となっていたようである[33)]。ヤキム・アッドゥが言及しているカールムとはもちろんサガラートゥムの町のカールムで，同じ手紙に名前が出てくるイッディン・ヤートゥム（そのカールムの商人の長）がそのカールムの *tēbibtum* を行っている。また，「ユーフラテス河岸」は行政単

33)　例えば，Larsen, M. T. 1976, 230-235; Oppenheim, A. L. 1977^2, 116 などを参照。

位ではなく，ここに入れるのは適当ではないが[34]，ARM II 130 の発信人ヤッシ・ダガンがおそらく複数の地区にまたがったと思われる「ユーフラテス河岸」という単位で *tēbibtum* を見ている点が興味深い。

4-2　部族集団に限定されている場合

4-2-1　ヤミン人

・ヤスマハ・アッドゥ宛てのシャムシ・アダドの手紙：
お前が書いてよこした（お前の）手紙を聞いた。ヤミン人に *tēbibtum* を行うことに関してお前は書いてきた。ヤミン人に対して *tēbibtum* を行うことは適当でない。（もし）お前が彼らの *tēbibtum* を行えば，川向こうのヤムハド（ハラブ＝アレッポを首都とする王国）の国に滞在している彼らの兄弟（部族）であるラバヤ人が聞き，彼らに対して苦々しく思い，自分たちの国に帰ってこないだろう。お前は決して彼らの *tēbibtum* を行うべきではない。（ARM I 6:5-21）

・ジムリ・リム宛のキブリ・ダガンの手紙：ヤミン人の町々の兵士達の *tēbibtum* を行う件で彼らのスガーグム役人達がやってきましたので，私は彼らの調査官を任命しました。彼らは兵士達を（台帳に）記載して［くれま］した。さて，私が町ごとに作成（記載）した彼ら（ヤミン人）の兵士達の台帳をわが主の許に送らせます。どうかお聞きください。（ARM III 21:5-16）

・ジムリ・リム宛のヤキム・アッドゥの手紙：サフルーのアムナーヌム族の *tēbibtum* を行うことに関して，彼らのスガーグム役人（市長）達に5回も

34）　マリ文書における「ユーフラテス河岸」は独特の意味合いを持っており，重要であるが，この概念を特に取り上げて論じた論文はない。マリ文書では，これはバリフ川とユーフラテス川が合流する辺りに位置するトゥトゥルからマリ辺りまで，現在の地名で言うと，ラッカ辺りから下流のアブ・カマル辺りまでのユーフラテス川の河岸地帯を指して使われていると考えてよい。現地では *zor* と呼ばれているらしい（Buccellati, G. & M. 1988, 1 and 30）。マリ王国は，ある意味で，「ユーフラテス河岸」の王国であった。

書き送りましたが，彼らは来ませんでした。（ARM XIV 64:10'-14'）

ヤミン人の *tēbibtum* に触れた3点の手紙のうち，最後の1点にはヤミン人という言葉が出てこないが，アムナーヌム族はヤミン人部族連合を構成する部族の1つであることは周知の通りである[35)]。ヤミン人はシャムシ・アダド政権とも[36)]，またジムリ・リム政権[37)]とも戦いを交えており（いずれもヤミン人が敗北），両政権にとって注意を要する部族集団であったことは，ここに引用したARM I 6やARM XIV 54等からも推察することができる。

4-2-2　ハナ人

・ヤスマハ・アッドゥ宛てのシャムシ・アダドの手紙：

……カトゥナーヌムで私を待たないでメンビダのハ［シュム］に行きなさい。そこは国の中央部で，全ハナ人がそこに集まっている。そこに行ってハナ人をお前のために集合させなさい。ハナ人に対する *tēbibtum* に着手し，ハナ人の *tēbibtum* を行いなさい。（ARM I 37:30-41）

・ヤスマハ・アッドゥ宛てのシャムシ・アダドの手紙：

マリで *tēbibtum* が完了したら，私が書き送ったようにカトゥナーヌムに行って，カトゥナヌム地区とそこのハナ人達の *tēbibtum* を行いなさい。（ARM I 82:9-15）

・ヤスマハ・アッドゥ宛てのシャムシ・アダドの手紙：

ハナ人の *tēbi*[*btum* を行うことに関して］（以下破損がひどく訳不能）（ARM I 87:4）

・ヤスマハ・アッドゥ宛てのシャムシ・アダドの手紙：

35）ヤミン人については，Luke, J. 1965, 52-104; Anbar, M. 1985, 17-24 を参照。

36）Awiliya がリンム職にあった年すなわち 1780/1779 B. C. Birot, M. 1985, 234 を参照。

37）ジムリ・リム治世4年の年名，「ジムリ・リムがサガラートゥムにおいてヤミン人を敗北させ，彼らの王達を殺した年」（=1773 B.C.）（Charpin-Durand 1985c, 305 を参照）から知ることができる。

話変わって，お前が *tēbibtum* を行うハナ人の中から私の王宮の門に配属させるために良い兵士 400 人を確保しろ。（ARM II 1:10）

・イシュメ・ダガン宛のヤスマハ・アッドゥの手紙：

私は［国土］の *tēbibtum* を行いました。私は［ハナ］人と国土の *tēbibtum* をやり終えました。全国民は心を安んじました。どうかこのことを［ご承知おき下さい。］（ARM IV 57:9–10）

・ヤスマハ・アッドゥ宛てのイシャル・リムの手紙：

上イダマラズ地区にいるハナ人に関してあなたは王に書いてこられました。さて，ナフル，タルハユム，キルダハトおよびアシュナックムの諸地区にいるハナ人の人名台帳……を私は作［成］しましたので，［わが主の］許に送らせ［ます。］（ARM V 51:5–19）

ハナ人にとっても移牧を伴う家畜の飼養は重要な産業であった。従って，ヤミン人と比べて，生活様式や産業にそれほど大きな違いがあったと思われないが，ハナ人とマリ王権の関係は比較的良好であった。これはジムリ・リムの属する王家がハナ人出身であったことにもよると思われる[38)]。

さて，*tēbibtum* の範囲が，「地（地域？）／国土」または「地区」のように地理的に限定されている場合に比べ，ヤミン人またはハナ人のように部族集団によって限定されている場合は，特定地域の特定の部族民にのみ *tēbibtum* が限定されていたのだろうか。ARM IV 57 の「地（地域？）／国土とハナ人」の場合は，ヤスマハ・アッドゥの統治するマリとその周辺に従来から住んでいたアッ

38)　ジムリ・リムの印章には，「ジムリ・リム……マリとハナの地の王……」（A. Parrot, MAM II/3, p. 253）と書かれている。また，有名なバフディ・リムがジムリ・リムに宛てた手紙の「どうかわが主よ，ご自身の王威を大切になさいますように。あなたはハナ人の王であらせられるのはもちろんですが，同時にアッカド人の王でもあらせられるのです。どうかあなたは馬にはお乗りにならないで，ラバに牽かれる車にお乗りになって，ご自身の王威を大切になさいますように」（ARM VI 76:19–25）という言葉を思い出すこともできる。なお，Charpin-Durand 1985c, 328 を参照。また，ジムリ・リムの印章については，本論集第 2 章を参照。

カド人（旧住民）とハナ人（新住民）という意味にも取れる[39)]。ARM II 1 に出てくるハナ人もこれとほぼ同じ用例と思われる。他方，ジムリ・リム時代の地区の知事であったキブリ・ダガンやヤキム・アッドゥの手紙に出てくるヤミン人の町（ARM III 21）とサフルーのアムナーヌム族の兵士達（ARM XIV 64）は，*tēbibtum* の際にそれぞれの任地であるテルカ地区とサガラートゥム地区で特に問題となった特別なケースであったと考えられる。

これに対して，ARM I 6 で言及されているヤミン人[40)] および ARM I 37 や ARM V 51，そして多分 ARM I 82 で言及されているハナ人[41)] とは，夏営地に滞在しているヤミン人またはハナ人を指しているものと思われる。従って，これらのヤミン人やハナ人は夏営地の一般住民とは区別されてしかるべきなのである。

5　*tēbibtum* に携わった人々

tēbibtum は王の命令で行われた。これは，シャムシ・アダドの「上メソポタミア王国」においても，またジムリ・リム時代のマリ王国においても同じであった。シャムシ・アダドは2人の息子イシュメ・ダガンおよびヤスマハ・アッドゥと共同で広大な領域を支配したのであるが，*tēbibtum* は常に父王シャム

---

39)　注 38 で引用したバフディ・リムの言葉を参照。

40)　9 行以下の「(もし) 川（＝ユーフラテス）向こうのヤムハドに滞在している彼らの兄弟（部族），ラバヤ人が聞き……」から，ここで言及されているヤミン人はバリフ川流域あるいはバリフ川とユーフラテス川の間にある彼らの夏営地に滞在していたと思われる。Anbar, M. 1985, 21 を参照。

41)　ARM I 37 参照。ハシュムの位置は確かではないが，ハブル川流域かその周辺であることは間違いなく，ハブル川の上流域（例：イダマラズ）はハナ人の夏営地となっていた。ARM I 42 の「放牧地のハナ人」と ARM V 51 の「イダマラズ（＝ハナ人の夏営地）のハナ人」等に注意。ARM I 82 から，ハブル川流域でイダマラズのすぐ南側に位置するカトゥナーヌムもハナ人の夏営地として利用されていたと思われる。従って，この場合，カトゥナーヌムの本来の住民と家畜を放牧させながらそこに滞在しているハナ人とがセンサスの対象とされている。

シ・アダドの指示の下に細心の注意を払って（特に ARM I 6:6-13; 82:5-17）実施されたことは，*tēbibtum* をめぐってシャムシ・アダドとヤスマハ・アッドゥとの間で交わされた手紙から明らかである（例えば，ARM I 6, 62, 82 他）。

地区レベルでは知事が *tēbibtum* の実施監督に当ったと思われるが，このレベルに関してはジムリ・リム時代のマリ王国の方が豊富な史料に恵まれている。シャムシ・アダド王国の場合は，ハシダーヌム[42] が *tēbibtum* に関して２通の手紙を残している。また，イシュメ・ダガンやヤスマハ・アッドゥの関連手紙もこのレベルの *tēbibtum* に関わる史料と見ることができる。

なお，シャムシ・アダド王国の *tēbibtum* に関連して特に２人の高官に注意しておきたい。１人は DUB.SAR MAR.TU（「アムル人の書記[43]」）で，通常はマリ王宮にあってヤスマハ・アッドゥを補佐する立場にあったマシュムで，彼は，ARM I 62 や ARM IV 7 が示す通り，シャムシ・アダド父子３人の支配する領域全体にわたって行われた *tēbibtum* で実質的なコーディネーターの役割を果たしていたと思われる点が注目される。以下にシャムシ・アダドがヤスマハ・アッドゥに書き送った手紙（ARM I 62）の関連部分を引用しておこう。

> お前が書いて寄越した手紙（複数）を聞いた。お前の地区で *tēbibtum* をおこなうことについてお前は次のように書いてきた。すなわち，「マシュムがわが主の前にいます。マシュムがわが主の前にいますので，どうかわが主は彼をイシュメ・ダガンのところへ派遣してください。（そうすれば）彼はイシュメ・ダガンの許で *tēbibtum* を見学し，私の許に帰って，こちらで *tēbibtum* に着手することができるでしょう。」このようにお前は書いて寄越した。お前が書いて寄越したように，マシュムはここでやり方を学んだ後お前の許に送ろう。彼は［そち］らで *tēbibtum* を［実施することができるだろう。］

42）　彼はカラナ地区の知事？であったと考えられている。Birot, M. 1979. 104 を参照。

43）　ARM I 60:6 を参照。特に，ハガル・バザルにおけるマシュムの役割については，Glaeseman, R. R. 1978, 63-65 に詳しい。

今1人は，GAL MAR.TU（「アムル人の長」）のイシャル・リムであった。彼は軍の大隊長に当る人物で，ヤミン人の *tēbibtum* についてシャムシ・アダドに重要な助言を行っている他（ARM I 6:30），ナフル地区とその周辺（ARM V 51参照）および，未だヤスマハ・アッドゥが到着する前のハガル・バザルにおいて，*tēbibtum* の実施にあたっていたことがうかがわれる[44]。

ジムリ・リム時代のマリ王国における地区レベルでの知事の役割は，テルカの知事キブリ・ダガンやサガラートゥムの知事ヤキム・アッドゥがジムリ・リムに書き送った手紙からかなり良く知ることができる。知事は自分の所管する地区の *tēbibtum* の結果を王に報告する責任を負っていた。

全土を対象とする *tēbibtum* も，実施にあたっては町村／集落レベルから始められた。*tēbibtum* では，人名台帳が「町邑毎に（*ālišam*）」に作成されたが，このレベルで実際に *tēbibtum* にあたったのが特別に任命された調査官で，シャムシ・アダド時代のマリの手紙には *mubbibum* として（ただしハガル・バザル文書には *ebbum* として言及されている），またジムリ・リム時代の手紙には *ebbum* として言及されている。

> さて，王は調査官（*mubbibī*）をお前の許に送られるだろう。お前もすぐにお前の国の *tēbibtum* を行うべきである。（ARM I 129:25–29）（A）（ID → YA）（ARM I 87:18をも参照）

シャムシ・アダド時代の調査官は，上に引用した手紙によって判断すれば，町邑毎に任命されたのではないようにも受け取れるが，ジムリ・リム時代には町邑毎に任命されていたようである（ARM III 20:12–13）[45]。調査官の任命にあた

44）AOAT 3/1, No. 43 = BM 131.733［= A.990］= AOAT 1, p. 224を参照。Glaeseman, 1978, 60–62を参照。

45）なお，*paqādum* に関する史料の1つを参考までに引用しておきたい。「［私の］地区の兵士達を召集する（*paqādum*）事に関して，わが主は次のように書いて寄越されました。すなわち，『兵士達を召集しなさい（*ṣābam piqid*）。そしてそれらの兵士達の台帳を私が聞けるように送って寄越しなさい。』わが主はこのように書いて寄越さ

っては神前での誓約が行われた可能性もある[46]。*tēbibtum* が滞りなく実施されるためには町 / 集落の長であるスガーグム役人と小隊長に相当するラプットゥム職の協力が不可欠であった。サガラートゥム地区の知事ヤキム・アッドゥは自分の地区のスガーグム達，ラプットゥム達，および長老達を呼び集めて協力することを誓わせたり（ARM XIV 64:6–8）（Z）要請したりした。（ARM XIV 65:4–12）（Z）

さて，私が *tēbibtum* を行った（人々の）人名台帳をわが主の許に送らせます。私は，スガーグム役人（複数），ラプットゥム職（小隊長）（複数）および地区の長老達にたいして，厳しい態度で臨みました。そして，彼らに厳しい誓約をさせました（*pāniya udanninma nīš ilim dannam ušazkiršunūtima*）。（ARM XIV 64:3–8）（Z）（Yaqqim-Addu → ZL）

私はサガラートゥムに到着してわが主が［私に］お命［じ］になった指示に従って，私の地区のスガーグム役人達，ラプットゥム職達（小隊長達）および長老達を集めて，次のように命令しました。すなわち，「われわれの地区の長老達は集まった。よく考えて兵士達（の名前）を記載するようおまえたちに言わなかったか（11–12 行は破損のため文意は不確か）」と。（ARM XIV 65:4–12）（Z）（Yaqqim-Addu → ZL）

tēbibtum では，人名台帳の作成ばかりでなく，耕地の測量やその（再）分配が行われたが，そのためにはかなりの数の有能な書記が必要になる。シャムシ・アダドの次の手紙（の一部）はその間の事情をよく伝えている。

れました。さて，私はズルッパン，ヒシャムタ，ヒマランおよびハンナの町毎に調査官（LÚ.MEŠ *eb-bu*）を任命し，彼らを神ダガン，神イトゥール・メールおよびわが主にかけて誓約させました。」（ARM III 19:5–17）（Z）（キブリ・ダガン→ ZL）

46）　注 45 に引用した ARM III 19 を見よ。

話変わって，*tēbibtum* が実施されるべきである。兵士達の *tēbibtum* は行われなければならない。そして，耕地が測量されたら，再びその［耕］地は土地（の人々）に分配されるだろう。そして（そちらではそのための）専門家である書記達（*mārē bīt tuppi ummênu*）が十分いるのでウルサマヌムを，……ところの信頼できる書記達（*tupsarrī taklūti*）と共にシュバト・エンリルの私の許に送れ。彼らは *tēbibtum* と耕地の測量の手伝いをすることになる。（ARM I 7:32–45）（A）（SA → YA）

6　台帳の作成

台帳は，町あるいは集落毎に（*ālišam*）作成された。ただ，台帳の作成は，ARM III 19 が示すごとく，*paqādum* するという作業においても行われるので，以下に挙げる例のいくつかは *tēbibtum* ではなく *paqādum* に関連した事例である可能性もある。

・町々で私が記録した兵士達に［関］して（[*ašš*]*um ṣābim* [*š*]*a* [*i*]*na ālāni ašṭu*[*ru*]）（ARM III 20:5）（Z）

・私が彼ら（＝ヤミン人）兵士達の台帳を町毎に作成（記載）しました（*tuppam ša ṣābišunu ālišam ašṭuramma*）（ARM II 21:12–13）（Z）

こうして作成された台帳は次のように呼ばれている。

「台帳（*tuppam/tuppātum*）」：ARM XIV 61:10'（Z）; 62:31（Z）

「（兵士達の）台帳」（[*tuppāt ṣ*]*ābi*m 他）：ARM I 82:22（A）; III 21:12（Z）

「人名台帳（直訳：「人とその名前の粘土板」）」（*tuppi* LÚ *u šumšu*）：ARM V 51:10（A）; XIV 64:3（Z）；XXIII 428:39（Z）；XXIII　429:40（Z）；XXVI 33:7（Z）。ARM III 37:8 を参照。

「地区の *tēbibtum* の台帳」（*tuppi te<-bi>-ib-ti ḫalṣim*）：ARM XIV 70:2'（Z）

「死者と逃亡者の人名台帳」(*tuppi* BA.ÚŠ *u* BA.ZÁḪ *ša* LÚ *u šumšu*)：ARM V 35：8-9 (A). ARM XXII 10; A.932 (AOAT 1, p. 207) 参照。

さて，上に列記した台帳を意味する言葉がすべて *tēbibtum* に関連した専門用語と考えてよいのだろうか。ARM III 37:8 の「人名台帳」(*tuppi* LÚ *u šumšu*) は，テルカ地区を通過するシュバル人の「王達」の兵士の名簿で，この名簿に記載された者以外は通過させてはならないと指示されている。これは，いわば外国人兵士の名簿であって，マリの *tēbibtum* において作成された「人名台帳」と見ることはできない。ARM I 42:22-25 の「兵士達全員の名前が一人一人台帳に記載されるように (*ṣābum* ...... *šumišam ina tuppim lu šaṭer*)」という表現は，いかにも *tēbibtum* における台帳作成を意味しているようであるが，この文章は，「目下のところお前は兵士達の *tēbibtum* を行う事ができないが，お前が帰還したときに兵士達の *tēbibtum* を行うべきである。」に続いており，「お前と遠征する兵士達全員の名前が……」と，先ほどの文章に続く。従って，これは *tēbibtum* に際して作成された台帳ではなく，*tēbibtum* に先立って行われた王の遠征に参加する兵士達の名簿と理解される。このように見てくると，「人名台帳」(*tuppi* LÚ *u šumšu*) にしろ，「台帳」(*tuppum*) にしろ，これを機械的に *tēbibtum* に関連した専門用語と考えるのは危険という事になる。

では，上に列記した「台帳」の使用例の中に確かに *tēbibtum* に関連すると思われるものがあるのだろうか。ARM XXIII 428 および 429 で言及されている「人名台帳」はジムリ・リム治世 11 年（または 12 年の初め）にバビロンに援軍として派遣されるヤミン人兵士達のリストで，この台帳に記載されているヤミン人の何人が実際にディルを通過してバビロンに向かったかをチェックする原簿として利用されている。従って，少なくとも，これがジムリ・リム治世 6 年のときに作成されたものでない事は確かである。問題は，これがバビロンに援軍として派遣するにあたって行われたかもしれない *tēbibtum* において作成されたものかどうかである。台帳に名前を記載されるのが兵士達 (*ṣābum*) であることがはっきりしている例 (ARM III 20, 21, XIV 64, 65) の内，ARM III 21 を除いた3例がジムリ・リム治世11年（あるいは12年の初め）のバビロンへの援軍派遣に触れたものと考えられている[47]。ところが，その3例中の1つであるARM XIV 64からこの時に *tēbibtum* が行われた事がわかる。従って，もしこれら3つの手紙の年代設定に誤りがなければ，先のARM XXIII 428-429で点検用の原簿として用いられた「人名台帳」は，*tēbibtum* に基づいて作成されたものであると推定する事ができる。同様の推定は，ジムリ・リム治世11年のバビロンへの援軍派遣に関わると思われるARM III 20，XIV 64そしてXIV 65の3つの手紙にも当てはまる。

最近出版されたマリ出土史料の中に，ここで問題にしている台帳の1つ「地区の *tēbibtum* の台帳」（*tuppi tēbibti ḫalṣim*）に当ると思われるものが2点含まれている。その1つARM XXIII 427（Z）は両面に合計4コラムある粘土板の断片であるが，その奥付の部分に，「サガラートゥム地区の新 *tēbibtum*（*tēbibtum* GIBIL *ša ḫalaṣ Sagarātim*）。王の前で。そのGÌR役人は，サン［メータル］，［ヤシム］・ダ［ガン］，［およびアクバ・アフム］」と書かれており，これが *tēbibtum* の際に作成された人名の台帳である事がわかる。これはサガラートゥム地区のLÚ.GÌRと呼ばれる兵士達の台帳の1つで，数名の名前＋SI.LÁ＋地名が1つの単位になって台帳が出来上がっている。この史料を出版したR. ラフォンは，未刊の *tēbibtum* テキストとの比較に基づき，ARM XXIII 427の上のような形式は *tēbibtum* テキストに典型的に見られるものだとしている。そして *tēbibtum* GIBILと書かれたテキストはすべてジムリ・リムの治世6年の日付が付されていると言う[48]。もう1点ARM XXII 38は，その奥付に「テルカの所属。*tēbibtum*。王の前で。そのGÌR役人はサ［ンメタル］，［……］，ヤ［シム・ダガン］，およびア［クバ・アフム］（SI.LÁ *Ter*[*qa*] *tēbib*[*tum*] IGI［LUGAL］GÌR *Sa*[*mmetar*] *Ḫa*[……] *Ya*[*šim-Dagan*] *u Aq*[*ba-aḫum*]）」と書かれている。これは日付と「新GIBIL」という字を欠くが，ARM XXIII 427と共通する点が多い。これら2点の *tēbibtum* の台帳を見る限り，それらは王と3人のGÌR役人

47）　Soubeyran, D. 1984, 362-363. を参照。

48）　Lafont, B. 1984, 325を参照。

の立ち会いのもとに作成された事がわかる。

台帳の言及例には（人名）台帳に記載されるのが兵士達（*ṣābum*）であることがはっきり書かれている場合（例えば ARM III 20, 21, XIV 64, 65）とそうでない場合（ARM V 51, XIV 61, 62）とがある。前者の例については，たまたまジムリ・リム治世 11 年（または 12 年の初め）のバビロンへの援軍派遣に関連すると見られている事からそれとの関連で既に触れた。後者に属する ARM V 51 の場合，イダマラズ地区の夏営地で放牧をしているハナ人の *tēbibtum* の人名台帳（*tuppi* LÚ *u šumšu*）で，兵士として徴兵可能な人々ではあっても，既に徴兵された兵士達とは考えられない。また，ARM XIV 61, 62 の場合も，台帳に追加記載される事になっている人々の次のような職業，すなわちナツメヤシ栽培人，商人，屠殺人，予備役（以上 ARM XIV 61），ワイン調合師，書記（以上 ARM XIV 62）などを見ると，これらの台帳に名を記載されている人々もまた徴兵された兵士達とは考えにくい。

7　台帳の管理

サッソンは，しばらく前にマリ王宮の文書管理との関係で 3 通の手紙に注目した[49]。ここでは手紙中の「粘土板」が *tēbibtum* の台帳である事がはっきりしている 2 通の手紙を取り上げて，*tēbibtum* 関係の台帳が厳重に保管・管理されている事を見てみたい[50]。その 1 つは，イニブシナがジムリ・リムに書き送った手紙であるが，その中で彼女は，

あなたが送ってこられた手紙に従って，私は，ムカンニシュムとタバト・シャルッスの立ち合いのもとに，あなたの印によって封印された文書庫（*bīt tuppātim*）を開けました。イグミルムはそれら（粘土板文書が入った「かご」）に通じている者達に「かご」（複数）を指し示しました。彼らは *tēbibtum* のす

49）　Sasson, J. M. 1972, 55-67.

50）　残りの 1 つは ARM X 12 である。

べてが入った［「かご」］を彼ら（＝ムカンニシュムとタバト・シャルッス）自身の手で持ち出しました。私は……の封印（されたままの「かご」？）をあなたさまにお持たせします。（ARM X 82:3-20）

と，書き送っている。もう1つは，この時の立会人であるムカンニシュムが同じ出来事について王に報告した（とサッソンが考えている）手紙である。

その地区の *wēdû* と近衛兵に属するエリート兵士達の台帳（複数）で，サンメータルの印章で封印されたものに関［して］，［わ］が主は書いてこられました。わが主の手紙通りイニブシュヌは封印された倉庫を［開きました］。［そして］，［（破損。ただし，この部分にイグミルムの名前の前半部分が含まれている。）］ところの台帳とサンメータルの印［で］封印されたその地区の［台帳（？）］の入った「かご」（複数）を私に示してくれましたので，私とタバト・シャルッスは私たち自身の手でそれら（「かご」）を持ち出しました。わが主が書いてこられた通り私はそれらの「かご」を開けませんでした。私は2つの「かご」を取り出し，わが主の許にお送りします。（ARM XIII 14:4-25）（Z）（ムカンニシュム→ジムリ・リム ZL）

これら2つの手紙が同一の出来事について報告したものであるとサッソンが推定する根拠は，(1) 同じ3人の関係者（ムカンニシュム，イグミルム，タバト・シャルッス）が同じ役割で出てくる事，(2) 両手紙に「……自身の手で（*ina qāta ramāni-*)」と言う珍しい表現が出てくる事，等である[51)]。もしこの推定が正しいとすれば，ARM X 82のイニブシナとARM XIII 14のイニブシュヌは同一人物であるばかりでなく[52)]，ARM X 82:5の *bīt tuppātim*（文書庫）はARM XIII

51)　Sassonは取り出した「かご」の数が同じであるとするが（Sasson, J. M. 1972, 66），ARM X 82には取り出した「かご」の数は記されていない。

52)　イニブシナ＝イニブシュヌの名を持つマリ王宮の高位の女性は2人知られているが，この女性は，ジムリ・リムの娘でマリ地区の知事，ハフディ・リムの妻となっ

14:11 の *bīt kunukki*（封印の倉庫）に相当し，ARM X 82:5 の［GI.PISAN］.ḪI.A *ša napḫarat tēbibtim*（*tēbibtum* 全体の—台帳の入った—「かご」）は ARM XIII 14:4-6 の GI.PISAN.ḪI.A *ša t*［*upp*］*āt*［*im*］［*ša ḫ*］*alṣim*（［地］区の［台］帳の「かご」）に相当する事になる。

これら2つの手紙から得られる情報を総合すると，各地区で作成された *tēbibtum* 関係の台帳は，マリ王宮の王の許に集められ，地区毎にまとめられ，「かご」に入れられて，役人によって封印された。このとき「かご」の内容を記した札が「かご」に付されたものと思われる。台帳の入った「かご」は倉庫で保管され，その倉庫の入り口は王の印によって封印された。従って，台帳の閲覧あるいは追加・訂正の必要が生じた場合は，いくつかの手順を踏んで行われたものと思われる。ここに紹介した場合は，まず，旅先／戦場の王から王の名代としてのイニブシナの所に手紙が送られてきた。その手紙に従ってイニブシナはムカンニシュム他もう１人の役人立ち合いのもとに倉庫の封印を壊したが，その際，当該の台帳の入っている「かご」を指し示す事ができる人物（書記？）が必要であったらしい。ムカンニシュム達はこうして示された「かご」を自らの手で封印されたまま取り出した。(4) 倉庫は再びイニブシナが自分の印または王の印で封印し，その「かご」は，イニブシナが，王の帰るまで自分の手許で厳重に保管・管理していた事，また其の取り扱いには細心の注意が払われていた事がわかる。

8　*tēbibtum* と住民感情

一般的に言って，ヤミン人の諸部族は *tēbibtum* に対して極めて非協力的であった。これは，シャムシ・アダドの時代においてもジムリ・リムの時代においても同様であった。シャムシ・アダドなどは，ヤスマハ・アッドゥの問い合わせに対して，ヤミン人に対して *tēbibtum* を行うのは適当でないとさえ言ってい

た女性であろう。Sasson, J. M. 1972a, 64-65; M. Birot 1979, 126.

る（ARM I 6）（A）。キブリ・ダガンが報告しているように，ヤミン人の町々のスガーグム役人達が協力するという事もあったが（ARM III 21:5–11）（Z），知事が5回も手紙を書き送って *tēbibtum* に対する協力を要請しても全く無視された例も報告されている（ARM XIV 64）（Z）。これに対してハナ人の場合は，王権が実施する *tēbibtum* に協力的であった。ヤスマハ・アッドゥなどは，*tēbibtum* の後，「国の住民は心を安んじました」（ARM IV 57）と報告しているほどである。もっとも，これが具体的に何を意味するのか今ひとつはっきりしない。

tēbibtum に対する住民の感情を端的に表しているのは，サガラートゥム地区の知事ヤキム・アッドゥの手紙に報じられている *tēbibtum* 忌避である。ヤキム・アッドゥは住人の *tēbibtum* 忌避に対抗して，

> *tēbibtum* を忌避して自分の兄弟または子供（の登録）を差し控えた者には彼（登録されなかった者）を登録させよ。さもなければ，［1年］または2年経ってその人物（登録されなかった者）が発見されれば，［彼は死ななければならない］。彼は生きている事ができ［ない］。（ARM XIV 61:8–12）（Z）

と威嚇しなければならなかった。「*tēbibtum* を忌避して……」は，文字通りには，「*tēbibtum* の前から自分の兄弟または子供（の登録）を差し控えた者は……（[*š*]*a*） *ina pān tēbibtim aḫašu ulu mārašu uzammīšu*）」と書かれている。この威嚇が功を奏したのか，ナツメヤシ栽培人，商人等合計8人の人々が追加登録される事になった。ヤキム・アッドゥは他の手紙（ARM XIV 62 および 63）においても *tēbibtum* の忌避があった事を報告している。そうした忌避者の1人は，サガラートゥム地区から北隣のカトゥナーヌム地区に逃げ込んでいたこともわかっている。

王権による住民掌握の重要な手段になる *tēbibtum* を，住民は決して歓迎しなかった事は以上見てきたところから明らかである。それだけに王権の側も細心の注意を払う必要があり，シャムシ・アダドがヤスマハ・アッドゥに書き送っているように，「*tēbibtum* の際は依怙贔屓してはならない」（ARM I 82:16–17）と

いう公平の原則を堅持することに努めなければならなかった。

9　*tēbibtum* では何が行われたのか

tēbibtum についてはあまりにも不明な点が多く，*tēbibtum* において何が行われたかを具体的に述べる事は不可能と言ってよい。以下に *tēbibtum* において行われた可能性があるものをいくつか挙げておくが，行政文書の裏付けが乏しい。従って，今後の史料の発見／出版に期待するところが大きい。

9-1　兵員の確保と管理

アッドゥ・バーニがリンム職にあった年の *tēbibtum* は，アレッポ（ヤムハド王国）を中心とする西の敵対勢力との戦争を視野においたものであった事は否定できない。

> 至急ハナ人の *tēbibtum* を行え。ヤリム・アッドゥと相談して，ガッシュムであれシュネムであれ，水のあるところに集合せよ。ユーフラテス河岸の兵士達はサガラートゥムに集合するように。遠征は，お前に書き送ったように月末だ。お前は私と一緒に行く事になる。お前の荷物はお前が運べ。お前の計画が実行されるように。（ARM II 1:24-33）（A）

また，既に見たように *tēbibtum* を行うという意味の動詞 *ubbubum* の目的語として兵士達（*ṣābum*）が来る事がある事から，その意味合いが何であれ，*tēbibtum* に何らかの軍事的側面があった事を否定する事は困難である。しかし，ARM I 6（A）が明快に示しているように，軍事遠征とそのための兵員確保が *tēbibtum* の基本的な狙いであったかどうか疑問である。

9-2　土地の（再）分配

tēbibtum が土地の（再）分配と関係があったのではないかという事は何人か

の研究者が既に指摘しているところである。その根拠になっている2つの史料を挙げておこう。

話変わって，ユー［フラテス河］岸の耕地を再分配し，兵士達の耕地の一部？を取り上げるよう私がお前に書き送った件に関して，お前はこのように書いて寄越した。すなわち，「放牧地（*nawûm*）のハナ人はユーフラテス河岸の耕地を保有すべきでしょうか，どうでしょうか。」お前はこのように書いて寄越した。こちらで私はイシャル・リムと事情に通じた者に諮ったところ，ユーフラテス河岸の耕地は分配したり点検したりすることに不向きである。もしお前がこれらの耕地を分配し，点検するなら，苦情が生じるだろう。ユーフラテス河岸の耕地は決して（再）分配してはならない。以前のようにこれまでの保有地をそのまま保有させなさい。耕地は決して混乱させるべきではない。死者と行方不明者の耕地のみを点検し，耕地を持たない者に与えなさい。*tēbibtum* において……点検しなさい。兵士達を送り，お前の *tēbibtum* が厳格に行われるようにしなさい。そして，ユーフラテス河岸に耕地を保有している放牧地のハナ人は，今まで通り以前からの耕地を保有させなさい。（ARM I 6:22-43）（A）

話変わって，*tēbibtum* が実施されるべきである。兵士達の *tēbibtum* は行わなければならない。そして，耕地が測量されたら，再びその［耕］地はその土地（の人々）に分配されるだろう。そして（そちらではそのための）専門家である書記達が十分いるのでウルサマスを，……ところの信頼できる書記達と共にシュバト・エンリルの私の許に送れ。彼らは *tēbibtum* と耕地の測量の手伝いをする事になる。（ARM I 7:32-45）（A）

ARM I 6 は放牧地にいるハナ人がユーフラテス河岸の耕地を保有し続けるべきかどうかを問題としているが，これは明らかに *tēbibtum* の際の問題として出てきたともの考えられる。ARM I 7 も，*tēbibtum* には，耕地の測量と再分配も行われたと伝えている。従って，少なくともシャムシ・アダドの王国においては *tēbibtum* の際に耕地の（再）分配が行われた事は否定できない。しかし，ジムリ・リム時代のマリ王国において，*tēbibtum* の際に，耕地の（再）分配が行われたかどうか，確認する事はできない。

9-3　徴税？

tēbibtum の際に徴税が行われたかもしれない事を示す史料は 1 点のみである。しかもテキストの問題の箇所は痛んでいるため，読み方についても問題が残る。

兵士達が戻ってきた。そこで全土に対して *tēbibtum* を行うつもりである。この *tēbibtum* は厳密に行われる。羊毛も収納される（[*g*]*i-iz-za-tum la-aq-ta-at*）。さて，王は *tēbibtum* を行う役人達をお前の許に送られるだろう。お前もすぐにお前の国の *tēbibtum* を行うべきである。（ARM I 129:19-29）（A）

これはイシュメ・ダガンから弟でマリ王ヤスマハ・アッドゥに宛てた手紙で，シャムシ・アダドの王国で交わされた手紙である。ここでは羊毛の徴収が問題となっているのであるが，これを *tēbibtum* との関わりでどう評価するかについては判断を保留しておきたい。

9-4　その他

兵員台帳を点検して死亡者や逃亡者を台帳から取り除く作業（？）については，第 II 節で取り上げたデュランの説を見ていただきたい[53)]。

53）R. R. Glaeseman は，注 12 で触れているごとく，センサスの際に王宮の負担で大会食が行われたとし，これをセンサスの重要な行事の一つと考える。ハガル・バザル出土の行政文書から，*tēbibtum* の際に 1,000 人を超える人々に食料が支給された事は事実であるが，王の食事に数百人の人々が招かれる事は時々あり，いわば共食が *tēbibtum* の一部と考えてよいかどうか疑問である。ヤスマハ・アッドゥ時代の王の食事と *ṣābum* については，Lafont, B. 1985, 161-179 を参照。

10　結びに代えて

先に *tēbibtum* および *ubbubum* に関するいくつかの説を紹介した。これらの諸説が以上見てきた史料（主として手紙であったが）とどう照合するかについて簡単に触れて本小論を終えたい。

多少のニュアンスの違いがあるものの，どの説も指摘しているのが *tēbibtum* の軍事的側面である。*tēbibtum* が何らかの軍事的側面を持っていた事は否定できない。ただ，グロックが述べているように，軍事遠征のための兵員確保や点検・補充だけであれば，*tēbibtum* なしに行い得た例がある点を無視するわけにはいかない。では，それが何であるかという事になれば，今のところ答えられないというほかない。クペール（1957）の指摘する宗教的側面は，史料的に根拠づける事が困難である。考えられるとすれば，スパイザーが古代イスラエルの「命の代償（*kofel nafšô*）」との類比で指摘する呪術的（magical）な側面であるが，この点は類推の域を出ていない。

ルーク，グロック，アンバルおよび CAD E 等が挙げる土地／耕地の（再）分配については，それを示唆する2つの史料があり，少なくともシャムシ・アダドの王国においては何らかの耕地の（再）分配が行われたと考えられる。アンバル，AHw および CAD E は税の取り立てが行われた可能性を指摘しているが，これについては第 IX 節で述べた事につきる。

オッペンハイム，AHw, CAD およびルークが，*ubbubum* の持つ「……を……から放免する」という語義に基づいて，これを「……を請求権から解放する」と言う意味に解しているが，どのような請求権からの解放なのか不明な上，今のところこれを史料的に裏付ける事が不可能である。それに，この理解に従えば，*tēbibtum* の実施を受ける側はそれを歓迎したはずであるが，そのような事を示唆する史料は ARM IV 57 以外にない。ただ，兵員台帳から死者や逃亡者等の「不純物」を取り除く（すなわち浄化する）ことが *tēbibtum* で行われた作業であったとするデュランの説は，*tēbibtum* を徴兵（*paqādum* すること）から切り離して考えている事，またこの意味ならば *ubbubum* が本来持っている語義とも合致する等の点で，注目してよい。ただこの場合当時のアムル人王国の兵士達 *ṣābum* がどのようなものであったかを調べる必要がある。*tēbibtum* 台帳等未刊のテキストができるだけ早く出版される事を望みたい。

tēbibtum に関係のある手紙（抄）

ARM I 6（ヤスマハ・アッドゥ宛のシャムシ・アダドの手紙）

(5) *tup-pa-ti-ka ša tu-š*[*a-b*]*i-lam eš-me* (6) *aš-šum* DUMU.MEŠ *ya-mi-in ub-bu-bi-im* (7) *ta-aš-pu-ra-am* DUMU.MEŠ *ya-mi-in* (8) *a-na ub-bu-bi-im ú-ul i-re-ed-du-ú* (9) *tu-ba-ab-šu-nu-ti-ma a-ḫu-šu-nu* LÚ.MEŠ *Ra-ab-ba-ya* (10) *ša i-na e-bi-ir-tim i-na ma-a-at Ya-am-ḫa-ad*^{ki} (11) *wa-aš-bu i-še-em-mu-ú-ma i-ma-ra-sú-nu-ši-im-ma*[54] (12) *a-na ma-ti-šu-nu ú-ul i-tu-úr-ru-nim* (13) *mi-im-ma la tu-ub-ba-ab-šu-nu-ti* (14) *ši-pí-iṭ-ka-a-ma du-ni-in-šu-nu-ši-im* (15) *ši-ip-ṭà-am ki-a-am i-di-in-šu-nu-ši-im* (16) *um-ma-mi* LUGAL KASKAL *i-la-ak ka-lu-ma* (17) *a-di ṣe-eḫ-ri-im li-ig-da-mi-ir* (18) *su-ga-gu-um ša ṣa-bu-šu la gu-mu-ru-ma*[55] (19) 1 [L]Ú *i-iz-zi-bu a-sa-ak* LUGAL *i-ku-ul* (20) *ki-a-am ši-ip-ṭà-am i-di-in-šu-nu-ši-im* (21) *mi-im-ma la tu-ub-ba-a*[*b-š*]*u-nu-ti* (22) *ša-ni-tam aš-šum* A.ŠÀ.ḪÁ (23) *ša a-aḫ* Í[D.BURA]NUN *za-z*[*i-i*]*m* (24) *ù i-na* A.ŠÀ.ḪÁ [*š*]*a ṣa-bi-*[*i*]*m ṣa-ba-*[*ti*]*m* (25) *ša aš-pu-ra-a*[*k*]*-kum ki-a-am ta-aš-*[*pu-r*]*a-am* (26) *um-ma at-ta-ma Ḫa-na ša na-we-em* (27) A.ŠÀ.ḪÁ *i-na a-aḫ* ÍD.BURANUN (28) *i-ṣa-ab-ba-tu-ú ú-ul i-ṣa-ba-tu-ú* (29) *an-ni-tam* [*t*]*a-aš-pu-ra-am an-ni-i-a-am* (30) ^{I}*I-šar-Li-im ù mu-de-e áš-ta-al-ma* (31) A.ŠÀ.ḪÁ *ša a-aḫ* ÍD.BURANUN *a-na za-zi-im* (32) *ù a-na sú-nu-qí-im ú-ul i-re-ed-de-e* (33) A.ŠÀ.ḪÁ *ši-na-ti ta-za-az tu-sà-na-aq-ma* (34) *ta-zi-im-tum i-mi-id mi-im-ma* A.ŠÀ.ḪÁ (35) *ša a-aḫ* ÍD.BURANUN *la ta-za-az* (36) *qa-tam ša* u_4*-um-šu* LÚ *ṣí-bi-is-sú-ma* (37) *pa-ni-*

54）この箇所は，Falkenstein, A. 1954, 113 および *CAD* K, p. 514a に従う。

55）G. Dossin は ARM I, 1950 において *iḫ-mu-ru-ma* と読むが，ここでは von Soden, W. 1952, 77 に従って，*gu-mu-ru-ma* と読む。

im li-ki-il mi-im-ma A.ŠÀ.ḪÁ *la id-da-la-ḫa* (38) A.ŠÀ *mi-tim ù ḫa-al-qí-im sú-un-ni-iq-ma* (39) *a-na ša* A.ŠÀ *la i-šu-ú i-di-in a-na te-bi-ib-tim-ma* (40) *ḫ*[*u-t*]*i-iṭ*[56] *sú-ni-iq-ma ṣa-ba-am šu-li te-bi-ib-ta-ka* (41) *lu-ú sú-un-nu-qa-at ù Ḫa-na* [*š*]*a na-we-em* (42) [*š*]*a i-na a-aḫ* [Í]D.BURANUN A.ŠÀ.ḪÁ *ú-ki-il-lu* (43) [*ki š*]*a*[57] *pa-ni-tim-ma* A.ŠÀ.ḪÁ *li-ki-il-lu*

(5) お前が書いて寄越した（お前の）手紙を聞いた[58]。(6) ヤミン人に *tēbibtum* を行う事に関して (7) お前は書いてきた。(8) *tēbibtum* を行うことは適当でない。(9–11)（もし）お前が彼らの *tēbibtum* を行えば，川向こうのヤムハドの国に滞在している彼らの兄弟，ラバヤ人が聞き，彼らに対して苦々しく思い，(12) 自分たちの国に帰って来ないだろう。(13) お前は決して彼らの *tēbibtum* を行うべきではない。(14) 彼らに対してお前の命令[59]を厳しく言い渡しなさい。(15) 次のように彼らに命令を与えなさい。(16–17) すなわち，「王が遠征に出られる。子供に至るまで全員集まるように。(18–19) 自分の兵士が全員召集されず，一人でも留めておくスガーグム役人[60]は，王に対するタブーを犯す事になる。」(20) このように彼らに命令を与えなさい。(21) お前は決して彼らの *tēbibtum* を行ってはならない。(22–25) 話変わって，ユー［フラテス河］岸の耕地を（再）分配し，兵士達の耕地（の一部？）を取り上げるよう[61]

---

56)　CAD H, p. 162a はこれを *ḫâṭu* の II/3 形とし，*ḫutiṭ sunniqma* を二詞一意（hendiadys）と見る。そしてこの箇所を，” during the lustration ceremony itself search carefully and bring (every) man” と訳している。CAD S, p. 142b でも *ḫutiṭ sunniqma* に関しては同様の解釈をしている。

57)　この読み方は，Falkenstein, A. 1954, 113 に従う。

58)　Oppenheim, A.L. 1967, 86–97 にもこの手紙の大胆な英訳が出ている。

59)　*šipṭum*（命令）およびその動詞形 *šapāṭum* については，Marzal, A. 1971, 190ff. を参照。

60)　スガーグム役人については，本論集の第3章および中田 1987, 1–33 を参照。

61)　24 行の *u ina eqlētim* [*š*]*a ṣabā*[*ti*]*m* の意味は必ずしも明白でない。Dossin1950a は，“et de la prise au possission (de champs) parmi les champs des troups” と訳す。この場合，誰が *ṣabātum* するのかが不明。Oppenheim 1967, 97 で，“When I sent you orders concerning the allotting of the fields along the Euphrates as well as the taking over these fields by

私がお前に書き送った件に関して，お前はこのように書いて寄越した。(26) すなわち，「放牧地（*nawûm*）のハナ人は (27) ユーフラテス河岸の耕地を (28) 保有すべきでしょうか，どうでしょうか。」と。(29) お前はこのように書いて寄越した。こちらで (30) 私はイシャル・リムと事情に通じた者に諮ったところ，(31-32) ユーフラテス河岸の耕地は分配したり点検したりする事に不向きである。(33) もしお前がこれらの耕地を分配し点検するなら，(34-35) 苦情が出るだろう。ユーフラテス河岸の耕地は決して分配してはならない。(36-37) 以前のようにこれまでの保有地をそのまま保有させなさい。耕地は決して混乱させるべきではない。(38) 死者と行方不明者の耕地のみを点検し，(39) 耕地を持たない者に与えなさい。*tēbibtum* において (40) ……　点検しなさい[62]。兵士達を送り，お前の *tēbibtum* が (41-42) 厳格に行われるようにしなさい。そして，ユーフラテス河岸に耕地を保有している放牧地のハナ人は，(43) 今まで通り以前からの耕地を保有させなさい。

ARM I 7（ヤスマハ・アッドゥ宛のシャムシ・アダドの手紙）

(32) *ša-ni-tam te-bi-ib-tum iš-ša-ak-ka-an* (33) *ṣa-bu-um ú-ta-ab-ba-ab* (34) *ù* A.ŠÀ.ḪÁ *im-ma-a*[*d*]*-da-da* (35) *ù* [*i*]*-tu-úr-ru-ma* (36) [A.Š]À.ḪÁ *a-na ma-a-tim i-zu-uz-zu* (37) *ù* DUMU.MEŠ *gá-dub-bi*[63] *um-me-nu* (38) *i-na qa-tim šu-ta-am-ṣú-ú* (39) [^{I}] *Ur-sa-ma-nam* (40) [*it-t*]*i* LÚ.MEŠ DUB.SAR [*ta*]*k-lu-tim*[64] (41) [*ša a*]*-na* A.ŠÀ [x x x]*-ki-lu* (42) *a-*[*n*]*a ṣe-r*[*i-ya a-na Šu-ba*]*-at-*^{d}*En-*[*lil*^{ki}] (43) *ṭú-ur-da*[*m-m*]*a* [*i-na t*]*e-bi-ib-tim* (44) *ù i-na* A.ŠÀ *ma-*[*d*]*a-tim tap-pu-tam* (45) *li-il-li-ku*

(32) 話変わって，*tēbibtum* が実施されるべきである。(33) 兵士達の *tēbibtum* は行われなければならない。(34) そして，耕地が測量されたら，(35) 再び

the soldiers” と訳すが，この訳も説明が必要。

62) CAD H, p. 162a は点検 *sunnuqum* の目的語を人と考えるが，AHw, p. 1022 は Felder（耕地）を *sunnuqum* の目的語と考えている。

63) この読み方は，AHw, p. 616a および CAD M/1, p. 349b に従う。

64) CAD M/1, p. 349f. に従って [*ta*]*k-lu-ti* と読む。

(36) その［耕］地は土地（の人々）に分配されるだろう[65]。(37-38) そして（そちらではそのための）専門家である書記達が十分いるので，(39) ウルサマヌムを，(40-41) 耕地に関して……の信頼できる書記達と一緒に (42) シュバト・エンリル[66] の私の許に (43-45) 送れ。彼らは *tēbibtum* と耕地の測量の手伝いをする事になる。

ARM I 20（ヤスマハ・アッドゥ宛のシャムシ・アダドの手紙）

(16') *ú aš-šum te-bi-ib-tim ša-ka-nim* [　　] (17') *ta-aš-pu-ra-am* [　　]（以下は破損）

(16') *tēbibtum* を実施する件に関して (17') お前は書いて寄越した［　　］（以下破損）

ARM I 36（ヤスマハ・アッドゥ宛のシャムシ・アダドの手紙）

(26) *ki-ma i-ka-aš-ša-du-ma* (27) *ú-ba-bu-šu-nu-ti* (28) *iš-tu* MU 3 KAM *ṣa-bu šu-nu ú-ul u-bu-ub* ......

(26) 彼ら（アブドゥ・アミムの兵士達）が到着したとき (27) 彼ら（？）は彼ら（兵士達）の *tēbibtum* を実施するだろう。(28) これらの兵士達は3年間も *tēbibtum* が行われていない。

ARM I 37（ヤスマハ・アッドゥ宛のシャムシ・アダドの手紙）

(5) *tup-pa-ka ša tu-ša-bilam eš-me* (6) *ki-a-am ta-aš-pu-ra-am* (7) *um-[m]a at-ta-a-ma* (8) ^{I}*Ya-ri-[i]m-*^{d}IM (9) *ú-ul qí-ru-ub-ma* (10) *a-na ṣe-er be-lí-ya* (11) *ú-ul al-li-kam* (12) *i-na-an-na i-na Qa-at-tu-n[a-a]n*^{ki} (13) *úš-ša-ab-ma a-di be-lí* (14) *a-na Šu-ba-at-*^{d}*En-líl*^{ki} (15) *i-ka-aš-ša-[d]a-ma* (16) *i-na Qa-at-tu-na-an*^{ki} (17) *ri-iš be-lí-ya*

65)　34-36 行は三人称複数の能動態の動詞が使われているが，ここでは受動態に訳しておく。

66)　シュバト・エンリルが現在のどの地に当るかについての最も新しい提案（シュバト・エンリル＝Tell Leilan）については，Weiss, H., 1985, 269–284 を参照。

ú-ka-[*al*]（18）*an-ni-tam ta-aš-pu-ra-am*（19）*aš-šum na-pí-iš-ti-*[*šu*]（20）*la-pa-tim* LÚ *Eš-nun-n*[*a*^ki^]（21）*iš-pu-ra-am*（22）*a-wa-tum mi-im-ma*（23）*ša i-na tup-pí ni-iš* DINGIR.MEŠ（24）*as-sú-ḫu i-ba-aš-ši-ma*（25）*a-na Eš-nun-na*^ki^（26）*aš-pu-ur* LÚ *Eš-nun-na*^ki^（27）*pa-ar-ku ù ṭe$_4$-mu-um*（28）*a-di-ni ú-ul i-zi-i*[*b?-b*]*a?-a*[*m?*]（29）*aš-šum ki-a-am i-na a-lim*^ki[i]^（30）*lu-up-pu-ta-ku mi-im-ma*（31）*i-na Qa-a*[*t*]*-tu-na-an*^ki^ *re-ši*（32）*la t*[*u*]*-ka-al a-na Ḫa-*[*ši*(?)*-im*^ki^]（33）*ša Me-em-bi-da a-li-ik*（34）*aš-ra-nu-um qa-ab-li-it ma-a-tim*（35）*ù Ḫa-na* MEŠ *ka-lu-šu*（36）*aš-ra-nu-um-ma pa-ḫi-ir-*[*m*]*a*（37）*a-ša-ri-iš ku-šu-ud Ḫa-na*^[ki]^ MEŠ（38）[*l*]*i-pa-aḫ-ḫi-ru-ni-ik-*[*k*]*u-um-ma*（39）*a-na ub-bu-ub Ḫa-na*[^ki^]（40）*qa-at-ka šu-ku-un-ma*（41）*Ḫa-na*^ki^ *ub-bi-ib*（42）ITI [ŠE.]KIN.TAR（*Addarum*）UD 12 KAM BA.ZAL-*ma*（43）*tup-pí* [*an-né*]*-em*（44）*ú-š*[*a-bi-l*]*a-ku-um*

(5) お前が送って寄越した手紙を聞いた[67)]。(6) お前は次のように書いてよこした。(7) すなわち (8)「ヤリム・アッドゥが (9) 近くにいないので，(10-11) 私はわが主の許に行けません。(12-13) 今私はカットゥナンに滞在中で，わが主が (14-15) シュバト・エンリルに到着されるまで (16-17) 私はカットゥナンでわが主をお待ちします。」(18) お前はこのように書いて寄越した。(19-21) エシュヌンナの「人」（＝王）が誓約に関して書いて寄越した。(22-24) 神々に対する誓いの文書から私が削除した言葉があり，(25-28) 私はエシュヌンナに書き送ったが，エシュヌンナの人々は妨害され（？）ており，そのメッセージが未だ……していない。(29-30) そういうわけで，私は，未だこの町（アッシュル？）でぐずぐずしているのだ。(31-33) お前はカットゥナンで私を待つ事はない。メンビダのハシュムに行きなさい。(34) そこは国の中央部で[68)] (35-36) 全ハナ人がそこに集まっている。(37) そこに行ってハナ人を (38) お前のために集合させなさい。(39) ハナに対して *tēbibtum* を行う事に (40) 着手し，(41)

67）　この手紙の歴史的背景については注 8 に挙げられている諸研究を参照。

68）　CAD A/2, p. 453b は *qablīt mātim* を “half of the population” と訳すが，これは不可。この意味であれば *qablītum* ではなく *mišlum* が使われるはずである。ここでは，CAD Q, 4b および AHw, p. 887a とともに「中央部」または「奥地」の意味に取っておく。

ハナ人の *tēbibtum* を行いなさい。(42) アダルの月の 12 日の暮れに (43) この手紙を (44) 送らせる。

ARM I 42（ヤスマハ・アッドゥ宛のシャムシ・アダドの手紙）

(4) ^{I}*Ya-ri-im-*^{d}IM *iš-pu-ra-am um-ma šu-ú-ma* (5) *Ḫa-na* MEŠ *ša na-we-e-em ap-qí-id-ma* (6) 2 *li-im ṣa-ba-ma ša it-ti Ya-ás-ma-aḫ-*^{d}IM (7) *a-na* KASKAL *i-la-ku ú-ki-in* (8) *ù ṣa-bu-um šu-ú ka-lu-šu šu-mi-ša-am* (9) *i-na tup-pí-im ša-ṭe*$_4$*-er an-ni-tam iš-pu-ra-am* (10) 2 *li-im Ḫa-na* MEŠ *ša na-we-e-em ša it-ti-ka i-*[*i*]*l-la-ku* (11) *ù* 3 *li-mi ṣa-ba-am at-ta ki*(!)*-in*[69] (12) *tup-pa-am an-ni-e-em La-ú-um ù* ÌR*-du* MEŠ (13) *mu-za-zu-ut ma-aḫ-ri-ka li-iš-mu-ú-ma* (14) *a-na an-né-e-tim ṭe*$_4$*-mu-um lu-ú ṣa-bi-it* (15) *ṣa-bu-um ša ḫa-al-ṣí-ka iš-tu u*$_4$*-mi ma-du-tim* (16) *ú-ul ub-bu-ub-ma u*$_4$*-um te-bi-ib-tim* (17) *i-ta-ar-ku ù i-na ki-ma i-na-an-na* (18) *ub-bu-ub ṣa-bi-im ú-ul te-le-i* (19) *i-na ta-ya-ar-ti-ka-ma ṣa-ba-am* (20) *tu-ub-ba-ab a-di-šu pu-ḫa-at* (21) *ḫa-al-qí-im ù mi-ti-im šu-zi-iz* (22) *ṣa-bu-um ma-la it-ti-ka i-la-ku* (23) *šu-mi-ša-am i-na tup-pí-im* (24) *lu-ú ša-ṭe*$_4$*-er* (25) *dam-qí-iš lu-ú us-sú-uk*[70]

(4) ヤリム・アッドゥが（次にように）書いて寄越した。すなわち，(5)「私は放牧地のハナ人を点検し (*paqādum*)，(6-7) ヤスマハ・アッドゥと一緒に行く兵士達 2,000 人を組織しました。(8) そして，この兵士達全員の個々の名前が (9) 粘土板に記載されています。」彼はこう書いて寄越した。(10) お前は，お前と一緒に行く放牧地のハナ人 2,000 人 (11) と 3,000 人の兵士達を組織しなさい。(12-13) この手紙をラウムとお前に仕える家臣にお前の前で聞かせなさい。(14) この事に関して命令が実行に移されるように。(15) お前の地区の兵士達は長い間 (16) *tēbibtum* が行われていない。*tēbibtum* の日は (17) 過ぎている。目下のところ (18) お前は兵士達の *tēbibtum* を行う事ができないが (19-21) お前は帰還した時に兵士達の *tēbibtum* を行うべきである。それまでは，行方不

69) von Soden1952, 79 に従って *at-ta-di*(!)*-in* ではなく *at-ta ki*!*-in* と読む。

70) von Soden1952, 79 および CAD E, p. 329a 等に従って，*ussuk*（<*esēkum*）と読む。なお，この手紙の背景とヤリム・アッドゥについては，Anbar, M. 1973 を参照。

明者と死亡者の代理をたてさせなさい。(22) お前と遠征する兵士全員の (23) 名前が一人一人粘土板に (24) 記載され，(25) 滞りなく配属されるように。

ARM I 62（ヤスマハ・アッドゥ宛のシャムシ・アダドの手紙）

(4) [*t*]*up-pa-*[*t*]*i-ka ša tu-ša-bi-lam eš-me* (5) *aš-šum te-bi-ib-tim i-na ḫa-al-ṣí-ka ša-ka-nim* (6) *ki-a-am ta-aš-pu-ra-am um-ma at-<ta>-ma Ma-šum* (7) *i-na ma-ḫa-ar be-lí-ya wa-ši-ib ap-pí-iš Ma-šum* (8) *i-na ma-ḫa-ar be-lí-ya wa-aš-bu be-lí* (9) *a-na ṣe-er Iš-me-*^{d}*Da-gan li-iṭ-ru-us-sú-ma* (10) *te-bi-ib-tam i-na ma-ḫa-ar Iš-me-*^{d}*Da-gan li-mu-ur* (11) *a-na ṣe-ri-ya li-il-li-kam-ma an-ni-ki-a-am* (12) *qa-ta a-na te-bi-ib-tim li-ša-aš-ki-in*[71] (13) *an-ni-e-tim ta-aš-pu-ra-am ki-ma ša ta-aš-u-ra-*[*a*]*m* (14) *an-ni-ki-a-am Ma-šum qa-tam i-im-ma-ar-ma* (15) [*a*]*-na ṣe-ri-ka a-ṭà-ar-ra-da-ak-ku-úš-*[*š*]*u-ma* (16) [*aš-r*]*a-nu-um a-na te-bi-ib-tim qa-tam ú-š*[*a*-aš-ka-an*][72]

(4) お前が書いて寄越した手紙（複数）を聞いた。(5) お前の地区で *tēbibtum* を行う事について (6) お前は次のように書いてきた。すなわち，「マシュムが (7-9) わが主の前にいます。マシュムがわが主の前にいますので，どうかわが主は彼をイシュメ・ダガンのところに派遣してください。(10)（そうしたら）彼はイシュメ・ダガンの許で *tēbibtum* を見学し (11-12) 私の許に帰って，こちらで *tēbibtum* に着手する事ができるでしょう。」(13) このようにお前は書いて寄越した。お前が書いて寄越したように (14) マシュムはここでやり方を学んだ後，(15) お前の許に送ろう。(16) 彼は［そち］らで *tēbibtum* を［実施する事ができるだろう。］

ARM I 82（ヤスマハ・アッドゥ宛のシャムシ・アダドの手紙）

(5) *ki-ma i-*[*n*]a *te-bi-ib-tim qa-*[*a*]*t-k*[*a*][73] (6) *il-li-ku ù pa-ni la tu-ub-lu-*[　　] (7)

71) Dossin 1950b の当該箇所では *li-ta-aš-ki-in* となっているが，ここでは von Soden, *Or*NS 21, p. 81 に従って，*li-ša!-aš-ki-in* と読む。

72) ここも，12 行の場合と同じく von Soden 1952, 81 に従って，*u*[*-ša!-aš-ka-an*] と読む。

ta-aš-pu-ra-am-［*m*］*a*（8）*ma-di-iš ḫa-de-ku*（9）*iš-tu ma-a-at Ma-ri*^{ki}（10）*i-*［*n*］*a ub-bu-bi-im tu-uš-ta-al-li-mu*（11）*ki-ma ša aš-pu-ra-ak-kum*（12）*a-na Qa-at-tu-na-nim*^{ki}（13）*a-li-ik-ma ḫa-la-aṣ Qa-at-tu-na-nim*^{ki}（14）*ù Ḫa-na* MEŠ *aš-ra-nu-um*（15）*ub-bi-ib-ma*（16）*i-na ub-bu-bi-ka pa-ni-šu-nu*（17）*la tu-ub-ba-al*（18）*iš-tu tu-uš-ta-al-li-mu*（19）*a-n*［*a r*］*e-eš* ITI *an-ni-i-im*（20）［ x x x x ］*a-na Šu-ba-at-*^{d}*En-líl*^{ki}（21）［*al-kam-ma*[74] *i*］*t-ti-ya na-*［*a*］*n-me-*［*e*］*r*（22）［*tup-pa-at ṣ*］*a-bi-im ša tu-ub-bi-bu*（23）［ x x x *-k*］*a lu-ú na-šu-ú-ma*（24）［*i-na Šu-ba*］*-at-*^{d}*En-líl*^{ki}*-ma*（25）［*lu-u*］*š-me ši-na-ti*

（5）*tēbibtum* において（6）大いに活躍し[75]，依怙贔屓しな［かった］と，（7）お前は書いてきたが，（8）私は非常にうれしかった。（9–10）マリで *tēbibtum* を完了したら，（11）私が書いて送ったように（12）カットゥナヌムに（13）行って，カットゥナヌム地区と（14）そこのハナ人達の（15）*tēbibtum* を行いなさい。（16–17）*tēbibtum* の際は，依怙贔屓してはならない。（18）終わった後，（19）今月の末に，（20）シュバト・エンリルに（21）［来なさい。］そこで会おう。（22）お前が *tēbibtum* を行った兵士達の台帳を（23）お前の……に運ばせなさい。（24）［シュバ］ト・エンリルで（25）それらを聞きたい。

ARM I 87（ヤスマハ・アッドゥ宛のシャムシ・アダドの手紙）

（4）［*aš-šum ub-bu*］*-ub* LÚ.MEŠ *Ḫa-na ub-*［*bu*］*-ub* LÚ.MEŠ *Ḫa-n*［*a*］（5）［ x x x x x x ］*-šu a-na ub-bu-b*［*i-i*］*m mar-ṣú*（6）［*la tu-ub*］*-bi-ib* É［*m*］*a*(?)*-l*［*a* x x x ］（7）［ x x x x *m*］*a*［ x x *-t*］*a*（8）［ x x x x ］*iš-ti-*［*i*］*š-šu*［　］（9）［ x x ］*šu-nu-t*［*i*］（10）［ x x x ］*-šu-nu la ta-ḫa-am-mu-ṭ*［*ám*］（11）［ x x x ］*-ma iš-tu Ma-ri*^{ki}（12）*la t*［*u*］*-uṣ-ṣí-im a-la-ki a-na Šu-*［*ba-at-*^{d}*En-líl*^{ki}］（13）*qí-ru-ub* ITI *an-nu-ú-um*（14）［ x x x x *m*］*a*(?) *tup-pí an-ni-e-em*（15）［ x x x x ］*-ti*(?) *i-na re-eš* ITI *an-ni-im*（16）［　］（17）［ x x x ］*-ri*［　］（18）［x x ］*mu-ub-bi-bu š*［*a*　］

73）von Soden 1952, 82 に従って，*qa-at-k*［*a*］と読む。

74）この手紙は恐らくシュバト・エンリルで書いたものであろうから，von Soden 1952, 82 が指摘するごとく *a-la-ak*（行け！）より，*al-kam-ma*（来い！）の方が良い。

75）この訳は von Soden に従う。注 71 を参照。

史料の保存状態が悪く，訳は不可能であるが，「ハナ人の *tēbibtum* を行うこと」(5行）や「*tēbibtum* を行う人々（？）」(18行）等の語が見える。

ARM I 129（ヤスマハ・アッドゥ宛の兄イシュメ・ダガンの手紙）

(19) *ṣa-bu-um* [*i-t*]*u-ra-am* (20) *ù a-na-ku ma*(!)*-tam* (21) *a-na ka-li-*[*š*]*a ú-ub-ba-ab* (22) *ù te-*[*b*]*i-ib-tum šu-ú* (23) *sú-un-nu-uq*[76] *dam-qí-iš* (24) [*g*]*i-iz-za-tum*[77] *la-aq-ta-at* (25) *ù a-nu-um-m*[*a* L]Ú.MEŠ (26) *mu-ub-bi-bi* LUGAL *a-na ṣe-ri-ka* (27) *i-ṭà-ar-ra-*[*d*]*am* (28) *ù at-ta qa-tam-*[*m*]*a* (29) *ma-at-ka tu-ub-ba-ab*

(19) 兵士達が戻ってきた。(20–21) それで私は全土に対して *tēbibtum* を行うつもりである。(22) この *tēbibtum* は (23) 厳密に行われる。(24) 羊毛も徴収される。(25–27) さて，王は *tēbibtum* を行う役人達をお前の許に送られるだろう。(28) お前もすぐに (29) お前の国の *tēbibtum* を行うべきである。

ARM II 1（ヤスマハ・アッドゥ宛のシャムシ・アダドの手紙）

(10) *ša-ni-tam i-na Ḫa-na* MEŠ *ša tu-ub-ba-bu* (11) 4 ME *ṣa-ba-am dam-qa-am a-na* KÁ *é-kál-li-ya* (12) *a-na ú-zu-zi-im ṣa-ba-at* (13) *i-na li-ib-bi ṣa-bi-im ša-a-ti* (14) 2 ME *ṣa-bu-um* 1 KUD (15) *ú-lu* DUMU.MEŠ LÚ.MEŠ *dam-*[*qú-tim*] (16) *ù* 2 ME *ṣa-bu-um* 1 KUD (17) *lu-ú* LÚ.MEŠ *eṭ-lu*(!)*-tim la-ap-nu-tum* (18) [*n*]*a*(?)*-aq-du-ú* LÚ.MEŠ *eṭ-li*(!)*-tim* (19) *la-ap-nu-tim a-na-ku* (20) *i-na é-kál-lim dam-qí-iš a-pa-qí-id* (21) *ù* DUMU.MEŠ LÚ.MEŠ *dam-qú-tim* (22) *i-na* É.ḪÁ *a-bi-šu-un-ma* (23) *uš-ta-al-la-mu*[78] (24) *ù Ḫa-na* MEŠ *ar-ḫi-iš* (25) *ub-bi-ib it-ti Ya-ri-im-*^{d}IM (26) *ši-ta-al-ma ú-ul-ú i-na Ga-aš-ši-im*^{ki} (27) *ú-lu-ma i-na Šu-úr-im*^{ki}[79] *a-šar mu-ú* (28) *i-ba-aš-šu-ú*

76）　ARM I 6:41 では *tēbibtaka lu sunnuqat* とあり *tēbibtum* は女性名詞扱いされているが，ここでは男性名詞扱いされている。ここでは CAD E, p. 6b および CAD S, p. 142b を参考にして訳しているが，Durand はここの構文に問題があるとしている（Durand 1984, 142)。

77）　この復元は CAD E, p. 6b によるが，Durand はこれを疑問視している（Durand 1984, 142)。

78）　この箇所の訳については，AHw, p. 1145b, CAD 1/1, p. 74a を参照した。

li-ip-ḫu-ur (29) *ṣa-bu-um ša a-aḫ* ÍD.BURANUN (30) [*i-na Sa-g*] *a-ra-tim*^{ki} *li-ip-ḫu-ur* (31) KASKAL *a-na re-eš* ITI *ù ki-ma ša aš-pu-ra-kum* (32) *at-ta it-ti-ya ta-al-la-ak* (33) *e-nu-ut-ka lu na-še-ta ṭe*$_4$*-em-ka lu ṣa-bi-it*

(10) 話変わって，お前が *tēbibtum* を行うハナ人の中から (11-12) 私の王宮の門に配備させるために良い兵士400人を確保しろ。(13) これらの兵士達のうち，(14-15) 200人の兵士，すなわち一個中隊[80]を裕福な人々[81]の子弟とするように。(16) そして200人の兵士，すなわちもう一個中隊は (17-19) 困っている[82]貧乏な人々とするように。(20) 私は王宮で良い仕事に配備するつもりだ。(21) 裕福な人々の子弟は (22) 彼らの実家から (23) 仕送りをしてもらう。(24) 至急ハナ人の *tēbibtum* を行え。ヤリム・アッドゥと相談して，ガッシュムであれシュルム (25-28) であれ，水のあるところに集合させよ。(29) ユーフラテス河岸[83]の兵士達は (30) [サガ] ラートゥムに集合するように。(31) 遠征は，お前に書き送ったように月末だ。(32) お前は私と一緒に行く事になる。(33) お前の荷物はお前が運べ。お前の計画が実行されるように。

ARM II 18（ヤスマハ・アッドゥ宛のイシュメ・ダガンの手紙）

(4) *ša-al-ma-ku ma-at É-kál-la-tim*^{ki} (5) *ù ma-at Ya-aḫ-ru-ra*^{ki} (6) *ú-te-eb-bi-ib* (7)

---

79)　この地名の読み方とその場所については，Durand 1987b, 231 を参照。

80)　中隊と訳した語は KUD と書かれている。この史料からもわかるように，1 KUD は 100-200人からなり，GAL.KUD（中隊長）がこれを率いた。GAL.KUD の下には，数人の小隊長 NU.BÀNDA（= *laputtum*）がおり，それぞれ50人前後の小隊を率いた。Sasson, J. M. 1969, 15-16; Landsberger, B. 1955, 122; Salonen, E. 1968, 160-162 等を参照。

81)　ヤスマハ・アッドゥの王宮では，王とともに食事をする人々（軍事要員が多い）の中に，「裕福な人々（DUMU.MEŠ LÚ.MEŠ *damqūtum*）」が含まれていた。(Lafont, B. 1985, p. 162 を参照)。

82)　CAD E, p. 408b は［*n*］*a-aq-du-u* を *nāqidum* 牧羊者の複数形ととるが，これは無理。AHw, p. 743a や CAD L, pp. 94-95 と共に *naqdum*（困窮している）の複数形ととるのが正しい。なお，貧乏人（LÚ.MEŠ *la-ap-nu-tum*）と金持ち（LÚ.MEŠ *šarūtum*）の対比は ARM I 7:6-15 でも見られる。

83)　注33を見よ。

ma-a-at Ra-za-ma-a[ki] *Ya-mu-ut-ba-lim*（8）*i-na ub-bu-bi-ya*（9）*su-ga-gu ki-a-am iq-bu-nim um-ma-ma-m*[*i*]（10）LÚ *na-si-ḫu ša a-na Ma-*[*r*]*i*[ki]（11）*na-ás-ḫu iḫ-ta-li-iq*（12）*a-ḫ*[*a*]*-šu an-na-nu-um*（13）*a-na pu-ḫa-ti-šu a-na* [*M*]*a-ri*(k[i])[　]（14）*an-ni-tam* [*i*]*q-bu-nim*

（4）私は無事である。エカラートゥムの地と（5）ヤフルルの地に対して（6）私は *tēbibtum* を行った。（7）ラザマとヤムトバルの地に（8）私が *tēbibtum* を行ったとき，（9）スガーグム役人達が次のように私に言った。（10–11）「マリに強制移住させられた者（*nasīhum*）（単数）[84] が逃亡した。（12–13）（そこで）彼の代わりとしてここからマリに彼の兄弟を……した。」（14）彼らはこのように言った。

ARM II 130（ジムリ・リム宛のヤッシ・ダガンの手紙）

（33）[*t*]*e-bi-ib-tam i-na a-aḫ* ÍD.BURANUN *eš-me*（34）[*be*]*-lí dan-na-tim li-iš-ku-un*（35）[*ṣ*]*a-ba-am i-na qa-ti-šu*（36）*be-lí li-iṣ-ba-at-ma*（37）*ša i-na* u_4*-um di-ši-im*（38）*ma-a-at I-da-ma-ra-az ka-la-š*[*a*]（39）*a-na i-di-šu tu-úr-ri-im*（40）*be-lí li-p*[*u*]*-uš*

（33）私はユーフラテス河岸における *tēbibtum* について聞きました。（34）どうかわが主は厳命してくださるように。（35）兵士達をどうかご自分の手で（36）掌握されますように。（37）春には（38）イダマラズの地全体が（39）わが主の側に復帰するように（40）してください。

ARM III 19（ジムリ・リム宛のキブリ・ダガンの手紙）

（5）*aš-šum ṣa-bi-im ša ḫa-al-ṣí-*[*ya*]（6）*pa-qa-di-im be-lí ki-a-am iš-pu-ra-am*（7）*um-ma-a-mi ṣa-ba-am pí-qí-id-ma*（8）*ù tup-pa-am ša ṣa-bi-im ša-a-tu šu-bi-la*[*m*]*-ma*（9）

84）*nasīhum* は文字通りには，「強制的に移住させられた者」の意。これに対応するシュメール語はレキシカル・テキストによると LÚ.É.TA.SAR.RA（MSL 12, p. 229, IV 19'）/ LÚ.URU.TA.SAR.RA（Antagal D 241）で，「家／町から強制的に連れ去られた者」を意味する。実際の用例はほとんどマリ文書に限られ，逃亡者等として言及されている。

]*u-uš-me-šu an-ni-tam be-lí iš-pu-ra-am* (10) *i-na-an-na i-na Zu-ru-ub-ba-an*^{ki} (11) *Ḫi-ša-am-ta*^{ki} *Ḫi-ma-ra-an*^{ki} (12) *ù Ḫa-an-na*^{ki} (13) LÚ.MEŠ *eb-bi a-li-ša-am* (14) *al-pu-ut-ma* (15) *ni-iš* ^{d}*Da-gan* (16) ^{d}*I-túr-me-er ù be-lí-ya* (17) *ú-ta-am-mi-šu-nu-t*[*i-ma*] (18) *ṣa-ba-am ú-ša-áš-ṭe*$_{4}$*-ru-*[*nim* x x x] (19) *a-nu-um-ma tup-pa-tim š*[*i-na-ti*] (20) *a-ḫu-né-e-iš ú-ša-aṭ-ṭe*$_{4}$*-ra-am-ma* (21) *a-na ṣe-er be-lí-ya uš-ta-bi-lam* (22) *tup-pa-tim ši-na-ti be-lí li-iš-me* (23) *ṣa-bu-um ša pu-ḫa-tu-šu-nu* (24) *a-na* KÁ.DINGIR. RA^{ki} *il-li-ku* (25) *ù šu-nu wa-aš-bu a-na ra-ma-nim-ma* (26) *ša-a*[*ṭ-r*]*u*[85] *ṣa-bu-um ša a-na gi-ir-ri-im* (27) *la* [*ṣ*]*a-ab-tu lu-ú* [LÚ(?)] *sa-li-ḫu* (28) *lu-ú* DUMU.MEŠ LÚ *a-na ra-ma-nim-*[*ma ša-aṭ-ru*] (29) ù [LÚ.]MEŠ *ši-bu-tum š*[*a* x] (30) *a-la-*[*ka*]*m la i-le-*[*ú*] (31) *a-na ra-ma-nim-ma ša-a*[*ṭ-ru*] (32) [*tup-pa-t*]*im ši-na-ti be-lí l*[*i-iš-me*]

(5-6) [私の] 地区の兵士達を召集する (*paqādum*) ことに関して，わが主は次のように書いて寄越されました。(7) すなわち,「兵士達を召集しなさい (*ṣābam piqid*)。(8-9) そしてそれらの兵士達の台帳を私が聞けるように送って寄越しなさい。」わが主はこのように書いて寄越されました。(10-14) さて，私はズルッバン，ヒシャムタ，ヒマランおよびハンナで町毎に調査官 (LÚ.MEŠ *ebbū*) を任命し，(15-17) 彼らを神ダガン，神イトゥール・メールおよびわが主にかけて誓約させました。(18) 彼らは兵士達を (台帳) 記載して [くれ] ました。(19-20) さて，私はこ [れらの] 台帳を (次にように) 別々に[86] 作らせ，(21) わが主の許に送らせます。(22) わが主よ，どうかこれらの台帳をお聞きくださいますように。(23-24) 交代部隊がバビロンに行っていて (25-28) 残留している兵士達 (*ṣābum*) は，別個に記載されています。遠征に召集されていない兵士達は，水遣り人 (？) (*sāliḫum*)[87] であれ自由人 (DUMU.MEŠ LÚ) であ

85) 26, 28, 31 の各行の *ša-aṭ-ru* については，von Soden 1952, 84 に従った。

86) *aḫūneš* については，von Soden 1952, 84 は “dorthin” と訳すが，ここでは Speiser, E.A. 1967, 176, n. 10 および CAD A/1, p. 216a に従って,「別々に」と訳す。

87) Speiser は *gugallu* (運河管理の役人) と同じとするが (Speiser, E.A. 1967, 176, n. 10)，*salāḫum* に灌漑するするといった意味があるかどうか疑問。CAD S, p. 99a は職名とするが何の職名か特定していない。AHw, p. 1015b は “Bespenger” すなわち菜園

れ，別個に［記載されています。］(29-30) 遠征に行くことができない老人達も (31) 別個に［記載］されています。(32) どうかわが主よ，これらの［台帳］をお聞きくださいますように[88]。

ARM III 20（ジムリ・リム宛のキブリ・ダガンの手紙）

(5) [*aš-š*]*um ṣa-bi-im*[*š*]*a*[*i*]*-na a-la-ni aš-ṭú-*[*ru*] (6) *b*[*e-l*]*í ki-a-*[*a*]*m iš-*[*pu-ra-a*]*m um-ma-a-mi* (7) *ni-id a-ḫi-*[*i*]*m t*[*a*]*-ar-ši-ma* (8) *ù ṣa-ba-am* [*m*]*a*(?) [x x x x x x x] (9) *ú-ul ta-aṣ-ba-at* (10) *mi-im-m*[*a*] *ni-i*[*d*] *a-ḫi-im ú-ul ar-*[*ši*] (11) *i-nu-m* [*a ṣa-ba-a*]*m* [*š*]*a-a-tu aš-ṭú-r*[*u*] (12) 3 ÁM LÚ.MEŠ *eb-*[*b*]*i* (13) *i-na a-la-*[*ni*] *uš-zi-iz* (14) *ù da*[*n*]*-na-tim aš-ku-un-ma* (15) [x x　*ḫa*(?)]*-am-m*[*i*　x]*-šu* (16) [x] *qa-du-um* [x(?) DU]MU.M[EŠ　] (17) *ú-*[*š*]*a-aš-ṭe*$_4$*-ru-ni-in-*[*ni*　] (18) *i-na Zu-ru-ub-ba-an*^{ki} [*Ḫi-ša-am-ta*^{k}]^{i} (19) *Ḫi-ma-r*[*a-an*]^{k}[^{i} *ú Ḫa-an-na*^{ki}] (20) [x x x　*ṣa-ba-a*]*m*(?) [*š*]*a-a-tu* (21) [x x　x x x] (22) *ú*(?)-[x　　] (23) *ù d*[*a-*　　] (24) *ab-*[x　　] (25) [x　　　]*-ya* (26) [x　　　] (27) *A-mi-ya-a*[*n*　(?)^{k}]^{i} [x x] (28) *Du-um-ta-an*^{ki} (29) *ù Da-mi-qa-an*^{ki} (30) *ú-ul il-li-*[*ku*]*-nim* (31) *ù ṣa-ba-šu-*[*nu ú-ul i*]*š-*[*ṭ*]*ú-r*[*u*]*-nim*

(5) 町々で私が記録した兵士達に［関］して，(6) わが［主］は次のように［書いてこられ］ました。すなわち，(7)「［お前］は怠惰であった。(8) そして……兵士達を (9) まだ召集していない」と。(10) 私は決して怠惰では［あり］ませんでした。(11) これらの［兵士達］を記録した時，(12-13) 私は町々で各3名の調［査］官を立て，(14) 厳しく命じました。(15-16 行は破損のため文意不明) (17) 私は記録させました。(18-19) ズルッバン，［ヒシャムタ］，ヒマ［ラン］［およびハンナ］で (20) これらの兵士達を……(21-26 行は破損のため訳不能) (27) アミヤ［ン（？)][89]，(28) ドゥムタン (29) およびダミカン

等に水をやる人ととるが，これが一番妥当な解釈と思われる。

88)　Soubeyran, D. は，この手紙および次の2つの手紙（ARM III 20 と 21）をジムリ・リム治世11年（または12年の初め）のバビロンへの援軍派遣と結びつける（Soubeyran, D 1984, 362-363)。

89)　地名 Amiya[n] については，Soubeyran, D 1984, 363, n. 75 を参照。

（の人々）は（30）来ませんでしたので，（31）彼らの兵士達は記載されませんでした。

ARM III 21（ジムリ・リム宛のキブリ・ダガンの手紙）

(5) *aš-šum ṣa-bi-im ša a-l[a]-ni ša* DUMU.MEŠ *ya-mi-na* (6) *ub-bu-bi-im* (7) LÚ.MEŠ *su-ga-gu-šu-nu* (8) [*i*]*l-li-ku-nim* (9) LÚ.MEŠ *eb-bi-šu-nu* (10) *aš-ku-un-ma* (11) *ṣa-ba-am iš-ṭú-ru-*[*nim*]*-ma* (12) *a-nu-um-ma tup-pa-am ša ṣa-bi-šu-nu* (13) *a-li-ša-am aš-ṭú-ra-am-ma* (14) *a-na ṣe-er be-lí-ya* (15) [*u*]*š-ta-bi-lam* (16) [*be*]*-lí tup-pa-am ša-a-tu* (17) [*l*]*i-iš-me*

(5-6) ヤミン人の町々の兵士達の *tēbibtum* を行う件で，(7) 彼らのスガーグム役人達が (8) やってきましたので，(9) 私は彼らの調査官を (10) 任命しました。(11) 彼らは兵士達を（台帳に）記載して［くれま］した。(12-13) そして，私が彼ら（＝ヤミン人）の兵士達の台帳を町毎に作成（記載）し，(14) わが主の許に (15) 送らせます。(16) どうか我が［主］よ，その文書を (17) お聞きください。

ARM III 37（ジムリ・リム宛のキブリ・ダガンの手紙）

(5) ^{d}*Da-gan ù* ^{d}*Ik-ru-ub-Il ša-al-mu* (6) *a-lum Ter-qa*^{ki} *ù ḫa-al-ṣú-um š*[*a*]*-li*[*m*] (7) *ša-ni-tam aš-šum ṣa-bi-im ša* LUGAL.MEŠ *Šu-ba-ri-i* (8) *ul-li-me-tam tup-pí* LÚ *ù šum-šu* (9) *iš-tu* IGI *be-lí-ya* (10) *ik-šu-dam-ma* LÚ *ù šu*[*m*]*-šu* (11) *a-na pí-i tup-pí-im ša-a-*[*tu*] (12) *ú-še-ti-iq* (13) *ù be-lí ki-a-am iš-pu-*[*ra-am*] (14) *um-ma-a-mi* 1 LÚ *wa-at-*[*ra-am*] (15) *la tu-wa-aš-ša-a*[*r*] (16) *i-na-an-na u*$_4$*-um tup-pí an-ni-*[*e-em*] (17) *a-na ṣe-er be-lí-ya ú-ša-bi-*[*lam*] (18) 10 LÚ.MEŠ *Šu-ba-ru-ú a-na Ter-qa*^{ki} (19) *ik-šu-du-nim ù a-ša-al-*[*š*]*u-nu-ti-ma* (20) *ki-a-am i-pu-lu-ni-in-ne* (21) *um-ma-a-mi ša Li-mi-*^{d}IM *ni-nu* (22) *an-ni-tam iq-bu-nim-ma* (23) *a-bu-ul-la-tim uš-te-di-šu-nu-ti* (24) *ù Ḫa-ab-du-Ma-lik* LÚ Ú (25) *ki-a-am iq-bi-e-em um-ma-a-mi* (26) *a-na* LUGAL *šu-pu-ur-ma* (27) *pu-ru-us-sà-am* (28) *ša* LÚ.MEŠ *šu-nu-ti li-il-qú-ni-kum* (29) *i-na-an-na a-nu-um-ma aš-šum ṭe*$_4$*-em* LÚ.MEŠ *š*[*u-nu-ti*] (30) *a-na be-lí-ya aš-ta-ap-ra-am* (31)

ma-li ša be-lí i-ša-ap-pa-pa-ra-am l[*u*]*-pu-úš*

⑸ ダガン神とイクルブ・イル神は平穏です。⑹ テルカと（その）地区は平［穏です］。⑺ 話変わって，シュバル人の「王達」の兵士達に関して，⑻ 以前，人名台帳が ⑼ わが主のもとから（10-12）来ており，私はその台帳に従って一人一人（？）通過させました。⒀ ところが，わが主は次のように書いて［寄越されました。］⒁ すなわち，「余［計」な人は一人たりとも ⒂ 通過させるな！」と。(16-17) さて，この手紙をわが主のもとに送らせる今日，⒅ 10人のシュバル人がテルカに ⒆ やって来ましたので，私は彼らに訊問しましたところ，⒇ 彼らは次のように答えました。㉑ すなわち，「われわれはリミ・アッドゥの家来です」と。㉒ 彼らはこのように私に言いました。㉓ 私は彼らを市門内に監禁しました。㉔ ……職のハブドゥ・マリクは ㉕ 次のように言いました。すなわち，㉖「王に書き送り，(27-28) これらの人々についての決済をしてもらうべきだ」と。㉙ さて，［これらの］人々の件に関して ㉚ わが主に書き送ります。㉛ わが主が書いてこられる事は何でもいたします[90)]。

ARM IV 7+M.5737[91)]（ヤスマハ・アッドゥ宛のシャムシ・アダドの手紙）

(4) *an-ni-ke-em a-*[*n*]*a ub-bu-ub ma-*[*t*]*im* (5) *ka-*[*l*]*i-ša qa-tum ša-ak-na-*[*a*]*t* (6) [*ul-l*]*i-ke-em a-ḫu-ka ú-ub-*[*b*]*a-ab* (7) *ù* [*a*]*n-na-nu-um a-na-ku ú-ub-ba-ab* (8) *ù at-t*[*a*] *a-na te-bi-ib-tim* (9) *a-a*[*ḫ*]*-k*[*a*] *la ta-na-ad-di* (10) [*a-na š*]*a-ap-li-it na-wi-im al-kam* (11) [I]*La-i-im ù sú-ga-gi ša a-aḫ* ÍD.BURANUN.NA (12) *it-ti-ka li-il-li-ku-nim* (13) *i-na li-ib-bi na-wi-* {IM} *-im* (14) 1 *li-im ṣa-bu-um ša a-aḫ* ÍD.BURANUN.NA (15) *s*[*à*]*-ar-ra-ru-um i-ba-aš-ši* (16) [*a-na l*]*i-ib-bi na-wi-im* (17) [*qa-a*]*t-*[*k*]*a šu-*

---

90)　この手紙はシュバル人の王達の兵士に関するもので，マリの *tēbibtum* に直接関わるものかどうか疑問であるが，「人名台帳」（*duppi* LÚ u *šumšu*）（8行）に言及されているため参考までにここに含めておいた。

91)　ARM IV 7の粘土板の下半分（M.5737）がCharpinによって発見されたおかげで，この手紙はほとんど完全に読むことができるようになった。DurandはARM IV 7＋M.5737に新しい翻字と訳をつけて紹介している（Durand 1987d, 196–198）。

ku-un- {MA} *-m*[*a*] (18) [ˡ*La*]*-ú-um ù su-ga-gu* (19) [*ša a-aḫ*] ÍD.BURANUN. {NA} .NA (20) [*na-we-em k*]*a-la-ša li-ba-'u*$_5$*-ú* (21) *ù su-ga-gi ša na-wi-im* (22) *ni-iš* DINGIR *šu-úz-ki-ir* (23) *sà-ar-ra-ri šu-nu-ti* (24) *i-na pa-ni-ka a-na a-aḫ* ÍD.BURANUN.NA (25) *sí-ni-iq-ma a-na ú-ub-bu-bi-im* (26) *qa-at-ka šu-ku-un* (27) *i-*[*na*] *li-ib-bi* [*na-wi*]*-im* (28) *a-*[*wa-tu*]*m ma-da-*[*tum*] x-x-x-x (29) *a-nu-*[*u*]*m-ma Ma-ša-am ṭe*$_4$*-ma-am* (30) *ga-am-ra-am ú-ta-e-ra-ak-kum* (31) *a-na ṭe*$_4$*-mi-šu qú-ul*

(4-5) こちらでは全土の *tēbibtum* を行う事に着手された。(6) かの地ではお前の兄が *tēbibtum* を行うだろう。(7) これから私は *tēbibtum* を行うが，(8) お前も *tēbibtum* を（行う事に）(9) 怠ってはならない。(10) 下の放牧地に来なさい。(11) ラウムとユーフラテス河岸のスガーグム役人達[92] も (12) お前と一緒に来るように。(13) 放牧地の奥には (14-15) ユーフラテス河岸の 1,000 人の反抗的な[93] 兵士達がいる。(16) 放牧地の［奥］に (17)［お］前の［手］を付けなさい。(18-19)［ラ］ウムとユーフラテス河岸のスガーグム達は (20)［放牧地］全体を探しなさい。(21) そして，放牧地のスガーグム達に (22) 誓約させなさい。(23) これらの反抗的な者どもを (24-26) お前の前でユーフラテス河岸に移し，*tēbibtum* を行う事に着手しなさい[94]。(27)［放牧］地の奥で (28)［多］くの［こ］とが……(29-30) さて，私はお前のためにマシュムに完全な指示を与えておいた。(31) 彼の指示に従うように[95]。

ARM IV 57（イシュメ・ダガン宛のヤスマハ・アッドゥの手紙）

92) *Laum u sugāgū* と主格がくるべきだのに，*Laim u sugāgī* と属格が来ているのは，Durand 1987d, 198 が指摘するように，書記の間違いであろう。

93) *sarrarum*（臣従の誓いをしようとしない者）については，Durand 1987d, 198 に従う。

94) 25 行目の *sanāqum* については，CAD Ṣ, p. 141a（*sanāqum* 8）に従って訳したが，Durand も指摘するように構文上の問題があるかもしれない。Durand は，“Quant à ces gens qui n' ont pas prêté le serment d' obédience, c' est en ta présence,（une fois rendu）aux bras de l' Euphrate, que tu les passeras en revue et entreprendras le recensement.”（Durand 1987d, 198）と訳している。

95) この手紙は，内容的に見て ARM I 64 に関連する。

(8) [*ma*]*-tam a-na-ku ú-ub-bi-ib* (9) [*Ḫa-n*]*a* MEŠ *ù ma-a-tum* (10) *ú-ta-ab-bi-ib* (11) *li-ib-bi ma-a-tim* (12) *ut-ti-*[*i*]*ḫ* (13) *ani-ni-tam* [*lu-ú ti-d*]*e*

(8) 私は［国土］の *tēbibtum* を行いました。(9)［ハナ］人と国土の (10) *tēbibtum* は完了しました。(11-12) 国土の住民は心を安んじました。(13) どうかこの事を［ご承知おき下さい。］

ARM IV 83（ヤスマハ・アッドゥ宛のイシュメ・ダガンの手紙）

(5) *aš-šum te-bi-ib-t*[*im*] (6) *ša ḫal-ṣí-ka ta-aš-p*[*u-ra-am*] (7) *a-na te-bi-ib-tim-*[*ma*] (8) [LUG]AL *dan-na-tim ta*(?)-[　　] (9) [LUG]AL *ma-di-iš* [*u*]*z-*[　　] (10) [x x] *ak* x x [　　]（以下破損） (1') *a-na ub-b*[*u-bi-im*] (2') *qa-at-*[*ka šu-ku-un-ma*] (3') *ub-bi-*[*ib*]

(5) お前の地区［の］*tēbibtum* に関してお前は書いて［寄越した。］(7-8) *tēbibtum* に関して厳しく［　　　　］。(9)［王］は大層（表面10行以下は破損）（裏面1'）*tēbibtum* に (2')［お前は着手しなさい。］(3') *tēbibtum* を行いなさい。

ARM V 35（ヤスマハ・アッドゥ宛のハシダーヌム[96] の手紙）

(5) *aš-šum ú-bu-ub* LÚ.MEŠ *na-si-ḫi* (6) *be-lí iš-pu-ra-am* (7) *ú-bi-ib-šu-nu-ti-ma* (8) *a-nu-*[*u*]*m-ma tup-pí-i* BA.TIL *ù* BA.ḪA (9) *ša* [LÚ] *ù šum-šu a-na ṣe-er be-lí-ya* (10) *uš-ta-bi-lam* (11) *ù tup-pí a-li-ki-im I-da-su-um* (12) *uš-ta-bi-* {*la-*} *lam* (13) LÚ.MEŠ BA.ḪA *ka-lu-šu* (14) *i-na ḫa-la-aṣ* ᵈ*Sin-ti-ri-ma* (15) *wa-aš-bu-ú* (16) *be-lí a-na ṣe-er* LUGAL (17) *li-iš-pu-*[*u*]*r-ma* (18) [LÚ.]MEŠ *šu-nu-ti* (19) *li-ṣa-ab-bi-tu* (20) *ma-ti-ma* 1 LÚ *i-na li-bi ma-a-tim* (21) *ma-aḫ-ri-ya* (22) *wa-aš-bu-ú-ma* (23) *a-na-ku a-ka-al-la*

(5) 強制移住者達[97] の *tēbibtum* を行う事に関して (6) わが主は書いて来てこられました。(7) 私は彼らの *tēbibtum* を行いました。(8) さて，死亡者と逃亡者の人名台帳（複数）はわが主の許に (10) 送らせます。(11) 使者イダスムの

96)　133頁と注42を見よ。

97)　注84を見よ。

手紙も送らせます。(13) 逃亡者は全員 (14) シン・ティリ[98] の地区に (15) います。(16-17) どうかわが主は，その王に手紙を書き，(そこの住民が？) それらの［人］々を捕らえるようにしてください。(20-22) 人が一人奥地（？）までやってきて私のところに留まるような場合，(23) 私なら（彼らを）拘留しておくでしょう[99]。

ARM V 45（ヤスマハ・アッドゥ宛のハシダーヌムの手紙）

(5) *be-lí aš-šum a-la-ki-ya* (6) *a-na ṣe-ri-šu* (7) *iš-pu-ra-am* (8) *a-la-kam ú-ul e-*[*le*]*-e* (9) *ḫa-la-aṣ Ḫa-li-ta*[^{k}]^{i} (10) *ú-ub-ba-ab*

(5-6) わが主は私が主の許に参上する件に関して (7) 書いてこられました。(8) 私は参上することができません。(9) ハリタ地区[100] は (10) 私が *tēbibtum* を行いましょう。

ARM V 51（ヤスマハ・アッドゥ宛のイシャル・リム[101] の手紙）

(5) *aš-šum* LÚ.MEŠ *Ḫa-na-*[*i*] (6) *ša i-na ḫa-la-aṣ I-da-ma-ra-az*^{ki} (7) *e-li-i-im wa-aš-bu* (8) *a-na* LUGAL *ta-aš-pu-ra-am* (9) *i-na-an-na a-nu-um-ma* (10) *tup-pí* LÚ *ù šum-šu* (11) *ša Ḫa-ni-i-im* (12) *ša i-na ḫa-la-aṣ Na-ḫu-ur*^{ki} (13) *Ta-al-ḫa-yi-i-im*^{ki} (14) *Ki-ir-da-ḫa-at*^{ki} (15) *ù Aš-na-ak-ki-im*^{ki} (16) *wa-aš-bu ša ḫa-a*[*l-ṣ*]*i-im ša ú-*[*u*]*b-bi-*[*bu*][102] (17) *u-ša-ṭe*$_4$*-r*[*a-am-ma*] (18) *a-na ṣe-er* [*be-lí-ya*] (19) *ú-ša-b*[*i-lam*]

(5-7) 上《かみ》イダマラズ地区にいるハナ人に関して (8) あなたは王に書いてこられました。(9) さて，(10-16) ナフル，タルハユム，キルダハトおよびアシュナックム[103] の諸地区にいるハナ人すなわち私が *tēbibtum* を行った地区の人々の

98) シン・ティリは一時シュバト・シャマシュの知事であったと言われている。Anbar, M. 1973, 21; Birot, M. 1979, 184 などを参照。

99) 20-23 行の訳については，CAD M/1, p. 406b を参照。

100) Sinjar 山地方の地区と考えられている。Kupper 1979, 13 を参照。

101) イシャル・リムについては第 V 節で触れた。

102) Duand, M.A.R.I. 5, 1987, p. 194 に従う。

103) これらの都市はいずれもイダマラズにある（Kupper 1979, 1-42 の関連個所を参

人名台帳……を（17）私は作［成］しましたので，（18）［わが主の］許に（19）送らせ［ます］。

ARM V 65（ヤスマハ・アッドゥ宛のアスクドゥムの手紙）

（15）*i-na te-bi-ib-ti*（16）ITI *an-ni-im it-it-šu*（17）*a-na Sa-ga-ra-tim*^{ki} *a-tu-ra-ma*（18）*te-re-tim a-na šu-lum a-lim*^{ki}（19）*Sa-ga-ra-tim*^{ki} *a-na* ITI 6 KAM（20）*e-pu-úš-ma te-re-tum*（21）*ša-al-ma*

（15–16）今月の *tēbibtum* の折[104]に，彼[105]とともに（17）サガラートゥムに帰ってきました。そして（18–20）サガラートゥムの町の向こう6ヶ月間の安全に関して内臓占い[106]を行いました。占い結果は（21）吉でした……。

ARM X 82（ジムリ・リム宛のイニブシナの手紙）

（3）*ki-ma na-aš-pa-ar-ti*（4）*ša ta-aš-pu-ra-am*（5）É *tup-pa-tim ša i-na ku-nu-u*[*k*]*-ki-ka*（6）*ka-an-ku ep-te-ma*（7）^{I}*Mu-ka-an-ni-šum*（8）*ù Ta-ba-at-šar-ru-sú*（9）*i-zi-zu-ma*（10）^{I}*Ig-mi-lum* G[I.PISAN].ḪI.A（11）*a-na mu-du-ti-šu-nu*（12）[*ú-k*]*a-al-li-im-*[*š*]*u-nu-ti-ma*（13）[GI.PISAN].ḪI.A（14）[*š*]*a na-ap-ḫa-ra-at*（15）*te-bi-ib-tim*（16）*i-na qa-ta ra-ma-ni-šu-nu*（17）*ú-še-ṣú-nim-ma*（18）*ku-nu-uk-ki* <*šu*?>*-bu-lu-tim-ma*（19）*a-na ṣe-ri-ka*（20）*ú-ša-bi-lam* ...

照）。イダマラズは「イダマラズの国」（*māt Idamaraṣ*）として言及される事があり（ARM II, 21:21; 130:7, [14], 38），ナフル以下の地区名はイダマラズの国の中にある地区と理解することができる。なお，イダマラズについては，*RlA* の Idamaraz の項を参照。

104）Durand は内臓占いとの関連で *tēbibtum* や *ubbubum* が出てくる場合がある事に注目して，このような *tēbibtum* や *ubbubum* が毎月末に行われる定期の内臓占いにおいて何らかの理由で「吉」の占い結果が得られない時に行われる「浄め」の儀礼に関係するのではないかと考える。そして ARM V 65 はその一例であるとする。Duand, ARM XXVI, 1988, pp. 35–36 を参照。Durand の説明は，このテキストとの関連では示唆的であるが，なお検討を要する。

105）彼とは，7行に出てくるタリーム・シャキンのことか。

106）内臓占いについては，本論集第10章を参照。

(3-4) あなた様が送ってこられたお手紙に従って，(5-6) 私はあなた様の印によって封印された文書庫（*bīt tuppātim*）を開けました。(7) ムカンニシュム[107)] (8) とタバト・シャルッスが立ち会いました。(9-12) イグミルムはそれら（粘土板文書が入った「かご」）に通じている者達に「かご」[108)]（複数）を指し示しました。(13-17) 彼らは *tēbibtum* のすべてが入った［「かご」］を彼ら（ムカンニシュムとタバト・シャルッス）自身の手で持ち出しました。(18-20) 私は……[109)] の印をあなた様にお持たせします[110)]。

ARM XIII 14（ジムリ・リム宛のムカンニシュムの手紙）

(4) [*aš-šu*]*m tup-pa-at bé-eh-ri-im* (5) [*š*]*a* LÚ *we-de-ni ù* GÍR.SIG$_5$.GA.MEŠ (6) [*š*]*a ḫa-al-ṣí-im ša i-na ku-nu-uk* (7) [I]*Sa-am-me-e-tar ka-an-ku* (8) *be-*[*l*]*í iš-pu-ra-am* (9) *ki-ma na-aš-pa-ar-ti be-lí-ya* (10) [I.S.]*I-ni-ib-šu-nu* (11) É *ku-nu-uk-ki* [*ip-te-ma*] (12) [*ù*] *tup-pa-tum ša* [x x (x)] (13) [x x] x-*ma* [I]*Ig-m*[*i*]?-x (x)] (14) [x x x *k*]*i*?-*m*[*a*] *a-n*[*a*] *p*[*í*?-] (15) [*ù*?] [G]I.PISAN.ḪI.A *ša t*[*up-p*]*a*?-[*tim*?] (16) [*ša ḫ*]*a-al-ṣí-im* [x?] (17) [*ša i-n*]*a ku-nu-uk* [I]*Sa-a*[*m-me-e-tar ka*?-*an*?-*ku*?] (18) *ú-ka-al-li-ma-né-ti-ma* (19) *a-na-ku ù Ṭà-ba-at šar-ru-sú* (20) *i-na qa-ta-a ra-ma-ni-ne* (21) *ú-še-ṣí-ši-na-ti ki-ma ša b*[*e-l*]*í* (22) *iš-pu-*[*r*]*a-am mi-im-ma* GI.PISAN.ḪI.A (23) *ú-ul ep*?-*ti* 2 GI.PISAN.ḪI.A (24) *ú-še-*[*ṣ*]*í-ma a-na ṣe-er* (25) *be-lí-ya ú-ša-bi-lam*

(4-7) その地区の有力者と近衛兵に属するエリート兵士達の台帳（複数）で，サンメータルの印で封印されたものに関［して］，(8)［わが］主が書いてこられました。(9) わが主の手紙通り (10) イニブシュヌは (11) 封印された倉庫を［開きました］。(12-14)［そして］，［(破損。ただし，この部分にはイグミルムの名前の前半部分が含まれている。)］ところの台帳と (15-18) サンメタルの印［で］

107) ムカンニシュムはマリの工房の管理に重要な役割を果たしていた。ムカンニシュムについては Rouault, O. 1977, 99ff. を参照。

108) 文字から葦製の「かご」である事がわかる。古代のメソポタミアでは，粘土板文書をこのような「かご」に入れて保管していた。

109) *ša bu-lu-tim-ma* は意味不明。

110) この手紙については，Sasson, J.M. 1972a, 63-65 を参照。

封印されたその地区の［台帳（?）］の入った「かご」（複数）を私に示してくれましたので，(19) 私とタバト・シャルッスは (20) 私たち自身の手で (21-22) それら（「かご」）持ち出しました。わが主が書いてこられた通り (23-25) 私はそれらの「かご」を開けませんでした。私は2つの「かご」を取り出し，わが主の許にお送りします[111]。

ARM XIV 61（ジムリ・リム宛のヤキム・アッドゥの手紙）

(4) *i-nu-ma be-lí iš-tu Zi-ib-na-tim*^{ki} (5) *a-na Ter-qa*^{ki} *ú-še-še-ru* (6) *a-na Sa-ga-ra-tim*^{ki} *ak-šu-*[*d*]*am-ma* (7) DUMU.MEŠ *a-lim*^{ki} *ú-sà-an-ni-iq* (8) *um-ma a-na-ku-ma* [*š*]*a i-na pa-an te-bi-ib-tim*[112] (9) *a-ḫa-šu ú-lu-ú* [D]UMU-*šu ú-za-am-mi-šu* (10) [*l*]*i-ša-áš-ṭe*$_4$*-er-*[*šu*] *ú-la-šu-ma* (11) [*a-na* MU 1 KA]M MU 2 [K]AM LÚ *šu-ú in-na-mar-ma* (12) [*i-ma-at ú-u*]*l*[113] *i-ba-lu-uṭ* (13) [　　*-šu-n*]*u-ši-im*（以下破損）

（裏面1'）[*a-na ṣe-er be-lí-ya ú-š*]*a-bi-lam* (2') [I　　　]NU.GIŠ.KIRI$_6$ (3') ^{I}[*Ì?-l*]*í?-An-nu* NU.GIŠ.KIRI$_6$ (4') ^{I}[Ì]R?-^{d}UTU DAM.GAR ^{I}ÌR-*Ku-bi* DAM.GAR (5') [^{I}] *Qí-iš-ti-*^{d}*Ma-am-ma* LÚ.DIDLI (6') ^{I}*Ya-ḫi-ya* LÚ.GÍR (7') ^{I}*Nu-ṣa-bu bé-eḫ-rum* (8') [^{I}*R*]*i-im-Ištar* LÚ.DI[RIG.]GA (9') ŠU.NIGIN 8 LÚ.MEŠ *te-er-di-tum* (10') *a-na tup-pa-tim be-lí li-re-ed-di-šu-nu-ti*

(4-5)　わが主がジブナトゥムからテルカに向われた時，(6) 私はサガラートゥムに着きました。(7) そして町の人々を点検しました。(8-9) 私は次のように言いました。「*tēbibtum* を忌避して自分の兄弟または子供（の登録）を差し控えた者は，(10) 彼（登録されなかった者）を登録させよ。さもなければ (11) ［1年］または2年たってその人物が発見されれば，(12) ［彼は死ななければならない。］彼は生きている事はでき［ない］。（13行の一部を除いて，表面の残りの部分は破損）（裏面1'）（……を）わが主の許に送らせました。(2')［　　　　　］，

111）この手紙についても，Sasson, J.M. 1972, 65-66 を参照。

112）Sasson は *ina pān tēbibtim* を「センサスの前に」と時間を表す副詞句であると理解しているが（Sasson 1985, 444），ここでは「……から」の意味にとっておく。

113）この箇所の復元は，Birot, M. 1974, 229 による。

ナツメヤシ栽培人，(3')［イリ］・アンヌ，ナツメヤシ栽培人，(4')［ワラド？］・シャマシュ，商人，ワラド・クビ，商人，(5')キシュティ・マンマ，同上，(6')ヤヒヤ，屠殺人，(7')ヌツァブム，エリート兵，(8')［リ］ム・イシュタル，予備役。(9')以上合計８名が追加です。(10')わが主よ，どうかこれらを台帳に追加してくださるように。

ARM XIV 62（ジムリ・リム宛のヤキム・アッドゥの手紙）

(4) *i-*[*n*]*a pa-ni-tim* ^{I}*Ka-a-li-i-lu-ma* LÚ *Bar-ḫa-an*^{ki} (5) *il-li-kam-ma ki-a-am iq-bé-e-em* (6) *um-ma-a-mi ṣa-bu-um la ša-aṭ-ru-tum* (7) *ša i-na pa-an te-bi-ib-tim iz-za-am-šu* (8) *i-na Bar-ḫa-an*^{ki} *i-ba-aš-šu-ú* (9) *an-ni-tam Ka-a-li-i-lu-ma* <*iq-bé-em*> (10) LÚ *ša-a-ti ù I-din-*^{d}*Iš-ḫa-ra* LÚ.NU.BÀNDA (11) *a-na ṣe-er be-lí-ya* (12) *aṭ-ṭà-ar-dam be-lí ú-sà-an-ni-iq-šu-nu-t*[*i*] (13) *ù ki-a-am iš-pu-ra-am* (14) *um-ma-a-mi* LÚ *az-zi-mi-šu* (15) *šu-uṭ-ṭe*$_4$*-ra-am-ma* (16) *ar-ḫi-iš a-na ṣe-ri-*[*ya tup?-pa?-ka*] (17) *šu-bi-la*[*m*] (18) *an-ni-tam be-lí iš-pu-ra-a*[*m*] (19) ^{I}*Ri-ip-i-*^{d}*Da-gan* LÚ[x x] (20) ^{I}*Be-la-lum* LÚ.D[UB.SA]R (21) ^{I}x-[x]?*-nu-um* LÚ.DIDLI (22) ^{I}*Qí-iš-ti-ì-lí* LÚ *sa-mi-iḫ*[114] (23) ^{I}*Ki-bi-ir-É-a* LÚ.DIDLI (24) ^{I}*Ya-az-ra-aḫ-El* LÚ.DAM.GAR (25) ^{I}*Ga-ḫa-šum* LÚ.DIDLI (26) ^{I}*Ya-ri-ḫa-a-bu-um* LÚ.DIDLI (27) ŠU.NIIGIN 8 LÚ.MEŠ *Bar-ḫa-an*^{ki} (28) [*t*]*e-er-di-tum ma-ḫa-ar* 10 [L]Ú.MEŠ *Ka-a-li-i-lu-ma* (29) [*ù*] LÚ.NU.BÀNDA *ú-sà-an-ni-*[*i*]*q-ma* (30) LÚ.MEŠ *an-nu-tim ú-ša-áš-ṭì-ru-ni-šum* (31) *be-lí a-na tup-pa-tim li-re-di-šu-nu-ti*

(4) 以前バルハンの人カアリ・イルマ[115]が (5) やってきて次のように言いました。(6-7) すなわち，「*tēbibtum* を忌避して[116]登録されていない人々が (8)

114）職名が，先行する人名と同格で付される場合は，absolute の形をとることがある事は既に J. Bottéro が指摘している通りである（Bottéro, J. 1957, p. 322, n.1）。

115）M. Birot が指摘しているように（Birot, M. et al. 1979, 134）カアリ・イルマはバルハンのスガーグム役人で，*tēbibtum* の現地責任者であったと思われる。

116）*iz-za-am-šu* は，Birot 1974, 229 が指摘するように。書記による書き違いであろう。Birot は *u-za-am-mu*（D）または iz-za-am-mu（N/Gt）の可能性を指摘するが，N-form も G-form も他に例がない。ここでは ARM XIV 61:9 に従い *u-za-am-mu* を想定して訳

バルハンにいます。」(9) カアリ・イルマはこのように（言ってきました)。(10) この男とラプットゥム職（小隊長）であるイッディン・イシュハラを (11) わが主の許に (12) 送りました。わが主は彼らを訊問され，(13) このように書いてこられました。(14) すなわち，「人それぞれに従って登録させなさい。(16)［お前の台帳］をすぐに［私の］許に (17) 送らせなさい」と。(18) わが主はこのように書いてこられました。(19) リピ・ダガン，［　　　　］職，(20) ベラルム，［書記]，(21)［　　　］ヌム，同上，(22) キシュティ・イリ，ワイン調合師，(23) キビル・エア，同上，(24) ヤズラハ・イル，商人，(25) ガハシュム，同上，(26) ヤリハ・アブム，同上，(27) 以上８人のバルハン人が (28) 追加であります。10人の証人の前でカアリ・イルマ (29) およびラプットゥム職が（？）点検し，(30) 彼らが彼（カアリ・イルマ？）にこれらの人々を登録させました。(31) わが主よ，どうかこれらを台帳に追加してください。

ARM XIV 63（ジムリ・リム宛のヤキム・アッドゥの手紙）

(5) [I]*Ḫa-ya-ta-an ša ba-za-ḫa-tim* (6) LÚ *Ki-ri-ya?-tim*[ki] (7) *i-na pa-an te-bi-ib-tim* (8) *a-na Qa-at-tu-na-an*[ki] (9) *it-ta-la-ak* (10) *i-na-an-na* LÚ *šu-ú* (11) *it-tu-ra-am* (12) *a-na tup-pa-tim ša ba-za-ḫa-tim* (13) *li-re-du-ú-šu*!

(6) キリヤートゥム（？）人で，(5) 駐屯地のハヤタンは (7) *tēbibtum* を忌避して (8) カットゥナヌムに (9) 行ってしまっていました。(10)（しかし）今この人物は (11) 帰ってきました。(12) どうか駐屯地の人名台帳に彼を追加してください。

ARM XIV 64（ジムリ・リム宛のヤキム・アッドゥの手紙）

(3) *a-nu-um-ma tup-pí* LÚ *ù šum-šu* (4) *ša ú-ub-bi-bu a-na ṣe-er be-lí-ya* (5) *ú-ša-bi-lam a-na* LÚ *su-ga-gi* (6) NU.BÀNDA.MEŠ *ù* LÚ.ŠU.GI *ḫa-al-ṣí-im* (7) *pa-ni-ya ú-da-an-ni-in-ma* (8) *ni-iš* DINGIR-*lim dan-nam ú-ša-az-ki-ir-šu-nu-ti-ma* (9) [*ṣa?-ab?*

しておいた。

p]*u-ḫa-ti-šu a-na* KÁ.DINGIR.RA[ki] *id-di-nu-ma*（10）[　　*p*]*u-*[*ḫ*]*a-ti-šu*（11）[*-d*]*i-in-ma*（表面の以下の部分は破損）（裏面 1'）　[x x x x *a*]*ṣ?-ṣ*[*a-a*]*b-ba-*[*t*]*u?-š* [*u?-nu?-t*]*i?*（2'）*a-*[*n*]*a ni-iḫ-ra-ri-im ka-lu-š*[*u*]（3'）*i-il-la-ak i-na a-wa-tim*（4'）*ú-us-sí-ir-šu-nu-ti-ma*（5'）*ṣa-ba-am an-né-em iš-ṭú-ru-nim*（6'）*aš-šum be-lí a-na ub-bu-ub*（7'）*ka-ri-im I-di-ya-tam*（8'）*ú-wa-e-ru ka-ra-am*（9'）*ša ḫa-al-ṣí-ya ú-ul ú-ub-bi-ib*（10'）*aš-šum ṣa-bi-im Am*$_x$（=PI）*-na-na-i*[ki]（11'）*ša Sa-ah-ri-i*[ki]（12'）*ub-bu-bi-im a-na* LÚ *su-ga-gi-*[*š*]*u-*[*n*]*u*（13'）5*-šu a*[*š-p*]*u-ur-ma ú-u*[*l il-l*]*i-ku-nim*

(3-4) さて，私が *tēbibtum* を行った（人々の）人名台帳をわが主の許に (5) 送らせます。(6-7) 私は，スガーグム役人（複数），ラプットゥム職（小隊長）（複数）および地区の長老達に対して，厳しい態度で臨み，(8) 彼らに厳しい誓約をさせました。(9) 彼らはその身代わりの兵士達をバビロンに提供していました。（表面 10 行以下は，「その身代わり」等の文字を除いて消失）（裏面 1'）……(2') すべて援軍として (3') 行く事になろう。」私はこのような言葉で (4') 彼らに圧力をかけたので，(5') 彼らはこれらの兵士達の名前を書きました。(6'-9') わが主は，イディンヤートゥムのカールムの *tēbibtum* を行うよう命じられましたので，私は自分の地区のカールムの *tēbibtum* をいたしませんでした。(10'-12') サフルーのアムナーヌム族の兵士達の *tēbibtum* を行う事に関して，彼らのスガーグム役人達に (13') 5 回も書き送りましたが，(14') 彼らは来ませんでした[117)]。

ARM XIV 65（ジムリ・リム宛のヤキム・アッドゥの手紙）

(4) *a-na Sa-ga-ra-tim*[ki] *ak-šu-u*[*d-ma*]（5）*ki-ma wu-ú-ur-tim ša be-lí ú-wa-e-*[*ra-an-ni*]（6）LÚ *su-ga-gi* MEŠ NU.BÀNDA.MEŠ *ù* LÚ.ŠU.GI.ME[Š]（7）*ḫa-al-ṣí-im ú-pa-ḫi-ir-ma a-wa-tam*（8）*ki-a-am aṣ-ba-a*[*s*]*-sú-nu-ši-im um-ma a-na-ku-ma*（9）[L]Ú.ŠU.GI.MEŠ *ša ḫa-al-ṣa-ni ip-ḫu-ru-ma*（10）*i-na mu-uš-ta-lu-ti-ku-nu aš-šum ṣa-bi-im*

117）サフルーのアムナーヌム族はヤキム・アッドゥの要求に結局応えたようだが，ARM XXIII 428，429 から，実際にバビロンに行った者よりも留まった者の方が多かったようだ。サフルーについては，Anbar, M. 1985, 21 を見よ。

(11) [*š*]*u-uš-ṭú-ri-im a-n*[*a? pa-n*]*i?-ku-nu* (12) [*ú?-ul? a*]*q?-bé-e*

(4) 私はサガラートゥムに到着して (5) わが主が［私に］お命［じ］になった指示に従って，(6-8) スガーグム役人達，ラプットゥム職達（小隊長）および私の地区の長老達を集めて，次のように命令しました。すなわち，(9)「われわれの地区の長老達は集まった。(10-12) お前達はよく考えて兵士達（の名前）を記載するよう［私は？］お前達に［言わなかったか（？)]」と。

ARM XIV 66（ジムリ・リム宛のヤキム・アッドゥの手紙）

(5) *i-na pa-ni-tim i-nu-ma te-bi-ib-tim* (6) LÚ.MEŠ *na-aš-pa-ri a-na qa-ti-ya ú-ul id-di-n*[*u*] (7) *wa-ar-ki te-bi-ib-tim i-na* MU 3? KAM (8) 3 LÚ.MEŠ *i-tu-ru-nim-ma i*[*t*]*-ti-ya* (9) *iz-zi-zu* (10) LÚ.MEŠ *šu-nu tup-pa-ti-ya* (11) [*a-na ṣ*]*e-er be-lí-ya ú-ša-la-mu* (12) *i-na-an-na i-nu-ma a-na* SIZKUR$_x$ *ša Ištar* (13) *a-na ṣe-er be-lí-ya a*[*l*]*-li-kam* (14) 1 LÚ *il-li-*[*k*]*am* (15) *ù* 2 LÚ.MEŠ *ik-ka-lu-ú* (16) *um-ma a-na-ku-ma ṣe-ḫe-er* LÚ (17) *i-na šu-ru-ub-tim* (18) *qa-at* LÚ *ša-pí-ri-šu ú-ul i-ṣa-*[*b*]*a-at* (19) *aš-pu-ur-ma ni-ši-šu-nu a-na ki-i*[*r*]*-ḫi-i*[*m*]^{ki} (20) *ú-še-ri-ib ù ki-a-am aq-bi* (21) *um-ma a-na-ku-ma ki-ma wa-ar-ki-ya* (22) *a-na Ma-ri*^{ki} *la i*[*l*]*-li-ku-nim* (23) *šum-ma a-na* LÚ *šu-ut* SAG ⟨Ì[R]⟩.MEŠ (24) *ša i-na ba-ab é-kál-lim la ip-pa-ra-ku-ú* (25) *la ú-ma-li-šu-nu-ti a-wa-tam ìš-mu-ma* (26) *a-na ba-ab é-kál-lim it-ta-al-ku-nim* (27) *um-ma šu-nu-ma la-ma a-na* LÚ *šu-ut* SAG. ⟨ÌR⟩.MEŠ (28) *ú-ma-lu-ni-ti i-na ba-ab é-kál-*[*lim*] (29) *ki-ma* LÚ.DIDLI.MEŠ *i ni-iṣ-*[*ṣa-bi-it*] (30) *ù šu-um-ni i-na* [*t*]*up!-pa-*[*t*]*im l*[*a ṣa-bi-i*]*t* (31) *i-na-an-na ṣa-bu-um* BA.TIL [*ù* BA.ḪA] (32) *i-na šu-ut* SAG. ⟨ÌR⟩.MEŠ *ša a-*[*lim?*(ki?)] (33) *ma-du-tum-ma ì-ba-aš-šu-*[*ú*] (34) *šum-ma ni-ṭe$_4$-él be-lí-ya pu-* [*uḫ*]

(5) 以前，*tēbibtum* の時 (6) 彼らは私にメッセンジャーをつけてくれませんでしたが，(7) *tēbibtum* の後3年経って，(8-9) 3人の人たちが再び私に仕えました。(10-11) 私の手紙をわが主の［許に］無事にお届けするのは，これらの人たちです。(12-13) さて，私がイシュタル女神の犠牲を捧げるためにわが主の許に行った時に，(14)（その内の）1人が行きましたが，(15) 2人は留めおかれました。(16) 私は言いました。「人の子供は，(17) 紹介される時に（？），(18) 彼の上司の手を取る事はできない」と。(19) 私は手紙を書き，彼らの家族をキルフム[118] に入らせ，次のように言いました。(20-22) すなわち，「彼らは私についてマリに来ませんでした。(23-25) 私が彼らを王宮の門で働き続ける衛兵[119] に配備しない事がありましょうか。」彼らはこの話を聞いて，(26) 王宮の門にやってきて (27-29) 次のように言いました。すなわち，「彼らがわれわれを衛兵に配備する前に王宮の門で予備役に就かせてください。(30) われわれの名前は［人］名台［帳］に［記載されていません（？）］」。(31-33) さて，死亡［あるいは逃亡した］兵士達は［町の］衛兵の中に大勢います。(34) もしお心に沿うならば，補充してください。

ARM XIV 70（ジムリ・リム宛のヤキム・アッドゥの手紙）

(2')…… *i-na tup-pí te<-bi>-ib-ti* (3')［*ḫ*］*a-al-ṣí-im ša a-na ṣe-er be-lí-ya* (4') *ú-ša-bi-lam ḫi-im-mu-um ša-ṭe*$_4$*-er* (5') *i-*［*n*］*a-an-na šum-ma i-in be-lí-ya ma-ḫi-ir* (6')［*be-lí*］*li-iš-ta-al-ma* LÚ.ŠU.GI *ù* LÚ.TUR.MEŠ (7') *ša* KASKAL *a-la-kam la i-le-ú lu-bi-ir-ma* (8') *a-na ma-aṣ-ṣa-ar-ti* BAD^{ki} *ú-lu-ma* (9') *a-šar be-lí i-qa-ab-bu-ú li-si-qú!-šu-nu-ti* (10') *ù ṣa-ba-am bé-eḫ-ra-am lu-bi-ra-am-ma* (11') *ki-ma na-aš-pa-ar-ti be-lí-ya lu-uṭ-ru-dam* (12') *an-ni-tam la an-ni-tam be-lí li-iš-pu-ra-am*

(2'-4')……私がわが主に送らせます（この）地区の *tēbibtum* の台帳には，*ḫim-mum*[120] が記載されています。(5') もしわが主のお目に叶いますなら，(6'-7')［わが主は］よくご検討くださいまして，遠征に行く事ができない老人や子供を選ばせていただいて (8')（彼らが）周壁の守備あるいは (9') わが主が命じられるところに彼らを配備し，(10') そして，エリート兵については私が選んで，(11') わが主の手紙に従って，お送りするようにしたいのですが，(12')

118) 都市中心部の要塞化された部分で多分同時に特別の客のために用いられたという説については，Dossin, G. 1972, 113-115 を参照。

119) *šūt rēšim*（衛兵）については，Birot, M. 1974, 230-231: Lafont, B. 1985, 163 を参照。

120) 意味不明。Birot, M. 1974, 231 を参照。

わが主は（この点について）イエスかノーかをお知らせくださいますように。

III

マリ文書に見る預言，夢および内臓占い

第6章
マリ預言文書

1　マリ預言文書の研究史概観

マリ「預言文書」として知られることになる最初の文書は手紙（A.15）で，G. ドサンが1948年に「テルカにおけるダガン神の啓示」と題して出版した1)。この手紙は，マリ王国の高官イトゥール・アスドゥがマリ王ジムリ・リムに宛てて送ったもので，マリク・ダガンという人物が見た夢のことを王に報告している。その2年後の1950年に，A. ローとG. ドサンがカラッスのアッドゥ神とハラブ（アレッポ）のアッドゥ神の神託（oracles）の報告を含む手紙（A.1121）を出版した2)。

その後，E. ノート Noort, E. が1977年に出版した『マリにおける神意伝達の研究－旧約学におけるマリ預言』（*Untersuchungen zum Gottesbescheid in Mari. Die Mariprophetie in der alttestamentlichen Forschung*, AOAT 202）の元になった学位論文を1975年にゲッチンゲン大学に提出するまでに，夢・幻およびイゲルームを報告した手紙も含めて，「預言文書」とされる手紙が合計27点知られるまでになった。ただし，すべての研究者がこれら27点の文書を「預言文書」と見なしていたわけではない。研究対象をARM XIIIに出版された文書に限定したA. マラマトを除き，他の研究者達3) は次の18の手紙を「預言文書」と見なし

1）　Dossin, G. 1948, 125ff.

2）　Lods, A. – Dossin, G. 1950, 103ff.

3）　Dossin, G. 1966, 77ff.: Ellermeier, F. 1968; Moran, W. L. 1969b, 15–56; Moran, W. L. 1969a,

た。すなわち，ARM(T) II 90（=ARM XXVI 220），III 40（=XXVI 221），III 78（XXVI 221bis），X 6（=XXVI 212），X 7（=XXVI 213），X 8（=XXVI 214），X 10（=XXVI 236），X 50（=XXVI 237），X 51（=XXVI 238），X 80（=XXVI 197），XIII 23（=XXVI 209），XIII 112（=XXVI 234），XIII 113（=XXVI 235），XIII 114（=XXVI 210），A.15（Dossin 1948, 125-134）（=XXVI 233），A.455（Dossin, 1966, 79-80）（=XXVI 215），A.1121（Lods & Dossin 1950, 103-107）（Lafont 1984, 8 および Durand 2002, 138）および A. 4260（Dossin 1966, 85-86）（=XXVI 194）である。しかし，残りの9点の手紙に関しては，どの手紙を「預言文書」と考えるかに関して研究者の意見が分かれた。これら9点の手紙とは，ARM VI 45（=XXVI 201），X 4（=XXVI 207），X 9（=XXVI 28），X 53（=XXVI 195），X 81（=XXVI 204），X 94（=XXVI 239），X 100（=XXVI 232），X 117（=XXVI 240）および A.2731（Dossin 1966, 78-79）である。（A.2731 は現在 A.1121 とジョインされて1つの手紙 A.2731 + A.1121 と見なされている）[4]。

E. ノートは，「預言文書」に関する明確の定義が存在しないことを問題視し，「預言」を他の啓示から区別できる定義を探ろうとしたが[5]，彼が到達した結論は，預言とはいろいろな神意伝達（Bescheide）の総称（Sammelname）で，共通点は，それらが危機に際して現れたということのみであるという否定的なものであった[6]。E. ノートがこのような結論に至った主たる原因は，分析対象とした27の手紙すべてを無批判的に「預言文書」として扱ったことにある。私は，E. ノートの上掲書の書評で，厳密な意味での預言の報告と夢・幻の報告は区別して扱うべきことを主張した[7]。

E. ノートがマリ「預言文書」に関する研究書を出版した1977年の後，しばらく新しい「預言文書」が出版されることがなかったが，1988年になってデ

623-632; Huffmon, H. B. 1968, 101ff.; Finet, A. 1970, 102; Heintz, J. G. 1969, 112ff.; Koch, K. 1972, 53ff.; Noort, E. 1977.

4）　Lafont 1984, 8 および Durand 2002, 138 を参照。

5）　Noort, E. 1977, 3.

6）　Noort 1977, 92.

7）　Nakata 1982, 143-144.

ュランが，ARMT XXVI/1 で，預言や夢・幻を報告した未刊の手紙を含む合計 290 点[8] のテキストを出版した。ただし，この中には，既に出版されていた 52 点のテキストが新しいテキスト番号を付して再出版されているため，以後これら 52 点のテキストに言及する際には，ここでも行っているように，2 つのテキスト番号を併記しなければならなくなった。

ARMT XXVI/1 では，デュランは全体を大きく 6 部に分け，それぞれに題を付して，290 点のテキストを出版（一部再出版）している。第 1 部は，ARM XXVI/1, Nos. 1–190（1-373 頁）で，「占い師達 Les devins」と題が付されている。第 2 部は，ARM XXVI/1, Nos. 191–223（375-452 頁）で，「預言文書 Les textes prophétiques」（ただし，ARM XXVI/1, Nos. 191–194［413-419 頁］に関しては「神々との交換書簡 Échange de lettres avec les dieux」と題をつけて別扱いをしている）と題が付されている。第 3 部は，ARM XXVI/1, Nos. 224–240（453-482 頁）で，「夢文書（Les rêves）」と題が付されている。第 4 部は，ARM XXVI/1, Nos. 241–248（483-506 頁）で，「神意を示す偶発事象 Les événements fortuits, indices de la volonté divine」，第 5 部は ARM XXVI/1, Nos. 249–258（507–539 頁）で「神明裁判 L'ordalie」，そして最後の第 6 部は，ARM XXVI/1, Nos. 259–283（541–584 頁）で，「病と医師 Maladies et médicins」と，それぞれ題が付されている。ここで，特に注目したいのは，デュランが預言文書（第 2 部）と夢文書（第 3 部）を明確に区別していることである[9]。

デュランの ARMT XXVI/1 の刊行（1988 年）と同時に，D. シャルパン，F. ジョアンネス，S. ラッケンバッシャーおよび B. ラフォンが，ARM XXVI/2（1988 年）で新たに 270 点の未刊のマリ出土文書を出版した[10]。シャルパンが ARM

8） ARMT XXVI/1 のテキストに付された番号は 1 から 283 までであるが，71 と 71-bis のように同じ番号が付されたテキストが 7 点あるので，出版されたテキストの総数は 290 点となる。

9） van der Toorn, K. 2000, 219–234.

10） ARM XXVI/2 では，未刊のテキストが Nos. 284–550 の番号を振られて出版されているが，これらの中には bis 付きのテキスト番号が付されたテキストが 3 点あるので，ARM XXVI/2 で出版された文書は合計 270 点となる。

XXVI/2で出版した文書の中には，マルドゥクのアーピルム預言者の言葉（神託）を報告した手紙（ARM XXVI/2, No. 371＝A.428）が1点含まれている。

その後，1993年にJ. -M. デュランがM.A.R.I. 7, 43-45で新たな預言文書A.1968（＝FM VII, 2002, 134-137）を，さらに2002年にD. シャルパンも未刊の預言文書A.3760（FM VI, 2002, 33-36）を出版した。なお，A.1121とA.2731がジョインされることが判明し，デュランがA.1121＋A.2731としてFM VII, 2002, 137-140に再出版していることも付け加えておかなければならない。従って，マリ出土の預言文書とされる既刊の文書は，デュランによると，彼がARM XXVI/1で出版した34点とそれ以外で出版された文書4点の合計38点になる（表1を参照）。

ここで，デュランが預言文書としている表1の文書がはたしてすべて厳密な意味での預言文書と言えるかどうかを検討しておきたい。デュランが，ARM XXVI 191-194に「神々との交換書簡」とタイトルを付しながら，なぜこれら4文書を第2部の「預言文書」に含めたのか，その理由は明らかではない。ARM XXVI 191は，冒頭に「わが主，ナール神へ（*ana* ^{d}ID$_{7}$）言え。あなたの僕ジムリ・リム（[（は次のように申します）]）。」と書かれているように，ジムリ・リムが「川の神」ナールに宛てた手紙の形になっていて，預言文書とは言えない。ARM XXVI 192は破損が激しく保存状態が良くない。デュランの復元によると，エラムがマリの支配領域に侵攻した際に，［アッドゥ神］，［ニネヴェのイシュタル女神］，およびシャマシュ神がジムリ・リムに与えた神託が記されているように見える（シャマシュ神の神託と思われる部分はほとんど残っていない）。デュランは，シンジャール地方の知事あるいは将軍が3人のアーピルム預言者がそれぞれ語った神託をまとめて書き送ったものではないかと述べている[11)]。他方，シャルパンは，神々から王への神託を一人のアーピルム預言者がまとめて書き送ったもので，ARM XXVI 194と同様，預言文書として扱うべきだと考える[12)]。私も過去にこの文書を預言文書に含めたことがあるが[13)]，

11）　Durand 1988, 392.

12）　Charpin 2001, 24.

表 1　ARM XVI/1 の第 2 部「預言文書 Les textes prophétiques」およびそれ以外で出版された「預言文書」

XXVI 191 (A.765)	XXVI 192 (M.9714)
XXVI 193 (A.2666)	XXVI 194 (A.4260)
XXVI 195 = X 53 (A.3420)	XXVI 196 (A.3719)
XXVI 197 = X 80 (A.1047)	XXVI 198 (A.3912)
XXVI 199 (A.925)	XXVI 200 (M.6188)
XXVI 201 = VI 45 (A.368)	XXVI 202 (M.11046)
XXVI 203 (A.963)	XXVI 204 = X 81 (A.2264)
XXVI 205 = XXV 816 (M.7306)	XXVI 206 (A.3893)
XXVI 207 = X 4 (A.996)	XXVI 208 = X 9 (A.2233)
XXVI 209 = XIII 23 (A.4996)	XXVI 210 = XIII 114 (M.13843)
XXVI 211 (A.3178)	XXVI 212 = X 6 (A.3217)
XXVI 213 = X 7 (A.100)	XXVI 214 = X 8 (A.671)
XXVI 215 (A.455) = RAI 14, 77-80	XXVI 216 (A.2209)
XXVI 217 (M.8071)	XXVI 218 (M.14836)
XXVI 219 (M.13496 + M.15299)	XXVI 220 = II 90 (A.4865)
XXVI 221 = III 40 (A.2030)	XXVI 221-bis = III 78 (A.4934)
XXVI 222 = X 106 (A.3724)	XXVI 223 (M.9601) = Charpin, FM VI, 36-38
XXVI 371 (A.428)	A.1968 = Durand, 1993, 43-46 = FM VII. No. 38
A.3760 = Charpin 2002, 33-36 (No. 1)	A.1121 + A.2731 = FM VII, No. 39

注：ARM XXVI/1 と ARM XXVI/2 のテキストは通し番号になっており，テキスト No. 1-283 が ARM XXVI/1 の，またテキスト No. 284-550 が ARM XXVI/2 のテキストである。また表 1 の XXVI 191-194 は ARM XXVI/1 の第 2 部「預言文書」の中の「神々との交換書簡」である。

この文書は，なんらかの目的のために蒐集された新アッシリア時代の「預言集」(Parpola 1997, 3-35) に似ており，現在は「預言の報告」とは区別すべきではないかと考えている。ARM XXVI 193 は，「神々」宛の手紙とウルルガルバンダ宛の手紙が含まれており，預言文書とは言えない。4 点目の ARM XXVI 194 にはシャマシュ神のアーピルム預言者がジムリ・リム宛ての同神の神託を報告したもので，デュランやシャルパンと同様，これは預言文書であると考え

13)　中田 2010, 74.

て差し支えないと考える。アーピルム預言者は，自分で，あるいは，シャマシュ神のアーピルム預言者アタムルムのように書記を使って（ARM XXVI 414:29-42 参照），神からの神託を直接王に書き送ることができたからである。

次に，表 1 の ARM XXVI 195 以下の文書であるが，ARM XXVI 196 は預言文書ではないと考える。ARM XXVI 196:8-10 に「お前が神殿で発生するイゲルームを聞いたなら，私に書いて寄越しなさい。」とあり，数行の欠損部分の後，ダガン神がエシュヌンナの神ティシュパクに対して，同神の（支配の）「日」の終焉を予告する言葉が引用されている（ARM XXVI 196:7' -10'）ことからも，厳密な意味で預言を報告した手紙とは考えにくい。デュランはここのイゲルームを「神託（oracle）」と訳し[14]，シャルパンも「預言 une prophétie」を意味すると考えるが[15]，私はむしろ，デュランが第 4 部の「神意を示す偶発事象 Les événements fortuits, indices de la volonté divine」で取りあげている ARM XXVI 244（A.729）と同様，一種の言霊《ことだま》事件の報告と考えたい。

ARM XXVI 201 はバフディ・リムがジムリ・リム王に宛てて書いた手紙で，ムッフートゥム女預言者や神殿長のアフムが受け取った女預言者の髪の毛の 1 房と衣の端に言及されてはいるが，バフディ・リムが預言発生の場に立ち合い，この女預言者の預言を実際に聞いて王に報告しているのではない。ARM XXVI 201 は，バフディ・リムが，実際に預言発生の場に立ち会った神殿長アフムから預かった「ムッフートゥム女預言者の髪の毛の 1 房と衣の端およびアフムの手紙を」（ARM XXVI 201:14-17）王に送る際に，仲介役として書いた添書である。むしろ，アフムがジムリ・リム宛に書いた手紙こそ預言を報告した手紙と考えるべきであろう（ニッシネンはムッフートゥム女預言者の預言を報告している ARM XXVI 200 がここで問題になっているアフムの預言報告書の可能性があるとする[16]）。

ARM XXVI 207（＝ARM X 4）は，王妃シブトゥが王に書き送ったイゲルーム

14） Durand 1988a, 423.

15） Charpin 2002, 8.

16） Nisssinen, M. 2003, 34.

の報告で，預言文書ではない。ARM XXVI 216 はマリ王室の高官テービ・ギリシュが王に書き送った手紙で，彼はハナ人の *nabû* 達（ヘブライ語聖書では，ナブーは預言者の意味で使用されている）を集めて，ジムリ・リムの安全に関して内臓占いを行わせたとあり（ニッシネンの ARM XXVI 207（＝ARM X 4）:6, 10 の訳で“oracle”としているのは間違い！[17]），預言を報告した手紙とは見なし得ない。ARM XXVI 218 に関しては，デュランが ARM XXVI 218 の 6-8 行を「[ジムリ・リムに［……］にフムーシュム（記念碑）を建立させよ。］そうすれば私は彼の名を永遠な［ものとしよう］]」と復元し，この言葉を神託であると解釈しているようであるが，デュランの復元が正しいかどうか確証がでないため，私は ARM XXVI 218 を預言文書に含めることには賛成できない。ARM XXVI 222 は，ウシャレシュ・ヘティルがダリシュ・リブルに宛てた手紙であるが，この粘土板は左側がひどく傷んでいる。5-15 行は，デュランの復元によると，「(5) 生まれたばかりの王妃の女児に関して［彼がトランス状態に］陥りました。わが［主の子供は生き延びられませんでした。］［彼女（子供）は今］死［にました］。彼女は……［日に］生まれました。(1 行欠)［その日］，エッラ・ガーミルが［トランスに］陥りました。［彼（は次のように言いました)］。『彼女(幼児）は生きられない』と。」ネルガル神のムッフーム預言者エッラ・ガーミルが言及されていることは確かで[18]，彼がトランスに陥ったと復元することも可能であるが，エッラ・ガーミルが発した言葉として引用されているのは「彼女（幼児）は生きられない」という言葉のみで，これを特定の神からの神託と見なしうるかどうか疑問である。従って，私は，ARM XXVI 222 を預言文書と見なすことには無理があると考える。

デュランなどが考える表1の 38 点の「預言文書」を，厳密に検討してみると，以上の 9 点は預言を報告した手紙とは考えられないので，厳密な意味での預言報告書は残りの 29 点である。ただし，夢の報告とされている ARM XXVI

17)　なお，Nisssinen, M. 2003, 41, note c を参照。

18)　XXI 333 や XXIII 446:9' によると，エッラ・ガーミルはネルガル神のムッフーム預言者。

237＝ARM X 50 には 2 件の夢の報告（ARM XXVI 237A &B）と 1 件の預言の報告（ARM XXVI 237C）が含まれているので，XXVI 237 を，夢の報告と数えると同時に，預言の報告とも数えるべきであろう。そうすれば，厳密な意味での預言の報告は合計 30 点となる（表 2 を参照）。

ここで，2003 年に出版された M. ニッシネンの *Prophets and Prophecy in the Ancient Near East*, SBL Writings from the Ancient World 12, Atlanta に言及しておくべきであろう。ニッシネンは，古バビロニア時代のマリやエシュヌンナの預言文書ばかりでなく，新アッシリア時代の預言文書など古代近東のそれまでに知られていた預言関連の文書を集めて英訳・出版した。この本には，全テキストのアルファベット転写（transcription）とテキストに関する基本的な文献表も付されており，極めて便利である。しかし，マリ出土の預言文書と夢文書に関して言えば，M. ニッシネンは，預言文書と夢文書を区別すべきであると言う考

表 2 2021 年現在の厳密な意味での預言文書

XXVI 194 (A.4260)	XXVI 195＝X 53 (A.3420)
XXVI 197＝X 80 (A.1047)	XXVI 198 (A.3912)
XXVI 199 (A.925)	XXVI 200 (M.6188)
XXVI 202 (M.11046)	XXVI 203 (A.963)
XXVI 204＝X 81 (A.2264)	XXVI 205＝XXV 816 (M.7306)
XXVI 206 (A.3893)	XXVI 208＝X 9 (A.2233)
XXVI 209＝XIII 23 (A.4996)	XXVI 210＝XIII 114 (M.13843)
XXVI 211 (A.3178)	XXVI 212＝X 6 (A.3217)[19)]
XXVI 213＝X 7 (A.100)	XXVI 214＝X 8 (A.671)
XXVI 215 (A.455)＝RAI 14, 77-80	XXVI 217 (M.8071)
XXVI 219 (M.13496＋M.15299)	XXVI 220＝II 90 (A.4865)
XXVI 221＝III 40 (A.2030)	XXVI 221-bis＝III 78 (A.4934)
XXVI 223 (M.9601)＝Charpin, FM VI, 36-38	XXVI 237＝X 50C (A.994)
XXVI 371 (A.428)	A. 1968＝Durand, 1993, 43-46＝FM VII. No. 38
A.3760＝Charpin 2002, 33-36 (No. 1)	A.1121＋A.2731＝FM VII, No. 39

19） Durand はこの手紙に見られる例は「誘発された占い」（mantique provoquée / divination provoquée）であると述べている（Durand 2000, 326）。

え方があることを承知しながら，また預言文書と夢文書を区別しているデュランの ARM XXVI/1 のテキストの配列に従いながら[20]，ニッシネンは，預言と夢を王に報告した役人達は預言者や夢を見た人物や彼等の社会的立場よりも彼等が伝えたメッセージそのものに関心があったように思われると述べ，これらのメッセージの内容に関しては，預言と夢に基本的な違いがないという理由で（14 頁），預言と夢を報告した手紙 50 点を一纏めにして扱っている[21]。H. B. ホフモンにいたっては，預言と夢を区別すべきだとする考え方があることに触れることさえなく，マリ出土文書の中には預言に関する手紙が約 50 点存在すると述べている[22]。

従って，ここでもう一度，厳密な意味での預言の報告を夢・幻の報告と区別して扱うべき理由を挙げておくことは無駄ではないと考える。

(1) 預言の報告を行っている 9 つの手紙では，神からのメッセージを受けた人物が預言者タイプの職業人であったことが明記されている。また，ARM XXVI 220（＝ARM II 90）（[*muḫḫû*]*m* [*š*]*a Dagan*），ARM XXVI 195（ARM X 53）（[*āp*]*ilum ina bīt* [*Ḫ*]*išamītim*）および A. 2731[23]（29 行：*āpilū* <*ša Addu bēl Kallassu*> および 60 行：[*āpilum ša*]*Addu ša Halab*）の 3 点の手紙においても，神からのメッセージ（神託）の受け手は預言者タイプの職業人であったことはほぼ間違いない。従って，預言を報告した合計 12 点の手紙から，神／女神からのメッセージの受け手が預言者タイプの職業人であったことになり，夢を見た人物が，ARM X 9（＝ARM XXVI 208）を例外として，預言者タイプの職業人ではなかったことと対照的である。

(2) 預言を報告している手紙の場合は，メッセージ（神託）の送り主が明記

20) 従って，ARM XXVI 191-194 の「神々との交換書簡」の内，ニッシネンが預言文書とするのは ARM XXVI 194 のみであることを除けば，ニッシネンのテキスト No. 4-34 とデュランの ARM XXVI 194-223 は，同じ 31 点の文書を取り上げている。

21) Nissinen, M. 2003, v-vi and 14.

22) Huffmon, H. B. 2000, 48.

23) Dossin, G. は *CRRA* 14, p. 78 で，この文書を間違って A.2925 と紹介したが，正しくは A. 2731 である。Heintz, ARMT VII/1, 29 を参照。

されているか，明記されていない場合でも，同定することが可能である（ARM XXVI 220＝ARM II 90, ARM XXVI 221＝ARM III 40, ARM XXVI 212＝ARM X 6, ARM XXVI 213＝ARM X 7, ARM XXVI 209＝ARM XIII 23, ARM XXVI 210＝ARM XIII 114, ARM XXVI 215＝A.455, A.1121＋A.2731［Lafont 1984, 8 and Durand 2002, 138］およびARM XXVI 194＝A.4260）。そうでない場合でも，預言が特定の神／女神の神殿で発生していること，あるいはメッセージの受け手が特定の神／女神に所属していることから，メッセージ（神託）の送り主を推定することが可能である（ARM XXVI 214＝ARM X 8, ARM XXVI 237C＝ARM X 50C, ARM XXVI 195＝ARM X 53，および，おそらく，ARM XXVI 197＝ARM X 80）。唯一の例外は，ARM XXVI 221bis＝ARM III 112である。しかし，現在17点知られている夢の報告の場合，4点のみがメッセージの送り主を明記していて，残りの7点の報告ではメッセージの送り主が誰であるかはさほど重要ではなかったかのように思われる。

⑶ 預言の報告をしている手紙では，神からのメッセージ（神託）の受け手が語った言葉は，キブリ・ダガンが書き送った預言の報告（後述）を別にして，神託の受け手（人間）の言葉としてではなく神／女神が語った言葉として引用されているのに対し，夢・幻を報告した手紙で，特定の神／女神の神託が引用されている場合でも，神託は，夢を見た人物が語った言葉の中に引用されているに過ぎない。例外は，ARM XXVI 234＝ARM XIII 112のみである。

⑷ 1977年に，A. L. オッペンハイムは，神意伝達のチャンネルとしての夢は古代近東全域で知られていたのに対し，預言現象は「古代のメソポタミア文化圏（Kulturekreis）の西側周辺域」に限られていたと述べたことがあった[24)]。しかし，1987年に，ディヤラ地域から出土した2つの預言文書がM. ド・エリスにより出版され，また1988年にバビロンのマルドゥック神のアーピルム預言者の神託を報告したマリ出土の手紙（前18世紀）がJ.-M. デュランにより出版されるにおよび，このオッペンハイムの理解は間違っているのではないかと指摘されるようになった。しかし，オッペンハイムが文化圏（Kulturkreis）と言う

24）　Oppenheim. A. L. 1964, 221（1977 ^{2} でも同じ頁）。

言葉を使っていることからもわかるように，彼が言う西側とは地理的な意味での西側と解釈すべきではないと考える。そう考えると，ディヤラ地域から出土したキティートゥム預言文書は必ずしもオッペンハイムの指摘を覆すものではないと考える。なぜなら，ディヤラ地域は，もともとシリアのビシュリ山周辺にいたとされる西方セム系のアムル人がバビロニアに移住する際に通過した地域であったからである。同様に，バビロンのマルドゥク神のアーピルム預言者の存在やウルクの王シン・カーシッドに与えられたナナヤ女神の神託もオッペンハイムの見解を間違いとする理由にはならない。なぜなら，前18世紀のバビロン第一王朝はアムル人の王朝であり，ウルクのシン・カーシッドもアムル人部族の1つであるアムナーヌム族出身の王とされていたからである。

(5) 預言の報告には，いくつかの型（パターン）（後述）が見られるが，夢・幻の報告にはいかなる型も見られない。このような違いは，夢・幻がプライベートなものであるのに対し，預言は公の場で発生することが多く，そのため預言がある程度公的な管理下に置かれていた可能性があり，そのため預言の報告も正確なものが求められたためではないだろうか。

(6) また，既刊の預言の報告に関する限り，預言の内容は，祭儀や政治など公的な事柄に関するものが多いのに対し，夢の内容は必ずしも公的な事柄に限られていたわけではなかった。

以上のような理由で，マリ出土の厳密な意味での預言の報告と夢の報告は区別して扱うことが必要であると考える。

ここで，厳密な意味での預言を報告した手紙を同定するめやすを3つ挙げておきたい。

(1) 神託の受け手として登場する預言者タイプの職業人には，*muḫḫûm*（ムッフーム預言者），*muḫḫūtum*（ムッフートゥム女預言者），*āpilum*（アーピルム預言者），*āpiltum*（アーピルトゥム女預言者），*aplûm*（アプルーム預言者）あるいは *qammātum*（カンマートゥム女預言者）が登場すること，(2) 神託の受け手がトランスに陥ったことを示すと思われる動詞に *maḫûm* の受動形である *namḫûm*（トランスに陥る）あるいは *tebûm*（突然／急に／勢いよく立ち上がる）が使われていることである。*izuzzum*（立つ）もここに含めても良い。(3) 預言を報告した手紙では，神託は神が一人称で語ったことばとして引用されていること，等である。

ここで，注意したいのは，上の基準の (2) と (3) は，テルカの知事キブリ・ダガンが書き送った預言の報告には当てはまらないことである。この点に関しては，後の預言報告の型（パターン）の項を参照していただきたい。

これら３つの基準は厳密な意味での預言文書すべてに当てはまるわけではないが，厳密な意味での預言文書を同定するのには役立つと考える。

2　マリ預言文書概観

2-1　預言報告書の発信人

デュラン他が1988年以降に新しい預言文書を出版するまでに預言の報告を行ったことが知られていた人物として，キブリ・ダガン[25)]，シブトゥ[26)]，アッドゥ・ドゥーリ[27)]，イニブシナ[28)]，ヌール・シン[29)]，ムカンニシュム[30)]，ラナスーム[31)] およびシッパルのシャマシュのアーピルム預言者[32)] などがいたが，1988年以降新たにマリで王の留守をあずかるサンメータル（ARM XXVI 199），アンヌニートゥム女神の大祭司（*šangûm*）アフム（ARM XXVI 200），テルカの知事であるキブリ・ダガンの手紙に内容をそのまま王に伝達したカーニサ

25） XIII 114（＝XXVI 210), II 90（＝XXVI 220）III 40（XXVI 221), III 78（＝XXVI 221 bis)（XXVI 202 を参照）.

26） X 9（＝XXVI 208), X 6（＝XXVI 212), X 7（＝XXVI 213), X 8（＝XXVI 214).

27） X 53（＝XXVI 195), X 50（＝XXVI 237).

28） X 80（＝XXVI 197), XXVI 198, X 81（＝XXVI 204).

29） A.1968（＝M.A.R.I. 7, 43–45), A.1121 + A.2731（＝RA 78, 7–11).

30） XIII 23（＝XXVI 209).

31） CRRAI 14, pp. 79–80（＝XXVI 215).

32） CRRA 14, pp. 85–86（＝XXVI 194).

ーン（ARM XXVI 202），サガラートゥムの知事［ヤキム・アッドゥ］（ARM XXVI 371），およびマリの役人で，アンダリクに駐在していたヤシム・エル（ARM XXVI 414）などが新たに預言を王に報告した役人リストに加わった。

2-2　神託の受領者

1988年以降に出版された新預言文書に対して1988年以前に出版された預言文書を仮に旧預言文書と呼ぶと，新旧合わせた預言文書に登場する神託の受領者には，ムッフーム *muḫḫûm* 預言者，ムッフートゥム *muḫḫūtum* 女預言者，アッピルム *āpilum* 預言者，アーピルトゥム *āpiltum* 女預言者，カンマートゥム（あるいはカッバートゥム）*qammātum/qabbātum* 女預言者[33)]などが神託の受領者になって登場する。

2-2-1　ムッフーム *muḫḫûm* 預言者，ムッフートゥム *muḫḫūtum* 女預言者

ムッフーム預言者が神託の受け手となっている預言文書は新旧合わせて ARM XXVI 202（ムッフーム），ARM XXVI 215（＝CRRA 14, pp. 79–80）（ムッフーム），ARM XXVI 220（＝II 90）（ダガン神のムッフ［ーム］），ARM XXVI 221（＝ARM III 40）（ダガン神のムッフーム）および ARM XXVI 221 bis（＝ARM III 78）（ムッフーム）である。

ムッフートゥム女預言者が神託の受け手となっている文書は，新旧預言文書を合わせても ARM XXVI 200 と 206（［ダガン神の］ムッフートゥム）の2点のみである[34)]。XXVI 200 では，珍しくムッフートゥム女預言者の名前（リッバトゥム[35)]）も記されている。

33)　Durand は ARM XXVI 203:12 を［*ša* ᶠ*qa*］-*am-ma*-［*tim*］と復元し，*qabbātum* ではなく，*qammātum* が正しいとするが，これだけでは Durand の主張の根拠は不十分と言わざるを得ない。

34)　ARM XXVI 201（＝VI 45）にムッフートゥム女預言者に言及されているが，神託（神からのメッセージ）が記されていないので，ここでは預言文書扱いをしていない。

35)　Durand は，ARM XXVI/1, p. 429 の ARM XXVI 200 (M.6188):5 のムッフートゥムの名前を Ḫubatum と読んでいるが，同じ文書集の ARM XXVI/1, p. 398 では Ribbatum

預言文書ではなく衣類や少量の銀の支給を記録した経済行政文書などから名前がわかっているムッフーム預言者には，次のような人物がいる。

エア・マツィ Ea-maṣi（イトゥール・メール神のムッフーム預言者）：
ARM XXIII, p. 349.
エア・ムダンミク Ea-mudammiq（ニンフルサッガ女神のムッフーム預言者）：
A.4676, ARM XXII 167:8'
エッラ・ガーミル Erra-gāmil（ネルガル神の ムッフーム預言者）：
ARM XXI 333:34'; ARM XXIII［446:9'］他
アンヌ・タブニ Annu-tabni（アンヌニートゥム女神のムッ［フ］ー［トゥム］女預言者）：ARM XXII, 326:8-10

また，デュランは，NIN.DINGIR.RA の名前などを記した文書 M.5529＋には3人のムッフートゥム女預言者の名前が記されていると報告しているので，（Durand, ARM XXVI/1, p. 398）次に列挙しておく。すなわち，

［X］バトゥム，ムッフートゥム女預言者　［X］-*ba-tum mu-ḫu-tum*
ルットゥム，ムッフートゥム女預言者　*ru-ut-tum mu-ḫu-*［*tum*］
ナウィルトゥム，ムッフートゥム女預言者　*na-wi-ir-tum mu-ḫu-*［*tum*］

2-2-2　アーピルム預言者とアーピルトゥム女預言者

アーピルム預言者の場合は，名前も報告されている場合が多い。

イツィ・アフム：ヒシャミートゥム女神のアーピルム（ARM XXVI 195＝ARM X 53）

（[f]*ri-ba-tum*）と記している。もちろん，Ribbatum と読むのが正しいと考える。ḪU と RI の楔形文字は，似ていて読み間違いをしやすい。マリ女性人名には，Ribbatum は沢山例があるが，Ḫubatum と言う女性名はここの例以外に知られていない。

ルパーフム：ダガン神のアーピルム（ARM XXVI 199）

キシュティ・ディーリートゥム：ディーリートゥム女神のアーピルム（ARM XXVI 208＝ARMX9）

アタムルム：シャマシュ神のアーピルム（ARM XXVI 414）

アルパン：カラッスのアッドゥ神のアーピルム（A.1121＋A.2731＝ FM VII, No. 39）

アビヤ：ハラブのアッドゥ神のアーピルム（A.1968＝M.A.R.I. 7, pp.43-45）

イツィ・アフム：ヒシャミートゥム神殿にいるアーピルム（ARM XXVI 195＝ARM X 53）

職名のみで言及されている例としては，［シャマ］シュ神のアーピルム（ARM XXVI 194），トゥトゥルのダガン神のアプルーム（*aplûm*）（ARM XXVI 209＝ARM XIII 23），ニンフルサッガ女神のアーピルム（ARM XXVI 219），アーピルム（ARM XXVI 223），マルドゥク神のアーピルム（ARM XXVI 371）などがある。

預言文書以外から存在が知られるアーピルムには，ハトヌ・イル（ARM XXVI 227［夢の報告］），イッディン・クビ（ARM XXVI 227［夢の報告］），イシュヒ・ダガン（ダガン神のアーピルム）（ARM XXV 15）などがある[36]。アーピルトゥム女預言者で名前が知られているのはインニバナ（ARM XXVI 204＝ ARM X 81）のみであるが，ヤムハド王国にもアーピルトゥム女預言者がいたことが知られている（A.1121＋A.2731＝ FM VII, 2002, 137-140）。

新しい預言文書が特に多くの情報を与えてくれるのが，アーピルム預言者についてである。ARM XXVI 199では，ダガン神のアーピルム預言者ルパーフムが，後でもう一度触れるごとく，テルカおよびディールで得たダガン神およびディーリートゥム女神の神託を報告している。また，ARM XXVI 219でも［ニン］フルサッガ女神のアーピルム預言者の一人が立ち［上がって］（*it-*［*bi-ma*］）述べた神託が報告されている。なお，ARM XXVI 223でも，アーピルム

36） Durand 1988a, pp. 398-399による。

預言者の語ったダガン神の神託が報告されている可能性があるが，テキストが壊れていてこれ以上のことは言えない。

興味深いのは，マリの駐バビロン大使であるヤリム・アッドゥが，マルドゥク神のアーピルム預言者の預言を伝えていることである（ARM XXVI 371）。マルドゥク神のアーピルム預言者が出てくるのは，これが初めてである。この新預言文書は，預言現象が西方セム人の文化領域でしか知られていないというA. L. オッペンハイムの見解の妥当性について改めて問題を提起した[37)]。この問題についての詳細な検討は今後の課題としたいが，マリと同じ西方セム系の王朝が支配するバビロンに預言者がいた可能性はもともと存在したのではないだろうか。

ARM XXVI 414は，29行目以下で，シャマシュ神のアーピルム預言者アタムルムが，「シャマシュ神が王に送るメッセージ（*ṭēmum*）を口述筆記させたいので，口の堅い書記を一人送ってほしい」と要求したこと，その要求に応えてウトゥカムなる人物が派遣されたこと，また，その結果，シャマシュ神から王に宛てた神託が書面の形にされ，手紙（*ṭuppum*）として，ARM XXVI 414に添えて送られたことなどを報告している。ARM XXVI 194（A.4260＝*CRRA* 14, 85-86）が，この時の手紙であるという証拠はないが，ARM XXVI 414の29行目以下は，デュランが指摘しているように[38)]，ARM XXVI 194（A. 4260＝CRRA 14, 85-86）のアーピルム預言者の手紙，あるいはARM XXVI 192のような「神からの手紙」が作成された背景を理解する手助けにはなる。

2-2-3　カンマートゥム

カンマートゥムに関しては，新旧預言文書を通じて，テルカのダガン神のカンマートゥム（ARM XXVI 197＝ ARM X 80, ARM XXVI 199?）が知られているだけである。

37）　Oppenheim, A. L. 1964 and 1977^2, 221. 拙論でも，Oppenheimの見解に従っている。Nakata 1982, p. 144を参照。

38）　Durand 1988a, pp. 390-392.

2-2-4　預言者以外で神託の受け手となった者

預言者以外で，神託の受け手となった者としては，シェレブム（アシンヌム神官[39]）（ARM XXVI 198, ARM XXVI 213＝ARM X 7），自由人の妻（ARM XXVI 210＝ARM XIII 114），イリ・ハズナヤ（［アンヌニートゥム女神の］アシンヌム神官）（ARM XXVI 212＝ARM X 6），ダガン・マリクの下女（ARM XXVI 214＝ARM X 8）などが知られている[40]。

2-2-5　アーピルム／アーピルトゥムとムッフーム／ムッフートゥム

以前，私はアーピルム／アーピルトゥムに関して次のように述べたことがあった。

āpilum/āpiltum は，限定詞 LÚ がついていること（A.1121［＝FM VII, No. 39］:24, 26, 41）から見て，一種の職名と見なされていたらしいが，文字通りには，「回答する人」を意味する。従って，その起源においては，エラーマイヤー Ellermeier（1968, 165-166）の言うごとく，尋ねられた問題に関して神意を伺い，その答えを「回答する人」であった可能性はある。しかし，*āpilum/āpiltum* のこのような機能をマリ文書から実証することは不可能である。マリ文書から見る限り，*āpilum/āpiltum* は，muḫḫûm/muḫḫūtum とは区別できず，むしろ，両者を同じような機能を持った職業的宗教人と考えてよいのではないだろうか[41]。

しかし，新しい預言文書は，F. エラーマイヤーのアーピルム／アーピルトゥム預言者に関する考え方が的外れでなかったことを示している。既に，ARM XXVI 199 に報告されているアーピルム預言者について簡単に触れたが，ルパ

39)　Charpin はアシンヌム神官をムッフーム預言者の特別な場合と見ている（Charpin 1992, 30, n. 7）。

40)　Durand, 1988a, pp. 390-392.

41)　中田 1981, 30, 注 . 28.

ーフムという名のこのアーピルム預言者は，マリ王ジムリ・リムから「テルカのダガン神に私のことを問いただしてほしい（*piqdanni*）」（8-9 行）と，指示されてテルカにやって来たと記されている。このルパーフムに対して，テルカの「彼等」は「お前（ジムリ・リム）はどこに行こうと，幸運が絶えずお前に向いてやってくるだろう……」（11-14 行）と回答し（*īpulūšu*），テルカのダガン神が一人称で語った神託（*ṭēmum*）を与えた。しかも，この同じ神託を別の「彼等」がトゥトゥルでもルパーフムに回答していた（*īpulūšu*）という[42)]。回答していた「彼等」が一体誰なのかについては，ここでは残念ながら，A.1121＋A.2731（＝FM VII, No. 39）20 行目等から類推して，アーピルム，すなわち「回答者」達であったと推測する以外にない。ただし，今のところアーピルムが神託を語る行為を *apālum*（回答する）という動詞を用いて報告している明確な例はない[43)]。

ルパーフムはこの後，ディールのディーリートゥム女神の許に，閂と次ぎのようなことを記した手紙（cf. 次のように書き送られた *kī'am šapir* ）をもって赴いている。

> おおディーリートゥムよ，あなたがエシュヌンナの人（＝王）の和平案を信頼し，なにもしないでいるなどとんでもないことです！あなたの警備兵はこれまで以上に強化されるべきです[44)]。（24-28 行後半）

そして，ディーリートゥム女神は，この働きかけに答えて，神託を与えた。ただし，この手紙の中では，女神が 1 人称で（？）語る神託（*ṭēmum*）を，ルパーフムは手紙の発信人サンメータルに語った（*ṭēmam annêm Lupāḫumu idbubam*）と

42） おそらくルパーフムはこの時に銀 1 シケルを報酬として与えられている。（後述の M.11436 を参照）また，M.11436 の日付からこの出来事がジムリ・リムの治世 6 年（＝ZL 4'）であったこともわかっている。

43） 旧約聖書および前 1 千年紀のシリア・パレスチナ碑文に出てくる *ᶜānāḫ*（回答する）および *ᶜōneḫ*（回答者）については，Malamat, A. 1989, 87-88 を参照。

44） この部分の別の解釈については，デュラン 1988，386-390 を参照。

書かれていて，答えた（*īpalam*）とは書かれていない。

以上をまとめると，

1）デュランが指摘するように，アーピルムは王から特定の神の意向を伺うという任務を受けていたこと。従って，このアーピルムが受け取った神託は，人間の側からの働きかけに応じて与えられたこと。デュランがこれらの点でアーピルムはムッフームとは大きく異なっていると考えている[45)]。

2）人間の側から神意を伺うという行為に対して，テルカやトゥトゥルでは正体不明の「彼等」が，神が1人称で語る神託を回答したこと。そして，この回答者がアーピルムである可能性があること。

3）上に引用したARM XXVI 199の24-28行は，ARM XXVI 191のような「神への手紙」の1つのSitz-im-Leben（「生活の場」）を示唆している。そして，この「神への手紙」がディーリートゥム女神の神託のきっかけになったことは疑いない。

以上のようなことから，つとにF. エラーマイヤーが指摘し，また新しい預言文書を出版したデュランが述べているように，アーピルム／アーピルトゥムはムッフーム／ムッフートゥムとはある程度区別して考えることが必要である。ただし，これもデュランが正しく述べているように[46)]，アーピルム／アーピルトゥムは，ARM XXVI 195（＝ARM X 53），204（＝ARM X 81），209（＝ARM XIII 23），ARM XXVI 219等において，自らのイニシアティヴで神託を述べており，しかも，彼等はARM XXVI 215（＝CRRA 50）のムッフーム預言者あるいはARM XXVI 237（＝ARM X 50）のムッフートゥム女預言者と同じように，「（突然）立ち上がって *itbēma*」神託を述べたとか[47)]，マルドゥク神のアーピルムが，ARM XXVI 202のムッフームのように，繰り返し［叫んで（*ištanassi*）］

45）　Durand, 1988a, 386-390.

46）　Durand 1088a, 390.

47）　預言文書における *tebûm* についてはMoran, W. L. 1969b, 25-26およびKoch, K. 1972, 61等で論じられている。また，この動詞が，なんらかの心理的興奮を伴う動作を表現したのではないかということは，中田1981, 31, n. 31でも述べておいた。なお，Durand 1982a, 387, n. 52も参照されたい。

（ARM XXVI 371）いると報告されていることにも注意しなければならない。従ってアーピルム／アーピルトゥムをムッフーム／ムッフートゥムと一緒にして預言者タイプの職業的宗教人と考える余地はなお残っている。

2-2-6　アーピルム／アーピルトゥムと内臓占い

A. 1121 + A.2731（Lafont, B. 1984b, 8-10 = Durand, FM VII, No. 39）の新しい校訂テキストおよびその翻字と仏語訳がラフォンによって出版された結果，『紀要』（中央大学文学部史学科）第27号，1982，36-40で出版したA.1121の部分の日本語訳も一部改訂しなければならなくなった。この改訂訳は，後に付した「文書の翻字と訳」にかかげることにして，ここでは特にA. 1121 + A.2731：13-14（旧6-9行）を取り上げたい。

先ず以下に，G. ドサンによる旧いテキストとB. ラフォンによる新しいテキストを対比させてみる。

（旧）8-9行：(8) *i-na te-re-tim* ^{d}IM *be-el ka-al-la-as-su*^{KI} (9) [*iq-bé*]*-em*

(8) 神託（têrētum）を通じて，カラッスの主，アッドゥ神は（9）（次のように）［私に言いました。］（旧試訳）

（新）13-14行：(13) *i-na te-re-tim* ^{d}IM *be-el ka-al-la-as-su*^{KI} (14) [*iz-z*]*a-az*

(13) カラッスの主，アッドゥ神が内臓占い（の諸兆）に（14）［現われます］。（そして次のように言います。）（新試訳）

テキストではこの後，カラッスのアッドゥ神が1人称で語るかなり長い神託の引用が続く。

新旧の訳の違いは，14行目（旧9行目）冒頭の欠損部分の復元の仕方にある。G. ドサンはこの欠損部分を［*iq-bé*］*-em*と復元したのに対し，M. アンバルは［*iz-z*］*a-az*と復元することを提案した[48]。彼は，13-14行に続く神託部分の

48） Anbar, M. 1981, 91.

後，それを締めくくる次の文章に注目した。

an-ni-tam LÚ.MEŠ *a-pí-lu iq-bu-ú ù i-na te-re-tim it-ta-a-z-za-az*

このようにアーピルム預言者達は言いました。そして内臓占い（の諸兆）に彼（＝アッドゥ神）は繰り返し現われます。（29-30行）

そして彼は，*i-na te-re-tim it-ta-a-z-za-az*（*izuzzu* の Gtn）に対応する言葉として，[*iz-z*]*a-az*（*izuzzu* の G）を復元した。アンバルは，内臓占い関連の文書から *ina têrtim/têrētim izuzzu* の用例を集め，この表現が「（特定の神が）内臓占い（の諸兆）に現われる」と訳すべきこと，またそれが，「吉」を意味する表現であること，等を明らかした。デュラン[49]はこの提案に直ちに賛成し，ラフォン[50]もそれに従った。私もアンバルの復元が自然であると考える。

しかし，テキストの読み方のこのような変更は，これまでのアーピルム観の訂正を余儀なくした。アンバルは，同じブリーフ・ノートの中で，将来のことを尋ねる場合は内臓占師によるのであるが，「われわれのテキストにおいては，占いの回答がアーピルム達，すなわち〈回答者達〉によって与えられている。彼等は，内臓占いによる『アッドゥの臨在：遺産の要求』という簡潔な回答に満足せず，一大スピーチを行なっている」[51]と述べている。アーピルムと内臓占いの専門家バールーム（*bārûm*）との関係は全く不明であるが，この文書から見る限り，アーピルムが内臓占いに何らかの関わりを持つことがあり得たと考えざるを得ない。デュランもこの点に注目し，アーピルムは，他の占い方法と並行して，言語化された回答を得るために利用され，その回答は内臓占いが提供する細切れで断片的な占い結果の文章化でもあり得たとしている。デュランは，アーピルムのスピーチは，真正の預言にまで高められていると述べている[52]。

49）　Durand, J.-M. 1982, 46.

50）　Lafont, B. 1984, 9 and 13.

51）　Anbar, M. 1981, 91.

2-3　神託の送り主

新旧の預言文書から確認できる神託の送り主として，次のような神々を挙げることができる。

カラッスの主アッドゥ：A.1121 + A.2731 = *RA* 78, 7-11 = FM VII No. 39
ハラブの主アッドゥ：A.1121 + A.2731 = RA 78, 7-11 = FM VII No. 39;
　A.1968 = M.A.R.I. 7, 43-45
ニネットのイシュタル：ARM XXVI 192
シャマシュ：ARM XXVI 192.
ヒシャミートゥム：ARM XXVI 195 = X 53
ダガン：ARM XXVI 205; ARM 210（= ARM XIII 114); ARM 215（= CRRA 14, pp. 79-80); ARM 220（= ARM II 90）; ARM 221（= ARM III 40?); ARM 223?
テルカのダガン：ARM XXVI 199
トゥトゥルのダガン：ARM XXVI 199?; ARM 209（= ARM XIII 23）
ディーリートゥム：ARM XXVI 199
アヌニートゥム：ARM XXVI 212（= ARM X 6); ARM 213（= ARM X 7）
ニンフルサッガ：ARM XXVI 219?

2-4　預言報告のパターン

預言の報告にはいくつか型（パターン）があるが，これらを次の 3 つの型（混合型を含む）に整理して理解することができる[53)]。

2-4-1　シブトゥ型

この型に該当する預言報告は，シブトゥの預言報告の ARM X 7 および ARM X 8 である。

52)　Durand 1988a, 386; Lafont, B. 1984, 12.
53)　中田 1982, 5-8 および Nakata 1982, 146.

ina bīt DN PN/Prof. N. *immaḫu/i umma* DN または *kī' am iqbi ummāmi*:
某神の神殿で某（人名）／某職（職名）がトランスに陥り，某神（が次のように話した」）／次のように話した

シブトゥ型では，預言の受け手がトランス trance，すなわち異常心理状態に陥ったことを示す動詞 *namḫûm* が用いられていること，預言発生の場所が明記されていること，預言の受け手が語った言葉は神が一人称で語った神託として記されていることなどを特徴として挙げることができる。

また，ARM X 7 の場合，神託は 8–22 行に報告されているが，その神託の導入部で，（シェーレブムがトランスに陥り）「アンヌニートゥム女神（は次のように話されました）」と記されている。神託の実際の語り手は，シェーレブムであるにもかかわらず，あたかもアンヌニートゥム女神が語ったかのごとくに報告されている。換言すれば，アンヌニートゥムがシェーレブムに憑依し，シェーレブムの口を借りて語っていると受け取ることができる。これはシャーマニズムの一面を示しており，興味深い。

2-4-2　アッドゥ・ドゥーリ型

これに該当する書簡は，いずれもアッドゥ・ドゥーリの書簡の ARM X 50C および X 53 である。

muḫḫūtum, etc. *ina bīt* DN *itbēma ummāmi:*
ムッフートゥム女預言者，etc. が某神の神殿で立ち上がり，次のように（話した）：

他に，ARM X 81（イニブシナの書簡），ARM XIII 23（ムカンニシュムの書簡）および A.455 = Dossin 1966a, 77–80（ラナスームの書簡）もこの型の別型と考えてよい。

この型の特徴は，トランスまたは異常心理状態に陥ったことを示すのに

namḫûm ではなく，*tebûm*（立ち上がる）を用いていること，預言の受け手の職名が明記されていること，および預言の受け手の言葉が，シブトゥの場合と同様，神が１人称で語った言葉として引用されていることなどである。アッドゥ・ドゥーリの２つの報告書では，預言発生の場所が明記されているが，これはアッドゥ・ドゥーリ型の別型には見られない。また，別型の場合，*itbēma*（突然／勢いよく立ち上がって）と *ummāmi*（英語の thus に相当）の間に，*kī am iqbi*（彼／彼女は次のように語った）（ARM XIII 23）または *idbub*（彼／彼女は語った）（ARM X 81）が入る。A.455（＝Dossin 1966a, 77-80）は，ドサンの仏語訳しか知られていないため，元のアッカド語を復元することは不可能である)。

2-4-3　キブリ・ダガン型

キブリ・ダガンの３つの書簡 ARM II 90, III 40 および ARM XIII 114 がこの型に該当する。キブリ・ダガンのもう１つの書簡は破損が著しく，またキブリ・ダガンの他の書簡も含めて，どの預言報告書とも異なるため，例外として考察外とする他ない。

muḫḫūm, etc. ...... *illikamma*（*awatam kī am*）*iqbêm ummāmi:*

ムッフーム預言者，etc. がやってきて，（次のように）私に話しました。すなわち：

キブリ・ダガン型の特徴は，預言の受け手が異常心理状態に陥ったことを示す *namḫûm* も *tebûm* も使用されておらず，ただ，「預言者が私のところに来て次のように語りました」と記すのみである。*ummāmi* の後に引用される言葉はあくまでも預言の受け手（人間）の言葉であって，神が１人称で語った言葉ではないこと，さらにキブリ・ダガン型では，預言の受け手は，先ず冒頭で「某神が私を遣わしました。」と述べ，続いて用件（＝神託）を預言報告書の発信人すなわちキブリ・ダガンに対して命令形で「[急いで]（王に）書き送れ！ *ḫumuṭ* ...... *šupurma/šupur*」と語っていることである。従って，シブトゥ型あるいはアッドゥ・ドゥーリ型の預言報告と比べて，キブリ・ダガン型の場合は「非神話化」されていると考えることもできる。この点は，例えば，シブトゥの預言報告書 ARM X 7 と比べた場合特に著しい特徴と言える。

イニブシナの 2 つの預言報告書の 1 つ ARM X 80 と A.1121:41ff. は *namḫûm* も *tebûm* も用いていない点で，キブリ・ダガン型に入るが，*umma šîma* または *ummāmi* の後にシブトゥ型またはアッドゥ・ドゥーリ型の場合と同様，神が 1 人称で語った言葉として預言の受け手の言葉が引用されている。従って，これら 2 例はキブリ・ダガン型とシブトゥ型／アッドゥ・ドゥーリ型の混合型と見なすことができる。なお，神託の引用が終わった後，シブトゥ型およびアッドゥ・ドゥーリ型の預言報告では，引用を締めくくる言葉が見られないが，キブリ・ダガン型の預言報告の場合，預言の受け手の言葉（これが事実上の神託に相当する）の引用が終わった後，これを締めくくる言葉として，「そのムッフーム預言者は私にこう語りました *annītam muḫḫûm šû iqbêm*」ないしは，それに類した言葉が見られる（ARM II 90, ARM III 40, 78）。これは，キブリ・ダガン型に部分的に類似しているイニブシナの 1 書簡（ARM X 80）とヌール・シンの書簡（A.1121 + A.2731 = FM VII, No. 39）についても言える。

以上は，1982 年に中央大学文学部史学科『紀要』27 号に掲載された拙論 5-8 頁で述べたことであるが，1988 年以降新たに 14 の預言文書が出版された結果，1982 年に明らかにしたパターンを現在知られている預言報告書にそのまま当てはめると，純粋型ではなく混合型が多くなることが判明した[54)]。しかし 1992 年[55)] および 1996 年の別稿で強調したように，特定の単語あるいは表現の選択がそのまま特定の実態に対応するとは限らず，手紙（預言報告書）の発信者あるいはその書記の書き癖などを反映している可能性もあることを念頭においておく必要がある。

54)　中田 1996, 17.
55)　Nakata 1982, 146; 中田 1996, 17.

2-5　預言の場所と状況

預言者タイプの職業的宗教人が神殿あるいは神（像）の前で神託を語ったことは，既に知られていたが[56]，新しい預言文書の出版によって，マルドゥク神のアーピルムは「王宮の門」（ARM XXVI 371:9）あるいは「イシュメ・ダガンの門」（ARM XXVI 371:18）で神託を語っている例などが新たに知られるようになった。また，ムッフームトゥム女預言者が「秘密で *ina simištim*」でなく，「長老達（証人達）」の集まりで（*ina puḫur šībī*）神託を語ったと報告されている例もある（ARM 206：32-34）。他方，シャマシュ神のアーピルム預言者は，神託を書き取らせるに当たって，秘密保持のため「口の堅い書記」を要求している（ARM XXVI 414）。また，ARM XXVI 209＝XIII 23（アーピルム），ARM XXVI 215＝CRRA 14, pp. 79-80（ムッフーム），ARM XXVI 219（アーピルム）等では，犠牲を捧げた後で預言が行われたと報告されている[57]。

2-6　預言の内容

預言の内容に従って新旧の預言文書を，広い意味での祭儀にかかわるものと，王または王国の命運に関わるものの２つに大別することができる。

2-6-1　祭儀に関わるものとしては，シャマシュ，アッドゥ，ネルガル等の神々の要求が話題になっている ARM XXVI 194[58]，内容があまりはっきりしない ARM XXVI 198,「神の取り分 *asakkum*」について語る ARM XXVI 206,「清い水の」要求に関する ARM XXVI 215, 神からのリクエストに関する ARM XXVI 217, ニンフルサッガ女神の要求が語られていると思われる ARM

56） ARM XXVI 195＝X 53; 197＝X 50; 213＝X 7; 214＝X 8; 215＝CRRA 14, pp. 79-80.

57） Durand は，新旧の預言文書を（1）外国に対する威嚇，（2）王に対する神の加護，（3）神からの要求，（4）神々からの諸要求，（5）マルドゥクの叱責等の項目を掲げている（Durand 1988a, pp. 403-405）。

58） ARM XXVI 194＝CRRA 14, pp. 79-80.

XXVI 219, *pagru' um* 犠牲に関する ARM XXVI 220＝ARM II 90, ヤハドゥン・リムの死霊への供犠について語る ARM XXVI 221＝ARM III 40, カラッスのアッドゥ神が要求する「譲りの地」に関する A.1121＋A.2731（FM VII, No. 39）等がある。

2-6-2　王または王国の命運に関わる預言文書としては，以前から知られていた ARM XXVI 195＝X 53（後に触れる第1回目の危機を反映？），ARM XXVI 197＝ARM X 80（エシュヌンナとの和平反対），ARM XXVI 204＝ARM X 81（第1回目の危機を反映？），ARM XXVI 210＝ARM XIII 114（バビロン問題），ARM XXVI 212＝ARM X 6（バビロン問題），ARM XXVI 213＝ARM X 7（バビロン問題？），ARM XXVI 214＝X8（バビロン問題？），ARM XXVI 237＝ARM X 50（一部のみ）（第1回目の危機を反映？）等の他，新たに出版された ARM XXVI 192（エラム問題），ARM XXVI 199（エシュヌンナとの和平反対），ARM XXVI 200（ヤミン人の反乱）ARM XXVI 202（エシュヌンナとの和平反対），ARM XXVI 205（戦争の準備？），ARM XXVI 211（バビロン問題？），ARM XXVI 371（エカラートゥムのイシュメ・ダガン王に関する心配）などを挙げることができる。

2-7　マリ預言文書の時代背景

王または王国の命運に関する預言文書から見る限り，マリ王国が政治的，軍事的危機に直面していた時期に活発な預言活動が見られた。危機は3度あり，3度目の危機の後マリはバビロンに滅ぼされることになる。

2-7-1　第1回目の危機：ヤミン人の反乱とエシュヌンナとの戦争があったジムリ・リムの治世4年から6年（＝ZL 2'–4'）

デュランは，ARM XXVI 233（A.15）＝*RA* 42, pp. 128 & 130（夢・幻文書）をヤミン人が反乱を起こした第1回目の危機に関連付けている。また，「神の取り分」について要求する ARM XXVI 206 は，この反乱が一段落した頃の預言ではないかと推測している。

デュランはまた，ジムリ・リムの治世7年（ZL 5'）の初めに亡くなったと思われる皇太后アッドゥ・ドゥーリが書き送ったARM XXVI 237＝ARM X 50やARM XXVI 195＝ARM X 53，およびここでは夢・幻文書と考えたARM XXVI 196（エシュヌンナの主神ティシュパクがダガン神によって断罪されている！）などを，この時期の文書と考えている。また，エシュヌンナとの和約に否定的な神託を含むARM XXVI 197＝ARM X 80, ARM XXVI 199, ARM XXVI 202等も当然この時期の預言と考えられる。

2-7-2　第2回目の危機：対エラム戦争のあったジムリ・リムの治世11年（＝AL 9'）

エラムについての言及を含むARM XXVI 192はこの頃のものか。

2-7-3　第3回目の危機：バビロンとの関係が悪化し，ついにバビロンに征服されるジムリ・リムの治世末年

シブトゥが重要な役割を果たし始めるのは，ジムリ・リムの皇太后アッドゥ・ドゥーリが亡くなってからで，デュランによると，シブトゥの預言報告は，ジムリ・リムの治世11年（ZL 9'）以降とされる。従って，シブトゥの預言報告は，バビロンとの関係が悪化し始めた頃のものと考えられる。特に［バビロン］が名指しで非難されているシブトゥの預言報告書ARM XXVI 212＝ARM X 6は，その代表的なものである。また，キブリ・ダガンの預言報告書ARM XXVI 210＝ARM XIII 114もこの時期のものと考えられる。

2-8　髪の一房と衣の端

預言を行なった者あるいは自分が見た夢・幻を報告した者から，しばしば一種の担保として，髪の一房と衣の端を受け取り，それらを王に送っているが，新旧の預言文書の中からそのような言及がある文書をリスト・アップすると次の通りである。ARM XXVI 198, ARM XXVI 200, ARM XXVI 203, ARM XXVI

204 = ARM X 81, ARM XXVI 213 = ARM X 7, ARM XXVI 214 = ARM X 8, ARM XXVI 215 = CRRA 14, pp. 79-80, ARM XXVI 217, ARM XXVI 219, A. 1968（*M.A.R.I.* 7, pp. 43-45）.

2-9　預言と報償品の支給

ARM XXVI 199 によると，テルカのダガン神のカンマートゥム女預言者が神託を述べた後，並製の衣と鼻輪を要求し，サンメータルからそれらを支給されている。また，ARM XXVI 206:23-27 によるとムッフーム預言者が神託を伝えた後，衣服を 1 枚要求し，与えられている。ARM XXVI 203:14' にも TÚG（衣類）の語が出てくるので，ここでも衣服が与えられた可能性があるが，テキストの破損がひどく，確かではない。他に，アッドゥ神のムッフーム預言者が王に神託を与えた際に，銀製の首飾り 1 点が与えられた記録（ARM XXVI 142:3-4）やダガン神のアーピルム預言者ルパーフムがトゥトゥルに行った際に，1 シケルの銀が支給されたことを示す行政記録などが残っている[59)]。なお，先に，預言文書以外から名前が知られている預言者に触れたが，その史料の多くはこのような報償品の支給記録であったことは既に述べた。預言者に対する報償品の支給はアーピルムとムッフームの別なく見られる点に注意したい。このようなことは，以前は知られていなかった事実で，旧約聖書のアモス書 7 章 12 節やミカ書 3 章 11 節などとの関連でも興味深い。

2-10　預言と内臓占い

神と人との間のコミュニケーションのチャンネルとして神の側から一方的に与えられる預言や夢・幻を通しての神意伝達と，人の側から設問をして神意を伺う内臓占いがあった。占いに関しては，マリ文書では，内臓占いと鳥占いとが知られていた。ただし，鳥占いの実態は，言及例が極端に数なく，不明である。それに対して，内臓占いに関しては，本書の第 10 論文で論じているごと

59)　M.11436（未刊）= Durand 1988a, p. 396.

く，マリ文書のなかに多くの言及がある。これらのチャンネルの中で，最も信頼性が高かったのは内臓占いであった。夢・幻の場合もそうであるが，預言の場合も，それらを王に報告した者達は，内臓占いを行わせ，その結果に従って行動するよう王に助言している（ARM XXVI 204［= ARM X 81］:19-20; ARM 202:18; ARM 217:28-31; ARM 219:22'-24'）。

預　言　文　書

1　**ARM XXVI 194**（**A. 4260**）[60]　シャマシュ神のアーピルム預言者からジムリ・リム王への手紙

（1）［*a-n*］*a z*［*i-i*］*m-ri-*l［*i-im q*］*í-*［*bí-ma*］（2）［*u*］*m-ma a-pí-lum*［*š*］*a* ^{d}［UT］U-*ma*（3）um-ma-a ^{d}UTU-*ma be-el ma-a-t*［*im a-na-ku*］（4）GIŠ.GU.ZA GAL *a-na*［*š*］*u-ba-at la-l*［*i-ya*］（5）*ù* DU［MU］.MUNUS-*ka ša e-ri-šu-ka*（6）*ar-ḫi-iš a-na* ZIBBIR.RA^{KI}（7）［UR］U *ba-la-ṭim li-ša-aḫ-mi-ṭú*（8）［*an*］*-nu-um-ma* LUGAL.MEŠ *ša a-na*［*pa-ni-ka*］（9）［*iz-z*］*i-zu-ni-kum ù iš*$_7$-［ta-*aḫ-ḫi-ṭ*］*ú-n*［*i-ka*］（10）*a-*［*n*］*a q*［*a-t*］*i-ka ik*-nu*-*［*šu*］[61]（11）*a*［*n-n*］*a-n*［*u*］*-um-ma* ^{GIŠ}*gur-na-*［*tum i-n*］*a ma-a-tim*（12）*n*［*a*］-*ad-na-at-*［*kum*］（13）*ù a*［*š-š*］*um a-sa-ak* ^{d}I［M］（14）［*k*］*a-ni-sa-nam la-ma da-am*$_7$*-de-e*［*m*］（15）［*aš-p*］*u-ra-kum a-sa-kam ka-la-šu*（16）［*p*］*u-ḫi-ir-ma*（17）［*a-na ḫ*］*a-la-ab*^{KI} *a-na* É ^{d}IM（18）［*li*］*-ib-lu*（19）［*qí-i*］*š-ti* ^{d}*da-gan*（20）［*ša a-pí*］*-lum iq-bé-k*［*um*］（21）［*an-ni*］*-tam i-di-i*［*n*］（22）［*ba-la-aṭ-k*］*a*[62] *ù na-pí-i*［*š-ta-ka*］（23）［*li-š*］*a-re-e-*［*kum*］（24）［*š*］*a-ni-tam* ^{d}NÈ.IRI$_{11}$.［GA］L（25）［LU］GAL *ḫu-ub-ša-lim*^{KI}（26）*i-na da-am*$_7$*-de-e-em a-na*［*i-d*］*i-ka*（27）*ù i-di um-ma-na-ti-ka iz-z*］*i-iz*（28）*ma-al ta-ak-ru-bu*（29）*ù nam-ṣa-ra-am* ZABAR GAL（30）*šu-pí-iš-ma a-na* ^{d}NÈ.IRI$_{11}$.GAL（31）［L］UGAL *ḫu-*

60）　このテキストは，Dossin, G. 1966, 85-86 にフランス語の要約があるが，粘土板のマイクロフィッシュと翻字を出版したのは J.-M Durand である（Durand 1988a, 417-419）。

61）　D. Charpin 2002, 30, n. 189 参照。

62）　Durand 2000, 88, n. 3.

*ub-ša-lim*KI *li-ib-lu* (32) *ù ša-ni-tam um-ma-a* dUTU-*ma* (33) I*ḫa-mu-ra-bi* LUGAL *kur-da*KI (34) [*s*]*à-ar-ra-tim it-ti-ka i*[*d-bu-ub*] (35) *ù qa-as-sú a-šar ša-né-*[*em*] (36) [*š*]*a-ak-na-at qa-at-ka i-*[*ka-ša-sú*] (37) *ù i-na li-bi ma-ti-*[*šu*] (38) [*a*]*n-du-ra-ra-am tu-wa-*[*aš-ša-ar*] (39) *ù a-n*[*u-u*]*m-ma ma-a-tum k*[*a-lu-ša*] (40) *i-na qa-ti-ka na-ad-na-*[*at*] (41) [*k*]*i-ma a-la-am ta-ṣa-ab-*[*ba-tu-ma*] (42) [*a*]*n-du-ra-ra-am tu-wa-aš-ša-r*[*u*] (43) [*ak-ke-em šar-ru-ut-ka* [*d*]*a-ri-*[*at*] (44) [*ù š*]a-*ni-tam zi-im-ri-li-im ša-ki-in* dU[TU] (45) *ù* dIM *ṭu*[*p-pa-a*]*m an-n*[*i*]*-a-am li-iš-me-ma* [*be-el*] (46) *di-ni a-na ṣe-er ḫi*-im*-*⸢*di**⸣*-ia*[63] *li-iš-pu-r*[*a-am*]

(1) ジムリ・[リムへ言え。] (2) シャマシュ [の] アーピルム預言者 (は次のように申します)：(3) シャマシュ神 (は次のようにおっしゃいます)。「[私は][64] 国土の主である。(4) 大きな玉座を私のお気に [入りの住] まいに，(5) また私がお前から求めているお前の娘を (6) シッパル[65]，(7) すなわち生命の [町] に急いで送らせよ。(8-9) さて，お前に対して [立] ち向かい，[絶えずお前に対して略奪を行う] 王達は，(10) お前に [屈した。] (11) 今や，お前のために国土に……が (12) 与えられている (？)[66]。(13) そして，アッドゥ神の保

---

63) Charpin 2002, 31, n. 193 参照。

64) Dossin, G. は，3行目を Voice ce qu' a dit Šamaš, le seigneur du pays (Dossin 1966, 85) と訳し，「国土の主」をシャマシュと同格に取っている。これに対し，Durand, 1988a, 417 は3行目の末尾 (右の側面) に *a-na-ku* を復元し，ainsi (parle) Šamaš: << Je suis le maître du Pays >> と訳す。付録のマイクロフィッシュを見る限り，3行目の末尾に *a-na-ku* を復元するのはスペース的に困難なように思われるが，テキストに *um-ma-a* dUTU-*ma* と *-ma* がついていることから，*be-el ma-a-t*[*im*] 以下は，引用文の一部と考え，Durand の解釈に従った。

65) シッパルはシャマシュ神の祭儀の中心地で，ここにはナディートゥム (*nadītum*) と呼ばれる一種の修道女のための施設があった。シッパルのナディートゥムについては，Nakata, I. 2016, 255-269 およびこの論文に掲げられている参考文献を参照。

66) 8-14 行は，粘土板の保存状態が悪いため，Dossin は，訳はおろか大意さえ述べていない。Durand は，8-12 行をここに示したように復元して，Présentement, les rois qui t' ont affronté et t' ont pillé sans cesse, sont remis à ton pouvoir. Maintenant, le Bûcher t' a été donné dans le Pays. と訳すが (Durand, 1988a, 418)，このような復元と訳の根拠については，GIŠ*gur-na-*[*tum*] (le bûcher 火刑用の薪の山？) を除いて，何も述べていない。

留財産[67)]［に関して，］(14)（敵の）敗北の前に［カー］ニサーヌムを (15)［私は］お前に送った。すべての保留財産を (16) 集め，(17)［ハ］ラブへ，（すなわち）アッドゥ神の神殿まで (18) 運ば［せよ］。(19-20)［アーピ］ルム預言者がお［前］に語ったダガン神への［贈］物については，(21)［それを］与えなさい[68)]。(22)（そうすれば）［お前］の［生命］と［お前の存］在を (23)［お前に］もた［らしてくれるだろう］。(24-25) 話変わって，フブシャリム[69)]の［主］であるネルガル神が (26)（敵の）敗北に際して，お前の［側］と (27) お前の軍隊の側に立［っ］た。(28) お前が誓ったものすべて (29) および大きな青銅製の剣を (30-31) 作らせ，フブシャルムの主であるネルガル神に運ばせよ。」

(32) 話変わって，シャマシュ神（は次のようにおっしゃいます）。(33)「クルダの王ハンムラビは (34) お前に偽りを［語った。］[70)] (35-36) そして，彼の手は別のところに［置］かれている。（しかし）お前の手は［彼を捕まえる（？）］だろう。(37) そして［彼の］国の中で (38) お前は［ア］ンドゥラールム[71)]

---

67)　*asakkum* とは神に独占的の所属するもの，従ってこれに触れたり私物化したりすることがタブーとされる。Malamat, A. 1989, 70–80 を参照。

68)　13–14 行は，Durand の復元に従って訳したが，これが元のテキストかどうかは保証の限りではない。Durand 自身 19–20 行を，［*ša qí-i*］*š-ti-*^{d}*da-gan*［LÚ*a-pí*］*-lum iq-bé-kum*（アーピルム預言者キシュティ・ダガンがお前に言ったこと）と復元することもできるとしている。

69)　Dossin は Nišalim と読んだが，Ḫubšalim が正しい。ARM I 38:7 ではフブシャルムのネルガル神の *nāru* 祭司が言及されている。現在のトルコのディアルバクル地区の地名か（Güterbock, H. G. 1965, 198）。

70)　この文書の作成年代（ジムリ・リムの治世 4 年目＝ZL 2'），およびこの文書に出てくるシッパルのシャマシュ，アレッポのアッドゥ，テルカのダガン，フブシャルムのネルガルの 4 神（ジムリ・リムによるマリ王権奪回を支援した神々）等については，Durand 1985, 332–334 を参照。なお，クルダの国はハブル川流域にあったと思われるが，正確な位置は分かっていない。

71)　一般には *mīšarum* と呼ばれる。王宮に対する税の滞納分や民間における生活上やむなく蓄積された債務の免除またはそれを主たる内容とする勅令。バビロン王ハンムラビも治世 2 年と 22 年にこの勅令を出している。このような勅令の原文が残っている例としては，アンミツァドゥカの勅令がある（J. J. Finkelstein, 1969, 526–528）。なお，この問題に関しては，Kraus, F. R., 1984 を参照。

を実［施すべきである。］(39) さて，今や，全土は (40) お前の手中に与えられている。(41) お前はその町を占［領し］，(42)［ア］ンドゥラールムを実施する時，(43)［そのことに］よって，お前の王権は［永］遠のもの［となる］。

(44-46) 話変わって，［シャマシュ神（？）］とアッドゥ神の代理人であるジムリ・リムがこの［手紙］を聞き，訴［訟の相手］をヒムディヤに送［くる］ように。」

2　ARM XXVI 195（ARM X 53）（A.4320） 王母アッドゥ・ドゥーリからジムリ・リム王への手紙

(1)［*a-na*］*be-lí-ya* (2)［*qí*］*-bí-ma* (3)［*um*］-ma [fd]IM-*du-ri-ma* (4)［GEM］E_2*-ka-a-ma* (5)［*a-p*］*í-lum i-na* É［*ḫ*］*i-ša-mì-tim* (6)［[I]］*i-ṣí-a-ḫu šu-um-šu* (7)［*i*］*t-bi-*［*m*］*a um-ma-mi* (8)［*i-n*］*a wa-ar-ki-ka-ma* (9)［*a-ka-a*］*l-ka i-ka-lu* (10)［*ù k*］*a-as-ka* (11)［*i-š*］*a-tu-ú* (12)［*it-t*］*i-ka la dam-qa-a-tim* (13)［*ù le*］*m-né-e-tim* (14)［LÚ.MEŠ *b*］*e-el a-wa-ti-ka* (15)［*uš-te-n*］*é-ṣú-ú* (16)［*a*］*-na-ku-ma ka-ab-sà-ak-šu-nu-ti*（……）

(1) わが主［へ］(2)［言］え：(4) あなたのはした女 (3) アッドゥ・ドゥーリ（は次のように申します）。(5)［ヒ］シャミートゥム女神[72] の神殿で［アーピ］ルム預言者――(6) 彼の名はイツィ・アフです――が (7)［立］ち上がって（次のように言いました）。(8)「お前の去った後，彼らは (9) お前の［食べ物］を食し，(10) お前の杯（の飲み物）を (11)［飲］むだろう。(14) お前の敵対者［達］は (12) お前に［対して］良からぬこと (13) 悪いことを (15) 言い続けるだろう（？）。(16)（しかし）彼らを踏みつけるのは［私］である。（……）」

3　ARM XXVI 197（ARM X 80）（A.1047） 王女イニブシナからジムリ・リム王への手紙

(1) *a-na ka-ak-ka-bi* (2) *qí-bí-ma* (3) *um-ma* [f]*i-ni-ib-ši-na-ma* (4) *i-na p*［*a*］*-ni-tim še-*

72)「ヒシャムタの町の女神」の意。所謂「パンテオン・リスト」では，僅か2匹の犠牲用羊を与えられているに過ぎない。ヒシャムタの町はテルカ地区にあったと思われる（Kupper 1964, 105 を参照)）。

le-bu-um as-sí-in-in-nu（5）*te-er-tam id-di-*[*na*]*m-ma aš-pu-ra-kum*（6）*i-na-an-na* 1 ^{MUNUS}*qa-ma-*[*t*]*um*[73]（7）*ša* ^{d}*d*[*a-gan*] *ša ter-qa*^{KI}（8）[*i*]*l-li-ka-am-ma*（(9)[*k*]*i-a-am iq-bé-e-em*（10）[*u*]*m-ma ši-i-m*[*a*]（11）*sa-li-ma-tum ša* LÚ *èš-n*[*un-na*]^{KI}（12）*da-aṣ-tum-ma*（13）*ša-pa-al* IN.NU.DA *mu-ú*（14）*i-il-la-ku ù a-na še-tim*（15）*ša ú-kà-aṣ-ṣa-ru a-ka-am-mi-is-sú*（16）*a-al-šu ú-ḫa-al-la-aq*（17）*ù ma-ak-ku-ur-šu*（18）*ša iš-tu aq-da-mi*（19）{ŠU} *šu-ul-pu-tam ú-ša-al-p*[*a-a*]*t*（20）*an-ni-tam iq-bé-e-em*（21）*i-na-an-*[*n*]*a pa-ga-ar-ka*（22）*ú-ṣú-ur ba-lum te-er-tim*（23）*a-na li-ib-bi a-lim*[^{KI}]（24）*la te-er-ru-u*[*b*]（25）*ki-a-am eš-me um-ma-a-mi*（26）*a-na ra-ma-ni-šu iš-ta-na-ar-*[*ra*]*-ar*（27）*a-na ra-ma-ni-ka la ta-áš-ta-na-ar-ra-a*[*r*]

(1) 私の「星」[74] へ (2) 言え：(3) イニブシナ（は次のように申します）。(4) 以前，アシンヌ神官であるシェーレブム[75] が (5) 私にメッセージ[76] を与えたこ

73)　BA と MA は判別が難しく，読み方が研究者によって分かれる。G. Dossin は *qa-ma-tum* と読み，以前は prophétesse extatique（CRRA 14, 267）と訳していたが，その後は訳語を与えていない（Dossin, 1978, 123, 267）。F. Ellermeier は Dossin の読み方に従う。von Soden（UF 1, 198），Römer（AOAT 12, 36），Renger（*ZA* 59, 218ff.）などは *qa-ba-tum* と読み，「（職業的に）語る人」と解する。Moran は *qa-ma-tum* と読むが，*qa-ba-tum* と読む可能性を否定していない。ここでは，J.-M. Durand に従って，*qa-ma-tum* と読むが，*qammātum*（職業的に立ち上がる女性）と *qabbātum*（職業的に話す女性）のずれの場合も，預言者タイプの職業的宗教人（女性）を意味するものと思われる。

74)　ジムリ・リムに対して，「星」と言う呼びかけの言葉が使われている書簡は 20 通ほどあるが，これらの書簡の発信人は，1 人を除けば，いずれもジムリ・リムの娘達（Kīrum，Erišti-Aya，Narāmtum および Šīmatum）である。唯一の例外は，この書簡の発信人イニブシナである。マリ文書中では，同名の女性が少なくとも二人，すなわち，ヤハドゥン・リムの娘で *ugbabtum* 女神官である女性とマリの高官 Baḫdi-Lim の妻が知られているが，この手紙の送り主は後者である。彼女は行政・宗教面で相当の権限を委ねられていたように思われる（例えば ARM X 82 を参照）。これらの女性については，Birot 1979, 43ff. の該当個所および Batto, B. F. 1974 などを参照。

75)　このシェーレブムはトランスに陥ったシェーレブム（ARM X 7:6）と同一人物であると思われる。

76)　原語は *têrtum*。*têrtum* は通常内臓占いに現れる諸兆あるいは内臓占いの結果を指して使われるが，ここでは預言者を通じて与えられるメッセージを指していると考えられる。Charpin, D. 2002, 8. n. 9 および Nakata 2019, 168–171 を参照。

とがありましたが，（そのことは）あなた様に書き送りました。(6-7) 今度は，テルカのダ［ガン神］のカンマートゥム女預言者が (8) 私のところにやって来て (9) 次のように言いました。(10) すなわち，「(11) エシュヌンナの王（文字どおりには「人」）の友好的な言葉は (12) 不真実であり，(13)『藁の下では水が (14-15) 流れている』[77] のです。そして私が織り上げる網で彼を捕獲しよう。(16) 私は彼の町を滅ぼし，(17-19) そして，昔からの彼の財産を略奪しよう。」(20) 彼は私にこのように言いました。(21) さて，ご自身に (22) お気をつけ下さい。内臓占い無しに (23) 市内に (24) お入りにならないでください。(25) 私は次のようなことを聞きました。すなわち (26)「彼（＝王）は一人で……している」と。(27) どうかお一人で……なさらないでください。

4　ARM XXVI 198（**A.3912**）［王女イニブシナからジムリ・リム王への手紙？］[78]

(1') ⸢*ù*?⸣ *zi-im-ri-l*[*i-im a-na ma-ri*^{KI}] (2') *i-sà-aḫ-ḫu-ru* 2 U[DU.ḪÁ *li-iq-qú-ú*] (3') *ša-ni-tam še-le-bu-*[*um il-li-kam-ma*] (4') *ki-a-am iq-bi um-ma* [*šu-ú-ma*] (5') KAŠ *i-da-tam it-ti an-nu?-*[*ni-tim i-ki-mu*] (6') *i-nu-ma a-na i-ša-tim* Z[Ì.DA *aḫ-ši-ḫu*] (7') *ù i-na mu-ši-iḫ-tim ba-b*[*a-sà-am*] (8') *ki-ma* ZÌ.DA *i-di-n*[*u-nim*] (9') *i-na pa-ni-ya a-aṭ-ṭú-*[*ul-ma*] (10') *ši-ni-šu iš-tu a-di na-ak-*[*ri-im*] (11') *ak-šu-du i-na-an-na ša-al-*[*ši-šu*] (12') É*-tam úš-ba ù a-na-ku m*[*a*]*-di-i*[*š*] (13') *ze-e ù ši-na-ti wa-aš-ba-ku* (14') ⸢*ù*⸣ G[I] *t*[*i*]*-mi-nim a-ka-a*[*l*]

裏面は完全に破損　(1") [*a-n*]*a pí še-le-bu-um i*[*q-bé-em aš-ṭú-ur*] (2") [*i*]*-na-an-na a-nu-um-ma ša-ar-tam ù sí-sí-ik-tam ša še-le-*[*bi-im* ...... (4") [..................]

77）ARM XXVI 199 および ARM XXVI 202 にも同じ諺が引用されている。Sasson, J. M. 1994, 305-306 参照。

78）この手紙の復元と訳に関しては，Durand 1988a, 425 に従うが，手紙の破損が激しく，復元が正しいかどうか保証の限りではない。Durand によると，この手紙の内容は，ZL 2' と 3' 年のヤミン人との戦争の際に敵（ヤミン人）に奪われたアンヌニートゥム女神の神像をアシンヌ神官が2度敵地に行って取り返して来たが，ヤミン人戦争の終結後にもう一度同女神の神像を取り返し，神殿に持ち帰ったときのことに触れているものと考えられる（ARM XXVI/1, p. 425, note d）。

(5″)［.................］

(1′)……ジムリ・リ［ムがマリに］(2′) 戻ってくる［ことを予想して（？）2 匹の羊を犠牲として捧ぎさせなさい（？)］（？)。

(3′) 話変わって，シェレブ［ムがやって来て,］(4′) 次のように私に言いました。［彼］(は次のように言います)。(5′)「［彼らは］アンヌ［ニートゥム女神］から（？）イダトゥム（ビール）を［取り去りました？］。(6′) 火に入れるために粉を［要求した］時，(7′) 彼らは（？）麦の粥？を銀器に入れて (8′) 粉の代わりに与え［ました。］(9′) 私は自分自身を頼りに［せざるを得ませんでした（？)。］(10′-11′) 私が［敵の］許に行ってから2度，そして今や［3度］(12′) 彼女（アンヌニートゥム女神？）は (戻って来て？) 神殿に住んでいますが，私は［長く］(13′) 糞と尿の中に住んでいます。(14′) そして（？）私は［基］礎部分の［葦］を食［べています］]。(裏面は完全に破損)

(1″)　……シェレブムが［……。］((2″-3″)　さて，シェレブムの髪の１房と衣の端を (4″)　………(5″)　………

5　ARM XXVI 199 (A. 925 + A. 2050)[79)] マリの高官サンメータルからジムリ・リム王宛の手紙

(1) *a-na be-lí-ya* (2) *qí-bí-ma* (3) *um-ma sa-am-me-e-tar* (4) ÌR-*ka-a-ma* (5) ^{I}*lu-pa-ḫu-um* ^{LÚ}*a-pí-lum ša* ^{d}*da-gan* (6) *iš-tu tu-ut-tu-ul*^{KI} *ik-šu-dam* (7) *$ṭe_4$-ma-am ša be-lí i-na sa-ga-ra-tim*^{KI} (8) *ú-wa-e-ru-šu um-ma-mi a-na* ^{d}*da-gan ša ter-*［*q*］*a*^{KI} (9) *pí-iq-*

---

79)　この文書に関しては，Durand 1988a, 388-389 も参照。ここでは，Durand に従い，11-14 行にテルカのダガン神の神託，24-28 行にディーリートゥム女神へのメッセージ，30-39 行に同女神が語った神託，44-50 行にカンマートゥム女預言者のメッセージがあると解釈するが，24-28 行が誰からのメッセージか明らかでない。ただし，Charpin は，24-28 行をダガン神からディリートゥム女神へのメッセージであると理解し，同女神はエシュヌンナとの同盟にむしろ賛成の立場であったと見る（Charpin 1992, 25)。また，Charpin は 30-39 行を諸神託についてのルパーフムの注釈と見，神託そのものとは考えていない。ARM XXVI 199 の政治的背景についての Charpin の説明は説得的であるが，テキストの解釈については，説得性を欠く。

da-an-ni ṭe$_4$-ma-am ša-a-ti (10) ú-bi-il-ma ki-a-am i-pu-lu-šu um-ma-mi (11) e-ma ta-
al-la-ku ṭú-ú-ub li-ib-bi (12) im-ta-na-a[ḫ-ḫ]a-ar-[k]a ^{GIŠ}ia-ši-bu-um (13) ù $^{⸢GIŠ⸣}$[d]i
-im-tum [n]a-ad-nu-ni-kum (14) i-na i-di-ka i-il-[l]a-ku tap-pu-ut-ka i-il-la-ku (15)
ṭe$_4$-ma-am an-né-e-em i-na tu-ut-tu-ul^{KI} (16) i-pu-lu-šu ù iš-tu tu-ut-tu-ul^{KI} (17) ki-ma
ka-ša-di-šu-ma a-na di-ir^{KI} ú-še-er-di-ma (18) ^{GIŠ}sí-ik-ku-ri a-na ^{d}di-ri-tim ú-bi-il (19)
pa-na-nu-um še-er-nam ú-bi-il um-ma-mi (20) še-er-nu-um {ZA} ú-ul sà-ni-iq-ma
mu-ú {ú} (21) i-ṣú-up-pu še-er-nam du-un-ni-ni$_5$ (22) i-na-an-na sí-ik-ku-ri ú-bi-il (23)
ù ki-a-am ša-pí- {ir} ir (24) um-ma-mi as-sú-ur-ri a-na sa-li-mi-im (25) ša LÚ.ÈŠ.UN-
.NA^{KI} ta-ta-ka-li-ma (26) a-aḫ-ki ta-na-ad-di-i (27) ma-aṣ-ṣa-ar-tu-ki e-li ša pa-na-nu-
um (28) ⸢lu-ú⸣ du-un-nu-na (29) ⸢ù a⸣-ya-ši-im ki-a-am iq-bé-e-em um-ma-mi (30) as-
[sú]-ur-ri LUGAL ba-lum AN-lim ša-li-im (31) a-na LÚ.[ÈŠ].NUN.NA^{KI} na-pí-iš$_7$-ta-
šu (32) i-la-ap-pa-at ki-ma ša i-na pa-ni-tim (33) i-nu-ma DU[MU.M]EŠ [y]a-[m]i
-na^{KI} ur-du-nim-ma i-na sa-ga-ra-tim^{KI} (34) úš-bu ù a-na LUGAL aq-bu-ú um-ma
a-na-ku-ma (35) ANŠE ḫa-a-ri ša DUMU.MEŠ ya-mi-na la ta-qa-ṭá-al (36) i-na
{B[U]} ḫu-bu-ur-re-e qí-na-ti-šu-nu (37) a-ṭà-ra-as-sú-nu-ti ù I$_7$.DA ú-ga-am-ma-ra-
kum (38) [i-n]a-an-na ba-lum AN-[la]m i-š[a-a]l-lu (39) n[a pí-iš$_7$]-ta-šu la i-la-ap-
pa at (40) ṭe$_4$-ma-am a[n-n]é-⸢e-em⸣ ^{I}lu-pa-ḫu-um id-bu-ba-am (41) wa-ar-ki-šu-ma
i-na ša-ni-i-im [u$_4$-m]i-im (42) 1 ^{MUNUS}qa-ma-tum ša ^{d}da-gan ša t[er-qa]$^{⸢KI⸣}$ (43) il-li-
kam-ma ki-a-am iq-bé-e-[em um-ma]-mi (44) ša-pa-al IN.NU.DA mu-ú i-il-[la-ku] (45)
a-na sa-li-mi-im iš$_7$-ta-na-ap-p[a-ru-ni-kum] (46) AN.MEŠ-šu-nu i-ṭà-ar-ra-du-[ni-
kum] (47) ù ša-ra-am ša-né-e-em-ma (48) i-na li-ib-bi-šu-nu i-ka-ap-pu-du (49) LU-
GAL ba-lum AN-lam i-ša-al-lu (50) na-pí-iš$_7$-ta-šu la i-la-ap-pa-at (51) 1 TÚG.SI.SÁ
la-ḫa-r[e]-em ù ṣé-er-re-tam (52) [i]-ri-iš-ma ad-[di-in-š]i-im ù wu-ú-ur-ta-ša (53)
i-na É ^{d}NIN.É.GAL ⸢a⸣-[n]a D[AM.DINGIR.RA ^{f}i-ni]-ib-ši-na (54) id-di-in ṭe$_4$-e[m
a-wa-tim ša] (55) id-bu-bu-nim-ma a-na ṣe-er be-lí-ia (56) aš-pu-ra-am be-lí li-iš$_7$-ta-
al-ma (57) ša šar-ru-ti-šu GAL li-pu-úš (58) ù aš-šum ya-an-ṣí-ib-^{d}da-gan be-eḫ-ri-im
(59) LÚ da-aš-ra-an^{KI} ša a-na qa-qa-di-šu na-ka-si-im be-lí iš-pu-ra-am qa-tam (60)
a-na qa-tim a-bi-e-pu-uḫ aš-pu-ur LÚ ša-a-ti ú-ul i-mu-ru-ma É-sú ù ni-[š]e$_{20}$-š[u] (61)

⌜*a*⌝-[*na* Ì]R-*du-ti*[*m i*]*d-di-in i-na ša-ni-i-im* u_4-*mi-im ṭup-pí* ya-si-im-^{d}*da-gan ik-š*[*u-da*]*m* (62) [*u*]*m-ma-mi* LÚ *šu-ú ik-ta-áš-dam i-na-an-na an-ni-tam la an-ni-tam belí li-iš-pu-ra-*[*am*] (63) *ni-še*$_{20}$-*šu lu-wa-aš-še-er*

(1) わが主へ (2) 言え。(4) あなたの僕，(3) サンメータル（は次のように申します)。(5) ダガン神のアーピルム預言者ルパーフム[80)]が (6) トゥトゥルのダガン神（の許）からやってきました。(7-10) わが主がサガラートゥムで，「テルカのダガン神に私のことを問いただしてほしい[81)]」と彼に指示されたメッセージを，彼は受け取っていました。彼ら（テルカのアーピルム達？）は次のように（テルカのダガン神のメッセージを）彼に答えました。(11-13)「お前（ジムリ・

---

80)　ダガン神のアーピルム預言者ルパーフムはジムリ・リム治世6年（＝ZL 4'）第8月月（ダガンの月）第7日の日付のある史料 M. 11436（未刊）から，トゥトゥルに行った際1シケルの銀を支給されていることが分かっているが，Durand は，ルパーフムのこのトゥトゥル行きを ARM XXVI, 199 に言及されているトゥトゥル行きと同じであったと考え，本預言文書をジムリ・リム治世6年（＝ZL 4'）に年代付けしている。Charpin によると，エシュヌンナの王イバル・ピ・エル2世は，第 VII 月（キヌーヌムの月）の 25 日にマリとの宗主権条約（エシュヌンナ王が宗主）に誓約（調印）しており，あとはジムリ・リムの誓約（調印）を待つばかりになっていたという。この条約は実際に締結され，その条文（A. 361）が出版されている（Charpin 1991, 140-145)。従って，ジムリ・リムは，一部に強力な反対があったにもかかわらず，エシュヌンナと条約を結んだことになる。この間の政治的事情については，上記 Charpin 1991 の論文および Charpin, 1992b, 23 を参照。

81)　*ana Dagan ša Ter*[*q*]*a piqdanni* は，「私をダガン神に任せて／委ねてください」と訳すのが常識的であるが，すぐ後に続く文章から，この命令文は，むしろ「私のために／私に関してダガン神の神託を得てほしい」のような意味でなければならない。そこで，Durand はここの *piqdanni* を，ダブル・チェックのための2度目の内臓占いを意味すると思われる専門用語 *piqittum* によって，fais la contre-épreuve en ce qui me concerne auprès de Dagan de Terqa（私に関してテルカのダガン神にダブル・チェックしてください）と訳すことを提案している（ARM XXVI/1, p. 388)。因みに，この手紙の文脈から，ダガン神のアーピルム預言者ルパーフムはサガラートゥムで王から指示を受けた後，テルカに行く前にトゥトゥルで得たと同じ内容の神託を既に得ていたことがわかる。Durand の訳は少し穿ち過ぎという感じがする。ここでは，折衷案（？）として「テルカのダガン神に私のことを問いただしてほしい」と訳しておく。

リム）はどこに行こうと，幸運が絶えずお前に向かってくるだろう。破城鎚と攻城用の櫓はお前に与えられている。(14) それらはお前の側を行き，お前の助け手となるだろう。」(15) この（同じ）メッセージを彼ら（アーピルム預言者達）はトゥトゥルでも (16-17) 彼（ルパーフム）に与えていました。（ルパーフムが）トゥトゥルから（マリに）[82] 到着するや否や，私は[83]（ルパーフムを）ディールに行かせました。(18) 彼はディーリートゥム女神のもとに私の門の木[84]を運びました。(19) 以前，私（または彼）は戦車用木製部品[85] を運び，(20-21)「これは精製されていないので，水で湿気を帯びるでしょう[86]。その木製部品を強化して（使って）ください」と言いました。(22) 今回彼は私の門の木を運び，(23) 次のような手紙が書き添えられました。(24-26)「(おおディーリートゥム女神よ）あなたがエシュヌンナの人（＝王）の和平提案を信頼し，何もしないでいるなどとんでもないことです！ (27-28) あなたの警備兵はこれまで以上に強化されるべきです。」と。(29)「(女神は）次のように私（ルパーフム）に言いました。(30-32a)『王が神に伺いを立てること無しに，エシュヌンナの人と誓約をする（文字通りには彼の喉に触る）などとんでもないことです！ (32b-37)（状況は）以前，ヤミン人達が下って来て，サガラートゥムに住み着き，私が王に，「ヤミン人と条約を結ぶ（文字通りには，ヤミン人の仔ロバを殺す[87]）べきで

82) Charpin によると，サンメータルはこの時にはもはやテルカの知事ではなく，首都マリの最高責任者で，王の不在のため王に代わってルパーフムを謁見したと考えられる（Charpin 1992b, 30, n. 13)。

83) 17 行目の *ušerdīma* の主語は，文法的には，彼（＝ルパーフム）か私（＝サンメータル）のいずれかである。Durand は一人称にとり，je l' ai fait accompagner à Dīr と訳すが，*šurdûm* に「……を同伴させる」の意味があるかどうか疑問。むしろ，ここでは *ana Dīr* < *urḫašu* > *ušerdīma* と *urḫašu* を補って，「私は（引き続き）彼をディールに行かせた」と訳しておく。このディールはディーリートゥム女神の祭儀の中心地。

84) Durand は，アーピルム預言者であるルパーフムがディーリートゥム女神の神託を得るために奉納した門の象徴的意味を重視し，ここでは侵略者に対して市門を閉めることを象徴すると考える（ARM XXVI/1, p. 388)。

85) CAD $Š_2$, 317a によるが，この単語の正確な意味はよくわからない。

86) Anbar, M. は *zabû* から水中で解けるの意に取る（Anbar 1993, 397)。

はありません。私は，彼等の巣の……[88] に彼等を送り，川があなたのために（彼等を）全滅させてしまうでしょう」と，言った時と同じです。』(38)［さ］て，神に伺いを立てること無しに，(39) 彼（ジムリ・リム）は，彼（エシュヌンナ王）と条約を結ぶ（文字通りには，彼の喉を触る）べきではありません。」[89] (40)［このよ］うな（ディーリートゥム女神の）メッセージをルパーフムが私に語りました。

(41) その翌日，(42)［テルカ］のダガン神のカンマートゥム女預言者が1人 (43) 私のところにやって来て，次のように言いました。(44)「『藁の下では，水が［流］れている。』(45) 彼等は繰り返し和平に関してお前に書き送り，(46) 彼等の神々（の像）を［お前に］送ってくるが，(47-48) 心の中では，別の裏切り[90] を考えているのだ。(49) 王は神に伺いを立てることなしに，(50)

87）　マリおよびテル・エル・リマ出土の文書に特有の表現で，ARM II 37, 6, 11: IV 78 r 16'; *Mélanges Dussaud*, pp. 986, 991; *Syria* 19, 108, 18; *OBTR* 1, 11 等に見られる。特に，ARM II 37 では，ハナ人とイダマラズの国との間で条約を結ぶ際，条約締結の儀式として行う屠殺用の動物として人々がヤギと子犬を連れて来たのに対し，この手紙の発信人イバル・エルはあくまでも「母ロバから生まれた仔ロバ」を殺させることにこだわったとジムリ・リムに報告しているのは興味深い。

88）　Durand は *ḫu-bu-ur-re-e* を *ḫabāru*（住処を捨てて亡命する）の派生語と理解して，「私は（再び）彼等を追い払い彼等の巣を四散させよう」と訳している。Durand は，しかし，この語を ḫabāru（騒ぐ，騒ぎ声を挙げる）の派生語と見，叫び声の中で略奪が行われることに触れたものと解する可能性にも触れている。いずれにしろ，*ḫuburrû*/*ḫupurrû* の使用例が他になく，意味を確定するのは困難。

89）　40 行に，「［このよ］うなメッセージをルパーフムが私に語りました。」とあるから，ルパーフムの言葉は 39 行目までということになる。ここではこの報告の始まりを 29 行目と考え，このルパーフムの報告のなかにディーリートゥム女神の神託（30 行から 37 行まで）が含まれていると解しておく。Durand は 29 行目の「(elle = 彼女は）次のように私に言いました。」に引用符号を付けていないので，これを地の文と考えているようだが，これではサンメータルがディーリートゥムの神託を直接聞いたことになり，40 行目の文章と矛盾することになるのではないか。

90）　Durand は，W.L. Moran のアマルナ書簡 EA 117 の訳（*Les lettres d' El Amarna*, LAPO, Paris, 1987, p. 323）にヒントを得て，*šārum*（裏切り）を *šārum*（風）から導きだす。Moran も *Les lettres d' El Amarna*, の英語版のなかで Durand の解釈に賛意を表している

彼と条約を結ぶべきではありません。」と。(51) 彼女は，並製のラハルーム衣と鼻輪[91]を (52) 要求したので，私は（それらを）彼女に与えました。彼女は，彼女のメッセージ（*wûrtaša*）を (53-56) ベーレット・エカリム女神の神殿で［……イニ］ブシナ[92]［に（？）］与えました。彼等が私に語った［……］の［報］告をわが主に書き送ります[93]。わが主はよくお考えになって，(57) 偉大な王権にふさわしいことを行ってください。

(58-61) わが主がその首をはねることに関して書いて来られたダシュラン[94]の人でエリート兵士[95]のヤンツィブ・ダガン[96]について，私は直ちにアビ・エプフを派遣しましたが，彼等はその男を見ませんでした。彼（アビ・エプフ）は，彼（ヤンツィブ・ダガン）の家（族）とその［人々］を［奴］隷として売りました。次の日，ヤシム・ダガンの手紙が届［き］，(62)「その男（ヤンツィブ・ダガン）が到着した」と伝えてきました。どうかわが主よ，彼（ヤンツィブ・ダガン？）の人々を解放できるよう，イエスかノーかの手紙を下さい。

(Moran, W.L. 1992, 195)。

91) *laḫarûm* はハパクス。ただし，*laḫarītum* は衣類に関係する言葉として ARM XXIII, 375 および ARM XXVI 366, 24 にも出てくる。*ṣerretum*（鼻輪）は腕輪とともに結婚前の女性への贈物にもなる。この両語については，Durand 1988a, 429, notes f & g を参照。

92) イニブシナの名前の復元は，ARM X 80 = ARM XXVI 197 に基づく。Durand はイニブシナの名前の前に，彼女の職名 D［AM.DINGIR.RA］を復元するが，そのスペースがあるかどうかは，この行が粘土板のエッジに当るため，付録のマイクロフィッシュからは確認できない。

93) この女預言者が同じ内容の神託を述べたことをイニブシナも報告している（ARM X 80 = ARM XXVI, 197）。

94) ダシュランはテルカ地区にある町。

95) *beḫrum*（*piḫrum*?）はアッカド語の語彙にはなく，西方セム系の単語である可能性がある。ここでは，bḫr/beḫērum（選ぶ）によって「エリート兵」としたが，（*ṣābum*）*piḫrum* と読み，「正規兵」と解する人もいる（Charpin 1993a, 201）。ほかに，P. Villard, 1986, 441 annexe No. 1 を参照。

96) Durand は，キブリ・ダガンの手紙（ARM XXIII 110, 4'）にでてくる Yanṣib-［Addu］を Yanṣib-［Dagan］と読み，ここのキブリ・ダガンと同一人物ではないかと考える。

6 ARM XXVI 200（M. 6188）[97] アンヌニートゥムの大祭司アフムからジムリ・リム宛の手紙

(1) [*a-na*] *be-lí-y*[*a*] (2) [*qí*]*-bí-ma* (3) [*um*]*-ma a-ḫu-um* LÚ.SANGA *ša* [*an-nu-ni-tim*] (4) [ÌR]*-ka-a-ma* (5) [ᶠ]*ḫu-ba-tum mu-uḫ-ḫu-tum* (6) [*t*]*e-er-tam ki-a-am id-di-in* (7) *um-ma-a-mi* {2} ? *ša-ru a-na ma-t*[*im*] (8) *i-te-eb-bé-em ù ka-a*[*p*]*-pí-š*[*u*] (9) *ù* 2 *ta-ak-ka-*[*ti-šu*] (10) *a-ša-al-šu-nu-t*[*i*] (11) ᴵ*zi-im-ri-li-i*[*m*] (12) *ù* DUMU *si-im-a-*[*al*] (13) *e-bu-ra-*[*am li-pu-šu*] (14) [*i*]*š-tu qa-*[*ti-ka*] (15) ᴵ*zi-im-r*[*i-li-im*] (16) *ma-a-tam* [*k*]*a-la-š*[*a la tu-še-ṣí*] (17) *ù i-tu-ur-ma ki-a-a*[*m iq-bi*] (18) *um-ma-a-mi* DUMU.MEŠ *ya-mi-*[*na*] (19) *am-mi-nim tu-pa-al-la-a*[*s*] (20) *a-ša-al-ka* (21) *an-ni-tam mu-uḫ-ḫu-tum ši-i i*[*q-bi*] (22) ⌜*ù*⌝ *a-nu-um-ma ša-ar-tam ù sí-sí-ik-tam ša* MUNUS *ša-a-t*[*i*] (24) [*a-na ṣ*]*e-er be-lí-ya uš-ta-bi-lam*

(1)［わが］主へ (2)［言］え。(4) あなたの［僕,］(3)［アンヌニートゥム］[98] の大祭司アフム（は次のように申します）。(5) ムッフートゥム女預言者であるフバトゥムが (6) 次のような［メッセ］ージ（*têrtam*）を与えました。(7)「風[99]（？）が国に対して (8) 襲ってくる。……(9) と 2 つの……に対して (10) 私は責任を取らせよう。(11) ジムリ・リ［ム］」(12) とシマル人[100] は，(13)

97）この手紙は，バフディ・リムからジムリ・リムに宛てられた手紙（ARM VI 45＝ARM XXVI 201）の中に言及されており，この手紙が実際にマリ王宮に届けられたことが分かる。

98）Durand の復元に従っている。ARM X 8 から，アフムがアンヌニートゥム神殿の大祭司であると考えて差し支えない。

99）Durand は *ša-ru* の前に数字の 2 を消した後を見る。この *ša-ru* はミメーションがないので，複数と考えざるを得ないが Durand も指摘するごとく，8 行目の *i-te-eb-bé-em* は単数形である！ Durand は，8 行後半から 9 行目までを上に掲げたごとく復元し，「その翼と 2 つの首（*tikkātu* 変形と見る）」と訳すが，十分説得性があるとは考えられない。

100）シマル人の原義は「北の子等」で，言葉としては 18 行目に出てくるヤミン人，すなわち「南の子等」に対応する。いずれも当時のメソポタミアの西方セム系遊牧民部族の連合体であった。なお，シマル人とヤミン人およびその両方からなる，あるいはなっていた，ハナ人についての最近の研究としては，Charpin, D.et J.＝M. Durand 1986, 141–183; Anbar, M. 1991, 77–90 を参照。

収穫［をするように。］[101]（14）［お前の］手から，（15）おおジムリ・［リム］よ，（16）全土を［……。］」（17）彼女は再び次の［ように言いました。］（18）「おおヤミン人よ，（19）どうして，お前はトラブルを起こすのか。（20）私は，お前に（その）責任を取らせよう。」（21）このように，そのムフートゥム女預言者は［言いました。］（22-23）さて，その女の髪の毛の一房と衣の端を（24）わが主［に］送らせます。

7　ARM XXVI 202（M. 11046）テルカの知事キブリ・ダガンの息子カーニサーンからジムリ・リム王宛の手紙

（1）*a-na be-lí-ya*（2）*qí-bí-ma*（3）*um-ma ka-ni-sa-an*（4）ÌR-*ka-a-ma*（5）*a-bi ki-ib-*[*r*]*i-*^{d}*d*[*a-gan*]（6）*a-na ma-ri*^{KI} [*iš-pu-ra-am um-ma*]（7）*šu-ma a-wa-tim* [*ša i-na* É ^{d}*da-gan*]（8）*in-*[*n*]*e-ep-ša* [*eš-me*]（9）[*k*]*i-a-am i*[*d-bu-bu-nim*]（10）[*u*]*m-ma-a-mi ša-*[*pa-al* IN.NU.DA]（11）*mu-ú i-il-l*[*a-ku*]（12）*il-li-ik-ma* AN-*lum ša be-*[*l*]*í-y*[*a*]（13）LÚ.MEŠ *a-ya-bi-šu a-na qa-ti-šu*（14）*ú-ma-al-li i-na-an-n*[*a*]（15）^{LÚ}*mu-uḫ-ḫu-*[*um k*]*i-ma pa-na-nu-u*[*m-m*]*a*（16）*ir-ṭú-ub ši-*[*t*]*a-sa-am*（17）*an-ni-tam ki-ib-*[*ri-*^{d}*da-g*]*an iš-pu-r*[*a-am*]（18）*be-lí a-na šu-u*[*l-mi-šu te-r*]*e-tim*（19）*šu-pu-ši-im ù* [　　]（20）[0 0 *la-a*] *e-g*[*i* ......]（21）[............]（22）[............]（23）[............]（24）*be-lí la ú-la-ap-pa-tam*（25）SISKUR$_2$.RE *li-iq-qé-em-ma*（26）*li-it-ta-al-kam*

（1）わが主へ　（2）言え。（4）あなたの僕，（3）カーニサーン[102]（は次のように申します）。（5）私の父，キブ［リ］・ダ［ガン］が（6）マリに［書いて寄越しました。］（7-8）彼（は次のように申します）。「［ダガン神殿で］[103] 発せられた

101）13 行目の復元は，Durand による。

102）このカニサーンは，比較的高位の役人であったと考えられる（Durand 1988a, 431 の Kânisân）。この人物と ARM XXVI 194:14 のカーニサーンが同一人物かどうかについては不明。

103）キブリ・ダガンがテルカの知事であり，同市のダガン神が預言に関わりが深いばかりでなく，10-11 行の「藁の下では，水が流れている」という表現がテルカのダガン神に所属するカンマートゥム女預言者の別の預言（ARM XXVI, 197:13-14; 199:44）の中にも出て来ることから，Durand による 7 行目の復元は問題ない。

言葉を［聞きました。］(9)　［……(複数）は］次のように［言いました。］(10-11)『藁の下では水が流れている』と。(12) 彼[104] は行きました。そして，［わが主］の神は，(13) 彼（＝王）の敵を彼に (14) 引き渡されました。さて，(15)（その）ムッフ［ーム］預言者は以前と同じように，(16) 止まることなく叫び続けました。」[105] と。(17) キブ［リ・ダガ］ンはこのように書い［て寄越しました。］(18) わが主よ，わが主の安［全に関して内臓占］い[106] を (19) 行ってください。そして［……］(20-23)（ほぼ完全に破損）(24) わが主よ，時を移さず (25)（すぐに）犠牲を捧げ，(26) こちらに来てください。

8　ARM XXVI 203（**A.963**）　表面がほぼ完全に失われているため発信人は不明。受取人は多分ジムリ・リム。

(1') z[i-im-ri-li-im] (2') [.................] (3') [.................] (4') [.................] (5') [......] x [.......] (6') [......] u_4-mu-um [ku-ṣú-um] (7') *i*[*t-tu-ú*]*r* *ù sa-ra-bu-u*[*m*] (8') *pa-né-ya i-da-ak* (9') *i-na-an-na* u_4*-um* SISKUR$_2$*-ya* (10') *a-na* É*-ti-ya lu-ru-ub* (11') [*a-nu-u*]*m-ma ša-ar-tam ù sí-sí-ik-*[*tam*] (12') [*ša* ^{MUNUS}*qa*]*-am-ma-*[*tim*] (13) [*a-na ṣe-e*]*r be-lí-*[*ya ʾu-ša-bi-lam*] (14') [*ša-ni-tam* 1]TÚG *uṭ-*[*ba* GAL] (15') [x TÚG.S]I.SÁ [*a-na* MUNUS *ad-di-in*] (16') [*i-n*]*a-an-*[*na* ......]

(1'-5')　は完全に破損している。(6'-8') …………[107]　(9')　さて，私の犠牲の日に (10')　私の神殿に入らせよ。」[108] (11'-12')　さて，［……］……［……］

---

104) ここでは，12 行後半の「［わが主］の神」を 13-14 行の文章の主語と考えて訳したが，12 行前半の「行った」の主語は何かという問題が残る。Durand のごとく，12 行後半の「［わが主］の神」を 12 行前半の「行った」と結びつけて考えるのは，構文上不自然と思われる。

105) *irṭub šitasâm* の訳については，*AHw.*, 963b を参照。

106) 18 行目の復元は，Durand に従う。

107) 6' 行目の u_4*-mu-um* [*ku-ṣú-um*]（［寒い］気候）は，7' 行目の *sa-ra-bu-u*[*m*]（*sarbum* 湿気または *šarb/pum* 寒さを参照）との関連で復元されたものであるが，それ以上の根拠はない。また，Durand は 7' 行後半から 8' 行にかけてを「霜は私の顔立ちを << 殺してしまうだろう >>」と訳すが，同時に，*dâku* にこのような用法はないと述べている（ARM XXVI/1, p. 432, notes a & b）。

髪の一房と衣の端を　(13')［わが］主［の許に送らせます。］(14'-16')(「衣」以外の単語は読み取ることができない[109])。

9　ARM XXVI 204(ARM X 81)(A.2264)　マリの高官バフディ・リムの妻イニブシナからジムリ・リム王への手紙

(1) *a-na ka-ak-ka-bi* (2) *qí-bí-ma* (3) *um-ma* [f]*i-ni-ib-ši-na-ma* (4) If*in-ni-ba-na a-pí-il-tum* (5) *it-bé-ma ki-a-am id-bu-*[*u*]*b* (6) *um-ma-a-mi zi-im-r*[*i*]*-li-im* (7) *a-di ša-ar-ra-qé-* {A YA BI} *-šu* (8) [*ù*] *a-ya-bi-šu ù ša i-ta-ti-šu* (9) [*i*]*-sà-aḫ-ḫu-ru* (10) [0 0 0 0 0]*-šu*? ((11) [0 0 0 0 0] (12) [0 0 0] x x (13) [*la it*]*-ta-al-l*[*a-a*]*k* (14) [0-0 *la*] *i-ša-am-ma* (15) *la i-š*[*a*]*-ak-ka-an* (16) *a-nu-um-ma ša-ar-ti* (17) *ù sí-sí-ik-ti ad-di-na-ki-im* (18) *li-za-ak-ku-ú* (19) *i-na-an-na a-nu-um-ma* (20) *ša-ar-tam ù sí-sí-ik-tam* (21) *a-na ka-ak-ka-bi ú-ša-bi-lam* (22) I*k*[*a*]*-ak-ka-bi te-er-tam* (23) [*li-še*]*-pí-iš-ma a-na zi-im* (24) *te-re-ti-šu ka-ak-ka-bi* (25) *l*[*i*]*-pu-úš* I*ka-ak-ka-b*[*i*] (26) *pa-ga-ar-šu li-iṣ-ṣú-ur*

(1) 私の「星」へ (2) 言え：(3) イニブシナ（は次のように申します)。(4) アーピルトゥム女預言者であるインニバナ[110] が (5) 立ち上がって，次のように言いました。(6) すなわち「ジムリ・リムよ，（？）(7) 彼の盗賊，(8) 彼の敵と彼の周囲を (9) 取り囲む者［……］」(10-13 行は破損のため判読不可能)。(14-15)［(彼は）出かけたり］，購入したり，［蓄］えたりすべきで［ありません］。(16) さ

108) 11' 行目の *sa-ar-tam ù sí-sí-ik-*[*tam*] から判断して，10' 行で終わる文章は，いずれかの神が，預言者を通じてまたは誰かの夢の中で，一人称で語った言葉の一部であると考えられるが，その言葉の引用の始まるところを特定することは不可能。

109) 14' 行に TÚG（衣）の文字があることから，Durand は 14' 行以下に神託を語った預言者に対する報償行為が述べられていると見て，(14')［ša-ni-tam 1］TÚG *uṭ-*[*ba* GAL] (15')［x TÚG.S］I.SA［*a-na* MUNUS *ad-di-in*］と復元を試みているが，ここでは採用しない。

110) 多分インニバナはこれまでに知られているただ1人のアーピルトゥム女預言者。彼女は，アンヌニートゥム女神と結びついていた可能性がある（Durand 1988a, 397 を参照)。

て，私の髪の１房（17）と私の衣の端をあなたに差し上げます。（18）どうか彼らをして（私を）放免させてくださいますように[111]。」（19）さて，（20）その髪の１房と衣の端を（21）私の「星」に送らせます。（22）どうか私の「星」は内臓占いを（23-24）行わせ，その内臓占いの結果に従って（25）対処されますように。私の「星」よ，（26）どうかご自身の身にお気をつけ下さいますように。

10　ARM XXVI 205（**ARM XXV 816**）（**M. 7306**）[112] 発信人不明。［ジムリ・リム］宛の手紙。

（1'）［*ù i-n*］*a i-di b*［*e-l*］*í-*［. . . . . .］（2'）*i-na ša-al-ši-im ka-ra-*［*ši-im*］（3'）*ka-sa-am li-iḫ-pu-*⸢*ú*⸣（4'）*a-na ma-ti-im ša-pi-il-*［*tim*］（5'）*du-' u_5-um-ma-tum iš-*［　］（6'）*iš-at a-na* TILLAT *tu-še-š*［*e-*　］（7'）^{d}*da-gan ú-ša-ḫi-za-*［*an-ni*］（8'）*um-*［*m*］*a-a-mi* GIŠ.TUKUL.ḪÁ *lu-up-ti-*［*i*］（9'）［*wa-a*］*r-*⸢*di*⸣ *zi-im-ri-li-im*（10'）［*pu*］*-sú-*［*n*］*u al-pu-ut-ma*（11'）［*wa-a*］*r-ki-*［*k*］*a aṭ-ru-dam*（12'）［*ú-u*］*l ik-ta-*［*aš-du-ma*］（13'）［*i-na* U_4］4-KAM *iš-*［*ša-la-mu*］（14'）［*wa-ar-ki*］*-šu sa-ni-iš* ⸢*i*⸣*-*［. . .］（15'）［*um-ma a-n*］*a-ku-m*［*a i-na pa-ni*］（16'）［U_4］4-KAM-*mi lu-m*［*u-ur ṣa-bu-um*］（17'）［*li-ik-šu*］*-ud*［. . .］

111）J.-M. Durand は，この個所および ARM XXVI 204（ARM X 81）に基づき，*zakkû* を何らかの浄めの儀式と結びつけて理解しているが（“On doit faire le sacrifice de purification.”）（ARM XXVI/1, p. 432），ここでは，W. L Moran, 1969b, 22–23 に従い，「（髪の一房と衣の端を担保として提出したので，彼らが私を）放免してくれるように」という意味であると解釈しておく。なお，本論集 204–205 頁の「髪の一房と衣の端」についての説明をも参照していただきたい。

112）この文書は，もともと H. Limet が *Textes administratifs relatifs aux métaux*, ARMT XXV, Paris, 1986 に No. 816 として出版したものである。Limet はこの文書の４行目にある *bi-il-*［*li*］（Durand は *ša-pi-il-*［*ti*］と読む）から，青銅製品の製造に関する文書ではないかと考えていた。参考のため，行番号を Durand のそれに併せて，Limet の翻字を載せておきたい。以下の太字立体は両者共通の読みを示す。（2'）**i-na ša-al-ši-im ka-***al*［　］（3'）**ka-sa-am li-***ib*-x［　］（4'）2 **na-ma-***ri***-im ša-bi-il-**［*li*　］（5'）［　］*na? hu-***ma-tum**（6'）**iš-***tu* **a-na** *x li*［　］（7'）x **da-***tum* È x［　］（8'）［　］**a-mi GIŠ.TUKUL. ḪÁ lu**?［　］（9'）［　］**zi-im-ri-li-im**（10'）［　］**bu-ut-ma**（裏面に関しては，Limet は数字が残っているのみとする）。この例は，保存状態の悪い粘土板文書の場合，研究者によって，読み方に違いが生じうることを示している。

(18') {GIŠ}*si-ik-ka-ti* x [. . . . .] (19') *ša-ni-tam a-na um-ma-*[*na-tim*. . . . . .] (20') [*u*]*š-ta-bi-i*[*l* . . . . .] (21') 1 NINDA x-[. . . . . .] (. . .)

(1') ………[113]　(2')　3番目の宿営で，(3')（彼等が）コップを割るように。(4')　下の（南の）国に (5') 闇（？）が［…………。][114] (6') …………(7')　ダガン神は［私に］（次のように）教えました（？）。[115] (8')「私は戦いの準備をしよう。(9')　ジムリ・リムの［召使い達］に関して，(10') 私は彼等の［額］を触り　(11')　［お］前の［後］から派遣した。…………」(12')（12' 行以下は破損がひどく，解読不可能。19' 行には *šanītam* とあり，話題が変わる。）[116]

11　ARM XXVI 206 (**A. 3893**)［サガラートゥムの知事ヤキム・アッドゥ］からジムリ・リム王への手紙

(1) *a-na* [*be-lí-ya*] (2) *qí-*[*bí-ma*] (3) *um-ma* [*ya-qí-im-*dIM] (4) ÌR-[*ka-a-ma*] (5) 1

---

113) Durand は，[*ù i-n*]*a i-di b*[*e-lí-*[*ka lizziz*(*ū*)/*lillik*(*ū*)]（そして，彼等がわが主の側に立っているように／彼等がわが主の側を行くように。）と復元するが，元のテキストの復元になっているかどうか確証はない。

114) Durand は (5') *du-' u_5-um-ma-tum iš-*[*ša-ka-an*] (6') *iš-at a-na* TILLAT *tu-š*[*e-er-ši*] と復元し，「(5') Ce sera la confusion; (6') tu t' en feras une aide（それは混乱状態となり，お前はその助けとなるだろう）と訳しているが，ここではあえて復元を試みない。

115) Durand は，(7') d*da-gan ú-ša-ḫi-za-*[*an-ni*] (8') *um-*[*m*]*a-a-ma* GIŠ.TUKUL.ḪÁ *lu-up-ti-*[*i*] と復元し，Dagan m' a informé, (8') en disant: << Je veux "ouvrir" les armes >>（ダガン神は次のように私に教えました。（すなわち，「私は武器を抜こう！」）と訳している。

116) Durand は 12' 行以下を，(12') [*ú-u*]*l ik-ta-*[*aš-du-ma*] (13') [*i-na* U_4] 4-KAM *iš-*[*ša-la-mu*] (14') [*wa-ar-ki*]*-šu ša-ni-iš* i-[0 0 0] (15') [*um-ma a-n*]*a-ku-m*[*a i-na pa-ni*] (16') [UD] 4-KAM-*mi lu-m*[*u-ur-ma ṣa-bu-um*] (17') [*li-ik-šu-ud* [. . .] (18') $GIŠ$*sí-ik-ka-ti* x [. . .] (19') *ša-ni-tam a-na um-ma-*[*na-tim* . . .] (20') [*u*]*š-ta-bi-i*[*l* . . .] (21') 1 NINDA x [　] と復元し，(12') S' ils ne sont pas encore arrivés, (13') pour le quatre, ils seront à bon port." (14') Après cela, derechef il (s) . . . (15') J' ai dit: <<C' est avant (16') le quatre, que je veux voir l' armée (17') arriver: (18') des piquest . . . >> (19') Autre chose: à l' armée, (20') je viens de faire porter .....。すなわち，(12') もし彼等がまだ到着していないなら，(13')　彼等は4日までは安全であろう。(14') その後は，彼等は……。(15'-17')　私は言いました：「私は4日以内に軍隊の到着を見たい（？）。」

LÚ*mu-uḫ-ḫu-u*[*m ša* d*da-gan*]（6） *il-li-kam-ma ki-*[*a-am iq-bi*]（7） *um-ma šu-ú-ma w*[*u-di mi-nam*]（8） *ša zi-*[*im-ri-li-im*]（9） *a-ka-al* 1 SI[LA$_4$ *i-di-in-m*]*a*（10） *lu-ku-ul* 1 SILA$_4$ [*ad-di-in*]*-šum-ma*（11） *ba-al-ṭú-us-sú-ma* [*i-n*]*a* [*p*]*a-an a-bu-lim*（12）[*i*]*-ku-ul-šu*（13） *ù* LÚ.MEŠ ŠU.GI（14） *i-na pa-an a-bu-ul-li-im*（15） *ša sa-ga-ra-tim*KI（16） *ú-pa-ḫi-ir-ma*（17） *ki-a-am iq-bi um-ma šu-ú-ma*（18） *ú-ku-ul-tum iš-ša-ka-an*（19） *a-na* <*a*>*-la-né-e ru-gu-um-ma*（20） *a-sà-ak-ka-am li-te-er-ru*（21） LÚ *ša ri-i-sa-am i-pu-šu*（22） *i-na a-lim*KI *li-še-ṣú-ú*（23） *ù a-na ša-la-am be-lí-ka zi-i*[*m-ri-li-im*]（24） 1 TÚG *tu-la-ab-ba-ša-an-ni*（25） *an-ni-tam iq-bé-e-em-m*[*a*]（26） *a-na ša-la-am be-lí-*[*ya*]（27） 1 TÚG *ú-la-ab-b*[*i-is-sú*]（28） *a-nu-um-ma te-*[*er-tam ša*]（29） *id-bu-ba-a*[*m aš-ṭú-ur-ma*]（30） *a-na ṣe-er* [*be-lí-ya*]（31） *áš-tap-ra-*[*am*]（32） *ù te-er-ta-šu i-na sí-mì-iš-tim*（33） *ú-ul iq-bé-e-em i-na pu-ḫu-ur* LÚ（12'）ŠU.GI（34） *te-er-ta-šu id-di-in*

(1)［わが主］へ (2) 言［え。(3)［あなたの］僕 (3)［ヤキム・アッドゥ］[117]（は次のように申します)。(5)［……神の］[118] ムッフー［ム］預言者が (6) やって来て次［のように言いました］。(7-8) 彼（は次のように言いました)。「………(9)……1 匹の子［羊を……］(10) 私に食べさせてほしい。」私は 1 匹の子羊を彼に［与えました。］(11-12)［彼は］それを生のままで市門の［前］で食べました[119]。(13-16) そして，彼はサガラートゥムの市門の前に長老達を集め[120]，

(18')杭？……　(19'-20')　話変わって，私は軍隊に……を運ばせた。

117）Durand が 3 行目に［*ia-qí-im-*dIM］とサガラートゥムの知事ヤキム・アッドゥの名を復元しているのは，14-15 行の「サガラートゥムの市門」に依拠したと思われる。

118）Durand は「ダガン神の」（[. . . *ša* d*da-gan*]）を]」復元するが，その根拠を示していない。

119）7 行後半から 12 行までで，復元でない単語は，*a-ka-al*（*akkal*/*akāl*)（私は食べたい／食べること），*lūkul*（私に食べさせろ），1 SILA$_4$（1 匹の羊），*balṭussuma*（生きたままで），*abullim*（市門）のみである。Durand は，これの単語を巧みに結びつけて，復元している。特に，7-8 行をここでは日本語に訳していないが，Durand は，*w*[*u-di mi-nam*]（8） *ša zi-*[*im-ri-li-im*]（9） *a-ka-al* を，"Assurément, que mangerai-je qui appartienne à Zimri-Lim?"（一体，私がジムリ・リムに所属する何かを食べる等あり得ようか？）と訳している。

120）Durand が指摘するように，*upaḫḫir* は 3 人称単数形とも 1 人称単数形ともとれる。

(17) 次のように言いました。(18)「疫病[121] が流行するだろう。(20) 神の取り分 (*asakkum*)[122] を戻すよう (19) 町々（の人々）に要求しなさい。(21) 破壊[123] を行った人を (22) 町から追い出させなさい。(23) そして，お前の主人，ジ［ムリ・リム］の安全のために (24) 私に衣服を1枚着させなさい。」(25) 彼はこのように言いました。(26–27) 私は，［わが主の］安全のために，衣服を1枚［彼に］着せました。(28–29) さて，彼が私［に］語った神託 (*têrtum*) を［書き記し］(30)［わが主］に (31) 書き送りました。(32–33) 彼は彼の神託を秘密[124] で私に語ったのではなく，長老達の集会で (34) 彼の神託を与えました。

12　ARM XXVI 208 (ARM X 9) (A.2233) 王妃シブトゥから夫ジムリ・リム王への手紙[125]

(1) *a-na be-lí-ia* (2) *qí-bí-ma* (3) *um-ma* ^{f}*ši-ib-tu* (4) GEME$_2$-*ka-a-ma é-kál-lum ša-lim* (5) ^{I}*qí-iš-ti-*^{d}*di-ri-tim* (6) *a-pí-lu-um ša* ^{d}*di-ri-tim* (7) [U]$_4$ 2-KAM *a-na ba-ab*! *é-kál-l*[*im il-li-kam*] (8) [*k*]*i-a-am iš-pu-ra-am* [*um-ma-mi*] (9) *a-na pa-ni-*GIŠ.GU.ZA

ここでは，3人称単数形と解して訳しているが，1人称単数形と解した場合は，「私はサガラートゥムの市門の前に長老達を集め」となる。なお，M. Anbar は，この個所の参考例として，「サマリアの城門の入り口にある麦打ち場」で行われた預言の例（列王上22章10節）を挙げている（Anbar *1993*, 397）。

121) 原語の *ukultum* は，12行目の「［彼は］それを……たべました (*īkulšu*)」をうけて，「食べ（尽くす）こと」と「疫病」の2つの意味で使われていることに注意したい。D. Charpin 1992b, 22 を参照。

122) 旧約聖書で，神に対して聖別されたものを意味する *qodeš* あるいは *ḥērem* に対応する言葉。Malamat, A. 1989, 70–79 を参照。

123) Durand, ARM XXVI/1, p. 435, note d を参照。

124) この言葉は，辞書にはないが，33行目の「長老達の集会 *puḫrum*」に対比される言葉で，Durand は「秘密」と解する。当該個所の Durand 1988a, 435 の注 f を参照。

125) この手紙は2中田 2010 の拙稿では預言文書と考えなかったが，1–14行が預言の報告であるように見えるので，ここでは預言文書に加えることにする。手紙の前半は，ディーリトゥム女神のアーピルム預言者のエラムに対する預言の報告であるが，後半はマリとその王の安全を約束した終末論的幻（Durand は“vision escatologique”と呼ばれる［ARM XXVI/1, p. 437］）。

ma-[*ri*^{KI}] (10) *ma-am-ma-am ú-ul i-i*[*l-le-em*] (11) *a-na zi-im-r*[*i-li-im-ma*] (12) *a-la-i-tum na-ad-*[*na-at*] (13) GIŠ.ŠUKUR LÚ *e-l*[*a-am-tim*^{KI} *iš-še-bi-ir*] (14) *an-ni-tam* [*iq-bé-e-em*] (15) *ša-n*[*i-tam* (……) (1') *um-ma* ^{d}[É.A-*ma* ……] (2') *ki-im- t*[*um* ……] (3') *ni-i*[*š* AN-*lim i ni-iḫ-sú-us*] (4') *a-šar m*[*u* …………] (5') *ni-iš* AN-*lim ni-i*[*ḫ-sú-us* (6') ^{d}*a-su-me-*[*e*]*m iš*$_{7}$-[*ta-si*] (7') ^{d}a-*su-mu-um ar-ḫ*[*i-iš il-li-ik*] (8') *a-wa-tam a-na* ^{d}É.A [*iq-bi*] (9') *ša* ^{d}*a-sú-mu-um* [*iq-bu-ú*] (10') *ú-ul eš-me it-*[*bi-ma* ^{d}É, A] (11') *iq-bi um-ma-mi* [*ki-ma ni-iš* AN-*lim*] (12') *ni-za-ak-ka-ru ru-*[*ša-am*] (13') *ù sí-ip-pa-am ša ba-ab* [*ma-ri*^{KI}] (14') *li-il-qú-nim-ma ni-iš* AN-*lim* [*i ni-iḫ-s*]*ú-us* (15') *ru-ša-am ù sí-ip-pa-am ša ba-*[*ab*] *ma-ri*^{KI} (16') *il-qú-ni-im-ma i-na me-e im-ḫu-ḫu-ma* (17') DINGIR.MEŠ *ù i-la-tum i*[*š*]*-te-e* (18') *um-ma* ^{d}É.A-*ma a-na* DINGIR.MEŠ (19') *ṭì-ba-a ša a-na li-bi-it-ti* (20') *ma-r*[*i*^{KI} *ù ra-bi-iṣ* (21') [*ma-ri*^{KI} *ú*]*-ga-al-la-lu* (22') [DIN]GIR.MEŠ *ù i-la-t*[*um iq-bé-ni-im*] (23') [*um-*]*a-mi a-na li-bi-it-ti* (24') [*ma*]*-ri*^{KI} *ù ra-bi-iṣ* ((25') *ma-ri*^{KI} (26') *ú-ul nu-ga-al-la-a*[*l*]

(1) わが主へ (2) 言え。(3-4) あなたのはした女シブトゥ（は次のように申します)。王宮は安泰です。(5-6) ディーリートゥムのアーピルム預言者であるキシュティ・ディーリートゥムが，(7) 2日，王宮の門に来て，(8) 次のようなメッセージを伝えました。[すなわち，] (9-10) 「誰もマ［リ］の王座を狙って［上って来］ない［でしょう]。」 (11-12) 「上の国（*alaitum*[126]）」はジム［リ・リム］に与え［られている]。(13) エ［ラムの人（王）の］槍は［折られるだろう]。」 (14) 彼はこのように［言いました]。(粘土板文書の下部が失われている）(1') ［エア神（は次のように話します)。] (2') 「家族……(3') 誓いをしよう。(4') ……ところでは……(5') われわれは誓いをしよう。」(6') 彼はアスムーンを呼んだ。(7') アスムーンはすぐ［にやって来ました]。(8') 彼はエア神に［話しました]。(9'-10') 私はアスムーンが［言った］ことを聞き（とれ）ませんでした。[エア神は立ち］上がって（11'-14') 言いました。

---

126) Durand によると，この手紙はエラムがイダマラツに侵略してきた ZL 9' 年に書かれた可能性があるとする。そして，*a-la-i-tum* は *mātum elītum*（上［北］の国）の別表現とする。

すなわち，「[われわれが誓約できる] ように，[マリ] の門の鴨居（の泥）を取って来させなさい」と。(15'-16') 彼等はマリの門の鴨居（の泥）と敷居（の泥）を持ってきて，水に浸しました。(17') 神々と女神達は（その水を）飲みました。(18'-21') エア神（は次のように言いました)。「マリのレンガやマリの守衛に害を加えることはよいことであろうか」と[127]。(22'-26') [神] 々や女神 [達は言いました]。[すな] わち，「われわれは [マ] リのレンガやマリの守衛に害を加えることはありません」と。

13　ARM XXVI 209（**ARM XIII 23**）（**A.4996**）マリの高官ムカンニシュムからジムリ・リム王への手紙

(1) [*a*]*-na be-lí-ya* (2) *qí-bí-ma* (3) *um-ma mu-ka-an-ni-*{ŠUM}*-šum* (4) ÌR*-ka-a-ma* SISKUR$_2$.RE *a-na* ^{d}*da-ga*[*n*] (5) *a-na ba-la-aṭ be-lí-ya aq-qí-i-ma* (6) ^{LÚ}*a-ap-lu-ú-um ša* ^{d}*da-gan ša tu-ut-t*[*u-ul*]^{KI} (7) *it-bé-e-ma* { x x } *ki-a-am iq-bi* (8) *um-ma-a-mi* KÁ.DINGIR.RA^{KI} *mi-na-am* (9) *te-et-te-ne-e-pé-eš a-na pu-gi-im ù ša-ka-ri-im* (10) *ú-pa-aḫ-ḫa-ar-ka* (11) É.HÁ 7 LÚ.MEŠ *at-ḫi-i* (12) *ù ma-ak-ku-ur-šu-nu* (13) *a-*[*n*]*a* [*q*]*a-at z*[*i-i*]*m-ri-l*[*i-im*] (14) *lu-m*[*a-a*]*l-l*[*e-e*]*m* (15) *ù* ^{LÚ}*a-ap-*[*lu*]*-ú-um ša* ^{d}NIN.É.GAL (16) *i*[*t-b*]*é-e-*[*ma*] (17) [*k*]*i-a-a*[*m*] *i*[*q-bi um-ma-mi*] (18) *ḫa-*[*a*]*m-m*[*u-ra*]*-bi*（以下4行ほど欠落）

(1) わが主へ (2) 言え：(3-4a) あなたの僕ムカンニシュム（は次のように申します)。(4b-5) 私は，わが主の長寿／健康を願ってダガ [ン] 神に犠牲を捧げました。(6)（その時）トゥ [トゥル] のダガン神のアプルーム預言者が (7)（突然）立ち上がって次のように言いました。(8)「おおバビロンよ，お前は何を (9-10) 繰り返し行おうとしているのか。私はお前を網と……に集めよう。(11) 私は7人の同盟者達の家 (12) および彼らの財産を (13) [ジ] ムリ・リ [ム] の [手] に (14) 引き [渡] そう。」(15) ベーレット・エカリム[128]（?）のアプル

127） Durand 1988a, 438, note d を参照。

128） ここでは Durand, 1988a, 209 の読みに従うが，J. Bottéro は (*il*)*D*[*a-ga*]*n* とよんでいる（Bottéro 1964, 43)。

ーム預言者が（16）［（突然）立ち上がって］（17）［次］のように［言いました］。（18）「［ハンムラビ（？）］」（18行以下4行ほどが欠けている）

14　ARM XXVI 210（ARM XIII 114）（M.13843）　テルカの知事キブリ・ダガンからジムリ・リム王への手紙

（1）［*a-na be-lí-ya*］（2）［*q*］*í-bí-ma*（3）*um-ma ki-ib-ri-*^{d}*d*［*a-gan*］（4）ÌR-*ka-a-ma*（5）*u*$_{4}$-*um ṭup-pí an-né-e-em a-na ṣe-er- be-*［*l*］*í-y*［*a*］（6）*ú-ša-bi-lam*（7）*la-m*［*a*］*ti-ri-ik ša-di-im*（8）1 MUNUS DAM LÚ *il-li-kam-ma*（9）*aš-šum ṭe*$_{4}$*-em* KÁ.DINGIR.RA^{KI}（10）*ki-a-am iq-bé-em um-ma-a-mi*（11）^{d}*da-gan iš-pu-ra-an-ni*（12）*šu-pu-ur a-na be-lí-k*［*a*］（13）［*l*］*a i-ḫa-aš ù ma-a-*［*tum*］*-ma*（14）［*la*］*i-ḫa-aš*（15）［^{I}*ḫa*］*-am-mu-ra-bi*（16）［LUGAL *š*］*a* KÁ,DINGIR.RA^{KI}（17）粘土板判読不可　（1'）［……］*a-na ḫa-la-qí-šu*（2'）［*ya-ḫa-am-mu*］*-uṭ*

（1）［わが主へ］（2）［言］え：（3-4）あなたの僕キブリ・［ダガン］（は次のように申します）。（5-6）この手紙を［わが］主に送らせる日（今日）（7）山が暗くなる前［に］，（8）（ある）人の妻が私のところにやって来て（9）バビロンの件に関して，（10）私に次のように話しました。すなわち，（11）「ダガン神が私をお遣わしになりました。（12）［あなた］の主に書き送りなさい。（13）彼（ジムリ・リム）は心配すべきではありません。また（彼の）国（民）も（14）心配すべきではありません。（16）バビロンの王，（15）［ハ］ンムラビ［（17）　　］（1'-2'）彼は彼の滅亡に向かって［急いで行くでしょう］。」

15　ARM XXVI 211（A. 3178）王妃シブトゥから夫ジムリ・リム王への手紙

（1）*a-na be-lí-ya*（2）*qí-bí-ma*（3）*um-ma* ^{f}*ši-ib-tu*（4）^{f}GEME$_{2}$-［*ka*］*-a-m*［*a*］（5）^{I}［^{fd}*is-ḫa*］*-ra-*［０００］*-nu-um*（6）［..............］（7）［*ša* ^{d}NIN.É］.GAL?（8）*iz-zi-i*［*z-ma*］（9）*ki-a-am iq-bé-e-em*（10）*um-ma ši-ma zi-im-ri-li-im*（11）*a-šar il-li-ku*（12）*ú-ul i-ba-aš*（13）*ḫa-da-an-šu i-ka-aš-ša-ad*（14）*ki-in-ni-ke-em a-ra-' u*$_{5}$*-ub*（15）*ù i-na li-tim az-za-az*

（1）わが主へ（2）言え。（4）［あなたの］はした女，（3）シブトゥ（は次のように申します)。(7)［ベーレット・エ］カリム（?）[129] の (6) …………(5)［……］ラ・［…］ヌムが (8) 立ち上［がって］(9) 次のように私に言いました。(10) 彼女（は次のように言います)。「ジムリ・リムは (11) どこに行こうとも (12) 恥をかくことはないでしょう。(13) 彼の定められた時[130] が来るでしょう。(14) そこで（?）[131] 私は怒っています。(15) 私は勝ち誇るでしょう。」

16　ARM XXVI 212（**ARM X 6**）（**A.3217**）王妃シブトゥから夫ジムリ・リム王への手紙

(1) *a-na be-lí-ya* (2) *qí-*[*bí*]*-ma* (3) *um-ma* ^{f}*š*[*i-i*]*b-tu* GEME$_2$*-ka-a-m*[*a*] (4) *é-kál-l*[*um*] *ša-lim* (5) ^{I}*ì-*[*lí-ḫa-a*]*z-na-a-ya* ^{LÚ}*a*[*s-s*]*í-n-n*[*u*] (6) *ša an-*[*nu-ni-tim il*]*-li-ka*[*m*] (7) *i-na l*[*i-ib-bi* É *an-nu-ni-tim*] (8) [0 0 0 0 0 0 0]-x*-ma* (9) [*ṭe*$_4$*-mu-um aš-šum* KÁ.DINGIR.R]A^{KI} (10) a-na be-lí-ya iš-š]a-ap-ra-šu (11) um-ma-mi ḫa-am-mu-r]a-bi (12) [0 0 0 0 0 0]*-ku*（表面下 1/3 が欠）(1') [*aš-šu-um ṭe*$_4$*-e*]m KÁ.DING[IR.RA^{KI}] (2') ⸢*it*⸣–⸢*ta*⸣–⸢*tim*⸣ *aš*-qi* áš-ta-al-m*[*a*] (3') LÚ *šu-ú ma-da-tim a-na ma-a-tim an-ni-tim* (4') *ú-ša-am ú-ul i-ka-aš-ša-ad* (5') *be-lí i-im-ma-ar ša* AN*-lum* LÚ *ša-a-ti* (6') *i-ip-pé-šu ta-ka-aš-ša-as-sú* (7') *ù e-li-šu ta-az-za-az* (8') *u*$_4$*-mu-šu qé-er-bu ú-ul i-ba-al-lu-uṭ* (9') *be-lí an-ni-tam lu-ú i-*[*d*]*e* (10') *la-ma ṭe*$_4$*-em ì-lí-ḫa-az-na-a-*[*y*]*a* (11') *ša an-nu-ni-tum iš-pu-ra-aš-*[*š*]*u* (12') [U$_4$] 5-KAM *a-na-ku áš-ta-a-a*[*l-m*]*a* (13') [*ṭe*$_4$]*-mu-um ša an-nu-ni-*[*tum*] (14') [*iš-p*]*u-ra-ak-kum* (15') *ù ša a-ša-lu* (16') *iš-te*$_9$*-en*$_6$*-ma*

(1) わが主へ (2)［言］え：(3) あなたのはした女シブトゥ（は次のように申します)。(4) 王宮は平穏です。(5-6) ア［ヌニートゥム女神］のア［シ］ン［ヌ］

129) Durand は，GAL の文字から［^{d}NIN.É.］GAL を復元する。Durand 1988a, 440, note c を参照。

130)（*ḫ*)*adannum* は定められた時（＝期間）を意味する。従って，13 行目の動詞の主語が敵ならば，Durand の訳”il atteindra son but（彼はその目的を達するだろう)”通りになると思われる（Durand 1988a, 440)。

131) Durand は *kinnikêm* を前 1 千年紀の *akannaka*（そこで／そこに）と同義であるとする。当該個所の Durand の注と Charpin, D. 1989, 36 を参照。

神官であるイ［リ・ハ］ズナヤが［来て,］（表面7行以下裏面1行まで破損のため判読不可）[132]。

(2')私（イリ・ハズナヤ？）は，徴（複数 *ittātim*）に飲ませて[133]，尋ねました。(3')その男（ハンムラビ？）は，この国に対して多くのことを(4')定めていますが，成功しないでしょう。(5'-6')わが主は，神がその男に何をされるか見られるでしょう。あなたは，彼を征服し，(7')そして彼の上に立たれるでしょう。(8')彼の末期は近い。彼は助からないでしょう。(9')わが主よ，どうかこのことをご承知おき下さい。(10'-11')アヌニートゥム女神[134]がイリ・ハズナヤに知らせたアヌニートゥム女神のメッセージの（知らされる）前，(12')（すなわち）5日に私自身（神意を）尋ねま［したが］[135]，(13'-14')アヌニー［ト

132）表面の7行以下裏面の1行までは，J.-M. Durand の復元によると，(7)［アンヌニートゥム女神の神殿］で，(8)……(9)［バビロンに関するメッセージが(10)わが主に送られました。すなわち，「おお，ハンムラビ……］」となる。

133）「徴（複数 *ittātim*）を飲ませる」（Nissinen 2003, 46）ではなく「徴（複数 *ittātim*）に飲ませる」（Durand 2000, 326 他）と訳したが，J.-M. Durand はこの表現に基づき，ここに「誘発された占い」（mantique provoquée / divination provoquée）を見，また占師／預言者を「徴（複数 *ittātum*）」と呼んでいるのは換喩（metonymy）であると指摘し，旧約聖書のイザヤ書8:18；28:7およびミカ書2:11を参考例として挙げている（Durand 1982, 44, 47）。なお，同じような表現が ARM XXVI 207（＝ARM X 4）:4-6にも見られる。本論集305-306頁を参照。

134）アンヌニートゥム女神は，イシュタル型の女神で，古アッカド時代以降の文献に現れる。古バビロニア時代には，Kissura, Sippar, Nippur 等でその祭儀が認められた。マリにおけるこの女神の祭儀は，ウル第三王朝時代まで遡る（Edzard, 1967, 70）。アンヌニートゥム女神は，ジムリ・リム時代に，比較的頻繁に神託を与えており，この手紙はそのことを示す1例である（他に，ARM X 6, 8, 50 など）。これらの神託から判断する限り，アンヌニートゥム女神はジムリ・リムの身辺の安全に特別の関心を抱いていたようで，このことは後のアッシュルバニパル王にたいして同様の関心を抱いていた Arbela のイシュタル女神を思い出させる。なお，この点については，Moran, W. L. 1969b, 170-73を参照。

135）これは多分シブトゥが内臓占いを通して尋ねたこと（*ša ašālu*）への答えを示すと思われる。預言，夢・幻等を通じて与えられる神からのお告げは，時には，内臓占いによって再確認されることがあった。

ゥム］女神があなた様に［送］って寄越された［メッ］セージと（15'）私が尋ねたこと（の答え）とは（16'）一致しました。

17　ARM XXVI 213（ARM X 7）（A.100）　王妃シブトゥからジムリ・リム王への手紙

（1）*a-na be-lí-ia*（2）*qí-bí-ma*（3）*um-ma* [f]*ši-ib-tu*（4）$\mathrm{GEME_2}$-*ka-a-ma é-kál-lum ša-lim*（5）*i-na* É *an-nu-ni-tim* $\mathrm{U_4}$ 3-KAM（6）[I]*še-le-*{BU}*-bu-um*（7）*im-ma-ḫu um-ma an-nu-ni-tum-ma*（8）[I]*zi-im-ri-li-im*（9）*i-na ba-ar-tim*（10）*i-la-at-ta-ku-ka*（11）*pa-ga-ar-ka ú-ṣú-ur*（12）ÌR.MEŠ <*li*>*ib-bi-ka*（13）*ša ta-ra-am-mu*（14）*i-ta-ti-k*[*a*]（15）*šu-ku-un*（16）*šu-zi-is-sú-nu-ti-ma*（17）*li-iṣ-ṣú-ru-k*[*a*]（18）*a-na ra-ma-ni-k*[*a-ma*]（19）*la ta-at-ta-na-a*[*l-la-a*]*k*（20）*ù* LÚ.MEŠ *ša i-la-a*[*t-ta-ku-k*]*a*（21）*a-na qa-ti-ka a-*[*wi-li*[MEŠ]] *šu-nu-ti*（22）*ú-ma-al-*[*la-am*]（23）*i-na-an-na a-*[*nu-um-ma*]（24）*ša-a*[*r*]*-ta-*[*am u sí-sí-ik-tam*]（25）*ša as-sí-*[*in-nim*]（26）*a-na ṣ*[*é-er be-lí-ya*]（27）*ú-ša-bi-*[*lam*]

（1）わが主へ（2）言え：（3-4）あなたのはした女シブトゥ（は次のように申します）。王宮は平穏です。（5）アンヌニートゥム女神の神殿で3日（6）シェーレブムが（7）トランスに陥り，アンヌニートゥム女神（が次のように言いました）[136]。（8）「おおジムリ・リムよ，（9-10）彼らは，叛乱でもってお前を試みようとしている。（11）自分の身に気をつけるがよい。（12-13）家来，特にお前が愛する忠臣達を（14）お前の側に（15）置き，（16-17）お［前］を守れるように彼らを配置に付けよ。（18）お［前］1人では（19）歩きまわるな。（20-22）私は，［お前］を試みようとしている人々をお前に引き［渡そう］」と。（23）さて，（25）（この）アシ［ンヌ］神官の（24）髪の1房［と衣の端］を（26）［わが主の許に］（27）送らせます。

136）この表現に関しては，上記預言の概観の部分の「シブトゥ型」と「アッドゥ・ドゥーリ型」の説明の部分を参照。

18　ARM XXVI 214（ARM X 8）（A.671）シブトゥからジムリ・リム王への手紙

（1）*a-na be-lí-ya*（2）*qí-bí-ma*（3）*um-ma* ^{f}*ši-ib-tu*（4）GEME$_2$-*ka-a-am*（5）*i-na* É *an-nu-ni-tim ša li-ib-bi a-lim*（6）^{If}*a-ḫa-tum* MUNUS.TUR ^{d}*da-gan-ma-lik*（7）*im-ma-ḫi-ma ki-a-am iq-bi*（8）*um-ma-mi zi-im-ri-li-im*（9）*ù šum-ma at-ta mi-ša-ta-an-ni*（10）*a-na-ku e-li-ka*（11）*a-ḫa-ab-bu-uṣ*$_4$[137)]（12）*na-ak-ri-ka*（13）*a-na qa-ti-ka*（14）*ú-ma-al-la*（15）*ù* LÚ.MEŠ *šar-ra-qí-ya*（16）*a-ṣa-ab-ba-at-ma*（17）*a-na ka-ra-aš* ^{d}NIN-*é-kál-lim*（18）*a-ka-am-mi-is-sú-nu-ti*（19）*i-na ša-ni-i-im u*$_4$-*mi-im*（20）^{I}*a-ḫu-um* LÚ.SANGA *ṭe*$_4$-*ma-am*（21）*an-né-e-em šar-ta-am*（22）*ù sí-is-sí-ik-tam*（23）*ub-la-am-ma a-na be-lí-ya*（24）*aš-pu-ra-am šar-ta-am*（25）*ù s*［*í-i*］*s-sí-ik-am*（26）*ak-nu-ka-am-ma*（27）*a-na ṣe-er be-lí-ya*（28）*uš-ta-bi-lam*

（1）わが主へ（2）言え：あなたのはした女（3-4）シブトゥ（は次のように申します）。（5）市中の[138)]アンヌニートゥム女神の神殿で，（6）ダガン・マリク[139)]の女の召使いアハートゥムが（7）トランスに陥り，次のように言いました。（8）「おおジムリ・リムよ，（9）たとえお前が私を軽視しても，（10）私はお前のために[140)]（11）虐殺しよう。（12）私は，お前の敵を（13）お前に（14）引き渡そう。（15）そして，私は私の盗賊[141)]を（16）捕らえ，（17-18）彼らをひとまとめにしてベーレット・エカリム[142)]の破壊に委ねてしまおう。」（19）翌日，

137）11 行の読み方と訳については，Durand 1988a, 214（A.671）に従う。

138）「市中の *ša ina libbi ālim*」と言う形容句から，市壁の外または内壁と外壁の間にもう一つのアンヌニートゥム女神の神殿があったのではないかと考えられる（Moran, 1969b, 32）。

139）ダガン・マリクについては，特に何も知られていない。

140）9-10 行には，普段使用されない独立代名詞 *atta*（お前）と *anāku*（私）が用いられており，「お前」と「私」の対比が強調されている。

141）Moran はこれを地名と見なすが（1969a, 630），ここでは CAD Š$_2$, 71b および Durand 1988a, 442 に従う。

142）ベーレット・エカリム女神については，その神殿がマリにあったこと（ARM IX 13:1-3; X 50:8-10）が知られている以外に，いわゆる「パンテオン・リスト」では 6 匹の犠牲用羊が支給されていることや，ARM X 4 でダガン，アッドゥおよびイトゥール・メールと並んで，ジムリ・リムの側を行進する神々の 1 人に数えられている

(20-21) 神官長であるアフムがこの報告 (22) と髪の一房を (23) 私のところに持ってきました（ので）わが主に (24) お送りします。髪の１房 (25) と衣の端は，(26) 封印して (27) わが主の許に (28) 送らせます。

19　ARM XXVI 215 (RAI 14, 77-80) (A. 455) [143]　地方在住のマリの高官ラナスームからジムリ・リム王への手紙

(1) *a-na be-lí-ya* (2) *qí-bí-ma* (3) *um-ma la-na-su-ú-um* (4) ÌR-*ka-a-ma* (5) *be-lí ki-a-am iš-pu-ra-am* (6) *um-ma be-lí-ma a-nu-um-ma* SISKUR$_2$.RE (7) *a-na* ^{d}*da-gan ú-še-r*[*e*]-⸢*e*⸣*-em* (8) 1 GU$_4$ *ù* 6 UDU.NITA$_2$ [*bi-i*]*l* (9) *i-na-an-na* SISKUR$_2$.RE *ša be-lí-ya* (10) *i-na ša-la-mì-im a-na a-lim ik-šu-da-am* (11) *ù* IGI ^{d}*da-gan in-na-qí* (12) *ù ma-a-tum ip-tu-un* (13) *ù a-lum ka-lu-šu a-na* SISKUR$_2$.RE *ša be-lí-ya* (14) [*m*]*a-di-iš ḫa-di* [X] (15) *ù mu-uḫ-ḫu-um* IGI ^{d}*da-gan* (16) [*i*]*t-bi-ma ki-a-am iq-bi* (17) *u*[*m*]*-ma-a-mi šu-ú-* {A DI} *ma* (18) *ad-ma-ti me-e za-ku-tim* (19) *ú-ul a-ša-at-ti* (20) *a-na be-lí-ka šu-pu-ur-ma* (21) *ù me-e za-ku-tim li-iš-qé-en*$_6$*-ni* (22) *i-na-an-na a-nu-um-* {MA} *-ma* (23) *et-qa-am ša qa-qa-di-šu* (24) *ù sí-sí-ik-ta-šu a-na ṣe-er be-lí-ya* (25) *ú-ša-bi-la-am be-lí l*[*i*]*-za-ak-ki* (26) *ša-ni-tam aš-šum si-ri-im ša be-lí-ia* (27) *i-na* ÌR.MEŠ *ša be-lí-ya* 1 LÚ *ták-lu-um* (28) *li-il-li-ka-am ma ù si-ra-am* (29) *ša be-lí-ya it-ti* DUMU.MEŠ *a-lim* (30) [*l*]*i-il-qí* (31) *ù* DUMU.MEŠ *a-lim ba-lu-ia*$_8$ {LU YA} -x (32) 2? GIŠ.IG.ḪÁ *a-na* ^{d}*da-gan* (33) *is-sú-ḫu*

(1) わが主へ (2) 言え：(4) あなたの僕 (3) ラナスーム（は次のように申します）。(5) わが主は次のように書いて寄越されました。(6-7)「さて，私はダガン神のために犠牲（獣）を［送］らせた。(8) 牛１匹と牡羊６匹を［持参しなさい］[144]（？）」と。(9-10) さて，わが主の犠牲（獣）は無事に町に到着し，

こと等から，マリの公的祭儀では重要な神々の１人であったと思われる。ほかに，ARM X 78:7-8; X 112:16-18 などを参照。

143) この文書は最初 G. Dossin によってフランス語でのみ紹介された（Dossin 1966a, 79-80）が，現在は，全文が J.-M. Durand によってアッカド語の翻字とそのフランス語訳付きで ARM XXVI 215 として出版されている。

144) この復元と訳は Durand（ARM XXVI/1, p. 443）に従う。

(11) ダガン神の前に捧げられました。(12) そして，全土（の人々）は（その犠牲獣の肉を）食し[145)]，(13) 全市はわが主の犠牲に対し (14)［大］変よろこんでいます。(15) しかし，ムッフーム預言者がダガン神の前で (16)（突然）立ち上がって，次のように言いました。(17) 彼（は言います)。(18-19)「いつまで私は清い水を飲むことができないのか。(21) 彼（＝お前の主）が私（＝ダガン神）に清い水を飲ませてくれるよう (20) お前の主に書き送れ！」と。(22) さて，(23) 彼の頭髪の1房 (24) と彼の衣の端をわが主に (25) 送らせます。どうかわが主は，（ムフーム預言者を）放免してくださるように[146)]。

(26) 話変わって，わが主のプラスター（？）[147)] の件については，(27) わが主の家臣の中から信頼できる者を1人 (28-29) こちらに来させてください。そして，彼がわが主のプラスターを町の人々と一緒に (30) 取れるようにしてください。(31) 町の人々は，私の（？）許可無しに，(32) 2つの（？）扉をダガン神のために (33) 取り除きました。

20　ARM XXVI 217 (M. 8071)（ジムリ・リム）王への手紙。発信人不明。

表面の最初の10行は破損のため判読不可能。

(11) [*i*]*-na li-ib-*[*b*]*i* É*-ya* xx *ú-w*[*a-*0 0] (12) *id-di-nam-ma* GIŠ.IG *š*[*a*? 0 0] x*-mi a-n*[*a ṣe-ri-ya*] (13) *šu-pu-ur* x [0 0 0 0] *a* [?} (14) *iš-tu ṣú-uḫ-ri-ka* ⸢*ú*⸣*-*[*k*]*a-na-ak-ka-ma* (15) *ú e-em ša-al-ma-tim at-ta-na-ba-al-ka* (16) *ú i-ri-iš-ti i-ri-iš-ka-ma* (17) *ú-ul ta-na-ad-di-nam* (18) [*i-n*]*a-an-na a-na na-ḫu-ur*^{KI} (19) [*šu-le*]*-em-ma i-ri-iš-ti* (20) [*ša aq-b*]*i-kum-ma id-na-aš-ši* (21) [*ša iš-t*]*u pa-na-num a-na qa-a*[*t*] (22) [*ab-bé-ka*] *aš-ru-ku* (23) [*i-na-an-na a-n*]*a ka-šu-um a-ša-*[*ra-ak*] (24) [*na-ak-rum ša*]

145) 一般の人々が犠牲として捧げた動物の肉を食した例として興味深い。この風習については，Durandの当該個所の注（ARM XXVI/1, p. 444）を参照。1人の神に捧げられる犠牲獣（小家畜）の数は，例外的に12匹（ARM XXI, 48）とか10匹（ARM XXIII, 303）とかの場合もあったが，一般的には6匹あるいはそれ以下であった。この場合は，羊6匹の他に牛1頭が捧げられているNakata 1991, 256-258を参照。

146) 206-207頁を参照。

147) *sirum*（プラスター）については，J.-M. Durand 1988a, 444, note gを参照。

i-ba-aš-šu-ú (25) [*ša-pa-a*]*l še-pí-ka ú-ka-am-ma-*[*ar*] (26) [*ma-a-at*]*-ka a-na nu-uḫ-ši-im ù ḫe-ga-a*[*l-l*]*im* (27) [*ú-ta*]*-ar* MUNUS *ši-i an-né-ti id-bu-ba-am-ma* (28) [*a-w*]*a-at pí-ša a-na be-lí-ya aš-pu-ra-am* (29) *a-nu-um-ma ša-ra-as-sà ù sí-sí-ik-ta-ša* (30) *a-na be-lí-ya ú-ša-bi-lam be-lí te-re-tim* (31) *li-še-pí-iš-ma a-na ki* AN *be-lí i-ip-pa-lu li-*[*pu*]*-úš* (32) *ša-ni-tam aš-šum še-im a-na be-lí-ya áš-ta-na-pa-ra-am-ma* (33) *še-em ú-ul ub-lu-nim a-nu-um-ma i-na-an-na* (34) *ya-ap-ṭú-ur iš-tu sa-ri-im a-di bu-úš-a-an* [KI] (35) *ib-b*[*a-a*]*l-ki-it ni-kur-ta-šu-nu ú-we-du-ú* (36) ⌜*ù*⌝ [LÚ *n*]*a-aṣ-rum ú-ṣé-em-ma* (37) [*ki-a-am id-b*]*u-ba-am um-ma-mi* {X} [*šu-ma*] (38) [*it-ti* 4 *l*]*i-mi* 5 *li-mi ṣa-bi-im* [　　　] (39) [*a-na na-ḫu-u*]*r*[KI] *ni-sa-an-ni-i*[*q*] (40) [. . . . . *š*]*u-nu a-na na-ḫu-*[*ur*[KI]] [3+2 行欠] 左側のエッジに [. . . . .*ú*]*-še-ṣi* と書かれている。

(11)「私の家の中［で,］……［……］(12) 与えました……(13) 書き送れ！……［……］[148)] (14) 私はお前の子供の頃からお前を支え，(15) そして，私はお前を常に安全なところへ運んでいる。(16) しかし，私の欲するものをお前に求めても，(17) お前は私に与えようとはしない。(18)［さ］て，(人を) ナフルに (19-20) 上って［来させ,］私がお前に伝えた私の欲しいものを与えよ。(21-22) (そうすれば) 昔［お前の先祖達］に私が贈った［ものを,］(23)［今］お前に贈［ろう］。(24) 存在する［敵を］(25) お前の足の下に積み上げよう。(26) お前の［国に］豊穣と豊かさを (27)［回］復しよう。」その女はこのように私に語りました。(28) 彼女の言った通りの［言］葉をわが主に書き送ります。(29) さて，彼女の髪の毛の1房と衣の端を (30) わが主に送らせます。どうかわが主は，内臓占いを (31) 行わせ，わが主の神がお答えになることに従って行動されますように。

(32) 話変わって，私が繰り返し書き送っている大麦の件ですが，(33) 大麦はまだ送られてきません。(34) ヤプトゥルは，サルムからブシャーンに至るまで，(35) 叛乱を起こしました。彼等は彼等の敵意を明らかにしています。(36) 監視下にあった人物が逃げて来て（？），(37) 次のように私に話しまし

148) 11-13 行は，Durand, 1988a, 445-446 の翻字のまま。

た。すなわち，(38)「[……] ……5千人の軍隊 [……] (39) [……][149] われわれは侵略しようとしている。(40) […………] ナフ [ル] へ…………」(以下消失)

21　ARM XXVI 219（M. 13496 + M15299）

(1') *ak-k-ma* 7 *me-tim ṣa-b*[*a-am*………] (2') *ù a-lum ka-l*[*u-ša a-n*]*a* [*b*]*e-lí-ia i*[*k-ru-ub*] (3') *ù da-mi-iq-t*[*i be-lí*]*-ia iq-*[*bi*] (4') *ša-ni-tam* U_4 SISK[UR_2].R[E *i-n*]*a* É ^{d}[N]IN.ḪUR.[SAG.GÁ][150] (5') 1 *a-pí-lum š*[*a* ^{d}NIN].ḪUR.SAG.GÁ *it-*[*bi-ma*] (6') *ki-a-am id-bu-u*[*b um*]*-ma-a-mi šu-*[*ma*] (7') 1-*šu* 2-*šu ù* 3-[*šu*] IGI ^{I}*zi-im-*[*ri-li-im*] (8') *e-ri-iš-ti* ⸢*e*⸣-[*ri-i*]*š-ma ù* [*m*]*i-*[*im-ma*] (9') *ú-ul id-di--n*[*am* ………] (10') [*u*]*m-ma a-na-ku-*[*ma* ………………] (11') x x x x [………………] (12') *aš-šum ḫ*[*a-*………………] (13') [*šu*]*m-ma ṣa?/ḫ*[*a?-* ………] (14') [………………………] (15') [………………………] (16') [^{I}]*zi-i*[*m-ri-lim*………………] (17') *ù ša-ni-tam* [*it-bi-ma* 1 …………} (18') 1 MUNUS.TEgunu.BAR *ša mu la-*[*a* . . . . .] (19') *ta-ma-ra-am ša-n*[*i?-tam* 1 ………] (20') *dam-qa-am ša šum-ka* [*ša-aṭ-ra-am*] (21') *šu-bi-lam an-né-tim* 1 *a-*[*pí-lum*] (22') *id-bu-ub ù a-nu-um-ma š*[*a-ar-tam ù sí-sí-ik-tam*] (23') *ša a-pí-lim a-na be-lí-ia ú-ša-bi-lam*] (24') *be-lí ša e-pé-ši-šu li-pu-ú*[*š* ………] (25') [*ù ša-ni-ta*]*m ṣú-ra-ḫa-am-mu* x-[　] (26') [……… *iš-t*]*a-na-ap-pa-a*[*r*　]

(1') その結果，700人の兵 [士達を（？）……。] (2') そして，その町全体が [わが主] を [祝福し，] (3') そして [わが主の] 喜ぶことを [話しました][151]。

(4') 話変わって，犠 [牲] の日，[ニン] フル [サッガ女] 神の神殿 [において] (5') [ニン] フルサッガ女神のアーピルム預言者の1人が立ち [上がって]，(6') 次のように言いました[152]。(7')「1度，2度，そして3 [度] まで

149) Durand は [*a-na na-ḫu-u*]*r*^{KI}（[ナフ] ルに）と復元する（Durand, 1988a, 446]）。

150) 5' 行目に [^{d}NIN].ḪUR.SG.GA が出てくるので，4' 行で同じ神名を復元するのは問題ない。

151) 1'-3' 行は，Durand の大胆な復元に従っておく。

も，ジム［リ・リム］の前で（8'-9'）［私］は，私の欲しいものを［要望した］が，彼は［私に何も］与えてくれなかった。……］(10')　私（は次のように言いました)。［…………］(11'-16')　破損のため復元不可能。

(17')　話変わって，［…………］(18'-20')　……の良き……(21')　を送れ！」[153]（この）1人のア［ーピルム］預言者はこのように（22'-23'）話しました。さて，(その) アーピルム預言者の［髪の1房と衣の端を］わが主に［お送りします］。(24') どうかわが主は，内臓占いが示すことを［行われますように。］[154]（25'-26'）［…………］ツーラ・ハンムは［…………］

22　ARM XXVI 220（ARM II 90）（A.4865） テルカの知事キブリ・ダガンからジムリ・リム王への手紙

(1) *a-na be-lí-ya* (2) *qí-bí-ma* (3) *um-ma ki-ib-ri-*^{d}*da-gan* (4) ÌR-*ka-a-ma* (5) ^{d}*da-gan ù* ^{d}*ik-ru-bu-él ša-al-mu* (6) *a-lum ter-qa*^{KI} *ù ḫa-al-ṣú-um* [*š*]*a-lim*[155] (7) *ša-ni-tam* <*i-na*>[156] *a-ḫa-ra-tim*[157] UDU.ḪÁ *na-wu-um*[158] (8) [*ša* DUMU.M]EŠ-[*y*]*a-mi-na a-na*

---

152) この個所は，*ki-a-am id-bu-u*[*b um*]*-ma-a-mi šu-*[*ma*] となっている。ummāmi の後には直ぐ引用文が来るのが正しいが，ここでは，*šu-*[*ma*] という話者を明示する句が挿入されている。このような例が他にないわけではない（A.1968＝Durand, 1993, No. 38）A.4530 bis:17'［ARM XXVI/1, p. 182]; A.4621［＝ARM XXVI/1, p. 448]; ARM XXVI 319, 17 など)。当該個所の Durand の注および Charpin, D. 1989, 37b & n. 29 を参照。

153) 17' 行から 21' 行前半までは，Durand の復元に従って翻訳しているが，Durand の復元が正しいかどうか確証はない。

154) 22'-24' 行の復元も Durand に従っている。

155) キブリ・ダガンの手紙のこの特有の挨拶文については，Nakata, I. 1975, 17 & 22, 24 を参照。

156) Finet, A. 1954, 170 および CAD A_1, 170a に従って *ina* を補う。

157) *aḫarātum* とその反意語 *aqdamātum* は，太陽の出る方向に向って，それぞれ「後方（従って西）の河岸」および「前方（従って東）の河岸」を意味するものと考える（AHw の *aḫarātum* と *aqdamātum* の項を参照。両語とも西方セム語からの借用である。ただし，CAD A_1, 170a は，*aḫarātum* と *aqdamātum* を方向に関係なくそれぞれ，川の「遠い方の岸」と「近い方の岸」を意味すると解する。J. R. Kupper, ARMT III, 114 は逆に，*aḫarātum* と *aqdamātum* がここではそれぞれ，川の「こちら岸」と「向

GÚ I_7.BURANUN.NA (9) [*it-ru-ú*]-*ma*[159] *it-ti* UDU.ḪÁ *na-we-e-em* (10) [*ša* LÚ.ḪA.NA.MEŠ] *ri-tam i-ka-la* (11) [*mi-im-ma ḫi-ṭì*]-*tum ú-ul i-ba-aš-ši* (12) [*li-ib-bi be-lí-ya l*]*a i-na-a'* $_4$*-'* *ì-id* (13) [*u*$_4$*-um ṭup-pí an*]-*né-e-em* (14) [*a-na ṣe-er*] *be-lí-ya* (15) [*ú-ša-bi-lam*] (16) [^{LÚ}*mu-uḫ-ḫu-ú-u*]*m* (17) [*š*]*a* ^{d}*da-gan a-w*[*a-tam ki-a-am iq-bi*] (18) *um-ma-a-mi aš-šum* SISKUR$_2$.R[E *pa-ag-ra-i*] (19) *e-pé-ši-im* ^{d}*da-gan iš-pu-ra-an-ni*] (20) *a-na be-lí-ka šu-pu-ur-ma* (21) ITI *e-ri-ba-am i-na* U_4 14-KAM (22) SISKUR$_2$.RE *pa-ag-ra-i li-in-né-pí-iš* (23) *mi-im-ma* SISKUR$_2$.RE *še-tu la ú-še-te-qú* (24) *an-ni-tam* LÚ *šu-ú iq-bé-e-em* (25) *i-na-an-na a-nu-um-ma a-na be-lí-ya* (26) *áš-ta-ap-ra-am be-lí a-na ki-ma* (27) *mu-uš-ta-lu-ti-šu* (28) *ša e-li-šu ṭà-ba-at li-pu-úš*

(1)　わが主へ (2) 言え：(3-4) あなたの僕キブリ・ダガン（は次のように申します）。(5) ダガン神[160] とイクルブ・エル神[161] は平穏です。(6) テルカとその地区は平穏です。

(7-10) 話変わって，ヤミン［人が］[162] ユーフラテス川河岸に［連れて来た？］羊の群れが，西岸〈で〉［ハナ人の］羊の群れと一緒に牧草を食べています。(11)［損］失は［何も］ありません。(12) どうか［わが主は］ご心配なさいま［せん］ように。(13-15) こ［の手紙を］わが主の［許に送らせる］日

こう岸」を意味するものと考えている。

158) Edzard, D. O. は，後掲の論文 160 頁で，この個所の UDU.HÁ と *nawûm* が同格になっていると見るが，UDU.HÁ を一種の限定詞とみることもできよう。マリ文書における *nawûm* は，（夏の）放牧地を意味する場合（ARM II 45:9'–10'）と放牧中の家畜の群れ（とその牧夫達）を意味する場合（ARM II, 59:6; III 15:13; VI 42:18 他）があるが，ここでは，後者の意味で用いられている。なお，*nawûm* については，Edzard 1959, 168–173 および Kraus, F. R. 1976, 172–179 を参照。特に Kraus は，*nawûm* を夏の放牧（Sömmerung）との関連で理解すべきことを強調する。

159) Durand, J.-M. 1988a, 448 に従って復元。

160) ダガン神については，本論集の第 14 章を参照。

161) イクルブ・エル神については，本論集の第 15 章を参照。

162) 通常 DUMU.MEŠ-*ya-mi-na*（南の子等）と書かれており，字義的には，DUMU.MEŠ-*si-ma-al*/*si-im-ḫa-al*/*si-im-a-al*（北の子等）に対応する。ここでは，ヤミン人と訳しておく。DUMU.MEŠ-*ya-mi-na* の読み方についての諸説に関しては，Luke, J. 1965, 52–59; J.-M. Durand 1993, 47, n. 20 などを参照。

(今日)，(16-17) ダガン神の［ムッフーム預言者］が［私に次のように語りました。］(18-19)「［［……の］犠牲を捧げることに関して，ダガン神が［私をお遣わしに］なりました。(20) あなたの主に書き送り，(21) 来月14日に (22) 死霊用の（?）犠牲が捧げられるようにしてください。(23) この犠牲は決してなおざりにされるべきではありません。」(24) この人は，このように私に言いました。(25) さて，私はわが主に (26-27) 書き送ります。わが主はご自身のお考えに従って，(28) ご自身がよしとされることをなさいますように。

23　ARM XXVI 221 (ARM III 40) (A.2030) テルカの知事キブリ・ダガンからジムリ・リム王への手紙

(1)［*a-na*］*be-lí-ya* (2)［*q*］*í-bí-ma* (3) *um-ma ki-ib-ri-*^{d}*da-gan* (4) ÌR-*ka-a-ma* (5) ^{d}［*da-gan ù* ^{d}*ik-ru-ub-él*［*ša*］*-al-mu* (6) *a-lum te*［*r-q*］*a*^{KI} *ù ḫa-al-ṣú-*<*um*>［*š*］*a-lim* (7) *ša-ni-tam u*$_{4}$*-um ṭup-pí an-né-e-em* (8) *a-na*［*ṣ*］*e-er be-lí-ya ú-*［*š*］*a-*［*b*］*i-lam* (9) ^{LÚ}［*m*］*u-uḫ-ḫu-um ša* ^{d}［*d*］*a-gan* (10) *il-li-*［*ka*］*m-*ma (11) *a-wa-tam ki-a-am*［*i*］q-*bé-*⸢*e*⸣*-*［*em*］(12) *um-ma-a-mi* (13) AN-*lum iš-pu-ra-an-*［*ni*］(14) *ḫu-mu-uṭ a-na* LUG［AL］(15) *šu-pu-ur-ma* (16) *ki-ìs-pí a-na i-ṭe*$_{4}$*-em-m*［*i-im*］(17) *ša ya-aḫ-du-un-l*［*i-im*］(18) *li-ik-ru-bu* (19) *an-ni-tam* ^{LÚ}*mu-uḫ-ḫu-um šu-ú* (20) *iq-bé-e-em-ma a-na be-lí-ya* (21) *aš-ta-ap-ra-am* (22) *be-lí*［*š*］*a e-l*［*i*］*-šu ṭà-ba-at* (23) *li-pu-úš*

(1) わが主［へ］(2) 言え：(3-4) あなたの僕キブリ・ダガン（は次のように申します）。(5)［ダ］ガン神とイクルブ・エル神は平穏です。(6) テ［ルカ］とその地区は平穏です。

(7-8) 話変わって，この手紙をわが主の許に送ら［せ］る日（今日）[163]，(9)［ダ］ガン神の［ム］ッフーム預言者が (10) 私のところへやって来て，(11) 次のように語りました。(12) すなわち，(13)「神が私をお遣わしになりました。(14-15) 急いで［王］に書き送り (16-17) ヤハドゥン・リ［ム］[164] の死霊

163）同じ表現はARM XXVI 210：5-6；220：13-15および221bis：18-19にも見られる。いずれもキブリ・ダガンの手紙である。

164）ヤハドゥン・リムはアムル系のマリ王朝創設者。ジムリ・リムはその「子」とさ

にキスプム犠牲[165]を（18）捧げさせなさい。」[166]（19-21）このムッフーム預言者は，このように私に話しました。私はわが主に書き送ります。（22-23）どうかわが主は，ご自身がよしとされることをなさいますように。

24　ARM XXVI 221 bis（ARM III 78）（A.4934）[167] テルカの知事キブリ・ダガンからジムリ・リム王への手紙

（1）[*a-na*] *b*[*e-lí*]*-ya*（2）[*qí*]*-bí-ma*（3）[*um-ma*] *ki-ib-ri-*^{d}*da-gan*（4）[ÌR]*-ka-a-ma*（5）[^{d}]*da-gan ù* ^{d}*ik-ru-ub-il ša-al-mu*（6）[*a-l*]*um ter-qa*^{KI} *ù ḫa-al-ṣú-um ša-lim*（7）*a-na še-im ša ḫa-al-ṣí-ya e-ṣé-di-im*（8）[*ù*] *a-na* KI.UD.ḪÁ *na-sa-ki-im*（9）[*a-ḫa-a*]*m ú-ul na-de-e-ku*（10）[*ša-ni-tam*] *aš-šum a-bu-ul-lim* GIBIL（11）[*e-pé-ši*]*-im i-na pa-ni-tim*（12）[^{I}NP　] ^{LÚ}*mu-uḫ-ḫu-ú-um*（13）[*il-li-ka-a*]*m-ma*[168]（14）[*i-ta-aš-ša*]*-aš*（15）[*um-ma šu*]*-ma*（16）[*a-na ši-pí-ir a-bu*]*-ul-lim* ⸢*ša*⸣*-a-ti*（17）[*qa-at-ka šu-k*]*u-un*（18）[*i-na-an-na u*$_4$*-um*] *ṭup-pí an-né-e-em*（19）[*a-na ṣe*]*-er be-lí-ya ú-ša-*[*b*]*i-lam*（20）

れるが，実際には孫あるいは甥（本論集第2論文を参照）。ヤハドゥン・リムの治世とジムリ・リムの治世の間にシャムシ・アダド1世の「上メソポタミア王国」の支配期間が入る。

165）マリ文書中のキスプムは，死者／死霊供養のための供え物（食物）で，キスプム用に支出された数種類のパンや油の支出記録がたくさん残っている。これらが，マリの場合は，毎月二回月初めと月の半ば（すなわち新月と満月の時）に供えられた。なお，キスプムについての詳しい研究として，Tsukimoto, A. 1980を挙げておきたい。

166）このムッフーム預言者のことばを直訳すれば，「急いで書き送れ！（彼らが）…犠牲を捧げるように。」となる。Ellermeier, F. は，14-18行をムッフーム預言者に語った神の言葉の引用と解するが（Ellermeier, F. 1968, 33），そのような解釈が成り立つためには，13行の *išpuran*[*ni*] と14行の *ḫumuṭ* との間に，直接話法を導入する *ummāmi* が必要であろう。

167）このテキストの欠損個所は，基本的には，Durand, J.-M. ARM XXVI, p. 450の復元に従う。これらの欠損個所に関しては，J.-M. Durand以前にもいろいろな復元の試みが行われている。それらについては，中田1982, 19-21を参照。

168）Kupper 1950, 102は，[*il-li-k*]*am-ma*（私のところに来た）と復元し，Moran, W. L. 1969, 624およびDurand, J.-M. 1988a, 450もこれに従う。これに対し，von Soden 1950, 399）は [*iq-bé-e-e*]*m-ma*（私に言った）と復元する。しかし，キブリ・ダガン独特の預言報告の型に鑑み，ここでは [*il-li-k*]*am-ma*（私のところに来た）が良いと考える。

[^{LÚ}*mu-uḫ*]*-ḫu-ú-um šu-ú i-tu-ra-am-ma* (21) [*ki-a-am*] *iq-bé-e-em* (22) [*ù da*]*n-na-tim iš-ku-na-am um-ma-a-mi* (23) [*šum-ma*] *a-bu-ul-lam ša-a-ti* (24) [*ú*]*-ul te-ep-pé-ša* (25) [*ku-r*]*u-ul-lum iš-ša-ak-k*[*a*]*-an* (26) [*ú-u*]*l ka-aš-da-tu-nu* (27) [*an-ni*]*-tam* ^{LÚ}*mu-uḫ-ḫu-ú-*[*u*]*m šu-ú* (28) [*iq-b*]*é-e-em ù a-na e-b*[*u*]*-r*[*i-im*] (29) [*pu-ul*]*-lu-sa-ku sú-ḫu-u*[*r*] (30) [*wa-a*]*r-di-ya ú-ul e-le-*[*em*] (31) [*šum-ma*] *be-lí i-qa-ab-bi* (32-左のエッジへ) [*né-eḫ-ra-rum li-il-l*]*i-kam-*[*m*]*a*

(1) わが［主へ］(2) 言え：(3-4) あなたの僕キブリ・ダガン（は次のように申します)。(5) ダガン神とイクルブ・エル神は平穏です。(6) テルカとその地区は平穏です。(7) 地区の大麦の刈り入れ，(8) そして打ち場に積み上げることに関して，(9) 私は怠けてはおりません。

(10-11)［話変わって，］新しい門を建設することに関して，以前 (12) ムッフム預言者［の某］が (13)［やって来て］，(14-15)［非常に心配して，次のように言いました。］(16)「その［門の建設に (17) 着手しなさい」と。］(18)［さて，］この手紙を (19) わが主［に］送らせる日（今日）(20) そのムッフム預言者が再びやって来て，(21)［次のように］私に (22)［厳］しく命じました。(23)「もしその門を (24) お前達が建設しようとしないならば，(25)［死体の山］が生じるだろう。(26) お前達は対応できないだろう。」(27) そのムッフム預言者は［そのように］(28) 話しましたが，(29-30) 私は収穫のことが心配で，私の僕達をそちらに回すことができません。(31) わが主が命じて下さり，支援要員を来させていただけないでしょうか。

25　ARM XXVI 223 (M.9601) (Cf. Charpin, D. 2002, 36-38[169])

(1') *i-na* [......] (2') *i-na pa-ni-tim-ma* x-[......] (3') 1 ^{GIŠ}MÁ.TUR *i-na ḫa-l*[*a-aṣ*

169) Durand は，この手紙があまりにも破損が激しいため，翻訳していないが，D. Charpin は 2002 年にこの手紙の翻字・翻訳を試みている（Charpin, 2002, 36-38)。ここでは，Charpin の翻字とフランス語訳を参考に訳しておきたい。なお，M. Nissinen 2003, 58-59 をも参照。Nissinen は 10" 行の欠落部分を *an-ni-ta*[*m āpilum iqbi*]（［アーピルム預言者は］このように［言いました］）と復元している（Nissinen 2003, 59)。

[. . .] (4') *ù* 1 [GIŠ]MÁ.TUR *i-na t*[*u-tu-ul*[KI] . . .] (5') *ù a-pí-lum šu-ú il-l*[*i-kam ki-a-am iq-bé-em*] (6') *um-ma-mi a-na* [GIŠ]M[Á.ḪÁ . . .] (7') [GIŠ]*qí-ir-se*-e* [. . . . . .] (8') *an-ni-tam iq-b*[*é-em* . . .] (9') *e-nu-tam ma-al i-ri-*[*ša-an-ni ad-di-in*] (10') *te-re-tim ša ma-a-*[*at* . . .] (11') *ú-ul* [. . .] (以下 31 行以上が欠落) (1") x[. . . . .] (2") *i-na-an-na a*[*n-nu-um-ma*] (3") *ša a-pí-lum a-n*[*a bi-ni-im iq-bu-ú*] (4") *um-ma-mi* [d]*da-g*[*an-ma am-mi-nim* [GIŠ]MÁ.ḪÁ] (5") *la i-il-la-ka-*[*ma*] (6") *a-na* [GIŠ]KIRI$_6$ *ša* É {. . . . . .] (7") [GIŠ]*a-su-hi ra-ba-*[*tim*] (8") *ù* TÚG.GÚ.È [. . .] (9") *a-na ú-*x-[. . . . . .] (10") *an-ni-ta-*[. . .][170]

(2') 以前［……］(3')［……地］区で小さな舟が１艘 (4') そしてト［ゥトゥル］で小さな舟が１艘［………］。(5') そしてそのアーピルム預言者がやっ［て来て，次のように話しました］。(6')「舟［(複数)］に (7') *qirsû*[171] を……」。(8') 彼（アーピルム預言者）はこのように言［いました。］(9') 私は，彼が私から要［求する］限りの物品を［与えました。］(10')［……の］国に関する内臓占いの結果は［……ではありませんでした。］(11' 行以下欠落)(欠)(1") x[…………]

(2") さて，(3") アーピルム預言者がビーヌムに次のように言ったこと，(4") すなわち「ダガン神は次のように話されました：『どうして舟（複数）が (5") やって来ないのか。(6") そして［……の］神殿の庭園のために，(7") 大きなアスフの木を，(8"–9") また［……のために？］上着を［……］か？』と。(10") このことを（？）［……］。」

26　ARM XXVI 237 = ARM X 50C（**A.994**）(夢文書の ARM X 50：21b-26 を見よ)

27　ARM XXVI 371（**A.428**）[172] メルフム役人ヤリム・アッドゥからジムリ・リム王への手紙

---

170) このテキストは Charpin 2002, 36 による。

171) CAD Q, 270a は家畜が曳く荷車かとするが，決定詞 GIŠ がついているので木製品であること以外は不明。M. Nissinen 2003, 73–74 をも参照。

(1) [*a-na be-lí-ia qí-bí-ma*] (2) [*um-ma*] *ia-ri-im-*^{d}[IM ÌR-*ka-a-ma*] (3) *aš-šum ṭe*$_{4}$*-em e-le-e* ⸢*iš-me*⸣-[^{d}*da-gan*] (4) *a-na é-kál-la-tim*[^{ki}] (5) [*š*]*a be-lí iš-te-ne-mu-ú mi-im-*[*ma*] (6) *a-na é-kál-la-tim*^{KI} *ú-ul i-*[*le-e*] (7) *a-wa-tu-šu it-ta-ab-še-e-*⸢*ma*⸣ (8) *i-ta-ti-šu ir-ṭú-pu sa-ha-ra-am* (9) LÚ *a-pí-lum ša* ^{d}AMAR.UTU *i-na ba-ab é-kál-lim* (10) *iz-zi-iz-ma ki-a-*[*a*]*m iš*$_{7}$*-ta-na-as*$_{6}$(AB)*-si* (11) *um-ma šu-ma iš-me-*^{d}*da-gan i-na qa-at-*^{d}AMAR.UTU (12) *ú-ul uṣ-ṣí ša-ḫa-ar-ra-am* (13) *i-ka-aṣ-ṣa-ar* (14) *ù iḫ-ḫa-ab-ba-as-sí-im* (15) *an-né-tim i-na ba-ab é-kál-lim* (16) *iš*$_{7}$*-ta-ás-si-ma* (17) [*ma-am-m*]*a-an mi-im-ma ú-ul iq-bi-šum* (18) *ki-ma pa-ni-šu-nu-ma i-na ba-ab iš-me-*^{d}*da-gan* (19) *iz-zi-iz-ma i-na pu-ḫu-ur ma-a-tim ka-li-ša* (20) *ki-a-am iš*$_{7}$*-ta-na-ás-si um-ma-a-mi* (21) *a-na sa-li-mi-im ù dam-qa-tim ša-ka-nim* (22) *a-na ṣe-er* SUKKAL ELAM.MA*-tim ta-al-li-ik-ma* (23) *ki-ma dam-qa-tim ša-ka-nim* (24) *ni-ṣi-ir-ti* ^{d}AMAR.UTU *ù a-lim* KÁ.DINGIR.RA^{KI} (25) [*a*]*-na* SUKKAL ELAM.MA*-tim tu-še-ṣí* (26) [*ka*]*-re-e ù na-ak-ka-ma-ti-ia ta-ag-mu-ur-ma* (27) [*g*]*i-mi-il-li ú-ul tu-e-er* (28) ⸢*ù*⸣ *a-na é-kál-la-tim*^{KI} *ta-at-ta-al-la-ak* (29) [*š*]*a ki-ma ni-ṣi-ir-ti ú-še-ṣú-ú* (30) [*ta-a*]*r-di-is-sà la i-ša-al-la-an-*[*ni*] (31) [*ki-ma an-né*]*-e-tim i-na pu-ḫu-ur m*[*a-a-tim*] (32) [*ka-li-ša iš*$_{7}$*-t*]*a-na-ás-su-ú* (33) [*ma-am-ma-an*] *ú-ul iq-*⸢*bi*⸣*-š*[*um*] (34) [　　　　] (35) [　　　] (36) [　　　]*-mu-ur-ma* (37) [　　　*-u*]*ḫ-šu-nu-ma* (38) [　　　*a-na é-k*]*ál-la-tim*^{KI} (39) *iṭ-ṭà-ra-ad ù* LÚ *šu-ú* (40) *mu-ur-ṣa-am ra-bé-e-em* (41) *ma-ru-uṣ ba-la-as-sú* (42) *ú-ul ki-in*

(1) ［わが主へ言え。］(2) ［あなたの僕,］ヤリム・［アッドゥ］（は次のように申します）。(5) わが主が絶えず耳にしておられる (3-4) イシュメ・［ダガン］がエカラートゥムへ上るというニュースに関しては，(6) 彼は決してエカラートゥムへは［上ら］ないでしょう。(7) 彼についての（いろいろな）噂が生まれ，(8) それらが彼の周囲を回り続けました[173]。(9) マルドゥク神のアーピルム預言者[174]は，王宮の門で (10) 立ち上がり，次のように叫び続けます。(11)「イ

172）この手紙は，D. Charpin が ARM XXVI/2, 1988, p. 177-179 に，翻字とフランス語の訳をつけて出版している。以下の翻字と日本語訳はこれに基づいている。

173）*raṭāpu*（走り続ける）とその不定詞の用法については，AHw, p. 963b を参照。

174）バビロニア出土のテキストにアーピルム預言者が出てくる例は今までのところ知

シュメ・ダガンはマルドゥク神の手から　(12) 逃れられないだろう。それ（＝マルドゥク神の手？）はネット（穀物用の袋）を (13) 作り (14) 彼はそれに入れられて（？）奪いさられるだろう[175)]」。(15) 彼はこのように王宮の門で (16) 叫び続けましたが，(17) 誰も［彼に］何も話しませんでした。(18) その後すぐに（？）イシュメ・ダガンの門で，(19) 彼は（再び？）立ち上がり，全国民の集会で (20) 次のように叫び続けます。(21-22)「お前は，平和的，友好的関係を樹立するためにエラムのスッカル（王）の許に行った。(23) 友好関係を樹立する代わりに，(24-25) お前はマルドゥク神とバビロンの秘密をエラムのスッカルに送り，(26) 積み上げられた穀物と私の宝物庫を空にし，(27) 私の厚意に報いなかった。(28) お前はエカラートゥムに行こうとしている[176)]。(29)

られていない。マルドゥク神のアーピルム預言者と呼ばれている点が気になるが，このテキストを出版したCharpinは，「東のアムル人王国（複数）」にも「預言」の存在した可能性に触れる（ARM XXVI/2, p. 179, note a)。ただし，Charpinが1991年カナダで開かれたシンポジウムで行った報告によると，預言を西方起源と考えるが，その存在自体は西方世界以外にも見られることを認め，むしろこれまでメソポタミアに対するアムル系文化の影響が過小価されていたことを指摘している（Charpin 1992b, 29)。なお，私は，オッペンハイムの指摘（Oppenheim, A. L. 1964 & 1977, 221［1977^2でも同じ頁］）を受けて，預言現象を西方セム世界特有の現象であると主張した（Nakata 1982, 143ff.)。エシュヌンナとIštar-Kitītumの預言の例（Ellis, Maria deJong 1987, 235-257）や本預言文書の発見にも拘らず，なおその主張は基本的には有効であると考える。なぜなら，Charpinの指摘にあるごとく，エシュヌンナと西方セム世界との結びつきは予想以上に密接であったうえ，当時のバビロンも西方セム系の王の支配下にあり，これらの地域に預言現象が見られたとしても，特に驚くべきことではないと考えるからである。)

175）11-14行の訳は，Charpinに従う。なお，Charpinは当該個所の注（ARM XXVI/2, p. 179, note c）の中で，この預言に1）マルドゥク＝バビロンの手から逃れられないという意味レベル，2）マルドゥクの手＝イシュメ・ダガンを悩ませている病という意味レベル，および，3）*šuḫarrum*（ネット）から*šuḫarrurum*（死のような静けさ）を連想させる意味レベルの，合計3つの意味レベルがあるというDurandの見解を紹介している。

176）当時，エラムにはsukkalmaḫ（大王）がおり，その下にエラム（とシマシュキ）のsukkal（第1副王）とスサのsukkal（第2副王）がいた。このころエシュヌンナは一時的にエラム軍の占領下にあり，エラムのsukkalが，エシュヌンナにいたと思われ

私の宝物を引き渡すような人は[177]，(30) その［追］加分を［私から］完全には受け取ることはできないだろう[178]。」(31-32) 彼は［全国民の］集会で［このよう］に［叫び］続けています。(33)［だれも］［彼に話し］かけませんでした。(34-37)（破損のため判読不可能）(38-39)［……エカ］ラートゥムに送られました。そして，その人は (40-41) ひどい病気で，彼の生命は (42) 確かではありません。

28　A. 1968 = Durand, J.-M. 1993, 43–46 = Durand, J.-M. 2002, 134–137[179], Nissinen, M. 2003, 21–22. 駐ハラブ（アレッポ）マリ大使ヌール・シンからジムリ・リム王への手紙

(1) *a-na be-lí-ia qí-bí-ma* (2) *um-ma nu-úr-*^{d}SU' EN ÌR*-ka-a-ma* (3) ^{I}*a-bi-ia a-pí-lum ša* ^{d}IM *be-el ḫa-la-a*[*b*^{KI}] (4) *il-li-kam-ma ki-a-am iq-bé-e-em* (5) *um-ma-a-mi* ^{d}IM*-ma ma-a-tum ka-la-ša* (6) *a-na ia-aḫ-du-li-im ad-di-in* (7) *ù i-na* GIŠ.TUKUL.MEŠ*-ia ma-ḫi-ra-am ú-ul ir-ši* (8) *i-ya-tam i-zi-ib-ma ma-a-tam ša ad-di-nu-šu*[*m*] (9) *a-na sa-am-si-*^{d}IM *ad-*[*di-i*]*n* (10) [^{I}]*sa-am-si-*^{d}IM（粘土板の下半分が欠落）

(1') *lu-t*[*e-e*]*r-ka a-na* GIŠ.G[U.ZA É *a-bi-ka*] (2') *ú-te-er-ka* GIŠ.TUKUL.[MEŠ] (3') *ša it-ti te-em-tim am-ta-aḫ-ṣú* (4') *ad-di-na-ak-kum* Ì *ša nam-ri-ru-ti-ia* (5') *ap-šu-úš-ka-ma ma-am-ma-an a-na pa-ni-ka* (6') *ú-ul iz-z*[*i-iz a*]*-wa-ti iš$_7$-te-et ši-me* (7') *i-nu-ma ma-am-ma-an ša di-nim* (8') *i-ša-as-sí-ik-*<*kum*> *um-ma-*[*a*]*-mi* (9')

る。E. Carter and M. W. Stolper, 1984, 29; Charpin 1986a, 129–137 を参照。Charpin の同じ論文の 133 頁によると，イシュメ・ダガンはエラムの sukkal に捕らえられたが，バビロンに身代金を払ってもらって釈放されたという事実がこのアーピルム預言者の預言の背景にあるという。なお，ARM XXVI 371 についての Charpin の解説については，Charpin 1992b, 28–29 を参照。

177）Charpin は，「私に戻って来た宝物を引き渡す者 celui qui a dépensé un trésor qui me revenait」と訳している。

178）*i-ša-al-la-an-*[*ni*] は，CAD Š/3, p. 218a (*sub šalāmu* 6a: “to receive full payment”) によって訳した。

179）この手紙の翻字は，Durand 2002, 134–135 による。

ḫ[a-ab-t]a-ku i-zi-iz-ma di-in-šu di-in (10') [*i-ša*]*-ri-iš a-p*[*u-ul-šu*] (11') [*an*]*-ni-tam ša it-ti-ka e-*[*er-ri-šu*] (12') *i-nu-ma gi-ir-ra-am tu-u*[*ṣ-ṣú-ú*] (13') [*b*]*a-lum te-er-tim la t*[*u*]*-u*[*ṣ-ṣí*] (14') [*i*]*-nu-ma a-na-ku i-na te-*[*e*]*r-ti-i*[*a*] (15') [*a*]*z-za-*[*az-z*]*u gi-ir-ra-am ta-ṣí* (16') [*š*]*um-ma* [*la k*]*i-a-am-ma ba-ba-am* (17') [*la*] *tu-*[*u*]*ṣ-ṣí an-ni-tam a-pí-lum iq-bé-*[*e*]*m* (18') *a-nu-um-*[*ma ša-ra-at a-pí-lim*] (19') *ù sí-*[*sí-ik-ta-šu a-na be-lí-ia*] (20') [*uš-ta-bi-lam*]

(1)　わが主へ　(2)　あなたの僕ヌール・シン（は次のように申します）[180)]。(3)　ハラブの主，アッドゥ神のアーピルム預言者であるアビヤが，(4)　私のところにやって来て，次のように言いました。(5-6)　すなわち，「アッドゥ神（は次のように言います）[181)]。『私が全土をヤハドゥン・リムに与えたのだ。(7)　彼には，私の武器のお蔭で敵対する者がいなかった。(8-9)　（しかし）彼は私を捨てたので，私は彼に与えた国をサムシ・アッドゥに与えた[182)]。(10)　[……]サムシ・アッドゥ［……］（以下粘土板の下半分を欠く）”

(1'-2'a)　私はお前を［……］。［私は，お前の一族の王座］にお前を戻した。(2'b-4'a)　私は海のドラゴンを撃つのに使った武器をお前に与えた。(4'b-6')　私は，私にたいして畏怖の念を引き起こさせる輝きを放つ油をお前に注いだので，お前の前に立つことが［できる］者は誰もいなかった。私の一言を聞け。(7')　被告が (8'-9')「私は［虐げられている］」と，［お前に］訴えたときは，立って彼の訴訟を裁き，(10')　彼に［正］しく応えよ[183)]。(11')　これこそ私がお前から要求することである。(12')　お前が遠征に［出る］ときは，　(13')　内

180）Lafont が出版したヌール・シンのもう１つの手紙である *RA* 78, 1987, p. 9–10 (A.1121 + A. 2731）を参照。（本論集の 250–254 頁を参照）

181）Durand は，*um-ma-a-mi* ^{d}IM-*ma* を *um-ma* ^{d}IM-*ma* の変形と見て，「アッドゥ（は次のように言います）」と訳しているが，マリ文書中には，そのような用例が少なからず見られるので，ここでも Durand の訳に従っておく。

182）シャムシ・アダド１世（サムシ・アッドゥ）によって，ヤハドゥン・リムの王朝の中断が余儀なくされた歴史的経過に触れる文書として重要。

183）マリ文書中の *ḫabtāku šasû*(*m*) の用例については，Joannès 1988, 299 を参照。なお，A. Malamat は，これは rendering justice と表現している（Malamat, 1998, 152)。

臓占い［無］しに［出ては］いけない。(14'-15')私が［私の］オーメン（諸兆）に［現れる］時（吉の時）に，遠征に出なさい。(16')もしそうで［ない］なら，（市）門を（17'）を出るべきではない』と。」そのアーピル預言者はこのように言いました。(18')さて，［その預言者の髪の1房と］(19')と［彼の衣の端をわが主に(20')送らせます。］

29　A. 3760（Charpin, D. 2002, 33-36 ヤスマハ・アッドゥ時代テルカの高官ラウムからヤスマハ・アッドゥ王に宛てた手紙

(1)［*a-n*］*a be-lí-*［*ia*］(2)［*qí-*］*-bí-*［*ma*］(3)［*um*］*-ma la-ú-*［*um*］(4)［ÌR］*-ka-a-*［*ma*］(5)［*aš*］*-šum* GIŠMÁ.TUR.ḪÁ *ša* d［*da-gan*］(6) LÚ *a-pí-lum it-bi-ma* (7) *ki-ma* 1*-šu* 2*-šu a-wa-tam a-na bi-nim* (8) ⸢*ù*⸣ ⸢ÌR⸣*-di* MEŠ *ša i-na ter-qa*ki *wa-aš-bu* (9) *ki-a-am iq-bi* ⸢*um-ma-mi*⸣ (10) GIŠMÁ.TUR.［HÁ *ša* d*dagan*］

（約16行欠）

(1') ÌR *é-*［*kál-lim* . . . ］(2') *um-ma-mi*［ . . . ］(3') *ù* KÚ.BABBAR *ša iš?-*［　　］(4') GIŠMÁ.GAL GIŠMÁ.⸢TUR⸣ X［ . . . ］(5') *a-di tu-ut-tu-ul*KI *i-la-ka* (6') *an-ni-tam be-lí lu-ú* ⸢*i*⸣*-di* (7') *ša-ni-tam* ITI *a-*⸢*ia*⸣*-ri-im* U_4 27-KAM *is-sú-uḫ-ma* (8') *ṭup-pí an-né-em i-na ter-qa*KI *a-na ṣe-er be-lí-ia* (9') *ú-ša-bi-lam* ITI GUR_{10}.ŠE.KU_5[184] U_4 5-KAM *i-na-sà-aḫ* (10')［*ši-pí*］*-ir* ⸢É⸣ *a-na pa-an ru-ug-ba-tim* (11')［*lu-ú i*］*g-ga-me-er a-na* ⸢*tam*⸣*-li-im* (12')［*ši-ip-rum da*］*n-nu-um e-pí-ri mu-ul-lim* (13')［*ù* NA_4.ḪÁ *ša i-na k*］*i-ša-di-im za-ba-lim* (14')［*ma-a-ad m*］*a-ri*KI *ša-li*［*m*］(15')［*ma-a-tum ša-al-ma*］-⸢*at*⸣

(1)［わが］主［に］，(2)［言え］。(4)あなたの［僕］，(3)ラウ［ム］（は次のように申します）。(5)［ダガン神[185]の］小型の舟（複数）に関して，(6)アーピルム預言者が立ち上がり，(7-8)ビーヌムと，テルカに住んでいる（王宮／神殿の？）［僕］達に1度ならず2度までも(9)次のように話しました。「すなわち」，

184）通常，この月名はITI ŠE.GUR_{10}. KU_5と書かれる。

185）5行目と10行目の［ダガン神］については，Dossin 1952, 108（ARM V 79:5）に基づくCharpin, 2002, 34の復元に従う。

(10)「[ダガン神の] 小型の舟 [(複数)]

……(以下約16行欠)……

(1')［王］宮／［神］殿の僕……(2') すなわち［……](3')［……］の銀と (4')［……］の大型の舟と小型の舟が (5') トゥトゥルまで行きます。」と。(6') わが主は，このことをご承知おきください。

(7') 話変わって，アヤールムの月 (第VII月) の27日に (8'-9'a) この手紙をテルカからわが主の許へ送らせます。(9'b) ニッガルムの月 (第VIII月) の5日に (10'-11'a) *rugbâtum* の到着前に神殿の工事は終了されるべきであります。(11'b-12'a) テラスの工事は困難で，(12'b) 土を満たし，(13'-14'a) その周辺に石材を運び入れるのは大変ですが，(14'b) マリは安全になり，(15') 国土も安泰となります。

30　A. 1121 + A. 2731 (Lafont, B. 1984b, 7-18; Durand, J.-M. 2002, 137-140 (No. 39)[186]

アレッポに駐在していたマリ大使ヌール・シンからジムリ・リム王への手紙

(1) *a-na be-lí-ya qí-bí-ma* (2) *um-ma nu-úr-*^{d}EN.ZU ÌR-*ka-a-ma* (3) 1-*šu* 2-*šu ù* 5-*šu aš-šum zu-uk-ri-im a-na* ^{d}IM *na-da-*[*nim*] (4) *ù ni-iḫ-la-tim ša* ^{d}IM *be-el ka-al-la sú*^{KI} (5) [*it-ti-n*]*i ir-ri-šu a-na be-lí-ya aš-pu-ra-am* (6) [*aš-š*]*um zu--uk-ri-im a-n*⸢*a*⸣ ^{d}IM⸢*n*⸣ *a-da-nim al-pa-an* (7) IGI ^{I}*zu-ḫa-at-nim a-bi-*KUR-⸢*i ù*⸣ [z]*u-ḫa-an* (8) *iq-bé-e-em um-ma-a-mi zu-uk-ra-*[*am*] GU[$_{4}$.ḪÁ][187] (9) *ù* ÁB.ḪÁ *i-di-in be-lí* IGI LÚ. [M]EŠ

---

186) この預言文書 (A. 1121 + A. 2731) は，もともと2つの別個の文書の断片と考えられていて，A. 1121 は G. Dossin の翻字・翻訳で，Lods, A. 1950, 103-106 の中で紹介され，A. 2731 も同じく G. Dossin によって，フランス語の部分訳 (一部要約) のみ紹介されていた。両断片が似た内容を持っていることは早くから認められていたが，A. 2731 が同じ粘土板文書の上約3分の1に当り，A. 1121 が下の約3分の2に当ることを発見し，これを1つの粘土板として復元したのは Durand であった。B. Lafont はこの復元された粘土板の手写テキストと翻字・翻訳を，この文書をめぐる諸問題に関する論文を添えて出版している (Lafont 1984, 7-18)。その後，2002年に Durand. は，同じ文書を翻字したものをフランス語訳付きで出版している (Durand 2002, No. 39)。

187) Durand は8行目の後半部分を GU[$_{4}$.ḪÁ] (「雄牛 (複数)」) と復元する (Durand 2002, 137)。

k[a-li-šu-nu] (10) zu-uk-ra-am na-da-[n]am iq-bé-e-em um-ma-a-m[i] (11) a-na ur-ra-am še-ra-am la ib-ba-la-ka-ta-an-[n]i (12) LÚ.MEŠ ši-bi aš-ku-un-šum be-lí lu-ú i-di (13) i-na te-re-tim ^{d}IM be-el ka-al-la-as-sú^{KI} (14) [iz-z]a-az um-ma-a-mi ú-ul a-na-ku- {ú} -ú (15) ⸢^{d}IM⸣ be-el ka-al-la-as-sú^{KI} ša i-na bi-rí-it (16) pa-ḫa-al-li-ia ú-ra-ab-bu-šu-ma a-na GIŠ.GU.ZA É a-bi-šu (17) ú-te-er-ru-šu iš-tu a-na GIŠ.GU.ZA É a-bi-šu (18) ú-te-er-ru-šu a-tu-ur-ma a-šar šu-ub-ti (19) ad-di-in-šum i-na-an-na ki-ma a-na GIŠ.GU.ZA É a-bi-šu (20) ú-te-er-ru-šu ni-iḫ-la-tam i-na É-ti-šu e-le-eq-qé (21) šum-ma ú-ul i-na-ad-di-in be-el GIŠ.GU.ZA (22) e-pé-ri ù a-lim^{KI} a-na-ku-ma ša ad-di-nu (23) a-ta-ab-ba-al šum-ma la ki-a-am-ma (24) ⸢e⸣-ri-iš$_7$-ti i-na-ad-di-in GIŠ.GU.ZA e-li GIŠ.GU. ⸢ZA⸣ (25) ⸢É⸣-tam e-li É-tim e-pé-ri e-li e-pé-ri (26) a-lam^{KI} e-li a-lim^{KI} a-na-ad-di-in-šum (27) ⸢ù⸣ ma-a-tam iš-tu ṣí-ti-ša (28) a-na er-pé-ša a-na-ad-di-in-šu (sic) (29) an-ni-tam LÚ.MEŠ a-pí-lu iq-bu-ú ù i-na te-re-tim (30) it-ta-na-az-za-az i-na-an-na ap-pu-na-ma (31) ^{LÚ}a-pí-lum ša ^{d}IM be-el ka-al-la-sú^{KI} (32) ma-aš-ka-nam ša a-la-aḫ-tim^{KI} a-na ni-iḫ-la-tim^{KI} (33) i-na-aṣ-ṣa-ar be-lí- lu-ú i-di (34) pa-na-nu-um i-nu-ma i-na ma-ri^{KI} wa-aš-ba-ku (35) ^{LÚ}a-pí-lum ù ^{MUNUS}a-pí-il-tum mi-im-ma a-wa-tam (36) ša i-qa-a[b-b]u-nim a-na be-lí-ya ú-ta-ar (37) i-na-an-na i-[n]a ma-a-tim ša-ni-tim wa-aš-ba-ku (38) ša {⸢IM⸣} e-⸢še-em-mu⸣-ú ù i-qa-ab-bu-nim (39) a-na be-lí-ia ú-ul a-ša-ap-pa-a-ar (40) šum-ma ur-ra-am še-ra-am mi-im-ma ḫi-ṭ[ì-tu]m it-ta-ab-ši (41) be-li ki-a-am ú-ul i-qa-ab-bi-i um-ma-a mi (42) a-wa-tam ša ^{LÚ}a-pí-lum iq-bi-kum ù ma-aš-ka-an-ka (43) i-na-aṣ-ṣa-ar am-mi-nim a-na ṣe-ri-ya (44) la ta-aš-pu-ra-am a-nu-um-ma a-na ṣe-er be-lí-ia (45) á[š-p]u-ra-am be-lí lu-ú i-[d]i (46) [ša-ni]-tam ^{LÚ}a-pí-lum ša ^{d}IM be-el ḫa-la-ab^{KI} (47) [IGI a-bu]-ḫa-lim il-li-kam-ma ki-a-am iq-bé-e-em (48) ⸢um-ma-a-m⸣i a-na be-lí-ka ⸢šu-pu⸣-ur (49) um-ma-a-mi ^{d}IM be-el ḫa-la-ab^{KI} ú-⸢ul⸣ a-na-ku-⸢ú⸣ (50) ša i-na ⸢sú-ḫa-ti-ya⸣ ú-ra-ab-bu-ka-ma (51) a-na GIŠ.GU.ZA É a-bi-ka ú-te-er-ru-k[a] (52) [m]i-im-ma it-ti-ka ú-ul e-er-r[i-i]š (53) i-nu-ma LÚ ḫa-ab-lum ù ^{f}ḫa-bi-i[l-tum] (54) i-ša-as-sí-ik-kum i-zi-iz-ma di-i[n]-šu-nu di-in (55) [a]n-ni-tam ša it-ti-ka e-ri-šu (56) an-ni-tam ša aš-pu-ra-kum te-ep-pe-eš-ma (57) a-na a-wa-ti-ya ta-qa-al-ma (58) ma-a-tam iš-tu ṣ[í-ti-š]a a-na er-pé-ša (59) *ù ma-a-at-k*[*a ma-t*]*ám a-na-ad-di-na-kum* (60) [*a*]*n-ni-tam* LÚ*a-*[*pí-lum ša*] dIM *be-el ḫa-la-ab*KI (61) IGI *a-*[*b*]*u-ḫa-lim iq-bé-e-em* (62) *an-ni-tam be-í lu-ú idi*

(1) わが主へ言え。(2) あなたの僕，ヌール・シン[188]（は次のように申します）。(3) 一度，二度，そして五度までも，アッドゥ神に（犠牲用の）家畜[189]を捧［げること］(4-5) およびカラッス[190]のアッドゥ神が［われわれから］要求している「譲りの地」[191]に関して，わが主に書き送りました。(6) アッドゥ神に家畜を捧げることに［関］しては，アルパンが，(7) ズ・ハトニム，アビ・シャッディおよび［ズ］・ハンの前で，(8) 私に言いました。「雄牛（複数）(9) と雌牛（複数）[192]をズクルム犠牲として与えなさい。（なぜなら）わが主は，人達全員の前で (10) ズクルム犠牲を捧げるよう私に言われました。(11) すなわち，『今後彼（アッドゥ神）は［私に対して］敵対することがあってはならない』と。」(12) 私は彼（アルパン）に対して証人（複数）を立てました。どうかわが主は，（このことを）ご承知おき下さい。(13) カラッスの主，アッドゥ神が内臓占い（の諸兆）に (14-20)［現れ］ます[193]。（そして次のように言います）。「私が

188）ヌール・シンは駐ハラブ（アレッポ）マリ大使。ヌール・シンがハラブに着任するのは，ハラブの王がハンムラビ（バビロン王ハンムラビとは別人）に代わってからであるから（前1765年頃），この手紙が書かれたのは，ジムリ・リムの治世（前1774-1761頃）の終わりに近い頃ではないだろうか。Anbar, M. 1981, 91を参照。

189）原文では *zukrum* が使われているが，この単語は，アッカド語の語彙には存在しない。Lafont は，Dossin の見解に従って，雄の家畜一般を指す集合名詞ではないかとする（Lafont, B. 1984, p. 11）。ここでもこの見解に従う。

190）カラッスは，ハラブの中または近くに位置したと考えられていたが（中田 1982, 37, n.133），その後，西はオロンテス川流域（例えばイドリブあるいはカトナの近く）から東はトゥトゥルとエマルの間に求める説までいろいろ出て来て，まだ確定されていない。Lafont, 1984, 15-16を参照。

191）「譲りの地 *niḫlatu*(*m*)」については，中田 1982, 38, n.137を参照。

192）Lafont はこの牛を，ARM XIV 5, 6 等のテキストで言及されている *igisû* 用の牛ではないかと考える（Lafont 1984, 11, note a）。

193）Durand, J. -M. は *têrētum* を「oracles（神託）」と訳すが（Durand,, 2002, 139），私は *têrētum* は（内臓占いに現れた）諸兆を指すと考える。Nakata, I. 2019, 169-171 参照。占い用の動物の臓器に（吉兆の）オーメンが現れることを，特定の神が *ina têrētim*

私の両膝の間で彼を育み，彼の一族の王座[194]に彼を戻したところのカラッスの主，アッドゥ神ではないのか。彼の一族の王座に彼を戻した後，私は再び彼に住む場所を与えた。さて，彼の一族の王座に彼を戻したので，私は彼の家から「譲りの地」を取ろう。(21-22) もし彼が与えようとしないならば，私こそ王座と領土と都市の主である（から），私が与えたものを (23-26) 私は取り去ろう。もしそうでなく，彼が私の願いを叶えてくれるなら，王座に王座を，宮殿に宮殿を，領土に領土を，都市に都市を，私は彼にいや増し加えよう。(27-28) そして東から西まで，（全）土を私は彼に与えよう。」(29) このようにアーピルム預言者達が言いました。そして内臓占い（の諸兆）に (30) 彼（＝アッドゥ神）は繰り返し現れます。さらに，(31) カラッスの主，アッドゥ神のアーピルム預言者は (32) アラフトゥム[195]の打ち場[196]を「譲りの地」として (33) 見張っています[197]。どうかわが主は（このことを）ご承知おき下さい。(34) 以前私がマリにいたとき，(35-36) アーピルム預言者およびアーピルトゥム女預言者が私に［言］う言葉は何であれ，わが主に取り次ぎました。(37) 今私は別の国［に］いますが，(38) 私が聞くことあるいは彼らが私に言うことを (39)

---

izuzzu(*m*)（「内臓（の諸兆）に立つ」）と表現されることが，A. 1968:13-15（M.A.R.I. 17, pp. 43-45）から分かってきたが，*izuzzu*(*m*) のこのような用例は，他にもあることが，M. Anbar によって指摘されている（Anbar 1981, 91)。なお，これまでの諸説については，中田 1982, 38 n.140 を参照。

194) Durand は，“le trône de la masion de son père” と訳しているが（Durand 2002, 139-140)，ここでは「彼の一族の王座」と訳しておく。CAD A_1, pp. 73-75 を参照。

195) アラフトゥムはアララハ。ヌール・シンが，マリ大使としてハラブに着任する前の Ašlakka の年（＝ジムリ・リムの治世5年＝ZL 3'）に，アラフトゥムからマリ王宮に油を送った記録が残っている。アラフトゥムに関しては Durand 2002, 66 & 88 を参照。

196) ここでは「打ち場」と訳しておく（中田 1982, n. 141)。ただし，Durand はこれを「領土」と解し（Durand 1982, p. 47, n. 15)，Lafont は Durand に従っている。

197) *maškānam nazāru*(*m*) を Lafont は Durand に従って，「不当にも……に対する権利を主張する」の意味に取っているが，*nazāru*(*m*) の本来の意味は「呪う，呪いの言葉を吐く」などで，Durand は少し行き過ぎではないかと考える。ここでは，*maškānam naṣāru*(*m*) と読んで，「*maškānum* を見張る」と訳しておく。

わが主に書き送らないことがあるでしょうか。(40) もし将来，何か間［違い］があった場合，(41) どうかわが主は，次のようにおっしゃらないでください。(42-43)「アーピルム預言者が，お前の打ち場を見張っている時に[198)]，お前に言った言葉をどうして私に (44) 書いて来なかったのか」と。今，わが主に (45)［書］き送ります。どうかわが主は，このことをご［承知］おき下さい。

(46)［話変］わって，ハラブの主，アッドゥ神[199)] のアーピルム預言者が (47)［アブ・］ハリム［の前に］やって来て次のように私に言いました。(48-51)「あなたの主に（次のように）書き送りなさい。『私は，お前を私の胸の中で育み，お前をお前の一族の王座に戻したハラブの主，アッドゥ神ではないのか。(52) 私は，お前から何も要求していない。(53-54) 虐げられた男や虐げられ［た女］がお前に訴えるときは，立って彼らの訴えを裁きなさい。(55) これこそ私がお前から要求していることである。(56) 私がお前に書き送ったこのことを行いなさい。(57) 私の言葉に（十分）注意を払いなさい。(58-59)（そうすれば）私は全土を東から西まで，また……の国をお前に与えよう』と。」(60) ハラブの主，アッドゥ神のアーピルム預言者はこのように，(61) アブ・ハリムの前で，私に言いました。(62) どうかわが主よ，このことをご承知おき下さい。

198) この部分は構文上やや問題があるが，中田 1982 年論文中の拙訳を残しておく。なお，Lafont も同じように解している。

199) 中田 1982, 37, n.133 で，カラッスのアッドゥとハラブのアッドゥは同一の神であろうと述べたが，これは訂正する必要がある。今回出版されたテキストによると，カラッスのアッドゥとハラブのアッドゥは，ジムリ・リムに対して異なる要求をする別々の神であることがわかる。

第7章
キティートゥム預言をめぐって

1 2つのキティートゥム預言文書

1987年に，エリス Maria deJong Ellis によってキティートゥム女神の神託が記された2枚の粘土板文書（FLP 1674 および FLP 2064）が出版された[1)]。これらの粘土板文書は，盗掘によって市場に出回っていたもので，他に約190枚の粘土板文書とともにフィラデルフィアにある Free Library of Philadelphia（FLP）に所蔵されることになったものである。エリスによると，これら200枚近い文書は，もともとイラクのディヤラ県にあるイシュチャリ（Ishchali），すなわち古代都市ネレブトゥム Nerebtum の遺跡から出土したもので，そこにあったキティートゥム女神の神殿管理責任者（*sangu*）の文書庫にあったものと考えられている。いずれも前19世紀から前18世紀前半に年代付けされるが，当時ネレブトゥムはエシュヌンナの支配下にあった[2)]。

FLP 2064 は，残念ながら文書の保存状態が極めて悪く，1行目の *I-ba-al-pi-*

1） Ellis, M. deJong 1987, 235-266. 本稿は，2001年8月25日に開催された第42回シュメール研究会において「北シリアとディヤラ地域—キティートゥム女神の神託との関連で—」と題して口頭発表し，平成12年度～14年度科学研究費補助金による（基盤研究C2）研究成果報告書「古代メソポタミアにおける神・人間のコミュニケーション」（英文）（2003年）の25-42頁に掲載したものを大幅に改定したものである。なお，FLP 1674 および FLP 2064 のノーマライズしたテキストと英訳は Nissinen 2003, 94-95 にも掲載されている。

2） Ellis, M. deJong 1987, 236.

el（イバル・ピ・エル）と２行目の *um-ma* ^{d}*ki-ti-tim-ma*（「キティートゥム女神［はつぎのように言われる］。」）以外は，何も読み取ることができないが，もう１枚の FLP 1674 を参考にすれば，FLP 2064 にはエシュヌンナ王イバル・ピ・エル（2世）（前 1779–1765 年頃）に宛てたキティートゥム女神の神託が書かれていたのだろうと言うことは容易に想像することができる。

FLP 1674 の方は保存状態が良く，詳しく検討してみる価値がある。以下に，エリスの翻字と私訳を掲げる。私訳はエリスの英語訳を参考にしており，両者の訳に大きな違いはないが，エリスが見落としていることがらのうち特に重要と思われる点については訳注で触れることにする。

FLP 1674

LUGAL *i-ba-al-pi-el*
um-ma ^{d}*Ki-ti-tum-ma*
ni$_{5}$*-iṣ-re-tum ša* DINGIR.MEŠ
ma-aḫ-ri-ya ša-ak-na
aš-šum zi-ik-ru-um
ša šu-mi-ya i-na pí-ka
ka-ya-nu ni$_{5}$*-iṣ-re-et* DINGIR.MEŠ
ap-ta-na-at-ti-a-ak-kum
i-na mi-il-ki
ša DINGIR.MEŠ *i-na ši-ip-ṭì*
ša AN-*nim ma-tum*
a-na be-li-im
na-ad-na-at-ku-um
ši-in ma-tim e-li-tim
ù ša-ap-li-tim tu-pa-ṭà-ar
ma-ak-ku-ur ma-tim e-li-tim
ù ša-ap-li-tim te-pé-ed-de

ma-ḫi-ir-ka ú-ul i-⸢*ma*⸣*-aṭ-ṭì*

e-im ma-tim ša qa-at-ka

ik-šu-du a-ka-⸢*al*⸣

⸢*ta*⸣*-ne-eḫ-tim i-*⸢*ka*⸣? -[　　]

iš-di GIŠ.GU.ZA*-ka*

a-na-ku ^{d}*Ki-ti-tum*

ú-da-na-an la-ma-⸢sa⸣-[*am*]

na-ṣé-er-tam aš-ta-ak-na-ak-kum

[*ú*]*-zu-un-ka li-ib-ba-ši-a-am*

(1) 王，イバル・ピ・エル。(2) キティートゥム女神は次のように（言われる）。(3-4)「神々の秘密は私の前におかれている。(5-6) お前が私の名前を繰り返し称えるので，(7-8) 私は繰り返し神々の秘密をお前に明かしてきた。(9-12) 神々の助言とアヌム神の命令に基づき，国（全土？）はお前が支配するようお前に与えられている。(13-15) お前は北と南の地の……を解放するだろう。(16-17) お前は上（北）と下（南）の地の財宝を贖うだろう。(18) お前の商取引／市場は縮小しないだろう。(19-21) お前の手が征服するところどこでも，[彼等] は安らぎの食物を……するだろう。(22-23) 私，キティートゥムはお前の王座の基礎を強化するだろう。(24-25) 私は常にお前のためにラマッス守護女神を立てよう。(26) お前は私に注意を向けるように。

訳注

第 1 行：この文書には通常では見られない綴り方や語順がいくつか見られる。まず，王名イバル・ピ・エル（2 世）の綴り方である。この名前は西方セム系の人達の間ではポピュラーな人名で，通常は，*i-ba-al-pì*-AN と綴られるが，ここでは *i-ba-al-pi-el* と綴られており，例外的である[3)]。第 2 は，第 1 行目の王名の文章内での位置づけである。もしこれがこの報告書（FLP 1674）の宛名であれば，前置詞 *ana*（英語の to にあたる）が冒頭になければならない。また，もしこれが，キティートゥム女神の神託の一部で，同女神がイバル・ピ・エル２世に対する呼びかけ（呼格）をもって神託を語り始めたとすれば，第３行目の冒頭にこなければならない。エリスは，女神ではなくこの手紙／報告書の発信人の王に対する呼びかけと理解しているようであるが[4]，この呼格をそのように理解するのはむりであろう。これら異例の綴り方や語順は，出土地がバビロニアの周辺部に位置していたからというよりは，書記の未熟さによるものと思われる。

第3-4行：この２行は，エリスも指摘しているように，ギルガメシュ叙事詩の第11書板第９行の「おおギルガメシュよ，私はお前に隠されたことを明かしたい。私はお前に神々の秘密を語りたい（*luptēka Gilgameš amat niṣirti u pirišta ša ilī kâša luqbīka*）。」を思いださせる。有名な洪水物語の主人公ウトゥナピシュティムは，無二の親友エンキドゥの死後，死が恐ろしくなり永遠の命を求めて放浪の旅を続けるギルガメシュに，このような言葉で，自分がなぜ神々から永遠の命を与えられたかを語り始めるのである。キティートゥム女神は，ウトゥナピシュティムとは違い，自ら神々の会議に参加して得た秘密情報をイバル・ピ・エル２世に明かそうというのである。

第14-17行：第14行の *ši-in* は意味不明である。エリスもその意味についていろいろ検討しているものの妙案を出せないで終っている。第14-15行の *ma-tim e-li-tim ù ša-ap-li-tim* は文字通りには「上（北）と下（南）の地（単数）」であるが，エリスはこれを“the upper and the lower lands”の意味にとっている[5]。エシュヌンナ王イバル・ピ・エル（２世）の拡張政策を考慮に入れると，「上（北）の地と下（南）の地」と理解するのがよいと考える。エリスは the upper and the lower lands がそれぞれ何を指すのかについては述べていないが，「上（北）の地」とはイバル・ピ・エル２世が強い関心を抱いていた[6] メソポタミ

3）　この点については，エリスは触れていない。

4）　Ellis, M. deJong, 1987, 242, 262。Nissinen 2003, 94 も同様に理解していると思われる。

5）　第14-17行についてのエリスの注を参照（Ellis, M. deJong 1987, 241）.

ア北部，すなわち上ジャジーラを指すと考えるのがよい。

第15行の *tapaṭṭar* は「お前は……解放するだろう」とも「お前は……贖いとるだろう」とも訳すことができる。エシュヌンナは，イピク・アダド2世（在位前19世紀中頃）のころから拡張政策を採用し[7]，北のアラプハを征服したばかりでなく，西はユーフラテス川沿いの町ラピクムをも征服した[8]。その子で後継者のナラム・シン（在位前19世紀末頃）は父王の政策をさらに押し進めてメソポタミア北部に進出，アシュナックム（現在名：チャガル・バザル？）を征服するなどしてハブル川流域を支配下に置いた。その後，エシュヌンナは内紛で振るわず，メソポタミア北部にシャムシ・アダド1世（在位前1792-1775年頃）[9]の支配する強力な王国が誕生したこともあって，エシュヌンナはメソポタミア北部から，一時的にではあれ，手を引かざるを得なかった。エシュヌンナが勢力を回復するのはシャムシ・アダド1世が歴史の舞台から消え去る数年前に王位に即いたイバル・ピ・エル2世の治世（在位前1779-1765年）になってからであった。エシュヌンナ王イバル・ピ・エル2世はシャムシ・アダド1世没後のメソポタミア北部に対する支配権を奪回するためにハブル三角地帯に盛んに介入を試みた。このような歴史的背景に照らして見れば，キティートゥム女神が *paṭaru*（解放する／贖う）という動詞を使って「お前は北と南の地の……を（敵の手から）解放する／贖いとるだろう」と述べていることは示唆的である[10]。

他方，「下（南）の地」が何を指すか明確でないが，やがてエシュヌンナを

6） Joannès, F. 1996, 326, n. 8 を参照。

7） エシュヌンナの支配者は，伝統的にエシュヌンナの主神ティシュパクを「王」とし，自分たちについては「知事」の称号を使用してきた。しかし，イピク・アダド2世はこれまでの伝統を破り，「王」を名乗り，「エシュヌンナを拡張する王」と自称した（Frayne, D. R. 1990, E.4.5.12.2-3, 545-546. を参照）。

8） Charpin, D. 2001, 314-318 を参照。

9） シャムシ・アダド1世の治世年については，Charpin, D. – N. Ziegler 2003b, 75ff. による。

10） エリスがこの点を見落としているのは残念である。

一時支配下に置くことになるエラムを指すと考えるのがよいように思う。エラムは錫をめぐる中継貿易をめぐってエシュヌンナと主導権争いをしていた[11)]。

第18行の *ma-ḫi-ir-ka* は，2つの解釈が可能である。一つは *māḫirka* と読んで，「お前のライバル」の意にとる選択肢である。エリスは，*maḫīrka* と読んで，第18行を“Your economy will not diminish.”と訳している。エリスの理解と余り違わないが，私は敢えて「お前の商取引／市場」は縮小しないだろう」と訳しておく。オーメン・テキストの帰結文にしばしば KI.LAM（*maḫīru*）*inappuš*（「商取引／市場が繁栄するだろう」）が KI.LAM LAM（*maḫīru*）*iṣeḫḫir*（「商取引／市場が縮小するだろう」）に対比される形で登場するからである[12)]。

2　エシュヌンナがメソポタミア北部に関心を抱く理由

さて，キティートゥム女神の預言文書（FLP 1674）に関連して，ここでは特に2つの問題を取り上げてみたい。その1は，エシュヌンナが遠く離れた「上の地」すなわちメソポタミア北部になぜ強い関心を抱いていたのかと言う点である。その2は，預言現象の分布についてである。

まず，第1の点に関してであるが，青銅をつくるのに必要な錫の産地は極めて限られており，古代の西アジアにおいては，まだ産地が特定されていないものの，現在のアフガニスタンあるいはその北方が産地と推測されている[13)]。錫がその後どのようなルートを経由して西方に運ばれたか明らかではないが，おそらく同じ地域で産出されるラピス・ラズリの交易路を通り，一旦陸路スーサに運ばれたものと考えられる。そして，特にイピク・アダド2世が拡張政策を開始するまでの間，すなわち前20世紀前半から（一時中断したものの）18世紀

11）　Joannès, F. 1991, 67–68. なお，「下（南）の地」という表現自体は文献によく現れるが，当然のことながら，視点がどこにあるかによって意味するところは異なる。Dercksen, J. G. 2004, 28–30 を参照。

12）　*CAD*, M_1, p. 94a を参照。

13）　例えば，Moorey, P. R. S. 1994, 287ff. を参照。

初めにかけては，錫はスーサからエシュヌンナを経てアッシュルに運ばれたらしい。アッシリア商人はこの錫とバビロニア産の毛織物を中央アナトリアに運んで売りさばき，利益をあげていた[14]。

ところが，前 1776 年頃，先に触れたメソポタミア北部のシャムシ・アダド１世の王国が崩壊したのを機に，エシュヌンナ王イバル・ピ・エル２世はアッシリア商人が独占していたメソポタミアからアナトリアへの錫中継貿易の権益を手に入れようとしたものと思われる[15]。実際，ジムリ・リム治世 6' 年まで[16] は，錫交易にエシュヌンナが重要な役割を果たしていたことを示す史料が残っている。ここでは，そのうちの１点，マリ王国最南端の地区スフの役人メプトゥムがジムリ・リムに書き送った手紙（A. 16[17]）を以下に引用しておきたい。

a-na be-lí-ya
qí-bí-ma
um-ma me-ep-tu-ú-ma
ÌR-*ka-a-ma*
i-na pa-ni-tim-ma aš-šum AN.NA *i-na* É.GAL-*lim*

14） Dercksen, J. G. 2004, 17–18 and 25–31. スーサからハムリン盆地を経てアッシュルに至るルートについては，中田　1999,　43-47 とそこで参考にした Postgate, J. N. 1984, 149–159；Adams, R. McC. 1965, 3–20 のほか，Joannès, F. 1996, 346–348 を参照。

15） Charpin, D. 1986a, 136–137 を参照。シャルパンはこの論文で，エラムがイバル・ピ・エル２世治下のエシュヌンナ王国崩壊後にハブル地域の有力都市シュバト・エンリルに対しておこなった遠征の背後には，かつてアッシュルの商人がカッパドキアとの交易に利用した商業ルートを確保しようとする意図があったと見る。そして，エラムのメソポタミア北部に対する関心はエシュヌンナの支配者イピク・アダド２世，ナラム・シン，それにイバル・ピ・エル２世のメソポタミア北部に対する拡張政策がモデルになっていたと見る。（D. Charpin の上記論文 136–137 ページを参照）

16） Joannès, F. 1991, 70f.

17） Dossin, G. 1970a, pp. 103–106.　訳およびテキストの読み方については，Durand, J.-M. 2000, 51–52 を参照。

la-a i-ba-aš-šu-ú ù an-na-ku-um-ma
ḫi-še-eḫ-ti É.GAL-lim i-na pí be-lí-ia eš-me
ù a-nu-um-ma i-na-an-na
29 ANŠE.ḪI.A ù 44 LÚ.MEŠ tam-ka-ru[18]
ša an-na-ka-am na-šu ù iš-tu
èš-nun-na^{ki} il-li-ku-nim
a-na ṣe-er be-lí-ya
úš-ta-re-aš-šu-nu-ú-ti
šum-ma be-[lí] [an-n]a-ka-am
ḫa-še-eḫ be-lí a-na UGULA DAM.GAR.MEŠ
li-iq-bi-ma
ù UGULA DAM.GAR.MEŠ a-na AN.NA li-i-id[19]
ù-la-šu-ma be-lí a-na pa-an ANŠE.ḪI.A
ù lu-ú a-na ḫi-da-an^{ki} lu-ú a-na di-ir^{ki}
e-eb-bi-šu li-iṭ-ru-ud-ma
ù an-na-ku-um a-na qa-ti ša-ni-tim
la-a i-na-ad-di-in
ša-ni-tam an-na-ak-[š]u-nu-ú
aš-ḫu-ut-ma ú-ul ak-nu-uk
aš-šum tup-pa-tim ú-ba-aḫ-ḫi-šu-nu-ti
um-ma a-na-ku-ma mi-de-e
[t]up-pa-tim a-yi-eš-ma ú-še-te-qú
ḫa-al-ṣum ša-lim

（1-2）わが主に言え。（3-4）あなたの僕，メプトゥム[20]は次のように（言い

18）　第9行後半の読み方については，Durand, 2000, 51–52, n. 53 に従う。
19）　第17行最後の単語の読み方については，Durand, 2000, 51, n. 54 に従う。
20）　メプトゥムは，マリ地区の南に隣接するユーフラテス川沿いのスフ地区の知事。

ます)。(5-7)「以前，私は王の口から，錫が王宮になく，錫は王宮で不足していると聞きました（ママ)。(8) さて，(9-11) 29頭のロバと44人の商人が錫を運んでエシュヌンナからやって来ました。(12-13) 私は彼等をわが主のもとに向かわせました。(14-16) もしわが主が錫を欲しておられるなら，商人長に（そのように）言って下さい。(17) そして，商人長に錫を用意させて下さい。(18-22) あるいは，彼（商人長）が（錫を）他の人の手に引き渡さないよう，ご自分の腹心をロバ（キャラバン隊）の（到着）前にヒッダンまたはディール[21] に派遣して下さい。

(23-24) 話変わって，私は彼等の錫を尊重して封印しませんでした。(25-27)（ただし,）私は「粘土板書簡をどこかへ運ぶのだろう」と言って，粘土板書簡がないか捜索しました[22]。(28)（この）地区は平穏です。

このキャラバンは，エシュヌンナからティグリス川沿いのマンキスムあるいはシトゥルムから西に向かってユーフラテス川沿いのスフ地区に至り，ハナト辺りからまっすぐ北上し，恐らくシンジャル山の南山麓の都市アンダリクに向う予定であったと思われる。しかし，メプトゥムの検問を受け，ユーフラテス川沿いに北上し，マリでマリ王ジムリ・リムと錫の取引をすることを余儀なくされたらしい。この書簡はエシュヌンナ王国がエラムの攻撃を受けて不振に陥る前の状況を反映しており，エシュヌンナがジャジーラをその影響下においていたころに書かれた書簡である[23]。ティグリス川の東方に位置するエシュヌンナがジャジーラに向かうのになぜこのような迂回をしたのかについては不明であるが，この文書（A.16）が，エシュヌンナが錫の中継交易に大きく関わって

エシュヌンナやバビロンの軍隊や使節がマリの南から到来するのをいち早く知ることができる立場にあった。

21) マリ王国支配領域の南端にあってユーフラテス川を挟んで存在した2つの駐屯地(Durand, 2000, 51)。

22) 第25-27行の訳については，Durand, 2000, 51を参考にした。キャラバン隊が極秘の外交文書を携えていないかどうかを調べたという意味か。

23) Joannès1991, 69-70.

いたことを示す重要な史料の１つであることにかわりはない。

3　預言現象の分布

キティートゥム預言文書に関連して特に取り上げたい第２の問題は，預言現象そのものに関連する。A. L. オッペンハイムが，1964年に出版した*Ancient Mesopotamia. Portrait of a Dead Civilization*の中で，「メソポタミアでは神と人の間のコミュニケーションの際のエクスタシスは，シリアやパレスティナにおけるような重要性をもたなかった。実際，僅かの実証例は主にメソポタミア文化圏（Kulturkreis）の西方周辺地域，すなわちマリ，小アジアのヒッタイト，後のアッシリ―このアッシリアの背景は極めて複雑でアラム人の影響がみられる―から来るものである。」と述べた[24]。この本は1977年に第２版が出版されたが，この部分に特に変更はなかった。

論者は，マリから出土した，預言の報告書や夢・幻の報告書がすべて一まとめにされて「預言文書」として出版され，また論じられていたのを批判し，1982年に，預言の報告書と夢・幻の報告書は区別して扱うべきことを６つの論拠を挙げて主張した[25]。それらの根拠の１つがオッペンハイムの見解であった。その後，エリスが1987年にディヤラ地域出土のキティートゥム女神の預言文書（FLP 1674）を出版したことは既に述べたが，翌1988年にはマリ出土の新しい預言文書がデュランによって出版された[26]。マリの新預言文書の１つ（ARM XXVI 371）にマルドゥク神のアーピルム預言者が登場するが，この点がこれまでにない情報の１つとして注目された。そして，これら新しい史料に基づき，預言現象は，「メソポタミア文化圏（Kulturkreis）の西側周辺地域」に限られるという見解は成り立たないとし，オッペンハイムやオッペンハイムの見解を受け入れた論者の考え方にたいする批判が見られるようになった[27]。しか

24）　ここでは，第２版の頁を掲げておく。Oppenheim, A. L. 1977, 221-222.

25）　Nakata, I. 1982, 143-144.

26）　Durand 1988a, 377-452. なお，併せて，中田 1996 1-63 頁を参照。

し，論者は今なおオッペンハイムの見解は間違っていないと考える。ここでは，D. シャルパンの批判を取り上げ，反論を試みることにしたい。特にシャルパンを取り上げる理由は，彼が2004年に出版した書物の中で具体的に反証を挙げてオッペンハイム批判を行っているほか，シャルパンがマリ文書研究の第一人者の1人であり，その発言には少なからぬ影響力があるからである。正確を期するために，以下にシャルパンの見解を引用する[28)]。

よりよく知られている預言の事例はマリの諸文書庫から出土したものであるが，それらは時には他の王国にも関係する。例えば，カラッスーオロンテス河畔のアララハの近くの小村ーのアッドゥ神は，マリ王ジムリ・リムがアレッポ王国で手に入れた土地を同王から要求した。このように，神は外国の王に神託を送ることをいとわなかった。このような事例はバビロンにもある。マルドゥク神のアーピルム預言者はバビロンに亡命中のイシュメ・ダガン王を罵倒し，彼の全財宝を，マルドゥク神にとっておかずに，エラム王に引き渡して「平和を買った」と非難した。これはバビロン王国に関する預言として知られている唯一の預言の例である。エシュヌンナ王国の領内でもキティートゥム女神がイバル・ピ・エル2世に宛てた2通の書簡の形で同様の例が知られている。また，ウルクの支配者（シン・カーシド王ー訳者）に宛てたナナヤ女神の神託も残っている。これらの例は，西は基本的に預言の世界で，

27)　例えば，Ellis, M. deJong 1987, 237 および n. 123.

28)　Charpin, D., D. O. Edzard & M. Stol 2004, 241-242. シャルパンの同様の見解は1992年に出版された“Mari entre l' est et l' ouest: politique, culture, religion”, *Akkadica* 78, 1992, 9-10 および“Le contexte historique et géographique des prophéties dans les textes retrouvés à Mari”, *BCSMS* 23, 1992, 30 で表明されている。ただし，*BCSMS* 23 所掲の論文では，預言が西方セム起源の可能性があるかもしれないことにも触れており，これまでメソポタミアにおけるアムル人文化（＝西方セム系文化）の影響を過小評価してきた可能性もあると（Il est clair dès lors qu' on ne peut plus dire que le prophétisme est propre à l' ouest. Je ne nie pas que le phénomène prophétique soit *d' origine* occidentale: je pense simplement qu' on a sous-estimé l' <<amorritisation>> de la Mésopotamie.），やや含みを残した表現になっていたことに注意しておきたい。

東は占いの利用を特徴とするといった，よく使われる近東の東西対比は当時（古バビロニア時代—訳者）の現実にそぐわないことを示している。

シャルパンの見解に対する反論に入る前に断っておかなければならないことがいくつかある。第1に，オッペンハイムがエクスタシス，すなわち預言現象が，「主にメソポタミア文化圏の西方周辺地域（the western outskirts of the Mesopotamian *Kulturkreis*）」に限られていたと述べた際の「西方」は，オッペンハイムがわざわざドイツ語で *Kulturkreis* と述べていることからもわかるように，地理的な意味での「西方」ではなく，文化概念としての「西方」であるという点である。第2に，先に引用したシャルパンの文章の最後の部分は，預言と占いを対比させ，預言は西，占いは東の特徴とする考え方がもともとオッペンハイムの見解であったかのごとき印象を与えかねないが，オッペンハイムはそのような主張をしているわけではない。第三に，文化概念としての「西方」は，西方セム系の文化ないしは文化圏を指すが，古バビロニア時代を扱っている拙論では，それはアムル（アモリ）人の文化ないしは文化圏を指すことになる。

結論を先に述べておこう。西方周辺地域を，上で断ったごとく，西セム系文化圏と理解するならば，預言現象が「主にメソポタミア文化圏の西方周辺地域」に限られているというオッペンハイムの見解は今も妥当性を失わず，シャルパンの反論は有効とは考えられないということである。その最大の理由は，上ジャジーラからクルディスタン・ザグロスの西山麓にかけて延びる三日月地帯に先史時代からヒト・モノ・情報が行き交う重要なルートが存在しており，ウル第三王朝第2代目の王シュルギ（在位前2094-2047年頃）の頃から西セム系のアムル人もこのルートを通ってバビロニアに移住したと考えられるからである。キティートゥム女神の預言文書が出土したネレブトゥム（＝イシュチャリ）はこのルート上に位置したし，バビロンもこのルートがバビロニアに達した地点からさほど遠くないところに位置していたのである。従って，これらの場所から預言現象の存在を示唆する文書が出土しても特に驚くにあたらないのである。

では，以下に上ジャジーラからクルディスタン・ザグロスの西山麓にかけて横たわる三日月地帯を通るルートが，アムル人がバビロニア方面に移住するのに利用した可能性がもっとも高いルートであることを順を追って見ていきたい。

4　上ジャジーラとバビロニアを結ぶ諸ルート

前21世紀から18世紀半ば頃まで多くの西セム系のアムル人が分布していた上ジャジーラとバビロニアを結ぶルートとして3つ考えることが可能である。ユーフラテス川沿いのルート，ティグリス川沿いのルート，そして先に挙げた三日月地帯を通るルートがそれである。F. ジョアンネスは，1996年の論文でマリを中心とした交通網を詳しく検討しているが[29)]，ジョアンネスは短時日で目的地に到達する必要がある軍隊や護衛付きの王の使節などが利用するルートと，小家畜の群れを連れ部族単位で時間をかけて移住する遊牧民や，護衛を伴わない私的商人が利用できるルートを区別していない。本論文では家畜を連れた遊牧民が部族単位で移住するのに利用可能なルートにはどのようなものがあったかを検討することになる。

(1)　ユーフラテス川沿いのルート

古代オリエント史関係の定評のある教科書には，ユーフラテス川の西側沿いのルートを上ジャジーラからバビロニアに至る主要ルートとして地図に図示しているものがある[30)]。アッカドの王シャル・カリ・シャリ（前2217-2193年）の年名に，バサル山（現在名：ビシュリ山）[31)]でマルトゥ（シュメール語，アッカド語ではアムル人）に勝利したことを記念したものがあることから[32)]，アムル人

29)　Joannès, F. 1996, 323-361.

30)　例えば，Roux, G. 1980², Map of "Mesopotamia": Kuhrt, A. 1996, 20.

31)　現在のシリアの都市デル・エッゾールの西に見える標高867メートルの山。ユーフラテス川を遡っていくと西側に最初に見える山として知られる。

32)　Gelb, I. J. 1952, No. 268 他。

の故郷はビシュリ山の周辺だと考えられている。もしそうだとすると，アムル人が，最短ルートをとって，ユーフラテス川沿いにバビロニアに移住したとする考え方はかなり説得的である。現在ユーフラテス西岸をアレッポ方面からバビロニアに通じる幹線道路が走ってもいる。しかし，W. L. レーマンスは，古バビロニア時代にユーフラテス川を利用した可能性のある交易に触れた研究の中で，木材が，例外的に，ユーフラテス川を利用して下流に送られたことに触れているが，同川の近くに位置したシッパルからさえ，ユーフラテス川沿いの地名を記した文書がほとんど出土しておらず，ユーフラテス川沿いの陸路を利用した交易についてはほとんど知られていないと述べている[33)]。

1961 年に I. J. ゲルブが指摘したように，ウル第三王朝時代末にはディヤラ地域やバビロニア本土にかなりの数のアムル人の流入が認められ，ウル第三王朝崩壊の間接的な原因になったが，同時代のユーフラテス川中流域，特にマリ周辺地域からはアムル人の存在を示唆する西セム系の人名が見つかっていない[34)]。もし，この時期のアムル人の移住がユーフラテス川沿いのルートを採ったとすれば，同時代，すなわちマリにアムル系王権が成立する前の「シャッカ

---

33)　Leemans, W. F. 1960, 102–103. より最近では，Durand 1990, 86–87 および n 239. デュランは，カルケミシュ／エマルからマリへ，あるいはマリからエマル／カルケミシュへの水路を利用した交易は存在したもののマリを中継地としたエマル－シッパル間の水上交易は証明できないと述べ，ユーフラテス川を利用した木材の水上輸送の可能性についても否定的である。一方，ジョアンネスも，ユーフラテス川沿いの陸上ルートは，基本的には，軍事遠征のような場合に利用されたと述べている（Joannès, F. 1996, 334, 336.）。

34)　Gelb, I. J. 1962, 34–35. ゲルブは，アモリ人のバビロニアへの移住を二波に分けて考え，ウル第三王朝時代（第一波）の「バビロニアの征服は，メソポタミア（ゲルブは「メソポタミア」をバビロニアに対して「メソポタミア北部」の意味で使っている）からではなく，ユーフラテス川の南の諸地域からやって来た西方セム人によってなされた」と述べ，古バビロニア時代のマリ王国建設などはアモリ人移住の第二波と結びつける（同論文 45 頁）。そして，第二波の移住ルートも第一派と同様（南から？）ユーフラテス川を越えて移住してきたと考えたようだが，南（？）からのユーフラテス川越えの移住説については論拠が挙げられてなく，拙論の議論からして受容できない。

ナック時代」にアムル系の住民の存在を示す人名資料が出てきてもよいのではないだろうか。

イラク政府が，1980年代初めに，ユーフラテス川のハディサ・ダム建設に伴う水没遺跡の調査・発掘を各国の協力を得て行ったが，調査された遺跡は新アッシリア時代のものが多く，特に水没予定地域の南半分には古バビロニア時代の遺跡がほとんどなかったことがわかっている[35)]。これは，とりもなおさずこの地域に古バビロニア時代に栄えた集落がほとんどなかったことを示すもので，集落が成立するための立地条件に乏しかったことを意味する。そのようなところを家畜の群れを連れた遊牧民が移住のために部族単位で時間をかけて移動することはほとんど不可能であったと思われる。

既に述べたことと関連するが，ユーフラテス川中流域は年間最低降水量が天水農業が可能な250ミリメートルを遥かに下回る地域でこのようなところを，水はユーフラテス川から採るとしても，自分たちの食料は言うに及ばず，一緒に移動している畜群の牧草を確保しながら移住することは，1年分の雨が比較的まとまって降る雨季の初め（11月頃）と終わり（3月頃）を除いて，不可能であった。

以上述べたことから，ユーフラテス川沿いのルートがアムル人の移住ルートとなった可能性はほとんどないと考えてよい。

では，第2のティグリス川沿いのルートはどうだろうか。まず，水路に関して言えば，ティグリス川は流れが速く，ユーフラテス川以上に航行が困難で，アムル人が移住に利用するなど論外であった。ティグリス川沿いの陸上ルートは，古バビロニア時代の旅程表「エマルへの道」がラルサからユーフラテス川の「大曲（グレート・ベント）」に位置する都市エマルへ行くのに利用したことで知られている[36)]。しかし，このルートは，W. W. ハロが指摘しているように，もともと王または将軍が軍隊を引連れて行ったかなりの強行軍の記録であったと思われる[37)]。オスマン朝支配下の19世紀，バグダッドから北のモウス

35)　“Excavations in Iraq, 1981-1982”, *Iraq* 45, 1983, 199-224 を参照。

36)　Hallo, W. W. 1964, 57-88.

ルに行くのに使われた標準的なルートは，ティグリス川に沿った最短ルートではなく，ディヤラ川沿いのホラーサン街道を進み，ハムリン山脈を越えて，アケメネス朝時代の「王の道」に合流するルートであった。19世紀にヨーロッパからやって来た旅行者の多くもこのルートを利用したという[38)]。現在は，モウスルからバグダッドまでティグリス川の西岸を主要幹線道路が走っているが，この道路が利用できるようになるまでは，モウスルからバグダッド，あるいはニネヴェまたはアッシュルからシッパルやバビロンへはティグリス川沿いの最短ルートではなく，ザグロス山脈の西山麓に迂回するルートがとられたのである。従って，アムル人移住のルートは第2のルートでもなかったことになる。

残るルートは，上ジャジーラからクルディスタン・ザグロス山脈の西山麓にかけて拡がる三日月形地帯を通過する第3のルートである。この三日月地帯では，年間200～400ミリメートルの年間最低降雨量が確保でき，天水農業が可能な地帯で，食料や水，あるいは畜群のための牧草を比較的容易に確保することができた。先に，「上ジャジーラからクルディスタン・ザグロスの西山麓にかけて横たわる三日月地帯に先史時代からヒト・モノ・情報が行き交う重要なルートが存在し」と書いたが，ディヤラ川ダム建設により水没することになったハムリン盆地の緊急遺跡調査の結果，このルートが通過する同盆地には上ジャジーラで展開したハッスーナ文化やハラフ文化がこの地域にまで伝播していたことを示す考古遺物が，複数の遺跡で発見されており，このルートが文字通り先史時代からヒト・モノ・情報が行き交う重要なルートであったことを示している[39)]。従って，ここを通過するルートこそ多くの小家畜を連れたアムル人が部族単位で移住するルートとして最も無難なルートであったと考えられる。

37）　ハロによると，エマルへの往路は87日で踏破したが，それほど急ぐ必要のなかった帰路には194日かけたことが判る。Hallo, W. W. 1964, 86.

38）　Postgate, J. N. 1984, 151-152.; 中田 1999, 43-47.

39）　中田 1999, 72-91.

5　ディヤラ地域およびバビロニアにおけるアムル人[40)]

ウル第三王朝の末期，イシュビ・エラが，第5代にしてウル第三王朝最後の王イッビ・シンの命により20グン（約600キログラム）の銀を托されて大麦を購入するために出かけるが，大麦は確保できたもののこの大麦を首都ウルまで輸送することが困難になったと，主君イッビ・シンに手紙を書き送っている。

「ところが，敵のマルトゥがあなたの国に侵入したと聞き，私は72000グルの大麦すべてをイシンに持ち込みました。今やマルトゥ全員が国土（シュメール）のただ中に侵入し，（そして）堅固な要塞を次から次へと占領しました。私は，これらマルトゥのためにその大麦を輸送する（?）ことができません。彼等は私には強すぎるのです……。」[41)]

この大麦は，イッビ・シンがイシュビ・エラに宛てた手紙[42)]から，無事ウルに，おそらく船で，輸送されたことがわかっている。上に引用した手紙は，書記学校の生徒が書写した写しであるため，史料としての信憑性を疑う研究者もいるが，実際に書かれた手紙が後に書記学校の教材に取り入れられたもので，内容に信憑性があるとする研究者が多い。[43)] イシュビ・エラはこの後（前2017年頃），ウルから独立し，イシンに拠ってイシン王朝を創立した。

このイシュビ・エラの治世12年に年代付けされる史料 *BIN* 9, 152は，「エラム軍の敗北に際し，アムル人への贈物である銀を包むための890頭分の羊と山羊の皮」を支給したことを記録している。上に言及したイッビ・シンからイシュビ・エラに宛てた手紙[44)]は，ウル第三王朝に対するエラムの脅威に言及し

40）　以下の記述は，Whiting, Jr., R. M. 1987, 23–33に負うところが多い。

41）　Kramer, S. N. 1963, 333に掲載されている英語訳（No.4）による。

42）　*OECT* 5, No. 27. Cf. C. Wilcke, 1969, 55.

43）　例えば，Ali, F. A. 1964.

ているが，*BIN* 9, 152 はイシュビ・エラとアムル人あるいはアムル人の一部と同盟関係にあったことを示している[45)]。

また，*BIN* 9, 316[46)] はイシュビ・エラから贈物を受け取った 40 人近いアムル人の名前を記録している。このうちの 2 名は地位の高いアムル人であることから，R. F. ホワイティングは，このリストに登場するアムル人はいずれも部族長か集落の長で，イシュビ・エラと友好的な関係にあったものと推測している。

他方，イシュビ・エラによって地位を回復されたエシュヌンナの支配者ヌール・アフムは，*rabiān Amurrim*（アムル人の長？）[47)] のタイトルを持つアブディ・エルと，互いに，自分の息子のために相手の娘を嫁にとるなど，相互に緊密な関係を築いていた。また，前 20 世紀から前 19 世紀にかけて，ディヤラ地域には，エシュヌンナを含め，アムル系の名前を持つ支配者が少なからず登場している。

バビロニアに移住してきたアムル人達は，前 20 世紀の第 4 四半期から前 19 世紀の第 1 四半期にかけて，バビロニア南部ではラルサに拠って，また北部ではバビロンに拠って自分たちの王朝を創立した。ほかにも，短命ではあったがウルク[48)]，マナナ[49)]，そしてキシュ[50)] などにアムル人支配者が登場した。これら王朝を建てたアムル人は，ディヤラ地域におけるアムル人の存在が示すように，ユーフラテス川沿いに北から南下してきたのではなく，250 ～ 400 ミリ

44)　注 16 をみよ。

45)　Whiting, Jr., R. M. 1987, 25 and n. 74.

46)　Whiting, Jr., R. M. 1987, 25-26 and n. 74.

47)　このタイトル（*rabiānum*）に関しては，Stol, M. 1976, 73 を参照。

48)　ウルクの王シン・カーシドは，「ウルクの王」の他に「アムナーヌムの王」を称した。アムナーヌムはアムル系グループ（氏族？）の 1 つである。例えば Frayne, D. R 1990, 447 を参照。

49)　マナナの王アビディ・エラハはアムル系の名前である。Frayne 1990, 662 を参照。

50)　キシュ王アシュドゥーニ・ヤリームもアムル系の名前を持つ。例えば，Frayne, D. R. 1991, 654 を参照。

メートルの年間最低降水量が期待できるクルディスタン・ザグロス西山麓の三日月地帯を通って移住してきたのである。

最後に，西セム語起源の地名エムトバル（ヤムトバル）とイダマラズに触れる必要がある。これら2つの地名に共通して言えることは，これらの地名を指す地域がメソポタミアの北部にも南部にもあるという点である。まず，メソポタミア北部のエムトバルは，シンジャル山の南側の地域を指したと考えられており，そこを東西に走る交易ルート沿いのアンダリクやラザマといった都市（国家）との関連で言及されることが多い。一方，メソポタミア南部の地名としては，時にはティグリス川の東側，ときには西側，すなわちマシュカン・シャピルからラルサに至る地域を指すと思われ，厳密にその領域を規定するのが難しい[51)]。

イダマラズに関しては，メソポタミア北部の地域名として通常ハブル三角地域を指して使用された。しかし，南部の地域名としては，ティグリス川の東側の地域を指すと考えられ，エシュヌンナとの関わりで言及される[52)]。

人々が移住した場合に，もと居住していた地名または地域名を新しく居住することになった土地または地域の名前とする例はしばしば見られる。この場合も，エムトバルやイダマラズといった地域名は，メソポタミア北部に住んでいたアムル系の人々あるいはその一部がウル第三王朝時代から古バビロニア時代にかけてディヤラ地域，そしてそこを経てバビロニアに移住したことの痕跡にほかならないのである[53)]。

以上，預言現象は，確かに地理的概念としての「西方」に限られていないが，オッペンハイムの言う「西方」を文化概念としての「西方」，すなわち西

51）　Stol, M. 1976, 63-72; B. Groneberg, *Répertoire Géographique des Textes Cunéifomes*, 3, Wiesbaden, 1980, 123-124.

52）　Stol, M. 1976, 50f. 68f.; Groneberg, B. 1980, 105-106.

53）　Joannès, F. 1996, 353-354 も参照。ジョアンネスはエムトバル，イダマラズに加えて，ヌムハも取り上げているが，メソポタミア南部におけるヌムハはティグリス川の東を指したと思われるが，それ以上に詳しく位置づけられないので，ここで取り上げないことにした。

セム系文化圏と理解すべきとするなら，西セム系文化の影響は広汎で，その拡がりは予想以上に広いと考えてよい。従って，シャルパンが反証として挙げるバビロンにおけるアーピルム預言者の存在，ディヤラ地域におけるキティートゥム預言，あるいはウルクの王シン・カーシド[54)]に与えられたナナヤ女神の神託の存在等は決してオッペンハイムの見解を覆す根拠とならないのである。

おわりに

拙稿を，キティートゥム預言文書の紹介をもって始めたが，この文書がメソポタミア史のいろいろな側面に光りを与えてくれることを明らかにすることができたと考える。拙論で触れた個々の点については，なお，厳密に検証すべき点が残るが，今回はここで一旦筆をおくことにする。

54)　シン・カーシドがアムル系のアムナーヌム族の王を併せ名乗ったことについては，既に注 48）で述べた。

第8章
マリの預言文書とアッシリアの預言文書

1　メソポタミアの預言文書

メソポタミアの代表的な預言文書として，マリから出土した古バビロニア時代の預言を報告した手紙[1)]（以下マリ預言文書と略す）（前18世紀前半）とニネヴェから出土した新アッシリア時代の「預言集（Oracle Collections）」および「預言報告（Oracle Reports）」（いずれも前7世紀前半）を挙げることができる。エシュヌンナからも興味深い預言文書が出土しているが，これについては本論集の第7章をご覧いただきたい。マリ出土の預言文書については，既にいくつかの論文で取り上げたが，最近では『旧約学研究』第7号（2010年）にも書かせていただいた。他方，新アッシリア時代の預言に関しては，早くは石田友雄氏がナタン預言との関連で取り上げられたし[2)]，月本昭男氏も『古代メソポタミアの神話と儀礼』（2010年）の中に収められた論文「古代メソポタミアの預言と預言文書」（259-288頁）で詳しく論じておられる。今回の報告では，神から人（通常は王）に宛てて送られたメッセージ（預言）がわれわれに伝わるまでの伝承過程を中心にメソポタミアの預言文書を扱ったvan der Toorn 2000やNissinen 2000bの研究にならって，マリ預言文書が新アッシリアの「預言集」および「預言報告」とどこが異なるのかなどについて見ておきたい。

1）　Charpin, D. 2012, 35.

2）　Ishida, T. 1977.

2　マリの預言文書

預言文書とは，神から人（通常は王）に宛てられたメッセージ（またはその一部）がたまたま文字化され文書の形で現在にまで残ったものを指す。神からのメッセージは，王の役人または王に近い人物が，その直接の受け手（通常は預言者）が神から受けたメッセージを手紙として文字化して最終的な受取人である王に伝達されたが，マリでは，例外的に，預言者自身（特に *āpilum* 預言者の場合）が信頼できる書記に口述筆記させたものを，王の役人が自分の添書とともに王に送る場合もあった（添書の例：ARM XXVI 414）。

これらの手紙は用が済めば廃棄処分にされるが（いわゆるアーカイヴに属する文書），一部は，偶然（マリ預言文書の場合）あるいは意図的に編集・保存されて（新アッシリアの「預言集」の場合），われわれのもとにまで伝わった（いわゆるライブラリーに属する文書）[3)]。言うまでもなくヘブライ語聖書の預言書は後者の場合に相当する。

マリでは，預言を報告した手紙は，王に読み聞かされた後，一時的に保存されても最終的には廃棄処分にされたと考えられるが，書材が粘土板であったため腐敗せず現在まで残った。現存するマリ出土の預言文書は，私の理解では，30点にのぼる[4)]。ただし，現存するマリ預言文書の数を50点とする研究者もいるが[5)]，これは，彼らが厳密な意味での預言の報告書と夢・幻の報告書を区別していないことによる。

---

3)　アーカイヴに属する文書とライブラリーに属する文書については，Pedersén 1998, 2-3 を参照。

4)　本論集 186 頁を参照。

5)　例えば，Huffmon 2000, 48 や Nissinen 2000, 108-110; 2003, v-vi and 14。

3　新アッシリア時代の「預言報告」と「預言集」

3-1　新アッシリア時代の「預言報告」

他方，現在残っている新アッシリア時代の「預言報告 Oracle Reports」は，７点（エサルハッドンへの預言報告 : Nos. 5-6; アッシュルバニパルへの預言報告 :Nos. 7-11）ある。これらは横長の粘土板（*u'iltu*）に書かれているが（「預言報告」No. 9は例外？），このタイプの粘土板は，新アッシリア時代では，メモ，報告書，領収書などに使われるもので，保存用の文書に使用されることはない[6)]。新アッシリア時代の「預言報告」では，１つの粘土板に１つの預言が記されているが，いずれも異なる書記によって書かれたものであった[7)]。ただし，これらの「預言報告」には，神託のみ記されており，預言報告の差出人や受取人の名の記載がなく，これを通常の手紙と考えることはできない。役人が預言を報告した手紙から，「預言集」に載録するために神託の部分のみを書き写し，「アルベラのイシュタルの神託」とか「女預言者ムリッス・カブタト（は次のように語った)」などの短い見出し語を文頭あるいは末尾に付けておいたものであろう。これらの「預言報告」は，「預言集」に転載されると廃棄されるはずのものであった[8)]。

4　新アッシリア時代の「預言集」

これに対し，新アッシリア時代の「預言集 Oracle Collections」は，丁寧に作成された縦長の粘土板（*ṭuppu*）に清書されている。このタイプの粘土板は，新アッシリア時代においては，条約，人口調査記録，集計表，宝物などの在庫記

6）　Parpola 1997, LIII.

7）　Parpola 1997, LV.

8）　Parpola 1997, LIII.

録，王の勅令など，保存用の文書（ライブラリーに属する文書）に使用された[9)]。現存する「預言集」は4点ある。「預言集」1は表・裏各3コラムからなり，「預言集」2と3は表・裏各2コラムからなる。「預言集」4は小さな断片である。「預言集」1には10の預言が，「預言集」2には6つの預言が，「預言集」3には5つの預言が，「預言集」4には1つの預言の一部がそれぞれ記されている。また，これら4つの「預言集」は，それらの筆跡から，一人の書記の手で書かれたものと考えられている[10)]。

5　新アッシリア時代の預言文書とマリの預言文書の違い

上で述べたマリ預言文書と新アッシリアの「預言集」および「預言報告」を比べると，マリ預言文書の場合は，(1) 預言の発生直後または預言発生からあまり時間をおかないで作成され，発生時の様子（「某神の神殿で何某（＋職名）がトランスに陥り，某神が次のように語った」など）をドラマチックに伝えていること，(2) マリ預言文書の場合，夢を報告した手紙の場合もそうであるが，通常預言をした者の髪の一房（*šartum* / *etqum*）と衣の端（*sissiktum*）を一種の担保として取り，王に送ったこと[11)]，(3) 預言（あるいは夢）に従って行動を起こす前に，内臓占いにより神意を確かめるよう手紙の送り主が王に助言していること[12)]，(4) 預言の内容もより多様であること[13)]，(5) 預言を報告した手紙には預言とは関係のない報告事項も含まれていることがあること，(6) 預言者に預言の報奨として金品が与えられることがあったこと[14)]，(7) 預言を後世に伝えるために「預言集」を作成する試みがみられなかったこと，などの違いがあることが指摘される。

9)　Parpola 1997, LIII.
10)　Parpola 1997, LV.
11)　中田 2010, 82-83.
12)　中田 1979, 21-24.
13)　中田 2010, 79-82.
14)　中田 2010, 83-84.

6　新アッシリア時代の「預言集」

新アッシリアの「預言集」は，いずれも，エサルハドンが，即位する前に王位を狙って起こされたクーデター[15]の難を逃れるために亡命していた時からアッシュルバニパルの皇太子就任の頃までの比較的限られた期間（前681~672年頃）に発生した預言が集められており，ほぼ同じ時期に作成されたエサルハドンの2つの王碑文（Ass. AおよびNin. A. いずれも粘土製六角柱）から預言発生当時の政治状況について知ることができる[16]。また，王碑文を作成した書記／学者は，預言文書集を利用できた可能性がある[17]。

Parpola, S. 1997によると，「預言集」2はエサルハドン即位の翌年に関する預言や同王の政権安定化に関する預言を含んでいるので前679年（王碑文Ass. Aの成立年代と同じ）に，また預言集1はその約6年後の前673年後半の王碑文Nin. Aの作成と同じ頃に作成された。Nin. Aの作成はアシュルバニパルの皇太子就任（前672年）と関係するが，預言集1には，王位を狙ってクーデターを起こしたエサルハドンの兄弟たちに対する決定的勝利の預言（「預言集」1. 2～6）やエサルハドンのティグリス川渡河（「預言集」1. 6），エサルハドンの最終的勝利の預言（「預言集」1. 9）などが含まれており，エサルハドンの即位前に「神々に敵対する者がたどった悲惨な運命」を回想させることで，再び同じような王位簒奪を狙ったクーデターが繰り返されないよう警告する目的があったとされる。

「預言集」3はエサルハドンの王位就任の際に読み上げられたと思われるアッシュル神とエサルハドンの誓約に関する言及があるので，これは「預言集」

15）　エサルハドンが皇太子に任命される前に，Arda-Mullissiが皇太子に，またAššur-nadin-šumiがバビロン王に任命されていたが，センナケリブがこの決定に反してエサルハッドンを皇太子に任命したため，これに反発したエサルハッドンの兄たちが起こしたもの。

16）　Parpola 1997, LXVIII-LXXI.

17）　Nissinen 1998, 31 and 34.

1～3の中では最も早く編集されたものであろう（前681年末か680年初め）。「預言集」4は，「預言集」2および「預言集」3と同様，2コラムからなり（？），預言のテーマも「預言集」2および3と似ているところがあるので，それらと同じ頃，すなわち前680年ころに作成されたものであろうと言われている[18]。

4つの「預言集」には合計22件の預言が，また7つの「預言報告書」には，各1件，合わせて7件の預言が報告されているので，新アッシリアの預言は合計29点[19]残っていることになる[20]。これらは合計13人の預言者（男4人，女9人）の預言であることがわかっている[21]。アッシュルバニパル時代に作成された預言文書集は知られていない。

7　預言文書に見る静観主義（quietism）

参考までに，新アッシリアの「預言集」1の最初の預言を紹介しておきたい。

全土の王［エサルハ］ドンよ！
私がその翼を折らなかった風がお前に対して吹いたことがあろうか。
お前の敵は熟したリンゴのようにお前の足元に転がり落ちるであろう。
私こそ，お前の敵をお前の足下に投げ倒す偉大なる女君，アルベラのイシュタルである。
私は，お前が頼りにすることができないような言葉を語ったことがあろうか。
私こそアルベラのイシュタル。私はお前の敵の皮を剥ぎ取り，お前に与えよう。

18）　Parpola 1997, LXVIII-LXXI.
19）　Parpola 1997, XLVIII は28点とするが，これは単純な計算ミス？
20）　Nissinen 2003, 98 参照。
21）　Parpola 1997, XLVIII.

私こそアルベラのイシュタル。私はお前の前後を行こう。
恐れるな！お前は麻痺して動けないでいるが，私は災難の只中で立ち上がり，（お前の側に）立ち，座ろう。
アルベラの人，イッサル・ラ・タシアト（Issār-lā-tašīaṭ）の口を通して（語られた言葉）

新アッシリア時代の預言に関しては，「預言集」および「預言報告書」以外に，エサルハドンとアッシュルバニパルの王碑文や当時の手紙などの中にも預言者や神託についての言及がある[22)]。ちなみに，イザヤ書30:15にみられるquietism（「お前たちは，立ち帰って静かにしているならば救われる。安らかに信頼していることにこそ力がある。」）との関連で引き合いに出されるアルベラのイシュタル女神の神託（「お前（アシュルバニパル）はここ，お前の居所（王宮）に（留まって）いなさい。そして，私がお前の心の願いを達成するまで，食事をし，ビールを飲み，楽しみ，お前の神を讃えなさい。お前はしかめ面をせず，震えることなく，戦争の騒ぎの中で額の汗を拭うこともしてはいけない。」）は，アッシュルバニパルの王碑文（Prism B v 63-70 = Nissinen 2003, 148）の中に引用されている。この神託は，エラムのテウマンが起こした反乱の知らせに驚いたアッシュルバニパルがアルベラのイシュタル女神に助けを求めて祈った夜，ある夢解き？（*šabrû*）の夢に同女神が現れ，同じ夢の中に登場したアシュルバニパルに語った言葉である。この王碑文によると，アッシュルバニパルはこの後出陣し，テウマンを殺害したことになっている。

新アッシリア時代の王碑文中の属王の反乱に関する記事の研究で博士論文を準備している青島忠一朗君によると，アッシリア王に臣従の誓いをした属王が誓約違反をした場合，その属王を処罰するのはアッシリア王であって神々ではなかった。ところが，エサルハドンの治世になって初めて神々が属王の誓約違反を裁くものとして登場すると指摘する。さらに，アッシュルバニパルの王碑

22）　Nissinen 1998; 2003.

文では，神々の介入がこれまで以上に能動的になり，逆にアッシリア王は神々を信じてすべてを委ねる「敬虔な王」として描かれるようになったと指摘する。この指摘は，アシュルバニパル治世のアルベラのイシュタルの神託に見られる quietism（静観主義？）と符合していて興味深い指摘であると思う。

ただし，quietism は，マリの預言文書 ARM X 7（シブトゥからジムリ・リム王への手紙）に報告されているアンヌニートゥム女神の神託，「お［前］一人では歩き回るな。私は，お［前］を試みようとしている人々をお前に引き［渡そう］。」やアンヌニートゥム女神の神殿で，ある女預言者（*muḫḫūtum*）が語った神託，「おおジムリ・リムよ，お前は軍事遠征に行くべきではありません。マリに留まっていなさい。たえず対処するのは，私（アンヌニートゥム女神）なのですから。」（ARM X 50C：アッドゥ・ドゥーリからジムリ・リムへの手紙）にも見られ，アルベラのイシュタルの預言やイザヤ書に限られるわけではないことを指摘しておきたい。

なお，マリ預言文書に関しては，本論集第 6 章を参照していただきたい。

第9章

夢を報告している手紙（付イゲルームの報告）

1　夢[1)]

マリ出土の夢の報告を内容とする手紙は，古代オリエントの夢に関して多くの貴重な情報を提供してくれる。グデアの夢や新アッシリア時代のアッシュルバニパルの時代に夢が果たした役割はよく知られているが，それ以外の時代における夢については余り知られていないからである[2)]。その理由として，デュランは，アムル人や後のアラム人など西方セム系の人々に比して，東方セム系のアッカド人やシュメール人は夢に余り注意を払わなかったのがその原因ではないかと示唆するが[3)]，この示唆に関しては判断を保留したい。なお，最後に，夢とは全く関係ないが，イゲルーム（ことだま？）を報告した手紙を付しておく。

1-1　夢の報告者

夢の報告を内容とする手紙（以下夢の報告と略す）の発信人（わかっている者）（および手紙の数）は，アッドゥ・ドゥーリ（3），キブリ・ダガン（2），サンメ

1）ここでは，夢・幻の報告とはせず夢の報告とするが，このなかには，幻の報告が含まれている可能性がある。例えば，ARM X 50, 51, 94, 117, XIII 9 および 10，それに ARM X 100 の場合などである。

2）Oppenheim, A. L. 1956; Durand, J.-M. 1988a, 455.

3）Durand, 1988a, 455, n. 5.

タル（1），シブトゥ（1），シーマトゥム（1），ズナナ（1），ティムルー（1），イッ［ディ］ヤ［トゥム］（1）およびイトゥール・アスドゥ（1）である。アッドゥ・ドゥーリはジムリ・リム王の王母，キブリ・ダガンはテルカの知事である。サンメタルはキブリ・ダガンの父で，マリの王国の高官である。シブトゥはジムリ・リム王の王妃，シーマトゥムはジムリ・リム王の娘で，イランツラ Ilan-ṣura（Ida-Maraṣ）の王ハヤスムの第二夫人であった。ズナナ[4)]については不詳。ティムルーはアッドゥ・ドゥーリの娘か召使いでカサパ Kasapâ に住んでいたと思われる。人名イッ［ディ］ヤ［トゥム］の復元は確かではない[5)]。この名前の人物は，軍隊の指揮官の中に1人，商人で1人知られている[6)]。イトゥール・アスドゥはマリ，サガラートゥムおよびハランなどの知事を歴任した[7)]。

夢の報告書17通のうち，キブリ・ダガンの2通（ARM XXVI 234＝ARM XIII 112, ARM XXVI 235＝ARM XIII 113），イトゥール・アスドゥの1通（ARM XXVI 233＝A. 15［RA 42, 1948, 125＋134］）（多分サガラートゥムから送られたものだろう）およびシーマトゥムの1通を除けば，ほとんどがマリで見た夢の報告であると思われる。ただし，ズナナの手紙（ARM XXVI 232）は，夢（あるいは幻？）におけるダガン神の数次の顕現に触れているが，それらがどこで発生したかは不明である。

キブリ・ダガン，シブトゥ，イトゥール・アスドゥおよびアッドゥ・ドゥーリ（2つの手紙の中の1）は他の人が見た夢についての報告であるが，ARM XXVI 237＝ARM X 50（アッドゥ・ドゥーリ），ARM XXVI 231（多分サンメータル），ARM XXVI 239＝ARM X 94（シーマトゥム），ARM XXVI 232＝ARM X 100（ズナナ）および ARM XXVI 240＝ARM X 117（ティムルー）の発信人は，自分自身が見た夢を報告しており，この点は預言の報告とは異なる。

4）　女性名ズナナについては，注20）を参照。

5）　Durand 1988, p. 468, note a.

6）　Birot, M. et al., 1979, 113.

7）　Charpin & Ziegler, 2003b, 209, n. 359.

1-2　夢を見た者

預言の受け手と比べて，夢を見た者は，ARM XXVI 208＝ARM X 9[8)] の場合を別にして，いわゆる預言者タイプの職能者ではない点が異なる。第三者が見た夢を報告しているキブリ・ダガン，シブトゥおよびイトゥール・アスドゥの報告では，ただ夢を見た人物の名前を記すか（ARM XXVI 236＝ARM X 10 およびARM XXVI 233＝A. 15），「ひとりの人」（ARM XXVI 235＝ARM XIII 113）または「童」（ただし欠損部分に名前が記されていたかもしれない）（ARM XXVI 234＝ARM XIII 112）と記しているのみである。また自分の見た夢を報告しているアッドゥ・ドゥーリ，シーマトゥム，ズナナおよびティムルーといった女性達も預言者タイプの職能者とは考えられない。なお，オッペンハイムは1956に出版した著書 *The Interpretation of Dreams* の中で夢を見た人はほとんど男性であると述べているが，デュランが指摘するように（Durand, J.-M. 1988a, 459），マリでは女性の見た夢がたくさん報告されている（ARM XXVI 227, 229, 230, 236, 237, 239, 240 など）。

1-3　夢に現れる神

特定の神が夢に現れてお告げを告げるというタイプの夢は，ARM XXVI 238＝ARM X 51（ベーレット・ビーリ女神），ARM XXVI 232＝ARM X 100（ダガン神），ARM XXVI 234＝ARM XIII 112（神名不詳）および ARM XXVI 233＝A. 15（ダガン神）の4つの手紙に報告されている夢に限られる。ARM XXVI 208＝ARM X 9（裏面）では，エア神や他の神々が言及されているが，これらの神々は夢（あるいは幻）の場面に登場しただけであって，夢（あるいは幻）を見ている人物に語りかける神として言及されているわけではない。この点も預言の場合と大いに異なる点である。夢に，聴覚的メッセージを含む場合でも，そのメッセージが必ずしも特定の神と結びつくわけではない。

8）ARM X 9に報告されている夢の受け手はディリートゥム女神のアーピルム預言者であると思われる。なお，この手紙に関する問題については，中田 1981, 29 を参照。

夢を見た場所にはっきり言及しているのは，「イトゥール・メール神殿において」と記す ARM XXVI 236 = ARM X 10（シブトゥの手紙）のみで，それ以外の手紙では夢を見た場所にも触れていない。

1-4　マリに「宮籠もり」があったか

ところで，一部の研究者[9]は，マリに「宮籠もり」incubation の例があったと主張するが，これは根拠薄弱である。「宮籠もり」説を唱える人々は，ARM XXVI 232 = ARM X 100:7 の *D*[*aga*]*n bēlka u-ṣa-al-l*[*i*]*-la-am-ma* を「あなたの主，ダガン神が私を眠らせられた」の意に解するが，*uṣallilam* は *ṣalālum*（横臥する，眠る）の D-stem（他動詞）ではなく，むしろ名詞 *ṣulūlum*（屋根，覆い）に由来する動詞 *ṣullulum*（覆いを張って保護する）によって，「あなたの主，ダガン神が私を保護されました」と解すべきであろう[10]。

1-5　夢の報告書同定のめやす

夢の報告の場合，預言の報告とは異なり，第三者が見た夢の報告の場合であれ，自分自身の夢の報告であれ，その報告の形式に一定のパターン（型）を観察することは困難である。ただ，夢の報告を同定する目安となる表現はいくつかある。その１つ目は，「夢を見た」と言う表現で，*šuttam amārum* が用いられている場合（ARM XXVI 240 = ARM X 117 および ARM X 50:4–5 を参照）と *šuttam naṭālum* が用いられる場合（ARM X 51:6 および ARM XXVI 234 = ARM XIII 112:5'–6', 7'–8'。また ARM XXVI 239 = ARM X 94:11'–12' をも参照）の２通りがある[11]。また，他に「夢が見られた」*šuttum nanmurum* と言う表現が１度用いられている（ARM XXVI 231:8）。２つ目は，目的語の *šuttam* が無く，ただ「見た」または

9）Dossin, G. 1978, 151 および Ellermeier, F. 1968, 150 など。

10）*AHw*, 1110b および Berger, P. R. 1969, 209 などを参照。

11）Durand は，*naṭālum* が使用されている場合は，既に内臓占いによる検証が済んでいる場合で，*amārum* が使用されている場合はまだ検証が済んでいない場合であると述べる（Durand, 1988a, 456）。

「次のように見た」と表現されている場合で，この場合も，*amārum* が用いられる場合（ARM XXVI 236［＝ARM X 10］: 6 と *naṭālum* が用いられる場合（ARM XXVI 234［＝ARM XIII 112］: 1'; ARM XXVI 233［＝A. 15］: 40; Cf. ARM XXVI 229［＝A. 222］:16）がある。3つ目は，夢を見た人物が語る言葉の引用文中に見いだされる「私の夢の中で」（*ina šuttiya*）と言う表現である（ARM XXVI 233［＝A. 15］:9; ARM XXVI 237［＝ARM X 50］:8; ARM XXVI 238［＝ARM 51］:8; ARM XXVI 239［＝ ARM 94］:5'; ARM XXVI 240［＝ARM X 117］:10）。4つ目は，「夢を報告する」（*šuttam šunnûm*）という表現である（ARM XXVI 235［＝ARM XIII 113］:16-17. Cf. ARM XXVI 235［＝XIII 113］:7-8）。夢の報告によっては，これらの表現のうちの2つ以上が用いられていることもある（例えば，ARM XXVI 237＝ARM X 50, ARM XXVI 238＝ARM X 51, ARM XXVI 240＝X117, ARM XXVI 233＝A. 15）。

夢を報告した手紙と考えられるものの中に，上記の表現のいずれも用いられていない手紙が2つある。その1つは，ARM XXVI 208＝ARM X 9（この手紙の表面では預言，裏面では幻について報告されている可能性がある。）で，もう1つは ARM XXVI 232＝ARM X 100 であるが，これら2つの手紙の問題については既に他で触れているので[12)]，ここで再度論じることは避けたい。

ただ1つ，預言の報告と比べて非常に異なる点は，当然のことながら，神が一人称で語ったお告げの報告例が，ARM XXVI 232＝ARM X 100，ARM XXVI 233＝A. 15，ARM XXVI 234＝XIII 112，ARM XXVI 238＝ARM X 51 の4例と少なく，しかも ARM XXVI 234＝ARM XIII 112 を除いた他3例はすべて，直接話法で紹介される夢を見た人物の言葉の中に引用されているに過ぎず，預言の報告が，キブリ・ダガンの報告書を除いて，すべて預言者の言葉を即神の言葉として報告されている点と対照的である。この点に関する唯一の例外である ARM XXVI 234＝ARM XIII 112 では，夢を見た人物の言葉が即神の言葉として語られている[13)]。

12)　中田 1981，2, 注 18 および同 24-25 頁を参照。

13)　この手紙には，問題点が多い。例えば，通常髪の1房と衣の端という順序で言及されるが，この手紙では衣の端と髪の1房という順序になっており，しかも髪の1

1-6　夢の内容

夢の内容は，王または王国の命運に関わると思われるものと私的ないしはローカルな利害に関わると思われるものの二組に大別される。前者には，*ālaītum* およびマリを侵略しないことを誓う神々に関するもの（ARM XXVI 208＝ARM X 9），王権の安定に関するもの（ARM XXVI 236＝ARM X 10），マリの王国神ダガンの不在を示す不吉な夢（ARM XXVI 237＝ARM X 50），王権と王自身の安全に関するもの（ARM XXVI 238＝ARM X 51），マリ王国の「堅固な町々」に関するもの（ARM XXVI 235＝ARM XIII 113），および（テルカの）ダガン神に定期的に報告するようにとの要請とそれが実行されればヤミン人に対する勝利が与えられるという約束を内容としたもの（ARM XXVI 233＝A. 15）等がある。後者には，娘または下女の釈放に関わるもの（ARM XXVI 239＝ARM X 94 および ARM XXVI 232＝ARM X 100），アッドゥ・ドゥーリに関するものだが内容不明のもの（ARM XXVI 240＝ARM X 117），「家」の再建禁止に関わるもの（ARM XXVI 234＝ARM XIII 112）などがある。シブトゥとアッドゥ・ドゥーリの報告はいずれも王または王国の命運に関わるものである点が，彼女達が王室内で占める重要な地位との関連で，注目される。また，預言文書に比して，祭儀に関わると思われる夢が報告されていない。

1-7　夢の管理と信憑性

最後に，神意伝達の手段としての夢の管理と信憑性の問題に触れなければならない。管理の問題については，夢の場合，夢を見た人物のみがその内容を知りうることで，さほど問題にならなかったと思われるが，ARM XXVI 234＝ARM XIII 112 で，衣の端と髪の一房（*sissikti ṣubātišu u itqam ša qaqqadišu*）の提出に言及されている。また，ARM XXVI 233＝A. 15 では，本来それらの提出が要求されるはずだが，この夢を見た人物は「信頼できる *taklu*」人物なので，

房に *šārtum* ではなく *itqum* が用いられていること，また *umma ilumma* となるべきところが *ummāmi ilumma* となっていること等である。

それらの提出が免除されたことに言及されている。しかし，これについては，預言文書の場合と共通の問題があり，預言を扱った本論集の第6章で述べたことを参照していただきたい。

信憑性の問題に関しては，ARM XXVI 239＝ARM X 94，ARM XXVI 233＝A. 15およびARM XXVI 229＝A. 222などの手紙の発信者が，内臓占いで確かめるよう王に進言している。これも預言の場合と共通する問題で，預言を扱った本論集の第6章で述べたとおりである。

2　イゲルーム（*igerrûm*）

マリ出土の文書中，イゲルーム文書と呼べるものは，ARM X 4（＝ARM XXVI 207）（A.996）（シブトゥの手紙）とARM XXVI 244のみである。従ってここでイゲルーム文書の一般的な特徴を述べることはできない。また，ARM X 4自体，解読および解釈上多くの問題を含んでいるが，これらについては，後に掲げる資料の訳と訳注に譲ることにする。ただ，「私が，1人の男と1人の女に尋ねたところ，イゲルームは，わが主に関しては，非常に良くありました。私は，イシュメ・ダガンに関しても，同じように（その）男と（その）女に尋ねたところ，イシュメ・ダガンに関しては，イゲルームはよくありませんでした」（ARM X 4:5-11）とあることから，預言あるいは，夢の場合とは異なり，イゲルームは人間の側からの働きかけを前提とした神意発見の1つの手段であること，また，ARM X 4から判断する限り，その神意は決して特定の神に結びつく類いのものでないことを記すに留めたい。

ARM XXVI 244では，手紙の発信人であるメプトゥムがジムリ・リムに「わが主に対して絶えずやってくるイゲルームは非常に良いです。どうぞわが主よ，お喜びください。」（ARM XXVI 244, 11-15）と書き送っているが，これだけではイゲルームが具体的に何を意味するのか不明である[14)]。

14)　Nissinen, M. 2003にはARM XXVI 244は含まれていない。

資料：夢を報告している手紙

1　ARM XXVI 224［A.2559］スム［……］から王宛の手紙

(1)［*a-na be-lí-ia*］(2) *qí-b*［*í-ma*］(3) *um-ma su-m*［u**- ......］(4) ÌR-*ka-a-*［*ma*］(5) *šu-ut-tum a-na be-l*［*í-ia ma-di-iš da*］*m-qa-at* (6) *be-lí i-na e-t*［*e-qí-šu*］(7) *i-na sa-ma-nim*^{KI} *a-na an-nu-ni-tim* (8) *li-iq-qí ù-lu-ma* (9) 1 UDU.NITA$_2$ *be-lí li-il*$_5$*-pu-ut-ma* (10) *li-ib-lu-ma li-iq-qú-ú* (11) *ki-ma ta-ši-im-ti-šu be-lí li-pu-úš* (12)［*ù aš-š*］*um a-la-ak b*［*e-lí-i*］*a* (13) *u*$_4$ *-ma-am ša be-lí i-ka-aš-ša-dam* (14) U$_4$ 1-KAM *ṭup-pí- be-lí-ia* (15) *li-bu-a-am* {MA} (16) *aš-šum* KAŠ!.SIG$_5$!.GA *ra-sa-nim* (17)［00］x ⌜GA⌝ {X} *ša a-na* NÌ.GUB *be-lí-ia* (18)［*i-na qa-ti-ia iz*］*-za-az* (19)［000000］x x ⌜*mi*⌝*-im-ma* (20)［000000000］-x (21) (...) (1')［*a-na*-N］Ì.GUB GU$_4$ *šu-ú* (2')［*iṣ-ṣ*］*a-bi-it*

(1)［わが主に］(2) 言［え。］(4) あなたの僕，(3) ス［ム……］（は次のように申します)。(5)［わが］主に関する夢は［非常によい］です。(6-7) わが主は，サマニヌムを通過される時に，アンヌニートゥム女神に (8)（ご自身で）犠牲を捧げられるか，あるいは (9) わが主が1頭の牡羊に触れ[15]，彼等に（それを）(10) 運ばせ，犠牲として捧げさせるか，(11) わが主の判断に従って行ってください。(12) わが［主］の行幸に関して，(13-15) わが主が到着される同じ日にわが主の手紙が来ますように。(16) 上等のビールに関して（？）(17-21) ………… (1'-2') その牛は，［食］事の［ために］とって置かれました。

2　ARM XXVI 225（M. 5704）某から王宛の手紙

(1)［*a-na be-lí-ia*］(2)［*qí-bí-ma*］(3)［*um-ma* ....］(4)［ÌR-*ka-a-ma*］(5)［*ṭup-pa-am ša be-l*］*í ú-*［*ša-bi-lam eš-me*］(6)［*be-lí ki-a-a*］*m iš-pu-ra-am um-m*［*a-a-mi*］(7) *šu-ut-tum ša a-mu-ru pa-ar-da-at* (8) *as-sú-ur-ri* ^{f}DAM.KÙ.GI *ù ka-a-ta* (9) LÚ.MEŠ

15) 犠牲を捧げる者は自ら犠牲獣を捧げなければならなかったが，ここでは王が犠牲獣に触れることによって王の代理人が犠牲獣を捧げることが可能になると考えられていた（Durand 1988a, 38-39)。

su-tu-ú i-ṣa-ab-ba-tu-ma (10) *um-ma-a-mi a-di ta-šu-ba-at-ni* (11) *la tu-ta-ar-ru* (12) *ú-ul nu-wa-aš-ša-ar-šu-nu-ti* (13) [*an*]*-ni-tam be-lí iš-pu-ra-am* (14) [*k*]*i-ma ṭup-pí be-lí-ia* (15) *eš-me-mu-ú* DUMU.MEŠ MÁŠ.ŠU.SU$_{13}$. SU$_{13}$ (16) *ás-si-ma a-wa-tam ki-a-am* (17) *a-ša-al-šu-nu-ti um-ma a-na-ku-ma* (18) [*be-l*]*í ú-da-an-ni-na-am-ma* (19) [*iš-pu*]*-ra-am ki-i ta-am-li-ka* (20) [*ki-a-am aš-t*]*a-al-šu-nu-ti-ma* (21) [*na-pa-al-tam i*]*d-di-nu-nim um-ma-mi* (22) [. . . . . .] x *m*[*a-a*]*m-ma-an* (. . . . . .) (1') [0 0 0 0 0 0 0 0 0] GE[M]E$_2$ *be-lí-ia* (2') [0 0 0 0 0 0 *li/ú-ša*]*-al-li-mu* (3') [0 0 0 0 0 0 0 0 0 0] *ka-lu-ša* (4') [0 0 0 0 0 0 0 0 0 *li-il-l*]*i-ik*

(1)［わが主に］(2)［言え］(4)［あなたの僕］(3)［……は次のように申します。］(5)［わが主が（こちらに）送ってよこされた手紙を私は聞きました。］(6)［わが主は次のように］書いて来られました。すな［わち，］(7)「私が見た夢は恐ろしいものだ。(8) ダム・フラーツィム[16] とお前を (9) ストゥ人達が捕らえ，(10)『お前達がわれわれの居住地を (11) 返さない限り，(12) われわれは彼等を解放しない』と言うなど，とんでもないことだ」と。(13) わが主はこのように書いて来られました。(14-15) 私は，わが主の手紙を聞くやいなや (*eš-me-mu-ú*)[17]，内臓占師達を (16) 呼び，次のように (17) 彼らに尋ねました。すなわち (18)「わが［主］は厳しく (19) どのように考えるかと［書いて］来られました。」(20) このように私が彼等に尋ねたところ，(21) 彼等（は次のように答えました。）表面の 22 行から裏面にかけてテキストは破損のためほとんど残っていない。

3　ARM XXVI 226(M.9034) 某から王宛の手紙

(1) [*a-na be-lí-ia*] (2) [*qí-bí-ma*] (3) [*um-ma* . . . .] (4) [ÌR-*ka-a-ma*] (5) [0 0 0 0 0 0 0 0 0]*-mu* (6) [0 0 0 0 0 0 0 0 0 0]*-di-ši* (7) [0 0 0 0 0 0 0 0 0 0]*-ia-*x (8) [*šum-ma*

16)　ダム・フラーツィムは，元カトナの王女で，ヤスマハ・アッドゥと結婚し，その王妃となったが，ジムリ・リムがマリの王座に即いた時ダム・フラーツィムはジムリ・リムの妻となった。

17)　この奇妙な動詞形に関しては，*N.A.B.U.* 1988, No.1, p. 11 を参照。

i-na 0 0 0]*-tim*^{KI} (9) [LÚ.ENGAR? *a-di pa-an m*]*u-ši-im* (10) [*ma-aš-q*]*í-tam la i-ṣí-id* (11) [*i-na m*]*a-aḫ-re-e-em-ma* (12) [GIŠ.MAR.G]ÍD.DA.ḪA *a-na* KI.UD (13) [*lu-ú u*]*ṣ*$_4$*-ṣú-ba* (14) [*a-nu-u*]*m-ma ša* LÚ *a-mi-ir šu-ut-tim* (15) [*ša-ra-s*]*ú ú sí-is-sí-ik-t*[*a*]*-šu* (16) [*a-na ṣe*]*-er be-lí-ia uš-ta-bi-lam* (17) [*w*]*a-ar-ka-at šu-ut-tim* (18) [*š*]*a-ti li-ip-ru-ús*

(1)［わが主に］(2)［言え。］(4)［あなたの僕］(3)［……は次のように申します。］(5-7) テキストが破損。(8)［もし……において］(9) 農夫が夜になる前に (10)［灌漑した耕］地の収穫を行わなかったなら，(11)［先］ず (12-13) 荷車（複数）が打場に集められるべきである。(14) さて，夢を見た人に関しては (15) 彼の［髪の毛］と衣の端を (16) わが主の［許に］運ばせます。(17-18) どうか（わが主は）その夢に関して判断をしてください。

4　ARM XXVI 227（M.9576）アッドゥ・ドゥーリからある女性が見た夢に関する王宛の手紙

(1) [*a-na be-lí-ia*] (2) [*qí-bí-ma*] (3) [*um-ma* ^{f}]^{d}IM*-du-ri-ma* (4) [^{f}X*-b*]*i?-la-ú šu-ut-tam* (5) [*iṭ-ṭú*]*-ul um-ma ši-ma* (6) [*i-na šu-u*]*t-ti-ia* (7) [^{I}*ḫa-a*]*d-nu-*AN (8) [*ù*] *i-din-ku-bi* (9) [LÚ *m*]*u-uḫ-ḫu-ú* (10) *i*[*b*]*-l*[*u-ṭ*]*ú-nim-ma* (11) *a-na* [*l*]*e-et* ^{d}*ab-ba* (12) *i-ru-bu-ma* (13) *ki-a-am iq-bu-ú* (14) *um-ma šu-nu-ma* (15) *a-na ku-bi-ki-na* (16) *qí-bé-e-ma* (17) *e-bu-ur šu-ul-mi-im* (18) ^{I}*zi-im-ri-li-im* (19) *li-pu-úš* (20) [^{I}*z*]*i-*[*i*]*m-*[*ri-l*]*i-im* (21) [............] x（4＋2 行欠）

(1)［わが主に］(2)［言え。］(3) アッドゥ・ドゥーリ［は次のように申します］。(4)［X ビ］・ラウ（女性名）は夢を (5) 見て，［次のように話しました］。(6)「私の［夢の中で］(7-9) ムッフー預言者である［ハド］ゥヌ・エル「と」イッディン・クビは，(10)［生きて］いて，(11) 神アッバの［前］に (12) 入り，(13) 次のように言いました。(14) すなわち，(17-19)「ジムリ・リムが無事に収穫できるように，(15) お前達（王宮の女性？）の死産した子供達[18] に

18)　Durand は「死産したお前達の子供達の亡霊に言え Parlez aux fantômes de vos mourrissons mort-nés」と訳すが（Durand 1988, 467），Nissinen は「お前達の死産した仔牛

(16) 言え。(20 行以下は破損のため解読不能)

5　ARM XXVI 228 (M.13637) イッ［ディ］ヤー［トゥム］から王に宛てられた手紙

(1) [*a-na be-lí-ia*] (2) [*qí-bí-ma*] (3) [*u*]*m-ma i-*[*d*]*i*?-⌜*ia*⌝-[*tum*] (4) ÌR-*ka-a-m*[*a*] (5) [Id]NANNA.LÚ.TIL ÌR-*ka* (6) *šu-ut-ta-am* (7) *i-mu-ur um-ma-a-mi* (8) *i-na šu-*[*u*]*t-t*[*i-i*]*a* (9) TILLAT. [MEŠ LUGA]L (10) x [. . . . .] (11) [. . . . .] (12) [[I]]*z*[*i-im-ri-li-im*] (13) [*da-am*]$_7$-*da-am ša e-la-am-tim* (14) [*i-du-uk*] *ù i-na li-i-tim* (15) [*iz-zi-iz i*]*-tu-ur* (16) [. . . . .]-x

(1)［わが主に］(2)［言え］。(4) あなたの僕 (3) イッ［ディ］ヤー［トゥム］[19)]（は次のように申します）：(5) ナンナルティル[20)] が (6) 夢を (7) 見て，（次のように言いました。）(8)「私［の夢］の中で，(9)［王の］救援［隊］が (10)［……］(11)［……］(12)［ジムリ・リムは］(13-14a) エラム[21)] を［打ち負かして］(14b-15) 勝利［し，］戻ってきました。／再び？[22)] (16)［……］

6　ARM XXVI 229 (A.222)[23)]（ヤハドゥン・リム時代の文書）[24)]

(1) [If]*a-ia-la* (2) *i-na šu-ut-ti-ša* (3) *ki-a-am iṭ-ṭú-ul* (4) *um-ma-mi* 1 MUNUS *še*$_{20}$*-eḫ-ri-tum*[KI] (5) 1 MUNUS *ma-ri-tum*[KI] (6) [*i-n*]*a ba-ab an-nun*-ni-tim* (7) *ša ka-wa-tím* (TUM) (8) *iṣ-ṣí-il-la* (9) *um-ma* MUNUS *še*$_{20}$*-eḫ-ri-tum*[KI] (10) *a-na* MUNUS *ma-*

に言え Speak to your still-born calves」と訳している（Nissinen 2003, 59）。

19)　この人名の読みは不確か。

20)　同名の人物が ARM IX 24 iv 37 に出てくるが，同一人物かどうか不明。Durand は，この人物の名前がシュメール語であることから，書記である可能性があると指摘している（Durand 1988a, 468, note b）。

21)　マリの年名でエラムに対する勝利に触れるものが知られていないため，エラムは Elaḫtum = Eluḫtum の読み間違いの可能性がある（Durand 1988a, 468, note. d）。

22)　*itūr* は，「戻って来た」あるいは「（再度）…した」を意味するが，16 行以下が破損していて，判読不可。

23)　この文書は，Dossin が既に出版している。Dossin 1975, 29-30.

24)　Durand 1988a, 38 参照。

[*r*]*i-tím*（TUM）^{KI}（11）*e-nu-ti te-er-re-em*（12）*ú-lu at-ti ši-bi*（13）*ú-lu-ma a-na-ku lu-ši-ib*（14）*i-na* MUŠEN.ḪA *ḫu-ri-im*（15）*wa-ar-ka-sà ap-ru-ús-ma*（16）*na-aṭ-la-at*（17）*a-nu-um-ma ša-ra-sà*（18）*ú si-*[*i*]*s-sí-iq-ta*[**-š*]*a**（19）*ú-ša-bi-lam*（20）*be-lí wa-ar-ka-sà*（21）*li-ip-ru-ús*

(1) アヤラ[25] は (2) 彼女の夢の中で，(3) 次のように見ました。(7) 城外（市外）の (6) アヌニートゥム女神の神殿の門で (4) シェフルムの女性と (5) マリの女性が (8) 言い争っていました。(9) シェフルム[26] の女性が (10) マリの女性に言いました。(11)「私のものを返しなさい。(12) あなたが座るか，(13) さもなければ私が座ります」と。(14-15) 私はその件に関して山うずら（？）で鳥占い（Durand 1988a, 11）を行いました。(16)（その夢は）実際に見られました。(17-18) さて，彼女の髪の毛と衣［の］端を (19) 送らせます。わが主は，(20-21) その件がどういうことかご判断してくださるように。

7　ARM XXVI 230（**A.1902**）送り主と受取人の名前を欠く。

(1)［*um-ma* 0 0 0 0 ］*-ma i-na šu-ut-ti-ša* 1 LÚ.ŠU.GI (2)［*i-na sí-ka*］*-na-tim ša* ^{d}*da-gan wa-ši-ib* {MA} (3)［IGI ^{d}*i-túr-me*］*-er a-na šu-ke-nim um-ma šu-ma* $^{(šu.gi)}$ (4)［*a-na ma-nim ták*］*-la-tu-nu* BA.UG$_{7}$ (5)［*ad-bu-b*］*a-ak-kum-ma a-wa-ti-ia ú-ul te-še-em-mi* (6)［*iš-me-e*］*-ma* ^{d}*i-túr-mé-er ki-a-am i-pu-ul-šu* (7)［*um-ma šu-m*］*a* ^{d}*da-gan ù* ^{d}NIN.ḪUR.SAG.GÁ *ši-me-e* (8)［*i-na-an-n*］*a* 1 LÚ.ŠU.GI *a-na* 2 LÚ *eṭ-lu-tim* (9)［*mi-it-ḫa-ri-i*］*š iz-za-az-zu al-ka* (10)［*a-lam*^{KI}］*e-le-em er-ba-ma ša-pa-at* (11)［DINGIR.MEŠ *ši*］*-me-e-nim* (12)［*a-wa-tim š*］*a a-wi-lu-tim ni-iš-me-e-em-* {*ma*} (13)［*ù* LÚ.ŠU.GI］*a-an-na-a*［*m*］*i-pu-ul-šu*

(1)［……］は次のように言いました。彼女の夢の中で，1人の老人が (3a) イ

25)　アヤラに関しては，ニッシネンは女性であったということ以外は不詳と述べているが，索引ではアヤラを「預言者の名前」の中に含めている（Nissinen 2003, 270）。

26)　Durand によると，この夢は，マリとマリの直ぐ近くにありマリと同じように重要な町シェフルム（アヌニートゥム女神の神殿があった）との競争関係が背景にあったのではないかとみる（Durand 1988a,, 458; Charpin-Ziegler 2003, 178）。

トゥール・メール神の前に跪くために（2）ダガン神の［*sí-ka*］*-na-tim*[27] の側に座り，（3b）次のように話しました。（4）「あなた様は誰を信頼するのでしょうか。おお死者よ[28]，（5）私はあなた様に話をしましたが，あなた様に私の言葉が聞こえていません。」（6）イトゥール・メール神は聞いて，次のように彼に答えました。（7）「ダガン神とニンフルサグ女神に聞け。（8）［今は，］1人の老人は2人の若者に（9）等しい。行け。（10–11）上の（北の）町に入り，神々の話を聞け。（12）われわれは人間の［言葉を］聞いた」と。（13）［老人は］わかりましたと彼に答えました。

8　ARM XXVI 231（A.2448）サンメータルから王宛の手紙

（1）*a-na be-lí-*［*ia*］（2）*qí-bí-m*［*a*］（3）*um-ma sa-am-me-e-t*［*ar*］（4）ÌR-*ka-a-m*［*a*］（5）*aš-šum bu-uḫ-ra-tim a-na* ᵈIM *n*［*a-qé-em*］（6）*be-lí iš-pu-ra-*［*am*］（7）［*i*］*-na pa-ni-tim-ma aš-šum bu-uḫ-ra-t*［*im*］（8）*šu-ut-tum i-na-me-er-ma*（9）*iš-tu bu-zu-ur-ra-an*⸢KI⸣（10）*a-na ṣe-er be-lí-ia aš-pu-r*［*a-am*］（11）*um-ma a-na-ku-ma* u_4*-um* U_4 20-KAM（12）*bu-uḫ-ra-tam a-na* ᵈIM *ù*［*k*］*e-em-*［*ma*］（13）*a-na* ᵈNÈ.IRI_{11}.GAL *li-iq-q*［*ú*］（14）*ù qa-tam-ma a-na re-eš* ITI（15）u_4*-um* U_4 1-KAM *ù-ša-al-ši-i*［*š*］（16）u_4*-um* U_4-［x-KAM *li-in-n*］*a-aq-q*［*í*］（17）［*an*］*-ni-tam*［*a-na be-lí-ia*］（18）［*aš-pu-ra-am*］（19）［*ki-ma* ....］（20）［*an-ni-tam i-n*］*a pa-ni-tim-m*［*a*］（21）［*a*］*-na be-lí-ia aš-pu-ru*（22）*a-di e-bu-ri-im* 3-šu-［*ma*］（23）*bu-uḫ-ra-tum ù ke-em ú-u*［*l*］（24）*in-na-aḫ-ḫ*［*i-ra*］（25）*a-na an-né-tim ma-aḫ-re*!*-m*［*a be-lí li-qú-ul*］

27）Durand は，［*i-na sí-ka*］*-na-tim ša* ᵈ*da-gan* と復元し，「ダガン神の Bétyles の場所で」と訳している。Durand は，Bétyles は一種の石柱で，神が現れた場所を記念するために立てた記念碑（石の柱）と同類の石柱と理解する（Durand, 1988a, 470, note a）。（参考までに創世記35章14節の記念碑の「石の柱」を参照。）なお，この石柱に関しては，Sasson 2015, 266–267 を参照。ただし，Malamat 1998, 103 では，［*i-na maška*］*nā-tim*］と復元，「（老人が）ダガン神の神殿に住んでいて」と訳している。

28）ここの日本語訳は，Durand に従う。ただし，4行目最後の BA.UG_7（死者）が前後の文章とどうつながるのか不明瞭。Malamat は "I told you［ ］all of you are dead, but you will not listen to my words." と訳している（Malamat 1998, 104）。

⑴［わが］主に ⑵ 言え。⑷ あなたの僕 ⑶ サンメー［タル］（は次のように申します）。⑸ アッドゥ神にブフラートゥム／プフラトゥム犠牲[29] を捧げることに関して，⑹ わが主は書いて［来られ］ました。⑺ 以前，ブフラートゥム／プフラトゥム犠牲に関して ⑻ 夢を見ました（直訳：夢が見られました）。そして，⑼ ブズランから（10）私はわが主に書き送りました。(11-13）すなわち，「20日にアッドゥ神と同時にネルガル神にもブフラートゥム／プフラトゥム犠牲を捧げ，(14-16）同様に，月末と（次の月の）第1日目に[30]，（そして）三度目に［X日に犠牲を］捧げてください。」(17-18）［私はこ］のように［わが主に書き送りました。］(19）［…………］(20）私は［このように以］前（21）わが主［に］書き送りました［ように，］(22）収穫までに三度ブフラートゥム／プフラトゥム（23-24）犠牲が捧げられるべきです。決して遅滞が［あるべきでは］ありません（25）。［わが主は］このことに速やかに［注意を払ってください］。

9　ARM XXVI 232（＝**ARM X 100**）（**A.907**）ズナナ（女性）から王宛の手紙[31]（夢文書？）

(1) *a-na be-lí-ia* (2) *qí-bí-ma* (3) *um-ma* ^{f}*zu*-na-na*[32] GEME$_2$-*ka-a-ma* (4) *i-nu-ma i-na ga-ni-ba-ti-im*^{KI} *úš-bu* (5) ^{f}*ki*-tum*-ši*-im*-ḫi-ia a-na ru-ub-bé-en aš-pu-ur-ma* (6) *i-na a-la-ki-ša it-ba-lu-ši* (7) *ù* ^{d}*d*[*a-ga*]*n be-el-ka u-ṣa-al-l*[*i*]*-la-am-ma* (8) *ma-ma-ma-an ú-ul il-pu-ta-an-ni* (9) ^{d}[*d*]*a-gan ki-a-am iq-bé-em um-*[*m*]*a šu-*[*m*]*a* (10) *pa-nu-ki e-li-iš ša-*[*a*]*p-*[*l*]*i-iš* (11) *um-ma a-na-ku-ma ša-*[*a*]*p-li-i*[*š*]*-ma* (12) *al-li-ka-am-ma* (13) MUNUS.TUR-*ti ú-ul a-mu-*[*u*]*r* (14) *i-nu-ma a-na an-da-ri-ig*^{KI} (15)

29）　ここにのみ使われている単語で，意味不詳。Durand 1988a, 471, note a を参照。

30）　Durand は *re-eš* ITI を「その月の最後の日＋翌月の最初に日」と理解する（1988a, 471, note b および Durand 1987e, No. 73）。

31）　Durand によると，この手紙はジムリ・リム治世の手紙。

32）　Dossin 1978, 150 は［*i*］*a-na-na* と読んでいるが，Moran 1969b, 54 は X-*na-na* と読み，Ellermeier 1968, 72 は *Dan?-na-na* と読んでいる。ここでは，Durand 1988a, 471 に従い，*zu-na-na* と読んでおく。ズナナがどういう女性であったかは不詳。

be-lí il-li-ku (16) *zi-im-zi-mu ša* MUNUS.TUR-*ti-ia* (17) *it-ti sa-am-me-e-tar* (18) *i-le-em-ma* (19) *al-li-ik-šu-um-ma a-an-na-am i-pu-la-a*[*n-ni*] (20) *i-tu-úr-ma ib-ba-al-ki-ta-an-ni-ma* (21) MUNUS.TUR-*ti ú-ul* [*i*]*d-di-na-am* (22) ^{d}*da-gan ki-a-*[*a*]*m iq-bé-em um-ma-šu-ma* (23) *a-di it-ti zi-im-ri-li-im* MUNUS.TUR-*ta-ki* (24) *la ú-še-ṣé-em ma-am-ma-an* (25) *ú-ul ú-*[*w*]*a-aš-ša-ra-*[*ki*]*-iš* (26) *i-na-an-na ki-ma qí**-IB-*it* *^{d}*da-gan* (27) MUNUS.TUR-*ti be-lí la i-ka-al-la*

(1) わが主に (2) 言え。(3) あなた様の侍女ズナナ（は次のように申します）。(4) 私がガニバートゥム[33] に住んでいた時，(5) 私はキットゥム・シムヒヤをルッバンに送りました。(6) 彼女の移動中に彼等は彼女を連れ去りました。(7) わが主の主人であるダガン神が私を守ってくださり，(8) 私には誰も（手を）触れませんでした[34]。(9) ［ダ］ガン神は次のように私に言いました。［すなわち］(10)「お前は北に向かっているのか南に向かっているのか」と。(11) 私は「南に向かっています」と答えました。(12) 私は（こちらに）来ましたが，(13) 私の下女を発見しませんでした。(14-15) わが主がアンダリグに行かれた時，(16) 私の下女の噂[35] が (17) サンメータル[36] から (18) 届きました。(19) 私

33) 地名ガニバートゥムの読み方は，Moran 1969b, 54 や Durand に従う。この町はトゥトゥルの近くで，現在の Abu-sa'id ではないかという説（Burke 1961, 148; Burke 1963, 132）やテルカとイマルの間にある現在のラッカではないかとする説（Groneberg 1980, 78 を参照）や，ガニバートゥムとルッバンは共にテルカ地区の地名とする Durand の説などがある（Durand 1988a, 472）。

34) Durand は 7 行の *u-ṣa-al-l*[*i*]*-la-am-ma* を *ṣalālum*（眠る）の他動詞（D-stem）「眠らせる」の意味にとり，7-8 行の *u-ṣa-al-l*[*i*]*-la-am-ma* (8) *ma-ma-ma-an ú-ul il-pu-ta-an-ni* を「そして，私は，睡眠中に，リプトゥム儀式が行われることなしに，あなた様の主人であるダガン神を見ました」と訳す。Nissinen も Durand の訳に従う。(p.61) しかし *ṣalālum*（眠る）に D-stem（他動詞）はないため，ここでは，Moran 1969a, 54, n. 3 に従って *ṣillum*（陰，保護）からの派生語 *ṣullulum*（保護する）であると理解することにする。

35) ここで噂と訳した *zimzimmmu* は，Durand 1988a, 471 ではニンニクやタマネギなどと同類のエシャロットと訳されているが，その後に出版された Durand 2000, 493-494 では「噂 *murmures*」と解釈している。なお，CAD S, p. 278a sub *simsimmu* (or *zimzimmu*) には，ARM XVI/1, 232（＝ARM X 100): 11-19 が引用されているが，*simsimmu*

は彼のところに行きましたが，彼は［私に］「その通り（キットゥム・シムヒヤはテルカにいる）」と答えましたが，(20) 彼は再び私を裏切り，(21) 私の下女を私に返してくれませんでした。(22) ダガン神は次のように私に言いました。(23)「ジムリ・リムがお前の下女を (24a) 助け出さない限り，(24b) 誰も (25) 彼女を解放しないだろう」と。(26) さて，ダガン神の言葉に従って (27) わが主は私の下女を差し押さえたままになさらないでください。

10　ARM XXVI 233 (A.15) (= *RA* 42, 1948, 125+134) イトゥール・アスドゥから王宛ての手紙

(1) *a-na be-lí-ia* (2) *qí-bí-ma* (3) *um-ma i-túr-ás-du* (4) ÌR-*ka-a-ma* (5) u_4-u*m ṭup-pí-an-né-e-em a-na* [*ṣ*]*e-er* (6) *be-lí-ia ú-ša-bi-lam* (7) ^{I}*ma-li-ik-*^{d}*da-gan* LÚ *ša-ak-ka*^{KI} (8) *il-<li>-kam-ma ki-a-am iq-b*[*é*]*-e-em* (9) [*u*]*m-ma-a-mi i-na šu-ut-ti-ia a-na-ku ù* 1 LÚ *it-ti-ia* (10) [*iš-t*]*u ḫa-la-aṣ sa-ga-ra-tim*^{KI} (11) *i-na ḫa-al-ṣí-im e-li-im a-na ma-ri*^{KI} *a-na a-la-ki-im* (12) *pa-nu-ia ša-ak-nu* (13) *i-na pa-ni-ia a-na ter-qa*^{KI} *e-ru-um-um ki-ma e-re-bi-ia-ma* (14) *a-na* É ^{d}*da-gan e-ru-um-ma a-na* ^{d}*da-gan* (15) *úš-ke-en i-na šu-ke-ni-ia* (16) ^{d}*da-gan pí-šu ip-te-e-ma ki-a-am iq-bé-e-em* (17) *um-ma-a-mi* LUGAL.MEŠ-*nu ša* DUMU.MEŠ *ia-mi-*{NA}*-na* (18) *ù ṣa-bu-šu-nu* (19) *it-ti ṣa-bi-im* [*š*]*a zi-im-ri-li-im* (20) *ša i-le-e-em* (21) [*i*]*s-li-mu-ú* (22) [*u*]*m-ma a-na-ku-<ma> ú-ul ìs-li-mu* (23) *i-na pa-ni wa-ṣí-ia ki-a-am iq-bé-e-em* (24) *um-ma-a-mi* DUMU.MEŠ *ši-ip-ri* (25) *ša zi-im-ri-li-im* (26) *ka-ia-ni-iš ma-aḫ-ri-ia a-na m*[*i*]*-nim* [*l*]*a wa-aš-bu-ma* (27) *ù* $ṭe_4$-*em-šu ga-am-ra-am ma-aḫ-ri-ia am-mi-nim* (28) *la-a i-ša-ak-ka-an* (29) *ú-ul-la-ma-an iš-tu* u_4-*mi ma-du-tim* (30) LUGAL.MEŠ-*ni ša* DUMU.MEŠ [*ia*]*-m*[*i*]*-na* (31) *a-na qa-at zi-im-ri-li-im um-ta-al-li-šu-nu-ti* (32) *i-na-an-na a-li-ik áš-*

は意味不明とされている。

36)　この手紙が書かれたのはジムリ・リムの治世5年（＝治世4'年）のヤミン人捕虜解放が行われた頃で，問題の女性は第2次ヤミン人戦争の際に拉致されたヤミン人ではなかったかとされる。サンメタルは当時のテルカ地区の知事でもあった（Durand 1988a, 472）。なお，第2次ヤミン人戦争とその捕虜解放に関しては，中田 2009, 79–81 参照。

ta-pa-ar-ka (33) *a-na zi-im-ri-li-im ki-a-am ta-qa-ab-bi um-ma at-ta-a-ma* (34) DUMU.MEŠ *ši-ip-ri-ka a-na ṣe-ri-ia* (35) *šu-u*[*p-r*]*a-*[*am-m*]*a ù ṭe*$_4$*-em-ka ga-am-ra-am* (36) *ma-a*[*ḫ-ri-i*]*a* [*š*]*u-ku-un-ma* (37) *ù* LUGAL.MEŠ-[*ni ša* DUMU.M]EŠ *ia-mi-na i-na* ^{GIŠ}*sú-us-sú-ul* (38) LÚ.ŠU.PE[Š.A *lu-ša-a*]*p-ši-il-šu-nu-ti-ma* (39) *ma-aḫ-ri-ka* [*lu-uš-ku*]*-un-šu-nu-ti* (40) *an-ni-tam* LÚ *šu-*⸢*ú*⸣ [*i-n*]*a šu-ut-ti-šu iṭ-ṭú-ul-ma* (41) *ù a-*[*ia*]*-ši-im id-bu-ba-am* (42) *i-na-an-na a-nu-um-ma a-na ṣe-er be-lí-ia áš-tap-ra-am* (43) *wa-ar-ka-at šu-ut-ti-*<*im*> *an-ni-tim be-lí* (44) *li-ip-ru-us* (45) *ša-ni-tam šum-ma li-ib-bi be-lí-ia* (46) *be-lí ṭe*$_4$*-em-šu ga-am-ra-am* (47) IGI ^{d}*da-gan li-iš-ku-un* (48) *ù* DUMU.MEŠ *ši-ip-ri ša be-lí-ia* (49) *a-na ṣe-er* ^{d}*da-gan lu ka-ia-nu* (50) LÚ *ša šu-ut-ta-am an-ni-tam* (51) [*iq-b*]*é-e-em pa-ag-ra-am a-na* ^{d}*da-gan* (52) *i-na-ad-di-in-ma ú-ul aṭ-ru-da-aš-šu* (53) *ù aš-šum* LÚ *šu-ú ták-lu ša-ra-sú ù sí-sí-*<*ik*>*-ta-šu* (54) *ú-ul él-qí*

(1) わが主へ (2) 言え。(4) あなたの僕 (3) イトゥール・アスドゥ（は次のように申します)。(5-6) この手紙を［わが］主に送らせる日，(7) シャッカの人マリク・ダガンが (8) やって来て，私に次のようにおっしゃいました。(9)「私の夢の中で，私と私の連れの者は，(10-11) 北の地方にあるサガラートゥム地区［か］らマリに行くべく (12) 決心しました。(13) 途中で[37] 私はテルカに入りました。そして（テルカに）は入るや (14) ダガン神に (15) 跪きました。私が跪いている時，(16) ダガン神は口を開き，次のように私におっしゃいました。(17)『ヤミン人の首長達と (18) その軍隊は，(19-20) 上って来たジムリ・リムの軍隊と (21) 和平を結んだのか。』(22) 私（は言いました)。『和平を結んでいません。』(23) 私が出て行こうとしていた時（ダガン神は）私に次のようにおっしゃいました。(24-26)『どうしてジムリ・リムの使者達は常に私の前にいないのだ。(27) また，（ジムリ・リムは）どうして彼の完全な報告を私の前に (28) 提示しないのだ。(29) もしそうしておれば，とうの昔に (30) 私はヤ［ミ］ン人の王達を (31) ジムリ・リムに引き渡していただろう。(32) さ

37)　過去に提案された読み方については，中田 1982, 59, n. 243 を参照。ここでは，Malamat 1956, 9 および Moran 1969b, 623 に従う。

あ，行け，私はお前を遣わそう。(33) お前は，ジムリ・リムに次のように言え。すなわち，(34)「お前の使者達を私の許に (35-36) 送って［寄越せ］。そして，お前の完全な報告を［私の前］に提示せよ。(37-38)（そうすれば）私はヤミン人［の］首長達を漁［夫］のかごに入れて……させ，(39) おまえの前に［置こ］う」と。』」(40) この人は，自分の夢の中でこのようなこと（夢）を見て (41) 私に語りました。(42) さて，私はわが主に書き送ります（ので），(43) どうかわが主よ，この夢の真相を (44) お確かめください。

(45) 話変わって，もし御心でしたら，(46-47) どうかわが主はダガン神の前に，わが主の完全な報告をしてくださいますように。(48) そして，わが主の使者が (49) ダガン神にいつも（遣わされて）いますように。(50-51) この夢を私に［語ってくれた］人は，ダガン神に (52) 犠牲を捧げようとしていますので，私は彼を送りませんでした。(53) この人は信頼できるので，私は彼の髪と衣の端を (54) 取りませんでした。

11　ARM XXVI 234 = ARM XIII 112　キブリ・ダガンからジムリ・リム宛の手紙

(1) *a-na be-lí-ia* (2) *qí-bí-ma* (3) *um-ma ki-ib-ri-*^{d}*da-gan* (4) ÌR-*ka-a-ma* (5) ^{d}*d*[*a-gan*] *ù* ^{d}*ik-ru-bé-el ša-al-mu* (6) *a-*[*l*]*um ter-qa*^{KI} *ù*] *ḫa-al-ṣú-um ša-lim* (7) *ši-*[*ip-rum ša*] *be-lí** [*ú-wa-e-ra*]*-an-ni* (5+3+3 行欠落)

(1') *ki-a-am i*[*ṭ*]*-ṭú-ul um-ma-*[*a-mi* AN*-lum-ma*] (2') É *an-né-em ḫa-ri-ba!-am la te-e*[*p-pé-ša*] (3') É *šu-ú in-ne-ep-pí-iš-ma* (4') *a-na na-ri-im ú-ša-am-qa-as-sú* (5') *i-na* u_4*-mi-i*[*m š*]*a š*[*u*]*-u*[*t*]*-ta-am ša-a-ti* (6') [*i*]*ṭ-ṭú-lu* [*a-na*] *ma-*[*a*]*m-ma-an ú-ul iq-*[*bi*] (7') *ša-né-em* u_4*-ma-am i-tu-ur šu-ut-ta-am* (8') *iṭ-ṭú-ul um-ma-a-mi* AN*-lum-ma* (9') É *an-né*-em la te-ep-pé-ša* (10') *te-ep-pé-ša-šu-ma a-na-na-ri-im* (11') *ú-ša-am-qa-as-sú i-na-an-na* (12') *a-nu-um-ma sí-sí-ik-ti* TÚG *ṣú-ba-t*[*i*]*-šu* (13') *ù et-qa-am ša qa-qa-di-šu* (14') *a-na ṣe-er be-*[*l*]*í-ia* (15') *uš-ta-bi-*[*l*]*am* (16') *iš-tu* u_4*-m*[*i-im š*]*a-a-tu* (17') LÚ.TUR *š*[*u*-ú*] (18') *ma-ru-*[*uṣ*]

(1) わが主へ (2) 言え。(4) あなたの僕 (3) キブリ・ダガン（は次のように申します)。(5) ダガン神とイクルブ・エル神は平穏です。(6) ［テルカと］その地区は平穏です。(7) …………(表面ほか11行ほどが欠落)

(1')（召使い／童は)[38] 次のような（夢を）見ました。(その夢の中で)［神（は］次のようにおっしゃいました)。すな［わち］(2')「お前達はこの荒廃した家を再建してはならない。(3')（もし）この家が再建されるならば，(4') 私はそれを運河に崩れ落ちさせるであろう」と。(5'–6') 彼は，その夢を見た日，誰にも言［い］ませんでした。(7') 翌日，彼は再び夢を (8') 見ました。(その夢の中で）神（は次のようにおっしゃいました)。(9')「お前達は，この家を再建してはならない。(10'–11')（もし）お前達がそれを再建すれば，私はそれを運河に崩れ落ちさせるであろう」と。さて，(12') 彼の衣の端 (13') と髪の一房を (14') わが主の許に (15') 送らせます。(16')［そ］の日以来 (17')［この］召使い／童は病［気です。］

12　ARM XXVI 235＝ARM XIII 113 キブリ・ダガンからジムリ・リム王宛の手紙

(1)［*a-na be-l*］*í-*［*ia*］(2)［*qí*］*-bí-ma* (3) *um-*［*m*］*a ki-ib-ri-*^{d}*da-gan* (4) ÌR-*ka-a-ma* (5) ^{d}［*da*］*-gan ù* ⸢^{d}⸣*ik-*［*ru-b*］*é-*A［N］*ša-*［*a*］*l-mu* (6)［*a-lum*］*ter-qa*^{KI}［*ù*］*ḫ*［*a-al-ṣú-um ša*］*-lim* (7)［*ša-n*］*i-tam* 1 LÚ *šu-ut-*［*tam i-mu-u*］*r*-ma** (8)［*ù*］*a*-ḫu-um* ú-ša-an-*［*ni*］(9)［*um-ma-m*］*i ṣa-bu-um*［*na-ak-rum*］(10)［*i-n*］*a a-la-ni dan-n*［*a-tim*］(11)［*ma*］*-ri*^{KI} *ter-qa*⸢^{KI}⸣ (12)［*ù sa*］*-ga-ra-tim*^{KI} (13)［*er-bu m*］*i-im-ma iš-t*［［*a*-ḫi-ṭú*］(14)［*ù i-na*］*dan-na-at be-*［*lí-ia*］(15)［*wa-aš*］*-bu* (16)［*a-ḫu-um*］*šu-ut-ta-šu an-ni-tam* (17)［*ú-ša-an-n*］*i-ma ar-nam e-li-ia* (18)［*ú-t*］*e-er-ma um-ma-a-mi šu-pu-ur a-na* LU［GAL］(19) *ù aš-šum ki-*［*a-am*］*a-na b*［*e-l*］*í-ia* (20) *aš-pu-*［*r*］*a-a*［*m*］

(1)［わが主へ　(2) 言え。(4) あなたの僕 (3) キブリ・ダガン（は次のように申します)。(5)［ダ］ガン神とイク［ルブ］・エ［ル］神は平穏です。(6) テルカの［町］と（その)［地］区は［平］穏です。(7)［話変］わって，ひとりの人

38)　16' 行の「召使い／童」に基づき補う。

が［夢を見］ました。そして，(8) アフムが（私に）報告しました。(9) すなわち，「［[敵の］軍隊が (10–13)［マ］リとテルカ［とサ］ガラートゥムの要［塞］のある町［に］入って，攻撃し，(14) わが主の要塞に (15) 留まっています」と。(16)［アフムは］このような夢を見て，(17–18) 王に報告するようにと言い，責任を私に（報告の責任を？）負わせました[39]。(19)［それ］ゆえ，私はわが主に (20) 書き［送り］ます。

13　ARM XXVI 236 = ARM X 10[40] 王妃シブトゥからジムリ・リム王宛の手紙（幻？）

(1)［*a-na be-lí-ia*］(2)［*qí-bí*］*-m*［*a*］(3)［*u*］*m-ma* ^{f}*ši-ib-tu* GEME$_2$*-ka-a-*［*ma*］(4) É DINGIR.MEŠ ｛DINGIR.MEŠ｝*é-kál-lum* (5) *ù ne-pa-ra-tum ša-al-ma* (6) *ša-ni-tam* ^{f}*ka-ak-ka-li-di* (7) *i-na* É ^{d}*i-túr-me-er i-mu-ur* (8) *um-ma-a-mi* 2 ^{GIŠ}*má-ma-al-lu-ú* (9) *ra-ab-bu-tum na-ra-am pa-ar-ku-ma* (10) LUGAL *ù* LÚ.MEŠ *re-du-um* (11) ŠÀ*.BA*[41] *ra-ki-ib ša i-mi-it-tim* (12)［*a-n*］*a šu-mé-lim* (13)［*i*］*-ša-as-su-ú* (14)［*um*］*-ma šu-nu-ma šar-ru-tum* (15)［*ḫa-a*］*ṭ-ṭú-um* GIŠ.GU.ZA (16) *pa**-lu*-um* ma*-tum e-li-tum* (17) *ù ša-ap-li-tum* (18) *a-na zi-im-ri-li-im* (19) *na-a*［*d*］*-na-*［*a*］*t ù* LÚ.MEŠ *re-du-ú-tum* (20) *ka-lu-š*［*u i*］*-ip-pa-al* (21) *a-na zi-im-ri-li-im-ma* (22) *na-ad-na-at* (23) GIŠ.MÁ *m*［*a-a*］*lu-lu-ú šu-nu* (24) *a-na*［*b*］*a-ab é-kál-lim* (25)［. . . . .］*-ma* (26)［. . . . .］*-šu*（以下 4 行ほど欠落）

(1)［わが主へ］(2) 言え。(3) あなたのはした女シブトゥ（は次のように申しま

---

39)　*arnam turru*（責任を転嫁する）については，Sasson 1983, 285, n. 12 および Durand 1988a, 477 の注 b を参照。

40)　Dossin 1978 の ARM X 10 では，最初の 6 行を 5 行と数えているため，Durand 1988 の ARM XXVI 236 に従っている本論では行数がずれていることを断っておく。

41)　Dossin 1978, p36 は *ba-ma* と読み，par moitie と訳す。Moran 1969, 46 は ŠÀ-*ba* と読み，*libbum* に依って in the center と訳す。Ellermeier 1968, 63 および von Soden 1980, 209 は ŠÀ.BA と読み，darin と訳す。最後の読みが正しいことは言うまでもない。ŠÀ.BA は他に ARM VII 15（ARMT VII 357 に紹介されている Landsberger の注も合わせて参照）にも用いられている。

す)。(4) 神々の神殿，王宮，(5) および作業場は平穏です。(6) 話変わって，カッカ・リディ[42] は (7) イトゥール・メール神の神殿で見ました[43]。(8-9)(彼女は次のように言いました)。「二つの大きな運搬船[44]が川をふさいでいます。(10-11a) そこには王とレードゥム兵士達が乗っています。(11b) 右（南）側（の運搬船に乗っている人達）は (12) 左（北）側の（船に乗っている）人達に向かって (13) 叫んでいます。(14a) 彼らは（叫んでいます)。(14b)『王権と (15) 王杖と王座と (16-17) 治世と，北と南の地は (18) ジムリ・リムに (19a) 与えられている。』と。(19b-22) レードゥム兵士達は全員『ジムリ・リムに与えられている。』と応えました。(23) これらの運搬船は (24) 王宮の門に……」(25) (25行以下欠落)。

14　ARM XXVI 237 = ARM X 50　アッドゥ・ドゥーリからジムリ・リム王当ての手紙

(1) *a-na be-lí-ia qí-bí-ma* (2) um-ma ^{fd}IM-*du-ri* GEME$_2$-*ka-a-ma* (3) *iš-tu šu-lu-um* É *a-bi-ka* (4) *ma-ti-ma šu-tam an-ni-tam* (5) *ú-ul a-mu-ur it-ta-tu-* {TU} *-ia* (6) *ša pa-na-nu-um* (7) [*an*]*-ni-it-ta-an* (8) *i-na šu-ut-ti-ia a-na* É ^{d}NIN-*é-kál-lim* (9) *e*-ru-ub-ma* ^{d}NIN-*é-kál-lim* (10) *ú-ul wa-aš-ba-at ù* ALAM.ḪÁ (11) *ša ma-aḫ-ri-ša ú-ul i-ba-šu-ú* (12) *ù a-mu-ur-ma ar-ṭú-up ba-ka-a-am* (13) *šu-ut-ti an-ni-tum ša ba-ra-ar-tim* (14) *a-tu-ur-ma da-da* LÚ.SANGA (15) [*š*]*a eš$_4$-tár bi-iš$_7$-ra* (16) [*i*]*-na* KÁ ^{d}NIN-*é-kál-lim*

42) カッカ・リッディがどういう女性なのか，不明。

43) 「見た」と言う動詞の目的が書かれていないので，何を見たのか不明であるが，Durand は幻（vision）を見たと訳している（ARM XXVI/1, p. 478)。Nissinen も Durand に従っている（Nissinen 2003, 67)。ただし，Durand 1988a, 478 の訳注 c では夢（le rêve）として言及している。

44) Dossin 1967, 254 および CAD M, p. 160a: N, 370b は GIŠ.MÁ *ma-al-lu-ú* と読み，*mal-lalû*（いかだ）(シュメール語の MÁ.LAL からの借用）の別綴りであると考える。Moran 1969a, 46, n. 1 および von Soden 1980, 209 は，^{GIŠ}*má-la-lu-ú* と読み，運搬船と同じではないかと考える。同じ語が ARM XIV 28:9 にも出ている。ここは，Moran および von Soden の読み方に従い，GIŠ のみを限定詞と考えて，*má-ma-al-lu-ú* と読んでおく。*malallû* 船については Salonen, St.Or 8/4, 30f. を参照。

(17) *iz-za-az-ma pí-ú na-ak-rum* (18) [*ki*]*-a-am iš-ta-na-ás-si* (19) *um-ma-mi t*[*u-r*]*a* ^{d}*d*[*a-g*]*an* (20) *tu-ra* ^{d}*d*[*a-g*]*an ki-a-am* (21) *iš-ta-na-ás-si ša-ni-tam* (22) ^{f}*mu-uḫ-ḫu-tum i-na* É *an-nu-ni-tim* (23) [*i*]*t-bé-e-ma um-ma-mi zi-im-ri-li-im* (24) *a-na* KAS-KAL-*a la ta-al-la-ak* (25) *i-na ma-ri*^{KI} *ši-ib-ma* (26) *ù a-na-ku-ma a-ta-na-ap-pa-al* (27*) *a-na pa-ag-ri-šu na-ṣa-ri-im* (28*) *be-lí a-aḫ-šu la i-na-ad-di* (29) *a-nu-um-m*[*a*] *ša-ar-ti* (30) *ù sí-*[*s*]*í-ik-ti* (31) *a**-[*na-ku*] *ak-nu-ka-am-ma* (32) *a-na ṣe-er be-lí-ia* (33) *ú-ša-bi-lam*

(1) わが主へ言え。(2) あなたのはした女アッドゥ・ドゥーリ（は次のように申します)。(3) あなたの家の没落以来 (4) このような夢を決して (5-6) 見ませんでした。以前の私の兆は (7) このようなもの（2つ）でした。(8-9) 私は，私の夢の中で，ベーレト・エカリム女神の神殿に入りましたが，ベーレト・エカリム女神の（像）は (10-11) ありませんでした。そして，同女神（像）の前にあるはずの（礼拝者の）像（複数）もありませんでした。(12) 私はこれを見て，泣き始めました。(13) 私のこの夢は，夜警の第一の見張りの時でした[45)]。

(14-17) 私は再び（夢を）見ました。ビシュランのイシュタル女神[46)] の神官長ダダは，ベーレット・エカリム女神の（神殿の）門の所に立って，ビールを捧げています。(18) 彼は次のように繰り返し叫んでいます[47)]。(19)「おおダ［ガ］ン神よ，［帰］り給え。(20-21) おおダ［ガ］ン神よ，帰り給え。」彼はこのように繰り返し叫んでいました。

話変わって，(22) ムッフートゥム女預言者が，アヌニートゥム女神の神殿で (23)　立ち上がって，次のように言いました。「おおジムリ・リムよ，(24) あなたは軍事遠征に行くべきではありません。(25) マリに留まっていなさい。(26) 絶えず対処するのは，私なのですから。」と。(27-28) わが主よ，どうか

45)　夜の時間が3つの「夜警の見張りの時」(*brāritum, qablītum, šāt urrim*) に分けられていた。夢が夜警のどの時間に起ったかを記録した例に関しては，Oppenheim 1956, 340-343 を参照。

46)　ビシュランのイシュタル女神については，Durand 1983, 18-19 の注4を参照。

47)　14-18行の読み方に関しては注37）を参照。

ご自身の防備をおろそかになさいませんように。(29-31) さて，（その女の）髪の一房と衣の端を封印して (32) わが主の許に (33) 送らせます。

15　ARM XXVI 238＝ARM X 51 アッドゥ・ドゥーリからジムリ・リム宛の手紙

(1) *a-na be-lí-ia* (2) *qí-bí-ma* (3) *um-ma* [fd]IM-*du-ri* (4) [I]*i-din-ì-lí* LÚ.SANGA (5) *ša* [d]*i-túr-me-er* (6) *šu-ut-ta-am iṭ-ṭú-ul* (7) *um-ma šu-ú-m*[*a*] (8) *i-na šu-ut-ti-ia* (9) [d]NIN-*bi-ri iz-zi-iz-za-am-ma* (10) *ki-a-am iq-bé-em* (11) *um-ma ši-i-ma* (12) *šar**-*ru-tum na-al**-ba*-[*n*]*a**-*a*[*s**-*s*[*u**] (13) *ù pa-lu-um du-ur-šu* (14) *a-na* [GIŠ]*di-im-tim* (15) *a-na mi-ni-im i-te*$_9$*-né-él-le* (16) *pa-ga-ar-šu l*[*i-i*]*ṣ-ṣ*[ú]*-ur* (17) *i-na-an-na be-lí a-na na-ṣa-ar* (18) *pa-ag-ri-šu* (19) *la i-ig-ge*

(1) わが主へ (2) 言え。(3) アッドゥ・ドゥーリ（は次のように申します）。(5) イトゥール・メール神の (4) 神官長イッディン・イリは (6) 夢を見ました。(7) 彼（は次のように言いました）。(8)「私の夢の中で (9) ベーレト・ビーリ女神が私のところに来て，(10) 次のようにおっしゃいました。(11) すなわち，(12)『王権（？）は彼の煉瓦［壁（？）］であり，(13) そして，支配権は彼の城壁である。(14-15) 彼はなぜ繰り返し（攻城用の）塔[48] に登るのか。(16) 彼に自分自身を守らせよ。』と。」(17-18) さて，どうかわが主はご自身の防備を (19) 怠ることがありませんように。

16　ARM XXVI 239＝ARM X 94[49]　シーマトゥム[50] からジムリ・リム王に宛

48) この塔は，[GIŠ]*di-im-tim* と限定詞 GIŠ がついていることから，攻城用の木製の塔か。AHw, 171a (Belagerungsturm aus Holz) および CAD D, p. 145b (siege tower)。Durand 1988, p. 480 の注 c も参照。Nissinen 2003, 69 は watchtower と訳す。

49) この文書の保存状態が良くないため，最初にこの文書を出版した Dossin 1978 の復元部分とこの文書を再出版した Durand 1988, p. 480-481 の復元部分が異なるところが多いが，ここでは Durand 1988 に従っておく。

50) ジムリ・リムの王女の 1 人で，イランツーラ Ilānṣurā の王ハヤ・スム Ḫaya-Sumu に嫁いでいる (Lafont 1987, 118-119)。

てた手紙

(1) *a-na be-lí-ia* [*qí-bí-ma*] (2) *um-ma* ^{f}*ši-ma-t*[*um* GEME$_2$-*ka-a-ma*] (3) *iš-tu* u_4-*mi-im ša iš-*[*tu ma-ri*^{KI} *ú-še-ṣú-ni*] (4) *ma-di-iš al-ta-*[*as-su-um*] (5) *ù a-la-ni ka-la-šu-nu** a**-*[*mu-ur*] (6) *ša ki-ma šu-ba-at be**-lí**-ia**-*[*ma*] (7) *ù ša ki-ma be-lí-ia i**-*[*mu-ru-ni*] (8) *i-na-an-na šum-ma be-lí a-na*** [*i-la-an-ṣú-ra*^{KI}] (9) *a-n*[*a*] *a-la-ki-im pa-nu-šu ša-*[*ak-nu*] (10) [0 0 0] *li* x x x [0 0 0 0] (……)

(1') [0 0 0] *a-na pa-an* [*b*]*e-l*[*í-i*]*a* (2') [0] x *ú-ṣa-ab-ba-*[*at*] (3') *ù pa-an be-lí-ia ù-ṣa*-ba*-*[*at*] (4') *ù aš-šum* DUMU.MUNUS* [*š*]*a te*-pa*-*[*ḫi-im*] (5') *i-na šu-*[*u*]*t-ti-i*[*a-m*]*a* LÚ-*lum** (6') *iz-zi-iz-ma u*[*m-m*]*a šu-m*[*a*] (7') MUNUS.TUR DUMU.MUNUS ^{f}*te*-pa-ḫi-im-m*[*a**] (8') ^{1f}*ta-gi-id-na-we*-e li-i*[$š_7$-*ta-sú*] (9') *an-ni-tam iq-bé-e-*[*e*]*m i-na-an-na* (10') *be-lí wa-ar-ka-tam* DUMU MÁŠ.ŠU.SU$_{13}$.SU$_{13}$ (11') *li-ša-ap-ri-is-ma šum-m*[*a šu*]*-ut-t*[*um ši-i*] (12') *n*[*a*]*-aṭ*-la-at be-lí* DUMU.NUNUS *t*[*a*-g*]*i*-i*[*d*-na-we-e li-ís-si*] (13') *ke-em-*[*m*]*a li-iš-ša-si* (14') *ù šu-lum be-lí-ia lu-ú* [*k*]*a-*[*i*]*a-a*[*n*]

(1) わが主へ［言え。］(2)［あなたのはした女］，シーマ［トゥム］(は次のように申します)。(3)［マリから私が出て行った］日以来 (4) 私は走り回っています。(5-7) そして，私はわが主の住まいがある限りの町々を［見ました］。(8-9) さて，もしわが主は［イランツーラ］に行かれるおつもりでしたら，……(表面の 10 行以下は欠落)

(1') わが主の前に……(2') ……(3') 彼／私はわが主の先頭に立ちましょう。(4') ところで，テパーフムの娘に関して，(5') 私の夢の中で一人の男が (6') 立って，次のように (話しました)。(7')「小さなテパーフムの娘を (8') タギド・ナウームと呼ぶべきである。」(9') 彼はこのように言いました。さて，(10') わが主は，この件を内臓占師に (内臓占いによって) (11') 決めてもらってください。も［し］［この夢］が (12') 実際に見られたのであれば，わが主はこの娘を［タギド・ナウーム[51] と呼ぶべきです］。(13') 彼女は確かにそう

51)　Durand は Durand 2000, p. 431 で，「砂漠（彼女を）愛した Le Steppe a aimé」と訳す。これは，ジムリ・リムの治世が平穏であることを意味する名前と考えられる。

呼ばれるべきです。(14')どうかわが主の平安が［常にあります］ように。

17　ARM XXVI 240 = ARM X 117 ティムルーからアッドゥ・ドゥーリ宛の手紙

(1) *a-na* ^{fd}IM-*du-ri be-el-ti-ia* (2) *qí-bí-ma* (3) *um-ma* ^{f}*ti-im-lu-ú* GEME$_2$-*k*[*i-ma*] (4) *lu-ú it-tu-m-ma ša i-nu-ma* {I NA} (5) *i-na li-ib-bi- ka-sa-pa-a*^{KI} (6) *ia-ar-ip-*^{d}*ab-ba ú-še-ṣé-e*[*n*$_6$*-ni*] (7) [*ù a*]*-na ṣe-ri-ki a-li-li-ka-a*[*m-ma*] (8) [*ki-a-am*] *aq-bé-ki-im um-ma-a-*[*mi*] (9) [*šu-ut-t*]*a-am a-mu-ra-ak-ki-i*[*m*] (10) [*ù i-na š*]*u-ut-ti-ia* ^{d}*be*-el*-te*$_9$– [*é-kál-lim*] (11) [*ki-a-am iš-p*]*u-ra-an-ni* (12) [*um-ma-a-mi* . . . .] (1') [. . . . . x] (2') [. . . . . *i*]*-ba-aš-ši* (3') [. . . . .] x x x (4') [. . . . .] . . . ⸢DUMU.MEŠ⸣ BÀD*.TIL*. {X} ^{KI} (5') [*ša* 0 0 *i*]*-na-aš-šu-ú* 6 LÚ.[MEŠ] (6') [*šu-nu-ti*] *qí-pí-ši-ma* TU-*ur*-[. . ? . .] (7') [*ù* 0]*-úš?*-qi* ša-ni-tam* (8') [1 TÚG 0]-x*-at-tam* (9') [*ù* 1] TÚG.BAR.SI [*š*]*a qa-qa-di-ki* (10') *šu-bi-lim* (11') *e-ri-iš be-el-ti-ia* (12') *lu-ṣe**–[*e*]*n*$_4$**-ma* {X} (13') *li-ib-*[*b*]*i mi-tu* (14') *li-ib-lu-uṭ*

(1) 私の女主人アッドゥ・ドゥーリ[52]へ(2) 言え。(3) あなたの侍女ティムルー（は次のように申します）。(4-6) 確かに兆でした。ヤリプ・アッバが私をカサパから連れ出し，(7) 私があなた様のところにやって来た時，(8) 私は［次のように］申しました。すなわち，(9)「私はあなた様に関して［夢を］見ました。(10) 私の夢［の中で］，ベーレ［ト・エカリムが］(11) 次のように私に［語］りました。(12)［すなわち……］（以下欠落）1'-7a' 行は破損のため判読不可能。(7b') 話変わって，(8') ……と (9') あなた様の頭の布を (10') 送ってくださり，(11') 私の女主人の香りを (12') かがせてください。(13'-14') そうすれば私の死んだ気持ちを蘇らせてくれるでしょう。

18 ARM XXVI 207（= **ARM X 4**）（**A.996**）シブトゥからジムリ・リム宛の手紙（イシュメ・ダガンに関するイゲルームを報告）

52)　アッドゥ・ドゥーリに関しては，Batto 1974, 64-72 を参照。

(1) a-na be-lí-ia qí-bí-ma (2) um-ma ^{f}ši-ib-tu GEMÉ-ka-a ma (3) aš-šum ṭe$_4$-em ge-er-ri-im (4) ša be-lí i-la-ku it-ta-tim (5) zi-ka-ra-am ù sí-in-ni-iš-tam (6) aš*-qi áš-ta-al-ma i-ge-er-ru-ú-um (7) a-na be-lí-ia ma-di-iš da-mi-iq (8) a-na iš-me-^{d}da-gan qa-tam-ma (9) zi-ka-ra-am ù s[í]-in-ni-iš-tam (10) áš-ta-al-ma i-ge-er-ru-šu (11) ú-ul da-mi-iq (12) ù ṭ$_4$-em-šu ša-pa-al še-ep be-lí-ia (13) ša-ki-in um-ma šu-nu-ma be-lí ḫu-ma-ša-am i[š*-ši*] (14) a-na iš-me-^{d}da-gan ḫu-ma-ša-am iš-ši-ma (15) um-ma i-na {I NA} ḫu-ma-ši-im e-le-i-ka (16) ši-it-pu-ṣú-um ši-it-pa-aṣ-ma (17) i-na ši-it-pu-ṣú e-le-i-ka (18) um-ma a-na-ku-ma be-lí a-na ka-ak-ki (19) i-ṭe$_4$-eḫ-ḫe-e um-ma šu-nu-ma (20) ka-ak-ku (21) ú-ul in-né-pé-šu (22) ki-ma ka-ša-di-im-ma (23) ti-il-la-tu-[š]u (24) is-sà-ap-pa-[ḫ]a (25) ù qa-aq-[ad iš-me]-^{d}da-gan i-na-ki-sú-ma (26) ša-pa-al še-ep [b]e-lí-ia (27) i-ša-ak-ka-nu um-ma-a-mi (28) ṣa-bu-um ša i[š-m]e-^{d}da-gan (29) ma-ad ù šum-ma ṣ[a-bu-šu m]a-ad (30) til-la-tu-šu is-sà-[ḫ]a-šu (31) til-la-ti i-ia-at-tu-ú-um ^{d}da-gan (32) ^{d}UTU* ^{d}i-túr-me-er ù ^{d}NIN-é-kál-lim (33) ù ^{d}IM-ma be-el pu-ru-us-sé-e-em (34) ša i-na i-di be-lí-ia i-l[a-ku] (35) as-sú-ur-ri be-lí ke-em i-[qa-ab-bi] (36) um-ma-a-mi i-na be-la-ni ú-[ša-ad-bi-ib-š]u-nu-ti (37) mi-im-ma ú-ul ú-š[a]-ad-ba-[bu-šu-nu-ti] (38) šu-nu-ma i-da-ab-bu-bu šu-nu-[ma] (39) im-ta-ḫa-[ṣú] (40) um-ma šu-nu-ma til-la-at iš-me-^{d}[da-gan] (41) ^{LÚ}a-sí-ru i-na sà-ra-tim-[ma] (42) [ù] di-ṣa-ti[m] it-ti-šu it-ta-na-šu (43) [a-wa]-sú ú-[u]l i-le-qú-ú (44) [a-n]a pa-ni be-lí-ia ṣa-bu-šu (45) [is]-sà-ap-pa-aḫ

(1) わが主に言え。(2) あなたのはした女シブトゥ（は次のように申します）。(3-5) わが主が行こうとしている戦いに関して男女の徴に (6-7) 私は（飲み物を？）飲ませて質問しましたが[53]，イゲルームは大変よかったです。(8) イシュメ・ダガンに関しても (9) 私は男女に (10) 質問しましたが，彼のイゲルームは (11) よくありませんでした。(12-13a) 彼（イシュメ・ダガン）に関する報告はわが主の足元に置かれています[54]。(13b) 彼らは次のように言います。「わが

53) 同じような表現が ARM XXVI 212 (＝ARM X 6):2′ にも見られる。本論集 232 頁注 133 を参照。

54) Nissinen は，「彼に関する報告は次のごとくである：『彼はわが主の足下におかれる

主はフマーシュム[55] を持［ち上げました。］(14) 彼（ジムリ・リム）はイシュメ・ダガンに対してフマーシュムを持ち上げ，そして (15)『私はフマーシュムでお前に勝つ。(16) レスリングで来い。(17) 私はレスリングでお前に勝つ。』と」[56]。(18-20) 私は言いました。「わが主は戦いに近づくだろうか」と。彼らは言いました。(21)「戦いは行われないだろう。(22)（ジムリ・リムが？）到着するやいなや，(23) 彼（イシュメ・ダガン）の援軍（複数）は (24) 四散するでしょう。(25) そして彼らは彼（イシュメ・ダガン）の頭を切り落とし，(26) わが主の足下に (27) 置くでしょう。」と。（彼らは次のように言いました）。すなわち，(28-29)「イシュメ・ダガンの軍隊は大軍である。たとえ彼の軍隊が大軍であっても，(30) 彼（イシュメ・ダガン）の援軍は四散するでしょう。」(31)（しかし）私にとっての援軍は，ダガン，(32) アッドゥ（？）[57]，イトゥール・メールおよびベーレト・エカリムです。(33) そしてアッドゥは裁きの主です。(34) 彼らはわが主のそばを行［かれるでしょう］。(35-36) わが主は，「騙して［彼らに］話［させた］のだ」と［言われる］など，とんでもないことです。(37) 私は［彼らに話］させてはいません。(38) ある者達は話，他の者達は (39) 抵抗しました。(40-42) 彼らは言いました。「イシュメ・ダガンの援軍は捕虜達です。彼らは反乱や裏切があれば彼（イシュメ・ダガン）を支援しません。(43) 彼らは彼（イシュメ・ダガン）の言葉を信じません。(44-45)（だから）彼の軍隊はわが主の前から四散するでしょう」と[58]。

だろう。』」(The report concerning him goes: “He will be placed under the feet of my lord.)(Nissinen 2003, 40)

55）木または葦の棒？ Durand 2000, 323b 参照。

56）CAD $\check{S}_1$ 449b 参照。

57）Durand (1984, 150, n. 9) は ^{d}IM (Dossin 1978, 26) ではなく ^{d}UTU* と読み，ここに5神が言及されていると見るが，ここでは Dossin 1978, 26 の読みを残しておく。なお，この手紙に関しては，本論集 420, 426-427 頁も参照していただきたい。

58）40 行以下は Durand の訳を参考にした。

第10章 マリ文書に見られる内臓占い

はじめに

ここでは，これまでに出版された古バビロニア時代（基本的には，ヤスマハ・アッドゥの治世［前1787-1775年頃］およびジムリ・リムの治世［前1775-1762年頃］）に年代付けされているマリ出土文書（以下マリ文書）から収集した内臓占いに関する史料（主に手紙）に基づき，マリにおける内臓占いの実態について概観する。なお，収集した史料の主要なものはそれらの日本語訳を末尾に付しておく。

メソポタミアにおける内臓占いの歴史は古く，既にシュメール初期王朝時代のラガシュの王，ウルナンシェ Ur-Nanše の時代（前2500年頃）に内臓占いが行われたことが知られている[1)]。しかし，内臓占いが，神意判断の最重要手段として盛んに利用されるようになり，内臓占いが，一種の「サイエンス」として確立されたのは，古バビロニア時代になってからであろう[2)]。なぜならマリから，古バビロニア時代初期のものとみられる32個の粘土製の羊の肝臓模型が出土しており，これらの粘土製肝臓模型が内臓占師養成の教材として使われたのではないかと考えられるからである。これについては，既にリュタンの研

1）Sollberger, E. 1956, Urn. 24 III 3-6:「彼［＝ウルナンシェ］は，内臓占いによって，ウルシャナビをナンシェの「妻」に任じた」。なお，シュメール時代の占いに関しては，Falkenstein A. 1966, 45ff. を参照。

2）例えば，Falkenstein 1966, 47: Nougayrol, J. 1966, 11; Renger, J. 1969, 203.

究[3] がある上，これらの粘土製肝臓模型が，われわれの設定した時代よりやや古く，しかも実際の生活のなかで内臓占いがどのような役割をはたしていたかを直接示す史料ではないので，ここでは取り上げない。

ここに集めたマリ文書中の内臓占いについての言及例はすべて紀元前 18 世紀前半に年代付けされるが，内臓占いの実際を示す史料としては最も古い部類に属すること，またマリから出土した文書中には内臓占いについての言及例が非常に多いこと，などの点でマリ文書は重要である[4]。その意味で，マリ文書に見られる内臓占いについて，まとめておくことは無意味ではないと思う[5]。なお，文中で使用する略号については，Borger, R., *Handbuch der Keilschriftliteratur*, Bd. II, Wiesbaden, 1975 に付されている略号表を参照していただきたい。

1　内臓占いの行為

1-1　内臓占いの行為を表すアッカド語表現

内臓占いの行為は，古バビロニア時代のアッカド語で通常 *têrtam*/*têrētim epēšu*m[6]（内臓占いを行う）または *têrtam*/*têrētim šūpušum*（内臓占いを行わせる）と表現されるが，これは，マリ文書にもそのまま当てはまる。ここで「内臓占い」と訳した単数形の *têrtum* および複数形の *têrētum* は極めて多様な意味に用

3）　Rutten, M. 1938, 36ff. + Pls. 18. 肝臓の粘土製模型に記されている刻文には，イシュビ・エラの名が見えるので，これらの肝臓模型がイシン王朝（前 2017–1794 年頃）成立以前に遡ることはないが，刻文の字体から考えて，古バビロニア時代初期に作成されたものであろう。これまでに知られている肝臓模型については，Landsberger, B. – H. Tadmor 1964, 201ff. および Nougayrol 1966, 8 を参照。

4）　Nougayrol 1966, 6 を参照。

5）　本章は，Finet, A. 1866, 87ff. と重複するところもあるが，われわれの集めた史料をわれわれなりに整理しておきたいと思う。

6）　語尾の /*m*/ は，中バビロニア時代以降になると脱落するが，ここで扱うマリ文書は古バビロニア時代のもので，通常語尾の /*m*/ が表記されている。従って，以下では，*têrtam* あるいは *epēšum* などと記すことにする。

いられ[7]，これに相当する言葉を1つ日本語の語彙の中から見つけ出すことは不可能である。因みにドイツで出版されたアッカド語辞典 *Akkadisches Handwörterbuch*（以下 AHw）の1350頁以下では，（A）（人間の）Anweisung（指示），（B）（神の）Weisung(en)（教示・指令），Opferschau-omina（犠牲獣の内臓の兆，オーメン），（C）(Opfer-)Leber（[犠牲獣の] 肝臓）などの意味があるとしている。アメリカで出版されたアッカド語辞典 *The Assyrian Dictionary of the Oriental Institute of the University of Chicago*（以下 CAD）のTの巻357頁以下では，（1）message, information, report（情報・報告），（2）instructions, order（指示・命令），（3）consignment（委託），（4）office, post（役職），（5）decree, commission issued by gods（神々からの布告・命令），（6）extispicy（内臓占い），（7）extra, liver（内臓・肝臓）などの訳語を当てている。ここで問題とする *têrtum/têrētum* の用法は，AHw で言えば，（B）または（C）に，CAD で言えば，（6）または（7）に該当する。以下では，AHw の（B）あるいは CAD の（6）に該当する *têrtum/têrētum* を，文中の前後関係から，「内臓占い」，「内臓占いの結果」，「内臓の諸徴」などと訳し，AHw の（C）および CAD の（7）に該当する *têrtum/têrētum* は「内臓（の粘土製模型？）[8]」と訳している。

7）*têrtum* についての定義ないし説明は，Finet 1966, 89; Lambert, W. G. 1960, 284, n. 51; Oppenheim, A. L. 1954, 143-143; Renger 1960, 202 などに見られるが，いずれも一長一短である。

8）ARM I 40:12-20; ARM II 134:6-7; ARM II 139:10-11; ARM IV 54:14; ARM VI 75:8-10 などに見られる *têrētum* を粘土製の肝臓模型を意味すると最初に考えたのは，Oppenheim である。Oppenheim によると，内臓占いの報告は *ṭēm têrtim*（ARM I 60:36-37）と書かれているので，これらの箇所における *têrētum* は，内臓占いの報告ではなく，諸兆の見られる臓器の粘土製模型（冷凍技術の知られていない当時，生の臓器を輸送することは不可能であっただろう）であったと考えるべきであるとする（Oppenheim 1954, 143-144.）。実際に肝臓およびその他の臓器の粘土製模型が発見されているので，Oppenheim の意見は魅力的であるが，難点がないわけではない。これらの臓器の粘土製模型の出土分布が，バビロニア本土よりその周辺地域（マリ，アララク，ボガズキョイ，ウガリト，ハツォル，メギドなど）に偏していること，粘土製模型の出土の絶対数が多くないこと，さらに ARM IV 54:10-11 に，「その心臓は左も右も黒くなっている（*libbum šû imittam u šumēlam tarik*）」とあるが，もしこの *tarik* が明

動詞 *epēšum* の基本形（「行う」）またはその使役形 *šūpušum*（「行わせる」）の目的語としては，通常，単数形の *têrtam* ではなく複数形の *têrētim* が用いられることが多いが，これは内臓占いが，後で述べるように，複数回（通常は2回）行われたことに関係すると考えられる。

基本形の *epēšum* と使役形の *šūpušum* の使い分けは，厳密に守られている。すなわち，*epēšum* が用いられるのは内臓占師が主語の場合で（例えば ARM XXVI 88:［＝ARM V 65]:12 のズナンの場合），それ以外の場合は，当然のことながら使役形の *šūpušum* が用いられる。従って，*têrtam/têrētim epēšum*（内臓占いを行う）の主語として登場する人物は，職名が記載されておらず，他の史料からもその職名が確認できない場合でも，内臓占師であると推定することができる。例えば ARM II 39:69 の「(私は（内臓占いを）行いました *ēpuš*)」の主語となっている「私」は内臓占師であると推定できるのである[9]。

ところで，*têrtum/têrētum* は，罹患している病気など過去に起った出来事に関する内臓占いの場合もあったが[10]，通常はこれから行おうとしていることあるいはこれから起るかもしれないこと，すなわち未来に関する吉凶を知るために具体的に設問をして内臓占いを行った際に内臓に現れる諸徴を指す。その際，内臓に予想外の徴が現れる場合や，内臓占いとは関わりなく捧げられた犠牲獣の内臓に特異な徴が現れる場合があった。このような徴はシュメール語で UZU またはアッカド語で *šīrum* と呼ばれた[11]。例えば，「以前，内臓占師の管

(*nawer*, CT 44, 37:4 apud AHw, 1325a）に対する暗（すなわち黒）を表現しているという理解が正しいなら，明暗／白黒が，送られた *têrētum* から観察できること，などの事実は，Oppenheim の見解にとっての否定的材料となる。因みに，これまでに発見された粘土製内臓模型は，内臓占師教育に使用された教材と考えられるものがほとんどで，今われわれが問題にしているような目的で作られたと確信できる粘土製臓器模型は未だ発見されていないのではないだろうか。Durand 1988a, 52–53 も Oppenheim の説にやや懐疑的である。粘土製臓器模型の文献表については注3を見よ。

9）この箇所は，地の文なので，この手紙の発信人，すなわちヤシム・エルが「私」であろう。

10）例えば，ARM XXVI 136（ヤスマハ・アッドゥの王妃の病気の原因）および ARM XXVI 403（アンダリグに駐在するマリの役人の病気の原因）など。

理下（で行われた）内臓占い（複数）で1度ならず2度までもUZUが現れました」[12] あるいは「危険な *šīrum* が内臓の諸徴（*têrtum/têrētum*）に現れました」[13] 等である。UZU/*šīrum* が現れた時は，改めてその意味するところを内臓占いによって確かめる必要があったと思われる。

またアスクドゥム[14] は，内臓占師としてシャムシ・アダド王に仕えていた時に，一般人（ムシュケーヌム）のために行った内臓占いに現れた徴をシャムシ・アダド王に報告しているが，その際，現れた徴を指して使用された単語は *amūtum*[15] であった。*amūtum* が *têrtum/têrētum* あるいは UZU/*šīrum* とどのように使い分けられていたのかははっきりしないが，*têrtum/têrētum* とは異なり，UZU/*šīrum* や *amūtum* が *epēšum* あるいは *šūpušum* の目的語として使用された例は知られていない。

上で説明した *têrtam/têrētim epēšum* あるいは *têrtam/têrētim šūpušum* の他に，内臓占いの行為を直接的または間接的に示す表現がいくつかある。

(1) *anāku u* P(ersonal) N(ame) *ana girrim ša* PN_2 . . . *nuštamḫirma têrētuni ūl šalmā*：私と某は，某$_2$の遠征に関して犠牲を捧げましたが，私たちの内臓占い（複数）の結果は，安全（吉）ではありませんでした。(ARM XXVI 122 [＝ARM II 134]:3-5)

(2) *niqê aqqīma têrētum mādiš šalmā*：私は，犠牲を捧げました。内臓占い（複

11) UZUはシュメール語で「肉」を表す。*šīru*(*m*) はアッカド語で，同じく「肉」を意味する。

12) 1-*šu* 2-*šu i-n*[*a*] *te-re-tim ša qa-at* DUMU.MÁŠ.ŠU.SU_{13}.SU_{13} UZU *im-qu-ut-m*[*a*] (A.3993:33' ff. in ARM XXVI/1, p. 15, note 42). なお内臓占師を表すシュメール語は通常 MÁŠ.ŠU.GÍD. GÍD と転記されることが多いが，フランスのマリ文書研究者達は Durand に従って MÁŠ.ŠU.SU_{13}.SU_{13} と転記している。

13) *ši-ru-um dan-nu-um i-na te-re-tim im-qu-ut-ma*（A.638＋:45ff. ARM XXVI/1, p. 16).

14) アスクドゥムに関しては, Charpin, D. 2011, 248-269 および中田 2021, 61-70 を参照。

15) *ina nīqim ša muš*[*kēnim*[*a*]*mūtum iššak*[*in*]（ARM XXVI 85:9-10）。なお Rutten が出版したアッカド語の刻文が刻まれた32点の羊の粘土製肝臓模型の Nos. 1-6, 8-11, 13, 16-18 では予兆（présage）の意味で *amūtum* が使用されている（M. Rutten 1977, 40）。

数）の結果は，非常に安全（吉）でした。（ARM X 55:15–17）

（3）*maḫar Ištar*-RA-DA-NA *lū aqqīma têrētum lupputā*：私は，確かにイシュタル・ラダナ女神に犠牲を捧げましたが，内臓占い（複数）の結果は大変に異常（凶）でした。（ARM X 87:5–7）

（4）*be-lí pa-an*（d）*da-gan li-it-ta-qí-ma* DINGIR-*lum te-re-tim ša-al-ma-tim a-na be-lí-ia li-id-di-in*：わが主は，ダガン神の前に必要なだけ（何度でも）犠牲を捧げてください。神がわが主に安全の占い（複数）結果（吉兆）を与えてくださるためです。（ARM XXVI 119:18–20）

（5）4 *puhādī īpušūma têrēti*[*šu*]*nu ana ṣēr bēliya ušābilam*：彼らは4匹の子羊で（内臓占いを）行いました。［彼］らが占った内臓（の粘土製模型？）（複数）をわが主の許に送らせます（ARM XXVI 111［＝ARM II 139］:9–11）

（6）*ṭēm nēpeštišunu ana ṣēr* [*bēl*]*iya ūl ašappar*[*a*]*m*:　私は，彼らの内臓占いの報告をわが主に書き送ることは致しません。（ARM XXVI 96:38–40）

以上（1）から（4）までは，いずれも前半部分で犠牲を捧げた／捧げる，とあるだけであるが，後半部分の意味するところから，犠牲として捧げられた子羊あるいは雄羊（後述）が内臓占いの用に供されたことは明らかである。(5) の 4 *puḫādī īpušūma* は異常な表現という他ないが[16)]，(6) では *nēpeštum*（*epēšum* から派生した名詞）一語で，内臓占を表現させていることから，*epēšum* の持つ広い意味領域の中に，内臓占いを行うという意味が既に含まれていたのかもしれない[17)]。

（1）から（5）までの例からわかるように，犠牲奉献と内臓占いは，密接に結びついていた。内臓占い用の子羊あるいは雄羊は，まず犠牲の捧げ物として神に捧げられた後，内臓占いのために解剖されたものと考えられる。この点については，他の場所から出土した古バビロニア時代の内臓占師の報告書からも知ることができる。例えば，ゲッツェが集めた報告書[18)] の No. 9 は次のような

16）　同じ表現が IM 49, 221:15 にも見られる（*apud* Renger 1960, 211, n. 985）。

17）　例えば，ARM XXVI 87（II 97）:8 や ARM XXVI 100-bis などでも *epēšum* が目的語なしで使用されている。

書き出しで始まる。

1 *immertum ana Šamaš ana šulmim*

1匹の羊，シャマシュ神へ，安全に関して

また，ゲッツェの報告書のNo. 7は，

1 *immerum* SIZKUR.SIZKUR *ana* [d...] *ana šulmi*[*m*]

1匹の羊，［…神］への犠牲，安全に関して

と書かれている通りである。他に，1 *kalūmum lipit qātim ana* dX（「1匹の子羊，内臓占い用[19]，X神へ」）で始まる報告書もある（ゲッツェのNos. 1, 5, 6）。このように，内臓占いの際には，内臓占い用の子羊または雄羊はまず神前に犠牲として捧げられたものと思われる。

1-2　内臓占いは2回行われた

内臓占いは，占い結果が「凶」となった場合はもちろん「吉」の場合でも，一般に初回（*rēštītum/ maḫrītum*）と再点検（*piqittum*）の2回内臓占いが行われた。ゲッツェが集めたマリ以外から出土した報告書の中では，No. 10とNo. 11が，それぞれ2回（初回 *rēštītum* と再点検 *piqittum*）内臓占いが行われたことが報告されている。

マリ出土の内臓占い報告書に関して言えば，例えば，エリーブ・シンがマリ王ジムリ・リムに書き送った内臓占い報告書（ARM XXVI 96）では，初回（*maḫrītum*）と再点検（*piqittum*）の2回の内臓占が行われ，2回とも吉であったことがわかっている[20]。エリーブ・シンの別の内臓占い報告書ARM XXVI

18）　Goetze, A. 1957, 89ff.

19）　*lipit qātim* に関しては，CAD L, 202を参照。

20）　Durand, J.-M. 2000, No. 946（A.1081）.

100-bis では，初回と再点検で１セット[21] になっている内臓占いが２セット行われ，１セット目の占い結果（複数）は［吉］（ARM XXVI 100-bis:28）で，２セット目の占い結果（複数）も吉（ARM XXVI 100-bis:53）であったことが報告されている（ただし，このテキストは欠落個所が多く，訳は必ずしも確かではない[22]）。

次に紹介する手紙（ARM XXVI 186）でも，初回と再点検の１セットを意味すると考えられる *qātu*m[23] が用いられている。6' 行目に「われわれに子羊（複数）を与えてください」と書かれているのは，予定していなかった２セット目の内臓占いのために必要になった子羊（複数）の支給を要求しているのであろう。

（……）（1'）［マリ］の町の安全に関して［私は内臓占いを行わせました。］（2'）内臓占師達は次のように［言いました。］（3'）「内臓占い結果（複数）」は混乱していました。（4'）［町］と河岸の防備に関しては，（5'）占い結果は［安全（吉）］ではありませんでした。（6'）われわれに子羊（複数）を与えてください。（7'）もう一度私の前回のワンセットに（8'）戻り[24]，（9'）（内臓占いを）行いたいです。」（10'-11'）さて，先日（行われた）［これらの］内臓の［粘土製模型？（複数）］を［箱に入れ］（12'）封印したものを（13'）わが主に［……送らせます］……。（14'）マ［リ］の町と［河岸］と（15'）神殿（複数）と［作業所にたいする（16'）注意を怠りませんように。「（ただしすべて）安全（吉）です。」］[25]（ARM XXVI 186）

この手紙（ARM XXVI 186）によると，「内臓の［粘土製模型？（複数）］を［箱に入れ］（12'）封印したもの」をジムリ・リムに［……送らせます］と書

21）29 行で *qātum* が使われている。*qātum* は通常「手」を意味するアッカド語であるが，ここではすぐ後でも述べるように，前後関係から，内臓占いの初回と再点検をセットにしてして *qātum* と呼んでいるものと理解しておく。

22）Durand, J.-M. 2000, 264–266 および Heimpel, W. 2003, 214–215.

23）注 21 を参照。

24）*a-na qa-ti i ni-tu-ur-ma i n*[*i-p*]*u-úš*.

25）ARM XXVI/1, p. 370, note c のデュランの説明を参照。

かれている[26]。ここで，「粘土製模型？（複数）」と訳した *têrētum* は，先に紹介したAHwの *têrtum* の語義の（C）に，またCADでは *têrtum* の語義の（7）に相当する。

また，二人の内臓占師ナラム・シンとジクリ・ハナトがマリの王ヤスマハ・アッドゥに書き送った次に引用する手紙（ARM XXVI 132）でも，ベレト・ビリ女神像の顔に象嵌を施す件について2回内臓占いを行ったことが報告されている。なお，7行目では2人が内臓占い（単数）を行ったとあるが，10–11行で「これらの内臓占いの結果（複数）」と複数になっているのは，最終的には初回と再点検の2回の内臓占いが行われたことを意味する。ARM XXVI 132:13–14で，「もう一度私の前回のワンセットに戻って」と *qātum* が使われているのは，初回と再点検でワンセットの内臓占いをもう一度行うことを意味したと考えられる（ARM XXVI 186：7'–8'を参照）。

（1）わが主［に］（2）言え。（4）あなたの僕（3）ナラム・シン（は次のように言います）。（5-6）ベレト・ビリ女神像の顔に象嵌を施す件について，（7）以前私（8）と［ジ］クリ・［ハナ］トが（9）内臓占い（単数）を行いました。（10-11）これらの占い結果（複数）の報告をわが主に（12）私は書き送りました。（13-14）さて，もう一度私の前回のワンセットに戻って[27]（15-16a）女神の顔に金や銀の象嵌を施すことに関して（16b-17）内臓占い（単数）を行いましたが，（18）占い結果（複数）は安全（吉）ではありませんでした。（ARM XXVI 132）

この他に，ワンセット（*qātum*）が出てくる例として，ARM XXVI 182がある。ARM XXVI 182:12'では，*qātum* の複数形 *qātātum* が使用されている。第1の *qātum* とは第1グループの内臓占師達による初回と再点検のワンセットを指し，第2の *qātum* とは第2グループの内臓占師達による初回と再点検のワンセ

26）　欠損個所の復元はデュランによる（Durand 1988a, p. 370）。

27）　*a-na qa-ti-ia a-tu-ur-ma.*

ットの内臓占いを指していると考えられる（ARM XXVI 102参照）。次いで，*qātum*の複数形である*qātātum*を比較するということは，第1のワンセットと第2のワンセットの占い結果を比較するということであろうか。

いくつかの内臓占い報告書では，再点検*piqittum*の設問は，初回の設問の逆バージョンになっている。例えば，以下で紹介するARM XXVI 160のヒトの町に関する*piqittum*（再点検）の設問がその例である。この場合，内臓占師は2匹の子羊で内臓占いを行ったとあるから，初回＋再点検でワンセットになった内臓占いを行ったことがわかる。

アスクドゥム[28)]は，主君シャムシ・アダドに宛てた手紙の中で，「私は使節の安全に関して内臓占い（複数）を行いましたが，それらは「異常」（凶）でした。私は（時間をおいて）再度彼らのために（内臓占いを）行うことにします。内臓占いの結果が「安全」（吉）になった［ら］，彼らを［派］遣いたします。」（ARM XXVI 87:5–11）と言っている。この場合は，最初に行った2回の内臓占いの結果が凶であったため，改めて内臓占いを行うということであろう。また，ヤスマハ・アッドゥが，その父シャムシ・アダドに宛てた手紙（ARM I 117:11–12）の中で，内臓占い（複数）が「二度とも」[29)]凶であったと書いているが，この場合も，ワンセット2回の内臓占いを二度（2セット）行ったが二度とも凶であったという意味ではないだろうか。

1-3　内臓占いの際の設問

内臓占いの回答が曖昧なものにならないために，内臓占師は具体的で正確な設問をしなければならなかった。例えば，ARM XXVI 183では，単に「ハブル川沿い」ではなく，「ハブル川のこちら側の川岸沿い」を旅する場合であるとしている[30)]。

28）　アスクドゥムは，シャムシ・アダドに仕えていたときは内臓占師として内臓占いに携わっていたが，ジムリ・リム政権下では王に次ぐ高官として活躍し，自ら内臓占いに携わることはなかった。

29）　*têrētim* 2-*šu*.

設問は，多くの場合，「……かどうか」[31] という形を取った。また再点検の設問では，上でも触れたが，以下に紹介する報告書（ARM XXVI 160:6'-22'）に見るとおり，初回の設問を否定形にして設定することがあった。

マリ王ジムリ・リムは，スフ地区のヒトの町をバビロンの王ハンムラビに引き渡すべきかどうかに関して内臓占いを行うよう手紙を書き送った。ジムリ・リムのこの手紙（ARM XXVI 160）は，「上メソポタミア王国」の王シャムシ・アダド1世が一時支配していたスフ地区から引き揚げた後，スフ地区にあるヒトの町の帰属をめぐってバビロンとマリの間で厳しい交渉が行われていた時に書き送られた手紙であった[32]。その際，内臓占師は，ジムリ・リムの要望に応えて，初回では「ヒト（の町）を［バビロン］の王に引き渡すべきかどうか」と設問して占ったが，再点検では「［ヒト（の町）を］バビロンの王に引き渡すべきでないかどうか」と否定形の設問を設定して占っている[33]。

(5行欠）……(1'-2'）ヒトをバビロンの王に引き渡すことに関して，至急以下のように内臓占いを行いなさい。(3'）お前［は次のように設問する。］すなわち，「ジムリ・リムは（4'）ヒトをバビロンの王に引き渡すべきか，(5'）ジムリ・リムは安全か，彼の国は安全か，(6'）また彼は彼の国を拡げることができるか」と。(7'）［私］は2匹の子羊で次のように言って，内臓占いを行いました。すなわち，(8'-9'）「ジムリ・リムはヒトを［バビロン］の王に引き渡すべきか，ジムリ・リムは安全か，(10'-11'）彼の国は安全か，また彼は彼の国を［拡］げることができるか」と。(12'）私の［内臓］占い（の結果）は［安全（吉)］では［あり］ませんでした。(13'）［私は再度次のよう］に（設問して内臓占いを）行いました。(14'）［すなわち，］「ジムリ・リ

30）　マリ文書中では，内臓占いの設問を設定することを *kapādum* という。

31）　アッカド語では *šumma*（英語の if にあたる）で始まる。

32）　ヒトの町をめぐるハンムラビとジムリ・リムの交渉については，中田 2014, 27–34 を参照。

33）　デュランは，再点検では初回の設問を否定形にして設問する方がより安心できたのではないかとする（Durand 1988a, 47–48)。

ムは（15'）［ヒトを］バビロンの王に（16'）引き渡すべきでないか，ジ［ムリ・リムは安全か］，（17'）彼の国は安全か，（18'）また彼は彼の国を拡げることができるか」と。（19'）私は，引き渡さないことに関して内臓占いを行いました。（20'）私の占い結果は安全（吉）でした。（21'-22'）わが主は，ヒトとその灌漑地をバビロンの王に引き渡さず持ち続けてください（以下破損のため判読不可）。（ARM XXVI 160:1'-22'）

1-4　内臓占いは通常２人で行われた

後で引用するハリ・ハッドゥンとイルシュ・ナツィルが連名で書き送った手紙 ARM XXVI 101 からも推察されるが，内臓占いは通常２人の内臓占師によって行われたらしい[34)]。次に引用する手紙（ARM XXVI 170:1-19）は，ジムリ・リム王に敵対していたヤミン人の王スム・ダビに仕える２人の内臓占師が彼等の主に連名で書き送った手紙であるが，どういうわけかマリから出土した。この手紙はテルカ地区にあった町サマヌムを本拠とするヤミン人の王であったスム・ダビに宛てられたものであったが，W. ハインペルは，サマヌムがマリ軍の手に落ちた時に他の手紙数通と一緒にマリに持ち去られたのではないかと推測する。ただし，シャルパン－ジーグラーによると，スム・ダビはマリより 10km ほど上流にあったヤミン人の町ミシュラン Mišlan の王であったとしている[35)]。

(1) われらの主［に］(2)［言］え。(5) あなたの僕である (3) ヤムツィ・ハドゥム (4) とマシュム（は次のように申します）。(6) 10 日間にわたるわれらの主の安全に関する内臓占いを (7) われわれは行いました。われわれの

34)　Durand は，目だとか腕のような場合を除き，双数形 dual form が使われることがないため，占師に関して双数形が使用されると言うことは，２人で占いをすることが通常であったことを示すのではないかとする（Durand 1988a, 49）。

35)　W. Heimpel 2003, 238-239; Charpin, D. -N. Ziegler 2003, 264.

占い結果は兵士たちを必要としています。(8) われわれは，内臓占いにおいて，次のように（設問して）内臓占いを行いました。(9)「(マリの王) ジムリ・リムは (10) 彼の軍隊と共にわれらの主スム・ダビに対して近づいてくるかどうか，(11) そして彼（スム・ダビ）の手元にある限りの（多いか少ないかは別にして）軍隊を（率いて）(13) 出陣し，ジムリ・リムの先陣（進撃）を (14) 遮るべきかどうか，彼と武器を交えるべきかどうか，もし吉の場合，彼（スム・ダビ）は彼（ジムリ・リム）を敗北させ，彼（スム・ダビ）は勝利するでしょう。」(16) 私（原文通り）はこのように（設問して）内臓占いを行いました。(17) しかし私（原文通り）の内臓占いの結果は兵士たちを必要としました。(18-19)［さて，たとえ（十分な)］兵士たちがわれらの主の手元にあるとしても，われらの主は戦いをすべきではありません。（ARM XXVI 170:1-19)（以下数行が判読不可能である上，続く8行が破損。なお続く2'-26' 行は内臓占いとは関係がないため省略。)

この手紙（ARM XXVI 170）ではヤムツィ・ハドゥムとマシュムの2人の内臓占師が同じ設問を設定して共同で内臓占いを行ったと思われる。この占い結果である「兵士達を必要とした」は，戦って勝利すべしという意味なのかどうかはっきりしない。どうも2人の占師達は，占い結果に反して，自分たちの王スム・ダビに戦わないよう助言しているように読める。この2人はヤミン人の王に仕える内臓占師であったが，マリにおいても内臓占いは通常2人の内臓占師が行ったのではないかと考えられる。

マリ王宮の工房の責任者ムカンニシュムは，ジムリ・リム王宛の手紙で，

「わが主が指示されたアダド神の神託に関して，わが主が私に指示された神託を内臓占師イニブ・シャマシュとイルシュ・ナツィルに調べさせました。彼らは4匹の子羊で内臓占いを行いました。彼らの内臓占いの結果を示す内臓の粘土製模型？をわが主に送らせます。どうかわが主よ，完全な報告をこちらに書き送ってください。」（ARM XXVI 111:5-13)

と書き送っている。この手紙で言及されている4匹の子羊は，2人の内臓占師が同じ問題に関してそれぞれ2匹の子羊で初回と再点検の2回の内臓占いを行ったことを示しているのであろうか。

ハブル三角地（イダマラツ地方）およびシンジャル山の南の町々に関して行われた内臓占いに触れた次の手紙（ARM XXVI 102:1'-29'）から，ハンムラビ王の許では外国の内臓占師達がバビロンの内臓占師達と一緒に内臓占いを行っていたことがわかっている。このようなことを行わせたハンムラビの意図ははっきりしないが，ハンムラビと微妙な関係にあったマリのジムリ・リム王に関する情報を収集する意図があったのかもしれない[36]。マリの内臓占師達の前でバビロンの占師達が自分たちの内臓占いの結果を話すことを躊躇したのは（24'行）バビロン側の情報がマリに漏れることを恐れたためであろう。この手紙の冒頭部分が失われているが，353頁で紹介するARM XXVI 103から発信者は当時マリの軍隊に随伴してバビロンに滞在していたマリの内臓占師ハリ・ハッドゥンとイニブ・シャマシュであったことがわかる（Durand 1988a, 242）。

(1'b) シトゥルム，(2') アッシュル[37]，アンダリグ，クルダ (3') およびユーフラテス川河岸とラザバトゥム[38] と (4') シュバト・エンリルの (1'a) 安全に関して，(4'-5') われわれはハンムラビの内臓占師達と一緒に内臓占いを行いました。(6') われわれの占い結果は「安全」（吉）でした。(7') われわれが内臓占いを行った時，(8') ハンムラビの内臓占師の1人が (9') 1回目に私と一緒に (10')（内臓占いを）行いました。そしてイニブ・シャマシュが (11'-12'a)（もう）一人の（バビロンの）占師といっしょに2回目の占いを行いました。(12'b-13'a) そしてわれわれの占い結果を比較しました[39]。翌

36) バビロンとマリの微妙な関係については，中田 2017^2, 24-60 参照。

37) テキストには，AN.A.MÙŠ^{ki} と書かれているが，Guishard, M. 1995, No. 81 に従って，アッシュルと読む。

38) Durand, J.-M. 1988a, 268 の読みに従う。

39) *ù qa-ta-ti-ni nu-uš-ta-at-ta.*

日，(14'-15')イニブ・シャマシュは，シトゥルムとアッシュル（の2つの町）に関して内臓占いを行いました。(16'-17'a) そして私はシュバト・エンリルとユーフラテス河岸に関して内臓占いを行いました。(17'b) われわれはわれわれの内臓占いの結果をハンムラビの前に（18'a）持って行きました。(18'b-19'a) 彼（ハンムラビ）の僕である占師達は何も言わないので，(19'b-20')彼（ハンムラビ）の顔がわれわれの方に向けられ，（ハンムラビは）次のように言いました。「話せ！」と。(21')われわれは次のように答えました。すなわち，(22')「あなた様の僕である内臓占師達はわれわれの偉大な兄弟達です。(23'a) どうか彼らに話させてください」と，われわれはそう言いました。(23'b) 彼らは立ち上がって，次のように言いました：(24')「あなた達が話してください」と。彼らは話そうとしなかったので，(25')われわれは次のように言いました：(26'-27')「われわれが内臓占いを行った全ての町々のなかで，敵はシュバト・エンリルを征服しないでしょう。(28'-29'a) この町シュバト・エンリルはジムリ・リムが占領するでしょう……」(29'-?)。以下粘土板破損。(ARM XXVI 102:1'-29')

1-5　内臓占師の合意誓約書（プロトコル）

内臓占いの際の設問は，具体的でなくてはならないため部外秘とされるべきものであった。内臓占師は，内臓占いの際に現れるすべての徴を王に隠すことなく報告し，その秘密を守る義務の他，同僚の内臓占師が行う内臓占いに関しても守秘義務があった。また，自分の王に対する叛乱や暗殺に関する内臓占いの依頼を受けないこと，仮にそのような依頼を受けたり知ったりした場合は王に報告する義務があったことなどが，本論集349-350頁で紹介する内臓占師の合意誓約書（プロトコル）（ARM XXVI 1）からわかっている。

ところで，バビロンは，エラムの侵攻を恐れて表向きは盟友国であるマリの部隊をバビロンに駐屯させていた。この部隊の大隊長はイバル・ピ・エルで，他に内臓占師ハリ・ハッドゥンとイルシュ・ナツィルが随伴していた。彼等は，当然のことながら，内臓占師達が守らなければならない合意誓約書（プロトコル）を遵守すべき立場にあり，バビロンに駐屯しているマリの部隊の安全に関して内臓占いを行い，自分達の王であるジムリ・リムにその結果を報告する義務も負っていた。しかし，バビロンに駐屯しているマリ部隊の大隊長イバル・ピ・エルは，次に引用する手紙が示すように，マリの内臓占師達がバビロンで内臓占いを行うことによってジムリ・リムの秘密がハンムラビに漏れてしまうことを恐れ，バビロン王宮での内臓占いに立ち会うことを禁じただけでなく，マリの占師達が内臓占いを行えなくするために子羊（複数）の支給を拒んだという。

(1)［われらの］主（ジムリ・リム）に［言え］：(2-3) ハリ・ハッドゥンとイルシュ・ナツィル（は次のように申します）：(4) われらの主がわれらに送らせられた手紙を (5) われわれは聞きました。われらの主の手紙にわれわれは大いに注意を払いました。(6) われわれはその手紙をイバル・ピ・エルに持参し，(7) 次のように言いました。すなわち，(8)「あなたが子羊（複数）をわれわれに与えてくださらないなら，(9) われわれは軍隊の安全に関して毎月内臓占いを行うことができません。(10-11) われわれは心の悩みを王様に訴えるべきでしょうか」と。(12) われわれは彼（イバル・ピ・エル）にこのように訴えましたが，彼はわれわれに耳を貸しませんでした。(13) 軍隊の安全に関して怠っているのはわれわれではありません。(14) われわれは，われらの主の軍隊の安全に関して内臓占いを行います。(15) どうかわれらの主がイバル・ピ・エルに (16) 子羊（複数）をわれわれにあたえてくれるように書き送ってください。(17)（そうすれば）軍隊の安全に関して［毎］月われらの主に書き送ります。(19-24) は欠損のため判読不可。(25) イバル・ピ・エルはわれわれを排除しました。(26) われわれは彼（ハンムラビ）の秘密事項／会議（内臓占い？）に立ち会うことができません。(27)（また）われわれは彼（イバル・ピ・エル）と一緒に（ハンムラビの）王宮に入ることはできません。(28) 彼はわれわれを一介の中隊長（GAL.GIDRU）であるかのように無視し，(29) われわれは住まいから追い出されています。(30) どうか我が主よ，われわれにわれわれの分を割り当ててください。(31) 私は彼に手紙を送ります。(32) 彼がわれわれを排除しないよう願います。(ARM XXVI 101)

上に引用した手紙からわかるように，内臓占師は軍隊に随伴する形で派遣されたが，軍隊内での内臓占師の相対的地位はどのようなものであったのだろうか。この疑問に答えてくれるのがARM XXII 270である。この文書は1983年にクペールによって出版されたが，その後デュランによってM.A.R.I. 5 (1987) に再出版されている[40]。ARM XXII 270は，ジムリ・リム時代に，それぞれ337人と315人で構成された2つの大隊に支給された油の支給記録であるが，いずれの大隊の場合も，大隊長 (GAL.MAR.TU) に2リットル，100人余りの中隊を指揮する中隊長 (GAL.GIDRU) に1リットル，25～40人規模の小隊を指揮する小隊長 ($NU.BANDA_3$) に2分の1リットルの油が支給されている。ここでは，随伴する内臓占師には大隊長と同じ2リットルの油が支給されていることに注目したい。大隊長および内臓占師に支給された油の2リットルという支給量は，王妃や王母に支給された油の支給量と同じであり，軍隊においては内臓占師が厚遇されていたことがわかる。ただし，時には，内臓占師といえども大隊長に従わざるを得なかったようである。

また，ヤタル・アッドゥなる人物がジムリ・リム王に送った手紙 (ARM XXVI 131:5-13) は，[重] 装備の (直訳：良い) 4,000人 (？) の軍隊が2人の大隊長と内臓占師の「ロバに騎乗する者3人」[41] に指揮されてバビロンからハナトに移動していることに言及していることから，バビロンにおいて内臓占師は大隊長とともにロバに騎乗して移動する特権が許されていたらしい。なお，内臓占師達のマリ社会内での地位については，以下の5-2「内臓占師の生活の基盤」を参照。

40) あわせてCharpin, D. 1987, 662-663をも参照。

41) [3] LÚ.MEŠ *ra-ak-bu-ut* ANŠE.ḪÁ.

1-6 内臓占いの際に額を触るとは

遠征軍の安全に関して占う際に，内臓占師は遠征軍の責任者（この場合はメルフム役人）の「額を触る」[42] 場合があった（ARM XXVI 114)。また，内臓占いの対象となるはずの人物が内臓占いを行う占師の近くにいない場合は，その人の髪の毛や衣の端を当人の代わりとして使用することもあったらしい。

1-7 土塊（*kirbānum*）を使っての内臓占い

マリの内臓占師が特定の町に関してその町以外の場所にいて内臓占いを行う際には，その町の土塊を使用したらしい。「トゥトゥルの土塊」，「ザルパ（Zalpah)，ツェルダ（Ṣerdâ)，アフナ（Ahunâ）の土塊」（ARM XXVI 153: 23-24; 28b-30)，あるいは「ウルギシュ（Urgiš)，アシュラッカ（Ašlakka)，およびシュルッズム（Šuruzzum)（これらはイダマラズ西部の3つの重要な町である）の土塊」（ARM XXVI 184:7-10）等がその例である。離れた土地に関する内臓占いでも，その土地の土塊があれば現地に行かなくても内臓占いを行うことができた。[43] ただし，バビロンの占師達は離れた町に関する内臓占いの際にもその町の土塊無しに内臓占いを行っていたらしい（ARM XXVI 103:1'-6'）。土塊についての考え方は，先に述べた髪の毛や衣の端についての考え方と共通する。

2 内臓占いの結果

内臓占いの吉凶の表現にはいくつかあるが，述語は，通常，複数形になっている。これは，先にも述べたように，内臓占いが通常初回と再点検の2回行われたことを反映しているものと思われる。

---

42) *pūt* PN *lupputum.*

43) ARM XXVI/1, p. 324, note c.

2-1　吉の場合

(1) *têrētum šalmā*（内臓占い［複数］の結果は「安全」[44]である）：ARM III 63:10。これと基本的に同じ表現は，ARM IV 56:8–9; ARM X 11:10–11; ARM XIII 115:13; ARM XIII 117:10; ARM XIII 134:16; ARM XXVI 96:31–32; ARM XXVI 100-bis:30' などに見られる。

(2) *têrētum mādiš šalmā*（内臓占い［複数］の結果は，非常に「安全」である）：ARM X 55:16–17。*têrētum šalmā* と基本的には同じであるが，副詞 *mādiš*（非常に）により述語が強調されている。ARM I 60:24–25 にも同じ表現が見られる。

(3) *têrētum ištalmā*（内臓占いの結果［複数］は「安全」であった）：ARM XXVI 87（＝ARM II 97):9–10。意味は，(1) と同じであるが，述語が stative ではなく perfect になっている点が異なる。

(4) *têrtī išarat*（私の内臓占い［単数］の結果は「真っ直ぐ」である）：ARM III 3:11, 24。この複数形は ARM II 42:13; ARM XXVI 179（＝ARM III 84):6 に見られる。

2-2　凶の場合

(1) *têrētum lā/ūl šalmā*　（内臓占い［複数］の結果は「安全」ではない）：ARM I 40:18。他に，ARM XXVI 122 (II 134):5。

(2) *têrētum laptā*（内臓占い［複数］の結果は「異常」である）：ARM XXVI 87（＝ARM II 97):7, 22–24; ARM IV 88:12–13; ARM XIV 86:34 など。

(3) *têrētum mādiš laptā*（内臓占い［複数］の結果は，非常に「異常」である）：ARM II 39:64。

(4) *têrētum lupputā*（内臓占い［複数］の結果は異常である）：ARM V 83:10; ARM X

---

44) *šalmā* の訳についてであるが，本章では，内臓の個々の部位の観察結果を述べているところでは「完全」と訳し，総合判断を述べているところでは，「安全」と訳し分けている。

87:7, 9。(2) の *laptā* にくらべて，D-stem の *lupputā* の方が強調されている。
(5) *têrētum iptaslā*（内臓占いの結果が「逆転」した）：ARM I 117:12。

通常凶の場合は，*laptā, lupputā, dannā, ūl išarā* などが使用されるが，時には一般的な表現が用いられることもある。例えば，M.9635 の「心配な内臓占いの結果」[45] あるいは ARM XXVI 453:14–15 の「われわれの内臓占いで敵意のある占い結果が出た」[46] などの表現である。

以上，*têrtum*（単数形）およびその複数形の *têrētum* をすべて「内臓占いの結果」と訳したが，むしろ，「内臓の諸徴」と訳した方がよいと思われる場合もある。

上に見るごとく，内臓占いの結果についての報告は，簡単で短いものであっても，吉凶いずれかの最終結論が出されるまでに，肝臓の各部位や肺臓他の臓器の厳密な点検が行われたことは言うまでもない。エカラトゥムの王イシュメ・ダガンは，弟でマリの王であるヤスマハ・アッドゥに宛てた手紙の中でこう言っている。

お前は，犠牲の（羊の）内臓（の粘土製模型？）を送って寄越したが，私はそれらを見た。「心臓の脂肪は，右が黒くなっている」と，お前は書いてきたが，この心臓は，左も右も黒くなっている。また *šitḫum* がある。左の黒くなっているところについては，決して心配する必要はない。さて，これらの内臓（あるいは粘土製模型？）をお前に送り返す。私は，それらを見た。互いに離れた黒斑—それに *šitḫum* もある—については，何も心配することはない。(ARM IV 54:5–21)

ヤスマハ・アッドゥは，自分が行わせた内臓占いの判断に自信がなかったのか，兄のイシュメ・ダガンに問題の臓器（またはその粘土製模型？）を送り，兄

45) *aš-šum te-re-tim ša ni-zi-iq-tam i-ša-a-ma.*

46) *te-rē-[tu]-ni a-hi-tam i-ša-a.*

の意見を聞いたのである。

また，内臓占師アスクドゥムは，自分が総合的に吉だと判断した根拠を具体的に挙げて，「私は，内臓（の粘土製模型？）（単数）を見ました（*têrtam āmurma*）が，『指』の左が裂けており，肺臓の『中指』が右にかけて明るくなっていました。（これは）吉兆です。わが主よ，お喜びください」と，主君ヤスマハ・アッドゥに伝えている。（ARM XXVI 88［= ARM V 65］:33-35）

以上2通の手紙から，内臓占いの結果が吉か凶かの結論を導きだすまでに，心臓（ARM IV 54:5-21）あるいは肝臓および肺臓（ARM XXVI 88［= ARM V 65］:33-35）などが注意深く点検されたことを知るのである。

3　内臓の点検項目

内臓の点検項目に関する重要な資料となるのが，内臓占師自身が書き送った報告書である。ゲッツェが集めた内臓占師の報告書[47]については，既に触れたが，その後1967年にヌゲロールが集めたもの[48]は，いずれも，古バビロニア時代に年代付されているもの，あるいはその可能性が高いもので，これにゲッツェが先に集めたものの中，古バビロニア時代に属するものを加えると，1967年の段階で合計29の古バビロニア時代の内臓占い報告書が同定されたことになる。ヌゲロールは，これらの報告書から，以下に記す31の内臓の点検箇所をリスト・アップしている。

1. *naplas*(t)*um* / *mazzāzum*: 窓／臨在
2. *padānum*:　道
3. *danānum*:　強化物（要塞？）
4. *bāb ēkallim*:　王宮の門
5. *puzrum*:　秘密

47） Goetze, A 1947, 4ff.
48） Nougayrol, J. 1967, 232.

6. *naṣraptum*:　つぼ
7. *šulmum*：　宥和
8. *martum* / *rē' ûm*：　胆嚢／牧者
9. *dannat šumēlim*：　左の要塞
10. *mihiṣ pān nakrim*:　敵の前線の攻撃
11. *madda kussîm*：　玉座の台
12. *šubtum*:　座
13. *takaltum*：　ポケット
14. padān šumēlim:　左の道
15. *ṣēr birītim*：　中原
16. *nērebūt šumēlim*:　左の入り口
17. *ubānum*:　指
18. *nīrum*:　くびき
19. *ṣibtum*:　こぶ
20. *kupuš ḫašim*:　肺臓の帽子
21. *imēr ḫašîm*:　肺臓のロバ
22. *ḫašûm*:　肺臓
23. *ubān ḫašîm qablītum*:　肺臓の中指
24. *ubān ḫašim*:　肺臓の指
25. *niṣir ḫašîm*:　肺臓の宝
26. *libbum*:　心臓
27. *kaskasum*:　胸骨
28. *tīrānum*:　腸の回転
29. *kunukkum*:　印章
30. *kiṣrum*:　関節
31. *elêtuya*:　私の上部

これら31の項目の内，Nos. 1 ～ 19は肝臓の点検箇所で，Nos. 20 ～ 25は肺臓の点検箇所である。Nos. 26, 27, 28, 30 については，それぞれの訳語が示す通りである。No. 29 は脊柱に関係する。No. 31 は，マリの占い報告書に出てくるが，具体的に何を指すのか不明である。これから見ると，肝臓の点検項目が19項目と最も多い。次いで，肺臓の6項目となる。しかし，現存の内臓占いの報告書から判断する限り，実際の報告書で所見が述べられているのは，これらの項目のうち，数にして，8～14項目に止まる。以下に内臓占師エリーブ・シンがジムリ・リム王に宛てて書き送った報告書の1つを引用しておこう。

(1) 我が主へ (2) 言え。(4) あなたの僕，(3) エリーブ・シン（は次のように申します)。(5) 我が主の軍隊は無事です。(6) ヒビルトゥムの月の第2日の暮れに，(8) 1ヶ月30日30夜の (7) 軍隊の安全に関して，(9) 私は内臓占いを行いましいた。(10-11) 私の初回では,「窓」があり,「道」があり，(12)「王宮の門」は完全であり，(13)「宥和」があり，(14-15)「牧者」の基部は右も左も結合しており，(16)「指」は強く，(17)「こぶ (MÁŠ)」は強く，(18) 肺臓と心臓は完全で，(19)「私の上部」は完全でした。
(20) 私の再点検では，(21)「窓」があり，(22)「道」は左の「座」の方に落ちており，(23)「王宮の門」は完全で，(24)「宥和」があり，(25)「牧者」の基部は右が離れており，(26) 左が結合しており，(20)「指」は左が破壊されており，(28)「こぶ (MÁŠ)」は強く，(29-30) 肺臓と心臓と「私の上部」は完全でした。(31) これらの日々に関する私の占い結果は (32) 完全（吉）でした。
(33) 話変わって，(34) ハンムラビの (33) 内臓占師たちは，(35) 私を必要とせず，(36-37)（従って）彼らと一緒に「内」臓占いを行いませんでしたので，(38) 彼らの内臓占いの報告を (39) わが［主に］(40) お送りすることはいたしません。(ARM XXVI 96:1-32)

内臓占師の報告書に現れるこれらの点検項目の順序は，ヌゲロールが既に証明しているように，常に一定している。しかも，この報告順序は，現存する最も古い内臓占い報告書に属するマリ出土のARM XXVI 96，ARM XXVI 100-bisあるいはARM XXVI 113において既に見られるばかりでなく，内臓占いの歴史を通じてその報告順序が維持された。ただし，ここで問題にしているのは，あくまでも報告順序であって，点検順序ではない。点検順序は，解剖の手順により制約されるが，報告順序は，肝臓，肺臓，心臓などの臓器とそれぞれの部位が持つ内臓占い上の重要性を反映しているものと思われる[49]。

4　内臓占いの目的

内臓占いの目的は，通常，前置詞*ana*（～に関して）に導かれる副詞句によって表現される。マリの支配者の最大の関心事は，当然のことながら，その国土と自分自身および軍隊の安全（*šulmum*）であった。例えば，シャムシ・アダド1世は，息子でマリの王のヤスマハ・アッドゥに，「一つには[50]敵の侵略に際しての国土の安全，二つには，反乱による国内騒乱の可能性の有無，三つ目には，カハトの「国」の安全，などに関して」内臓占いを行わせるよう指示している[51]。この他にも，マリの支配領域内のカッタラQaṭṭara[52]（ARM II 39:63），サガラトゥムSaggaratum[53]（ARM V 65;19），ティラTilla[54]（ARM IV 56:5-7），あるいはヤブリヤYabliya[55]（ARM IV 88:12）といった都市の安全に関しても内臓

49）Nougayrol 1969, 233.

50）この引用文中の「一つには……二つには……三つには……」は原文では，*ištēt qātam . . . ištēt qātam . . . ištēt qātam . . .* となっている。

51）Dossin, G. 1972, 123, A.315:27'-32'. 現在，この文書はM.8103とジョインされてCharpin, D. in Wäfler u. D. Warburton 1990, 73-75に再出版されている。Durand, J.-M. 1998, 61-62を合わせて参照。

52）カッタラは涸川タルタルの上流の町カラナ（Tell Rimah）またはその近くに位置したと推定される（Charpin-Ziegler 2003b, 275）。

53）ハブル川がユーフラテス川に合流する地点の約10km上流に位置したと考えている。（Charpin & Ziegler 2003b, 171, 275）。

54）カハトの近くに位置したか？ Charpin & Ziegler 2003b, 116参照。

55）マリの南，スフ地区の町。

占いが行われた。

マリ王国の第二の首都とも言うべきテルカとその周辺地域の知事キブリ・ダガンは，主君ジムリ・リムに宛てた手紙を，「ダガン神[56]とイクルブ・エル神[57]は無事です。テルカとその周辺地域は無事です[58]」（ARM II 84, 90, 93 他）と書き始めることを常としたが，彼の40通を超える手紙の中には，テルカとその地区（*ḫalṣum*）[59]の安全に関して行われた内臓占いについての言及例が3つ残っている（ARM III 41: 14; ARM XIII 115:11-12; ARM XIII 117:［9-10］）。

王自身の安全に関する内臓占の例は，ARM X 11:8-11; ARM X 124:19-20; ARM XXVI 185（= ARM XIII 134):13-16 などがある。特に，最初の2例は，ジムリ・リムの妻シブトゥ[60]が，夫の安全を気遣って行わせた内臓占いであった。

軍隊の安全に関する内臓占いの例は，ARM I 60:34; ARM II 39：69; ARM XXVI 177（= ARM VI 75):5; ARM XXVI 96:7; ARM XXVI 100-bis:3-4, 6'-12' などに見られる。最後に挙げた ARM XXVI 100-bis については，既に別の関連で資料としての重要性を指摘したが，特に29行以下は，内臓占いの目的とも関係があり，非常に興味深い資料なので，ここに引用してみたい。

（29-31）私は，再び，2回目の時のごとく，次のように（設問）して，（内臓占を）行いました。すなわち，わが主が，ハンムラビの許に派遣されたわが主の軍隊を，ハンムラビは捕らえはしないか，殺しはしないか，殺させはしないか，（32）悪意からであれ善意からであれ，その軍隊を牢獄に留置しないか，（33）彼らが生きてマリの市門を出てきたように，（34）生きて（再び）マリの市門をくぐることができるか，などに関して，（35）私は内臓占いを行

56）ダガン神については，本論集第14章を参照。

57）イクルブ・エル神については，本論集第15章を参照。

58）*Dagan u Ikrub-El šalmū Terqa u halṣum šalim.*

59）*halṣum*（地区）に関しては Kupper, J.-R. 1947, 160, n. 1 を参照。

60）アレッポ王室出身のジムリ・リムの王妃。Artzi, P.-A. Malamat 1971, 75ff.: Batto, B.F. 1974, 9ff. などを参照。

いました。（ARM XXVI 100-bis:29-35）

この手紙の発信人エリーブ・シンは内臓占師であるが，この手紙および彼のもう１通の手紙（ARM XXVI 96）の内容から，彼は，バビロンに向かうマリの部隊に随伴していた内臓占師の１人であった。マリは，やがてハンムラビに滅ぼされる運命にあったが，マリの王ジムリ・リムにとって，ハンムラビは日に日に脅威となりつつあったと思われる。マリとバビロンの運命的関係を，この占い報告書はリアルに伝えてくれる。

使節などの遠隔地への旅は，常に危険を伴うものであった。従って，その旅の安全に関して内臓占いを行うことは，ごく当然のことであった（ARM XXVI 87［= ARM II 97]:5-7; XXVI 122［= ARM II 134]:3-5; ARM V 83:8-9）。そのほか，病臥の一婦人の病状について（ARM III 63:8-9），新任のウグバブトゥム女大祭司[61)]の居住場所決定に際して（ARM XXVI 178［= ARM III 42]:8-11; ARM XXVI 179［= ARM III 84]:5-6）[62)]，また月例の犠牲奉献および王のための犠牲奉献（ARM XXVI 88［= ARM V 65]:30-32），アヌニトゥム女神[63)]の玉座製作（ARM V 52:14），ハブル河岸の大麦刈入れ跡で牛を放牧させること（ARM XIV 22:4-9），*salhû*m[64)]の安全（ARM XIV 86:32）等々に関しても内臓占いが行われたことを知る。以下に紹介するのは，テルカ地区の知事キブリ・ダガンが，テルカの河谷の大麦の刈り

61） ウグバブトゥム女大祭司（この場合はダガン神に仕えている）に関しては，Renger 1966, 147-148. および CAD E, p. 173 を参照。

62） ARM III 8:5ff. にもウグバブトゥムに関する言及があるが，キブリ・ダガンの３つの手紙（ARM III 8；42；84）で言及されているウグバブトゥムは同一人物であろう（Renger 1966, 147）。

63） アヌニトゥム女神に関しては，Roberts, J.J.M. 1972, 147 を参照。アヌニトゥム女神は，マリ文書中にしばしば現れ，王の身の上に関して異常な関心を示している。またアヌニトゥム女神とマリの預言との関連も密接である。例えば，ARM X 6:2'-16'; ARM X 7 5-27; ARM X 8:5 -18; ARM X 50:21-33 などを参照。

64） Durand 1997c, 609 は *salhûm* を，*salā' u*, to sprinkle と関連づけて，" la zone irriguée と訳しているが，同じ文章を英語訳をつけて引用している CAD S, p.99a. では *salhû* に訳語をつけていない。

入れに際して行わせた内臓占いに関して主君ジムリ・リムに書き送った報告書である。

(7) 話変わって，この手紙を (8) わが主にお送りする今日，(9) テルカの河谷の大麦の刈り入れに関して，(10) 内臓占いを行いましたが，(11) 3日間に関しては，占い結果は「真っ直ぐ」(吉) でした。(12) 私は，子供に至るまで，全住民（文字通りには「全市」）を (13) 集め，(14) 氾濫原の大麦の刈り入れに (15) 出て行かせました。(16-17) そしてテルカの人で訓練された人々を選び，(18) 監視所に立たせ (19) 厳しく命令しておきました。(ARM III 30：7-19)

これまで見てきた内臓占いの例は，その時々の特別な事情があって行われたものが多いが[65]，定期的に行われたと思われる内臓占もあった。テルカ地区の知事キブリ・ダガンの，「私に関して申し上げれば，地区の安全に関して絶えず（*kayyantam*）内臓占を行わせており，怠ったことはありません。」(ARM III 41:13-16。他に，ARM XIII 115:9-13; ARM XIII 117:9-10 など）と言う言葉や，ジムリ・リムの妻シブトゥの，「月の初めに［私は］わが主（すなわち，ジムリ・リム）の安全に関して［内臓占］いを行わせました。」(ARM X 11:7-9) と言う言葉は，定期的に行われる内臓占いがあったことを示している。フィネトは，このような定期的な内臓占いを présage de routine と呼び，少なくとも月1回，例祭や犠牲奉献の際に，執り行われたものと考えている[66]。

内臓占いの目的を概観して，もう一つ気付くことは，公的な問題に関する内臓占いが圧倒的に多いということである。特定の個人に関する場合でも[67]，そ

65） 例えば，ARM I 88:5-16; ARM I 117:5-12; ARM XXVI 87 = ARM II 97:5-7 他。

66） Finet 1966, 88.

67） 例えば，ARM III 63:8-9 に言及されている病臥の一婦人（Kunšīm-mātum あるいは Kūn-šīmātim）は，宗教・行政の面で何らかの役割を果たしていた重要な婦人の一人である（Batto 1974, 24-25.）。

の個人は，単なる私人としてではなく，公人として扱われていると見るべきであろう。このように内臓占いが，私的目的に利用されたことを示す例がないのは，マリ文書が，マリ王宮から出土した公的性格を帯びた文書であると言う事情にのみよるとは考えられない。内臓占いは，羊の屠殺を伴うものであって，一般人が，彼らの日常茶飯事のために簡単に利用できるものではなかった。さらに屠殺された羊の内臓に見られる諸特徴を誤りなく観察できる専門家，すなわち内臓占師は，必ずしも多くいたわけではない。従って内臓占が，広く一般の人々の間で行われたとは考えられないのである。

5　内臓占師

5-1　内臓占師の数

デュランは，ヤスマハ・アッドゥ治下（前1785-1775年頃）とジムリ・リム治下（前1775-1762年頃）のマリ王国内の特定の町で活動したことが判明している46人ほどの内臓占師の名前を集めている[68)]。その内，活動がヤスマハ・アッドゥ統治時代に限られていたと思われる内臓占師は7人ほどで，残りの39人はヤスマハ・アッドゥとジムリ・リムの両王の時代にわたって活動したか，あるいはジムリ・リム王の時代に活動した内臓占師達である。これらの内臓占師達のほとんどはマリ，テルカ，サガラトゥム，ドゥル・ヤハドゥン・リムなどマリ王国内の主要都市で活動していたとされるが，首都であるマリ以外の町で活動した内臓占師は1つの町につき1～3人であるのに対し，マリ（または王の下）で活動したとされる内臓占師は少なくとも18人にいたことがわかっている。デュランはマリ王国内の町には少なくとも1人の内臓占師がいたのではないかと推測している。もっとも，彼等が地元で内臓占師に任じられたのか王によって任命されたのかはわかっていない[69)]。

68）　Durand 1988a, 8-9.
69）　Durand 1988a, 8-10.

5-2　内臓占師の生活の基盤

王によって任命された内臓占師は，扶養の地としての耕地と耕地を犂くのに必要な多分2頭の牛（以下に引用するARM XXVI 141:21-22を参照）が与えられていた。しかし，王によって地方の地区に任じられた内臓占師がその地区の知事から耕地や牛が与えられないこともあったらしい（ARM XXVI 141:5-13参照）。バリフ川沿いの町ディールに派遣された内臓占師シャマシュ・イナヤは次のようにジムリ・リム王に訴えている。

(9) 私は耕［地］を保有していま［せん］。(10) どうか彼ら（任地の知事とその役人）が私に内臓占いをするよう指示を与え，(11) 私に耕地を与えてくれるようにしてください。(12) そうすれば，私は飢えることはないでしょう。（ARM XXVI 145:9-12）

シャマシュ・イナヤの任地のスガーグム役人（市長）も，ジムリ・リム宛の手紙で，「シャマシュ・イナヤに耕地を与えてください。そうすれば彼の家は飢えることがないでしょう。」と王に訴えている。（ARM XXVI 146:15-22）

さらに，冒頭部分が失われているので手紙の送り主は不明だが，ジムリ・リム王宛に次のような手紙が書き送られている。

(5)［占師の］ヌール・［アッドゥ］に関して，(6) わが主（ジムリ・リム）は扶養の地を与えるように言われました。(7-8a) 私がカットゥナンに到着した時，(8b-9) 彼（ヌール・アッドゥ）は私に彼の苦情を訴えました。(10) この男は扶養の地を与えられていません。(11) わが主は彼の封土（扶養の地）を (12-13) 割り当てましたが，イルシュ・ナツィル（カットゥナンの知事[70]）は（それを）与えていませんでした。(14-15) 私の（出発）前に，彼をタバト

70)　Birot, M. 1975, 125

ゥムに派遣しました。(16-18) ハナ人達と (その) 境界の安全に関して (彼に) 内臓占いを行わせました。(19-20) どうかわが主はこの男に扶養の地を与えてください。(21-22) それにまた，わが主が言われた (耕作用の) 牛2頭も彼らは (まだ) 与えていません。(ARM XXVI 141:5-22)

占い一般の中には，主として公的生活において利用されたものと，一般民衆の間で利用されたものとがあったと思われる。マリ文書に稀に言及されている鳥占い[71)] は一般民衆にも利用可能な占いであった可能性がある。しかし犠牲として捧げられた羊の内臓による占いは，主として公的生活で利用された占い手段であったと言うことを理解しておくことは重要であると思われる[72)]。

因みにジムリ・リム治世9'年の第IV月から第XII月にかけて内臓占い (*nēpeštum*) のためにマリで支出された羊の数を記録した文書 (M.11293)[73)] があるので，ここに紹介しておきたい。ただし，第I月～第III月の羊の支出量は不明である点，またこの年の支出量が平均的なものであったかどうかも不明であることは念頭に置いておく必要がある。

IV 月	X＋67 頭の羊
V 月	429 頭の羊
VI 月	441 頭の羊
VII 月	561 頭の羊
VIII 月	707 頭の羊
IX 月	604 頭の羊
X 月	370 頭の羊
XI 月	451 頭の羊
XII 月	513 頭の羊
合計	4143＋X 頭の羊

71) 鳥占いについては，ARM XXVI 145:13-16 および XXVI 229:14 で言及されている。

72) Oppenheim 1964, 208; Finet 1966, 87-88 を参照。

73) Durand 1988a, 37 より。

この文書から，マリではいかに頻繁に内臓占いが行われたのか想像がつく。

古代メソポタミアでは，犠牲として捧げられ，内臓占いに供された羊は1歳未満の雄の子羊（ARM XXVI 101:8, 10; 111:9'–10'; 160:7'; 186:6' など）か1歳半から2歳くらいまでの雄羊であった。山羊の場合もそうであるが，雌の羊が子羊を産むのは通常1年に1回で，産む子羊の数も1匹か多くても2匹（双子）であった。雌の子羊の場合は，成獣になると子供を産み，乳を提供してくれるので飼養を続けるのに意味があるが，雄の羊の場合は，厳選された種羊を除いて，飼養されるのは1歳半から2歳くらいまでで，その後は犠牲用として神殿に捧げられるか売却された。また羊を飼養する人達は，特別な来客があった時等を除き，羊を屠殺してその肉を食することはなかったといわれている[74]。

おわりに

マリの支配者にかぎらず古バビロニア時代のメソポタミアの支配者達は重要な企てや決定を行う際に，必ず内臓占いによって神意を確かめたと思われる。これは現代のわれわれには奇異に感じられるが，1957年に南極で昭和基地の建設を始める際に，隊員のほとんどが科学者であったが，誰かが神主役をつとめて地鎮祭を行ったことが報じられていた。無事に建設が完了することを祈ってのことであったと思われる。

ヒトの町の帰属をめぐっては，ジムリ・リムとハンムラビの間で厳しい交渉が行われ，ヒトの町をハンムラビに引き渡すつもりがないことを強硬に主張したジムリ・リムであったが[75]，やはり神意に反することになりはしないか多少の不安があったのだろう。ジムリ・リムは「ヒトをバビロンに引き渡すべきかどうか」と設問して神意を伺わせている（ARM XXVI 160）のは興味深い。

しかし，ジムリ・リムと王室の高官達は，ときには常識と現実に反してまでもすべて内臓占いの結果に従ったのだろうか。われわれに残されている資料の

74）　三宅裕 1999, 50–71（特に55，62頁）。
75）　注32）参照。

中に１つだけであるが彼等が神意に従うことを再検討したことを示唆する資料が残っている。それは新任のウグバブトゥム女大祭司の住居に関する件である。テルカの知事キブリ・ダガンは，前任者の住まいを新任のウグバブトゥム女大祭司に提供する事を提案，内臓占いの結果も「吉」とでていた。しかしキブリ・ダガンが提案した前任者の住居は，前任者の死亡後しばらく時間が経っており，既にいろいろな男女の職人達が住み込んでいることが判明。キブリ・ダガンはシャマシュ・ナツィルと相談した結果菓子作り職人のクンドゥラトゥムの家を新任のウグバブトゥム女大祭司の住居に当てることを提案，この家に関して内臓占いを行い，内臓占い結果も「吉」とでたことをジムリ・リムに報告している。キブリ・ダガンの最初の提案に関する内臓占いの結果が「吉」となっていたにもかかわらず，その後に不都合が生じたため，「吉」となっていた最初の提案を改め，対案を提案した。この対案についても改めて内臓占いを行って「吉」の結果を得ているものの，最初の「吉」の提案を考え直し，対案を提案している点は興味深い。また，ヤミン人の王スム・ダビに仕える２人の内臓占師が，マリ軍との戦いに勝利するとの内臓占いの結果を得ながらも，スム・ダビに戦わないよう助言している例（ARM XXVI 170）があるのも興味深い。

内臓占いに触れているマリ文書（抄）

ARM I 40:5–21 ヤスマハ・アッドゥ王宛の父王シャムシ・アダドの手紙[76)]

（5-7）さて，［イ］シュメ・ダガンのために書写された古い文書（複数）を（8）お前に送らせる。（9）もしそれらの文書が（10-11）お前の許に無事に届けば[77)]，（12）内臓占いを（13）行わせ，（14-15）［そして］お前の考え通りに行いなさい。（16-17）もしそうでなく，（18）占い結果が安全（吉）でなければ，（19-21）それら（粘土製肝臓模型？）を，お前の［手］紙を添えて，ハリヤのところへ送らせなさい。（以下省略）

76）　Durand 2000, No. 964, 110–111.

77）　CAD Š/1, p. 13b.（CAD Š/1, p. 214a）

ARM I 60:22–42 ヤスマハ・アッドゥ王宛の父王シャムシ・アダドの手紙

(22) その軍隊（敵）が長々と議論をしたがるのなら，(23) その軍隊に恥をかかせなさい。(24) こちらで行わせた内臓占いの結果は (25) 大吉で，(26) 名声の諸兆に満ちている[78)]。(27) その敵のことを (28) 恐れることはない。(29) 諸兆はお前の兆を示している。(30) お前は彼等を敗北させ，(31) 勝利を得るだろう。(32) お前の軍隊を招集しなさい。(33) 待ち伏せに遭わないようにしなさい。

(34) 話変わって，軍隊（の安全）に関して (35) 内臓占い（複数）を行わせなさい。(36)［それらの］占い結果の報告を (37) 送って来させるように。喜びなさい。(38) アヤルムの月（第 XII 月）の (39) 8 日の暮れに (40) この手紙を (41) ニネヴェから (42) そちらに送らせる。

ARM I 88:5–16 ヤスマハ・アッドゥ王宛の父王シャムシ・アダドの手紙

テキストの読みは Durand 1997c, 605–606, No. 413 の読みに従う。

(1) ヤスマハ・アッ［ドゥ］へ (2) 言え：(4) あなたの父，(3) シャムシ・アダド（は次のようにおっしゃいます)。(5–6) カトナの君主の使節と住民（複数)[79)]を (7) 私はこれ［から］お［前］のところに送る。(8) 彼らのために内臓占いを行わせ，(9–10) お前が行わせる内臓［占］い（複数）が吉になった時に［彼らを安］全に送り届けなさい。(12) お前が通常の護衛兵派遣の際にするように (11) 200 人の部隊（護衛兵）を (13–14) 派遣し[80)]，(15–16)［サ］ミド・アッ［フム］に指揮をとらせなさい。

ARM I 117 父王シャムシ・アダド宛のヤスマハ・アッドゥ王の手紙。テキスト

---

78)　[*ši-i*]*r šu-<ul>-mi-im* (24) *te-re-tum* ša an-ni-ke-e-em ú-še-p*[í-š]*u* (25) *ma-di-iš ša-al-ma* (26) [*ši-i*]*r šu-<ul>-mi-im i-ta-ad-da-a*（CAD N/1, p. 89b).

79)　Durand 1997c, note a; Durand 1987d, 227.

80)　シャムシ・アダド王は，息子のマリ王ヤスマハ・アッドゥに対する別の手紙で，1,000 人の捕虜を護送するのに僅か 30 人の護衛兵しか派遣しなかったことを厳しく批判している（ARM I 43)。

は Durand 1997c, 606–607, No. 414 の読みに従う

（1）パ［パへ］（2）言［え］：（4）あなたの息子，（3）ヤ［スマハ・アッドゥ］（は次のように言います）。（5）カトナの君主の使節（複数）に関して，（6-8）以前，彼らはマリに留められることに同意しなかったとパパに書き送りました[81]。（9-10）ここに留まることが彼らにとって良いことではないことがわかりました。（11-12）私は2度内臓占いを行わせました。（13）内臓占いの兆は逆転（悪化）しました[82]。

ARM II 22 ジムリ・リム王宛のイバル・ピ・エルの手紙

Durand は *M.A.R.I.* V（1987），p. 666 で新しいテキストの復元を試み，それに基づく読み方を提案しているが，Durand 1998, No. 585 ではそれとは若干異なる読み方がみられる。なお，Heimpel 2003, 473ff. の英訳も参照。

（1）わが主へ（2）言え：（4）あなたの僕，（3）イバル・ピ・エル（は次のように言います）。（5）ハンムラビは次のように言いました：（6-9）「重装備部隊が敵の軍隊を攻撃するために出［撃］したが，無念！待ち伏せする橋（？）[83]がなく，（10）その重装備部隊は何もすることなく帰ってきた。（11）敵の部隊は前進を続け，（12）恐れることはなかった[84]。今度は，（13）軽装部隊を行かせ，（14）敵の部隊を攻撃させ，（15-16a）情報を提供できる者（複数）を捕まえさせよ」と。（16b）このように（17）ハンムラビは言いました。（18-19）私は，サキルム[85]を（指揮官として）300人の部隊とともにシャ・バジム（砂丘のある場所？）に派遣しました。（20）私が派遣した[86]部隊は，150人で，（21）50人が

81）CAD M1, p.37a は I wrote earlier that they had rejected the expert（?）in Mari と読む。

82）*iptaslā*. Joannès, ARM XXVI/2, p. 288 を参照。

83）*titurru*（CAD M_1, p.36 によると「橋」または「土手道」）.

84）CAD S, 13b.

85）ARM XXVII 151:18 によるとスフ人部隊の指揮官。ARM XXVII 152:12 では，マリ軍の指揮官の一人で，Zimri-Addu と対比されている。この600人の部隊は，ヤリム・アッドゥの手紙で言及されている600人の部隊を指すと思われる。Durand 1998a, 174, note b.; Durand 1998b, 222, note d 等を参照。

スフ人，100 人がユーフラテス河岸の兵士たち（マリ王国自体の軍隊）[87] です。(22) そしてバビロンの部隊は 300 人です。(23) わが主の部隊の先頭にイルシュ・ナツィル，(24)（すなわち）わが主の僕である内臓占師が 1 人（一緒に）行くでしょう。(25-26) そしてバビロンの部隊と共にバビロン人の内臓占師が 1 人行きます。(27) 今や 600 人の軍隊がシャ・バジムに (28) 宿営しています。内臓占師達（！）は内臓占い用の設問[88] を (29-30) 決定し，それらに対する吉の占い結果に従い 150 人の部隊が (31) 出撃し，（先に吉の内臓占い結果に従い出撃した）150 人（の部隊）は（無事）帰還するでしょう。(32) わが主はどうかこのことをご承知ください。わが主の部隊は無事です！

ARM II 39:62–71 ジムリ・リム王宛のヤシム・エルの手紙

(62-63) 話変わって，わが主（ジムリ・リム）がカラナ内に駐屯するよう定めた 300 人の部隊の中で，彼ら（内臓占師達）はカタラ（の町）の安全に関して内臓占いを行いました。(64) 占い結果は大変異常でした。彼らは私（この手紙の発信者ヤシム・エル）にこのことを次のように報告してきました：(65-66a)「あなた方の駐屯中に彼らがその町を占領し，大惨事が発生するなどとんでもないことです。(66b-67a) 100 人の兵隊を送ってください。そして彼らにその町を守らせてください」と。(67b-68) メルム[89] と私は相談して，100 人のスフ人部隊と彼らの指揮官ヤキム・リムの安全に関して私は内臓占いを (69) 行いました。（そして）吉の占い結果（複数）に従って，私は彼らを派遣しました。(70-71) 雌牛（複数）（の到着）まで，その部隊はイッディヤトゥムと共にカラナの門を守るでしょう。門の防備に怠りがないように！

ARM III 30: 7–19 ジムリ・リム王宛のテルカの知事キブリ・ダガンの手紙（本

86) Durand 1998b, 221 では「私の指揮下の」。
87) Durand, 1998b, 221.
88) 「設問をする（*kuppudu*）」については，Durand 1988a, 44 を参照。
89) Durand 1998b, 251 はメニルムと読む。

論集 337 頁参照）

ARM III 41:7–16 ジムリ・リム王宛のキブリ・ダガンの手紙

(7)［話し］変わって，わが主は，神の (8)［足］に［口づけ］することに関して (9) 書［いて来られ］ました。(10-11) 私は，地区に対し厳命を与えました。(12) 犠牲は，町毎に捧げられています。(13-14) 私自身について申し上げれば，地区の安全に関して内臓占いを (15-16) 行わせることを怠ったことはありません。

ARM IV 54 ヤスマハ・アッドゥ王宛のイシュメ・ダガンの手紙（330 頁参照）

(1) ヤスマハ・アッドゥへ　(2) 言え。(4) お前の兄弟，(3) イシュメ・ダガン（は次のように言います）。(5-6) お前は（われわれのために捧げてくれた）犠牲（ヒツジ）の内臓の粘土製模型？（複数）を送ってきたので，私はそれらを見た。(7) お前は次のように書いてきた。すなわち (8)「心臓の脂肪は，(9) 右が黒くなっている」と。(10) その心臓は (11) 右も左も黒くなっており，(12) そして，*šitḫu*m[90] がある。(13) 左側の黒くなっているところは (14) 多分気にする必要はない。(15)）さて，それらの内臓模型を (16) お前に送り返す。(17) 私はそれらを見た。(18) *šitḫum* は，はっきりしない黒色部分（複数）と一緒にあるので，心配する必要はない。

ARM IV 88:8–21 イシュメ・ダガン王宛のヤスマハ・アッドゥ王の手紙

(8) 今や［敵］の大部隊が，(9) マル・アフシナと共にハ［ルベ］に (10) 入りました。(11-12) 彼等は，ヤ［ブリヤ］の安全に関して内臓占いを行いましたが，内臓占いの結果は (13-14) 異常でした。この煙が火となり (15) ……(18) マリの地区にとって (19) 問題の種になるなどとんでもないことです。(20-21) どうか速やかに大部隊を送ってください。道のりは遠いのです。

---

90)　*šitḫu*(*m*) とは長い裂け目のことか。CAD $\check{S}_3$, p. 129b および Durand 2000, 402–403 を参照。

ARM X 11:7–11 ジムリ・リム王宛の王妃シブトゥの手紙
(7) 新月の日に，(8-9) 私はわが主の安全に関して内臓占いを行わせました。(10) わが主の安全に関する内臓占いの結果は (11) 安全（吉）でした。

ARM X 54:8–18 ジムリ・リム王宛の王母アッドゥ・ドゥーリの手紙
(8-9) わが主は，以前，次のように私におっしゃいました。(10-11) すなわち「私はいつも安全な（吉の）内臓占い結果に従って (12) 出かける」とおっしゃいました。(13-14) わが主は，どうか今，安全な（吉の）内臓占いの結果に従って (15) 出かけられますように。(16-17) そして，ご自分の身の安全に (18) 注意を怠ることのないようにお願いします。

ARM X 55:12–17 ジムリ・リム王宛の王母アッドゥ・ドゥーリの手紙
(12a) 話変わって，(12b-14) 私はアンヌニトゥム女神の神殿の玉座の犠牲の日に (15) 犠牲を捧げました。(16) 内［臓］占いの結果は，(17) 非［常に完］全（吉）でした。

ARM X 80:5–24 ジムリ・リム王宛のイニブシナ[91)] の手紙
(4) 以前アッシンヌム *assinnum*[92)] 女官のシェレブムが (5)［私］に神託を与えました。（このことは）既に書いた（通りです）。(6-7) 今度は，［テ］ルカのダ［ガン神］のカンマトゥム女預言者が (8) 私のところに来て，(9-10) 次のように言いました。(11)「エシュヌ［ンナ］の王の友好条約についての言葉は (12) 欺瞞である。(13)『藁の下には水が (14a) 流れている』。(14b-15) 私は囲い込み用の網に彼（エシュヌンナ王）を集め，(16) その町を滅ぼし，(17-19) 昔から滅ぼされたことないその財産を，私は滅ぼそう」と。(20) これが彼女の言ったことである。(21) さて，どうかご自身に (22) お気をつけ下さい。内臓占いなしに，(23) 町の中に (24) お入りにならないでください。

91)　王家出身のアダド神の女大祭司。Durand 2000, 101 を参照。
92)　*assinnu*(*m*) はイシュタル女神に仕える女神官の 1 人。CAD A_2, p. 341f. 参照。

ARM X 87:5–30 ジムリ・リム王宛のシャッタム・キヤジ[93]の手紙

(5) イシュタル・ラダナ女神の前で，(6) 私は確かに犠牲を捧げましたが，(7) 内臓占いの結果は異常でした。(8-9) わが［主］は内臓占いの結果が異常であったことをご存知です。(10)［今］，私はサガラトゥムに (11) 来ておりますが，(12-13) 来た日以来 (14) 私は病気です。(15-16) 一度ならず二度もイシュタル・ラダナ女神の手が……(17-19) わが主よ，イシュタル・ラダナ女神の手が私の上に重くのしかかっていることをお知りください。(20-23) さて，もしわが主の御心でしたら，この病気の事情についてお調べ下さい。

(24-25) 話は変わりますが，もしわが主の御心でしたら，私に，行［って］(26) イシュタル・ラダナ女神の前で (27) 犠牲を捧げ，(28) 女神の御顔を拝ませてください。(30) どうか女神の足に接吻するために (29) わが主の許に帰らせてください。

ARM XIII 117:9–10 ジムリ・リム王宛のテルカの知事キブリ・ダガンの手紙

(9)［私は］第１月に２度［地区の安全に関］して内臓占いを (10) 行わせましたが，私の［内臓占いの結果］は安全（吉）でした。

ARM XIV 22:4–9 ジムリ・リム王宛のサガラトゥムの知事ヤキム・アッドゥ[94]の手紙

(4-5) わが主は，ハブル川岸の麦の刈り取り跡で牛を放牧させることに関して，内臓占いを行わせること，(6) および前哨地を強化することに関して (7) 私に書いて寄越されました。(8-9) 私は我が主の指示通り内臓占いを行わせました。

ARM XXVI 1:1–29 内臓占師が王に対して誓う合意誓約書（protocol）[95]

93)　サガラトゥムの王宮の高位の女官であったらしい（Durand 2000, 490）。

94)　サガラトゥム地区の知事（M. Birot et al. 1979, 225; Durand 1998b, 423–424）。

95)　他の時代のプロトコルについては，残存文書かあるいは他の文書に言及されてい

(1)［わが主ジムリ・リムの内臓占いにおいて,］(2) 現［れる限りの内臓占いで[96] 私が見るものすべて］,(3)［ムシュ］ケーヌム（一般人）［の内臓占いにおいて］,(4) 現［れる限りの内臓の諸兆で私が見るものすべて］,(5) 私が見る［悪くて良くない徴（UZU）］をすべて,(6)［わが主ジムリ・リムに］申し上げ,隠すことはいたしません。(7-9) 私がジムリ・リムの内臓占いにおいて,私が見る奇形の新生児（^{UZU} *izbim*）や ^{UZU}IZ-MI-IM に生ずる［悪くて良くない前兆すべて］を (10) 誰であれ他人に話すことはいたしません。(11-12) 内臓占いを行うに当ってわが主ジムリ・リムが私に話されること,(13) あるいは彼（ジムリ・リム）が私の同僚である占師に話され,私が聞いたこと (14) あるいは私の同［僚の占師］によって行われる内臓占いにおいて (15) 現れる諸兆[97] で私が見るもの,(16) それを私は確かに秘密として守ります。(17) 敵［意あるメッセージ[98] を語るが］(18) それを内密にしておき,わが主を［攻撃しよう］とする者[99],(19-20) わが主ジムリ・リムに対する悪しき反乱と［暗殺に関して］占いをさせる者,(21) それが誰であれそのような男のために［占いを行う］ことはいたしません。(3行削除されている) (22a) そして,わが主ジムリ・リムに対する悪しき反乱を起こす者,(22b-24) わが主ジムリ・リムの［暗殺に関して］内臓占いをするよう私に依頼したり,(25) 私の同僚の占師［に］依頼するのを (26-27) 聞いたり,私の同僚の占師を通して占いが行われるのを見たりすれば,(28) それを［隠すことなく］,その日のうちに (29) わが主［ジム］リ・リム［に］お伝えします。(30行以下は欠損部分が多く邦訳は困難)。

ることから,その存在は知られていたが,古バビロニア時代のものは知られておらず,マリ出土のこの文書が最初。Durand によると,この粘土板はかなり傷んでいて判読不可能の状態であったが,塩分が吹き出たところなど丁寧にクリーニングしてある程度読めるようになったという。Drand 1988a, 13-15 を参照。

96) *ina nēpeštim.*

97) *šīram* に関しては,本文3頁を参照。

98) *pêm nakrum* については CAD P, p. 465b を参照。

99) *šalû* に関しては,CAD $Š_1$, pp. 372f. *šalû*, “to reject, throw away” を参照。

ARM XXVI 87（**ARM II 97**）ヤスマハ・アッドゥ王宛のアスクドゥムの手紙

(1) わが主へ (2) 言え：(4) あなたの僕 (3) アスクドゥム（は次のように言います）。(6) 使節達の (5) 安全に関して私は内臓占い（複数）を (7) 行いましたが，（その諸兆は）混乱していました。(8) 私はもう一度（内臓占いを）行います。(9-10) 占い結果が吉になったら，(11) 彼らを派遣しましょう。

(12-14) 話変わって，（シュバト・シャマシュの知事）イクシュド・アッパシュ[100] と（多分サガラトゥムの知事）ハブドゥマ・ダガン[101] の地区の警備隊に関して，(15) いかなる警備隊も (16) まだ配置されていません。(18) わが主のために行われる犠牲（内臓占い）に (17) ネケムトゥ（一部が萎縮した部分で，凶兆を表す）が (19) 度々現れることは (20) わが主もご存知です[102]。(21) 警備隊（の配備）がなおざりになっています。(23)（そのため）彼らの地区の安全に［関する］(22) 内臓占い（複数）の諸兆が (24)［混乱］しているのです。

ARM XXVI 88（**ARM V 65**）ヤスマハ・アッドゥ王宛の内臓占師アスクドゥムの手紙

(1) わが主ヤスマハ・アッドゥへ (2) 言え。(4) あなたの僕 (3) アスクドゥム（は次のように言います）。(5-6) ちょうど私がテルカに到着した時，(7-8) タリム・シャキムも来ましたので，次のように (9) 私は彼に尋ねました：(10-12)「ズナンは国土と要塞（複数）の安全に関して内臓占いを行ったか」と。(13-14) 彼は次のように答えました：「彼は（内臓占いを）行っていません」と。(15-17) 今月の新月の時に[103] 彼と一緒にサガラトゥムに帰って，(18-20a) サガラトゥムの町の6ヶ月間の安全に関して私は内臓占いを行いました。(20b-21a) 内臓占い（複数）の結果は安全（吉）でした。(21b-22) そして，私の計画[104] に従っ

100) Birot et al. 1979, 117.
101) Birot et al. 1979, 95.
102) CAD N_2, p.154b.
103) Durand 2000, 99 による。
104) 前例？ Durand 2000, 99.

て，わが主の要塞（都市）である (23) テルカとツプルムと (24) マリで内臓占いを行います。そして，(25) 詳しい報告を (26) 速やかに (27) わが主の許へ (28) 書き送ります。(29)［そして］サガラトゥムで (30) 月例の犠牲奉納と (31) わが主の犠牲奉納に関して (32)（内臓占いを）［行いました］。(33-35) 私は内臓の諸徴を見ました[105] が，「指」の左が裂けており，肺臓の「中指」が右にかけて明るくなっていました。（これは）名前（名声？）の兆です[106]。わが主よ，お喜びください。

ARM XXVI 96 ジムリ・リム宛の内臓占師エリーブ・シンの手紙（上記333頁参照）

ARM XXVI 100-bis ジムリ・リム宛のエリーブ・シンの手紙

(1) わが主へ言え。(2) あなたの僕エリーブ・シン（は次のように言います）。(3-5) わが主の軍隊は無事です。わが主の軍隊の安全に関して内臓占いを行うようわが主が命じられたことに関して，シッパルの下流のハルハラの町で私は *ṣuppum* 子羊[107] で［内臓占いを行いました］。

(6) 私は軍隊の安全に関して内臓占いを行いました。(7) 初回では，「窓」があり，「道」［があり］，(8) 左の「座」が2箇所裂けており，「王宮の門」は［完全であり，］(9)「秘密」があり，「宥和」の領域に (10)「武器」があり，それが「牧者の *maṣraḫum*」を［見て］おり，(11)「牧者」の基部は，*maṣraḫum* のところで気掛かりなところがあり，(12) 頭のところで結合しており，左側が不安定（？）である。(13) 左の「要塞」の「牧者」は平らで，その左に裂け目があります。(14)「敵の前線の攻撃」がそこにあり，「玉座の台」が曲がっており，(15)「指」はその王宮に……[「こぶ」] は……，(16) 肺臓は……。

(17) 私の再点検では，……。（以下約6行欠）(24) 左が［……］。(25)「牧者」

105)［*te-e*］*r-tam a-mu-ur-ma.*

106) *ši-ir šu-me-em.*

107) ARM XXVI 29：9'-10' を参照。

の左に（？）［……］（26）「玉座の台」が［……］（27）「こぶ（MÁŠ）」の「宥和」？があり，「肺［臓］……」。（28）（「私の）上部」は完全でした。私の内臓占い（複数）の結果は安全（吉）でした。

（29-31）私は再び（あるいは3度目？）二回目の時のごとく[108]，次のように（設問）して，（内臓占いを）行いました。すなわち，わが主がハンムラビの許に派遣した我が主の軍隊をハンムラビは捕らえないか，殺しはしないか，殺させはしないか，（32）敵意からであれ同意の上であれ（？），その軍隊を牢獄に留置しないか，（33）彼らが生きてマリの市門を出て来たように，（34）生きて（再び）マリの市門をくぐることができるか，などに関して，（35）私は内臓占いを行いました。

私の初回では，（36）「窓」があり，「道」があり，「王宮の門」は完全でした。（37-38）「秘密」があり，「宥和」は［……］において［……］を見ており，「牧者」の基部は，右が結［合しており，左が離れており（？）］（39）「敵の前線の攻撃」があり，（40）「指」の左が破壊されており，「こぶ（MÁŠ）」……（41）「私の上部」は完全でした。

（42）私の再点検では，（43）「道」は完全で，（44）左の「座」は［……］，（45）「王宮の門」は［完全であり，「牧者の基部」は］，（46）右が離れており，［左が結合しており］，（47）［……］の左が［……］（48）伸びていて，……。（49）「敵の前線の攻撃」があり，「玉座の台」があり，（50）「指」は完全で，「こぶ（MÁŠ）」は弱っている。（51-52）肺臓は完全で，心臓は完全である。

（53-54）私の内臓占いの結果は安全（吉）でした。わが主は，軍隊に関して心を［悩ませる必要はございません］。

ARM XXVI 101 ジムリ・リム王宛の2人の内臓占師ハリ・ハッドゥンとイルシュ・ナツィルの手紙（上記326-327頁を参照）

108）初回と再点検でワンセットの内臓占いが2セット行われた？

ARM XXVI 102:1–29 ジムリ・リム王宛の 2 人の内臓占師ハリ・ハッドゥンとイニブ・シャマシュの手紙（上記 324-325 頁を参照）

ARM XXVI 103 ジムリ・リム王宛のイバル・ピ・エル（バビロンに駐在するマリの部隊の大隊長）の手紙

(1)「わが」主に (2) 言え：(4) あなたの僕，(3) イバル・ピ・エル（は次のように言います）。(5) ハンムラビは彼の［内臓占師］達のところに (6) わが主の僕たちであるハリ・ハッドゥン (7a) とイニブ・シャマシュを派遣し，(7b-8) 彼ら［二］人と一緒に彼等（ハンムラビの占師達）はユーフ［ラテス］河岸地帯，(9-11)［ク］ルダ，アンダリグ，［シトゥルム］，［エ］カ［ラ］トゥム，アシュル[109]，［………］の安全に関して［内臓］占いを行いました。(12) 彼らが［内臓占いを行った後］，(13)［私（イバル・ピ・エル）は］ハ［リ・ハッドゥン］(14) とイニ［ブ・シャ］マシュに［尋ね］，(15)［次のように言いました。すなわち］，……(7 行ほど欠)

(1')「われわれは［……。われわれは次のように言いました］。(2')「あなた方（バビロンの内臓占師たち）は土塊[110] なしに［占いを行ったのですか」と］。(3') 彼（ママ）は次のように［われわれに］答えました。(4') すなわち，『われわれ（バビロンの内臓占師達）はそのように行います。(5'-6') われわれは土塊なしに内臓占いを行います』と，彼らは私達にこう答えました。」(7'-8') ハリ・ハッドゥンとイニブ・シャマシュは私にこのように言いました。(9') わが主の軍隊の安全に関して (10'-11') 今月の終わりまでに関して私は内臓占いを行わせました。占い結果［……］。(12'-15') 軍隊の駐屯場所を 3 から 5 キロメートル上流か下流に移すなら，軍隊は無事です。

ARM XXVI 111（**ARM II 139**）ジムリ・リム王宛のマリ工房の責任者ムカンニシュムの手紙

109) ^{d}MUŠ.K［I］とかかれているが，^{d}A. MUŠ.KI（＝Aššur）のことか。注 31 を参照。
110) 土塊については上記 328 頁を参照。

(1) わが主へ (2) 言え。(4) あなたの僕 (3) ムカンニシュム（は次のように言います）。(5) わが主が指示されたアダド神の神託に関して，(6) わが主が私に指示された神託を (7–9a) 占師イニブ・シャマシュとイルシュ・ナツィルに調べさせました。(9b–10a) 彼らは4匹の子羊で内臓占いを行いました。(10b–11) 彼らの内臓占いの結果（内臓の粘土製模型？）をわが主に送らせます。(12–13) どうかわが主よ，完全な報告をこちらに書き送ってください。

ARM XXVI 113 ジムリ・リム王宛の内臓占師イシュヒ・アッドゥの手紙[111)]

(1) 我が主へ (2) 言え。(4) あなたの僕 (3) イシュヒ・アッドゥ（は次のように申します）。(5–6) 私は，*k/gibbum* 儀式の際に［……］神に捧げられた内臓占師の子羊の内臓を見ました。[112)] (7) この内臓には，［「窓」］が (8) 正しい場所にあり，(9)「道」があり，……(10)「秘密」は「要塞を［有し］ません。(11)「王宮の門」は完全です。(12–13)「牧者」の台（*maṣraḫum*）には「武器」があり，「牧者」に随伴しており（？），(14–15)「牧者」の基部は右側が切断されており，左側がもぎ取られています。(16–17) 左の「要塞」は……裂けています。(18)「指」の右は［分割］されて（？）おり，(19) 左は［くっついています］。(20)「こぶ」は……。(21) 肺臓は完全であります。(22) *kiṣrum* は右が……。(23)「上部」は完全（吉）です。

ARM XXVI 114 ジムリ・リム宛の内臓占師イシュヒ・アッドゥの手紙

(1) わが主に言え。(2) あなたの僕イシュヒ・アッドゥ（は次のように申します）。(3)［ダデ］ィ・ハッドゥヌがやってきました。(4) 彼はこの［遠］征を (5) 彼の［メ］ルフム役人［に］任せました。(6) 私は［内臓占］い（複数）を行いました。そして (7–8) 私は（その）メルフム役人の額を触りました[113)]。

---

111) Nougayrol 1967, 222.

112) この手紙では，*k/gippum* 犠牲を捧げた内臓占師（名前は記されていない）ではなく，第三者の内臓占師（イシュヒ・アッドゥ）が内臓を点検・報告している点は理解に苦しむが，この点に関しては，Durand 1988a, 280–281, note a を参照。

(9) 私の占い（複数）結果は安全（吉）でした。(10) そしてこの手紙を (11) わが主の許に送らせます。(12) 私は遠征軍を派遣し，(13) それは出発しました。

ARM XXVI 119 ジムリ・リム王宛のマリの役人バフディ・リムの手紙
(1)［わが主に］言え。(2) あなたの僕，バフディ・リム（は次のように言います)。(3) わが主が書いてこられたことに関して，(4) 私とヤシム・スムと (5)［キブリ・ダガンと］ヤキム・アッドゥは (6) 検討しました。われわれの検討（結果）（は次の通りでした)。(7) もしわが主が行かれる場合は，(8) 重装備の軍隊と戦車（複数）と器具（攻城具など？複数）を伴って行くべきです。(9) そして，もしわが主が行かれるのであれば，(10) わが主が軍隊のところに行き，(11) 軍隊に挨拶をし（祝福し)，(12) そして信頼できる人[114] に指示を与えて派遣されるのが (13a) よいです。(13b) さて，軍隊は 1 日 (14) サガラトゥムで泊まり，(15) 2 日目にサガラトゥムを出て (16) まっすぐ進み，(17) 橋のたもとで夜を過ごします。(18) わが主は，ダガン神の前に必要なだけ（何度も）犠牲を捧げてください。(19-20) 神が我が主に安全の内臓占い（複数）結果（吉兆）を与えてくれるためです。(21-22) もし，神（ダガン神）が我が主の遠征に行かれることにたいして「イエス」と答えてくださるなら，(23) 我が主はこちらに到着し，重装備の軍隊と (24) 戦車（複数）と器具（複数）を伴って行くべきです。(25) そして，もし我が主が出発し，(26) 軍隊［のもとに］到着し，(27)［軍隊に対して］祝福を与え（られたなら)，(28) 我が主は［信頼できる］人に指示を与え，(29) 派遣すべきです。(30-31) このことを，ヤシム・スムとキブリ・ダガンとヤ［キム・アッドゥと私］は検討しました。(32 行以下 6 行ほど破損のため判読不能)

ARM XXVI 122（＝**ARM II 134**）ジムリ・リム王宛の内臓占師イシュヒ・アッド

113) 上記 1-6 を参照。
114) デュランは固有名詞 Ebbā' um と理解するが，ここでは信頼できる人 *ebbûm* と理解しておく。Sasson 2015, 72 は “inspector,” Heimpel 2003, 222 は “agent” と訳している。

ゥの手紙

(1) わが主に言え：(2) あなたの僕イシュヒ・アッドゥ（は次のように言います）。(3-5) 私と（バビロンの人）イッビ・アムルは，ワラド・イリシュ（マリの高官？）が（ユーフラテス川の）こちら側[115] を旅することに関して（内臓占い結果を）比べてみましたが[116]，われわれの占い結果は安全（吉）ではありませんでした。(6) これらの肝臓の粘土製模型？[117] をわが主に (7) お送りします。これらの肝臓の粘土製模型？に (8) どうかわが主は大いに注意を払ってください。(9) さて，万が一わが主が命じられるなら，(10) 少女たちを船に乗せることに関して (11) 内臓占いを行います。(12-15) あるいは，わが主がイマルまで護衛をしてくれる護衛兵（複数）を送ってくれることです。(16) どうぞ（護衛兵を）送ってください。(17) そうすれば私は内臓占いを行います。(18) 我が主はいずれにするか書き送ってください。

ARM XXVI 132 ヤスマハ・アッドゥ王宛の内臓占師ナラム・シンの手紙（319頁参照）

ARM XXVI 136 ヤスマハ・アッドゥ王宛の内臓占師ナラム・シンの手紙

(1) 我が主に (2) 言え：(4) あなたの僕 (3) ナラム・シン（は次のように言います）。(5) ベールトゥム（ヤスマハ・アッドゥ王の妃）[118] の病気に関して (6-7) 私は二度内臓占いを行いました。(8)（これは）…… 神による病ではありません。(9)［ベールトゥムの］病は (10-11) 熱に捕まったもの（日射病）です。(……) (3') 私は内臓占いを行いました。(4') 占い結果は「混乱」していまし

115) *aqdamatum* を左岸と解する説あり：Durand 1988a, 288; Heimpel 2003, 223; Sasson 2015, 173.

116) CAD M_1 (*sub maḫāru*), p. 68b および CAD A_2（*sub aqdamātum*), p. 207a は PN and I made the sacrificial offering concerning campaign against PN_2 と訳しているが，Durand 1988a, 288 は，nous avons compare nos résultats pour l' expédition” と訳している。

117) ARM II 139 をも参照。

118) Durand 1985, 398-407.

た。(5')……(6')　彼女の病は深刻ではありません。(7')彼女は［よくなります。］(8'-9')わが主は心配するにおよびません。

ARM XXVI 138-bis ヤスマハ・アッドゥ王宛のイシュメ・ダガンの手紙

(1)［ヤス］［マ］ハ・アッドゥ［に］(2)［言］え。(4) あなたの兄弟 (3) イシュメ・ダガン（は次のように言います)。(5-6) お前が書［いて］寄越した内臓占師ナラム・シンに関して，(7-8) 王（父王シャムシ・アダド）は彼をシトゥルム地区に配属された。(ただし) お前も知っていることだが，(9) この地区は国境（地帯）である。(10) 今，私は王に次のように書き送った。すなわち，(11-12)「ナラム・シンはヤスマハ・アッドゥに適している。彼（ヤスマハ・アッドゥ）は次のように私に書いてよこした。(13-14)『イバル・ピ・エルと彼の息子がわが主（父王シャムシ・アダド）とともにいます。(15) もしナラム・シンがいなければ (16-17) 誰がこれから私に仕えてくれるのでしょうか』と。(18-20) さて，どうかわが父は別の内臓占師をシトゥルムに送ってください。(21) そうすれば私の兄弟（ヤスマハ・アッドゥ）は（何も文句を）言わないでしょう」と。(22) 私は王（父王シャムシ・アダド）にこのように (23) 書き送った。(24) 彼（父王シャムシ・アダド）は誰も送らないでしょう。(25) シトゥルム地区は国境地帯です。(26-27) しかし内臓占師なしです。(28) 王はこの地区に1人の内臓占師も派遣することができません……[119]。

ARM XXVI 141:5-22 ジムリ・リム王宛の［……］の手紙　(339-340頁参照)

ARM XXVI 145 ジムリ・リム王宛のシャマシュ・イナヤの手紙

(1) わが主へ［言え］：(2) あなたの僕，シャマシュ・イナヤ[120]（は次のように

---

119) このテキストはCh.-Fr. Jeanによるもので，Durandは元の粘土板文書を見ることができていない。また，Ch.-Fr. Jeanは28行までしか出版していないため，その後がどうなっているのか不明。Durand 1988a, 302参照。

120) ^{d}UTU-*ḫi-na-ia*.

言います)。(3) わが主にお会いし，(4-5) 私の心の悩みをわが主に話したことは決してありません。(6)「出て行け」と彼らは私に言いましたので，(7) 私は［来］ましたが，誓［って］話しますが，(8) 私はわが主に話しませんでし［た］。(9) 私は耕［地］を保有していま［せん］。(10) どうか彼らが私に内臓占いをするよう指示を与え，(11) 私に耕地を与えてくれるようにしてください。(12) そうすれば，私は飢えることはないでしょう。

話変わって，(13-16a) 私が住んでいる地区には，内臓占師も鳥占師もいません（彼らは与えてくれていません)。(16b) 私は一度ならず (17) 二度までも既にわが主に懇願したように，(18-19a) 将来，神を不快にさせ，(19b-20) 災難が起こるでしょう。どうぞわが主はこのことをご承知おきください。(21) 地区は無事です。(22) ディールは無事です。(ARM XXVI 146 も参照)

ARM XXVI 146 ジムリ・リム王宛のハンマン（ディールのスガーグム役人）の手紙

(1) わが主に言え。(2) あなたの僕ハンマン[121)]（は次のように言います)。(3) ドゥール・ザビムの大麦に関して (4) わが主は私に書いてこられました。(5) 私が到着した時，ディールの人々を (6)（王の命令に従い）集め，(7) ドゥール・ザビムの大麦を (8) 1 日で収穫しました。(9) 15 日間（？)，(10) 4 台の荷車で（大麦を）(11) 運び，私は怠けることはしませんでした。

(12) 話変わって，シャマシュ・イナヤは (13) 月初めまでの内臓占いを (14) 行いました。(結果は）安全（吉）でした。(15) 毎日シャマシュ・イナヤは (16) 耕地に関して懇願し続けています：(17)（すなわち)「私を派遣してください。(18) 私はわが主に耕地を要求したいのです」と。(19) わが主はこの私の手紙を聞かれたら，(20-21a) シャマシュ・イナヤに耕地を与えてください。(21b-22a) そうすれば彼の家は飢えることはないでしょう。(23) ディールは無事です。

121）Dēr-du-Balih の *sugāgum* 役人（FM V, p. 282)。

ARM XXVI 153 ジムリ・リム王宛の［サガラートゥムかテルカの知事］の手紙

(1)［わが主に］(2)［言え］。(4)［あなたの僕］(3)［……］（は次のように申します）。(5) トゥ［トゥルの］件に関して (6) 以前わが主は私に［書いて来られました］。(7) わが主が書き送られる前に，(8-10) 私の手紙（複数）は常にハブドゥマ・ダガンおよびスムフ・ラビに送られています。(11-12) 私は（また）不足物がないかどうかを監視するために繰り返し私の部下たちを送っています。(13) さて，彼らはトゥトゥルの安全に関して (14) 内臓占い（複数）を行いました。(15-18a) それらの内臓占い（複数）の内容をヤッシ・エル（Yassi-El）は一つ一つ[122] 私に書いてきてくれました。(18b-21) 今，ヤッシ・エルが私に書いて寄越した内臓占い（複数）の内容が記された彼の手紙を (22) わが主の許に送らせます。(23-24) また，彼らはトゥトゥルの土塊を私のところに持ってきました。(25-26) その半分を内臓占いのために私の手元におきました。(27-28a) そしてもう半分を今わが主の許に送らせます。(28b-30) そしてザルパ（Zalpaḫ），ツェルダ（Ṣerdâ），アフナ（Aḫunâ）（いずれもトゥトゥル周辺の地名）の土塊を持ってくることに関しては，私は書き送りました。(31a) 彼らはまだ持ってきません。(31b) トゥトゥルの土塊は，私の部下（単数）が持って急いで出発しました。（以下約7行欠）

ARM XXVI 160 ジムリ・リム王宛の［……］の手紙（321-322頁参照）

ARM XXVI 170:1-19 スム・ダビ宛のヤムツィ・ハドゥムとマシュムの手紙（322-323頁を参照）

ARM XXVI 177（**VI 75**）ジムリ・リム王宛のバフディ・リムの手紙

(1) 我が主［に］(2) 言え。(4) あなたの［僕］(3) バフディ・リム（は次のよ

122）点検箇所ごとに（*idišam*）。

うに申します)。(5-6a) 軍隊の安全に関して私は［内］臓占い（複数）を行いました。(6b-7)「安全」(吉) の内臓占いの結果に従い，私は軍隊を派遣しました。(8) さて，それらの粘土製内臓模型？を (9) わが主の［許に］(10) 送ら［せ］ました。(11) さて，私は1人の内臓占師を派遣しました。(12-13) 彼は出発しました。彼は（道の）半ばに［近づいています］。そこから (14) ザッルム (Zarrum) の［下流で］夜を明かしたあと，(15-16)［彼は再］度［内臓占い（複数）を行うでしょう］。

ARM XXVI 178(**ARM III 42**) ジムリ・リム王宛のテルカの知事キブリ・ダガンの手紙[123)]

(1) わが主に (2) 言［え］。(4)［あなたの僕］(3)［キブ］リ・ダガン（は次のように言います)。(5) ダガン神と［ヤク］ルビ・エル神は［無］事です。(6) テルカの町と地区は無事です。(7-8a) 話変わって，以前わが主が書いて来られたことに従って，(8b-10) ダガン神のウグバブトゥム女大祭司が住む家に関して，私は内臓占い（複数）を (11) 行わせました。(12) 前任者のウグバブトゥム女大祭司の家に関しては (13) 私の占い結果は「まっすぐ（吉)」でした。(14) そして，神は私に「イエス」とお答えになりました。(15) この家を整備し，(16-17) 傷んだところを調べることに手をつけました。(18-20) この家に，わが主がダガン神にお連れするウグバブトゥム女大祭司がお住みになるでしょう。

ARM XXVI 179(**III 84**) ジムリ・リム王宛のテルカの知事キブリ・ダガンの手紙

(1) わが主［に］(2)［言］え。(4) あなたの僕 (3) キブリ・ダガン（は次のよ

123) シャムシ・アダド1世の娘で，ヤスマハ・アッドゥの姉妹であった前ウグバブトゥム Kunšīm-Mātum の死後，Inibšina がウグバブトゥム職に就任した時の話。前任者の後，しばらく空白期間があっての Inibšina が就任（多分 ZL 5' 年のこと？）したらしい（Durand 1988a, 361)。

うに申します)。(5)［以］前，前のウグバブトゥムの家に関して(6)［内臓占い(複数)］を行［わ］せましたが，私の占い結果は「まっすぐ」(吉)でした。(7)［そして，神は］私に［「イエス」］と答えられました。(8)［このことは］(既に)私は書き送りました。

さて，この度，(9)われわれは，シャマシュ・ナツイルと一緒に(次のように)［協議しました[124)]］。(10)「(前のウグバブトゥム女大祭司の家は新しい)ウグバブトゥムの住むのに適していません。(11)［この家には］ある限りの織女たち，(12-13)洗物師達(男性)，それに職人達が住んでおり，彼らのことは(既に)決まっている。(14-18)織女たち，洗物師達(男性)，それに職人達の住む場所は(他処に)ありません。王宮の諸々の職人達はそこに集められています」と。(19)われわれはこのように協議しました。(20)その家は(ウグバブトゥムの住むのに)適していません。(21)それは王宮の中庭に近すぎます。(22-23)(そこで)ミルスム菓子作りのクンドゥラートゥムの住まいに関して(24)私は内臓占い(複数)を行わせましたが，私の占い結果は(25)「まっすぐ」で，神は私に「イエス」と答えてくれました。(26)そこは，(新しい)ウグバブトゥム女大祭司の住まいとして(27)文句無しに[125)]良いです。(28)どうかわが主はこの家に関してよくお考えください[126)]。(29-30)わが主がよくお考えになり，私に書いて来られることに従って(31)ウグバブトゥム女大祭司のための家を…します。(32b)どうされるか(33)完全な指示を(34)わが主は私に書いて来てください。私は(それに従って)手はずを決めます。

ARM XXVI 182 ジムリ・リム王宛の知事スム・ハドゥの手紙

(1)［我が主に言え］。(3)［あなたの僕］(2)スム・［ハドゥ[127)](は次のように申します)。］(4)内臓占師［達］は(5-6)［出］発に関して常に内臓占い(単数)

---

124) *ni-i*[*š-ta-a*]*l-ma*.

125) *malašu*: Durand 1988a, 363.

126) *lištālma*.

127) どこかの地区の知事？(M. Birot 1979, 185)。

を行います。(7) 占い結果は「まっ直ぐ」(吉) ではありません。(8) さて，(9-12a) 私の髪の一房と私の衣の端[128] を我が主の許に送らせます。(12b-13) どうか我が主よ，内臓占師達に厳しく指示し，(14) 独自に (内臓占いを) (複数回) 行わせてください[129]。(15) このことに関して，我が主は私の願いを聞いてください[130]。以下省略

ARM XXVI 183 ジムリ・リム王宛の知事スムフ・ラビの手紙

(1) 我が主に言え。(3) あなたの僕 (2) スムフ・ラビ[131] (は次のように申します)：(6) クルダに向かっている (5) バビロンの使節 (複数) である (4) ハンム・タキムの一行が (7) サガラトゥムに (8) 到着したので，(9-13) 彼らの旅行の安全に関して，ハブル川のこちら側沿の大旅行に関して私は内臓占い (複数) を行わせました。(14) 占結果は「完［全］(吉) でした」。(15)「安全」の占い「結果」に従って，(16) これらの人たち，(17) およびマルドゥク・ナツィルを (18) 200 人の軍隊と共に (19) 私は送り出しました。(20-22) そして，5 日間の彼らの往復に関して，(23) 内臓占 (複数) を行わせました。(24) 占結果は「安全」(吉) でした。(25) どうぞ，我が主はこのことをご承知おきください。

ARM XXVI 184 ジムリ・リム王宛のマリの高官イトゥール・アスドゥの手紙

(1) 我が主へ (2) 言え：(4) あなたの僕 (3) イトゥル・アスドゥ[132] (は次のように言います)：(5-6) 我が主が書いてこられた土塊に関して (7a) ただいま (8) ウルギシュ，(9) アシュラッカ，(10) およびシュルッズム (これらはイダマラズの 3 つの重要センターである) の (7b) 土塊を (11) 我が主のもとに (12) 送らせ

128) 本論集 206-207 頁を参照。
129) *qātātim lishurū.*
130) ARM XXVI 182 の Durand の訳に従う。
131) 一時，サガラトゥム地区の知事であったと思われる (M. Birot 1979, 185)
132) いくつかの地区で知事をつとめたマリの高官。

ました。(13-14) どうかわが主はこれらの土塊について内臓占いを行ってください。

ARM XXVI 185(**XIII 134**) ジムリ・リム王宛の王妃シブトゥの手紙

(1) わが主に (2) 言え。(4a) あなたの僕 (3) シブトゥ (は次のように言います)。(4b) 王宮は無事です。(5-6) ニンフルサグ女神の帰途のために私は犠牲 (複数) を捧げました。(7) この内臓占結果において (8a) 左の「窓」がはみ出していました。(8b-11) 私は，わが主の安全に関して内臓占いを行わせました。(結果は)「安全」でした[133]。(12) そして，神は [……] (以下 14 行まではほぼ完全に破損) (15) 私がお話しした [ように]，(16) [彼ら] は繰り返し内臓占いを行いました。(17) それらの占い結果は「完 [全] でした」。(18-19) わが主は健康と [無事に恵まれて] マリに行かれますように。(20-21) [わが主] と一緒にいる誰かが正直 [に] 話さず，(22-24) わが主から離れ，わが主を悩ませるでしょう。

(25) 話変わって，召使い達が (26-27) 病気になり，わが主を悩ませています。(28) どうかわが主は祓魔師 (*āšipu*) ムト……を私の許に送ってください。

ARM XXVI 186 ジムリ・リム王宛のマリの某役人の手紙 (318 頁を参照)

ARM XXVI 403 ジムリ・リム王宛のアンダリグに駐在するマリの役人ヤシム・エルの手紙

(1) 我が主に言え：(2) あなたの僕ヤシム・エル (は次のように言います)：(3-4) 私は年の初めから重い病をやんでいます。そして 2 人の (5) 我が主の僕が亡くなりました。(6) さて，私の病は重く，(7) 悪化しています。(8) 一度ならず二度までも [私の病に] 関して (9) 占 [師] が内臓占いを (10) 行いましたが (11) 私の諸兆は強くありました (凶でした)。(12) 私は，「さあ，行って (13)

133) 5-11 行に関しては Durand 1988a, 367 の訳に従う。

お前の神々の足に口づけをし，(14) 自分の体を冷やしなさい」と言われました。(15) もし［私の］主の御心ならばどうかアンダリグに (16－17a) 住まわせてください。(17b-18) どうか我が主がハッシュムを私に遣わしてください。もし (19)［私の身体］がよくなれば，……。(20)［行って］我が主の足に (21) 口づけし，私の神々に犠牲の供え物を (22) 捧げたいです。そして5日目の (23) 夜，アンダリグに戻らせてください。(24-26)［さもなければ］私の病は悪化し，我が主の手許から出て行くことになる（死んで我が主に仕えられなくなる）などとんでもないことです！

Ⅳ

マリの神々

第11章 マリにおける公的祭儀と民間信仰

――パンテオンを中心に――

はじめに

ユーフラテス川中流域に栄えた古代都市マリ[1)]の公的祭儀の対象となった神々（パンテオン）と一般民衆の信仰の対象となった神々（パンテオン）を，古バビロニア時代[2)]に年代付けされるマリ文書[3)]に基づき，総括的に比較検討し，その異同を明らかにし，併せてその意味するところを考えることが本小論の目的である[4)]。

1）マリおよびマリ文書に関する紹介論文として，とりあえず Malamat, A, 1971, 2-22 および Heimpel, W. 2003, Part 1（pp. 3-163）を挙げておく。

2）正確には，ヤハドゥン・リムの治世，ヤハドゥン・リムが暗殺された後短期間マリの王位に即いたスム・ヤマムの治世，「上メソポタミア王国」の王シャムシ・アダド１世の息子ヤスマハ・アッドゥがマリを支配した時代，およびヤハドゥン・リムの「子」ジムリ・リムの治世に当り，中年代説に従えば前 1820-1760 年頃に相当する。圧倒的多数のマリ文書はジムリ・リムの治世に由来するもので，次に多いのがヤスマハ・アッドゥの治世に由来するものである。ヤハドゥン・リムおよびスム・ヤマムの治世に由来する文書はごく限られている。なお，スム・ヤマムについては，Boyer, G. 1958, 183, n. 2; Dossin, G. 1970, 18-19 等を参照。

3）この小論で検討したマリ文書は以下の通りである。ARM(T) I-XIV; H. B Huffmon, 1965, 274-77 にリストされている上記 ARM(T) 以外で出版されたマリ文書；Dossin, G. 1970b, 17-44; Dossin, G. 1970a, 97-106; Dossin, G., 1971, 37-66（ここに出版されたテキスト中の人名索引は，Aynard, J.-R. 1974, 184-90 に見いだされる。）；Aynard, J.-R. 1973, 277-82; Aynard, J.-R. 1974, 25-34.

4）マリのパンテオンに関する研究としては，Dossin 1950, 41-50 や Edzard, D. O. 1967,

1 公的パンテオンとは

公的パンテオンとは，その祭儀が公的権力により認められ，維持されている神々の総体である，とここでは理解しておく。古バビロニア時代マリの公的パンテオンは，ドサンが出版したいわゆる「パンテオン・リスト」により知ることができる[5)]。この「パンテオン・リスト」には，25の神々とそれぞれに給付された1匹から7匹までの犠牲用ヒツジの数が記されており（表1），リストの最後に，「全神殿のためのヒツジ合計87匹。マリにおける犠牲用。リリアートゥムの月の27日」[6)]と書かれている。このことから，「パンテオン・リスト」には，マリにおける公的祭儀の対象となったすべての神々が含まれていると考えて差し支えないと思う[7)]。この想定が必ずしも的外れでないことは，次の事実によっても，補足的に示すことができよう。

マリ文書には，その神殿，聖職者，犠牲，祭，祭儀用具などについての約100に及ぶ言及から，何らかの祭儀が存在したと思われる神々があるが，そのほとんどは，「パンテオン・リスト」に名が記されている。「パンテオン・リスト」に名が記されていない神々は，Elali，Ikšudum，Lāgamāl，Angubbû，

51-71などが挙げられるが，古バビロニア時代の公的パンテオンと民間の信仰の対象となったパンテオンの総括的比較研究はまだ行われていない。本小論は，1975年11月30日に日本オリエント学会第17回大会で口頭発表したものを浄書したものであるが，この発表自体は，筆者のPh.D.論文：*Deities in the Mari Texts: A complete inventory of all the information on the deities found in the published Old Babylonian cuneiform texts from Mari and analytical and comparative evaluation thereof with regard to the official and popular pantheons of Mari*, Columbia University, New York, 1974の結論の一部をまとめたものである。

5） Dossin, 1950, 41–50. 他にこの種の文書として知られるものには，Dossin, G. 1967, 97–104; Nougayrol, J. 1968, Texts 18, 42–62; Lambert, M. 1969, 245–60等がある。

6） ŠU.NIGIN 87 UDU.ḪÁ *ša ši-ḫi-ir-ti* É. DINGIR.MEŠ ZUR.ZUR.RI *i-na ma-ri*[ki] ITU *li-li-ya-tim* UD 27 KAM（*St. Mar.*, p. 43, ll. 27–33）.

7） Dossin 1950a, 42を参照。

表 1

「パンテオン・リスト」の 25 神の記載順序がどのような基準に従っているのかわかっていない。以下のリストは，支給された羊の数に従って並べ替えたものである。

羊 7 匹を支給された神：	Dīrītum
羊 6 匹を支給された神：	Bēlet-ekallim, Dagan, Ninḫursagga, Šamaš, Itūr-Mer, Annunītum, Addu, Nergal, Ea
羊 2 匹を支給された神：	Šamaš-ša-šamê, Sîn, IGI.KUR, Nanni/Nanna, Ḫanat, Ištar, Bēlet-Agadi, Numušda, Kišītum, Ḫišamītum, Mārat-altim
羊 1 匹を支給された神：	Ištar-ša-ēkallim, Ninkarrak, Išhara, Bēlet-ḫiṣāri

表 2「パンテオン・リスト」に見る犠牲獣の数と人名における神／女神の人気度

	神名	A コラム	B コラム	C コラム
A グループ	Addu	6	110	182
	Dagan	6	89	155
	Šamaš	6	70	104
	Ea	6	29	57
B グループ	Dīrītum（女神）	7	4	5
	Bēlet-ekallim（女神）	6	2	2
	Itūr-Mer	6	2	10
	Nergal	6	2	2
	Ninḫursagga（女神）	6	2	2
	Annunītum（女神）	6	1	2
C グループ	El/Il	0	33*	259
	Sîn	2	65	102
	Ištar（女神）	2	58	94
	Annu（女神）	0	43	67
	Ḫammu	0	28	49
	Eraḫ	0	26	41
	Lim	0	27	49
	Išḫara（女神）	1	19	29
	Amum	0	19	5
	Mamma	0	16	29

表 2 に関するコメント

＊A コラム：ドッサンの「パンテオン・リスト」に言及されている神々に支給された犠牲獣の数。

＊B コラム：本小論で利用した 1974 年頃までに出版されたマリ文書（注 3 を参照）から収集された神名を含む人名の中で当該神名または女神名を含む人名タイプの数。

＊C コラム：1995 年頃までに出版されたマリ文書（Nakata 1005, 234 を参照）から収集された神名を含む人名の中で当該神名または当該女神名を含む人名タイプの数。

＊B コラムのために利用したマリ文書の数に比して C コラムのために利用したマリ文書数はかなり増えているが，民間信仰の対象となったと考えられる神々の相対的人気度にはほとんど差が生じていないことに注目しておきたい。

＊AN と記されているものを加えれば 150 以上。

Latarak，Ištar-errakal，Ištar-NE-NI-LI，Ištar-pišra(n)/Qabrā，Ištar-RA-DA-NA および Ištar-UD-*la-li* であるが，これらの神々が「パンテオン・リスト」に記されていないことについては，ある程度説明のつくものが多い。Elali は，化粧油の支給を記録した文書に2度記されているが[8)]，いずれも（シャムシ・アダド1世の）「上メソポタミア王国」[9)] の時代に年代付けされるもので，Elali の後に，「どこどこの」という地名が省略されているのかもしれない。このような地名省略の例は，年名に現れる Ḫatta 神についても見られる。「Kakkulātum の Ḫatta 神」とあるべきところ，地名が省略されて，「ジムリ・リムが Ḫatta 神に自分の像を捧げた年」[10)] とだけあるのがそれである。Ikšudum と Lāgamāl は，「Ikšudum および Lāgamāl の両神がマリからテルカに到着した時……」[11)] と記されているが，これからだけでは，両神の本拠地がマリであったと考える必要はない[12)]。Angubbû 神（複数）と Latarak は Ištar 女神の祭儀文書に出てくるが[13)]，もしこの祭儀文書がドサンの言うごとく，シュメール語原文のアッカド語訳だとすれば[14)]，それはマリの公的祭儀を反映しているとは考えられず，従ってこの祭儀文書に名が記されている神々がすべてマリのパンテオンに属する

8）ARM VII 34:3（?）および 73:3。

9）この呼び方は，Durand 他が使用しているものである。

10）*šanat Zimri-Lim ṣalamšu ana Ḫatta ušēlû*（ARM VIII 56. *St. Mar*., p. 57, No. 21）. しかし，同じ年名が *šanat Zimri-Lim ṣalamšu ana Ḫatta ša Kakkulātim*（GAKKUL）*ušēlû* としても知られていた（*St. Mar*., p. 57, No. 21）。GAKKUL= *Kakkulātum* については , CAD K, p. 59a を，また地名としての *Kakkulātum* については，Goetze, A. 1953, 56; Hallo, W. W. 1964, 68 を参照。

11）*inuma ilū Lāgamā[l] u Ikšudum ištu Mari ana Terqa ikšudūnim*（ARM XIII 111:5–9）. Ikšudum はこの個所以外では知られていないが，Lāgamāl はマリ人名 *Lāgamāl-abum* に現れる（*AIPHOS* 14, 1954–57, 135, l.11）。

12）他にも，例えば，テルカが本拠地で，マリに出向していて帰ってきた場合，あるいはわれわれの知らない第3の地点からマリを経由してテルカに来た場合等が考えられる。Edzard 1967, 62 を参照。

13）Dossin 1938a, 5, ii 2–3. Angubbû 神も Latarak 神も，マリ文書では，この個所以外に言及されていない。

14）Dossin 1938a, 4.

と考える必要はない。説明が困難なのは，結局問題の多いIštar女神の5（?）形態すなわち，Ištar-errakal[15)]，Ištar-NE-NI-LI[16)]，Ištar-pišra(n)/Qabrā(n)[17)]，Ištar-RA-DA-NA[18)] およびIštar-UD-*la-li*[19)] のみになる。換言すれば，マリの祭儀に何らかの関わりを持った神々は，Ištar女神の5（?）形態を除き，ほとんどすべて「パンテオン・リスト」に含まれていたと考えることができる。この点からも，「パンテオン・リスト」に名を記されている25神が，マリの公的パンテオンを構成していたと見て差し支えないと考える。

これまで，「マリの公的パンテオン」という言葉を使ってきたが，25神からなるマリの公的パンテオンが，狭い意味での都市マリの神々と考えるよりも，マリ王国の王権の座としてのマリに祭られていた神々と考えるのが適当であろ

15）　ARM VII 3:1–4; 4:9; 4: 12–13, 14–15, 3'; 9:7' に言及されている。BottéroはIštar-errakalとDīrītumを同一視しようとするが（Bottéro, J. 1957, 229），その説明は説得力を欠く。

16）　ARM VII 79:3. Bottéroはこの神名を*Ištar-ni*$_5$*-ni-li*と読み，「Ištar，神々の女主人」（Ištar-NIN-ilī）と解するが，Bottéro自身が，" un jargon théologiqico-liturgique, à la fois sumérien et accadien"（ARM VII, p. 197）と言っているごとく，すぐには納得しがたい（Edzard 1967, 62, n. 3を参照）。

17）　ARM VII 263 i 1–3 (Ištar-X-AB-RA-AN); ARM X 50:15 (Ištar-X-AB-RA). Xは，古バビロニア字体では，BI (*pí*) ともGA (*qá*) とも読める紛らわしい文字である。Bottéro 1957, 263, i 2; p. 343, Dossin 1966, 84（ARM X 51はARM X 50の間違い）, Moran 1969b, 38および　Ellermeier 1968, 64は，*Ištar-pí-iš*$_7$*-ra-an*/ANと読む。しかし，von Soden（*UF* 1, p. 198）は*Ištar-qá-ab-ra*（ARM X 50:15）と読み，Römer, W. H. Ph.はこれに従う（Römer 1971, 16）。このIštarはテルカとマリの中間に位置するMišlânの町と密接な関係を持っていたことが知られており（ARM VII 263 i 1–2），Mišlânの神であったかもしれない（Bottéro 1957, 343; Edzard 1967, 62）。

18）　Yasmaḫ-Adduに宛てたGabiatumの手紙の中に，「あなたの母なる*Ištar*-RA-DA-NAが王権と王座をあなたに与えてくださいますように！」（ARM X 1:12–15）と記されているが，*Ištar*-RA-DA-NAはこの他にも，ARM X 87に2度言及されている。Robertsは，この女神名を*Ištar-danna*と読む（*VT* 21, 246）。

19）　Edzard 1967, 62はARM VII 31および71の^{d}*Ištar*-UD-*la-li*を神名と理解するが，Bottéro 1957, 190は，この両個所の^{d}*Ištar*-UD-*la-li*およびARM VII 22:3の^{d}*Ištar*-UD-[*la*]-*li*をARM VII 18:2–3の^{d}*Ištar-* {PU-} UD-*la-li* DUMU *Iš-me-*^{d}*da-gan*に従い人名と解釈する。

う。

2　民間のパンテオンとは

民間のパンテオンには，公的パンテオンのような明確な枠がなく，概念としても漠然としている。しかし，公的パンテオンに対するものとして，便宜上，民間のパンテオンを想定するとすれば，一定地域におけるそれは，その地域の人名に現れる神々に相当程度反映されているものと考えられる。もちろん，これらの神々が，名付け親達の信仰を反映しているものとの前提に立って初めて，そう言うことができるのである。しかし実際には，どのような原理で人名中の神名が選ばれたのか，また人名に現れる神々が一般民衆にとってどのような意味を持っていたのか等については，全くと言ってよいほどわかっていない。極言すれば，神名の選択は，スカートの丈や背広の襟幅のように，精神生活とは関係なく気まぐれに移り変わるものであったかも知れないのである。しかし，名付けるということが，古代近東の人々にとって，決してかりそめの行為でなかったことを思えば[20]，人名中の神々の選択に民衆の信仰ないしは宗教心が多少なりとも反映していたであろうことは否定できない。この意味で，民間のパンテオンなる概念を設定し，それが人名中に現れる神名に反映されていたと考えることは許されると思う。オッペンハイムが，「この種の人名（すなわち，神名を含む人名—筆者）に選ばれる神々が絶えず移り変わるということは，個々の神々の人気の上下を反映し，公的パンテオンと民間のパンテオンの間のギャップを露にしてくれる。さらにこれらの神々は，—もし注意深く研究するならば—所与の社会およびそれを取り巻く環境の社会的地味を分析するの

20）　もちろん，名付けるという行為も，他の行為同様，厳しい伝統的規範の枠内で行われたわけで，現代的な意味での独創性が十分発揮されたわけではない。しかし，名付けるという行為が創造の行為とつながり（*Enūma Eliš* I 1-2; イザヤ書 40:26 等），また名が *numina* に対して *phenomena* を表したこと（イザヤ書 30：27-28）を考えれば，名と名付けるという行為の重要性が理解できると思う。

に役立つかもしれない。」[21] と述べているのは，これと同じ前提に基づくものであろう。

3　民間のパンテオンを知るための史料とは

公的パンテオンと民間のパンテオンの異同を明らかにする前に，断っておかなければならないことがいくつかある。

（1）古バビロニア時代に年代付けされるマリ文書に現れる神名を含んだ人名中，外国人であることが明記されているもの以外は，疑わしいものをも含めてすべて表2の計算に含めた。ここで特に問題になるのは，ドサンが出版した人名リスト（ARM XIII 1）である。この人名リストには，判読可能なものだけでも約950の人名が記録されている。ドサンはこれを，ジムリ・リムがアシュラッカを攻囲した時に得た戦争奴隷のリストであると考えているが，その根拠になっているのは[22]，同文書の奥付けにある「ジムリ・リムがアシュラカを攻囲した年のベーレト・ビリの月の第19日」という日付だけである。「ジムリ・リムがアシュラカを攻囲した年」というのは年名であって，それが付された文書がアシュラカ攻囲と関係すると直ちに推論してしまうことには問題がある。*RA* 65に発表されたスムヤマム治世に年代付けされる人名表に[23]，ARM XIII 1に現れる人名と重複するものがかなりあることに目を付け，サッソンは，これら重複する人名の多くは多分同一人物であろうと推論する[24]。サッソンの推論が当っているとすれば，ARM XIII 1に現れる人物の多くは，スムヤマム治世に既にマリにいたことになり，ドサンの提唱する推論は成り立たなくなる。サッソンの仮説が十分納得のいくものであるとは考えがたいが，ドサンの当初の

21） Oppenheim, A. L. 1964, 194.

22） ARM XIII 1についてのDossinの序言を参照。

23） Dossin 1971, 37-66. なお，この2史料に現れる人名の索引は，Aynard, J.-M. 1971, 184-90に出版されている。

24） Sasson, J. M. 1972b, 178.

推論に問題があることだけは確かである。従って，以下の計算では，ARM XIII 1に記されている人名は，一応外国人のそれではないとみなして，数の中に入れることにする。

(2) 人名には神名を含まないものもある。男性名中，神名ないしはそれと同等の要素を含む名前は，*RA* 65, pp. 40–55 に出版された人名リストAの場合を例にとると，全体の約37％にあたる。女性の名前の場合は，神名を含む名前が一般に少なく，女性名をリストした4つの主要文書[25)]を例にとると，神名を含む女性名は全体の約21％である。以下の民間のパンテオンについての議論は，これら神名を含む人名のみに基づいて行われるものであることを予め断っておく。

(3) 神名が人名に現れる頻度—これを，その神のポピュラリティーを表す一つの重要な指標と考えるのであるが—は，同名の別人を区別するのが困難なため，その神名が何種類の人名に現れるかでもって表すことにする。これは次善策として有効であると考える。

(4) マリ人名では，男性名が過半数を占める。従って，そこに見られる民間のパンテオンもある程度男性社会に傾斜したものであることは否定できない。しかし，非常に人気のあるAnnu，Išḫaraおよび Mammaといった女神は，その人気を全面的に女性名に負っているわけで[26)]，上記の男性社会への傾斜は，多少抑制されているものと考える。

(5) 公的パンテオンは，ジムリ・リム時代の記録から知られるものであるが，それに対する民間のパンテオンは，多くの場合，ジムリ・リムの同時代人の名付け親達の信仰を反映するものであるため，両者の間に約1世代のギャップがあることを念頭に入れておく必要がある。

---

25)　ARM IX 291; ARMT XIII 1; TEM IV (Tablet C) (*RA* 50, 1956, 57–72); *RA* 65, 1971 (テキストB), 56–66.

26)　Annuを含む人名43種類に中7種類が，Išḫaraを含む人名19種類のうち5種類が，またMammaを含むマリ人名16種類中7種類が，男性名であるに過ぎない。なお，Annuが女神であるという説については，Nakata 1974b, 299–307および本論集第13章を参照。

(6) マリ出土の粘土板文書は約 2 万枚と言われている。これまでに出版されたものがこのうちの 3 千枚あまりであることから，以下の結論は，新しい史料が出版されることにより修正される可能性があることを付記しておきたい。

4　マリ文書から知られる神々

最初に設定した古バビロニア時代に年代付けされるマリ文書から知られる神々は約 130 神に及ぶ。「約」と言ったのは，この中に神名か神名相当の要素 (theophorous element) か判然としないものが，10 %ほど含まれており[27]，また神名相当の要素ではあるが，神名ではないとして排除したものの[28] 中に神名が含まれている可能性もあるからである。これら約 130 の神名中，60 神はマリ文書に関する限り，4 種類以下の人名からしか知られていないため，本小論においては度外視して差し支えないと考える。残りの 70 神中，以下では特に重要な 20 神を中心に公的パンテオンと民間のパンテオンの異同を明らかにしたい。他の神々については補足的に言及するに止める。ここで「特に重要な」というのは，便宜上設定した枠で，「パンテオン・リスト」で 6 匹以上の犠牲用羊を給与されている神々と 16 種類[29] 以上の人名に現れる神々を指す。

5　3 つのグループに分かれる神々

興味深いことに，これらの 20 神は，3 つのグループに截然と分かれる（表 2)。

A グループの 4 神は，「パンテオン・リスト」で，それぞれ 6 匹の犠牲用羊

27) Akka, Amman, Asdi, Aškur, Ašmun, Ebal, Epuḫ, Ḫad/Ḫadû, Ḫadun, Ḫammu, Ḫanden, Ḫirman など。

28) Dadu, Damu, Etar, Laban, Maraṣ, Qatar, Samar, Yamam など。

29) マリの両パンテオンの異同が，これら 20 神に関して最も際立って現れるのが，民間のパンテオンに関して言えば，それがたまたま 16 種類以上の人名に現れる神々であったという意味である。

を支給されている。これは，ディリートゥム女神に給付された7匹を除けば，最大の数に当り，公的祭儀における当該神の重要性を十分示している。そればかりではなく，アッドゥ，ダガン，およびシャマシュはエルに続いて，この順序で最も頻繁に人名に現れる神々でもある。エアはこれら3神ほどではないが，それでも，マリ人名に現れる神としては7～10番目に人気のある神である。

アッドゥは，本来西方セム系の嵐の神であったと考えられるが，早くからメソポタミアに紹介され，古バビロニア時代には，ユーフラテス川上・中流域のみならず，ディヤラ地方やバビロニア北部でも広く知られるようになり，公的祭儀と民間信仰の別なく，重要な地位を占めていたようである。太陽神シャマシュと淡水神エアはバビロニアのパンテオンに属するが，シャマシュは正義の神として，エアは呪文と知恵の神として，地域の別，公・民の別なく広く崇拝の対象となっていた。ダガンは，以上3神とは異なり起源は不明であるが，公的祭儀と民間信仰におけるその重要性は，古バビロニア時代末までユーフラテス川中流域のマリ，テルカ，およびバリフ川河畔のトゥトゥルなど，大体この地域に限られていたと思われる。しかし，マリ王国では，ダガンは王国の最高神の地位にあった[30)]。エアを除く3神は，いずれもサルゴン時代以前からマリで知られていた[31)]。このように表2のAグループに関する限り，公的パンテオンと民間のパンテオンは完全に一致していたと考えてよい。一つ付言すると，アッドゥあるいはダガンを含む人名の50％以上がアムル（アモリ）語系であるのと対称的に，シャマシュとエアを含む人名の大多数は，アッカド語系の人名で，アムル語系と考えられる人名はそれぞれ僅か7％および14％以下である。後で触れるマリ人口の二重構造がここにも現れていると考える。

Bグループの6神は，6匹ないしは7匹の犠牲用羊を支給されており，マリの公的祭儀におけるこれら6神の重要性に疑問の余地はない。ベーレト・エカリム女神，ネルガル神，ニンフルサグ女神およびアンヌニートゥム女神は，バ

30）　中田1975, 1-11および本論集第14章を参照。

31）　Edzard 1967, 69.

ビロニアのパンテオンのメンバーであるのに対し，ディリートゥム女神とイトゥール・メール神は，それぞれディール[32] およびマリ（いずれもユーフラテス川中流域の都市）に祭儀センターを有する地方神であったという違いはあるが，いずれも公的祭儀におけるその役割を示す文献史料がたくさん残っている。しかし，この事実とは裏腹に，これら6神は，マリの人名にほとんど現れないか，まれにしか現れない。従って，Bグループは，公的パンテオンと民間のパンテオンの違いを明確に表している。なお，ディリートゥム女神を除いた5神のマリのおける祭儀の歴史は，いずれもウル第三王朝時代あるいはそれ以前にまで遡る[33]。またBグループには，西方セム系の神が全く含まれていない点にも注目しておきたい。

Bグループとは正反対の特徴を持つのがCグループである。Cグループの10神は，公的祭儀では全く無視されているか（エル神，アンヌ女神，ハンム神，エラハ神，リム神，アムム神，マンマ女神）軽視されている（シン神，イシュタル女神，およびイシュハラ女神）かのどちらかである。ところが，民間のパンテオンを反映すると考えられる神名を含む人名には，いずれも頻繁に現れ，これら10神の民間信仰のおける重要性を証拠立てている。公的パンテオンにおけるシン神やイシュハラ女神の役割については，「パンテオン・リスト」以外ではほとんど言及されないので良いとして，イシュタル女神が僅か2匹の犠牲用羊しか支給されていないということは，意外に感じられる。イシュタル女神はマリ文書中でしばしば言及されおり，その犠牲祭[34] は，ネルガル神のワゴンの犠牲の祭[35] と並んでマリの二大祭であったからである[36]。Cグループは全体

32）ここで問題になっている Dīr は，マリから南に約15～20km下ったところに位置していたと思われる（Birot, M. 1972, 135-36）。

33）Edzard 1967, 69-70.

34）*enūma nīq Ištar*（ARM IX 131:12; ARM XI 2:6; ARM XII 267;4; 271:4; *Syria* 19, 1938, p. 117, 22-26 行）.

35）*nīqum ša* GIŠ.MAR.GÌD.DA（*ereqqim*）（ARM V 25:5-18; ARM VII 28, 29; ARM IX 209; ARM XII, 272, 274, 275）.

36）マリ文書から知られる限り，会食を伴う大祭が三つあった。その中，Dīrītum 女神

として公的パンテオンと民間のパンテオンに明らかな違いがあることを，Bグループとは逆の意味で，示している。

さらに注目すべきことは，Cグループの10神の中に，西方セム系の神々が，ハンム神，エラハ神，リム神およびアムム神と，4神も含まれていることである。これら4神は，古バビロニア時代になって初めてマリに登場した神々である。また，これら西方セム系の神名を含む人名は，ほとんどすべてアムル語[37]系の人名である。

アンヌ，イシュハラおよびマンマは，同じCグループのイシュタル女神と同様女神である。イシュタル女神は男性名にも女性名におけると同程度頻繁に現れるが，アンヌ女神，イシュハラ女神それにマンマ女神は，主として女性名に現れることは既に触れた通りである。女性社会が，公的機関の伝える伝承とはもちろん，男性社会のそれともやや違った伝承を持っていたのではないかということは十分考えられることであるが，もしそんな見方が当っているならば，マリにおける女性社会の伝承の一端がCグループにも反映されていると考えることができるかもしれない。

公的パンテオンに属しながら，本検討で取り上げられなかった神々，すなわち，犠牲用の羊を1匹ないしは2匹しか支給されなかった神々で，しかも民間信仰の対象としてもほとんど知られていなかった神々の内，シャマシュ・シャ・シャメー神，ベーレト・アガディ女神，マーラト・アルティム女神，イシュタル・シャ・エカリム女神，ニンカルラク女神およびベーレト・ビツァーリ女神の6神（最初の神を除いた5神は女神）は，マリの人名に全く現れない。しかも，マリ文書中では，「パンテオン・リスト」がそれら6神の唯一の言及個所であり，マリ文書以外ででも全く，またはほとんど知られていないため，マ

の祭り（の少なくとも主要行事）は，ディールで行われたと考えられるので，マリの二大祭は，上記のイシュタルとネルガルの祭りであった（Birot, M. 1960, 350; 1964, 24）。

37）　アムル語の文献は現在のところ知られておらず，従ってアムル語については，アムル語系と考えられる人名からわずかに知られるのみである。アムル語系人名についての研究としては，Huffmon, H. B. 1965が最も詳しい。

リの公的パンテオンと民間のパンテオンの異同を論じるに当って，これらの神々を余り重視することは妥当でないと考える。

残りの6神，すなわちイギ・クル神 (2)，ナンニ／ナンナ女神 (9)，ハナト女神 (7)，ヌムシュダ神 (3)，キシートゥム女神 (3)，およびヒシャミートゥム女神 (0)（カッコ内の数はそれぞれを含む人名の種類の数）は，「パンテオン・リスト」以外ででも言及されており，ヒシャミートゥム女神を除く5神は，すべてマリの人名に現れる。従って，この5神は，両パンテオンにおいてほぼ同程度の扱いを受けたのではないかと思われる。

なお，一言付けくわえると，公的パンテオン中の25神の中，西方セム系の神はハナト女神だけである。

人名に現れる神々の中，頻度の点でCグループに続くものは，アドム女神，カッカ女神，マリク神，ナンナ神，イシャル，ナッシ，ナンナ／ナンニ女神，サリム神などである。これらの中，シュメール系の月神ナンナを除けば，マリ文書以外でほとんど知られていない神々である。アドム女神とナンナ／ナンニ女神およびカッカ女神を含む人名の半数以上は女性名である。アドム女神とマリク神を含む人名にはアムル語系のものが多い。月神ナンナを含む人名は，ほとんどがシュメール語系の名前である。

頻度の点で，この後に続く神々には，エプフ神，ハナト女神，バアル神，エシュフ神など，西方セム系の神々がある。ここに挙げたエプフ神以下の4神は，先のハンム神，エラハ神，リム神およびアムム神ほどではないが，いずれも6～7種類の人名に現れ，民間では多少の人気を有していたと思われる。

6　結　　論

結論を述べよう。Aグループに関する限り，両パンテオンには完全な一致が見られる。同じことが，補足的にではあるが，イギ・クル神，ナンニ／ナンナ女神，ハナト女神，ヌムシュダ神，キシートゥム女神の5神についても言える。しかし，両パンテオンの違いも明瞭で，BとCの両グループがこのことを示している。

歴史的に見た場合，AグループとBグループは，ウル第三王朝時代から古バビロニア時代にかけてのマリの歴史的連続性を示し，特にBグループは，公的祭儀がウル第三王朝時代以来の伝統を継承しようとしていたことを示すと思われる。なお，Bグループには，西方セム系の神は含まれていない。

他方，Cグループの西方セム系の4神，および人名に現れる頻度ではこの4神にやや劣るが同じ西方セム系のエプフ神，ハナト女神，バアル神，エシュフ神などは，古バビロニア時代に初めてマリで知られるようになった神々で，ウル第三王朝時代と古バビロニア時代の間には，マリにある種の変化があったことを示している。この「矛盾」は，古バビロニア時代のマリの人口が，主としてサルゴン時代から居住するアッカド人と，古バビロニア時代に新しく移住してきたと思われるアムル人からなっていたことで説明可能である。この二重構造は，人名に極めて頻繁に現れるシャマシュやエアと，アモリ語系人名に相当頻繁に現れるダガンやアッドゥと言った別があることにも反映されていると思う。

マリ人口の二重性を示しているものとして最も興味深い史料は，以下に引用するバフディ・リムの手紙である。バフディ・リムは，その主君ジムリ・リム王宛の手紙で次にように助言している。

> どうかわが主よ，ご自身の王威を大切になさいますように。あなた様はハナ人の王であらせられるのはもちろんですが，同時にアッカド人の王でもあらせられるのです。どうかあなた様は馬にはお乗りにならないで，ラバに牽かれる車にお乗りになって，ご自身の王威を大切になさいますように。(ARM VI 76:19-25)

ハナ人はアムル人の一部族であるが，ここではアムル人一般を指すものと解して差し支えないと思う。

最後に，公的パンテオンでは重視されていないが民間のパンテオンで重視されている神々にアンヌ女神，イシュハラ女神，マンマ女神，アドム女神など，女性名に頻繁に現れる女神がかなり含まれていることにも注目しておきたい。

第12章
古バビロニア時代マリの家畜支出記録に見るマリの公的パンテオン

1　家畜支出記録とは

1983年から1984年にかけて，古バビロニア時代の都市国家マリの家畜支出記録が136点出版され[1)]，同時代のマリの公的パンテオンに関して新しい議論を引き起こすことになった。これらの家畜支出記録は，ほとんどの場合アスクドゥムの印章が押印されていることから[2)]，それらを出版したデュランによって「アスクドゥム文書」[3)]，またラフォンによって「アスクドゥム押印文書」[4)]と呼ばれている。

これら136点の文書には，年名の記載はないが，月日に関しては，いずれも，第IX月，すなわちリリアートゥム Lilliātum（現在の11/12月）の24日から第XII月，すなわちエブールム Ebūrum（現在の2/3月）の13日までの間の日付が付されている。デュランやラフォンは，これらの文書の均質性に鑑み，すべ

1）Durand, J.-M. 1983a（ARM XXI), Nos. 17–55（ただし45番は欠番）; Bardet, G. 1984（ARM XXIII), 60; Lafont, B. 1984（ARM XXIII), Nos. 246–334; Soubeyran, D. 1984（ARM XXIII), 496–503.

2）押印されているアスクドゥムの印章には，「ダガン神に任命された者，ジムリ・リムの僕，内臓占師（*zi-im-ri-li-im/ ša-ki-in* ^{d}*da-gan/ às-qú-du-um/* MÁŠ.ŠUGÍD.GÍD）と銘文が刻まれている。印章押印を欠くのは，ARM XXI 17と30。ARM XXIII 272, 273および334には別人の印章が押されている。

3）Durand, J.-M. 1983a, 20.

4）Lafont, B. 1984a, 231.

て同一年に作成されたものと考えている[5)]。そして，今のところこれに積極的に反論する理由はない。

これらの家畜支出記録に見られる家畜の支出目的は，(1) 王の食卓用（*paššur šarrim*），(2) 内臓占い用（*nēpišti mār bārê*），(3) 特定の神への犠牲用（SÍSKUR.RE *ana* DN），(4) いろいろな儀礼用，(5) 王族，高官，外国の使節等への贈物用などである。実際には，これらのうちの１つまたは２つ以上の目的のための家畜の支出が１つの文書内に一緒に記載されていることが多い。

さて，先に，これらの家畜支出記録の出版がマリの公的パンテオンに関して新しい議論を引き起こすことになったと述べたが，その理由の第１は，これらの文書の多くに特定の神に捧げる犠牲用の家畜の支出が記録されていることである。理由の第２は，所謂「パンテオン・リスト」[6)] もこれらの家畜支出記録の１つとして改めて見直さなければならなくなったことである。本小論では，デュラン，ラフォンあるいはランバートとは違って，都市マリにおいて特定の神にたいして犠牲獣が支出されたことを記す家畜支出記録に限定して，そこに見られる同市のジムリ・リム時代における公的パンテオンについて検討するとともに，「パンテオン・リスト」と犠牲獣の支出を記す家畜支出記録との間に見られる微妙な違いにも注目したい。

2　家畜支出記録と公的パンテオン

公的パンテオンとの関連で，アスクドゥムの印章が押印されている家畜支出文書に最初に注目したのはデュランであった。デュランは，他に約 90 点の同種の未刊文書が存在していることに触れてはいるものの[7)]，彼が実際に分析・検討の対象としたのは，彼自身が出版した 38 点（ARM XXI 7-55，ただし ARM XXI 45 は欠番）の家畜支出記録であった。デュランはこれらの家畜支出記録の

5） Durand 1983a, 16; Lafont, B. 1984a, 236. Cf. Lambert, W. G. 1985, 526.

6） Dossin 1950, 41-50.

7） Durand 1983a, 16, n. 1.

内，特に犠牲のための家畜支出の分析・検討の結果，次のような点を指摘している。すなわち，これらの記録には，(1) 王宮以外のことについての言及がなく，従ってそこに見られる家畜の支出は王宮内部用であった。(2) このことは家畜支出記録にアッドゥ・ドゥーリや他の女官達（GÉME.MEŠ LUGAL）が行う犠牲用の家畜が含まれていることによって裏付けられる。(3) そう考えれば，政治的性格を持った神々（divinités politiques）が重きをなしておらず，逆にベーレト・エカリムやイシュタルを初めとする女神がしばしば言及されていることが納得される。(4) 従って，これらの犠牲用家畜支出記録に反映されている祭儀はマリ王宮のハレムの女性達のそれである[8]。

デュランが1983年に分析・検討した文書は，136（「パンテオン・リスト」を入れれば137）の家畜支出記録のうちの30％弱の38文書に限られているために，その翌年，主にラフォンによって出版された残りの98文書をも考察の対象とすることによって，デュランの分析結果は，当然のことながら，修正されることになった。

家畜の支出記録には，「まとめ」が付されていて，例えば，「合計10匹の小家畜。死亡しているもの。マリにおいて。リリアートゥムの月の28日」（ARM XXI 18:10–14）のように家畜の支出場所が明記されている。そして，このように明記されている支出場所には，マリの他，シェフルム，ヒシャムタ，テルカ，ディール，ツプルムおよびビート・ダガン等があり，ラフォンが既に述べているように[9]，デュランの指摘の (1) と (4) は成り立たない。さらに付言すれば，これらの土地における犠牲獣の支出はそれぞれの土地のローカル・パンテオンを反映したものと考えるべきであろう（この点については後述する）。

デュランの指摘の (2) については，確かにこれらの家畜支出記録には王母アッドゥ・ドゥーリ（ARM XXI 18, 27, 43; ARM XXIII 248［他に情報がない］, ARM 277, 279, 282, 283），王の女官達（ARM XXI 19; ARM XXIII 252, 290）および王の姉妹（ARM XXIII 252）の犠牲奉献のためにマリにおいて家畜の支出が行われたこと

8) Durand 1983a, 17–18.
9) Lafont 1984a, 245.

が記録されているが，どの神／女神への犠牲か明記されていない支出記録（ARM XXI 18:8-9; 19:5-6; ARM XXIII 248:1-4, ARM 252:8-9; ARM 277:5-7, ARM 282:1-3; ARM 290:9-11）があるため，この部分の情報はパンテオンの検討には利用できない（ただし，他の部分の情報には利用できるものもある）。また通常は特定の神／女神への家畜の支出が記録されるだけで，犠牲奉納に関わる人物の名は記されていないにもかかわらず，ARM XXI 27:1-5; 43:1-5, ARM XXIII 279:1-4; 283:5-7では例外的にアッドゥ・ドゥーリの名前が記されている。これらの情報は，デュランが考えるように，ハレム内の宗教行事に関係があったかもしれず，王都マリの公的パンテオンの解明には利用しない方が賢明と思われる。

家畜支出記録では，男神に言及されておらず，逆にベーレト・エカリムとイシュタル両女神を筆頭とする女神達が犠牲の受け手として頻繁に登場するというデュランの指摘の（3）は，136の家畜支出記録が公刊されている現在においては支持できない。男神であるダガンやイトゥール・メールなどは，犠牲獣が支出された頻度の点ではともかくとして犠牲獣の数量の点では，ベーレト・エカリムとニンフルサッガ両女神に次いで目立つ存在であるばかりでなく，男神ネルガルもイシュタル女神とアンヌニートゥム女神に次いで犠牲用家畜の支出回数および頭数の点で上位7神の中に入っている。従って，これら家畜支出記録に反映されているパンテオンをマリ王宮のハレムの女性達の祭儀の対象となった神々（主に女神）であるとするデュランの指摘の（3）は根拠を欠く。

ラフォンは，これに対して，犠牲獣の支出記録に現れる神々は，テルカからディールまでの，すなわち当時のマリの支配領域全体の公的パンテオンを反映するものと考えているかのごとくであるが，ラフォンは，これとデュランの主張する王宮の祭儀は互いに矛盾するものではないと考える。そしてその理由として，マリ王国の1年のリズムが一連の祭りや儀礼によってでき上がっていくのは，王宮のイニシアティヴによるからであると述べる。従って，ラフォンの立場は，彼自身が認めているように，ドサンとデュランの立場を折衷したものである（Lafont 1984a, 245-246）。

一方，W. G. ランバートは，これらの家畜支出記録が「あらゆる不確定要素にもかかわらず，おそらく（very probably）マリのパンテオン，すなわちジムリ・リムの行政組織によって維持されているマリとその支配領域のすべての神々を示していると考えてよいと思う」（Lambert, W. G. 1985, 528）と述べている。われわれが目指すのもマリとその支配領域内のいくつかの土地のパンテオンを明らかにすることであるが，その手順においては以下に示すようにランバートとは異にするところがある。

3　犠牲用家畜の支出場所

ところで，136点の家畜支出記録のうち犠牲のための家畜支出を記録したものは48点であるが，この中には特定の神名を挙げず，ただ「神々の犠牲のため」として家畜支出を記録したものが2点（ARM XXIII 287およびARM 328）と神名が読めないものが1点（ARM XXIII 262）ある。また，ARM XXI 27には「ニンフルサッガ女神へのアッドゥ・ドゥーリの犠牲用」，ARM XXI 43には「ベーレト・エカリム女神へのアッドゥ・ドゥーリの犠牲用」，またARM XXIII 279には「ハナト女神へのアッドゥ・ドゥーリの犠牲用」，さらにまたARM XXIII 283には「ナンナ女神へのアッドゥ・ドゥーリの犠牲用」と，他の犠牲用家畜支出記録にはないアッドゥ・ドゥーリの名前が書き加えられているので，上で述べた理由で，この4点も除外すると，パンテオンの研究に実際に利用しうる家畜支出記録は41点である。

われわれは，これらの家畜支出記録に明記されている家畜の支出場所にもう少し注意を払い，シェフルム，ヒシャムタ，テルカ，ディール，ツプルムおよびビート・ダガンでの犠牲用家畜支出を記録した16点の文書に限定して，そこに見られる神々と犠牲獣支出の関係を見てみたい[10)]。なぜなら，都市マリ以

10)　ランバートは，家畜支出記録に記載されている *ina* GNを，ラフォンのように「GN（地名）」において支出された」の意味に取らず，「GNから供給された」と理解している。すなわち，この句は，家畜が犠牲用として支出された場所を示すのではなく，犠牲用として支出された家畜がどこの家畜供給所からきたものかを記録したもので

表1　マリの犠牲用家畜支出一覧

Nakata 1991, 256-257 より転載

ARMT / Date / Deity	Panth List	XXI 18	XXIII 249	XXI 19	XXIII 255	XXI 21	XXI 22	XXI 24	XXI 26	XXIII 279	XXI 29	XXI 33	XXIII 283	XXIII 284
Date	IX 27	28	X 1	4	7	18	19	23	26	27	30	XI 3	5	6
Bēlet-ekallim	6U	5UN		2UN	6UN 1UN	5UN	2UN	2UN	2UN 2MG				4UN	
Ninḫursagga	6U						2UN					2UN	1U	
Itūr-Mēr	6U				6UN		2UN							
Ištar	2U	2U		1U					2UN		1U		6UN	
Annunītum	6U					5UN		2UN				2UN	1U	
Dagan	6U						2U						1U	5UN 1UN
Nergal	6U	1MG	[6UN]			1UN							4UN	
Addu	6U													
Šamaš	6U						6UG 3U							
Dīrītum	7U							2MG 2UN		1UN		3UN		
Ištar-ša-ekallim	1U													
Kišītum	2U													
Bēlet-bīri														
Sîn	2U													
Bēlet-Akkadi	2U													
Ḫibirtum														
Dumuzi												1U		
Ḫanat	2U				2UN									
Ištartum														
Nanni	2U													
Mārat-altim/-iltim	2U							1UN						
Ṣirpum					1UN									
Abba														
Addu-ša-Ḫalab														
Baliḫ			1U											
Bēlet-ḫiṣāri	1U													
Ea	6U													
Ḫišamitum	2U													
IGI.KUR	2U													
Išḫara	1U													
Ninkarrak	1U													
Numušda	2U													
Šamaš-ša-šamê	2U													

Ua = UDU a-lum? = 羊
U = UDU = 羊・山羊
UN = UDU.NITA$_2$ = 雄羊
AG = ÁS.GÀR = メスの仔山羊
UG = UDU.GUKKAL = 脂肪尾羊
S = SILA$_4$ = 仔羊
MÁŠ.GAL = 雄山羊

XXI 34	XXIII 289	XXIII 290	XXI 39	XXIII 295	XXIII 299	XXIII 312	XXIII 318	XXIII 60	XXI 48	XXI 50	XXIII 323	XXIII 325	XXIII 330	Total Frequency	Total Number
7	9	12	13	14	16	23	26	29	30	XII 6	7	8	13		
			4UN			3UN				5UN				11	43
	2UN 2UG					3UN	3UN	4UN				2UN		8	21
				1UN			3UN						5UN 1UG	5	18
									2AG	2UN		1UN		8	17
		5UN			1UN				1UN					7	17
							3UN	4UN						5	16
														4	12
									12UN					1	12
									1UN					2	10
														3	8
			1UN			3UN								2	4
											1UN	3UN		2	4
4UN														1	4
		2S						1UN						2	3
												3UN		1	3
3UN														1	3
		1S												2	2
														1	2
	1UN 1UG													1	2
									1U					1	1
														1	1
														1	1
											1UN			1	1
									1U					1	1
														1	1
														0	0
														0	0
														0	0
														0	0
														0	0
														0	0
														0	0
														0	0

表2 マリ以外の地における犠牲用家畜の支出

Nakata 1991, 258 より転載

Locality	Šeḫrum			Ḫišamta		Terqa			Dīr			Ṣuprum			Bīt-Dagan ša Ṣubātim	
ARMT	XXI 17	XXIII 246	XXIII 274	XXI 20	XXIII 266	XXIII 263	XXIII 264	XXIII 265	XXIII 298	XXIII 303	XXI 41	XXIII 269	XXI 23	XXIII 319	XXIII 320	XXIII 334
Deity / Date	IX 24	26	X 22	X 7	14	X 12	13	14	XI 15	16	18	X 17	20	XII 4	XII 5	X ?
Bēlet-ekallim									2UN							
Ninḫursagga					2U		3U								2UN	2UN
Annunītum		6UN	1UG				2[u]							4UN		
Dagan					2UN		6UN								4UN	2UN
Nergal							2MG					1UN	2UN	2UN 1UN		
Addu	3UN			1UN							1S	1U	6UN			
Šamaš						1UN	1[U]	1UN		6UN						
Dirītum							XU		1UN 1U	10UN	8UN					
Bēlet-Bīri							2[U]							1UN		
Sîn										1UN						
Baḫ											1U					
Dumuzi							2U									
Išartum							2U						2U			
Nanni																
Mārat altim/iltim					1UN											
Baliḫ	1UN															
Ḫišamītum				2UN	2UN		2U									
Ḫumṣum(?)														1UN		
Ištar-bišra												1UN	2UN	1UN		1AG
Ullanum			3Ua 2UG 1UN											1UN		
Yakrub-El					2U		XU									

Ua = UDU a-lum? = 羊
U = UDU = 羊・山羊
UN = UDU.NITA$_2$ = 雄羊
AG = ÁS.GÀR = メスの仔山羊
UG = UDU.GUKKAL = 脂肪尾羊
S = SILA$_4$ = 仔羊
MÁŠ.GAL = 雄山羊

外の地における犠牲用家畜支出記録は，それらの土地のローカル・パンテオンを反映している可能性が高いからである。例えば，ヒシャムタでの犠牲獣の支出の中にはその土地の女神として知られるヒシャミートゥム[11)]が，またディールでの犠牲獣の支出にはその土地の女神ディリートゥムが，さらにまたテルカでの犠牲獣の支出にはダガンのほかにテルカの守護神であるイクルブ・エル[12)]が，それぞれ含まれていることを考えれば，そのことは明らかであろう。逆にまた，都市マリ以外の土地での犠牲獣の支出を記録する文書が16点あるにもかかわらず，都市マリの守護神イトゥール・メールに対する犠牲獣の支出を記録する文書が1点もないことや，ベーレト・エカリムに対する犠牲獣の支出を記録する文書が僅か1点のみという事実にも注目してよい（表2）。

都市マリにおける犠牲獣支出を記録する27文書（上記パンテオンの検討に利用できる41文書からマリ以外の町での犠牲獣支出記録16点を除外した残りの文書）に登場する神々は25神である。これらの家畜支出記録は，リリアートゥムの月（IX月）の28日からエブールムの月（第XII月）の13日までのものに限られており，例えば重要な祭事が行われたと思われる第7の月（キヌーヌム）[13)]，第8の

あるとする。従って，言及されている町で犠牲が執り行われたのではないというのがランバートの立場である（Lambert, W. G. 1985, 527-528）。ランバートはこの立場から，「マリとその地区」のパンテオンを論ずるのに，地名表示の如何にかかわらず犠牲獣の支出を記録したすべての家畜支出記録を利用している。なお，表1の神名は犠牲用家畜の総支出量の順に並んでいる。またアッドゥ・ドゥーリが行った特定の神への犠牲のための家畜支出は考慮外とした。さらに付言すると，第9月27日の犠牲獣支出は，所謂「パンテオン・リスト」に見られるものである。

11）　マリでの犠牲獣支出記録には同女神は登場しない。

12）　この神に対する犠牲獣の支出記録は，テルカにおける支出記録であるARM XXIII 264とヒシャムタ（この町はテルカ地区にあった）での家畜支出記録であるARM XIII 266に限られている。なお，イクルブ・エルについては参考文献中のNakata 1975（本論集第15章）を参照していただきたい。

13）　キヌーヌムの8日にベーレト・エカリム女神が0.5リットルの上質油を受け取っており，同女神に関わる何らかの祭事があったことを示唆する。ボテロは，マリでのキヌーヌムの祭りがベーレト・エカリムを中心としたものではなかったかとしている（Bottéro 1957, p.199）。

月（ダガン）[14] および第9の月（リリアートゥム）[15] の大部分等を含む暦年の他の時期については何も教えてくれないばかりでなく，記録の残っている期間内での犠牲獣支出の頻度と犠牲獣の数が具体的に何を意味するのかについても明確でない今，マリにおける犠牲獣の支出一覧表を分析してもどれほどの意味があるか疑問であるが，仮に支出された犠牲獣の総数の多い順[16] に神々の名を挙げると[17]，次のようになる（カッコ内は犠牲獣の支出総回数および犠牲獣の支出総数）。

まずベーレト・エカリム女神が群を抜いている（11回，43匹）。次はニンフルサッガ女神（8回，21匹）で，三番目がイトゥール・メール神（5回，18匹），イシュタル女神（8回，17匹），アヌニートゥム女神（7回，17匹），およびダガン神（5回，16匹）の4神であろうか。イシュタルとアヌニートゥムは頻度の点では上であるが，支出された犠牲獣の数ではイトゥール・メール神およびダガン神とほとんど同じである。4番目はネルガル神（4回，12匹），アッドゥ神（1回，12匹）シャマシュ神（2回，10匹）とディリートゥム女神（3回，8匹）である。シャマシュ神とアッドゥ神は，頻度は2回か1回と少ないが，支出された犠牲獣の総数はそれぞれ10匹および12匹と多い。あとの神々は2回か1回で，支出された犠牲獣の数も4匹以下と少ない。

4 支出された犠牲獣の数が意味するもの

ここで見方を変え1回あたりの犠牲獣の数（平均）で見るとどうだろうか。

14） ダガンの月には神ダガンに関わる何らかの祭事があったと思われる。

15） リリアートゥムの月にはマリの2大祭といわれるイシュタルの犠牲祭とネルガル神のワゴン祭（ARM VII 28:4; 29:5; IX 209:13; 212 v 4）が行われた。

16） 犠牲獣の支出回数を考慮に入れても，アッドゥとシャマシュの両神を別にすれば，大勢に変わりはない。

17） 犠牲獣として神々に捧げられたものが，ランバートの言うように（Lambert, W. G. 1985, 528），結局は当該神殿の祭司団によって消費されたとすれば，犠牲獣の支給量は神殿の祭司団の大きさ（＝神殿の重要性）に相応するものと思われる。

この場合，逆にアッドゥ神が12匹で第1位，シャマシュ神が5匹で第2位，ベーレト・エカリム女神が3.9匹で第3位，イトゥール・メール神が3.6匹で第4位，ダガン神とネルガル神がそれぞれ3.2匹と3匹で第5位，ニンフルサッガ女神とディリートゥム女神が2.6匹で第6位，アヌニートゥム女神が2.4匹で第7位，イシュタル女神が2.1匹で第8位となり，さきほどの犠牲獣総支出回数と支出総計の2点で見た場合とは，順位がかなり違ってくることがわかる。ただ，アッドゥ神とシャマシュ神に対する犠牲用の家畜の支出を記す記録が絶対的に少ないので，マリ市の公的パンテオンにおける両神の位置づけに関しては，なお慎重でなければならない[18]。いずれにしても，ベーレト・エカリム女神からディリートゥム女神までの合計10神は，われわれが問題にしている家畜支出記録以外からもマリ市におけるその祭儀の存在が知られていた主な神々[19]をほぼ網羅しているとは言える。

5　神々の序列

これらの家畜支出記録において，複数の神々に対する犠牲獣の支出が同一文書に記録される場合，神々の名前が一定の順序に従って出てくるのかどうか気になるところであるが，ここで特に問題にしている27文書すべてに通ずるような記載順序があったとは考えがたい。ただ，部分的には，次のような相対的順序は観察しうる（表1を参照）。

(a) ダガン神→ニンフルサッガ女神→イトゥール・メール神（ARM XXI 22; ARM XXIII 318）：ダガン神は複数の神々の名前が併記される場合，通常筆頭に

18)　シャマシュは，メソポタミアの神々の中では例外的に普遍的な崇拝の対象になっていた他，主にヤスマハ・アッドゥ時代のマリ文書に現れる。アッドゥは，上メソポタミア地方（シャムシ・アダドの支配領域）の最高神で，ユーフラテス川中流域の最高神ダガンと同格であったと思われるが，ジムリ・リム時代のマリ文書には余り言及されていないということは覚えておいてよい（中田1975, 1-11）。

19)　とりあえずは，Nakata 1974を参照していただきたい。

表3　神名の記載順序一覧

（ただし2神以上に対する犠牲獣支出が記載されている場合に限る）

ARM XXI	18	ベーレト・エカリム女神→イシュタル女神→ネルガル神
XXI	19	ベーレト・エカリム女神→イシュタル女神
XXI	21	ベーレト・エカリム女神→アンヌニートゥム女神→ネルガル神
XXI	22	シャマシュ神→ダガン神→ニンフルサッガ女神→イトゥール・メール神→ベーレト・エカリム女神→？
XXI	24	ベーレト・エカリム女神→ディリートゥム女神→アンヌニートゥム女神→マーラト・アルティム女神
XXI	26	ベーレト・エカリム女神→イシュタル女神
XXI	33	ディリートゥム女神→アンヌニートゥム女神→ニンフルサッガ女神→ドゥムジ神
XXI	34	ヒビルトゥム→ベーレット・ビリ女神
XXI	39	ベーレト・エカリム女神→イシュタル・シャ・エカリム女神
XXI	48	アンヌニートゥム女神→シャマシュ神→アッドゥ神→ナンニ女神→アッドゥ・シャ・ハラブ神
XXI	50	ベーレト・エカリム女神→イシュタル女神
XXIII	60	ダガン神→ニンフルサッガ女神→シン神
XXIII	249	ネルガル神→バリフ神
XXIII	255	イトゥール・メール神→ベーレト・エカリム女神→ツィルプム神？→ハナト女神
XXIII	283	ベーレト・エカリム女神→イシュタル女神→ダガン神→ニンフルサッガ女神→アンヌニートゥム女神
XXIII	289	ニンフルサッガ女神→イシャルトゥム女神
XXIII	290	アンヌニートゥム女神→ドゥムジ神→シン神
XXIII	312	ベーレト・エカリム女神→イシュタル・シャ・エカリム女神→ニンフルサッガ女神
XXIII	318	ダガン神→ニンフルサッガ女神→イトゥール・メール神
XXIII	323	アッバ神→キシートゥム女神
XXIII	325	ニンフルサッガ女神→キシートゥム→ベーレト・アッカディム

「パンテオン・リスト」の場合

ベーレト・エカリム女神→シャマシュ・シャ・シャメー神→イシュタル・シャ・エカリム女神→ダガン神→ニンフルサッガ女神→シャマシュ神→シン神→イトゥール・メール神→ディリートゥム女神→アンヌニートゥム女神→イギクル神→アッドゥ神→ナンニ女神→ハナト女神→ネルガル神→エア神→イシュタル女神→ベーレト・アガディ女神→ヌムシュダ神→キシートゥム女神→ヒシャミートゥム女神→マーラト・アルティム女神→ニンカルラク女神→イシュハラ女神→ベーレト・ヒツァーリ女神

来るが，ARM XXI 22では，シャマシュ神が先行している。ダガン神が筆頭に来ないという点では，ARM XXIII 283も同じであるが，この文書は1日に2度以上行われた家畜の支出記録を1つの文書にまとめ直したものであろうか。ARM XXIII 60では，ダガン神→ニンフルサッガ女神→シン神となっている。

(b) ベーレト・エカリム女神→イシュタル女神（→ネルガル神）(ARM XXI 18, 19, 26, 50; ARM XXIII 283)：ベーレト・エカリム女神は，他の女神と併記される場合，筆頭に来るのが常のようである。従って，ディリートゥム女神 (ARM XXI 24) であれアンヌニートゥム女神 (ARM XXI 21) であれイシュタル・シャ・エカリム女神 (ARM XXI 39; ARM XXIII 312) であれ，ベーレト・エカリム女神と並んで記されるときは，常にベーレト・エカリム女神の後に記される。

(c) イトゥール・メール神→ベーレト・エカリム女神 (ARM XXI 22; ARM XXIII 255)：これら二神が併記される場合の順序は，有名なシブトゥの手紙ARM X 4:31-34にダガン神，アッドゥ神，イトゥール・メール神およびベーレト・エカリム女神が併記されている順序と同じであることに注目しておきたい（中田 1975, 4-5; 本論集 426-427 頁)。

以上要するに，特定の2神あるいは3神の間では相対的な記載順序があった可能性は十分あるが，ダガン神からネルガル神まで一貫した記載順序があったかどうかについては，判断材料がなお不十分というべきであろう。

6　家畜支出記録と「パンテオン・リスト」

136点の家畜支出記録の出版によって，王都マリの公的パンテオンに関して新しい議論が引き起こされるようになったもう1つの理由は，先にも述べたように，所謂「パンテオン・リスト」もこれらの家畜支出記録の1つとして改めて見直さなければならなくなったことである。ドサンが1950年にこの文書を出版した時は，今われわれが問題にしている家畜支出記録は知られておらず，マリの公的パンテオンを示す貴重な文書としてこれを「パンテオン・リスト」

とよんだことは，あながち的外れであったとは言いがたいが，現時点から振り返れば，ドサンの与えた名称はやはり不適切であったと言わざるを得ない[20)]。

ところで，デュランもラフォンも，「パンテオン・リスト」と家畜支出記録との類似性を強調するあまり，両者の間に存在する微妙な違いに注意を払っていない。もちろん，デュランが最初に，次いでラフォンが，「パンテオン・リスト」を家畜支出記録として理解し，これをアスクドゥムの印章が押印された家畜支出記録との関連でとらえ直したことは正しい。しかし，「パンテオン・リスト」とこれらの家畜支出記録の間にある次のような微妙な違いは，「パンテオン・リスト」の扱いになお慎重でなければならないことを示している。

(1)「パンテオン・リスト」の最初の 2 行に *a-na* SÍSKUR.RE *a-na* DN（某神に対する犠牲のため）とあるが，家畜支出記録では SÍSKUR.RE の前に前置詞 *a-na*（ため）が置かれていない。

(2)「パンテオン・リスト」では，家畜は UDU（羊または山羊などの小家畜）と表示されているだけであるが，家畜支出記録では UDU.NÍTA（雄羊），MÁŠ.GAL（雄山羊），UDU.GUKKAL（脂肪尾羊），$SILA_4$（子羊），Á.Š.GÀR（雌の子山羊）など，詳細に記録されているのが普通である。

(3) 家畜支出記録には，UŠ.MA（死んでいる）／ZI.GA（生きている）の区別がなされているが，「パンテオン・リスト」にはその区別はない。

(4)「パンテオン・リスト」では，神々に対する犠牲のための 87 匹の小家畜（UDU.ḪI.A）の支出のみが記録されているが，家畜支出記録では，犠牲獣以外のために支出された家畜も同一文書に記録されていることが多い。

(5)「パンテオン・リスト」では，奥付けで「全神殿の（*ša sí-ḫi-ir-ti* É.DINGIR.MEŠ）と書かれているが，このような表現は家畜支出記録には出て来ない[21)]。

---

20) われわれも，以前，古バビロニア時代マリの公的祭儀の対象となった神々（パンテオン）と一般民衆の信仰の対象となった神々（パンテオン）の比較を試みた際，マリ文書により何らかの祭儀が存在したことが知られている神々がほとんどこの「パンテオン・リスト」に含まれていることを確認した上でのことではあったが，マリの公的パンテオンを示すものとしてドサンの出版した「パンテオン・リスト」を利用した（中田 1976）。

(6) 犠牲獣支出を記録したマリにおける家畜支出記録に見られる神名併記の際の一応の規則性も「パンテオン・リスト」に当てはめるのは困難である。

最後に，マリにおける犠牲獣の支出を記した家畜支出記録に見られる神々は，エア神を除いて，家畜支出記録においても支出頻度と犠牲獣の支出総数との点で，比較的重視されていたと言える（ただし，程度の差はかなりある）。しかし，「パンテオン・リスト」には登場するが，マリにおける家畜支出記録には登場しないベーレト・ヒツァリ女神，エア神，ヒシャミートゥム女神，イギクル神，イシュハラ女神，ニンカルラク女神，ヌムシュダ神，およびシャマシュ・シャ・シャメー神，逆に「パンテオン・リスト」には登場しないが家畜支出記録に登場するドゥムジ神，ツィルプム神（？），アッバ神，アレッポのアッドゥ神，バリフ神，ベーレト・ビリ女神，ヒビルトゥム女神，およびイシャルトゥム女神等もあり，問題は残る。

21) *siḫirtu*(*m*) の意味については，研究者の間に通説がない。CAD S, p. 236a は entirety, AHw, p. 1040 は Umkreis, Umgebung, Gesamtheit などの訳語を与え，「パンテオン・リスト」の当該個所は，Gesamtbereich の意味における用例として引用している。ラフォンは，「パンテオン・リスト」にはなくてマリにおける犠牲獣支出を記した家畜支出記録に言及されている神々があることから，*siḫirtu*(*m*) が「すべて」の意味ではあり得ないとし，ジムリ・リムの王宮の「一連の」ニッチ（奥室）と礼拝室を意味するのではないかと推測する（ラフォンはそこで犠牲が捧げられたと見る)。彼はまた王宮の「ナツメヤシの中庭」に通じる一角を意味する *saḫiru*(*m*) と関連させて理解しようとするデュランの意見を紹介している（Lafont 1984, p. 244)。ただし，ランバートがラフォンやデュランのように考えることは不可能であるとしている（Lambert, W. G. 1985, 528)。そして，ランバート自身は，*siḫirtu*(*m*) という言葉の中に，例えば配達人が配達して回るときの「一周り」(round) またはその「ルート route」の意味があるのではないかとする（Lambert 1985, 525). ここでは，より説得性のある提案がなされるまでは *siḫirtu*(*m*) を「すべて」の意味に解しておきたい。

第13章
アンヌ，男神それとも女神？

はじめに

マリ出土文書にはアンヌ Annu という名の神が女性の人名の構成要素として頻繁に登場する。この論文の目的はアンヌ Annu について調べ，特にアンヌが女神なのか男神なのかを明らかにすることにある。

1　マリ文書中の女性人名に登場する神々

Annu[1] を含む人名の大多数は次の4つの文書に見いだされる。すなわち，ARM IX 291[2]，ARMT XIII 1[3]，TEM IV（Tablet C）[4] および *RA* 65, 1970,（B）[5]

1）Annu は，女性人名 Annun-ṣulūlī（アンヌは私の隠れ場所である）（ARM XXI 392:4），Annun-ummī（アンヌは私の母である）（ARM IX 7:5）および Annun-išḫa（アンヌは助け？である）（ARM XXII 63＋M.6825:30）に /n/（nunation）付で出てくる例があるが，/m/（mimation）付で出てくる例はない。

2）この文書はマリ王宮の Room 5 で発見された。文書の日付は残っていないが，同じ部屋で発見された他の文書と同様，この文書もジムリ・リム時代に年代付けされている（Birot, M. 1958, 9）。この粘土板文書には判読可能なものだけで 140 以上の女性の人名が記されており，「誰々の下女（*amat* PN）」，寡婦（*almattum*）あるいは「（神殿に）捧げられた女性（*qaššattum*）」等と付記されている。これらの女性は，出身地別にグループに分けられ，それぞれに小計が付されている。それによると，少なくとも 18 人のザッリ・ラビウム Zarri-Rabiyum の女性，128 人のヤイル Ya' il の女性，31 人のナラ Narâ の女性，7 人のティラジブ Tillazib の女性，24 人のニハディ Niḫadî

である。これら 4 つの史料には，読み取れるものだけで約 1,330 の女性名が記されており，女性人名研究の貴重な史料である。これらの女性人名うち，約 290 の女性人名に神名が含まれている。以下の表 1 は各文書の人名タイプに含まれている主な神名の登場回数を表にしたものである。

表 1 からいくつかのことが見て取ることができる。(1) 女性の人名タイプに含まれる神名アンヌは最も人気があった（ARM IX 291 および *RA* 65 [B]）か 2 番目に人気があった（ARM XIII 1 および TEM IV）。アンヌと比肩できるのはイシュタルのみで，イシュタル女神は ARM XIII 1 と TEM IV に登場する女性の人名では最も人気があり，ARM IX 291 と *RA* 65（B）に登場する女性の人名では 2 番目に人気があった。女性の人名タイプに選ばれる神名で 3 番目に人気があったのはダガン神とイシュハラ女神であった。この両神名に続いて 4 番目に人気のあったのは，エア神，カッカ女神，マンマ女神，シン神およびシャマシュ神であったが，これら 5 神の人気度を順位付けるのは難しい。(2) アンヌの人気は，ここで取り上げた 4 つの資料のどれかに偏ることなく，いずれの資料にお

の女性が記録されていたはずである。判読できる女性名のうち神名を含む女性名は 26 ある。

3) この文書は Room 115 で発見された人名リストで，リストされている人たちの多くは織物工房で働く女性達であった。G. ドサンは，これらの人々はジムリ・リムがアシュラッカ Ašlakkâ を征服した時の捕虜達であったと説明していた（ARM XIII 1 に関する G. Dossin の解説）。この人名リストには約 560 の人名が記されているが，そのうち 134 の人名に神名が含まれている。アシュラッカはハブル川上流の地名である。Kupper, J.-R. 1957, 9–10 参照。なお，ARM XIII 1 に関しては，藤本啓助 1992, 48–70 も参照。

4) この粘土板文書は Room 79 で発見されたもので，いろいろな女性職員への油の支給記録である。彼女達は神殿あるいは王宮に所属していた。判読できる女性名 169 の内，31 の人名に神名が含まれている。この文書を出版したのは M. Birot である（Birot, M. 1956, 57–72）。

5) この粘土板文書は Room 135 で発見された。作成年代はスム・ヤマム時代。この人名リストのほとんどの女性は機織り職人である。判読可能な人名 460 の内 99 の人名に神名が含まれている。スム・ヤマム治世の年代については Boyer, G. 1958, 183, n.2 および Dossin, G. 1970b, 18–19 を参照。

表1

	ARM IX 291	ARM XIII 1	TEM IV	*RA* 65 (B)
Annu	6	34	3	21
Ištar	3	35	6	11
Dagan	3	6	2	9
Išḫara	1	10	1	8
Ea	0	7	3	4
Sîn	0	8	1	4
Admu	0	7	1	3
Šamaš	0	6	3	2
Kakka	4	4	0	2
Nanna	1	5	1	3
Mamma	3	0	1	4

いても1位か2位の人気度があった。このことから，女性の人名におけるアンヌの人気は一地域に限られることなく，テルカとその周辺地域，アシュラッカおよびマリでも人気があったということである[6)]。(3) アンヌの人気は，シッパルのナディートゥム修道女[7)] にとってのアヤ女神（Aya）とは異なり，特定の職業や社会層に限られてはいなかったが，ARM XIII 1と*RA* 65 (B) に登場する女性達の多くは織物工房で働く女性達であった。これは織物工房で働く人達は通常女性達であったこと，またアンヌが女性の人名タイプに人気があったことに由来する。

神名アンヌが含まれる人名タイプはここで史料として取り上げている4つの文書に限られているわけではない。例えば，アンヌ・タ［レー］(Annu-ta[lê]) は，ARM VIII 67:2, 88:9によると，王宮で働く女性の1人であった。また，アンヌン・ウミ（Annun-ummī）[8)] は，ARM IX 7:5によるとビールの支給責任者で

6）注5を参照。

7）Harris, R. 1964, 116–117; Nakata 2016a, 255–269; Nakata 2016b, 45–64.

あった。さらに ARM IX 25:40//26:13′ によるとアンヌ・トゥクルティ（Annu-tukultī）は製粉工房で働く女性であった。

2　アンヌの名を含む人名

以下に列挙する人名タイプは本論文を出版した 1973 年ころまでに出版されたマリ文書から蒐集したアンヌを含む人名タイプのリストである[9)]。可能なものについては，それらの綴りと日本語訳を付しておく。アムル（アモリ）語名の訳に関してはホフモンの『マリ文書におけるアモリ語人名』（Hufmon, H. B. 1965）に従った。アッカド語人名の訳に関してはそれほど問題ないので，いくつかの例外を除いて，訳注は付していない。I，II，III などのローマ数字は ARM の巻数をあらわす。また TEM IV は M. Birot が出版した文書（注 4 を参照）を指す。

^{m}A-ba-Ann[u]：「アン［ヌ様］は父である」[10)]
AB ii 28[11)]（注 9）

Abī-Annim（*a-bi-an-nim*）：多分地名か？[12)]
II 58:6

---

8)　Biro†, M. によると，Annun-ummī は Annu-ummī の別綴りの可能性がある（Birot, M. 1979, 63）。

9)　この論文で使用した史料は ARM I-X; ARM VII 281-309; ARM XI-XIII およびそれ以外で出版された史料で，Huffmon, H. B. 1965, 274-277 にリストされている文書，および Dossin, G. 1970b, 17-44; Dossin, G., 1970a, 97-106; Dossin, G., 1971, 37-66（Tablet A=A.3562, Tablet B=A.3151）。（A.3562 および A.3151 にある人名はすべて J. -M. Aynard によって *RA* 65, 1971, p. 184-190 に集められている。）なお，Sasson, J. M. 1972b, 179 も参照。

10)　この人名に関する以下の説明を参照。

11)　この文書は Birot, M. 1955, 15-16 に出版されている。

12)　この人名に関する以下の説明を参照。

^{m}Ammīni-Annu：「どうしてですか，アンヌ様」[13)]

VII 180 ii 15'

Annu-amriya

RA 65, B iv 47

Annu-asîya：「アンヌ様は私の医者です」

XIII 1 ix 60

Annu-ašrī：「どうか食べ物を与えてください，アンヌ様」[14)]

VIII 1 49, 封筒

Annu-bāštī：「アンヌ様は私の誇り（威厳）である」

RA 65, B VII 27（cf. Sasson, *RA* 66, 179）

Annu-damqa：「アンヌ様は優しい」

XIII 1 x 51

Annu-dunnī：「アンヌ様は私の力である」

XIII 1 iii 37; *RA* 65, B vii 15（cf. Sasson, *RA* 66, 179）

Annu-gāmiltī：「アンヌ様は私を許してくださる方（女性）である」[15)]

13）Gröndahl, F. 1967, 99 の *Am-mi-ni-Da-gan* を参照。

14）Ašri-Enlil の名前の *ašri* は，Ranke, H. 1905, 222 が説明しているように，「世話をしてもらっている者」という意味の名詞ともとれる（ただし，以前 Ranke は *ašrī* を「私の聖所」と説明していた）。しかし，*ašrī* が人名の後半部分に使われている時は，アッカド語動詞 ašāru「食料を支給する」の女性命令形と解釈することも可能である。Stamm, J. J. 1939, 181 & 258。Huffmon, H. B. 1965, 173 および CAD A_2, p. 456 も参照。

15）*gamālu*（親切な行為を行う，許す）の分子の女性形に 1 人称単数の人称代名詞が

RA 65, B vii 65

An-nu-[ḫ]a-a-am：

XIII 1 ii 62

Annu-ḫannī：「アンヌ様は私の優しさである」

XIII 1 vii 38

Annu-ḫaṣ/znī：

XIII 1 vi 43

Annu-ḫitlal[16)]

RA 65, B iii 18

Annu-ipḫa：「アンヌ様は輝いている」

XIII 1 viii 29

Annu-išḫa：「アンヌ様は助けである」

XIII 1 v 46

Annu-kum：

XIII 1 vi 8

Annu-kutmī：

XIII 1 viii 77

ついたもの。

16)　AHw, S. 34, *alālu* III の I/2 で，喜びの歌を歌うの意。ここでは命令形か。

Annu-lamassī：「アンヌ様は私の守護天使（女性）である」

IX 24 iii 47

Annu-lamassitum：「アンヌ様は守護天使（女性）である」

RA 65, B ii 13

Annu-mana：

IX 27 v 35

Annu-napiḫ：「アンヌ様は輝かれる」

RA 65, B v 24

Annu-napi<š>tī：「アンヌ様は私の生命である」

XIII 1 vi 61

Ann[u]-nīrī：「アンヌ様は私の光である」

IX 291 iv 38'

Annu-puṭrī：「解放／許してください，アンヌ様」

RA 65, B i 19

Annu-[r]aḫmī：「アンヌ様は私の愛である」

XIII 1 iv 11（APNMT, 261）

Annu-rīmši：

IX 291 ii 34

Annu-ṣulūl[u]：「アンヌ様は護りである」

VII 185 ii 7'

An-nu?-ša-tum：
XIII 1 iv 46

[A]nnu-šimḫī：「アンヌ様は私の喜びである」
XIII 1 xiv 24

Annu taḫnum：
RA 65, B i 72

Annu-tal'ê：「アンヌ様は打ち勝たれた」
VIII 67:2

Annu-tappî：「アンヌ様は私の仲間である」
III 1 iii 36

Annu-tarām：「アンヌ様は愛してくださった」
XIII 1 ix 1

Annu-tarbi：「アンヌ様は偉大である」
XIII 1 xi 47

Annu-tasmaḫ：「アンヌ様はお聞きくださった」
TEM IV iv 6

Annu-tillatī：「アンヌ様は私の救援隊である」
XIII 1 x 2

An-nu-ti-ri：
IX 291 iii 11'

Annu-tukultī：「アンヌ様は私の頼りである」
IX 25:40

Annu-tunum：
RA 64, 17:4

mAnnu-ṭâb：「アンヌ様は好い」
VIII 35:7

Annu/Annun-ummī：「アンヌ様は私の母である」
IX 7:5

Annu-yapḫa：「アンヌ様は輝いておられる」
XIII 1 iv 3

Annu-yatra：「アンヌ様は優れておられる」
XIII 1 vi 53

mIddin-Annu：「アンヌ様は（息子を）与えてくださった」
VII 217:7

Rāḫa-Annum：「アンヌ様は羊飼いである？」
AB iv 51（*APNMT*, 260）

m/fṢillī-Annu：「アンヌ様は私の隠れ家（護り）である」

VII 180 iv' 36'（Huffmon 1965, 257）

3　アンヌは女神，それとも男神？

神名アンヌを含む人名タイプに使われている述語の多くは[17]，いろいろな神々に対しても使われているので，それらを検討してもマリ文書におけるアンヌ理解にどれほど役に立つか疑わしい。しかし，例外もあり，それらのいくつかはアンヌ理解に役立つと思われる。例えば，ummī（私の母）がその１つである。ummī は女性の人名タイプの中で最も頻用される DN(f)-*ummī*（某女神は私の母である）の述語として用いられている。この女性人名タイプの主語として出てくる神名には，アンヌ Annu，ベーレト・エカリム Bēlet-ekallim 女神，ディリートゥム Dīrītum 女神，イシュハラ Išḫara 女神，イシュタル Ištar 女神，キシートゥム Kišītum 女神，マミートゥム Mamītum 女神，ナール Nāru 女神，ニンガル Nīngal 女神，ニンフルサッガ Nīnḫursagga 女神，タブブ Tabubu 女神，およびウトゥ（／シャマシュ）^{d}UTU（Šamaš）神等がある。これらの神々を見れば，アンヌ，タブブおよびウトゥの３神以外はいずれも女神であることに気がつく。^{d}UTU はもともとシュメール語であるが，アッカド語の文献や人名では太陽神シャマシュを表す表語文字として使われる。しかし，J. J. M. ロバーツが指摘しているように，この表語文字で太陽女神を表している可能性もある[18]。ウガリトには太陽の女神がいたことは周知の通りだし[19]，ヒッタイトにおいても，^{d}UTU は太陽神エシュタン Eštan を指して使用される場合と太陽女神アリンナ Arinna を指して使用される場合があった[20]。また，中央アラビアおよび南アラビアでは，シャムス Šams は女神と考えられていた[21]。従って，^{d}U-

17）　*iddin, nīrī, ṣillī, lamassī, ḫannī, tillatī, ipḫa/yapḫa, damqa, tal'ê, tappî, tukultī* など。

18）　Roberts, J. J. M. 1972, 52.

19）　すなわち *Špš*。Haussig, H. W. 1965, 308–309 の M. H. Pope の説明を参照。

20）　Haussig, H. W. 1965, 196–198 の E. von Schuler の説明を参照。

21）　Haussig, H. W. 1965, 467, 529–530 の M.Höfner の説明を参照。

TU-*ummī*「^{d}UTU は私の母である」というマリの女性人名に太陽女神が隠れていても何の不思議もない。

神名タブブはマリ人名の中では，少なくとも 4 タイプの女性人名に登場する[22)]。この神名はほとんど女性の人名にしか出てこない上に，女性人名「タブブは私の母である」などからタブブは女神であると考えるべきであろう。タブブ女神説の唯一の障害はタブブ・ハリヤ Tabubu-ḫāliya（タブブは私の母方の伯父である）（XIII 1 vi 13）である。しかし，同時に，人名 *Ḫa-li-*^{d}*M*[*a-a*]*m-m*[*a*]（マンマ女神は母方の伯父である）（VII 181:11）の存在についても指摘しておく必要がある。もしこの人名の読み方が正しければ，*ḫālu*（母方の伯父）は女神に対しても使用されたと言うことであろう。その場合 Tabubu-ḫāliya は「タブブは母方の伯父（のようで）ある」と解することになる。いずれにしても，タブブを女神と考えることに大きな支障はない。

セム語あるいはシュメール語の人名で，「母」が男神，場合によっては神格化された王に対して使用された例がある。ウガリトには，人名 *ᶜṯtr'um*（イシュタル女神は母である）とともに *ᶜṯtr'ab*（イシュタル女神は父である）という人名も存在する[23)]。ウル第三王朝時代のシュメール語の人名の中には AMA.NANNA（[月神] ナンナは母である）や AMA.^{d}ŠULGI（[神格化された] シュルギ王は母である）がある[24)]。また，アジタワッダは，「バアル神は私をダヌン人にとって父であり母とされた」[25)] と述べている。

---

22)　^{d}*Ta-bu-bu-ḫa-li-ya*（XIII 1 vi 13），*Ta-bu-bu-ḫa-aṣ/z-ni*（*RA* 65, B iii 19），*Ta-bu-bu-ši-im-ḫi*（XII 265:4）および *Ta-bu-bu-um-mi*（XIII 1 vi 57）など。その後，タブブを含む女性人名が増え，[*Ta*]*-bu-bu-ba-aḫ-la*（XXIV, 224 iii 51），^{d}*Ta-bu-bu-*^{d}LAMMA（XXII 67:1），*Ta-bu-bu-ni-ri*（XXII 66:14）; *Ta-bu-bu-ša-ra*（XXIV 224 iv 1）などが加わっている。

23)　Caquot, A. 1962, 241; Gröndalh, F. 1967, 46 & 378.

24)　Limet, H. 1968, 193, n. 5（AMA.NANNA），374（AMA.^{d}DUN[=ŠUL].GI）. また，初期王朝時代およびサルゴン時代の人名，Ummī-Suen あるいは Ummī-Šamaš などもある。Sollberger, *ZA* NF 16, 8; Gelb, I. J. 1957, 43 等を参照。

25)　*KAI* II, 26:3. アジタワッダのほかにも，アッカド語のマルドゥクへの祈りに，「あなた様はまことの主で，人間の父と母のようであります」（*bēlu attāma kīma abī u ummī ina amīlūti tabašši*）（Stamm, J. J. 1939, 209 から引用）。

上で述べてきたことから，人名タイプ DN-ummī（まれに Ummī-DN）に登場するDNは女神であると結論することができる。従って，われわれのアンヌも女神であると考えることに問題はない。

他にもこの結論を裏付けてくれる人名タイプがある。Annu-puṭrī（開放／許してください，アンヌ様）は，訴えかけられているアンヌが女神であることを示している。なぜなら *puṭrī* は動詞 *paṭārum*（解放する，許す）の女性2人称に対する命令形であるからである[26]。同じ動詞の女性2人称に対する命令形は女性人名 Ištar-puṭrī（解放／許してください，イシュタル様）（VII 55:2）にも使われている。男神に対する訴えは当然のことながら男性2人称に対する命令形が使用される。例えば Sîn-puṭram（解放／許してください，シン様）のごとくである[27]。

さらに，アッカド語の人名においては，3人称女性形の動詞の未来形の主語として男神が登場することは極めて稀である。同様に主語として男神が登場し述語に女性形の stative がくることもきわめて稀である[28]。従って，上で紹介した Annu-taḫnum，Annu-tal'ê，Annu-tarām，Annu-tarbi，Annu-tasmaḫ，Annu-damqa，Annu-ipḫa，Annu-išḫa，および Annu-yapḫa などの女性人名に登場するアンヌは女神であると考えることができる。

もっとも，この結論に問題がないわけではない。まず第1番目の問題は *A-ba-An-n*[*u*] である。もし *A-ba-* が，サルゴン時代やウル第三王朝時代の人名[29] の場合のように「父」と訳さなければならないなら，そして，同時に，

26） 神に動詞の命令形を使って懇願するタイプの人名では，命令形の性別と懇願する相手の神の性別は同じでなければならない Edzard, D. O. 1963, 117 参照。

27） *Annu-ašrī* の場合のように *aš-ri* が後に来る場合でも命令形の相手が女性なら動詞は女性2人称の命令形でなければならない。上記注14参照。

28） Edzard は，「理論的には ᵐGNf-m あるいは ᵐm.-GNf の反対の場合，すなわち ᶠGNm.-f あるいは ᶠf.-GNm が可能であるようであるが，実際は Sin-muballiṭat あるいは Tad-din-Sin のような人名タイプはあり得ないと述べている（*ZA* 21, S. 127）。しかし，いくつかの例外はある。例えば，ᶠ*Ta-ra-am-*ᵈIM（Ranke, H. 1905, 195b），ᶠᵈ*Nu-nu-ta-ab-ni*（ARM XII 265:1），ᶠ*Ta-ṭa-ab-E-šar*（XIII 1 vi 42）など。

29） Gelb, I. J. 1957, 11.

M. ビローによる神名の復元（*An-n*[*u*]）が正しいとすれば，アンヌは男神であると考えざるを得ない。しかし *RA* 49 (1955), p. 16 の書写テキストによれば，神をあらわす DINGIR の文字の次の文字の痕がほとんどなく，M. ビローの復元が唯一可能な復元かどうか疑問が残る。マリのたくさんの人名のなかで *A-ba*-DN という人名はこの 1 例の他に Aba-El/Il（*A-ba*-AN）（XXII 328 i 50 ただし，これは 1983 年刊）と *A-ba-Addu*（TEM-3 ii 27）の 2 タイプしかないのである。

第 2 の問題はもう 1 つの人名（？）*A-bi-An-nim* をどう理解するかである。この人名は，「私（ヤスマハ・アッドゥ）はわが父（シャムシ・アダド）が私に送ってこられた手紙を読みました。わが父は，水を *A-bi-An-nim* に送ることに関して書いてこられました。」（II 58:5-8）という文章の中に出てくる。この *A-bi-An-nim* は，A. フィネトが考えたように[30]，地名である可能性がある。第 3 番目の問題は，女性の人名 ᶠAnnu-ḫitlal と ᶠAnnu-napiḫ に関わる。もし *ḫitlal* と *napiḫ* をそれぞれ *ḫalālu* の I/2 の命令形[31] および *napāḫu* の男性の stative であると理解すると，アンヌは男性神でなければならなくなるからである。第 4 番目に，残念ながら，*An-nu-*[*ḫ*]*a-a-am*，*An-nu-kum* および *An-nu-tu-nu-um* に関しては説明不能である。

現段階で言えることは，マリ出土の人名に含まれるアンヌは，すべてのアンヌ人名においてではないにしても，女神であるということである。

これまで，マリの人名に含まれるアンヌ Annu は神名であることを前提にして検討してきた。これまでカッシート時代の人名に出てくる *an-nu*(*-um*) に関して全く異なる訳が与えられてきた。すなわち，「恵み grace」（A. T. Clay）あるいは「然り Ein Ja (eine unverbruchliche Zusage)」（J. J. Stamm）などである[32]。しか

30）　Finet, A. 1954, 140.

31）　上記注 14 を参照。

32）　A. T. Clay はカッシート時代の人名 *An-nu-pî-Sukkal* および *An-nu-pî-šu* の *An-nu* を「優しさ」あるいは「好意」と訳している（Clay 1912, 158b and 157b）。しかし，この考え方は，Clay 自身が認めているように，*An-nu-ba-ni* の *An-nu* には当てはまらない。Stamm 1939, 233-234）は，カッシート時代のこのような人名の並行例を古バビロニア時代の *An-um-pî*-ᵈUTU や AN-*pî-ša* に認め，カッシート時代の人名に出てくる *annu*

し，これらの訳は，*an-nu* が含まれる人名の例が極めて限られていた時代のことで，間違いなく神名と考えられるわれわれの *An-nu* には当てはまらないと考える[33]。

Annu を男神と考える唯一の説は Annu をメソポタミアの至高神アヌであるとする説であった[34]。この説の最も重要な根拠は，サルゴン時代のルルブの王アンヌ・バーニーニ Annu-bānīni（*An-nu-ba-ni-ni*）の名前であった。ある呪いの文句のなかで，*An-nu-um* と *An-tum* から始まりエンリル神とニンリル女神，アダド神とイナンナ女神そしてシン神とシャマシュ神の名にかけての呪いが語られているのである[35]。従って，Annu-bānīni の王名の中の Annu がメソポタミアの至高神を指していることは間違いない。

しかしながら，この碑文の *An-nu-um* の綴りとマリ文書の人名に出てくる *An-nu* の綴りが似ていることを理由にマリ文書の人名に含まれている *An-nu* もメソポタミアの至高神を表していると考えることを正当化することはできない。まず，アンヌ女神のアッカド語の綴りに，注 1 で述べたように，*An-nu-um* と／*m*／（mimation）付きで綴られた例は全く無いことである。仮にマリの人名に含まれているアンヌがメソポタミアの至高神であると仮定すると，たちま

と，古バビロニア時代の人名中の Anu(m) との間に人名の構造上のあるいは神学上の何らかの関係があることを認めながら，*annu* を神名とは認めていない。

33） 最初のマリ文書集 ARM 1（TCL XXII）が出版されたのは 1946 年であった。

34） Huffmon 1965, 270–271 および Birot, M. 1955, 20, n. 5。Annu の /n/ がダブっていることに関して，Huffmon は AN の phonetic complement の -nu であると説明した。Roberts は Annu-bānīni の nu をメソポタミアの至高神 AN がアッカド語綴りにされた時に見られるシュメール語の最後の子音の doubling であると説明したが（Roberts 1972, 8），Roberts はマリ文書の Annu には言及していない。W. L. Moran は，いつもの炯眼ぶりを発揮し，マリ文書の Annu は問題であることを認識し，「この神が誰であるかは問題である」と述べている（Moran 1969, 45）。ウガリトの人名には *ʿn* なる神が登場することが知られている。しかし，/ʿ/（アイン）はマリ文書では /ḫ/ で表現されるので，*ʿn* は Annu(m) と同一視することはできない。*ʿn* なる神は，もしかしたら，マリ文書中の人名中の *ḫa-an* に隠れているかも知れない（Huffmon 1965, 199）。

35） Thureau-Dangin, F. 1907, 172. なおこの王碑文の新しい訳は Sollberger, E. – J.-R. Kupper 1971, 168 を参照。

ちいくつかの難問に直面することになる。まず第1に，一般の人々の間で非常に人気のあるメソポタミアの至高神がどうしてマリの公的祭儀の対象として祭られていないのか。また，Anu(m) あるいはAnnuは，マリの公的祭儀の対象になっていないばかりか人名以外で言及されないのはなぜか。第2に，なぜAnnuが男性の人名に登場することはほとんどなく，しかもイシュタル女神を除いて他のどの神よりも女性人名に頻繁に登場するのはなぜか。第3に，なぜAnnuは「母」と呼ばれているのか。第4に，なぜAnnuは，あたかも女神であるかのごとく，「開放／許してください，アンヌ様（Annu-puṭrī）」などと訴えかけられているのか。

アンヌをメソポタミアの至高神と考えた場合，以上の疑問に答えることは不可能である。さらに，マリが「上メソポタミア王国」のシャムシ・アダドの支配下にあった時のリンム（エポニム）にシャリム・アヌム Šalim-Anum という名の人物がいた[36]。さらに興味深いのは，*A-nu-um-a-ḫi*（アヌムは私の兄弟である）（*RA* 65, 1971, p. 53, A xi 43）という人名である。この人名はスム・ヤマム時代のマリ文書に *I-di-An-nu* と一緒に言及されているのである（*RA* 65, 1971, p. 51, A ix 31)。この *A-nu-um* はメソポタミアの至高神を指していることは間違いない。もしそうだとすると，マリ文書の *An-nu* を *A-nu-um* と区別し，*An-nu* を女神と考える方がはるかに理に適っている。

36)　Dossin, G. 1950, 54.

第14章
マリ文書に現われる神ダガン

はじめに

古代都市マリ（現在のテル・ハリリ）は，シリアとイラクの国境の北約24キロのユーフラテス川西河畔に位置していた[1)]。考古学調査の結果によると，紀元前4千年紀の終わり頃には，既に居住の跡が認められるが，ジグラットやいくつかの神殿跡から分かるような繁栄を最初に経験したのは，紀元前3千年紀の前半に至ってからである。本章で主として問題にする時代は，紀元前19世紀の第4四半期と紀元前18世紀の前半である。ヤハドゥン・リム王によるマリ王国建設期（前1810-1794年頃），ヤハドゥン・リム王の暗殺後[2)]「上メソポタミア王国」の王シャムシ・アダド1世の息子，ヤスマハ・アッドゥがマリの王として統治した時代（前1792-1775年頃），およびジムリ・リムがマリの王座を奪回し，マリ王として君臨した時代（前1775-1762年頃）がそれに当る。特にジムリ・リムの時代はマリが最後の繁栄を誇った時代である。しかし，ジムリ・リムの治世中にマリは南のバビロンの王ハンムラビに滅ぼされた。

ジムリ・リム時代前半の国際情勢については，イトゥール・アスドゥがその

1）マリに関する一般向けの紹介論文としてとりあえずMalamat, A. 1971, 2-22とHeimpel, W. 2003のPart 1を挙げておく。

2）ヤハドゥン・リムの暗殺後，ヤハドゥン・リムの子スム・ヤマムが短期間マリを支配した。スム・ヤマムについてはほとんど知られていないが，Boyer, G. 1958, 183, n. 2; Dossin, G., 1970b, 18-19; Charpin, D.-N. Ziegler 200d3, 20-74などを参照。

主君ジムリ・リムに書き送った手紙，なかでも，イトゥール・アスドゥがイシュタル女神の犠牲祭に出席するようイダマラズの王達に対して行った演説の引用部分が何よりも雄弁に語ってくれる。

そして，わが主が王たちに，「イシュタル女神の犠牲（祭）に来なさい」と書いて寄越された件に関連して，私は王たちをタルマンニに集め，彼らに次のように告げました。すなわち，「自分たちだけで強い王はいない。バビロンの王（文字通りには「人」）ハンムラビには10人（から）15人の王が従い，ラルサの王（「人」）リム・「シ」ンには同数（の王が従い），エシュヌンナの王（「人」）イバル・ピ・エルには同数（の王が従い），カトナの王（「人」）アムト・ピ・エルには同数（の王が従い），ヤム［ハド］の王（「人」）ヤリム・リムには20人の王が従う……」[3)]と。

マリ王国のジムリ・リムは，ここに列挙されている5人の王と比肩されうる王で，トゥトゥルからテルカを経てマリに至るユーフラテス川中流域とイダマラズで放牧生活をしている半遊牧民を支配していた。

マリ王国がわれわれに知られるようになったのは，1933年，アンドレ・パロが率いるフランスの考古調査隊が古代都市マリの遺跡の発掘を始めてからで，それ以来1970年までに，楔形文字の刻まれた粘土板が約2万枚発見された。その内今までに約3千枚の粘土板文書が出版されている。これらの文書はシュメール語あるいはフリ語等で書かれたものもあるが，大部分はアッカド語で書かれており，時代的にもほとんどが古バビロニア時代に年代付けされている。

本小論は，このマリ文書の中に現れる神々に関する歴史的研究の一部として，ダガン神とその祭祀に関する情報をまとめたものである。既に出版されたマリ文書には，約130の神々[4)]がその名を留めているが，その中でもダガン神

3)　Dossin, G., 1938, 117, ll. 22-26（タルマンニに関してはDurand, J.-M. 1987b, 230による）.

は特に顕著な存在である。いわゆるマリの「パンテオン・リスト」[5] によると，ダガンは他の8神と共に，6匹の犠牲用羊を給付されている[6]。これはディィリートゥム女神に給付された羊7匹を別にすれば，最高の数に当る。また，マリ文書に名を残している一般民衆の名付け親達も，子供を命名するときに，好んで神名ダガンを含む名を選んだ。古バビロニア時代に年代付けされるマリ文書で中に，神名ダガンを含む人名が90種類近くあるという事実が，ダガン

---

4)　アッカド語人名に限らずセム語の人名一般について言えることであるが，人名中に神名が含まれていることが多い。例えば，「ダガン神は私の父（のような神）である（*Abī-Dagan*）」「ダガン神の人（*Awīl-Dagan*）」，「ダガン神は救い主である（*Gā'il-Dagan*）」，「ダガン神は（私の祈りを）聞き給うた（*Išme-Dagan*）」と言った具合である。もちろん神名を含まない人名もあり，男性名の場合，神名を含む人名は，マリにおいては，37％前後である。女性名の場合は神名を含まない名前が比較的多く，神名を含む人名は21％前後でる。マリ文書における神々の研究は，従って，人名に含まれている神々および人名以外で言及されている神々の両方を対象としなければならない。「約130の神々」というのはこの両方のカテゴリーを合わせたものである。ただし，ウル第三王朝時代もしくはそれ以前に年代付けされている文書に現れる神名およびフリ語で書かれた文書中に現れる神名はここには含まれていない。神名か単なる呼称ないしは称号かの区別のつけがたいものもかなりあり，130という数に対してプラス／マイナス10％程度の誤差は認めるべきであろう。

5)　一般にマリの「パンテオン・リスト」と呼ばれているものは，ドサンがDossin, G. 1950a, 43-44で出版した文書を指す。これには25の神々が犠牲用として給付された羊の数（1匹から7匹まで。給付された羊の数は給付された神により異なる。）と共に記されている。その文書の最後には，「全神殿用の合計87匹の羊。マリにおける犠牲用。リリアートゥムの月の第27日」と記されており，マリの王国祭祀で正式に祭られた神々をすべて含むものと一般に考えられている。他にこの種の文書として知られているものには，Dossin, G. 1967, 97-104; Edzard, D. O. 1967, 51-71を参照；Nougayrol, J. 1968, 42-62; Lambert, M. 1970, 245-260に出版されているもの等もある。なお本論集第11章を参照。

6)　すなわちアッドゥ神，シャマシュ神，エア神，ベーレット・エカリム女神，イトゥール・メール神，ネルガル神，ニンフルサッガ女神，およびアヌニートゥム女神である。未刊の書簡A.455の一部がドサンによって紹介されているが，これによると牛1匹と羊6匹がトゥトゥルのダガンに犠牲用として供されている。この犠牲の後，ダガンはムッフーム預言者を通じて，清い水を飲ませてもらえないと苦情を呈している（Dossin, G. 1966, 79）。

の重要性を如実に物語っていると言えよう。マリ文書中の人名にしばしば含まれる神名としてダガンに勝るものは150を越えるの人名タイプに現れるエル／イル（ANと書かれているものも含める）と110ほどの人名タイプに含まれるアッドゥのみである（これらの数字は1970年頃までに出版された資料に基づいている。1995年時点での数字に関しては本論集369頁の表2のCコラムを参照）。このようにダガンは王国の祭祀においてのみならず，一般民衆の信仰の対象としても[7]重要な神であった。

以下は，(1) いわゆるリム王朝[8]創設者ヤハドゥン・リムおよびシャムシ・アダド1世治下のダガン神，(2) 次にジムリ・リム治下のダガン神，(3) 特にその王国祭祀における地位につきマリ文書から知りうるところを述べ，(4) 最後に紀元前3千年紀から2千年紀にかけてのダガンの祭祀の歴史を略述したい。なお，マリ文書中の関係史料（抄訳）は，本小論末尾に付しておく。本文中でこれらの史料に言及する場合は「史5」などと記す。

---

7)　古代都市マリ国家マリに関する限り，王国の祭祀の対象となった神々は既に言及した「パンテオン・リスト」に代表される。他方，民衆の信仰は人名に現れる神名にかなりの程度反映されているものと考えられる。国家祭祀と民間信仰との間にズレを見ることは特に新しいことではない。マリにおいてもこのズレははっきりと存在するが，これについては本論集第11論文を参照。

8)　古バビロニア時代のマリの王朝はリム王朝と呼ばれることがあるが，これは王朝創立者ヤハドゥン・リムをはじめその父ヤギド・リムおよびその「子」ジムリ・リムと3代にわたり神名リムを含む王名が続いていることによる。ただし，マリの王国祭祀ではリムは完全に無視されている。これに反し，リム神は27種類のマリ人名に現れ，この点では最もポピュラーな10神の中に含まれる。これは，先に述べた国家祭祀と民間信仰のズレ（注9を参照）の一例と考えられよう。リムはヤハドゥン・リム一族の出身地域（これは明らかではない）で尊ばれていたものと考えられる。ちなみに，神名リムは，マリ出土の人名以外に，ハガル・バザル，アララカ，アレッポ，カルケミシュ等から出土した文書中の人名にも現れる（Huffmon, H. B. 1965, 227を参照）。

1　ヤハドゥン・リムおよびシャムシ・アダド1世治下のダガン神

いわゆるリム王朝の創設者ヤハドゥン・リムはその碑文の中で，ダガンこそマリとトゥトゥルを含むハナの地に対する王権の授与者であるとし，マリ王国建設期の軍事的成功をダガン神のお蔭であるとしている（史9）。

ヤハドゥン・リムが暗殺された後，あまりよく知られていないスム・ヤマムが支配した短い期間を経て[9)]，マリはヤスマハ・アッドゥの支配を受ける。ヤスマハ・アッドゥの父シャムシ・アダド1世は，「上メソポタミア王国」の王として，ヤスマハ・アッドゥともう1人の息子でエカラートゥムの王イシュメ・ダガンと共に，上メソポタミア一帯を支配した。シャムシ・アダドは，われわれの知るところでは，少なくとも2つのダガン神殿を建てている。1つは，シャムシ・アダドの年名（史15）の中で記念されている神殿であり，他はテルカに建立し，エキシガ（キスプムの神殿の意）と名付けられた神殿である[10)]。また，シャムシ・アダドは，自身を「ダガンに愛される者」と呼んでいる[11)]。しかし，これらの史料からシャムシ・アダドがダガンの祭祀に特別な配慮をしていたと言えるかどうか疑問である。というのも，シャムシ・アダドは他にもエンリル[12)]（後のアッシュル神殿），アヌ・アダド[13)]，エレシュキガル[14)]等の神々の神殿も建てており，自身のことを「アッシュル神殿建設者」[15)]，「アッシュル神の知事」[16)]，「エンリルに任命された者」[17)]「イシュタルに愛される

9）　注2）を参照。
10）　Grayson, A.K. 1987, 60（A.0.39.8）; Kupper, J.-R. 1973, 6; Finkelstein, J. J. 1966, 116.
11）　Dossin, G. 1939, 98.
12）　Meissner, B. 1926, p. 22. Cf. Landsberger, B. 1954, 36, n. 32.
13）　E.F. Weidner, 1945 / 51, 91, n. 57.
14）　Ebeling, E., B. Meissner and E. F. Weidner 1926, 26, No. 3.
15）　Messerschmidt, L. 2018, I, 2, i 3-4; 34, 203 を参照。
16）　E. Ebelig, B. Meissner and E. F. Weidner 1926, 26, No. 3.

者」[18] など，いろいろに呼んでいるからである。その子，ヤスマハ・アッドゥ自身のダガンについての証言は残っていない。しかし，シャムシ・アダドおよびヤスマハ・アッドゥの統治下においても，マリ王国領内では，ダガンが重要な神であったことは明らかである（史10，11，12，13等）。

2 ジムリ・リム治下のダガン神

ジムリ・リムとダガン神の間に特別な関係があったことを示す史料はたくさんある。ジムリ・リムはその印章碑文で「ダガンに任命された者」であると言い（史17および18。史19によると，自身を「ダガンに愛される者」と呼んでいるが，もしこの読み方が正しいとすれば，これはその種の形容辞の唯一の例である），女官の一人もダガン神を「あなた（すなわちジムリ・リム）の主」と呼んでいる（史20）。さらに，ジムリ・リムの妻シブトゥは，その夫宛の手紙の中で，「ダガン，アッドゥ神，イトゥール・メール，それにベーレット・エカリムこそ―アッドゥは裁き主である―わが主のお側を行進される神々です」（史29）と言って，ダガンを筆頭に，合計4柱の神々を特にジムリ・リムを擁護する神々として連記している（この史料については，この小論でもう一度触れる）。

ヤミン人[19] は，ジムリ・リムを苦しめた半遊牧の西セム系部族民であったが，ダガン神がジムリ・リムのヤミン人征伐に特に関心を持っていたことを示す手紙が2つ残っている。これらの手紙の時間的前後関係は不明だが，その1つによると，ジムリ・リムは他からの援軍を得られなかったにもかかわらず，ダガンとイトゥール・メール両神の指令下でヤミン人を惨敗させ，その村々を廃墟にした（史25）と言っている。もう1つの手紙は，イトゥール・アスドゥ

17） Ebeling, E., B. Meissner and E. F. Weidner 1926, 26, No. 4.

18） Borger, R. 1964, 9.

19） ヤミンとは「南」または「右」の意。実際には，DUMU.MEŠ yamīna と書かれており，旧約聖書中のベニヤミンに合わせて，ベニヤミン人（または族）と呼ばれたりもするが，これが正しい読み方かどうか疑問がある。この問題についての最近の研究として，Luke, J. 1965, 52–59 を挙げておく。

がジムリ・リムに宛てた手紙で，マリク・ダガンが見た次のような夢を報告している。すなわち，マリク・ダガンが，夢の中で，テルカのダガン神殿に宮参りをしている時に，ダガン神が夢に現れてジムリ・リムに対する不満を表明し，ダガンに対して完全な報告を行うよう要求し，そうすればヤミン人の族長達を漁師の魚かごに集めて（？）ジムリ・リムの前に引き渡すと言ったとされている（史 32）。

イトゥール・アスドゥの手紙に言及されているダガンはテルカのダガン神であるが，この他にもテルカのダガンはジムリ・リムの軍事活動に非常な関心を持っていたことを示す手紙がいくつかある（史 26，27，28）。これはテルカのダガン祭祀の擁護者達がマリ王室の活動に関心を抱いていたことを示す証拠に他ならない。ジムリ・リムもテルカのダガン祭祀に対して彼なりの敬意を表していたことは，例えば，彼が 2 つの銀製容器（ARM IX, 191:1-4）および大きな玉座（ARM VII 99:12; 100:9）をテルカのダガンに奉納していることからも察することができる。しかし，ジムリ・リムとテルカのダガン祭祀の擁護者との関係は必ずしも満足すべき状態ではなかったようだ。テルカの知事およびダム・フラーツィム（ジムリ・リムの妻の 1 人？）がジムリ・リム宛の手紙で，テルカに来てダガンの足に口づけするよう[20]，繰り返し催促していること（史 27，28），およびムッフーム預言者[21]（史 30），シャカの人，マリク・ダガン（史 32），あるいは普通の市民（史 33）などが，テルカのダガンの神霊に取り憑かれて述べた神託，あるいは夢の中で与えられた神託等がその間の事情を物語っていると思われる。

これら両者の間の関係が時とともに変化したのかどうかは，興味のある点だが，ジムリ・リムに宛てられたテルカの知事，キブリ・ダガンの手紙（史 41）の年代設定ができていない現状では，この点について知ることは不可能である。

---

20)　完全な服従と忠誠を表す象徴的行為であったと考えられる。

21)　*muḫḫûm*. 神霊に触れて神託を語る預言者的宗教人の 1 タイプ。例えば，Wohl, H. 1971,112-18 を参照。

マリ文書中に預言活動との関連で出てくる神々にはダガンの他にアッドゥ（ARM II 139:5）[22)]，アンヌニートゥム女神（ARM X 6:2'-16'; 7:5-27; 8:5'-18'; 50:21-33 そして多分 81:4），ベーレト・ビリ女神（ARM X 51:8-16），ディリートゥム女神（ARM X 9:5-12），シャマシュ神（CRRAI 14, p. 85），ヒシャミートゥム女神（ARM X 53：5。ただしここではヒシャミートゥム女神のアーピルム預言者[23)]に言及されているだけである）などがあるが，現存している預言または神託についての言及例の中では，ダガン神のものが最も多い[24)]。

ダガンの神託について触れたが，王の使者を常駐させ完全な報告をせよとの要求（史 34, 35）とバビロンについての神託（史 34, 35）を別にして，ヤハドゥン・リムの死霊に死霊用の食事キスプムを供えよという要求（史 30）は，ダガン祭祀の特徴を示唆している。死霊用の食事キスプムについての言及はマリ文書中にしばしば現れる[25)]。一般に供物ないしは犠牲を表す言葉としてはニクーム *niqûm* が用いられているのに対し，キスプム *kispum* の場合，それとの関係で言及される神は，少なくともマリ文書に関する限り，ダガンだけであること，またシャムシ・アダドの建立したダガン神殿がエキシガ（É.KI.SÌ.GA），すなわち「キスプムの神殿」であったこと等から，ダガンと死霊に食事を備えるという宗教慣習とは互いに密接に関係し合っていたと考えられる。さらに付け加えれば，「私はキスプムの日にテルカに到着するつもりである」というヤスマハ・アッドゥ宛てのシャムシ・アダドの手紙[26)]も，このような事情と関連させて考えるべきであろう[27)]。

22）　本論集の第 11 論文の 5「3 つのグループに分かれる神々」を参照。

23）　*āpilum*。文字通りには，「答える人」であるが，これもマリ文書に登場する預言者タイプの宗教人の 1 つである。

24）　ただし，はっきりと「マリのダガン」と述べられている個所あるいはマリのダガンであると推定できる預言あるいは神託関連の文書は 1 つも見つかっていない。

25）　キスプムについての言及例の数から言えば，アッカド語の文書中でもマリ文書が重要である。メソポタミアのキスプムに関する一般的紹介論文として Bayliss, M. 1973, 115-25 を挙げておく。

26）　ARM I, 65.

3　マリの国家祭儀におけるダガン神の地位

神名は単独で記されている場合もあるが，いくつかの神名が連記されている場合もある。古バビロニア時代のマリ文書に現れる神々の名が連記されている事例で，これまでに分かっているものを以下に列挙する。ただし「パンテオン・リスト」と，王碑文の「呪い」[28]の部分に連記されている神名はここに含めない。また，(a) から (o) までのそれぞれの最後に付されているS，A，Zは，それぞれスム・ヤマム時代，シャムシ・アダド支配の時代，およびジムリ・リム時代に年代付けされていることを示す。なお，「タブー」とか「宣誓」などとあるのは，神名連記のコンテクストを略述したものである。

(a)　ダガン→イトゥール・メール→王名1→王名2（史11）（タブー）A
(b)　ダガン→イトゥール・メール→王名（史16）（宣誓）Z
(c)　ダガン→王名→ヤトゥール・メール（史12）（タブー）A
(d)　ダガン→イトゥール・メール（史21）（犠牲の主とマリ王）Z
(e)　ダガン→イトゥール・メール（史25）（両神の指令）Z
(f)　ダガン→イクルブ・エル（史41）（挨拶）Z
(g)　ダガン→アッドゥ→イトゥール・メール→ベーレト・エカリム女神（史29）（ジムリ・リムの擁護神）Z
(h)　アッドゥ→イトゥール・メール→王名（ARM VIII 3:16）（宣誓）S
(i)　アッドゥ→シャマシュ（ARM V 72:12）（タブー）A
(j)　アッドゥ→シャマシュ（ARM IV 20:14-15）（神像）A
(k)　イトゥール・メール→ハナト女神→王名（ARM VIII 85:3'-4'）（タブー）

27)　この点については，Finkelstein, J. J. 1966, 115-16 が既に指摘している。
28)　文学類型としての「呪い」は法碑文，王碑文，クドゥッルー碑文，契約書等の末尾に見いだされる。第三者がこれらの碑文を破壊・変更すれば，これこれの神々の呪いを受けると，神々の名と呪いが書き連ねられていることが多い。

Z

(l)　シャマシュ→イトゥール・メール→王名1→王名2（ARM VIII 1:28）（タブー）A

(m)　シャマシュ→ダ［ガン］（ARM X 1:5-6）（祈願の対象）A

(n)　シャマシュ→〈イ〉トゥール・メール（ARM XIII 1101:3-5）（挨拶）Z

(o)　シャマシュ→シン（ARM X 104:5-6）（挨拶）Z

これら神名が連記された例から分かることは，先ず，筆頭に記される神はダガン，アッドゥ，イトゥール・メールあるいはシャマシュのいずれかであるということである。神名連記の順序は，神々の相対的重要性を示しているものと考えられるが，イトゥール・メールを除けば，他の3神は，連記される場合，必ず筆頭に来ている。アッドゥが2番目に記されている（g）は例外と考えられる。次に，シャマシュは，王国，都市等の地域性を超越した正義の神として普遍的な信仰の対象となっていたこと，特に表中の（l）はシャムシ・アダド1世の「上メソポタミア王国」支配時代に属するものであり，（m）～（o）はいずれも私的な書簡であること等から，国家祭祀における主要神という観点から論じているここでは，シャマシュを論外として差し支えないと考える。イトゥール・メールは一度だけ筆頭に記されているが，この場合王国神（これについては後で述べる）を省略したか，または記す必要がなかった場合と考えられる。従って公的性格を帯びたマリ文書に他の神（々）と連記される場合，筆頭に記される神はダガンとアッドゥであったということになる。これが第1に注目される点である。

第2に注意すべき点は，表中の（g）を除いて，1974年頃までに出版されたマリ文書の関する限り，ダガンとアッドゥが同時に記されるということは決してないということである。これは，ダガンもアッドゥも後に述べるように至高神で，同一王国に2柱の同格の神が存在するということは不都合であったからであろうと考えられる。

第3に派生的に考えられることは，ダガンまたはアッドゥに次いで連記されている神々はこれら両神に比べて下位の神々であったということである。

第四に指摘すべき点は，ダガンが最初に記されている場合とアッドゥが最初に記されている場合とを比較してみると，前者の場合は，ジムリ・リム治世にその家臣によって書かれた手紙か「上メソポタミア王国」支配下にマリ王国を統治したヤスマハ・アッドゥの家臣がその主君に宛てて書き送った手紙（c）に限られているのに反し，後者，すなわちアッドゥが最初に記されている場合は，スム・ヤマム時代に属する（h）を除いて，いずれもで，「上メソポタミア王国」支配時代にアッシリアの王またはその家臣が書き送って手紙で，ジムリ・リム治世にその家臣が書き送った書簡は1通も含まれていないことである。

神名アッドゥが，マリ文書中に現れる人名の中にダガン以上に頻繁に現れるということについては，この小論の最初で述べた。アッドゥは，「パンテオン・リスト」によると，ダガンと同様6匹の犠牲用ヒツジを給付されており，またアッドゥの神殿も存在した（ARM XIII 56:15）。これらの事実から，アッドゥもダガンも同じように民衆の信仰の対象としてはもちろん，マリの王国祭祀においても，重要な存在であったのではないかと考えられるが，マリ文書中のアッドゥについての言及個所を調べてみると，マリの王国祭祀におけるアッドゥの位置は必ずしもはっきりせず，王国祭祀におけるダガンの地位とは比較にならないほど限られていたと思われる。

なるほどジムリ・リムはアッドゥ神に自分の娘（Dossin 1950b, 58）をはじめ，自分の像（ARM IX 47:11. Cf. Dossin 1950b, 57）や，大きな玉座（Dossin 1950b, 57. Cf. ARM VIII 82:13; 88:21: ARM IX 46:11）などを献納しているが，これらは，アパーン，アレッポおよびマハヌのアッドゥに対してであって，その動機は宗教的というよりも政治的と考えてよいのではないだろうか。例外的に，アッドゥの神託が気にかかり，それについて内臓占師（*bārû*）[29]に検討させたこと（ARM II 139:5–11），およびジムリ・リムの指示に従いテルカで全市を挙げてアッドゥに

29）*bārûm*。主にヒツジの内臓を調べて神意を判断する技能を持つ専門家。古代メソポタミアにおいてはむしろ上級官僚として重用された。

犠牲を捧げていることが，アッドゥ神とジムリ・リムおよびマリ王国との関係についてある程度証言しているに過ぎない。

これらの諸点から，ジムリ・リム治世――その父ヤハドゥン・リムの治世を含めても良いと思うが――のマリ王国においては，王国の至高神はダガンであったと言える。それればかりでなく，「上メソポタミア王国」支配下においてさえも，ハナ，マリを中心とするヤスマハ・アッドゥの統治下の地域においては，その地域の至高神としてのダガンの権威を認めざるを得なかったと思われる（史 11 および 12 を参照）。これに対し，アッドゥの場合は，ダガンのように一定地域にその祭祀が限られていなかったことに加えて[30)]，少なくとも，シャムシ・アッドゥ支配下の「上メソポタミア王国」では王国の至高神として崇められていたのではないだろうか。

さてここで問題のシブトゥからその夫ジムリ・リムに宛てられた手紙（ARM X 4＝史 29）に話題を戻そう。この手紙は，多分ジムリ・リムがイシュメ・ダガンとの戦争に出陣している間に書かれたものであろう。自分の夫の安否を心配したシブトゥが，男女各１人からエギルー[31)]を求めた。結果は，イシュメ・ダガンに関しては凶，ジムリ・リムに関しては大吉であった。続いて，シブトゥがジムリ・リムとイシュメ・ダガンとの戦闘が近づいているかどうかを訪ねたのに対し，回答は，戦闘は行われない，なぜなら，ジムリ・リムが到着し次第イシュメ・ダガンの救援隊は四散し，その上イシュメ・ダガンの首が切られ，ジムリ・リムの足下に置かれるだろうという。シブトゥはこれらのエギルーを手紙でジムリ・リムに報告するのであるが，ここで「イシュメ・ダガンの軍隊はイシュメ・ダガンから四散するだろうか。彼らは私自身の救援隊を包囲しているのだ[32)]。」とのジムリ・リムからの質問を予想して，シブトゥは「わ

30）　Renger, J. "Götternamen in der altbabylonischen Zeit," *HSAO*, p. 162 を参照。

31）　関わりのない人間が発する言葉が，吉凶の判断材料にされる場合で，これをエギルー（*egirrû*）と呼ぶ。Oppenheim, A. L. 1956, 211, 220–30 および 373 を参照。

32）　この解釈は W. L. Moran（1969a, 630）に従ったものであるが，多少異なる見解として，Berger, P. R. 1969, 221 とそれに従う Römer, H. Ph. 1971, 51, n. 11 などがある。

が主とともに行進しているのは，ダガン，アッドゥ，イトゥール・メールおよびベーレット・エカリム——アッドゥは判決の主——である」（史29）と言い聞かせているのである。

マリ文書においては（「パンテオン・リスト」と碑文中の「のろい」の部分を除く），ダガンとアッドゥが連記されているのはここのみであることについては既に述べた。しかし，これはシブトゥ自身の背景から容易に説明がつく。シブトゥはアレッポの王ヤリム・リムの娘で，アッドゥは彼女の母国の首都アレッポを主要祭祀センターとする神であった。ジムリ・リムはその故国マリが「上メソポタミア王国」の支配下にあった期間，アレッポのヤリム・リム王の支配地で亡命生活を送ったと考えられ，マリ王権を奪回しマリの王座に就くのに際しても，ヤリム・リムおよびその守護神アッドゥから少なからぬ恩義を受けている[33)]。従って，自分の主人ジムリ・リムの安全と成功を願うあまり，自分の母国の主神でジムリ・リムにも縁故の深いアッドゥを注釈付きで付け加えたとしても別に不思議とするにあたらない。従って，シブトゥのこの手紙は，上述のダガンがマリ王国の主神であったという結論と矛盾するものではない[34)]。

シブトゥの手紙で，ダガンに次いで記されているイトゥール・メールおよびベーレット・エカリムの両神については，前者がマリ市の都市神であり，後者が王朝の守護神であっただろうというに留めておく。この点は既にモランが指摘しているところである[35)]。

33）　Dossin, G. 1966a, 78; Lods, A. 1959, 103-104, ll. 8-24 などを参照。

34）　Moran は，ダガンの王国神としての重要性を早くから認めているが，アッドゥの扱いについてはそれほどはっきりしない。マリ文書中のダガン神およびアッドゥ神に関するものをすべて検討してダガンのマリ王国における地位を示したことがこの小論の意義と言えようか。なお，Moran の論文については注37）を参照。

35）　Moran, W.L. 1969b, 41.

4 紀元前3千年紀から2千年紀後半にかけての ダガン祭祀

紀元前3千年紀および第2千年紀前半におけるダガン祭祀はユーフラテス川中流域に限られていた。サルゴンの王碑文（古バビロニア時代のコピー）によると，「サルゴンはトゥトゥルでダガンの前に跪き，祈願した。彼（ダガン神）は上流域（この小論では，この地域をユーフラテス川中流域と呼ぶ），すなわち，ヤルムティ，エブラより杉の森および銀の山々に至るまでを彼に与えた[36]。」その子ナラム・シンも，アルマヌム，エブラ，すなわちユーフラテス川河畔からウリスムに至る遠征の成功をダガン神に帰しており[37]，ダガンが地中海沿岸地方進出の出発点になるユーフラテス川中流域の主であったことが分かる。

ウル第三王朝時代に，ニップルの近くに位置したプズリシュ・ダガンにダガン祭祀の存在したことは，当該地出土の人名および3つの供物表から知られる[38]。

次のイシン・ラルサ時代に，イシンの王ウルドゥクガがイシンにダガン神殿を建立している[39]。またもう1人のイシン王イシュメ・ダガンの娘で月神ナンナの女大祭司エンアナトゥムがダガン神のために倉庫を建てている[40]。イシン王朝の王の内，2王，すなわちイディン・ダガン[41] とイシュメ・ダガン[42] が

36） 最近のテキスト版としては，H. Hirsh 1960, 38, b2, vi 17-35. Sollberger, E. and J.-R. Kupper, 1971, IIA 1 b。テキストの最新版はFrayne, D. R. 1993, E2.1.1.11-12.

37） Frayne, D. R. 1993, E2.1.1.11-12を参照。これらの地名については，Gadd, J. C. 1973, 424-26を参照。

38） Frayne, D. R. 1997, 105-106. プズリシュ・ダガンについては，Hallo W. W. and W. K. Simpson), 1971, 81-83を参照。なお，イトゥール・メール神については，本論集第16章を参照。

39） Frayne, D. R. 1990, 94-95（E4.1.13.1）。

40） UET I, 297. Sollberger and Kupper 1971, 183（IV B 5b）を参照。

41） Edzard, D. O. 1957, 74-76.

42） Edzard, D. O. 1957, 76-82.

神名ダガンを含む名前を持っており，このことと上述の諸事実からイシン王朝は特にダガン祭祀に多大の関心をもっていたことを知るが，イシン王朝の創立者が「マリの人」イシュビ・エラであったこと[43]を思い出せば，これはそれほど不思議ではない。

古バビロニア時代末期に興ったテルカを中心とするハナ王国でもダガンが崇拝の対象となったことが知られている。ハナ国の王イシャル・リムは「イ［ラバ］神と［ダ］ガン神に愛されし者」と言い，イギッド・リムとイシュヒ・ダガンは自分をダガン神のエンシ（代王）と呼び，ハンムラビは自分のことをダガン神とイラバ（Ilaba）神のエンシ（代王）などと自称している[44]。

小アジアにおける古アッシリア時代の植民地からはダガンを含む人名がいくつか発見されているが，ダガン祭祀が存在した確証はない[45]。ハガル・バザル[46]からはダガンについての言及は何も発見されていない[47]。アララハ第VII層からはダガンを含む人名が僅か発見されているに過ぎない[48]。要約すると，古アッカド時代から古バビロニア時代の終わりまでの期間で，ダガン祭祀の存在が認められるのは，イシンとプズリシュ・ダガンを除いて，すべてユーフラテス川中流域に限られる。

ダガン祭祀がユーフラテス川中流域を越えて広がり始めるのは紀元前2千年紀中頃からで，その頃になるとウガリト[49]およびアマルナ文書[50]，あるいは聖書中の地名ベト・ダゴン，さらに下ってはペリステ諸都市におけるダガン／

43）Edzard, D. O. 1957, 59–60.

44）Kupper, J.-R. 1973^3, 30（CAH 3rd ed., II/1, 30. Goetze, A.1957, 63–64; Frayne, D. R. 1990, 730–733（E4.23.7-10）.

45）Hirsch, H. 1961, 32.

46）これは多分シャムシ・アダド時代のシュバト・エンリルであったと考えられている（Landsberger, B. 1954, 36 を参照）。

47）Gadd, J. C. 1940, 26–27; Loretz, O. 1969.

48）Wiseman, D. J. 1953.

49）Pope, M. 1965, 276–78; Dahood, M. 1958, 68, 78–80; Dussaud, R. 1935, 177–80; Albright, W. F. 1964, 203, n. 30 などを参照。

50）EA 317, 318 を参照。

ダゴン祭祀の隆盛等[51)] についての多くの史料がある。

（追記）この小論は筆者の Ph.D. 論文，*Deities in the Mari Texts--A Complete inventory of all the information on the deities found in the published Old Babylonian cuneiform texts from Mari and analytical and comparative evaluation thereof with regard to the official and popular pantheons of Mari*（1974, Columbia University）中のダガンに関する項を覚え書きとしてものである。

史　　料

A. ダガンの神殿，祭，聖職者，その他についての言及例

1. ダガン神殿（像の制作費の精算に関連して）：シャムシ・アダドからヤスマハ・アッドゥ宛の手紙 ARM I 74:35, [37]
2. ダガン神殿（神殿のドアと関連して）：イシュメ・ダガンからヤスマハ・アッドゥ宛の手紙　ARM II 15:39, 40 および ARM IV 72:31, 34
3. テルカのダガン神殿：イトゥール・アスドゥから［わが主］（ジムリ・リム）宛の手紙　*RA* 42, p. 129, 14 行
4. ダガンの祭日（*inūma Dagan*）：ジムリ・リム時代の行政記録　ARM VII 263 ii 12
5. *kinūnum* の祭：キブリ・ダガンからジムリ・リム宛の手紙　ARM III 72:5'-7'. キヌーヌムはマリのカレンダーの第 VII 月の名前である。
   第 VIII 月の「ダガン」の月もダガン神の祝日と関係があったと思われるが，この月にどのような行事が行われたかは伝わっていない。
6. ダガンの聖職者としてマリ文書に登場するのは，トゥトゥルのダガン神の *aplû-* 預言者（ヤシム・スムおよびマタナ・エルからジムリ・リム宛の手紙 ARM XIII 23:6, 16），テルカのダガン神の *qammātum* /*qabbātum-* 女預言者（？）（イ

51）士師記 16：23–24，サムエル前書 5：1–12，歴代誌上 10：8–10。

ニブ・シナよりジムリ・リム宛の手紙 ARM X 80:6-9)，テルカのダガン神の *muḫḫû*- 預言者（キブリ・ダガンからジムリ・リム宛の手紙 ARM III 40:9, 13-19）および *ugbabtum*- 女祭司（キブリ・ダガンからジムリム宛の手紙：ARM III 8:6; 42:8-20; 84:5, 10, 26, 31）などある。

7. ダガンの大きな玉座：ムカンニシュムの手紙 ARM XIII 5:5; キブリ・ダガンの手紙 ARM XIII 110:8。このダガンの大きな玉座は ARM VII 99:12 および ARM VII 100:9 にある「ジムリ・リムが大きな玉座をテルカのダガンに捧げた年」という年名で記念されているものと同じであろう。

8. ダガンのボート：ラウムからヤスマハ・アッドゥ宛の手紙 ARM V 79:5, 9, 13 および ARM XIII 127:5, 9, 14 を参照。

B. ダガン神とヤハドゥン・リム

9. 「ダガンは私の王権を宣言し，私に敵対するものを打ち負かす強力な武器を私に与えてくださったお蔭で，私は私に戦いを挑んだハナ王国の7王を征伐し，その国を併合した」（ヤハドゥン・リム王碑文：Frayne 1990, 602-603 [E4,6,81:9-20]）。

C. ダガン神とシャムシ・アダドおよびその子で，マリの王ヤスマハ・アッドゥ

10. ダガン神，シャムシ・アダドおよびヤスマハ・アッドゥの名にかけての宣誓：ARM VIII 9：14-17。

11. ヤスマハ・アッドゥの軍の指揮官サマダフムがその主君ヤスマハ・アッドゥに宛てた手紙の中で，次のように話したことを報告している。すなわち「お前達はわが主の（戦利品の）取り分と私の取り分を与えてくれなかった。兵士の戦利品を取り上げる者は，大将であれ，書記官長であれ，隊長であれ，副官であれ，誰であろうと，ダガン神とイトゥール・メール神のタブーおよびシャムシ・アダドとヤスマハ・アッドゥのタブーを犯したことになる（*qa-du-ma i-si-iq-ti be-lí-ia* [*zi-it-t*]*i la ta-di-na-nim a-sa-ak* ^{d}*da-*

gan ù ᵈ*I-túr-m*[*e*]*-er a-sa-ak Sa-am-si-*ᵈIM *ù Ia -ás-ma-aḫ-*ᵈI[M] GAL.MAR.TU DUB.SAR.MAR.TU GAL.KUD ù NU.BÀNDA *i-ku-ul ša ša-la-at* LÚ.UKU.MEŠ *i-ṭe*$_4$*-ru*)（ARM II 13:25–30）（CAD L 98b; Durand, J.-D. 1998b, .31–32: Malamat, A. 1989, 76 などを参照）。

12. 「ダガン神，シャムシ・アダ［ド］およびヤトゥール・メ［ール］の［タブー］（ARM VIII 6:9' -10' ）。

13. ガビアートゥムからヤスマ［ハ・アッドゥ］に宛の手紙の中の挨拶
「あなたのために私はシャマシュとダ［ガン］に絶えず祈っています。」
（ARM X 1:5–6. Cf. 7 行）

14. 「ダガンとあなたの側に居たもうあなたの個人神があなたを助けにきてくださるように。」（ジッバトゥムからその兄弟アッバ宛の手紙 ARM X 107:20–22）。

15. 年名「シャムシ・アダドがビン・アッドゥを征服し，ダガンの神殿を建てた年」（Dossin 1950b, 53. Cf. Boyer 1958, 24, n. 1）。

D. ダガンとジムリ・リム

16. 「さてズルバン，ヒシャムタ，ヒマランおよびハナにおいて，町村毎に（*ālišam*）責任者（*ebbī*）を任命し，彼らをダガン神とイトゥール・メール神およびわが主（ジムリ・リム）にかけて宣誓させた。」（キブリ・ダガンからジムリ・リム宛の手紙 ARM III 19:10–17）。

17. ジムリ・リムの印章碑文：「ジムリ・リム，ダガン神に任命された者，エンリルに愛されている者，マリとハナ国の王，ヤハドゥン・リムの子」（ARM IX 36, [46], [186], [187], Frayne 1990, 626–627 [E4,6,12.5]）。

18. ジムリ・リムの印章碑文：「ジムリ・リム，ダガン神に任命された者，エンリルに愛されている者，ユーフラテス川の堤防を完成させた者，マリとハナ国の王，ヤハドゥン・リムの子」（Frayne 1990, 625–626 [E4,6,12.4]）。

19. ボテロは，ARM VII 259 に一部が残っている印章碑文を ［*n*］*a-ra-am* ᵈ*Da-*［*gan*］と読んでいるが，もしこれが正しいとすると，これはジムリ・リムを「ダガンに愛されている者」とする唯一の例である。

20. 「そしてあなたの主ダガンが私をお守りくださったので，誰も私には手を触れませんでした。」（名前不詳の女性からジムリ・リム宛の手紙 ARM X 100:7-9）。この手紙では，ダガンに4回言及されており，ダガンの神託についての言及もある。この女性は，「ダガンの命令に従って，私の娘を留めおかれないように。」と訴えている（26-27行）。

21. 「犠牲の主なる（*b*[*ē*]*l pagrê*）ダガンとマリの王（LUGAL *Mari*）イトゥール・メール」という表現が使われているが，その後に続く文章の意味が不明（ダーム・フラーツィムなる女性からジムリ・リム宛の手紙 ARM X 63:15-16）

22. 「私は絶えずツバートゥムのダガンの御顔を拝し，（ダガンが）私に要求される限りの贖罪の犠牲（*ḫiṭītišu*）を捧げ，それを差し控えることはしません。」（ジムリ・リムから王母アッドゥ・ドゥーリに宛てた手紙 ARM X 143:13-18）。

23. ダガンは「パンテオン・リスト」によると，6匹の犠牲用羊を給付されている（Dossin 1950a, 43）。

24. 「ダガンは私から［…］犠牲を絶えず要求している」（*Dagan neqêtim* [　] x *itenerrešanni*」（ラナスームからジムリ・リム宛の手紙 ARM II 137:43-44）。

25. 「ヤミン人がわが主（ジムリ・リム）に敵対していて，わが主が軍隊を送ってくれるようにとあなたに書き送った際，あなたは彼に軍隊を送りませんでした。しかしわが主はダガン神とイトゥール・メール神の指令下で，彼の敵を惨敗させ，彼らの村々を廃墟にしてしまいました。」（Dossin 1938, 883）。

26. ダガン神がテルカ（？）における叛乱を鎮圧してくれるだろうということについての言及（キブリ・ダガンからジムリ・リム宛の手紙 ARM III 18:7）。

27. 「テルカの主なるダガンがあなたの敵とあなたに背く者であなたの手を満たしてくださるように。ですから，安心して来られ，あなたの主なるダガンの足に口づけしてください。」（ダム・フラーツィムからジムリ・リムへの手紙 ARM X 62:9-16）ダガン神の足に口づけをすることについての言及は ARM III 8-25-27 および次の引用文にもある。

28. 「話変わって，わが主が安心して来られ，ダガンの足に口づけをされるように。町の長老衆はダガンの前に額ずき，わが主とわが主の軍隊のために祈っております。」（キブリ・ダガンからジムリ・リム宛の手紙 ARM III 17:14-20）。

29. 「私にとっての援軍は，ダガン神，アッドゥ神，イトゥール・メール神それにベーレット・エカリム女神――アッドゥは裁きの主である――こそわが主のお側を行進される神々です。」（王妃シブトゥから夫ジムリ・リム王に宛の手紙 ARM X 4:31-34）。

30. 「神が（私）にこのように伝えられました。『急いで王の許に使いを送れ。そうしてヤハドゥン・リムの死霊（*eṭemmum*）に食事の供物（*kispū*）を捧げさせなさい』と。」（キブリ・ダガンからジムリ・リム宛の手紙 ARM III 40:9, 13-18）。

31. アッドゥ・ドゥーリが夢の中で，「ダガンよ，帰りたまえ。ダガンよ，帰りたまえ。」という不気味な声を聞いたと伝えている（王母アッドゥ・ドゥーリからジムリ・リムへの手紙 ARM X 50:19-20）。

32. この手紙にはマリク・ダガンが夢の中でその伴と一緒にテルカにあるダガン神殿に入った際，ダガンが現れ，マリク・ダガンに語った神託が記されている。興味深いのは，夢の中でダガンは先ずヤミン人の首長達とジムリ・リムの部下達との間で条約が結ばれたかと問う。マリク・ダガンが「いいえ」と応えると，ダガン神は引き続いて次の神託を伝える。「どうしてジムリ・リムの使者達は常に私の前にいないのだ。そして（どうして）彼（ジムリ・リム）は完全な報告をしないのだ。もしそうしておれば，とっくの昔にジムリ・リムの手をヤミン人の首長達で満たしてやっていただろうに。では行け。私はお前をジムリ・リムに遣わそう。お前はこのように言え。『お前の使者達を私の許に送れ。そして私に完全な報告をしろ。そうすれば，私はヤミン人の首長達を漁師の魚かごに…してお前の前に置こう』と。」（イトゥール・アスドゥからジムリ・リムへの手紙（Dossin 1948, 128-132, 17-3 行）。

33. ただ「この市民」とのみ呼ばれている人に与えられたダガンの神託。「犠牲を捧げることについて（*aššum* [*pagrai*] *epēšim*]）ダガンはこのように［私に］伝えました。『お前の主に使者を遣り，翌月 14 日に犠牲（*niqê pagrai*）奉納を執り行え。少しなりとも，この犠牲を省略してはならない』と。」（テルカの知事キブリ・ダガンからジムリ・リムへの手紙 ARM II 90:17-19）。

34. キブリ・ダガンからジムリ・リムへの手紙（ARM XIII 114:8ff.）に或る市民の妻に与えられたダガンの神託が伝えられている。これはバビロンに関するするものであるが，その内容は残っていない。他に ARM 80 にもダガンの神託についての言及がある。ARM XIII 112:7' -11' の神託の送り主はダガンであろうか。

35. トゥトゥルのダガンは *aplûm-* 預言者を通じて 2 度にわたり神託を伝えたと考えられるが，2 つ目の神託は残っていない。最初の神託は，バビロンに関するものである。「おおバビロンよ，どうしてお前は繰り返し誅されなければならないのか。私はお前を網の中に集め，…私はジムリ・リ［ム］の手を七盟主の族（やから）のすべての持ち物で満［た］そ［う］。」（ムカンニシュムからジムリ・リムへの手紙 ARM XIII 23:8-15）。

36. ARM X 100 には多分 2 つのダガン神託についての言及があると考えられる。

37. 年名「ジムリ・リムが大きな玉座をテルカのダガンに捧げた年」（ARM VII 99:12; 100:9）。「テルカの（*ša Terqa*）」の代わりに「テルカにある（*ina Terqa*）」となっているバリエーションは Dossin 1950b, 56 に記されている。「テルカの」を欠くバリエーションは ARM VII 98:15; IX 35:12-14; 38:11; XIII 47：6 に見られる。

38. 年名「ジムリ・リムが［ダガン］神殿のライオン像（*emmamī ša bīt* [*Dagan*]）を設置した年。」ほかに，「ライオン像をダガンのために（*emmamī ana Dagan*）」，「ライオン像をダガン神殿に（*emmamī* [*i*]*na bīt* [*Dagan*]）」等のバリエーションがある（Dossin 1950b, 58. 他に，Dossin 1940, 167ff. を参照）。

39. バフディ・リムからジムリ・リムへの手紙にはダガン神がトゥトゥルに入ったことが記されている（ARM VI 73:6f., 8f., 4' f., 9' -11' ）。またこのダガンの旅行にはスム・ラバとダディ・ハッドゥンが同行したことが知られている（6' -8' ）。

40. 「話変わって，ズラヤの王ジムリヤは，夜テルカに着き，ダガンの前に額ずいた。」（キブリ・ダガンからジムリ・リムへの手紙 ARM III:8-14）。

41. キブリ・ダガンからジムリ・リムへの手紙は，「ダガンとイクルブ・エルは安泰，テルカとその周辺域は安泰です」という挨拶からはじまる。（ARM II 84, 90, 93, ARM III 10, 12, 13, 17, 29-34, 37, 39-42, 44, 45, 50, 52, 60, 61, 64, 73, 77-81, ARM XIII 108, 109, 112, 113, 115, 117-119, 121, 125, 130-132, 134, 135）。

42. その他，前後関係は不明だが，次の個所に神名ダガンが見える。ARM I 56:12; ARM IV 78:28' ; ARM VIII 3:6; ARM X 3:10' , 18' （Cf. Sasson, J. M. 1971, *BiOr* 28, 354）; ARM X 66:16-17。

付　記

本稿が完成した後，新しく出版された M. Birot, *Lettres de Yappim-Addu, gouverneur de Sagarātum*, ARM XIV, Paris, 1974 を入手した。ダガンに関する言及としては，「ザリ・アムナン（*Za-ar-ri*-PI-*na-an*^{ki}）のダガン神殿」（ARM XIV 7:2' ），「ダガン神殿」（ARM XIV 24:5），「［トゥトゥ］ル［の］ダ［ガ］ンの会衆」（ARM XIV 7:8-9）などがある。（1975.7.10）

第15章
マリ文書に現われるイクルブ・エル神

本章では神名 Ikrub-El の多様な綴りについて検討した後，イクルブ・エル神[1)] およびイトゥール・メール神の由来について考えたい。

1　神名イクルブ・エルの綴り

神名イクルブ・エルの名前は，これまで（1975年現在）に刊行されたマリ文書では，以下に見る通り，8通りに綴られている。イクルブ・エルの名が記されているのは，テルカの知事キブリ・ダガンの手紙に限られているので，この神名の綴りに一貫性がないことに驚かされる[2)]。

^{I}*Ik-ru-ub-EL*	ARM II 8[4], 87
^{d}*Ik-ru-ub-Il*	ARM II 89, 90, ARM III 10, 12, 29, 31, 34, 37, 39, 40, 41, 77, 78, 80, 81, ARM XIII 108, 109, 115, 118, 125
^{d}*Ik-ru-ub*-AN	ARM II 86, [93]（^{d}*I*[*k-ru*]-*ub*-<AN>, ARM III 13, 30, 44, 4[9],

1)　イクルブ・エルには8通りの綴りがあるが，本研究では，便宜上イクルブ・エル Ikrub-El と表記することにする。

2)　以下に記すイクルブ・エルの異なる綴りは，Finet, A. 1954, 161 および Noth, M. 1953, 134 に集められている。8通りの綴りのいくつかは，ARM の編者達（ARM III と IV は J.-R. Kupper; ARM II は C. F. Jean）によって復元されたもので本研究では，これらの編者達の復元に従っている。しかし，8通りの綴りの存在自体は保存されているテキストに基づいている。異なる綴りは，キブリ・ダガンが複数の書記を利用したために生じた可能性があるが，ここではその可能性を実証することはできない。

	50, 60, 61, ARM XIII 132
^{d}*Ik-ru-bé-EL*	ARM XIII 112
^{d}*Ik-ru-bé*-AN	ARM XIII 11[3]
^{d}*Ya-ak-ru-ub-El*	ARM III 17, 32, 52, 64, ARM XIII 117, 119, 130, 1[35]
^{d}*Ya-ak-ru-ub-Il*	ARM III 33, [4]5, 7[3][3), 79, ARM XIII 121, [1]31
^{d}*Ya-ak-ru-ub*-AN	ARM II 8 [8], ARM III [4]2

注：人名に ^{d}*ya-ak-ru-ub*-AN-*til-la-ti*（ARM VII 107:2'）がある。

これら異なる綴りから，(1) El と Il は同じ神を指していることがわかる。なぜなら，既に A. フィネト[4)]，I. J. ゲルプ[5)] および H. B. ホフモン[6)] が指摘しているように，マリ文書においいては /*e*/ と /*i*/ は，必ずしも別個の音素（phonemes）を表していないからである。

(2) 表語文字 AN（または DINGIR）は，表記は異なるものの，神名イクルブ・エルにおいては神名 El ／ Il を表すと考えられる。この点も，例えば，M. ノートおよびホフモンなどによって指摘されている通りである[7)]。ただし，このことからアッカド語人名に使われている表語文字 AN が常に El ／ Il を表すと言うことはできない。なぜなら，表語文字 AN が「私の神」*i-lí* あるいは神名？「イラ」*i-la* を指していると考えざるを得ない場合があるからである[8)]。しかし，一般的には，人名における表語文字 AN は El ／ Il を意味すると考えてよい。ホフモンが指摘しているように[9)]，AN は，*Ikrub*-AN のように，2つの構成要素からなる人名においては後に来る場合がほとんどであるが，それに対して，表音文字で表記された *i-lí* あるいは *i-la* の場合，人名の後半部分におかれているのは約半数，あるいはそれ以下である[10)]。従って，人名の後半部分

3) ここでは神であることを示す DINGIR-sign/^{d}/ が使用されていない。
4) Finet, A., 1956, §5j-1.
5) Gelb, I. J. 1957, 2.1.1.
6) Huffmon, H. B. 1965,162.
7) Noth, M. 1953, 134 および Huffmon, H. B. 1965, 163–165.
8) Noth, M. 1953, 135; Dossin, G. 1940,（i 35）; Finet, A. 1964, 118–119.
9) Huffmon, H. B. 1965, 162.

の AN は El ／ Il を意味すると考えて差し支えない。

これまで，El ／ Il を神名として論じてきた。El ／ Il が特定の神の名前であるのか，それとも普通名詞 *ilum* が述語として使用され，*il* すなわち「……は神である」の意味で使われているのかに関しては，神エルが登場するウガリトの神話が知られるようになって以降，前者の理解が正しいと考えられるようになった[11)]。この問題に関する最近の J. J. M. ロバーツの研究は「留めの一撃」であった。彼の議論を以下に要約しておこう。

(1) *Išlul-Il* あるいは *Išṭup-il* (*sic*) のような定動詞を含む人名の場合，もし *il* が普通名詞 *ilum* なら，*ilum* は主語であるので，*status rectus* でなければならない。すなわち *Išlul-ilum* でなければならない。(2) *il* が他の stative の単語と共に名詞文の人名に出てくる場合も，*il* が固有名詞として名詞文の人名の主語であると理解するほかない。(3) 最後に，*il* が，Puzur-Il のように genetive -construct における *nomen rectum* として使用されている場合，*il* は固有名詞と考える以外に説明がつかない。もし *il* が普通名詞なら，*Puzur-ilim* とならなければならないからである[12)]。

E. ソルベルジェー[13)] と J. ボテロ[14)] は，*ilum* はファラ文書などの ^{d}*e-lum* もあ

10)　これは，出版されたマリ文書から集めた人名に基づく計算結果である。ARM XIV は出版が遅れたためこの計算には含まれていない。AN を含む人名タイプの 82 %以上で AN は人名の最後にくるが，表音文字で記された El/Il も同じで，El/Il を含む人名タイプの 97 %以上で人名の最後にでてくる。しかし *i-li* を含む人名タイプの 73 % で *i-li* は人名の最初にでてくる。また *i-la* を含む人名タイプで約 50 %で *i-la* は人名の最初に出てくる。

11)　この問題に関してはいろいろな意見が出されているが，これらの意見は Pope, M. 1955, 1-6 にまとめられている。

12)　Roberts, J. J. M. 1972, 31-32.

13)　Sollberger, E. 1956, 16. Sollberger は，を「‘God’ あるいは ‘a/the god’ と訳すより（固有名詞）‘Ilum’ とする方がより適切である」と述べている。Sollberger, E. 1966, 115 をも参照。

ることから[15)]，特定の神の固有名詞の可能性もあると考えた。ソルベルジェーは，さらに，*ilum* が後の西方セム世界のエル（El）と同一の神の可能性もあると述べている[16)]。これにたいして，ロバーツは次の3点を挙げてこれに反対した。第1に，アッカド語の神名が語尾を有するのは極めて稀であること，第2に，形の異なる *el/il* と *ilum* は用法の違いに対応しているのではないか，また第3に，後の時代には *ilum* はほぼ一貫して神を意味する普通名詞として使用されている，などである[17)]。

ロバーツの反論は納得できるが，普通名詞 *ilum* が固有名詞となる過程の初期の段階では，ファラ文書の ^{d}*e-lum* が示すように，*ilum* は特定の神を表す神名と考えられたのではないだろうか。さらにファラ文書の ^{d}*e-lum* の完全な並行例として神名 Amu(m) を挙げることができる。Amu(m) は，^{d}*A-m*V[-V*m*] と綴られ，マリ文書から収集された20以上の異なる人名タイプに登場している[18)]。

(3) *ikrub* と *yakrub* は動詞 *karābu(m)* の同じ変化形である。言い換えれば，楔形文字で書かれた *Ikrub*-DN と *Yakrub*-DN は全く同じ人名タイプで，表記の仕方が異なるに過ぎないのである。このことは，マリ人名中の **yapr*V*s* をアッカド語人名とアムル語人名を区別する目安として使用することに慎重でなければならないことを意味する[19)]。ホフモンは，Ikrub-El//Yakrub-El，Itūr-Mer//Yatūr-Mer[20)]（および Idamaraṣ // Yadamaraṣ）などを，マリ文書にしばしば見られる

14) Bottéro, J. 1958, 35, 51–52.

15) Deimel, A., 1923, 5 obv. v 6（= rev. v 3）.

16) Sollberger, E. 1956b, 16.

17) Roberts, J. J. M. 1972, 122.

18) Nakata, I., 1974a, 50–52 参照。

19) 例えば，C. J. Gadd は，「資料が人名に限られ，それ以外の文字史料がないという極端な資料不足にもかかわらず，新しくやって来たこれらの移住者達の言語と，セム語を話すバビロニア人および早くに移住してきていた西からの移住民の言語とのあいだには，確固たる違いが存在するということに疑いの余地がない。最も明らかな違いは，三人称の動詞が *ia-* で始まるのに対し，アッカド語は *i-* で始まることである」と述べている（Gadd, C. J. 1971^{3}, 627）。なお Huffmon 1965, 13–14 も参照。

ya- と *e/i* 互換の例として挙げ，このような異なる綴りの存在を人名表記におけるアムル語の影響であるとしている[21)]。確かに，アムル語，あるいは西方セム語の影響が見られないところではこのような綴りの不統一性は見られない。しかし，**yaprVs*-DN の人名タイプをアムル語の人名であると見なしてよい保証はないのである。このことは，特に *Ya-aq-bi-*^{d}IM（アダド／アッドゥは命じられた）（A.3562＝[Dossin 1971, 37–66], A iii 38），*Ia-ar-ib-*^{d}IM（アダド／アッドゥは償われた）（ARM IX 291 iv 45'）[22)]，*Ia-as-ni-iq*-AN（エルは［援助のために？］到着された）（*RA* 65, p. 48, A. vii 65）および *Ia-túr*-Na-rum（ナールムが再び［子供を］与えてくださった［直訳：ナールムは戻ってきてくださった］）（A.3562＝[Dossin 1971, 48], A vii 72）などについて言い得る。なぜなら，これらの人名タイプに使われている動詞はアッカド語の動詞であるからである[23)]。

2　イクルブ・エル神とイトゥール・メール神

神名イクルブ・エルが登場するのはテルカの知事キブリ・ダガンの手紙の冒頭の次のような文章に限られる。

Dagan u Ikrub-El šalmū

Terqa u ḫalṣum šalim

---

20)　Išma-Addu（*iš-ma-aḫ-*^{d}IM）（ARM V 15:1）//Yasmaḫ-Addu もここに加えてもよい。

21)　Huffmon, 1965, 76.

22)　ただし，Huffmon, 1965, 260 はアラビア語の **rʿp*（憐れみ深くある）に関連させて解釈する可能性もあるとする。yarīb- は，Dagan（ARM VIII 90:17），Ea（ARM VIII 72:5'），El（ARM VII 178:10）および Erra（ARM VIII 58:4'）と共に人名を構成している。

23)　M. Dietrich と O. Loretz は，Huffmon 1965 の書評で，アムル語の音韻システムと楔形文字で表記されたものの間に直接的な対応関係を見ることに対して警告している（Dietrich, M.-O. Loretz 1966, 238）。両人が警告している点はいわゆるメソポタミアの周辺地域のアッカド語を扱う際には重要である。

ダガン神とイクルブ・エル神は無事です
テルカとその地区は無事です[24)]

イクルブ・エルが，他に登場するのは行政記録に言及されている人名 Yakrub-El-tillatī（イクルブ・エルは私の助けである）（ARM VII 107:2）に限られる。（その後1985年に，Ikrub-El-andullī［イクルブ・エルは私の隠れ家／護りである］ARM XXIV, 177:5; 190:4 が見つかっている。）

イクルブ・エルはマリ文書以外では知られていない。そもそも **yapr*V*s*-DN は，アッカド語の人名では感謝名（Dankname）で，極く普通に見られる人名タイプであるが，この形の神名はメソポタミアでは極めて稀で，イトゥール・メール Itūr-Mer 神がほぼ唯一の例外であろう[25)]。1つのマリ文書[26)]と多分 AN＝Anum[27)]に出てくる神名イクシュドゥム Ikšudum は，もしかするとエツァルド Edzard[28)]やホフモン Huffmon[29)]が2つの可能性の1つとして示唆するように，*Ikšud*-DN の短縮形であった可能性はあるが，確かではない。

24） W. L. Moran は，「ダガン神とイクルブ・エル神は無事です」を「ダガン神とイクルブ・エル神は無事で傷みはない safe and sound」と訳し，神殿あるいは聖所に安置されている神像が無事であることを報告しているものと理解している（Moran, 1969, 623, n. 11）。冒頭のこの文章はキブリ・ダガンの50通以上の手紙に含まれていて，神名 Ikrub-El の綴り以外は常に同じ文言になっている。

25） マリ文書におけるイトゥール・メール神の言及例は ARM II 13:25–30; ARM III 19:10–17; ARM VII 263 i 6–7; ARM VIII 1:28; 3:16; 6:10'; 85: tr.lat 3'–4'; ARM IX 176; ARM X 4:31–34; 10:5–23, 51:4–6; ARM XIII 26:10; 101:3–5; *St. Mar*.（注31参照），41–50。（本論文が発表された1975年の段階でイトゥール・メール神はマリ出土文書の中では2つの人名タイプに登場する。すなわち，*I-din-*^{d}*I-túr-Mer*（ARM XIII 1 iii 49, 96:12）と *A-na-*^{d}*I-túr-me-er-t*[*a?-ak?-la?*-ku?（ARM VII 197:5）。その後，イトゥール・メールの神名を含む8つの人名タイプが新たに見つかっている。本論集中のイトゥール・メールに関する第16論文を参照。

26） ARM XIII 111:6（Lāgamāl とともに言及されている）

27） CT 24, 16:21; 28:75. Huffmon, H. B. 1971, 288.

28） Edzard, D. O. 1967, 63, n. 2.

29） Huffmon 1971, 288.

3　イクルブ・エルとイトゥール・メールを合わせて検討すべき理由

これらの神々がどのような神であるかを理解するには，イクルブ・エルとイトゥール・メールを合わせて検討するのがよいと思われる。その理由は，神名の構造が同じであることと，以下に述べる2つの共通点にある。

共通点の第1は，両神ともテルカとマリにおいてそれぞれ神ダガンに次いで重要な地位を占めていたことである。ダガンはユーフラテス川中流域の最高神で，マリ王国の最高神でもあった。テルカはダガン祭儀の1つの中心地ではあったが[30)]ダガンの影響力は特定の1都市に限られていなかった。他方，イクルブ・エルとイトゥール・メールはそれぞれテルカとマリの都市神であった[31)]。

共通点の第2として，イトゥール・メールは「マリの王」（^{d}*I-túr-me-er* LUGAL *Ma-ri*^{KI}）[32)]（ARM X 63:16 そしておそらく ARM X 66:18 および ARM 72:11-12）と呼ばれていたが，イクルブ・エルもまた「テルカの王」として知られていた。M. ランバートが出版したウル第三王朝時代の文書（注32）には，^{d}LUGAL *Ter-qá*（テルカの王）と ^{d}LUGAL *ma-tí*（国土の王）の他に10神が言及されている[33)]。イクルブ・エルは，ウル第三王朝時代かイシン・ラルサ時代に年代付け

30）古バビロニア時代のダガン祭儀は，マリ（*St. Mar.*, p. 45），トゥトゥル Tuttul（ARM XIII 22：6；*Ugaritica* V, p. 564 の *dgn ttlh*），ツバートゥム Ṣubātum（ARM X 143:13-18），イシン Isin（Sollberger -Kupper, 1971, 183-184, IVB5b）などで見られた。

31）イクルブ・エルについては，クペールの研究がある。Kupper 1947, 153。マリの都市神イトゥール・メールについては，Birot, M. 1960, 349; Moran 1969, 41; Ross, J. F., 1971, 21 等を参照。

32）Lambert, M., 1970, 249-250（Texte 3）を参照。

33）すなわち，イシュタル，アンヌニートゥム，ダガン，^{d}LUGAL *ma-tí*，ニンフルサッガ，^{d}LUGAL *ter-qá*，シャマシュ，アヤ（^{d}NIN-a-a），エンキ，ニンバル，^{d}E.EZEN.-X，ネ［ル］ガ［ル］などである。この文書は，Dossin 1967a, 98-100で出版されたパンテオン・リストに非常に似ている。注34）を参照。

される[34] マリ出土のパンテオン・リスト[35] の中でも言及されている。ドサン Dossin は，この文書の「テルカの王 ᵈLUGAL *Ter-qá*」はダガンを指していると考えたが[36]，M. ランバートが出版した文書にダガンと「テルカの王 ᵈLUGAL *Ter-qá*」が一緒に言及されているので，ダガンと「テルカの王」を同一視することはできない。われわれは，「テルカの王」とは，上で述べたように，イクルブ・エルであると考える。もし，この考えが正しいとすれば，イクルブ・エルとイトゥール・メールは共通のタイトル，すなわち(d)LUGAL（＋都市名）を共有することになる。LUGAL（＋都市名）は通常都市神のタイトルとして用いられた[37]。

イクルブ・エルがどのような神であるかに関して，W. L. モランは２つの説を提案した。１つは神格化された部族の元英雄であると言う説で，もう１つの説は，（神像が）祝福する姿で表されていたからであろうというのがその理由であった（神名 Ikrub-El とは，「エルは祝福した」の意）[38]。イトゥール・メールに関しては，エツァルドとホフモンは，メソポタミアの嵐の神メール（サルゴン時代の Wēr，ウル第三王朝時代は Mēr）の特定の地域における顕現形態（Erscheinungsform）ではないかと考えた[39]。しかしながら，イクルブ・エルとイトゥール・

34）　Dossin, 1967a, 99 はこの文書をウル第三王朝時代に年代付けしているが，Edzard はイシン・ラルサ時代の初期に年代付けすることも可能としている。

35）　Dossin, 1967a, 98–100. Lambert, M. が *Syria* 47, 1967 で出版したパンテオン・リスト以外に数点のパンテオン・リストの存在が知られている。Dossin 1950a, 51–61 および J. Nougayrol 1968, texte 18, 42–64 等を参照。

36）　Dossin 1967a, 101.

37）　例えば，Paffrath, P. T., 1913, 35–37 を参照。しかしながら，神の形容辞としての LUGAL の用法，ᵈLUGAL＋地名でできている神名の意味については問題無きにしもあらずである。後の時代の文書に，Lāgamāl と Malik もまた LUGAL *ša Ma-ri*ᵏⁱ と説明されている（II R, pl. 60, no. 1＝Ebeling, E., 1931, 12, I 15, 20. Kraus, F. R. 1949, 67–68 も参照）。

38）　Moran, W. L. 1969a, 623–24, n. 1.

39）　Ezard, D. O. 1965a, 136; Huffmon, H. B. 1965, 271. Mer/Wer に関しては，Gelb, I. J. 1957b, 80 を参照。

メールが同じ特徴を共有していることから，両神がどのような神であるかに関しても同じ考え方を適用するのがよいと考える。すなわち，もしイトゥール・メールが神格化された元英雄であると考えるなら，イクルブ・エルも神格化された元英雄であったと考えるべきだし，イトゥール・メールがメールの顕現形態であるとするなら，イクルブ・エルについてもエルの顕現形態と考えることができるはずである。

4　両神は神格化された元英雄

これら2つの考え方の内，両神を神格化された元英雄とする考え方の方がはるかに説得的であると考える。**IprVs*-DNはアッカド語の人名のタイプとして確立されたタイプであったことがその理由の1つである[40)]。さらに，人名イクルブ・エル（*Ik-ru-urb*-AN）が人名イクルブ・エア（*Ik-ru-urb-É-a*）と共に，アッカド時代の文書に出てくることが知られている[41)] **Itūr*-DNも人名タイプとして決して珍しくないのである。ゲルブのMAD 3の293頁に人名Itūr-El（*I-túr*-AN）およびItūr-Sîn（*I-túr*-^{d}EN.ZU）がリスト・アップされている。また，マリ文書にも，Itūr-Addu（*I-túr*-^{d}IM, ARM VIII 24:5），Itūr-Ea（*I-túr*-É-a, ARM IX 256:6），Yatūr-Nārum（*Ya-túr*-Na-rum! *RA* 65, p. 48, A vii 72），Itūr-N[I]N.GAL（ARM IX 283 ii 9）などの人名が出てくる[42)]。

神格化された英雄や王は古代メソポタミアにおいても知られていた。例えば，ルガルバンダやギルガメシュはファラ神名表に登場する[43)]。さらに，アッ

40）　この人名タイプはいわゆる感謝名Danknameで，普通に見られる人名タイプである。Stamm, J. J. 1939, paragraphs 17, 23および24を参照。

41）　Gelb, I. J. 1957, 150.

42）　ARM XIV 81:20, 27（?）および*RA* 66, 115, A.2830:3, A.826:3, A.2801:3などのItūr-Asduを参照。

43）　Deimel, A. 1923, Tafel 1, vii 14, XIII（r. iii）25; Tafel 5, obv.? i 6, rev.? v 6.（これらの文書に関しては，吉川守先生のお世話になった）。ファラ神名表は初期王朝第III期に年代付けされている（Hallo, W. W. [and W. K. Simpson], 1998, 48およびLambert, W. G.

カド王朝，ウル第三王朝，イシン王朝，ラルサ王朝，エシュヌンナ王朝では王達が生前あるいは死後に神格化されたこと，またこれら神格化された王達に供え物が捧げられていたことなどを考えるとイクルブ・エルとイトゥール・メールも神格化された元英雄とする説の方がはるかに説得的である[44]。

さらに参考になる史料として，神名リスト AN＝Anum[45] の以下の部分を挙げることができる。

18 ^{d}Lum-ma/šu

19 ^{d}Ḫa-tá-ni-i[š]/[š]u min $gidim_4$ é-kur-ra-ke_4

20 ^{d}En-líl-lá-z[i]/nu-bànda é-kur-ra-[ke_4]

21 ^{d}Ur-^{d}En-zu-na/nimgir èš-bar-ra-[ke_4][46]

ここでは，神であることを表す /^{d}/ が付されていることからわかるように（神）

1971, 473-474）。

44） 以下の王達は彼等の王碑文（Sollberger-Kupper 1971 を参照）において神格化された徴である DINGIR マークが付されている。アッカド王朝：ナラム・シン，シャル・カリ・シャッリ，ウル第三王朝：シュルギ，アマル・シン，シュ・シン，イシン王朝：イシュビ・エラ，シュ・イリシュ，イッディン・ダガン，イシュメ・ダガン，リピト・イシュタル，ウル・ニヌルタ，ブル・シン，リピト・エンリル，ザンムビア，イテル・ピシャ，ウルドゥクガ，ダミク・イリシュ，ラルサ王朝：スム・エル，リム・シン，エシュヌンナ王朝：イピク・アダド，ナラム・シン，ダドゥシャ，デール王朝：ニドゥヌシャ，マルギウム王朝：タキル・イリシュ，イピク・イシュタル等である。死去した王達に対する祭儀に関しては，Hirsch, H. 1963, 5（サルゴン），13（リームシュ），16（マニシュトゥシュ），24（ナラム・シン），および Deimel, A. 1920, 32-51。王名の前に DINGIR マークを付す慣行はアッカドのナラム・シンから始まった。その背景については，例えば，Edzard, 1965b, 133-35; Bottéro 1965, 109-110. ほかに，Frankfort, H. 1948, 224-226, 297; Jacobsen, Th. 1939, 98-99; Jacobsen, Th. 1970, 395, n. 108; Hallo 1957, 56-65.

45） CT 24, pl. 6:18-21.

46） これら 4 人の神格化された王と役人達は de Genouillac 神名表にリストされている（*RA* 20, 1923, p. 98, ii 4-7）。Jacobsen 1939, 98-99 参照。

ルンマ Lumma と（神）ハタニシュ Ḫataniš はエクル Ekur[47] の死霊（gidim$_4$）であるとされる。また，（神）エンリラジはもともとエクルの家令（nu-bànda）で，（神）ウルエンズナももともとエシュバラ[48] の伝令であった。ここでは，記されていないがこの2人も死霊（gidim$_4$）になったと理解される。ここで神格化された人物達が死霊（gidim$_4$）であると説明されているのは興味深い。なぜなら，誰でも死ねば，少なくとも理論的には，死霊（gidim$_4$）となって神格化されるということを示しているからである。

事実，死霊（アッカド語ではエテンム *eṭemmu*）は，アッカド語史料[49] によると，時には神（*ilum*）と同じように扱われているからである。

kīma ilam u eṭemmī tagammiluma lā aḫalliqu epuš

神[50] と死霊達を喜ばせるように振る舞いなさい，そうすれば私は滅びることがないでしょう。

ina ilāni u ana eṭemmī eqlāti u bītāti lā ilaqqa

（そして）彼は，神々と死霊達にかけて（誓った）。彼は耕地と家を奪い取ることは決してないと。（JEN 476:6）

また，「エタナ物語」には次のような文章がある。

ilāni ukabbit eṭemmī aplaḫ

私は神々を敬い死霊達を畏れます。（*Babyloniaca* 12, pl. 3:36）

イクルブ・エルとイトゥール・メールに関してもこのような考え方が背景にあったことを頭において理解すべきであろう。彼等はもともと何らかの英雄であ

47）これらの王達については，Hallo（& Simpson）1998, 50-53 を参照。

48）B. Landsberger, B. 1915, 28, n.13.

49）次の3つの文章は CAD E, 397b より引用。

50）ここの *ilum* は守護神の類いと考えられる。

ったが，死後に死霊（エテンム）となり，それぞれの都市で先祖崇拝の対象となり，都市神として崇められるようになったのではないだろうか[51)]。

51)　キブリ・ダガンの手紙に引用されているテルカのダガンの有名な神託（ARM III 40:13-18）が思い出される。「神（ダガン）が，次にように言って，私を送り出された。すなわち，『彼等がヤハドゥン・リ［ム］の霊に死者への捧げ物を捧げるように，急いで王に書き送れ』と。」古代メソポタミアの死者崇拝に関しては，Finkelstein, J. J. 1966, 95-118 および Bayliss, M., 1973, 115-125 を参照。なお，われわれ日本人には天神様になった菅原道真の例があり，イクルブ・エルとイトゥール・メールの例を理解するのにさほど苦労しない。

第16章
マリ文書に現われるイトゥール・メール神

はじめに

イトゥール・メール神[1]は，ジムリ・リム統治下（前1775-1762年）[2]のマリの公的祭儀では最も重要な神々の1神であった。このことは，イトゥール・メール神の神殿と神殿に仕える職員が存在し，この神殿に犠牲用の羊や大麦が支給されていたことを示す記録類が存在することからも明らかである。

しかし，マリがバビロン王ハンムラビ（前1792-1750年）によって滅ぼされるまでは，イトゥール・メールはマリの都市神で，マリ以外ではほとんど知られていなかった。また，イトゥール・メールは，古バビロニア時代のマリ出土文書に見られる人名の構成要素としても登場するが，ジムリ・リム治下のマリ王国の終焉[3]まではマリ以外から出土する人名の構成要素として出てくることはなかった。

ところが，マリ王国がハンムラビに滅ぼされた後も，テルカを首都とするハナ国（KUR/*ma-at ḫa-na*）[4]において，イトゥール・メール神は誓約の神として存

1） イトゥール・メール Itūr-Mēr に関しては，これまでに2つの説明が行われた。1つはメール神の顕現形態（Erscheinungsform of Mēr）の1つであるという説で，2つ目は部族の英雄が神格化されたもの（apotheosized tribal hero）であるいう説であった。もちろん2つ目の説の方がより説得的である。Nakata, I. 1975, 15-24; Durand, J-M. 2008, 189-192. なお本論集第15章を参照。

2） 本小論の年代に関しては Charpin D. & N. Ziegler, 2003 に従う。

3） Charpin, D. & N. Ziegle 2003, 179: Durand, J.-M. 2008, 194.

在し続けていた。これは一体どういうことなのだろうか。また，テルカの都市神であったイクルブ・エル Ikrub-El[5] は古バビロニア時代後期にテルカとその周辺地域から出土した文書から全く姿を消してしまったのはどうしてであろうか。これらの疑問について考える前に，マリ王国滅亡前の首都マリとその周辺地域の公的祭儀におけるイトゥール・メール神の重要性について確認しておきたい。

1　首都マリの公的祭儀におけるイトゥール・メール神

1-1　イトゥール・メール神殿とその職員

・王妃シブトゥは，夫ジムリ・リム王に宛てた手紙の中でカッカ・リディ Kakka-līdi がマリのイトゥール・メールの神殿で見た夢について報告している[6]。

・ARM VIII 85＋A.4304：56 はイトゥール・メールの神殿で行われた誓約に言及している（Charpin, *M.A.R.I.* 8, 1997, p.344）[7]。

4）　ハナ国の首都がテルカであったというのは 1 つの仮説である。例えば，D. Charpin は首都テルカ説に疑問を呈している。Charpin, D. 2011, 41–59 特に 51–53 を参照。

5）　私は，1975 年に T. 142:4'（Lambert, M. 1975, 249–250, Text 3）の ᵈLUGAL *ter-qá* は Ikrub-El のことであると論じた（Nakata 1975, 18）。しかし，私の主張は Durand, J.-M. の ARM X 66:16–17 の復元［*ša-ni-tam*］ᵈ*da-gan*［*be-el te*］*r-qa*ᴷᴵ［*ù* ᵈ*i-túr-m*］*e-er*,［LUGAL *ma*］*-ri*ᴷᴵ（［話変わって，］［テル］カの［主］ダガンと［マ］リの［王（LUGAL）イトゥール・メ］ール…）（Durand, J.-M. 2000, 301, n. 52 ）とうまく合わない。Podany A. もまた *bēl Terqa* あるいは LUGAL *Terqa* はダガン神のエピセットだと主張している（Podany, A., 2002, 60–61）。しかし，私は今も私の 1975 年の説は正しいと考える。

6）　ARM X 10:5–7。ARM XXIII 96:10 でもイトゥール・メール神殿が言及されている。

7）　もっともシャルパンはこのイトゥール・メール神殿がマリにあったのかサピラートゥム Sapirātum にあったのかあるいはまたハナト Ḫanat にあったのかはっきりしないと述べている。これらの町はいずれもマリより南のハナ地区にあった（Charpin, D. 1997, 346）。

・法的文書 A.337[8] もイトゥール・メールの神殿に言及している。

・ARM XIII 26:8-11 の「イトゥール・メール神の門」は，イトゥール・メール神殿に通じる門で，イトゥール・メールの神殿が存在したことを示している[9]。

・王母アッドゥ・ドゥーリの手紙の1つはイトゥール・メールの大祭司 šangû イッディン・イリに言及している（ARM X 51:4-8）[10]。

・ARM XXIII 446:19' にイトゥール・メール神のムッフー預言者エア・マッシに衣服が支給されたことが記録されている。ただし，エア・マッシの預言は保存されていない。

1-2　イトゥール・メールへの犠牲獣の支給

・ドサンが「パンテオン・リスト」と呼んだ犠牲獣の支給記録[11] ではジムリ・リムがマリの王座に復帰して間もない年の[12] リリアートゥム（第IX）の月の27日に6匹の羊の支給が記録されている。他に8神（アッドゥ神，アヌーニートゥム女神，ベーレト・エカリム女神，ダガン神，エア神，ネルガル神，ニンフルサッガ女神，およびシャマシュ神）にも同じ数の羊が支給されている。この支給記録では，ディリートゥム女神に支給された7匹を除いて，6匹が最大

8）Durand, J.-M. 1996, 62-63 に引用されている。

9）「彼等は王宮の2人の奴隷をベールトゥムの家からイトゥール・メール神の門まで連れ出してきました」2 SAG.ÌR *ša é-kál-lim* [*i*]*š-tu* É ([f])*be-el-tim* [*a-n*]*a* KÁ [d]*i-túr-me-er* [*ú*]*-ṣú-nim-ma* (ARM XIII 26:8-11).

10）「イトゥール・メールの大祭司であるイッディン・イリは夢を見ました。彼は次のように言いました。『私の夢の中で……』」([1]*i-din-ì-lí* LÚ SANGA [d]*i-túr-me-er šu-ut-ta-am iṭ-ṭú-ul um-ma šu-ú-m*[*a*] *šu-ut-ti-ia* ......)

11）Dossin, G. 1950, 43-45. ただし，この文書を正しく理解するには，Durand が出版した ARM XXI 15-58, p. 16-63, Lafont, B. が出版した ARM XXIII 246-334, Soubeyran が出版した ARM XXIII 496-503 および Bardet が出版した ARM XXIII 60 など，同種の文書を併せて読む必要がある。

12）いわゆる「パンテオン・リスト」の歴史的背景等については，Charpin, D. and N. Ziegler, 2003, 178 を参照。

量である。

・イトゥール・メール神への犠牲獣の支給を記録した史料はほかに5点知られている（ARM XXI 22［羊2匹］，ARM XXIII 255［羊5匹］，ARM XXIII 295［羊1匹］，ARM XXIII 318［3匹］および ARM XXIII 330［羊2匹］）[13]。支給された羊の数が何を意味するかは不明だが，もし職員を含めた当該神殿の規模を反映していると仮定すれば，イトゥール・メールの神殿はマリでは重要な神殿の1つであったことになる。なお，これまでのところ，43点の犠牲獣支給記録が残っているが，その内16点（ARM XXI 17, 20 23, 41, ARM XXIII 246, 263, 264, 265, 266, 269, 274, 298, 303, 319, 320 および 334）はマリ以外の地で行われた犠牲獣支給の記録である。これらマリ以外の地での犠牲獣支給記録には，マリの都市神であるイトゥール・メールへの犠牲獣支給は，当然のことながら，記録されていない[14]。

1-3　イトゥール・メールへの大麦支給（ŠE.BA）

イトゥール・メール神殿とアッドゥ神殿の耕地で働く人々と犂耕用の牛に対する大麦の支給記録（ARM XXIII［112］, 113,［114］, 115, 116, 117,［118］, 110,［120］）も残っている[15]。

1-4　イトゥール・メール神への金・銀の支給記録

・イトゥール・メール神の祭りに際して，同神のネックレス作成のためにマリの工房の責任者ムカンニシュムに1と5/180シキル（約8.56グラム）の金が支給されている（ARM IX 176:1-9）。

・イトゥール・メール神を含む5神に，支給の目的は不明であるが，3マナと10シキル（約983.3グラム）の銀が支給されている（ARM XXIII 73:1-7）。

・デュランは，また，職人達がイトゥール・メール神の玉座を製作していたこ

13）　Nakata, I. 1991, 256-257 の Chart 1（本論集第12章の表1）を参照。

14）　Nakata, I. 1991, 252 および本論集 387-391 頁。

15）　これらの文書に関しては，ARM XXIII, 1984, p. 105-132 の F. Joannès の分析を参照。

とを紹介している[16)]。

1-5　首都マリで2番目に重要な神イトゥール・メール

・ジムリ・リムの最初の妻ダム・フラーツィムがジムリ・リムに宛てた手紙で,「話変わって，どうかパグルー犠牲の主《ぬし》であるダガン神とマリの王であるイトゥール・メール神があなた様の敵と，あなた様に対して敵対的な人々をあなた様に引き渡してくださるように」と述べている（ARM X 63:15–20)。ここでイトゥール・メール神は「マリの王 LUGAL *ma-ri*^{KI}」と呼ばれていることに注目しておきたい。通常「某地の王」と呼ばれる神はその都市の都市神であると考えられているからである[17)]。

・また，マリ王宮の高官リピ・リム Rip' i-Lim の手紙は，ヤミン人に対するジムリ・リムの勝利をダガン神とイトゥール・メール神のお蔭であるとしている[18)]。リピ・リムは,「ヤミン人達がわが主（ジムリ・リム）に対して叛乱を起こした時，わが主はお前達に援軍を送るよう書き送ったが，お前達はわが主に援軍をおくらなかった。しかし，わが主はダガン神とイ［トゥ］ール・メール神の命令に従って彼の敵達を敗北させ，彼等の町々を廃墟にしてしまわれたのだ」と述べている通りである[19)]。

・王妃シブトゥも，夫ジムリ・リム王宛の手紙の中で,「私の同盟主である神はダガン神，アッドゥ神，イトゥール・メール神，ベーレト・エカリム女神および占いの主アッドゥ神で，これらの神々がわが主のお側を［行進される］のである」[20)] と書き送り，イトゥール・メール神をジムリ・リムの5人

---

16)　Durand, J.-M. 1996, 60–61 に引用されている A.2140 による。

17)　Paffrath, P. T. 1913, 35–37; Nakata, I., 1975, 18; Durand, J.-M. 2000, No. 1117; Durand, J.-M., 1985, 163; Durand, J.-M., 2008, 189, n. 60 などを参照。

18)　Charpin D. and J.-M. Durand, 1985, 322 を参照。

19)　A.489:5' –10' . Charpin, D. & J.-M. Durand, 1985, 323, no. 131 による。

20)　ARM X 4。Durand, J.-M, 1988a（ARM XXVI 207: 31–34）はこの箇所を，*til-la-ti i-ia-at-tu-ú-um* ^{d}*da-gan* ^{d}UTU* ^{d}*i-túr-me-er ù* ^{d}IM-*ma be-el pu-ru-us-si-e-em ša i-na i-di be-lí-ia i-l*[*a-ku*] と読み，Dossin の ^{d}IM（= Addu）を ^{d}UTU* と訂正しているが，ここでは

の守護神の1神に数えている。ここで，ダガン神，イトゥール・メール神およびベーレト・エカリム女神の3神は当然言及されるべき3神であったが，2番目に言及されているアッドゥ神については，ここに数え上げられる根拠が必ずしも明白ではない。シブトゥのこの手紙（ARM X 4）を除いて，他のすべての手紙はマリの公的祭儀の対象となった神々の中ではイトゥール・メール神をユーフラテス中流域の最高神であるダガンに次ぐ重要な神であるとしている[21)]。デュランの読み方に従うと，シブトゥのこの手紙（ARM X 4）のみがイトゥール・メール神を3番目に重要な神としているのであるが，イトゥール・メールがマリで2番目に重要な神であると言うわれわれの理解は間違っていないと考える。

・シャムシ・アダド（1世）（前1792-1775年頃）は，マリを征服した後，イトゥール・メール神に玉座を奉納している。この玉座に記された奉納碑文の写し（マリで発見された練習粘土板の表面に書写されていた）には次のように書かれている[22)]。

わが主イトゥール・メール神が，エンリルにより任命された者，アッシュルの代理王である私シャムシ・アダドにマリの国とユーフラテス川の河岸地帯を支配し，統治すべく私に委ねられた時，私は［……］製の玉座を完成させ，彼（イトゥール・メール神）に捧げた[23)]。

Dossinの読みを残しておく。なお，Durandはこの文書をジムリ・リム治世の終わり頃に年代付けしている（Durand, 2008, 282, n. 342）。

21）　Durandは，ユーフラテス河岸地帯の王であるダガンと都市（マリ）の王イトゥール・メールの2神からなる二重構造はアムル時代の特徴であると述べている（Durand, 2008, 194）。

22）　A. 2231 obv. = Grayson, A. K., 1987（A.0.39.4.）。同様の奉納碑文がもう1点Grayson, 1987（A. 0.39.5）が知られている。この碑文の訳と解説については，Charpin, D. 1984, 42を参照。

23）　^{d}UTU-ši-^{d}IM *ša-ki-in* ^{d}*en-líl* ÉNSI ^{d}*a-šur*$_{4}$ *i -nu-ma* ^{d}*i-túr-m*［*e-er*］*ma-at ma-ri*［^{KI}］*ù a-aḫ* ^{ÍD} BU［RANUN-NA］*a-na be-*［l*í-im*］*ù ša-pa-ri-i*［*m*］*ú-ša-ak-li-la-*［*am*］*ak-ru-ub-šu-u*［*m-m*］*a* 1 ^{GIŠ}GU.ZA ^{GIŠ}ŠENNUR［BAB］BAR ......（A. 2231 obv. = Grayson, A. K. 1987, A.0.39.4）.

この碑文で注目すべき点が2つある。先ず第1は，ダガン神に言及されていないことである。アッカド王国のサルゴン[24]とナラム・シン[25]は「上の地（*mātum elītum*）」（ユーフラテス川の中流域）とさらに遠くの地に対する遠征の成功を（トゥトゥルの）ダガン神に帰している。またヤハドゥン・リムも（トゥトゥルの）ダガン神の支援に対して感謝している[26]。第2に，シャムシ・アダドの理解するところではイトゥール・メール神の影響力の及ぶ範囲は都市マリに限定されていなかった。なぜなら，彼は都市マリのみならず，ユーフラテス川中流域全域に対して支配を及ぼすことができたのはイトゥール・メール神のお蔭であるとしているからである。もっとも，この奉納碑文はイトゥール・メールの玉座奉納に際して作成されたものであるから，イトゥール・メール神の役割が強調されるのは当然であるとも言える。

・イトゥール・メール神は，ジムリ・リムがマリ王権を掌握する前からマリ地域で知られていた。われわれが知る限りでは，イトゥール・メール神が文書資料に初めて登場するのはウル第三王朝時代のパンテオン・リスト（T.142）である[27]。しかし，デュランによると，このパンテオン・リストはマリの王都がマリに移される前のツプルム Ṣuprum 時代のもので[28]，イトゥール・メ

24）「王であるサルゴンはトゥトゥルでダガン神に跪いた。彼（ダガン神）は彼（サルゴン）に上の地，すなわちマリ，ヤルムティ，およびエブラを，（そして）杉の森と銀の山々に至るまでを与えられた。」（Frayne, D. R. 1993, E2.1.1.11: 14–28.　なお，同 E2.1.1.12: 6'–21' をも参照。）

25）「さらに，彼（ナラム・シン）はユーフラテス河岸からウリシュム（の町）までダガン神が初めて彼（ナラム・シン）に与えた人々を撃ち，彼の神であるイラバ（Ila-ba）に対してかれの役割を果たした。」（Frayne, D. R. 1990, E4.6.8.1:1–20）

26）「マリ，トゥトゥルおよびハナの地の強い王，ヤギド・リムの息子で，ユーフラテス河岸地域を支配するヤハドゥン・リムに対して，ダガン神は私（ヤハドゥン・リム）の王権を宣言し，私の王権に敵対する敵達を倒す強力な武器を私に与えてくれた。私は7人の王達と私に敵対するハナの地の首領共を敗北させた。私は彼等の地を自分の地に併合した。（Frayne, D. R. 1990, E4.6.8.1: 11–20）

27）Dossin, G. 1967a, 100. ただし，Edzard, D. O. 1967, 57 をも参照。

28）ツプルムはマリの上流約12キロのユーフラテス川東岸に位置した。Charpin, D. and N. Ziegler 2003, 177 の地図参照。Durand はヤギッド・リム時代の首都はツプルムにあ

ール神の祭儀はヤッギド・リム Yaggid-Lim あるいはヤハドゥン・リム Yaḫdun-Lim に導かれたシマル人の一団がイトゥール・メール神の祭儀をツプルムに導入した可能性があるとしている[29]。

2　首都マリの公的祭儀以外における　イトゥール・メール神

2-1　マリ人名に登場するイトゥール・メール神

一般の人々にとってのイトゥール・メール神の重要性を示してくれるのが同神の名を含む人名である。われわれは，マリ人名から神名イトゥール・メールを含む 11 の人名タイプを蒐集することができた[30]。このことは，古バビロニア時代のマリの人々の間でイトゥール・メールはかなりの人気があった事を示す。（以下の人名リストでは，イトゥール・メールを「イ神」と略す。）

Ana-Itūr-Mēr-taklāku（私はイ神を信頼する）：ARM XXIV 249 i 10
Ḫatnī-Itūr-Mēr（イ神は私の義理の父である）：Durand, 2008, 194
Ḫanna-Itūr-Mēr（イ神は慈悲深い）：ARM XXII 13 iii 23
Iddin-Itūr-Mēr　（イ神は［息子を］与えてくださった）ARM XXII 13 i 8'）
Ipqu-Itūr-Mēr（イ神は守りである）：Dossin, 1940, 155
Itūr-Mēr-gāmil（イ神は救い主である）：ARM XXIII 436: <29>
Itūr-Mēr-ḫinaya（イ神は［国の］2つの目である ?）：M. 5465（Durand, 2008, 194）
Itūr-Mēr-ḫisra（イ神は…）：M. 5583 iv（Durand, 2008, 194）

ったとする。Durand, J.-M. 1985b, 169 参照。

29）　Charpin, D. and J.-M. Durand, 1986b, 155; Durand, J.-M. 2008, 191; Durand, J.-M. 1996, 66 などを参照。

30）　ここでは，イトゥール・メールの神名を含む各人名タイプの出典は 1 点のみに留める。なお，Nakata, I. 1995, 234–235. を参照。

Itūr-Mēr-šamaḫ（イ神は聞き給う）：M. 18 110（Durand, 2008, 194）

Itūr-Mēr-tillātī（イ神は私の味方である）：ARM XXIII 85: 39

Itūr-Mēr-tukul（イ神は信頼である）：M. 7791（Durand 2008, 194）

2-2　社会生活におけるイトゥール・メール神

・イトゥール・メール神は誓約の神としてマリの人達にとってなくてはならない神であった。例えば，耕地の売買契約書から，アッドゥ神，イトゥール・メール神，およびサムム（＝スム・ヤマム）王に誓って今後いかなる苦情も申し立てないとの誓約がなされていたことが分かっている[31)]。

・また，カトナを支援するために軍隊を率いてジッバトの町に遠征した大隊長サマード・アフム（Samād-aḫum）は，彼の主であるシャムシ・アダド王に次のような手紙を書き送り，苦情を申し立てている。

私は中隊長（GAL.KUD），小隊長達（NU.BÀNDA），および10人隊の長達（UGULA 10）および正規兵達（AGA.UŠ SI.SÁ）を召集して，次のように伝えました。すなわち「お前達は私の主（シャムシ・アダド）が定めた誓約（プロトコル）に従って（戦利品の内の）私の取り分を私に与えなかったので，大隊長（GAL.MAR.TU）であれ，大隊長の書記（DUB.SAR MAR.TU）[32)]であれ，中隊長（GAL.KUD）であれ，小隊長（NU.BÀNDA）であれ，お前達はダガン神とイトゥール・メール神のタブーとシャムシ・アダドとヤスマハ・アッドゥのタブーを犯した」と[33)]。

31）　MU ^{d}IM MU ^{d}*i-túr-m*[e-e]*r ù sa-mu-mu-ú* IM.PÀD.MEŠ（ARM VIII 3: 16-18）.

32）　直訳すると，「アムル人書記」となるが，Durand 1998, 33, note i）はアムル語通訳などではなく，省略表現で，大隊長（GAL.MAR.TU）の行政上の補佐をする書記官であると理解する。

33）　ARM I1 13: 23-30. ここでは，Durand 1998, 31の訳に従う。なお，CAD I/J, p. 191 sub *isiḫtu*は次のように訳している。"you did not give me my share in addition to the assignment (from the booty) made by my lord." この手紙の歴史的背景については，Charpin,

・テルカ地区の知事であったキブリ・ダガンはジムリ・リム王に，「私はズルッバン，ヒシャムタ，ヒマランおよびハンナの町々に関して町毎に人口調査表を作成するために信頼できる人々を任命し，ダガン神，イトゥール・メール神およびわが主にかけて誓約させました」と報告している[34]。

・ある裁判文書によると，スフ（Suḫu）地区の住民であるプルシ・アッドゥ Pulsī-Addu は（彼の兄弟達と一緒に）ある土地にたいする王宮の所有権に対し異議申し立てを行ったが，裁判で敗訴し，今後異議申し立てを行わないことをダガン神，イトゥール・メール神，ハナト女神およびジムリ・リムにかけて誓約し，（彼が誓約を破った場合は，）耕地の上手の境界にある杭が自分の口の中に差し込まれるべしと誓った[35]。

・シュ・ダガンおよびイシャル・リムの息子達がある耕地の所有権をめぐって行われた争いの裁判記録によると，以前ジムリ・リム治世にもこの耕地をめぐって所有権争いが行われたが，この裁判記録によると，シュ・ダガンの子供達が首尾よく彼等の主張を正当化し，イトゥール・メール神の前で誓約していたことが分かる。この裁判記録は，酒場において（[*bīt sābīti*[*m*]]），証人達の前で作成された[36]。シャルパンとジーグラーは，この文書をジムリ・リム治世後に年代付けしている[37]。

・時にはイトゥール・メール神の名による誓約はイトゥール・メール神殿から遠くはなれたところで行わざるを得ない場合もあったようで，そのような場合はイトゥール・メール神の笏（A.4529）あるいは神像（A.1890）あるいは象徴物（M.7258[38]）の前で誓約が行われた[39]。

D. -N. Ziegler 2003b, 102 を参照。

34）　ARM III 19: 10–17.

35）　……*ù* GIŠ.KAK *i-na ri-iš* A.ŠÀ *ša-a-tu i-na pí-šu im-ma-aḫ-ḫa-aṣ ni-iš* [d]*da-gan* [[d]]*i-túr-me-er* [d]*ḫa-na-at ù zi-im-ri-li-im i-ku-ul*（ARM VIII 85 + A.4304:65–69 = Charpin, C. 1997, 343–347）.

36）　M. 7554 + M. 14466 = Charpin, D.-N. Ziegler 2003, 250–251.

37）　Charpin-Ziegler 2003, 252.

38）　Durand, J.-M. 1996, 61.

・イトゥール・メールの誓約の神としての側面は，古バビロニア時代後期のテルカを首都とするハナ国においても失われなかったらしい。テルカ出土と考えられている不動産売買文書[40)]，王室からの土地付与文書[41)]，養子縁組契約書[42)]などの法的文書には，（シャマシュ神）[43)]，ダガン神，イトゥール・メール神そしてハナ国を統治していた王の名において行われた誓約文が含まれていた。普遍的な正義の神として法の分野で特別な役割を果たしていたシャマシュ神を別にすれば，イトゥール・メール神は，ユーフラテス川中流域の最高神であるダガンに次いで，この地域の人々の社会生活にとって重要な神としての地位を保持し続けていたのは注目に値する。

2-3　癒しの神としてのイトゥール・メール神

イトゥール・メール神は，ギリシア神話に名医として登場するアスクレピオスに似た癒しの神としても知られていたようである[44)]。シュヌフラハル Šu-nuḫra-Ḫalu は，アレッポからやって来た病んでいる子供（王子？[45)]）がアバットゥムで「わが主の神」であるイトゥール・メール神に癒されたと次のように報告している。

ダディ・ハッドゥンが病んでいる少年アッバンに関してわが主に書き送った時，私はトゥトゥルに入りました。私はこの少年に関して内臓占いを行って

39）　これらの情報は Durand, J.-M., 2008, 192-193 から得られる。イトゥール・メールにかけて行われた他の誓約のいくつかは，Durand, J.-M. 1996, 60-64 で言及されている。

40）　Rouault, 0. 1984, Nos. 1, 2（//No. 2E），[4]，6, 9, 10 and Podany, A. H. 2002, Nos. 1, 3.

41）　Podany, A. H. 2002, Nos. 9（VAT 6685＝BA VU5, 26-32; VS VIT, No. 204, p. 82）and 10（A0 2673＝*RA* 4, 69-78）.

42）　Podany, A. H. 2002, No. 11（RBC 779＝*JCS* 43-45, 39-51）. テル・タバン出土の養子縁組契約書（Tab T09-47）にもイトゥール・メールが誓約の神として登場する。山田重郎は，この文書を中バビロニア時代初期に年代付けしている（Yamada, Sh. 2011, 63）。

43）　シャマシュ神は，Rouault, O. 1984, Nos. 5 & 9 には登場しない。

44）　Durand, J.-M. 2008, 193 参照。

45）　Durand, J.-M. 2008, 193 参照。

もらったところ，（内臓の諸徴に）イトゥール・メール神が現れました。私はアバットゥムでイトゥール・［メ］ール神のピリックゥム[46]を用意してもらいました。そして，この少年は犠牲を捧げました。今は，この少年は癒されています。わが主の神（イトゥール・メール）が彼（少年）を［助けに］来られたのです[47]。

癒しの神としてのイトゥール・メールについての情報は残念ながら限られているが，上に引用した資料は，イトゥール・メールが癒しの能力を持っており，癒しの神としての評判はアレッポにまで伝わっていたことを示している。

おわりに

古バビロニア時代のマリ文書は，イトゥール・メール神が，マリの公的祭儀の場に限らずそれを越えて重要な神であったことを示している。しかし，なぜイトゥール・メールが同神の祭儀の基盤であった神殿と首都マリが破壊された後も，ハナ国において重要な神として存在し続けたのだろうか。

カトゥナーン地区，サガラートゥム地区，テルカ地区およびマリ地区を含むユーフラテス川中流域は所謂リム王朝の始めから前1595年の古バビロニア時代の終焉にいたるまで，1つのまとまりのある地域として文化的・制度的一体性を保持し続けていた[48]。そのような継続性の1つは，ダガンとイトゥール・メールが誓約の神としての機能を果たし続けたことにある。誓約文書のなかで，ユーフラテス川中流域の最高神ダガンが最初に登場するのは驚くにあたらない。しかし，次にイトゥール・メール神が登場することに関しては説明が必

46）　CAD P, 397b, sub *pirikku* B 参照。

47）　この部分の解釈については，Durand, J.-M. 2002, 59（A. 28791）および Durand 1996, 65-66 を参照。

48）　Yamada, Sh. 2008, 58 また中バビロニア時代初期のユーフラテス川中流域の歴史に関しては，Podany, A. H. 2002, 35 そして特に Yamada, Sh. 2011, 61-84 を参照。

要であろう。イトゥール・メールはマリの都市神に過ぎず，マリ王国崩壊まではテルカで祀られていた神々にも含まれていなかった。どうしてジムリ・リム政権崩壊後のユーフラテス川中流域でイトゥール・メールが誓約の神として有名になったのだろうか。テルカの都市神であったイクルブ・エルはどうして誓約の神として登場しないのか。ジムリ・リム時代は，テルカ地区の知事であったキブリ・ダガンは彼の書き送る手紙の冒頭に必ずダガンに次いで2番目にテルカの最も重要な神としてイクルブ・エルに言及していたのである。

想像するに，ハンムラビがマリを征服した時，イトゥール・メール神殿の要員とマリ王室の人々が一緒になってテルカに逃れ[49]，そこで一種の亡命政府を設立したのではないだろうか[50]。

ここで，イトゥール・メール神もイクルブ・エル神も，「某地の王」として知られていたことを思い出す必要がある。1つの町に2柱の「王」が存在することはあり得ず，2柱の神のどちらか1柱が消え去るか，どちらかに吸収されるか，ではなかったのだろうか。

私は，イトゥール・メールがイクルブ・エルの地位を奪い取ったのではないかと考える。なぜなら，イトゥール・メールは，首都マリをハンムラビから守り得なかったにもかかわらず，契約の神，また癒しの神として早くから人々に受け入れられていた。イトゥール・メールが11の人名タイプに登場していることはその人気の証とも考えられる。それにくらべ，イクルブ・エルはわずか2タイプの人名に登場するのみで[51]，人気度はそれほどで高くなかったのかも

49）Charpin-Zieglerはそのような可能性を否定しない（Charpin-Ziegler 2003b, 245）。もっと詳しい研究については，Charpin, D. 2011, 41–59を参照。

50）ハナ文書LH 10にテルカの王室から家臣の1人に対して与えられた土地付与文書の「シャマシュ神，ダガン神およびイトゥール・メール神に属する家」という表現からイトゥール・メール神はテルカに既に何らかの基盤を有していたことを示している（Podany, A. 2002, 122–125）。

51）Ikrub-El-andullī（イクルブ・エルは私の守りである）（ARM XXIV 190:4）とIkrub-El-tillatī（イクルブ・エルは私の味方である）（ARM XXIV 247 ii 14）の2タイプのみ。もっとも，これらはマリ出土の文書から蒐集した人名に基づいており，必ずし

しれない。

もテルカ周辺でのイクルブ・エルの人気を反映していないかも知れない。

V

マリ人名研究

第17章
神名を含むマリ人名に反映されている人々の関心事

はじめに

この論文の目的は古バビロニア時代に年代付されるマリ出土文書から収集された神名を含む人名に反映されている人々の関心事について考察することにある。これらの人名はArchives royales de Mari（以後ARMと略す）XVI/1（1979), XXI（1983), XXII（1983), XXIII（1984), XXIV（1985), XXV（1986）and XXVI/1-2（1988）の人名索引に集められており，本考察はこれらの史料集の編者／著者に負うところが大きい[1]。ここでは，こうして集められた人名を「マリ人名」と呼ぶことにする。われわれの考察対象は「マリ人名」であるが，以下の考察結果のいくつかはメソポタミアの人名全体にも当てはまるのではないかと考える。

神名を含む人名にはいろいろあるが，それぞれの人名タイプの使用頻度は各人名タイプが何人に使用されているかに基づき考察するのが理想的であるが，

1） ARM XVI/1およびARM XXI-XXVIIの編者／著者は次の通りである。ARM XVI/1, 1979: M. Birot, J.-R. Kupper & O. Rouault; ARM XXI, 1983: J.-M. Durand; ARM XXII/1-2 1983: J.-R. Kupper; ARM XXIII 1984: G. Bardet, F. Joannès, B. Lafont, D. Soubeyran & P. Villard; ARM XXIV 1985: Ph. Talon; ARM XXV 1986: H. Limet; ARM XXVI/1（=*Archives épistolaires de Mari* I/1), 1988：J.-M. Durand; ARM XXVI/2（*Archives épistolaires de Mari* I/2), 1988: D. Charpin, F. Joannès, S. Lachenbacher & B. Lafont; ARM XXVII 1993: M. Birot. なおStamm, J. J. 1939; Gelb, I. J. 1957; Huffmon, H. B. 1965およびGelb, I. J. 1980なども参照した。本研究はこれ等の先行研究者たちに負うところは大きい。

使用頻度の高い人名タイプは多くの人達に使用されており，同名の別人を区別するのは不可能である。従って，次善策として，人名に使用されている言葉，またはその派生語がいくつの異なる神名と共に使用されているかに基づいて特定の言葉またはその派生語の汎用度[2]を考察することにする。ここでは，ある言葉あるいはその派生語からなる人名タイプが10以上の異なる神名と共に人名を構成している場合，その人名タイプの汎用性（ポピュラリティ）が高いと判断することにする。ここでの考察の対象となるのは，汎用性の高い言葉あるいはその派生語となるが，必要に応じて，それ以外の言葉にも触れたい。なお，取り上げる人名の出典は，煩雑さを避けるために1つに限定する。

マリ人名を扱った別の論文[3]で，女児に対する命名の仕方には男児の命名の仕方とは異なる特徴があることを学んだが，本小論においても生まれた子供の性別によって命名の仕方に違いがあることにも注意したい。

1　男児誕生を感謝する感謝名

Iddin-Divine Name（「神名」，以後DNと略す）（某神は［男児を］[4] 与えられた）は男児の誕生を感謝して命名したDankname（感謝名）[5]で，「マリ人名」の中では群を抜いて汎用性の高い男性の人名タイプである。この人名に使われている動詞 *nadānu*(*m*)（与える）の3人称単数の過去形である *iddin-* は35の異なる神名（内14は女神名）が主語となって男性の人名を構成している[6]。これに対応

2)　元の論文（英文）では“productiveness”を使用したが，その直訳の「生産性」では意味が通じにくいのではないかと思い，ここでは「汎用性」という言葉使うことにした。

3)　本論集の第18論文。Nakata 1973, 299–307; Nakata 1974a.

4)　古バビロニア時代では，通常「与えた」の目的語は「子供」で，明白なため省略されている。

5)　Stamm, J. J. は，この種の人名を，子供を授かったことを感謝する名前と考え，ドイツ語で *Dankname*（感謝名）と呼んだ（Stamm 1939, 136–1471）。

6)　Abba(f)（ARM XXII 14 iv′ 12′），Adad/Addu（ARM XXIII 448:38），Admu(f)（ARM

する西方セム語訛りの *Ittin*-DN に男神 2 神[7) が，また同じく西方セム語なまりの *Yantin-/Yattin*-DN に男神 6 神が主語として登場する[8)。さらに，*Iddin*-DN の変形タイプで男神 2 神[9) が登場する *Iddin-pî*-DN（某神の命令が［男児を］与えられた）および男神 4 神[10) が登場する DN-*iddinnam*（某神は［男児を］私に与えてくださった）もこれに加えると，動詞 *nadānu*(*m*)（与える）が用いられる感謝名の汎用性は極めて高い。

Iddin-DN とその変形タイプほどの汎用性はないが，動詞 *nabû*(*m*)（呼ぶ，名前で呼ぶ，名づける）および *banû*(*m*)（造る，創造する）の 3 人称単数の過去形と神名で構成された感謝名もある。人名タイプ *Ibbi*-DN（某神が［男児を］〈名前で〉呼ばれた＝造られた[11)）には 12 柱の男神が，またその西方セム語なまりの人名

XXI 138:44’), Akka (ARM XXII 13 iv 10), Amurru (ARM VIII 25:14), Annu(f) (ARM XXI 138: 39’), Anum (ARM VII 217: 7), Aya(f) (ARM XI 333:62’), Dagan (ARM XXI 149:12), Dīrītum(f) (ARMXXIII 235 ii 46), Ea (ARM XXII 3 iii 13’), Ḫišamītu(f) (XXIV 224 iii 48’), Ida (ARM XVI/1, p. 522, n. 84, M.5192), IGI.KUR (ARM XXII 12 iv 7’), El/Il (AN と書かれている) (ARM XXIII 436:9), Ilaba (*il-a-ba*$_4$ と書かれている) (ARM XXII 12 iii 5’), Irra (ARMXXII 1 ii 4’), Išḫara(f) (ARM XXI 99:2), Ištar(f) (ARM XXI 238:29’), Itūr-Mēr (ARM XXII 13 i 8’), Kakka (f) (ARM XXI 63:2), Kūbi (ARM XXII 3 iii 23’), Laba (ARM XXV 754:6), Mamma(f) (ARM XXI 242:8), Nabium/Nabûm (XXVI 486:6), Nanaya(f) (ARM XXI 367:3), Ninšubur (ARM IX 256:11), Numušda (ARM XXII 3 ii 7), Nunu(f) (ARM VIII, 41), Rušpan (*Mélanges syriens* I, p. 275), Šamaš (ARM XXI 403 viii 62), Sîn (ARM XI 134:8’), Tabubu(f) (ARM XXI 99:5), Yakrub-El (ARM XXIII 449:96), Zababa(f) (ARM XXIII [446]:48’), (これ以降，^{d}IM, *a-du*, ^{d}*a-du*, *a-ad-du* などと綴られている神名を Addu と記すことにする)。

7) Addu (ARM XI 157:5) および Lim (ARM XXVI 45:3).

8) Addu (ARM XXI 59:14), Amu (ARM XXIII [86]:21), Dagan (ARM XXIII 609:10), Eraḫ (ARM II 25:17’), Ḫammu (ARM XXV 48 r 7), El/Il (AN) (ARM XXII 41 ii’ 25’).

9) El/Il (AN) (ARM VII 189:4) および Ea (ARM VIII 100:13) が *Iddin-pî*-DN に登場。

10) Ea (ARM XIII 1 v 18), Šamaš (ARM XXI 398:17), Sîn (ARM VIII 3:26) および Wēr (ARM XXIII 235 i 10) は *-iddinam* と一緒に人名を構成している。*Iddin*-DN に対応するシュメール語人名 DN-MA.AN.SUM には Akšak (ARM XXVI 332:4’), Iškur (ARM XXVI 273:5), および Nanna (ARM XXV 296:2) が登場する。

11) メソポタミアの天地創造神話「エヌマ・エリシュ」の冒頭で，天地創造以前を表現するのに，「上では，天が（まだ）名づけられず，下では，地が（まだ）名を呼ば

タイプ *Yabbi*-DN には３人の男神が主語として登場している[12]。他方，動詞 *banû*(*m*)（造る，創造する）の３人称単数の過去形に神名を主語として構成された人名タイプ *Ibni*-DN（某神は［男児を］創られた）に５柱の男神が，そして主語・述語が逆になった DN-*ibni*（某神は［男児を］創られた）には男神が１神，また前者の西セム語なまりの人名タイプ *Yabni*-DN に男神３神が登場する[13]。さらにまた，*banû* の分詞形 *bāni' um* と神名が一緒になって構成された人名タイプ DN-*bāni*（某神は［男児の］創造者である）には８柱の男神（内１神は守護女天使 Lamassu）で，男児の創造者としての神に感謝する名前になっている。

以上とは極めて対照的に，*nadānu*(*m*)（与える）とその派生形で構成された女性の人名タイプは見つかってない。また，*nabû*(*m*) とその派生語で構成された女性名タイプは女神 Annu と共に構成される女性名が１例（*Annu-nābītī*[14]：「アンヌは私の創造者である」）と *Ibni*-DN の女性形 *Tabni*-DN（某神は［女児を］造られた）に４女神が登場する感謝名が知られているだけである。従って，女性人名の中

れていなかった（とき)」と，語っているように，古代のメソポタミアでは名付けるという行為が創造を意味した。

12)　Addu（ARM XXI 268:3), Akka（ARM XXIV［6］ii 3'), Amurru（ARM XXVI 109:3), Dagan（ARM XXI 274:9), Ea（ARM XXII 299:［2'］), Ištar(f)（ARM XXIII 614:3), Ištaran(f)（ARM VI 14:9), Kabka［b］(ARM XXII 31:22'), Ninšubur(f)（ARM V 76:3), Nunu(f)（ARM XXVI 53:［9］), Šaḫan（ARM XII 263:18), および Šamaš（ARM XXIV 125:3）などが *Ibbi*-DN タイプに登場する。また *Yabbi*-DN には Addu（ARM XXIII 195:11), Dagan（ARM XXIII 86, 29）および Ilaba（ARM XXIV 227, 13）が登場する。他に Yanabbi-El（ARM XXI 138:4）も見つかっているが，この人名を文法的に説明するのは難しい。Huffmon, H. B. はこれを“D impf”(Huffmon 1965, 83 & 236）と説明している。

13)　*Ibni*-DN に　は Addu（ARM XXIII 448:56), Amurru（ARM IX 26:21'), Bunene（ARM XXIII 431:2), Irra（ARM VIII 52:19）および Sîn（ARM XXI 250:7）の５柱の男神が，また DN-*ibni* には Dagan（ARM XXIII 596 i 13'）が登場する。他方，西方セム語綴りの *Yabni*-DN には Addu（ARM XXVI 319:17), Dagan（ARM XXI 281:7）および El/Il（AN と書かれている）(ARM XXI 56:9）の３神が登場する。また女性名 *Tabni*-DN あるいは DN-*tabni* にはいずれも女神の Annu(f)（ARM XXII 326:8), Ištar(f)（ARM 382 i 20), Nunu(f)（ARM XII 265:1）の３女神が登場する。

14)　この名前の主は女性であった可能性は大である。

では感謝名の汎用性は極めて低いと言える。これらから「マリ人名」中の男児の名付け親の最大の関心事は男児に恵まれることにあったことは間違いないと言えるが，女児の名付け親であったと思われる母親あるいは女性親族の関心事はむしろ他のところにあったのではないかと思われる。

2 「父／母」などの言葉を用いて信頼感を表明した人名

次に汎用性の高い人名のタイプは *Abī*-DN（某神は私の父である）である。語順が逆になった変形タイプ DN-*abī*（私の父は某神である）も，*Abī*-DN ほどではないが，よく使われる男性人名である。*Abī*-DN とその変形タイプには合計 19 の神名が登場する[15]。*Abī*-DN および DN-*abī* は，「某神は私の父である」と言っていることからわかるように，特定の神に対して個人的（パーソナル）な信頼感と親しさを表明した人名タイプと言えるが[16]，*Abu*(*m*)-DN（某神は父である）あるいは DN-*abu*(*m*)（父は某神である）は特定の神に対する一般的な信頼感を表明した人名タイプであると言える[17]。J. J. Stamm が Ersatzname（身代わり名）[18] と呼ぶ女性人名 *Abī-ilī*（私の父は私の個人神である）とは違い，*Abu*(*m*)-DN

---

15) Addu (ARM XXII 150:16), Anum (ARM II 58:6), Dagan (ARM XXI 149:2), Epuḫ (ARM XXII 99:8), Eraḫ (ARM XXI 409:5'), Ešuḫ (ARM XIII 1 iii 44), Ḫel/Ḫil (ARM VIII 85:43), Muluki (*RA* 65, p. 59, A. 3151 ii 6), Niḫim (*RA* 65, p. 44, A.3562 iv 31), Rasap (Birot et al. 1979, p. 47), Samar (ARM XXI 354-bis, 3) および Samas (ARM XXI 305:6) が Abī-DN に登場。一方 DN-abī には Anu (ARM XXIII 236:64), Bunene (ARM XIII 96:7), Enlil (ARM XXIV 60:3), Ḫawran (ARM IX 19:7), Ḫubur (ARM XXII 6:11), El/Il (AN) (ARM XXIII 448:61), Irra (ARM VIII 51:15), Ningišzida (ARM XXI [59]: 30) および Šamaš (ARM XXI 399:14') が登場する。

16) Stamm 1939, 208-209.

17) Ḫalum (*RA* 49, 16, TEM 3 iii 16). Ḫammu (または [Ḫ]ami?) (ARM XXIII 235 iii 8) および Il (AN) (ARM XXI 57:5) が *Abu*(*m*)-DN に登場。DN-*abu*(*m*) には，Bunene (^{d}HAR.RA) (ARM XIV 110: 7), Ištaran (ARM XXVI/1, p. 416, n. 5, M.5682) および Šamaš (ARM XXIII 245:8) が登場する。

18) 新しく生まれた子供は亡くなった家族の代わり，あるいは生まれ代わりという一種の輪廻の考え方を反映したタイプの人名で，Stamm はドイツ語で Ersatzname と呼

および語順が逆転した変形タイプは父親になぞらえて特定の神に対する信頼感を表明した人名タイプと言える[19]。同様の一般的な信頼感の表明は，*Ka-abi*（*ka-bi* と書かれている）-DN（某神は父のようである）および DN-*ka-abi*（*ka-bi* と書かれている）（某神は父のようである）のような人名タイプにも見られる。

Abī-DN や *Ka-abi* -DN，および語順が逆転している変形タイプの人名はほとんど男性の人名であるが，*Ummī*-DN（某神は私の母である）とその変形タイプ DN-*ummī*（私の母は某神である）は女性名である。また，*Abu*(*m*)-DN および DN-*abu*(*m*) とは違って *Ummu*(*m*)-DM（某神は母である）およびその変形タイプである DN-*ummu*(*m*)（母は某神である）はわれわれの「マリ人名」には出てこない。DN-*ummī* および *Ummī*-DN は，「某神は私の母である」と生まれたばかりの女児に名付けていることからも分かるように，名付け親である母親または女性親族の某女神にたいする個人的（パーソナル）な親しさと信頼感を，幼児の命名を通して表明したものと考えられる。DN-*ummī* には 14 柱の女神が，また *Ummī*-DN には 5 柱の女神が登場する[20]。*Abī*-DN および DN-*abī* の場合とは異な

んだ。例えば，アッシリア王センナケリブはアッカド語では *Sîn-aḫḫē-erība* で，「シン神は兄弟たちの代わりを与えてくれた」と訳される。センナケリブの兄たちが亡くなったが，センナケリブが生まれた時，親は，シン神が亡くなった兄たちの代わりを与えてくれたと喜んでつけた名前で，Erszatzname の典型的な例である。Stamm 1939, 278.

19)　Stamm 1939, 53ff.

20)　Admu(f)（ARM XXIII 240:23'），Annu(f)（*an-nu-un-um-mi* ARM IX 7:5），Aya(f)（*RA* 65, p. 59, A. 3151 ii 27），Bēlet-Agade(f)（ARM XXI 413:7），Bēlet-ekallim(f)（ARM XIII 1 i 65），Dīrītum（f）（ARM XIII 1 viii 8），Ḫanat(f)（ARM XXII 10 iii 10），Išḫara(f)（ARM XXIV 225 iii' 40'），Ištar(f)（ARM XXII 75:2），Kišītum(f)（ARM XIII 1 v 52），Mammītum(f)（ARM X 18:5），Nārum(f)（ARM XXVI/1, p. 522, n. 84, M. 12508），Ningal(f)（ARM XXI 382 i 13），および Ninḫursagga(f)（ARM IX 27 v 5）が DN-*ummī* に登場する。他方，*Ummī*-DN に　は Ḫanat（f)（ARM XXIII 159:5），Ḫattum(f)（ARM IX 291 iii 32'），Išḫara(f)（ARM XIII 1 v 74），Nārum(f)（ARM XXII 14 ii 19），および Dīri（ARM XXII 1 ii 16'）が登場する。最後の Dīri は他に出てこず，女神の名前かどうかわからないが，Dīrītum(f) の省略形である可能性はある。Admu(f) に関しては Edzard, D. O., 1967, 65 に従う。Annu(f) に関しては，Nakata 1973, 299ff. を参照。神名 Ḫattum(f) はわれわ

り，*Ummī*-DN に比して，DN-*ummī* の方が女性の人名タイプとしては好まれたようである。なぜなら，DN-*ummī* タイプはより多くの神名とともに使用されているからである。

Ḫammu/ī-DN（某神は父方の叔父／私の父方の叔父である），*Ḫamu/ī*-DN（某神は夫の父親／私の夫の父親である），*Ḫalu*-DN（某神は母方の叔父である）あるいは *Ḫalī*-DN（某神は私の母方の叔父である），*Ḫalun*(*a*)-DN（某神はわれわれの母方の叔父である），DN-*ḫaliya*（某神は私の母方の叔父である），および汎用性は極めて低いが *Ḫatnu/ī*-DN（某神は妻の／私の妻の父である）と *Ḫatnû*-DN（某神は彼の妻の父親である）などもそれぞれの神に対する信頼心ないしは近親感を表明した名前であるが，これらの人名タイプは，*Abū/ī*-DN や *Ummī*-DN とこれらの語順が逆転した変形タイプほど汎用性（ポピュラリティ）は高くない。一般的に言って，親族を表す言葉，とりわけ「父」や「母」は神に対する信頼感を表明する重要な役割を果たしていたと言える。

3　神への献身／従属性の表明

Abu/ī-DN とその変形タイプほどではないが汎用性の高い人名タイプとして Mūt(u)(m)-DN とその変形タイプである Mūtī-DN および Mūta-DN を挙げることができる。Mūtī-DN と Mūta-DN は２通りに理解できる。１つは「某神は（私の）mūtu(m) である」で，２つ目は「（私は）某神の mūtu(m) である」である。J. J. Stamm は，まだ出土例が限られていた1930年代末に，*Mu-ti-ilum* および *Mu-tum-ilum* の２つの例を，それぞれ「イル（神）は私の夫である」および「夫はイル（神）である」と訳し，両方とも *Ersatzname*（身代わり名）であると理解した[21]。Stamm の解釈は，*Mu-ti-ilum* および *Mu-tum-ilum* に関しては正しいか

れの「マリ人名」では４つの女性の人名に登場するが，それ以外は不明。アッカド語の Nāru(m) は女神。ただし，同義のシュメール語 ÍD と西セム語の Nhr は男性。また女性名で Ummī-ilī (*um-mi-i-lí*)（ARN XIII 1 viii 64）は亡くなった母親を記念した「身代わり人名 Ersatzname」の可能性がある。

もしれないが，彼の理解を *Mūt*(*u*)(*m*)-DN（某神は mūtu[m] である）とその変形タイプである *Mūtī*-DN（某神は（私の）mūtu[m] である）と *Mūta*-DN（某神は mūtu[m] である？）のすべてに当てはめることはできない。というのも「マリ人名」ではこのタイプの人名に *ilum*（表語文字で AN と書かれている）だけでなく 27 の神名が登場するからである[22)]。ドイツで出版されたアッカド語辞典 AHw とアメリカで出版されたアッカド語辞典 CAD では人名に現れる *mūtu*(*m*) の解釈が異なっている。AHw は人名に出てくる *mūtu*(*m*) とその変形タイプの人名例を *mūtu*(*m*), A, “Ehemann（夫）” のところに含めているのに対し，CAD はこのタイプおよびその変形タイプを *mūtu*, 2 で扱い，“man（人）, warrior（戦士）” の訳語を付している。もし AHw に従うなら，*Mūtu-Dagan* は「ダガン神は夫である」，*Mūtī-Eraḫ* なら「エラハ神は私の夫である」，とそして *Mūt-Irra* なら「（私は）イッラ（エッラ）神の夫である」と，それぞれ解釈することになる。しかし，最初の 2 つの人名タイプは，その人名の持ち主あるいは名付け親が当該神に献身した女性あるいは女性信奉者でなければ意味をなさないが，われわれの「マリ人名」ではこれらはすべて男性名である。また，3 つ目の人名の訳の場合は，人名中の神が女神でなければ意味をなさないが，この人名タイプに登場する神は，Ḫanat(f) と Nārum(f) を除いてすべて男神であるので，こ

21） Stamm 1939, 58 & 298. Stamm によると，夫は死去して死霊（*ilum*）となったが，夫の死後に生まれた子供を亡くなった夫の身代わりとみなして付けた名前であるという。

22） Ab(b)iḫ（ARM XXII 3 ii 12), Addu（ARM XXII 262 i 57), Akka（Ḫakka と書かれている）（ARM XXII 328 i 3), Ami（*RA* 65, p. 51, A.3562 ix 49), Asdi（ARM XXIV 23 iii’ 9’), Aškur（ARM XXVI 494: 26), Bisir（ARM I 60:5), Dagan（ARM XXI 294: 9), Eraḫ（*RA* 49, p. 17, TEM-3 ii 61), Ešuḫ（*RA* 65, p. 47, A.3562 vii 21), Ḫabur（ARM XXII 294:2), Ḫana（ARM XXIV 233 i 30), Ḫanat(f)（ARM XXII 1 i 6), Ḫatkum（ARM XXI 193:19), Ḫatta（*RA* 49, p. 17, TEM-3 iv 37. Birot, ARMT XVI/1, p. 157 参照), Ḫirman（ARM VIII 11:4), IGI.KUR（ARM VIII 100:23), El/Il（AN）（ARM XXI 138:7), Irra（ARM XXI 8:7), Kūbi（*RA* 65, p. 42, A.3562 ii 66), Nārum(f)（ARM XXIV 177:4), Mēr（*Syria* 21, p, 156), Nasi（*mu-ut-pa-a-na-sí*, *RA* 65, p. 51, A.3562 ix 59), Numušda（ARM XXVI 375:4), Salim（ARM XXIV 232:70), Yāma（*RA* 49, p. 16, TEM-3 ii 23）および Niḫim（ARM XXII 8:16).

こではCAD, M_2に従って，*mūtu*(*m*)を「戦士」の意味にとり，*Mūtu*-DN（某神は戦士である）のような一般的な見解の表明，あるいは*Mūtī*-DN（某神は私の戦士である）のように特定の神に対する強力な信頼感の表明と理解し，*Mūt*-DN（某神の戦士）の場合なら特定の神に対する所属意識を表明したものと理解するのが良いと考える[23)]。

西方セム語の人名*Abdu*/*Ḫabdu*-DN（［私は］某神の僕である）も，男児につけられた人名タイプで，汎用性は同様に高い。その変形タイプである*Abdi*/*Ḫabdi*-DN（［私は］某神の僕）もあるが，こちらの方はそれほど頻繁には出くわさない。両方合わせて22の神名がこれらのタイプの人名に登場する[24)]。この西方セム語の人名は，特定の神に対する献身の気持ちを表明したものである。このタイプの人名に登場する神々は，当然のことながら，西方セム系の神々と考えられる。*Abdu*/*Ḫabdu*-DN（某神の僕）に対応するアッカド語人名タイプは*Warad*-DN（某神の僕である）で，通常表語文字でÌR.DNと書かれており，タイプとしての汎用性は高い。しかし西方セム語の*Abdu*/*Ḫabdu*-DNほどではない。*Warad*-DNには，いずれもバビロニアの神々である10神が登場する[25)]。もう一つ*Kalbu*/*i*-DN（文字通りには「某神の犬」）も特定の神への隷属的臣従心を表明

---

23)　Mūta-DNを文法的に説明するのは難しいが，ここではconstruct formationと考えておく。

24)　Ami (ARM XXII 41 ii' 22'), Ašura (ARM VII 113:1), Baḫla (ARM VI 78:19), Dagan (ARM XXII 20 ii' 3'), Eraḫ (ARM XXIII 86:12), Ištar(f) (ARM XXI 56:15), Ešuḫ (ARM XXIV 234 iv 15), Ḫanat(f), (ARM XXIII 385:2), Ḫatra (ARM VII 140 r 12'), Ḫel (ARM XXII 328 ii 51), Ḫumṣi (ARM XXI 59:19), El/Il (AN) (ARM XXII 262 ii 50), Išḫara (f) (ARM XXI 84:7), Kakka(f) (ARM XXIV 247 i' 9') Kūbi (ARM XXI 73:3), Malik (ARM XXI 140:6), Nār (ARM XXIV 224 i 25), Nawar (ARMT XV, p. 140, M. 2455), Nergal (U.GUR) (ARM XXII 14 iii' 16'), Samas (ARM XXIV [32:5]), Šurum (ARM XXVI 370 TL i 2"), Yanda (Addu) (ARM XXIII 450:12).

25)　Adad (Addu) (ARM XXVI 435:33), Amurru (ARM XXII 3 i 5), Ea (ARM XXIV 259:2), Ištar(f) (ARM XXI 411-bis, 1), Kūbi (ARM XXI 287-bis, 2'), Nanna (ARM XIV 58:8), Ninḫursagga(f) (ARM XXI 403 viii 7), Šamaš (ARM XXV 742:3), Sibitti(f) (ARM XXII 1 ii 9') およびSîn (ARM XXII 170:12').

したものであるが，われわれの「マリ人名」には僅か4柱の神々しか登場しない[26)]。これらの人名タイプの女性版である *Amat*-DN（某神の下女）の存在も知られてはいる。「マリ人名」中では女性人名の総数はそれほど多くないが[27)]，それにしても *Amat*-DN の汎用性は低い[28)]。

4　加護への願い／感謝の表明

次に汎用性の高い人名タイプは *Ṣilli*-DN（某神の守り）で，18の神名がこの人名タイプに登場する[29)]。*ṣillu*(*m*) は文字通りには“日陰”を意味する。*Ṣilli*-DN は，*Ṭāb-ṣilli*-DN（某神の日陰／保護は心地よい）を参考に，神の保護に対する感謝の気持ちの表明と理解することもできるし[30)]，また別の人名タイプである *Ina-ṣilli* DN（某神の日陰の中に）[31)] を参考に神の保護の下に入りたいという願望を表明する人名であるとも理解することができる。この人名タイプには，女神が比較的多く登場するにもかかわらず，基本的には男性の人名タイプである[32)]。

26）Ami（ARM XXI 403 xi 10), Ištar(f)（ARM XXVI/1, p. 416, n, 7, M.6477a), Ḫanat(f)（ARM XXVI/1, p. 416, n. 7, M.7450）および El/Il（AN)（ARM XXIV 242:11).

27）われわれの「マリ人名」中の女性人名はおよそ17～20%である。

28）Kūbi（ARM XIII 1 x 48), Šamaš（ARM XXI 407 ii 28'）および Sîn（ARM XXI 403 ix 4）の3神のみである。

29）Abba(f)（ARM XXII 284:[5]), Addu（ARM XXIII 51:2), Akka（ARM VIII 1:49), Annu(f)（ARM XXII 10 iv 20), Dagan（ARM XXV 742, 1), Ea（ARM XXIII 596 i 24'), Ḫanat(f)（ARM XIII 83:8), Ida（ARM XXVI/1, p, 522, n. 84, M.6519 i), El/Il（AN)（ARM XXV 393 r 9), Inanna(f)（ARM XXII 33 iii 12), Ištar(f)（ARM VIII 1, 44), Ištaran（ᵈKA.DI と書かれている）（ARM XXVI 6:66), Kūbi（ARM XXII 69:22'), Mamma(f)（ARM XXI 401:22'), Nunu(f)（ARM XXII 105:11'), Šamaš（ARM XXIV 251 ii'[8]), Sîn（ARM XXV 19:[4]）および Tišpak（ARM XXVI 295:5).18神中7神が女神である。

30）Aššur（ARM XXV 404 r 3）および Dagan（ARM VII 180 ii' 29'）がこの人名タイプに登場する。

31）Ina-GIŠ.MI-LUGAL(Camb. 391:10)（CAD Ṣ, p. 182）と書かれている。われわれの「マリ人名」にはこの人名は出てこない。

同じような感謝の気持ちあるいは願望は他の人名タイプによっても表明されている。西方セム語の人名タイプ *Zimrī*-DN もその 1 つである。（それほど多くはないが，*Zimra/u*-DN も知られている。）この人名の解釈にあたっては，*zi-im-ri-i-lu-ma*（神は私の守りである）によって解釈することができるが，「神の守り」という訳も可能かもしれない。この人名タイプには 8 つの神名が登場する[33]。アッカド語の人名タイプ *Puzur*-DN（通常 *pù-zur*$_8$-DN と綴られる）（某神の保護）は *Zimrī*-DN よりやや汎用性が高い[34]。*Puzur*-DN は古アッカド語名 *pù-zur*$_8$-*iš*-^{d}da-gan（ダガン神の保護のもとに）[35] を参考に，神の保護を願う気持ちの表明と理解できる。ここで，別の人名タイプ DN-*andullī*（某神は私の守りである）についても言及しておく必要があろう。DN-*andullī* には 9 つの神名が登場する[36]。*Zimrī*-DN と *Puzur*-DN は男性の人名であるが，人名タイプ DN-*andullī* は女性の人名の中にも見つかっている。

「信頼する」という意味の動詞 *takālu*(*m*) とその派生語から構成された神に対する信頼感を表明する人名が 2 タイプ存在する。1 つは DN-*tukultī*（某神は私

32）　次の 2 つの人名，すなわち *Ištar-ṣillī*（イシュタルは私の守りである）（*RA* 65, p. 61, A.3151 iv 18），*Ṣilli-Nunu*（ARM XIII 1 x 65）（ヌヌの守り）および *Ṣilli-Annu*（アンヌの守り）のみが女性の人名である。

33）　Addu（ARM XXI 140:8），Dagan（ARM XXII 49:10），Eraḫ（ARM XXII 41 ii' 17'），Ḫammu（ARM XXII 258:4），El/Il（AN）（ARM V 2:10'），Ištar(f)（ARM XXII 57 A ii' 16'），Lim（ARM II 60:3）および Samas（ARM XXIII 240:2）.

34）　人名タイプ *Puzur*-DN には 17 の神名が登場する。Abba(f)（ARM XXIV 218:5），Addu（ARM XXIII 223:7），Akka（ARM XXIV 6 iii 17），Annu(f)（ARM XXII 136:19），Dagan（ARM XXIII 424:7），Ilaba（ARM XXI 403 viii 56），Ištar(f)（ARM XXII 333:3'），Išum（ARM XXI 401, 16'），Kakka(f)（ARM VII 180 iii' 4'），Malik（(ARM XXVI 296:15)，Mamma(f)（ARM XIII 3:13），Marduk（ARM XXV 145:3），Ninkarrak(f)（ARM VIII 2:27!），Nunu(f)（ARM XXII 15 ii 5'），Šamaš（ARM XXIV 71:8），Šakkan（ARM XXII 12 iii 4'）および Tabubu(f)（ARM XXIII 236:20）.

35）　Gelb, I. J. 1957b. 222.

36）　Addu（^{d}IM）（ARM XXI 70:5），Annu(f)（ARM XXIII 235 i 27），Aššur（ARM II 15:37），Dagan（ARM XXIII 608:11），Ea（ARM XXIV 283:10），Ḫammi（ARM II 128:24），Ikrub-Il（ARM XXIV 190:4），Ištar(f)（*RA* 50, p, 64, TEM-4 vi 12）および Šamaš（ARM IX 24 i 25）.

の信頼である）で，もう１つは *Ana*-DN-*taklāku*（私は某神を信頼する）である。前者の DN-*tukultī* は女性の人名として人気があり，後者の *Ana*-DN-*taklāku* は男性用の人名タイプで，合計 11 の神名が両方の人名タイプあるいはどちらかの人名タイプに登場する[37)]。西セム語の感謝名である *Yakūn*-DN（某神は確立してくださった）[38)] や *Yakūn-pî*-DN（某神の口［言葉／命令］が確立してくださった）[39)] と言った人名タイプからも分かるように，約束の遵守が神々の信頼のもとになっている。*Zikra*/*Zikri*/*Zikir*-DN（某神の命令）[40)] も神に対する名付け親の信頼感の表明である。

特定の神が番人（ガード）であることを表明しているのが人名タイプ DN-*nāṣir*（某神は番人である）である。この人名タイプは比較的汎用性が高く，DN-*nāṣirtī*（某神は私の（女性の）番人である）を含めると，14 の神名がこの人名タイプに登場する[41)]。神が敵や危険な状況から救ってくれる救い主であることを表

37）　DN-*tukultī* には，Addu（ARM XXI 398:24），Annu（f）（ARM XIII 1 x 3），Dagan（ARM XXI 65:2），Ea（ARM XXI 403 ix 24），Ḫumat（f）（ARM VIII 87:7），Ištar（f）（ARM IX 25:43），Kakka（f）（ARM XXII 15 ii' 15'）および Šamaš（ARM IX 24 ii 11）が登場する。他方，*Ana*-DN-*taklāku* には，Dagan（ARM XI 189:8），Ea（ARM XXI 374:1），Ilaba（ARM IX 258:12），Itūr-Mēr（ARM XXIV 249 i 10），Sîn（ARM XXII 106:2）および Šamaš（ARM XXIII 166:［13］）が登場する。

38）　人名タイプ *Yakūn*-DN には，Addu（ARM VII 207:4'），Ašar（ARM XXIII 441:6），Baal（*RA* 65, p. 44, A.3562 v 7），Dagan（ARM XXIII 236:57），Dīr（ARM VI 31:7），Lim（ARM VII 10:13），Malik（ARM XXIII 513:3），Mēr（ARM XIII 143:7），Yāmu（ARM XXIII 587:［4］）が登場，*Ikūn*-DN には，Ḫammu（ARM XXII 57 A iii' 8'）が，また女性の人名タイプ *Takūn*-DN には Ḫattum（f）（*RA* 64, p. 43, A.4634, 9）が登場する。

39）　西セム語の *Yakūn-pî*-DN には，Mamma（f）（*RA* 65, p. 48, A.3151 vii 61）と Sîn（ARM XXI 203:8）が，またそのアッカド語名 *Ikūn-pî*-DN には Ea（ARM XXII 3 ii 24）と Sîn（ARM XXIV 168:3）が登場する。

40）　人名タイプ *Zikri*-DN には，Addu（ARM XXII 328 iii 41），Dagan（ARM XXII 328 ii 42），Eraḫ（ARM XXII 329］［42］），Ḫanat（f）（ARM XXVI 154:3），EL/Il（AN）（ARM XXVI/1, p. 4, n. 4, TH 84,018），Ištar（f）（ARM XXIV［224］i 18）および Lim（ARM XXII［24］ii 6'）が，また人名タイプ *Zikir*-DN には Ištar（f）（ARM VII 269:7'）が登場する。

41）　Addu（ARM II 32:5），Akšak（ARM XXVI/1, p. 303. n.26, M.18151），Amurru（ARM XIII 1 xi 37），Aššur（ARM II 42:15'），Dagan（*RA* 65, p. 52, A.3562 x 76），Ea（ARM VIII 9:22），El/

明する人名タイプ DN-*gāmil*（某神は救い主［男性］である）あるいは DN-*gāmilat*（某神は救い主［女性］である）では，前者に6柱の男神が，また後者には2柱の女神が登場する[42]。ここで，*Išḫī*(*ma*)-DN（某神は私の助けである）とその女性版 DN-*išḫa*/*yašḫa*（某女神は助けである）にも言及すべきであろう。*Išḫī*(*ma*)-DN には12の神々が登場し，DN-*išḫa*/*yašḫa* には5柱の女神が登場する[43]。また *Larīm*-DN（某神が（［子供？を］高めてくださるように）との願いが表明されている人名タイプ[44]や高めてくださったことを感謝する人名タイプ *Yarīm*-DN（某神は高めてくださった）[45]もある。

Il（AN）（ARM VIII 25:6），Irra（ARM XXII 33 iii 31），Ištar(f)（ARM XXIII 109:25'），Ištaran（ARM XXVI 281:[3]），Marduk（ARM XXVI 183:[17]），Šamaš（ARM XXI 307:8），Sîn（ARM XXI 96:[6]）および Šulpaea（ARM IX 24 ii 28）.

42）DN-*gāmil* には Addu（ARM XXIII 106:27），Irra（ARM XXI 333:34'），Itūr-Mēr（ARM XXIII 436:29），Sîn（*Syria* 33, p. 65, A.1314, 19），Šamaš（ARM XXI [399]:27"）および Turrunû（ARM VII 139:7）が登場し，DN-*gāmilat* には，Ḫumat(f)（ARM IX 24 iii 40）および Ninḫursagga(f)（ARM IX 25: [33]）が登場する。また人名タイプ DN-*gāmiltī*（某神は私の［女性の］救い主である）には Annu(f)（*RA* 65, p. 66, A.3151 vii 66）が登場する。なお，*Gimil*-Dagan（ダガン神の好意）（ARM IX 258:7）や *Gimil*-Šamaš（シャマシュ神の好意）（ARM VI 15:12）と言った人名タイプもある。

43）*Išḫī*(*ma*)-DN には，Addu（ARM XXIII 236:16），Dagan（ARM XXI 218:4），Eraḫ（ARM XXI 357:3），Ešuḫ?（ARM XXI 231: [22]）. Ilaba（ARM XXIII 432 iii 5），El/Il（AN）（ARM XXIV 264:4），Laba（ARM XXI 405:10'），Lamma（ARM VIII 58:10'），Lim（ARM XXIV 221:6），Nār（ARM XXII 8:8），Šamaš（ARM XXIV 6 i 6），および Tišpak（ARM V 40:5）が登場。また DN-*išḫa*/*yašḫa* には Admu(f)（ARM XXI 403 vii 17），Annu(f)（ARM XXII 69:20'），Ištar(f)（ARM XXIII 236:55），Kakka(f)（ARM IX 291 iii 17'）および Šamaš（ARM XIII [1] iv 43）が登場する。

44）*Larīm*-DN には，Amu（ARM IX 291 i 37），Dīr（ARM XXV 736:5），Ḫammu（ARM XXII 203 iv 10），Nār（ARM XXII 328 ii 57）および Num(a)ḫa（ARM X 178, 5）が登場する。

45）*Yarīm*-DN には Abba(f)（ARM XXV 463:5），Addu（ARM XXI 295 i 25'），Dadu（*RA* 65, p. 40, A.3562 i 38）. Dagan（ARM XXI 99:7），Eraḫ（*RA* 49, p. 18, TEM-3 vi 7），Ḫal（ARM XXIV 23 iii 13），Ḫammu（ARM VII 205:16），Lim（ARM XXI 252:1）および Šakim（*Syria* 50, p. 9=S.115, n. 72-17）などが登場する。

5　個人神の表明

DN-*ilī*（某神は私の個人神である）と主語・述語の順序が逆転した *Ilī*-DN（私の個人神は某神である）を合わせると，汎用性の点で *Ṣilli*-DN とほぼ同格である。21 の神名が DN-*ilī* あるいは *Ilī*-DN のどちらかに登場する[46]。このタイプの人名の名付け親（おそらく父親？）は，息子（稀に娘）の名前が口に出されるたびに彼（または彼女）の庇護者である個人神が誰であるかが明らかにされる。このタイプの女性人名が比較的少ないのは，非常に人気のある女性人名 DN-*lamassī*（DN-*la-ma-si* / DN-^{d}LAMMA と綴られている）（某女神は私の守護天使である）の存在があるからかもしれない。DN-*lamassī* は女性の人名で，10 あるいは 9 神がこの人名に登場するが，そのほとんどは女神である[47]。*lamassu*（*m*）は通常女性の守護天使を意味するが，まれに ARM X 3, 3 の *Lamassī*-Aššur（アッシュル神は私の守護神である）のように男神を指して使われることもある。もっとも，ここの Aššur（^{d}*a-šur*）は神格化された都市アッシュル（女性扱い）を指しているのかもしれない。ちなみに，この名前の主は女性である。また，ARM IX 27 v

46）　Abba（f）（ARM XXII 103:24），Baḫ（*RA* 61, p. 103），Dagan（ARM XXII 14 ii 18），Ištar（f）（*RA* 65, p. 56, A.3151 i 3），Numušda（ARM XXI 364:15）　および Šamaš（ARM VIII 21:10'）が人名タイプ DN-*ilī* に，そして，Addu（ARM XXI 399:11'），Admu（f）（ARM XXII 14 iii' 29'），Dagan（ARM XXI 11, 31"），Epuḫ（ARM XXII 12 i 5'），Eraḫ（ARM XXI 8, 3），Ešuḫ（ARM XXIII 87, 18），Ištar（f）（ARM IX 298:8），Kakka（f）（ARM XXIII 623:[52]），Kašar（ARM VIII 51:5），Kubi（ARM XXIV 247 i' 10'），Lim（ARM XXIII 596 ii 13'），Malik（ARM XXII 18:3），Mamma（f）（ARM XXI 292:2），Maṭar（ARM IX 287:3），Neḫim（ARM XXIII 76:6），Rasap（ARM XIII 66:5），Samas（*RA* 49, p. 17, TEM-3, iii 35）および Šakim（ARM XXII 26:3）が *Ilī*-DN に登場する。*Abba-ilī, Dagan-ilī* および *Ištar-ilī* はいずれも女性の人名である。

47）　Annu（f）（ARM XXI 350 v 8），Aššur（ARM X 2:3），Aya（f）（ARM XXI 402 ii 11），Ea（むしろ Aya（f）と読むべき？）（ARM XXI 350 ii 1），Išḫara（f）（ARM XXII 66:37），Ištar（f）（ARM XXI 403 viii 50），Kakka（f）（ARM XXII 67:2），Mamma（f）（ARM XXII 10 ii 21），Šamaš（ARM IX 27 v 24）および Tabubu（f）（ARM XXII 67:1）．なお，^{d}*ki-ši-tum-la-ma-*<*ša*>*-ša*（ARM VIII 87:4）および ^{d}UTU-*la-ma-sà-ša*（ARM XXVI 489:46）も参照。

24の dUTU（*Šamaš*)-*lamassī* の dUTU はウガリトなどの太陽女神 Špš を表しているのかもしれない。

6　神を光になぞらえる

同じくらい汎用性が高い人名タイプに西方セム語の DN-*nērī*（某神は私の光である）がある。この人名タイプは女性の人名としてのみ使われる。この人名タイプでは12の神名（ほとんど女神の名前）が登場する[48)]。アッカド語版の DN-*nūrī*/*numrī*（某神は私の光である）は，われわれのマリ人名では女性の人名である[49)]。一方類似のアッカド語の人名 *Nūr*-DN（某神の光）は男性の人名である。7柱の神がこの人名タイプに登場する[50)]。ここで，*Šamšī*-DN（某神は私の太陽である）と主語と述語の位置が逆転した女性用の DN-*šamšī*（某神は私の太陽である）とその西セム語版にも触れておきたい。もっとも，*Nūr*-DN と *Šamšī*-DN が表明する意味は同じでないかもしれない。DN-*šamšī*，*Šamšī*-DN および後者の西方セム語名には11の神名が登場する[51)]。

48)　Addu（*RA* 65, p. 61, A.3151 iv 17), Admu(f)（ARM XIII 1 viii 13), Annu(f)（ARM XXII 17: 4), Aya(f)（*RA* 65, p. 59, A.3151 ii 36), Bēlet-ekallim(f)（ARM XIII 1 xi 1), Dagan（ARMXXI 403 viii 79), Dīrītum(f)（ARM XXIII 438:19), Ea（ARM XIII 1 vii 26), Išḫara (f)（*RA* 65, p. 59, A.3151 ii 22), Ištar(f)（ARM XIII 1 ix 48), Kakka(f)（ARM XXI 403 ix 35）および Nunu(f)（*RA* 65, p. 66, A.3151 vii 59).

49)　この人名タイプには5人の神々が登場する。すなわち，Ea（ARM XXI 402 i 6), Mamma(f)（*RA* 65, p. 65, A.3151 vii 30), Numušda（ARM IX 24 iii 25), Šamaš（ARM XXI 403 ix 9）および Sîn（*RA* 65, p. 60, A.3151 iii 65)。

50)　すなわち，Addu（ARM XXII 313, 2), Dagan（ARMXXI 403 ix 23), Išḫara(f)（ARM XXII 3 i 23), Kabta（ARM IX 253 ii 20), Mēr（ARM XXIII 476:2), Sîn（ARM XXVI [126] :17）および Šamaš（ARMXXIII 431:4).

51)　Bēl（ARM XXIII 608:16), Dagan（*RA* 65, p. 58, A.3151 i 23), Ea(?)（ARM XXII 45 B ii 5'), Išḫara(f)（ARM XII 265:6）および Ištar(f)（ARM XXIII 622 iii 7）が DN-*šamšī* に登場。一方 Šamšī-DN には Addu（ARM I 59:3), Dagan（ARM I 76:20), Eraḫ（ARM XXIV 247 i 20）および Lim（ARM XXII 328 v 2）に登場する。また西セム語版の *Samsī*-DN

7　健康を守ってくれる神

健康は時代と地域を超えて人々の普遍的な関心事である。マリの人々も例外ではなかった。彼らは，DN-*mušallim*（某神は安全を守ってくださる方である）あるいはDN-*muballiṭ*（某神は健康を守ってくださる方である）のような名前をつけることで神に対する感謝の気持ちを表明した。6柱の神々がDN-*mušallim*に登場し[52)]，5柱の神々がDN-*muballiṭ*に登場している[53)]。また西方セム語√*rp'*（癒す）の派生語を含んだ人名タイプDN-*rāpi*(*ḫ*)（某神は癒し手［医者］である）も忘れるべきではないだろう。実は，バビロン王ハンムラビHammu-rabi（ハンム［叔父さんと呼ばれる神］は偉大である）は，ハンムラピḪammu-rāpi（ハンム［叔父さんと呼ばれる神］は癒し手［医者］である）と読むのが正しいと主張するM. P. StreckやJ.Oeslnerのような研究者もいる[54)]。DN-*rāpi*(*ḫ*)には4柱の神々が登場する[55)]。同じ語根から作られた派生語を含む人名タイプ*Rip' a/i*-DN（某神の癒し［訳は不確か］）もあり，6柱の神々がこの人名タイプの構成要素となっている[56)]。また女性の人名タイプDN-*asiya*（某神は女医である）では，5柱の女

には El/Il（AN）（ARM XXV 780:3）が，また*Samsu/a*-DNにIšar（ARM VI 14:13）が登場する。

52）　Dagan（ARM XXV 742:2), Ea（ARM IX 252:11), Išum（ARM IX 24 ii 25), Marduk（ARM XXI 357:7), Šamaš（ARM V 81:8）およびSîn（ARM XXI 398:15).

53）　Addu（ARM V 57:7), El/Il（AN）（ARM VIII 25:13), Marduk（ARM VI 21:10), Sîn（ARM XXIV 248:6）およびŠamaš（ARM XXII 34:1). またIškur（ARM XXIII 101:7'）は同じ意味のシュメール語人名タイプDN-LU_2.TIL_3に登場する。

54）　Streck, M. P. 1999, 655-669また Oelsner, J.の新著*Der Kodex Ḫammu-rāpi, Textkritische Ausgabe und Übersetzung*, Münster, 2022のタイトル中のḪammu-rāpiを参照。

55）　DN-*rāpi*は通常DN-*ra*-BIと書かれており，DN-*rabi*（某神は偉大である）ともDN-*rāpi*（某神は癒し手［医者］である）とも読むことができる。もしDNが西方セム系の神であれば，DN-*rāpi*が正しい読み方である可能性がある。この理解が正しければ，Ḫalu（ARM XXIII 557:8), Ḫammu（ARM II 78:3), Ḫamru（ARM VIII 27:15）およびḪayyûm（ARM XXI 242:10）は人名タイプDN-*rāpi*に登場していることになる。

56）　Addu（ARM XXIV 54:3), Dagan（ARM XXII 289:6), El/Il（AN）（ARM XXVI 165:4'),

神が女医と呼ばれている[57]。

8　嘆きの表明

いつの時代でもまたどこにあっても「(この苦しみは) いつまで (続くのか) ？」と嘆く人々がいるものである。Ānaḫ-Ištar (私は疲れました，おおイシュタル様！) (ARM XXIII 614, 8)) や Admati-ilī (わが神よ，一体いつまで？) (ARM XXI 398, 36) と嘆き訴えるタイプの人名もある。しかし，主として女性人名に見られる西方セム語の DN-naḫmī (某神は私の慰めである)[58] や主に男性人名に見られる同じく西方セム語系の Nuḫmī-DN (某神は私の慰めである)[59]，あるいは主に女性人名に見られる西方セム語の DN-šimḫī (某神は私の喜びである)[60] や同じく西方セム語系の男性人名 Simḫī-DN (某神は私の喜びである)[61] に出くわすと，われわれはほっとするのである。これらのうちの女性人名のいくつかには，女児の誕生を喜ぶ母親の気持ちが反映されているかも知れない。

Lim (ARM XXII 24 ii 5'), Malik (ARM VII 213:18) および Samas (ARM XXIV 156:18).

57) Annu(f) (ARM XIII 1 vi 41), Išḫara (ARM XXII 15 iii 4'), Ištar(f) (ARM XXI 232:6), Kakka(f) (ARM XXII 10 ii 23) および Mamma(f) (ARM XXIII 438:18). 最後に挙げた Mamma-*asiya* は女性の人名であろう。

58) Dagan (ARM XXVI/1, p. 463, n. 49, T. 262), Išḫara(f) (*RA* 65, p. 62, A.3151 vi 37) および Kakka(f) (ARM XXII 14 i 22) はこの人名タイプに登場する。また *Naḫme-Asdu* (*RA* 65, 60, A.3151 iii 2) *Naḫme-Dagan* (*RA* 65, 48, A.3562 viii 33) も見つかっている。

59) Addu (ARM XXI 354-bis: 2), Dagan (ARM XXIV 248:5), Il (AN) (ARM XXII 328 iii 30) および Lim (ARM VIII 57: [19]) がこの人名タイプに登場する。

60) Admu(f) (*RA* 65, p. 62, A.3151 v 28), Annu(f) (ARM XXII 66:12), そしておそらく Aya (f) (Ea?) (ARM XIII 1 ii 44), Išḫara(f) (ARMXXII 14 i 8) および Ištar(f) (ARM XXIII 1 xii 2) がこの人名タイプに登場する。

61) Dagan (ARM XXIV 229 ii 7)) と Eraḫ (ARM XXIV 224 ii 2) はこの人名タイプに登場する。

ま　と　め

最後に，繰り返しになるが，要点をまとめておきたい。神名を含む人名を見る限り，マリの人々，特に男親にとって男児を授かることが最も重要な関心事であった。これはマリに限らず多くの社会においても同じで，特に驚くことではない。また，人名には，男神に対してであれ女神に対してであれ，「私の父」あるいは「私の母」に対するような信頼感が表明されている。さらに，特定の神あるいは女神にして親近感を抱き，喜んで神々に仕える気持ちが表明されている。しかし，それと同時に，神々に保護，助け，健康あるいは癒しが与えられるよう願い，光が与えられることを願い求めた。そして，少なくとも一部の人々にとっては，神々は彼らの喜びの源でもあったと言える。

第18章
神名を含む女性名について

はじめに

マリ文書に見られる神名を含む女性名を調べてみると，それらは男性名の場合とは異なる神名と人名タイプが好まれていたことがわかる。もちろん好みには共通点もあるが，注目すべき違いもある。

本研究で対象とする神名を含む人名は，マリ文書集（Archives Royales de Mari. 以下ARMと略す）のXVI/1（1979），XXI（1983），XXII（1983）XXIII（1984），XXIV（1985），XXV（1986），XXVI/1-2（1988）およびXXVII（1993）の人名索引に集められている人名とし[1]，これらから集められた人名をここでは便宜上「マリ人名」と呼ぶことにする。

親が子供に神名を含む名前をつける際にどのような考えに基づいて，特定の神/女神の名を選ぶのかはわかっていないが，ここでは特定の神名がどれくらい大勢の人々の人名に現れるかでその神／女神の人気度が判断できると考え

1） ARM XVI/1およびARM XXI-XXVIIの編者／著者は次の通りである。ARM XVI/1, 1979: Birot, M.; Kupper, J.-R. & Rouault, O.; ARM XXI, 1983: Durand, J.-M.; ARM XXII/1-2 1983: Kupper, J.-R.; ARM XXIII 1984: Bardet, G., Joannès, F., Lafont, B., Soubeyran, D. & Villard, P.; ARM XXIV, 1985: Talon, Ph.; ARM XXV, 1986: Limet, H.; ARM XXVI/1（=*Archives épistolaires de Mari* I/1），1988: Durand, J.-M.; ARM XXVI/2（*Archives épistolaires de Mari* I/2），1988: Charpin, D., Joannès, F., Lachenbacher, S. & Lafont, B.; ARM XXVII, 1993: Birot, M. なおStamm, J. J. 1939; Gelb, I. J. 1957; Huffmon, H. B. 1965およびGelb, I. J. 1980なども参照した。本研究はこれ等の先行研究者たちに負うところは大きい。

る[2]。ただ，同じ名前を持っていても同一人物であるか別人であるかを判断するのは容易でない。メソポタミア南部出土の文書の場合「誰々の息子／娘，誰々」と親の名前が付されていることが多いが，マリ出土文書の場合は，通常，親の名前が付記されていないため，同名の別人を区別するのは不可能に近い。そこで，特定の神／女神の名前が何人の人名に出てくるかではなく，何種類（タイプ）の人名に出てくるかでもってその神／女神の人気度を判断することにしたい。これは次善策ではあるが，有効と考える[3]。なお，以下の検討においては，3神名以上が現れる女性名タイプに限定して検討することにしたい。

本研究は，古バビロニア時代のマリ文書に現れる神名を含む女性人名研究の1つのケース・スタディにしか過ぎないが，この研究の成果の一部は古バビロニア時代のメソポタミア社会全体にも当てはまりうるのではないかと考える。

1　女性名に現れる神々の人気度（末尾の表1を参照）

神名を含む女性名に現れる最もポピュラーな神々はいずれも女神で，アンヌ Annu とイシュタル Ištar/Eštar である。アンヌは48タイプの人名に登場し[4]，イシュタは41タイプの人名に登場する[5]。イシュタルは有名な愛と戦いの女

---

2)　例えば，Oppenheim, A. L. 1977 (rev. ed.), 194を参照。

3)　これは，Nakata, I. 1993, 114–125のテーマでもある。

4)　Annuは極めて稀に語尾の/n/（nunation）がついてAnnunと綴られることがある（*An-nu-un-ḫi-it-la-al*: ARM XXIII 596 iii 1）。Annuが主語・述語の2つの部分からなる人名タイプの前半に出てくる人名は45タイプで，後半に出てくる人名タイプは3例である。ただし，そのうちの1つである女性人名*ṣi-il-li-an-nu*(ARM XXII 10 iv 20)を「アンヌは私の日陰（守り）であるṢillī-Annu」と読む場合で，もしこの女性人名を「アンヌの日陰（守り）Ṣilli-Annu」と呼んだ場合は3例の中に入れることはできない。Annuが前半部分に出てくる人名タイプは*-amiya*（A.3151＝RA 65, 56–67）iv 47, *-ašrī*（ARM XXI, 402 i 1）, *-asiya*（ARM XIII 1 iv 41）, *-baḫla*（ARM XXIII 550, 10'）, *-baḫlī*（ARM XXI 407 iii 7）, *-baštī*（A.3151＝*RA* 65, 56–67）vii 27）, *-damqa*（A.3151, I 39）, *-dunnī*（A.3151 vii 15）, *-dūrī*（ARM XXI 413, 1）, *-gāmilī*（A.3151 vii 66）, *-ḫannī*（ARM XIII I vii 38）, *ḫaṣnīn*（ARM XIII 1 vi 43）, *-ḫitlal*（ARM XVIII 27:11）, *-ipḫa/-yapḫa*（ARM XIII 1 viii

神であるが[6)]，イシュハラ女神と共に，メソポタミアでは，結婚とお産の女神としても知られていた[7)]。アンヌに関しては，今では女神であるとみなす点では大方の意見の一致が見られるが[8)]，まだわかっていないことも多い。アンヌ

29), *-ka-abī* (ARM XXIII, p. 504, An. I I 30), *-lamassī* (ARM XXI 403 vii 1), *-ma-na* (ARM IX 24 iv [6]), *-milkī* (ARM XXI 413:3), *-nābitī* (ARM XXIV 225 ii' 10'), *-nād[ī]* (ARM XXII 16:24), *-nābiḫ*? A.3151 v 24), *-napi<š>tī* (ARM XIII 1 vi 61), *-nērī* (ARM XXII 17:4), *-nuṣrī* (ARM XXIII 349:8), *-puṭrī* (A.3151, I 19), *-qudmī* (ARM XIII 1 viii 77), *-qum*? (ARM XIII I vi 8), *-raḫmī* (ARM 21:376, 9), *-rēmênni* (ARM XXIII 240: 26'), *-rimšī* (A.3151 i 71), *ṣulūlī* (ARM VII 185 ii 7'), *-šimḫī* (ARM XXII 66:12), *-tabni* (ARM XXII 326:7), *-taḫnum* (A.3151 i 72), *-tal'e* (ARM VIII 67:2), *-tāmur* (ARM XXII 63:7), *-taḫnum* (A.3151 i 72), *tal'e* (ARM VIII 67:2), *-tāmur* (ARM XXII 63:9'), *-tappî* (ARM XXIII 37:9), *-tar'am* (TEM 4 [= *RA* 50, 68-72] ii 6), *-tarpi* (ARM XIII 1 xi 47), *-tasmaḫ* (ARM XIV ii 15), *-tillatī* (ARM XIII 1 x 2), *-ti-ri* (ARM XXII 14 iii 4), *-tukultī* (ARM IX 25: [40]), *-ummī* (ARM XXI 403 v 4), *-yatra* (ARM XIII 1 x 2). Annu が後半部分に出てくる女性の人名タイプは *Ṣillī-* (ARM XXII 10 iv 20), *Tāṣi-* (ARM XXII 10 iv 20), *Tašim-* (ARM XXI 407 ii 19') などがある。

5)　イシュタル女神は主語・述語の 2 つの部分からなる人名の前半に登場する人名タイプは 31 例ある。すなわち，*-andullī* (TEM 4, vi 12'), *-asiya* (ARM XXI 231:6), *-baḫla* (ARM IX 291 ii 1), *-bāštī* (ARM XXI 403 x 20), *-damqa* (ARM XIII 1 v 50, *-dunnī* (ARM XXIV 225 i 6), *-dūrī* (ARM XXI 328 i 19), *-ḫaṣnī* (ARM XXII 45 A i' 16'), *-ilī* (A.3151, i 3), *-ipḫa* (ARM XIII 1 vi 19), *-išḫa/-yašḫa* (ARM XXIII 236:55), *-lamassī* (ARM XIII 1 i 69), *-milkī* (A.3151 v 10), *-nāṣirtī* (ARM XXIII 109:25'), *-nērī* (ARM XXI 403 x 7), *nuṣrī* (ARM XXIII 106:29), *-puṭrī* (TEM 4 iii 19), *-raḫmī* (ARM XXIII 245:22), *-ṣillī* (A.3151 iv 8), *šamšī* (ARM XXIII 622 iii 7), *-šarra* (ARM XXIII, p. 504, An. 1 i [6]), *-šimḫī* (ARM XIII 1 xii 2), *-tal'e* (ARM XIII 1 v 41), *-tappī* (ARM XXI 379 ii 9), *-tāṣi* (ARM XIII 1 iv 80), *-tayar* (ARM XIII 1 v 41), *-tillatī* (ARM XXI 350 v 18), *-tukultī* (ARM IX 25:43), *-turiya* (ARM XIII 1 xiii 33), *-ummī* (ARM XXIII 610:7), *-uṣrī-šarram* (ARM XXII 45 A i' 7'). イシュタルの神名が人名の後半に来る人名タイプは 10 タイプ知られている。すなわち，*ānaḫ-* (ARM XXIII 614, 8), *ḫ[a-an]-na-* (ARM XXII 63:13'), *mārat-* (ARM XXVI 258:4'), NIN- (ARM XXIII 606:11), *-šīmat-* (ARM XIII 1 v 75), *tabnī-* (ARM XXI 382 I 20), *tarīš-* (A.3151 vii 36), *tašīm-* (ARM XIII 1 iv 28), *tatūr-* (ARM IX 27 v 27), *tūlid-* (ARM XXII 58 ii 4').

6)　Edzard, D. O. 1965, 84-86 および Jacobsen, Th. 1970, 27-28 を参照。

7)　次のパラグラフと Lambert, W. G.-A. R. Millard, 1969, 23 を参照。

8)　Annu については，Nakata, I.1973, 299-307 を参照。

は，男性名には例外的にしか登場しないが，女神イシュタルは男性の人名にも頻繁に現れる。

3番目にポピュラーな神は女神イシュハラ Išḫara で，22タイプの女性名に登場する[9)]。女神イシュハラは色々なエピセット（形容句）で形容されるが[10)]，イシュハラの人気は「アトラ・ハシース物語」（第I書板301-304行），古バビロニア版の「ギルガメシュ物語」[11)] およびイナンナ／イシュタルとイシュハラの名の下に唱えられる「イレムム Ir'emum」（擬人化されたラブ・マジック？）などの文学作品に登場することからも推測できる[12)]。

次にランクされるのは，マンマ Mamma，アドム Admu およびカッカ Kakka の3女神である。マンマ女神は，「マリ人名」では ᵈ*ma-ma* または ᵈ*ma-am-ma* と綴られており[13)]，16タイプの女性人名に登場する[14)]。このマンマは，「アト

9)　Išḫara は，*-asiya*（ARM XXII 15 iii 4'），*-damqa*（A.3151 iii 31），*-dannat*（TEM 4, vi 32'），*-dumqī*（ARM XII 265:3），*-gumlī*（ARM XIII 1 ix 23），*-kabrat*（ARM XXIII 438:15），*-ki-Ištar*（ARM XXI 407 ii 7），*-lamassī*（ARM XXII 66:37），*-malakī*（A.3151 iv 61），*-naḫmī*（A.3151 vi 37），*-nērī*（A.3151 ii 22），*samratī*（ARM IX 291 iii 27'），*-šamšī*（ARM XXI 407 ii 16），*-šarrat*（ARM IX 24 iv [3]），šēmi'at（ARM XIII 1 iii 20），*-šimḫī*（ARM XXII 14 I 8），*-šulumme*?（ARM XIII 1 I 4），*-tar'am*（ARM XXII 242, 14 I 17），*-taskup*（A.3151 iv 36），*-ummi*（ARM XXIV 225 ii 40），*-yapḫa*（ARM XXIII 242: <7>），*ummī*（ARM XIII 1 v 74）などと共に女性人名を構成している。

10)　例えば，「慈悲深い女神 *iltum rēmne[tum]*」（King, L. W. 1896, 7 r. 2），「住まいの女主人 *bēlet dadmê*)」（Reiner, E. 1956, II 172）あるいは「裁きと占いの（女の）主 *bēlet dīnim u bīrī*」（Zimmern, E. 1901, No. 87:6）など。

11)　Tigay, J.H. 1982, 279 の古バビロニア版「ギルガメシュ物語」（ペンシルヴァニア版 v 28-29），月本昭男 1996，182頁，第5欄 28f. 行と注四，および Lambert, W. G.-A. R. Millard　1969, 155 の I 301-304 行に関するコメントなどを参照。

12)　Gelb, I. J. 1970, 7-12 を参照。

13)　例えば，*i-din-*ᵈ*ma-[m]a*（ARM IX 263:6）= *i-din-*ᵈ*ma-am-ma*（ARM VIII 65:1）。

14)　*-asiya*（ARM XXIII 438:18），*-baḫla*（ARM XXI 402 iv 9），*-dunnī*（TEM 4 iii 25），*-ḫaṣnī*（A.3151 I 7），*-lamassī*（ARM XII 10 ii 21），*-numrī*（A.3151 vii 30），*-qudmī*（A.3151 ii 18），*-šarrat*（ARM XXVI, p. 239, n. 26），*-tal'e*（ARM IX 291 ii 23），*-tuḫalli*（ARM IX 27 v 30），*Mammātum*（A.3151 vi 9），*šēra-*（ARM X 110:3），*tappî-*（ARM IX 24 iii 27），*tasmaḫ-*（ARM XII 14 iii 6），*tūlid-*（ARM IX 24 iii 32），*yakūn-pī-*（ARM.3151 vii 61）.

ラ・ハシース物語」の第1書板193行および246行に登場する産婆役の女神^{d}*ma-mi*/^{d}*ma-ma*と同じと考えられる。

女神アドムAdmuは15タイプの女性名に登場する[15]。しかし，アドム女神がマリ文書に登場するのはただ一度シャッカナック時代の奉納記録（T.142）[16]に登場するのみで，これを除けば，すべて人名，しかもほとんど女性の人名にしか登場しない。Admuについても女神であるということ以外にほとんど何もわかっていない。なお，Admuが女神であるという点に関しては，Admu-ummī（アドムは私の母である），Admu-ḫalṣa（アドムは要塞［女性形］である）あるいはAdmu-išḫa（アドムは助け［女性形］である）などの女性名がその根拠である。

カッカKakka女神は15タイプの女性名の構成要素として登場する[17]。古バビロニア時代においては，マリ文書以外で言及されることは稀で，マリ文書においてさえ神名カッカが出てくるのは人名に限られている。カッカを女神であると考える根拠は，カッカが女神ニンカルラックNinkarrak（CT 25, 3:55）[18]あるいは女神ニンシュブルNinšubur（CT 24, 20:21）[19]と「同一視されている」ことの他に，カッカがKakka-asiya（カッカは［女性の］医師である）やKakka-išḫa[20]（カッカは助け［女性形］である）といった女性名の構成要素となってい

15）　Admuは次のような単語と共に人名に登場する。*-baḫlāṭī*（ARM IX 253 ii 9），*-ḫaliya*（ARM XIII 1 v 55），*-ḫalṣa*（ARM XXIII 236: 51），*ḫaṣnī*（A.3151 iv 21），*-išḫa*（ARM XXI 403 vii 17），*-lūwa*（ARM XXI 376:10），-nērī（ARM XXII 55 ii 5'），-ni-ia（ARM XXI 403 vii 22），-qudmī（ARM XIII 1 ix 55），*-rūba/rūma*（ARM XIII 1 vii 59），*šimḫī*（A.3151 v 28），*-taḫunan*（A.3151 iv 38），*-ummī*（ARM XXI 382 i 15），ta*ḫṣi*（*n*）-（ARM VIII 48:14），*taīš-*（ARM XIII 1 i 16）.

16）　Edzard, D. O. 1967, 70.

17）　*Kakka*（愛称？）（ARM XXII 55 iii 5'），*-ašrī*（ARM XIII 1 v 1），*-asiya*（ARM XXII 10 ii 23），*-ḫaliya*（ARM XXII 262 i 2），*-išḫa*（ARM IX 291 iii 17'），*-lamassī*（ARM XXII 67, 2），*-līdi*（ARM XXVI 236:6），*-milkī*（ARM XXII 66:15），*-naḫmī*（ARM XXII 14 i 22），*-nērī*（ARM XXI 403 ix 35），*-nīšua*（A.3151 vi 35），*-rimšī*（A.3151 iii 5），*rūša*（ARM XXII 63 + M. 6825, 48），*-tukul<tī>*（ARM XXII 15 ii' 15'），*-tu-ri-ia*（ARM IX 291 ii 31）.

18）　Edzard, D. O. 1965, 78.

19）　Edzard, D. O. 1965, 113-114.

20）　*išḫum*（助け）に関しては，Huffmon, H. B. 1965, 215-216.

ることである[21]。またḪimiṭ-Kakka（カッカの焦熱）という人名はカッカの特性を示しているものとして注目したい。なぜなら，*ḫimṭu* は燃え盛る火や焦熱を意味し，「マリ人名」ではエラ／イラ Erra / Irra 神，マリク Malik 神，シャマシュ Šamaš 神，およびアッドゥ Addu 神とのみ使用されている。これ等の神々のうち2神（イラ／エラとマリク）は冥界神である[22]。

これらに次いで女性人名の構成要素として登場するポピュラーな神々は，アヤ女神 Aya，ダガン神 Dagan，シャマシュ神 Šamaš，タブブ女神 Tabubu，およびエア神 Ea の5神である。タブブを除く他の神々はバビロニアではよく知られた神々である。アヤは ^{d}*a-a*，^{d}*a-ia* あるいは *a-ia* と綴られており，シャマシュ神の配偶神で，10タイプの女性人名の構成要素として登場する[23]。女神アヤは，'*à-a* と表記されることもあるエア Ea の神名に隠れている可能性もある[24]。ダガンはユーフラテス川中流域の最高神で，10タイプの女性名の構成要素となっている[25]。シャマシュは太陽神であると同時に普遍的な正義の神

21）　Steinkeller, P. は，マリ文書およびそれ以外の文書に出てくる Kakka を含む人名をリストアップしているが，Kakka を女神ではなく男神とみなしている（Steinkeller, P. 1982, 289）。

22）　Irra については，Roberts, J.J.M. 1971, 11ff. を参照。この論文は Roberts 1972, 21–29 に再録されている。他方，Malik は，Weidner List（*AKF*［*AfO*］2, 1924–25, 17）の中で，もう一人の冥界神 Nergal と結びつけられており，また冥界で Šamaš 神の監督下にある *Kūbu*-demon や Anunnakku 諸神と一緒にされている。Nakata, I. 1974 354ff. を参照。人名中の冥界神は魔除けの意味があった可能性がある。

23）　Aya はあだ名（hypocoristic name）?（ARM XIII 1 x 47）と9つの女性の人名タイプに登場する。すなわち，*-ar-ri*（ARM IX, 24 iii 16），*-bēltī*（ARM XXI 232:9），*-lamassī*（ARM XXI 402 ii 11），*-nērī*（A.3151 ii 36），*-rīša*（ARM XIII 1 viii 22），*-šimḫī*（ARM XIII 1 ii 44），*-ummī*（A.3151 ii 27），*erištī-*（ARM X 36:3），*yatara-*（ARM XXII 43 i 5'）.

24）　同じ女性の名前が，ARM XXI 232:9 では *a-ia-be-el-ti* と綴られているが，ARM XXI 408:10 では *é-a-be-el-ti*（='*á-a-be-el-ti*）と綴られることがある。この点については，Durand, J.-R.1983, 550, n. 61 および 551, n. 63; Gelb, I. J. 1961^{2}, 88–89; Edzard, D. O. 1965, 56; Roberts, J. J. M. 1972, 20 および Nakata, I. 1974. 161ff. を参照。

25）　Dagan 神を含む女性人名では次の10の人名要素と一緒に登場する。すなわち，*-bāštī*（ARM XXII 10 iv 8），*-ilī*（ARM XXII 14 ii 18），*-kibrī*（ARM XXIII 622 iii 7"），*-mala-ku*（A.3151 iii 3），*-nādī*（ARM XXII 10 i 6），*-naḫmī*（ARM XXVI, p. 463, n. 49, T.262），

で，ダガンと同様 10 タイプの女性人名の構成要素として登場する[26]。女神タブブはよくは知られていないが，Tabubu-baḫla（タブブは女主人である），Tabubu-lamassī（タブブは私の女性守護霊である），Tabubu-šarra（タブブは女王である），Tabubu-ummī（タブブは私の母親である）などの女性名からタブブが女神であることがわかる。タブブは 9 タイプの女性人名の構成要素となっている[27]。エア神も 9 タイプの女性人名の構成要素として登場する[28]。

これら 5 神に続くのが女神ナ（ン）ナ Nan(n)a，ヌヌ女神 ?Nunu，それにシン Sîn の 3 神である。ナ（ン）ナ Nan(n)a は色々に綴られている。例えば，*na-an-na*（*Ši-na-an-na*：ARM XIII, 1 i 19），*na-na*（Ma-at-qú-na-na: *RA* 65, p. 60, B iii 33），^{d}n[a-a]n-ni（Parrot, A. [ed.] 1950, 43）あるいは ^{d}*na-ni*（ARM VII 43:2）のごとくである。ナ（ン）ナは 6 タイプの女性人名の構成要素となっている[29]。ナ（ン）ナが女性人名にのみ登場するということは，女性人名 Nanni-šarra（Nanni は女王である）からも明らかなように，また J. J. M. Roberts が既に指摘している通り，ナ（ン）ナは女神であると考えてよい[30]。ヌヌ女神 Nunu？は，マリ文書では常に ^{d}*nu-*

-nērī（ARM XXI 403 viii 79），*-šamšī*（A.3151 i 23），*-ti-ri*（A.3151 i 23），*šīmat-*（ARM XIII 1 viii 33）.

26）*amat-*（ARM XXI 407 ii 28），*ṣīt-*（ARM XIII 1 i 13），*-andullī*（ARM XXII 16, 9），*-bāštī*（ARM XXIII, p. 504, An. 1 i 38），*-dumqī*（ARM XXI 407 ii 22），*-lamassī*（ARM IX 24 iii [57]），*-napi<š>tī*（ARM VII 120:8'），*-nūrī*（ARM XXI 403 ix 9），*-šunittum*（ARM X 168:1），*-yašḫa*（ARM XIII 1 iv 43）.

27）Tabubu は 1 つのあだ名（hypocoristic name）？ Tabubu（ARM XIII 1 viii 35）の他，8 つの女性人名タイプに登場する。すなわち，*-baḫla*（ARM XIV 224 iii 51），*-ḫaliya*（ARM XIII 1 vi 13），*-ḫaṣnī*（ARM XXIII, p. 504n An. I ii [12']），*-lamassī*（ARM XXII 67:1），*-nērī*（ARM XXII 66:14），*šarra*（ARM XXIV 224 iv 1），*-šimḫī*（ARM XII 265:4），*-ummī*（ARM XXIII 236:18）.

28）*-šimḫī*（ARM XIII 1 ii 44），*-bāštī*（ARM XXIII, p. 504, An. 1, i 25），*-gamlī*（ARM XIII 1 v 18），*-lamassī*（ARM XXI 350 ii 1），*-nādā*（TEM 4, ii 16），*-nērī*（ARM XIII 1 vii 26），*-nūrī*（ARM XXI, 402 i 6），*-šamšī*（ARM XXII 45B ii 5）.

29）Nanna は，*Nanna*（ARM XXI 403 viii 69），*Nanname*（ARM X 129:4），*Nannatum*（A.3151 vi 57），*Nanniya*（ARM XXI 1 i 66）などの hypocoristic names の他に，*matqu-*（A.3151 iii 33），*šî-*（ARM XIII 1 i 19）などの女性人名にも登場する。

nu と綴られていて，6 タイプの女性人名の構成要素として登場する[31]。神名ヌヌはマリ文書においてもそれ以外の文書においても人名の構成要素としてのみ知られている[32]。J. J. M. Roberts は淡水潟湖の魚の神格化されたものであるとするが，この見解はまだ確証されていない[33]。神名ヌヌは男性人名の構成要素としても登場するが，同神名の女性人名における人気と，女性に対する命令形 *uṣrī* を使った女性人名 ^{d}*nu-nu-uṣ-ri*（ヌヌよ，見守りたまえ！）（ARM XXV 725:2）からヌヌは女神であると考えられる。シン神は 6 タイプの女性人名の構成要素として登場する[34]。女性人名の構成要素として登場する残りの 35 神名に関しては，図 1 を参照していただきたい。

2　女性人名に人気のある神々と男性人名に人気のある神々

まず第 1 に，女性人名の構成要素として頻繁に登場するのはやはり女神である。この事実は A. T. Clay[35] と J. J. M. Stamm[36] がアッカド語人名に関して指摘していたことを裏付けるものである。「マリ人名」中の男性人名の構成要素として登場する 116 の神々の内（表 2 を参照），女神は 27 神で 23.3% であるのに

30）　Roberts, J. J. M. 1972, 46 および Nakata, I. 1974, 371ff. を参照。

31）　すなわち，*-aḫatī*（ARM XXIII 109:24'），-nērī（A.3151 vii 56），*-tabni*（ARM XII 265:1），*-uṣrī*（ARM XXV 725:2），*ṣillī*（ARM XIII 1 x 65），*sīmat-*（ARM XXIII 622 iii 1）.

32）　Roberts, J. J. M. 1972, 47; Nakata 1974, 410f. を合わせて参照。

33）　Roberts, J. J. M. 1972, 47. Nunnu に関する他の見解に関しては，Borger, R. 1964, 60 および Kienast, B. 1978, 44, N. 169 で紹介されている Edzard, D.O. の見解（人名などで使われている Annunāitum 女神名の短縮形）などを参照。

34）　Sîn 神は次のような人名構成要素と共に女性人名に登場する。すなわち，amat-（ARM XXIII 622 iii 2"），*pirḫi-*（ARM XIII 1 xii 3），*šīmat-*（ARM XXII 63 + M.6825, 15 = ARM XXIII, p. 487），*-kibrī*（ARM XXI 382 i 14），*-nādā*（ARM XXIII 349:3），*-nūrī*（A.3151 iii 65）.

35）　Clay, A. T. 1917, 140–143.

36）　Stamm, J. J. 1939, 34–35 & 67.

対し，女性人名の構成要素として登場する49の神々の内26（53.1%）の神々が女神である。男性人名と女性人名の構成要素として登場する最もポピュラーな神々を6～8神に限って比較すると，この違いはさらに明らかになる。男性名の構成要素として登場する最もポピュラーな8神では男神が圧倒的に多数を占めているのに対し，女性人名の構成要素として登場する最もポピュラーな6神はすべて女神であるからである。これに対し，男性人名の構成要素として登場する最もポピュラーな6～8神に入っている女神はポピュラー度が6番目のイシュタル女神のみである。

第2に，女性名の構成要素として登場する最もポピュラーな神々と男性名の構成要素として登場する最もポピュラーな神々では神々の性格がかなり違うという点である。男性名に登場する最もポピュラーな5神の内4神はメソポタミアの神々の中ではよく知られた神々である。アッドゥ（アダド）神は主としてシリア北部（上ジャジーラ）の，またダガン神はユーフラテス川中流域の最高神で，いずれも公的祭儀においてそれぞれに相応しい崇敬の対象となっていた[37]。

太陽神シャマシュと月神シンもそれぞれメソポタミアの公的祭儀の対象であったことがわかっている。もっとも，マリではシャマシュ神の方が明らかに重視されていた[38]。通常表意文字でＡＮと表記されるEl/Ilはマリを含むメソポタミア全域で知られていたが，人名の構成要素としてのみ登場する。次にポピュラーなのはイシュタル女神Ištar，リムLim，およびエアEaである。イシュタル女神は，既に述べたように，女性人名においても男性人名においても例外的にポピュラーであるが，これはイシュタルが愛と戦いの神であるという二面性を持った女神であることに由来する。エアはメソポタミアでは知恵の神として知られ，シュメールの知恵の神エンキEnki（両神は一般に同一視されている）と共に古くからメソポタミアのパンテオンのメンバーであった。他方，リムは素性の分からないアムル系の神で，マリにおいてさえ男性名に登場すること以

37）　Nakata, I. 1974, 15ff. および111ff. を参照。

38）　Nakata, I. 1974, 417ff. & 433ff.

外に何もわかっていない。

女性人名の構成要素として登場する最もポピュラーな6女神のうち，3女神（アンヌ，アドム，およびカッカ）はマリにおいてもそれ以外の地域においても，女性人名の構成要素として登場すること以外に何もわかっていない。これら以外の3女神の中では，よく知られているのはイシュタルのみで，他の女神，すなわちイシュハラとマンマはそれほど知られていない。しかしながら，これ等の3女神はいずれも何等かの形で結婚とお産に関係している。女性人名の構成要素として登場する最もポピュラーの5女神は，非常にポピュラーな女性人名タイプであるDN(f)-*asiya*（某女神は女医である）に構成要素として登場することにも触れておきたい。この点に関しては，後述する。

しかし，ダガン，シャマシュ，エア，カッカ（女神），マンマ（女神），ヌヌ（女神）およびシンは，女性人名の構成要素としても男性人名の構成要素としても，比較的頻繁に登場する。この点では，男性の人名と女性人名には共通する面もあると言うことができる[39)]。

3　ポピュラーな女性人名タイプ

DN(f)-*ummī*（某女神は私の母である）は「マリ人名」中の女性名の中では最もポピュラーな女性の人名タイプで，15の女神がこのタイプの女性人名に登場する[40)]。このタイプの変形タイプである*ummī*-DN(f)（私の母は某女神である）もあるが，DN(f)-*ummī*に比べるとそれほど多くはない[41)]。変形タイプも含め

39)　Stamm, J. J. 1939, 67参照。われわれは，男性の神名が女性の人名に登場する例，および男性の人名に女神の名前が登場する例を例外とすべきではないと考える。

40)　Admu(f)（ARM XXI 382 i 15), Annu(f)（ARM XXI 403 v 4), Aya(f)（A.3151 ii 27), Bēlet-Agade(f)（ARM XXI 413:7), Bēlet-ekallim(f)（ARM XIII 1 i 65), Dīrītum(f)（ARM XXI 403 vii 31), Ištar(f)（ARM XXIII 61:7), Ḫanat(f)（ARM XXII 10 iii 10), Išḫara(f)（ARM XXIV 225 ii 40), Kišītum(f)（ARM XIII 1 v 52), Mammītum(f)（ARM X 10: 5), Nārum(f)（ARM XXVI/1, p.522, n. 84), Ningal(f)（ARM XXI 382 i 13), Ninḫursagga(f)（ARM IX 24 iii [37]）およびTabubu(f)（ARM XXIII 236:18).

てこの女性人名タイプは，「マリ人名」中では最もポピュラーな男性人名タイプの１つである DN-*abī*（某神は私の父である）および *Abī*-DN（私の父は某神である）に対応する。仮に Dīri が Dīrītum 女神の略称だと仮定すれば，16の神名（すべて女神名）が DN(f)-*ummī* あるいは *ummī*-DN(f) に登場することになる。この人名タイプでは登場する個々の（女）神に対する強い親近感と信頼感が表明されていると考える[42]。

次にポピュラーな女性の人名タイプは西方セム語系の DN-*nērī*（某神は私の光である）である。この人名タイプは女性人名にのみ現れ，12の神名（ほとんどが女神名）がこの人名タイプに登場する[43]。DN-*nūrī/numrī* は同じ意味のアッカド語人名であるが，これもわれわれの「マリ人名」では女性人名としてのみ使用されている。しかし，DN-*nūrī* に登場する神名はどういうわけか男神である[44]。もう１つ女性人名にのみ使用される人名タイプは DN-*šamšī*（某神は私の

41）５柱の女神が人名タイプ ummī-DN に登場する。すなわち，Dīri(f)（ARM XXII 1 ii 16'），Ḫanat(f)（ARM XXIII 159, 5），Ḫattum(f)（ARM IX 291 iii 32'）．Išḫara(f)（ARM XIII 1 v 74）および Nāru(f?)（ARM XXII 14 ii 19）である。Ḫattum が男性人名より女性人名により人気があり，また人名タイプ ummī-DN（某神は私の母である）に登場するということは，Ḫattum が女神であることを示している。アッカド語神名 Nāru は神格化された川（nāru）で，女神と考えられる。しかしシュメール語の川を意味する ÍD および西セム語で川を意味する *nḫr* はいずれも男性名詞であるため，既に古代において Nāru の性別に混乱が生じていた可能性がある。

42）男性の人名タイプとして非常に人気のある *ka-abī*-DN とその変形タイプである DN-*ka-abī*（いずれも某神は私の父のようであるの意）に対応する *ka-ummī*-DN および DN- *ka-ummī*（いずれも某女神は私の母のようであるの意）は見つかっていない。

43）Addu（A.3151 iv 17），Admu(f)（ARM XXII 55 ii 5'），Annu(f)（ARM XXII 17: 4），Aya(f)（A.3153 ii 36），Bēlet-ekallim(f)（ARM XIII 1 xi 1），Dagan（ARM XXI 403 viii 79），Dīrītum(f)（ARM XXIII 438:19），Ea（ARM XXIII 438:19），Eštar(f)（ARM 21 403 x 7），Išḫara(f)，(ARM XXIII ii 22），Kakka(f)（ARM XXI 403 ix 35），Nunu(f)（A.3151 vii 56）．

44）すなわち Ea（ARM XXI 402 i 6），Numušda（ARM IX 24 iii 25），Šamaš（ARM XXI 403 ix 9）および Sîn（A.3151 iii 65）である。しかし DN-numrī に登場する Mamma は女神である。また比較的人気のある人名タイプ Nūr-DN（某神の光）は男性の人名として使用されている。Addu（ARM XXII 313:2），Dagan（ARM XXI 403 ix 23），Išḫara(f)（ARM XXII 33 iii 4），Mēr（ARM XXIII 476:2）および Šamaš（ARM XXVI 126:17）が男性の人

太陽である）である。この人名タイプには2柱の男神と2柱の女神が登場する[45]。この人名タイプでは，古代メソポタミア人の光に対する強い憧れが表明されていると考える[46]。

3番目にポピュラーな女性人名のタイプはDN-*lamassī*（某神は私の守護女神である）である。この名前はDN-^{d}LAMMAあるいはDN-*la-ma-sí*と綴られ，女性人名にのみ使用される。7人の女神と2人の男神がこの人名タイプに登場する[47]。主語と述語が入れ替わった人名タイプ*Lamassī*-DN（私の守護女神は某神である）も存在するが，今のところ女性人名*Lamassī-Aššur*（ARM X, 2, 3）が知られているのみである。この人名タイプの変形，DN-*lamassaša*（某神は彼女の守護女神である）もあるが，*Kišītum-lamassaša*（キシートゥム女神は彼女の守護女神である）が1例知られているのみである。DN-*lamassī*とその変形タイプには合計10神が登場するが，そのほとんどは女神である。

人名タイプ*Ilī*-DN（某神は私の個人神である）は男性の人名タイプとして極めて頻繁に出くわす人名であるが[48]，女性の人名には全くみられない[49]。この人名タイプで，主語と述語が入れ替わったDN-ilī（某神は私の個人神である）は女性の人名に使われているが，この人名タイプに登場する神はわずか3神であ

名タイプnūr-DNに登場する。nērum/nūrumを使った人名タイプに関しては，*N.A.B.U.* 1994（No. 3）, 62–63のJ.-M. Durandの記事を参照。

45）すなわちDagan（A.3151 i 23）, Ea（ARM XXII 45B ii 5'）, Ištar（f）（ARM XXIII 622 iii 7）およびIšḫara（f）（ARM XXI 407 ii 16）である。西セム語のSamsī-DNは男性の人名タイプである。

46）中田1985，247–251。

47）Annu（f）（ARM XXI 403 vii 1）, Aya（f）（ARM XXI 402 ii 11）, Ea（あるいはAya[f]と読むべきか？上記注24を参照）（ARM XXI 350 ii 1）, Ištar（f）（ARM XIII 1 i 69）, Išḫara（f）（ARM XXII, 66:37）, Kakka（f）（ARM XXII 67:2）, Mamma（f）（ARM XXII 10 ii 21）, Šamaš（^{d}UTUと書かれている。ここの^{d}UTUはウガリトの太陽の女神Šapašのような女性の太陽神を表していた可能性もある。[Leick, G. 1991, 149参照。]）（ARM IX 24 iii [57]）およびTabubu（f）（ARM XXII 67:1）。

48）Nakata, I. 1993, 121.

49）この点は既にStamm, J.J. 1939, 73が指摘している。

る[50)]。このタイプの名前を持っている人は，その人の名前が発音されるたびに自分の個人神を宣明し，結果的にその個人神を讃えることになったと思われる。メソポタミアの女性は個人神を持たなかったと考えない限り[51)]，なぜこの人名タイプとその変形タイプがマリ文書に登場する女性たちの間で使われなかったのか説明に窮するが，女性の人名タイプとして非常にポピュラーなDN-*lamassī*（某神は私の守護女神である）が女性の個人神を明らかにする人名タイプの役割を果たしていたと考えられないだろうか。

既に取り上げた 3 つの人名タイプに比べると，人気度はやや低くなるが注目すべき人名タイプはまだ存在する。その 1 つは，DN-*bāštī*（某神は私の誇りである）[52)] で，かなり頻繁に目にする人名で，しかもわれわれの「マリ人名」においては，女性の人名にのみ登場する。この人名タイプには合計 7 人の男神と女神が登場する[53)]。DN-*bāštī* ほどではないが，DN-*napištī*（某神は私の生命である）および西方セム語の DN-*napsī*（某神は私の生命である）にも注目すべきであろう。合わせて 3 柱の神がこの人名タイプに登場する[54)]。これら 3 神はこの女性人名タイプの構成要素となっているが，Šamaš-napištī（シャマシュは私の生命である）は男性名である可能性もある。

DN-*šimḫī*（某神は私の喜びである）は，女性の人名タイプとしては，DN-*bāštī*（某神は私の誇りである）と同程度に人気があり，7 神名（すべて女神名）がこの人名タイプに登場する[55)]。この人名タイプで主語と述語が入れ替わった西方セ

---

50)　すなわち，Abba(f)（ARM VII 199:15'），Dagan（ARM XXII 14 ii 18）および Ištar(f)（A. 3151 i 3）。

51)　Stamm は，女性は守護神あるいは守護女神を持たなかったのではないかと考えた。自由人女性は自分の父親と同居している間は父親の守護神を共有し，結婚した後は自分の夫の守護神を共有したというのがその理由であった（Stamm, J. J. 1939, 309）。

52)　*bāštu* の色々な意味については，AHw, S.112 および CAD B, pp. 142ff. を参照。

53)　Addu（TEM 4, ii 19），Annu(f)（A.3151 vii 27），Dagan（ARM XXII 10 iv 8），Ea（ARM XXIII An.I, i 25），Ištar(f)（ARM XXI 403 x 20），Nindaba/Nidaba(f)（ARM XXII, 14 i 14），および Šamaš（ARM XXIII, p. 504, An. I, i 38）.

54)　Annu(f)（ARM XIII 1 vi <61>），Šamaš（ARM VII 120: <8'>），および Išḫara(f)（ARM XIII 1 vii 13）。西セム語の変形人名タイプ Napsī-DN は男性人名に用いられている。

ム語の変形タイプ *Simḫī*-DN も知られているが，この変形タイプはそれほど使われておらず，しかも男性名に限られている。DN-*šimḫī* より人気度は落ちるが，DN-numḫī（某神は私の喜びである）にも言及しておくべきであろう。4神がこの人名タイプの女性名に登場する[56]。しかし，この人名タイプの主語と述語が入れ替わった変形タイプは主に男性の人名として使われている。

次に2つの人名タイプ，すなわち DN-*tukultī*（某神は私の頼りである）および DN-*dūrī*（某神は私の要塞である）は特定の神に対する揺るぎない信頼を表明しているものとして注目される。前者に登場する5神中4神が女神で[57]，後者には合わせて3人の女神と男神がこの人名タイプの構成要素として登場している[58]。DN-*dūrī*（某神は私の要塞である）は女性の人名タイプであるが，DN-*tukultī*（某神は私の頼りである）は男性の人名にも見出される。

神々は助言者として，また仲間としても期待されていた。人名タイプ DN-*milkī*（某神は私の助言である）は女性の人名タイプで，3人の女神がこの人名タイプの構成要素として登場する[59]。ただし，主語と述語が入れ替わった変形タイプ *Milkī*-DN は男性名であるが，「マリ人名」では *Milkī*-Addu（Addu は私の助言である）がこのタイプの人名として知られているに過ぎない（ARM XXII 5:2 ほか）。他方，DN-*tappī*（某神は私の友である）あるいはその変形タイプ *tappī*-DN（私の友は某神である）には4人の女神が登場する[60]。しかし，変形タイプ *tap-*

55)　Admu (f) (A.3151 v 28), Annu (f) (ARM XXII 66:12), Aya (f) (ARM XIII ii 44), Ištar (f) (ARM XIII 1 xii 2), Išḫara (f) (ARM XXII 14 i 8), Kittum (f) (ARM XXVI 232:5), Tabubu (f) (ARM XII 26:4).

56)　Asdu (A.3151 iii 2), Dagan (ARM X 116:1), Išḫara (f) (A.3151 vi 37), Kakka (f) (ARM XXII 14 i 22 [r]).

57)　Annu (f) (ARM IX 25: [40]), Ištar (f) (ARM IX 25:43), Ḫumat (f) (ARM VIII 87:7), Kakka (f) (ARM XXII 15 ii' 15') および Šērum (?) (ARM XII 613:3)。Šērum は，Ištar 女神の1つの側面を神格化したシリアの女神 Šhr である可能性がある。Pope, M. H. 1965, 306–307.

58)　Addu (Arm XXII 53:2), Annu (f) (ARM XXI 413:1), Ištar (f) (ARM XXI 382 i 19).

59)　Annu (f) (ARM XXI 413:3), Ištar (f) (A.3151 v 10), Kakka (f) (ARM XXII 66:15).

60)　Annu (f) (ARM XXIII 374:9), Ištar (f) (ARM XXI 379 ii 9), Šalaš (f) (ARM XIII 1 iii

pī-DN（某神は私の友である）の場合，DNが男神の場合は男性の人名である。

これまで取り上げてきたグループの女性人名タイプは，人名中の普通名詞についている所有代名詞「私の」からわかるように，すべて特定の神に対する名付け親（おそらく母親かその女性親族）の個人的な信仰心が子供の名前に託して表明されたものであろう[61]。しかし，もう1つのグループの人名タイプは特定の神に対する一般的な神観念を表明していると考えられる[62]。これら2つのグループの内，前者すなわち個人的な信仰心を表明していると思われる人名タイプは，われわれの「マリ人名」に関して言えば，女性の人名タイプとしてより好まれたのではないかと考えられる。ただし，後者の一般的な神観念を表明したグループの人名タイプにもかなりポピュラーな女性人名タイプが存在する。

人名タイプDN-*asiya*（某女神は［女性］医師である）はそのような人名タイプの1つで，われわれの「マリ人名」で女性の人名にのみ使用されている。*asiya*とは医師を意味する*asû*の女性形である[63]。この人名タイプには5人の女神が登場する。これらの女神は「マリ人名」中の女性人名の構成要素として登場する最も人気のある6女神の中の5女神でもある[64]。*asiya*の意味は明確で，メソポタミアの神々の世界で医術に関わりのある神々はGulaとその息子

26). そして変形タイプ*Tappī*-DNにはMamma(f)（ARM IX 24 iii 27）が登場している。

61)　このグループの人名タイプをStamm, J. J.はKタイプ（KはKind[子供]）と呼ぶが，Stammは誰が女児にそのような名前をつけたのか述べていない。ここでは，女児の母親あるいは女性親族の誰かが女児の名付け親になったのではないかと考えておく。

62)　Stammはこのグループの人名をNタイプと呼んだ。それ等のタイプの人名は第三者（複数）の見解あるいは一般的な見解を表明した者であると考えるが（Stamm, 1937, 23），Stammは第三者とは誰であるかを明らかにしていない。ここでは，女性たちは，男性たちとは違う関心事を保持していて，そのような女性の関心事の一部がこの種の人名に反映されているのではないかと考えておく。

63)　Gelb, I. J. 1980, 13.

64)　Annu(f)（ARM XIII 1 iv 41），Ištar(f)（ARM XXI 232:6），Išḫara(f)（ARM XXII 15 iii 4'），Kakka(f)（ARM XXII 10 ii 23），Mamma(f)（ARM XXIII 438:18）.

?のDamuなどに限られているので，なぜ5人もの女神がこの人名タイプの構成要素として登場するのか，また女性の人名タイプDN-*asiya*がなぜ比較的ポピュラーなのか理解に苦しむ。これらの女神は，恐らく，お産だけでなく子育てにも関係しており，生まれたばかりの子供の健康に対する母親と女性親族の心配心がこの人名タイプに表明されているのかもしれない。

DN-*šarra*(*t*)（某神は女王である）も第2グループの人名タイプの1つで，女性人名に限られている。この人名タイプには6人の女神が登場する[65]。この人名タイプの男性版はDN-*šar*（LUGAL.DNと書かれている。某神は王であるの意）およびその変形である*Šarrum*-DN（某神は王である）も知られている。DN-*šarra*(*t*)（某神は女王である）と意味が似ている女性人名タイプにDN-*baḫla*(*t*)（某神は女主人である）があり，この人名タイプには4柱の女神が登場する[66]。

一般的な神観念を表明した人名には神々の慈悲深さを讃える人名タイプもある。DN-*išḫa*（某神は助け［女性形］である）は「マリ人名」では4人の女神がこの人名タイプの構成要素となっている[67]。神の慈悲深さを讃えるのに男性が遅れを取る理由はなく，男性人名タイプ*Išḫī*(*ma*)-DN（私の助けは某神である）では14人の神々がこの人名タイプに登場していることに注目しておきたい[68]。

神の優しさを讃える人名タイプは2つある。DN-*dumqī*（某神は私の優しさである）とDN-*damqa*（某神は優しい［女性形］）である。前者には3人の男神と女神

---

65)　Dīrītum(f)（ARM XXVI/1, p. 399, M. 11299, 5), Ištar(f)（ARM XXIII, p. 504, An. I i [6]), Išḫara(f)（ARM IX 24, iv [3]), Mamma(f)（ARM XXVI, p. 236, n. 26), Nan(n)i(f)（ARM XIII 1 v 31), Tabubu(f)（ARM XXIV 224 iv 1).

66)　Annu(f)（ARM XXIII 550:10’), Ištar(f)（ARM IX 291 ii 1), Mamma(f)（ARM XXI 402 iv 9）および Tabubu(f)（ARM XXIV 224 iii 51).

67)　Admu(f)（ARM XXI 403 vii 17), Annu(f)（ARM XXII 71:2), Ištar(f)（ARM XXIII 236:55), および Kakka(f)（ARM IX 292 iii 17’).

68)　Addu（ARM XXIII 236:16), Dagan（ARM XXI 218:4), Ebal（ARM XXI 394:4), Eraḫ（ARM XXI 357:3), Ešuḫ（ARM XXI 231:22), AN-ma（ARM XXIV 264:4), Ilaba（ARM XXIII 432 iii 5), Laba（ARM XXI 405:10), Laban（ARM XXIII 596 ii 22’), Lama（ARM VIII 58:10’), Lim（ARM XXIV 221:4), Nār（ARM XXII 8:8), Šamaš（ARM XXIV 6 i 6), および Tišpak（ARM IV 78:[15]).

が登場するが[69]，後者に登場するのは，当然のことながら女神のみで，3女神が登場する[70]。両人名タイプとも主に女性人名として使われている。

女性人名タイプDN-*gāmilat*（某神は救い主［女性形］である）には「マリ人名」中の女性人名では3柱の女神が登場している[71]。

DN-*ipḫa/yapḫa*（某神は輝いている［女性形］）は，女性名に限定されているわけではないが，3人の女神がこの人名タイプに登場している[72]。

もう一つ女性人名でよく見かける人名タイプはDN-*nādā/nādī*（某神を讃えよ！）である。*nādā*はnâdu（讃える）の2人称複数の命令形で，*nādī*は女性2人称単数の命令形である[73]。DN-*nādā*は女性人名に限られているわけではないが，女性人名として出てくるDN-*nādā*には，4人の神々が「讃えよ！」の目的語として登場する[74]。DN-*nādī*タイプの女性人名には女神Annuと男神Daganの2神が登場する[75]。DN-*nādā*（某神を讃えよ！）においてはこの名前の持ち主の家族または共同体員が「讃えよ！」と命じられているが，DN-*nādī*ではこの名前の持ち主である女性が，「讃えよ！」と命じられている点で異例と言えるかもしれない。他方，DN-*ḫaṣnī*（おお某女神よ，抱擁してください！）[76] および DN-*rēmēnni*（おお某女神よ，憐んでください！）は，女神に直接嘆願する名前と

69）Addu（ARM XXII 14 iii 1), Išḫara（f）（ARM XII 265, 3）およびŠamaš（ARM XXI 407 ii 22).

70）Annu（f）（ARM XIII 1 x 51), Ištar（f）（ARM XIII 1 v 50）およびIšḫara（f）（A.3151 iii 31).

71）Ḫumat（f）（ARM IX 24 iii 50), Ninhursagga（f）（ARM IX 26:7'）およびAnnu（f）（*Annu-gāmiltī,* A. 3151 vii 66).

72）Annu（f）（ARM XIII 1 viii 29), Ištar（f),（ARM XXIV 225 iv 12), Išḫara（f）（ARM XXIII 242:<7'>). このタイプの男性名としては，Yapaḫ-Addu（ARM XXI 375:10）など。

73）男性の人名Ilak-nād（あなたの神を讃えよ！）（ARM XIV 47:15）は知られているが，われわれの「マリ人名」には一度しか出てこない。DN-nādという人名タイプは「マリ人名」にはない。

74）Abba（f）（ARM XXI 392:6), Ea（TEM 4, ii 16), Kišītum（f）（ARM IX 291 i 25）およびSîn（ARM XXIII 349:3).

75）Annu（f）（ARM XXII 16:［24］）およびDagan（ARM XXII 10 i 6).

76）この人名タイプの意味は不確かである。I. J. Gelb, *AS* 21, p. 20を参照。

なっている。DN-*ḫaṣnī*（おお某女神よ，抱擁してください！）には5人の女神が[77]，また DN-*rēmēnni*（おお某女神よ，私を憐んでください！）には3人の女神が嘆願されている[78]。

マリ世界の男性とは違って，女性の場合，それほど多くの女性が特定の神に隷属の意を表明してはいない。女性の人名タイプ *Amat*-DN（［私は］某神の下女［である］）には3人の男神が登場するのみである[79]。

結語に入る前に，ドイツ語で *Danknamen*（感謝名）と言習わされている人名タイプに触れておく必要がある。感謝名のいくつかのタイプは男性の人名タイプとしては最もポピュラーな人名タイプであるが[80]，女性の人名の中では決してポピュラーな人名タイプとは言えない[81]。3つ以上の神名が登場する女性の感謝名は次の3タイプしか知られていない。すなわち，*Tabni*-DN，*Tal'e*-DN および *Tarīš*-DN とこれらの人名タイプの主語と述語の順番が入れ替わった変形タイプである。これらは間違いなく女児誕生を感謝する感謝名であると言える。先ず，*Tabni*-DN（某女神が創造してくださった／産んでくださった）であるが，これは間違いなく女児誕生を感謝する人名タイプということができる。4柱の神々がこの人名タイプに登場する[82]。次に，もし *Tal'e*-DN（某女神が打ち勝った）が女児の誕生と関係あるとすれば，子供の無事出産で喜んでいる女性，あ

77）　Admu(f)（A.3151 iv 21), Annu(f)（ARM XIII 1 vi 43), Ištar(f)（ARM XXII 45 A i' 16'), Mamma (f)（A.3151 i 7), Tabubu(f)（ARM XXI 407 ii 35).

78）　Annu(f)（ARM XXI 403 viii 30), Ḫumat(f)（ARM XXIII 240:26'）および Kišītum(f)（ARM IX 25:[25]).

79）　Kūbi（ARM XXI 403 viii 30), Šamaš（ARM XXIII 550:7）および Sîn（ARM XXI 403 ix 4). この人名に対応する男性の人名，すなわち *mūt(u/i)*-DN および *abdu/ḫabdu*-DN については，Nakata, I. 1993, 115ff.（＝本論集 472–473 頁）を参照。

80）　Nakata, I, 115ff. を参照。

81）　感謝を捧げる人名タイプも Stamm は Danknamen と呼んでいる（Stamm, J.J. 1939, 36–147)。

82）　Annu(f)（ARM XXII 326:8), Nunu(f)（ARM XII 265:1), Ištar(f)（ARM XXI 382:1）および Aya(f)（A.3151 vii 57). なお，Tabnītum（ARM XXI 232:12）および Tabniya（ARM XXIII 3:5）も合わせて考えるのが良い。

るいは不妊期間が長く，肩身の狭い思いをしてきた女性にようやく子供が生まれ，ほっとしている女性の気持ちが反映されているのかもしれない。3人の女神がこの人名タイプに登場する[83)]。3番目の *Tarīš*-DN（某女神は［女児の生誕を］喜んだ）には3女神が主語として登場する[84)]。

Šīmat-DN（某神の運命）およびその西方セム語版の *Sīmat*-DN が，J. J. Stamm が躊躇しながら提案しているように[85)]，人名タイプ *Išīm*-DN（某神が定めてくださった）を参考に子供の誕生を神に感謝するタイプの名前だと解釈できるとすれば，これも女児誕生を感謝する女性の人名タイプと考えることができるかもしれない。*Šīmat*-DN には2人の男神と1人の女神が[86)]，また西方セム語方言の *Sīmat*-DN には女神 Nunu が登場する[87)]。

4　結　　語

神名を含む男性の人名タイプと女性の人名タイプの違いが最もはっきり現れるのは選択される神名の違いである。神名を含む女性の人名では男神より女神が好まれる傾向がはっきりしている。もっともこれらの女神は，現存する文書に関する限り，稀にしか公的祭儀の場に登場しないか全く登場しない。もちろんダガン神，イシュタル女神，シャマシュ神およびエア神のように，男性の人名にはもちろん，女性の人名にもしばしば登場する神々もあるが，それでもなお神名を含む男性の人名と女性の人名では，選ぶ神々の性別にはっきりした違いがあるのは注目に値する。

---

83)　Annu（f）（ARM VIII 67:2），Ištar（f）（ARM XIII 1 xii 2）および Mamma（f）（ARM IX 291 ii 23）.

84)　Admu（f）（ARM XIII 1 i 16），Ištar（f）（A3151 vii 36）および Ḫattu（f?）（ARM XXIV 196:7）.

85)　Stamm, J. J. 1939, 145.

86)　Dagan（ARM XIII 1 viii 33），Ištar（f）（ARM XIII v 75）および Sîn（ARM XXII 63:15）. なお，Šīmātum（ARM XXIII 607:14）も考慮に入れるべきか。

87)　ARM XXIII 622 iii 1.

女性人名限定の人名タイプ DN(f)-*ummī*（某女神は私の母である），DN-*šarra*(*t*)（某神は女王である），DN-*baḫla*(*t*)（某神は女主人である），DN-*šarra*(*t*)（某神は女王である），DN-*lamassī*（某神は私の守護女神である）などがポピュラーであるのは，神名を含む女性名にしばしば女神が選ばれることからくる当然の結果の１つであって，あまり強調すべきでないだろう。事実，これ等の女性人名タイプに反映されている傾向は，同タイプの男性人名，すなわち *Abī*-DN（某神は私の父である），*Šar/šarrum*-DN（某神は王である）*Baḫlī*-DN（某神は私の主人である）などに関しても言えることであるからである。しかし，女性の人名タイプとしてポピュラーな DN-*bāštī*（某神は私の誇りである），DN-*napištī*（某神は私の生命である）および西方セム語の DN-*napsī*（某神は私の生命である），DN-*asiya*（某女神は［女性］医師である），DN-*nērī*（某神は私の光である），DN-*šimḫī*（某神は私の喜びである）などは女児の名付け親である母親あるいは女性親族のお産のときの心配と喜びを反映しているのかもしれない。

女性人名に子供の誕生を感謝する感謝名が少ないということは，古代メソポタミア，特にマリ世界における女児／女性に対する社会一般の評価の低さを反映しているだろうか。そうかもしれない。しかし，当時の社会において，生まれたばかりの女児に名前をつけることはしばしば母親か女性の親族に任されていたこと，従って生まれたばかりの女児に名前をつける際に，男性の関心事であったと思われる男児の出産による一族の維持・繁栄よりも，子供の安産と女児の無事成長を願う母親と女性親族の関心事がより強く反映されたのではないだろうか。

表1　マリの女性人名に登場する神々の人気度

Annu(f)	48	Dīri(f)	2
Ištar(f)	41	Ḫamad	2
Išḫara(f)	22	Ḫattu(f?)	3
Mamma(f)	16	Kīri(š)	2
Admu(f)	15	Kubaba(f)	2
Kakka(f)	15	Kūbi	2
Aya(f)	10	Muluk	2
Dagan	10	NIDABA	2
Šamaš	10	NINḪURSAGGA(f)	2
Tabubu(f)	9	Salim	2
Ea	8	Amum	1
Nanna(f)	6	Akka	1
Nunu(f)	6	Asdu	1
Sîn	6	Aššur	1
Addu	5	Baḫlu	1
Dīrītum(f)	4	Bunene	1
Kišītum(f)	4	Gulla(f)	1
Ḫanat(f)	4	Ḫammītum(f)	1
Malik	4	Kittum(f)	1
Ḫumat(f)	3	Nāru(f)	1
Il(AN)	3	NINGAL(f)	1
Maraṣ	3	Ram	1
Šals(š)(f)	3	Šakim	1
Abba(f)	2	Yamam	1
Bēlet-ekallim	2		

表1 & 2に関する注

(1) 数字は，各神名または女神が構成要素として登場する人名タイプの数を表す。

(2) Nanna(f), Addu および El/Il（AN）と，神名相当として扱った Epuḫ および Ḫammu に関しては登場する人名タイプの数に多少の誤差がある可能性がある。

(3) 表2で神名を人気度に従って6つのグループに分けているが，このグループ分にもやや恣意的なところがある。特に Sîn と Addu のグループ分けがそうである。

(4) 各神名が人名タイプに登場する登場回数を裏付ける史料番号を記すのは煩雑なので，ここでは省略する。

表 2　マリの男性人名に登場する神々の人気度

Il (Il/El + AN)	267	Amurru	8
Ilum	6	Marduk	7
Ila	34	Maṭar	7
Adad	159	NUMUŠDA	7
Yaddu	4	Itūr-Mer	6
Ḫandu	2	Maraṣ	6
Dagan	138	Bunene	5
Šamaš	90	Enlil	5
Samas	6	Išḫara (f)	5
Sîn	91	Kiri (š)	5
Ištar (f)	49	Laba	5
Lim	49	Rāpi	5
Ea	48	Ram	5
Eraḫ	39	Salim	5
Ḫammu	36	Admu (f)	4
Irra	26	Ištaran	4
Malik	18	Kabta	4
Akka	15	Samar	4
Amu (m)	14	Tabubu (f)	4
Ešuḫ	13	Išum	3
NANNA	13	Nabû	3
Nār (f)	13	Nergal	3
Epuḫ	12	Rame	3
Mamma (f)	12	Rasap	3
Nūnu (f)	12	Tamaru	3
Išar	11	Teššub	3
Kakka (f)	11	Tišpak	3
Abba (f)	10	Dīri (f)	2

Asdu	10	Ḫattu (f?)	2
Ḫanat (f)	10	Ḫepat (f)	2
Ilaba	10	Idiglat	2
Kūbi	10	IGI.KUR	2
Abba	9	Ikrub-El	2
Ašar	9	Kinu	2
Ḫalu (m)	9	Lagamal	2
Nas (s) i	9	NINḪURSAGGA (f)	2
Niḫim	9	NINSIANNA (f)	2
Šakim	9	Ninurta	2
Mēr	8	Sumuqan	2
Wēr	1	ŠULPAEA	2
Aššur	8	Yaḫad	2
Baal	4		
Baḫlu	4		
IŠKUR	8		

＊残りの神名は1つの人名タイプにのみ登場する。それらは：Allani, ANZU, Aranziḫ, Aškur（Askur), Bābi, Bisir, Damu, Dīrītum (f), Ditana, Ḫabur, Ḫanden, Ḫannu, Ḫatra, Ḫawran, Ḫayyum, Ḫirman, Ḫišamītum (f), Kittum (f), Kulla, Laban, LUGAL-BANDA, Muluk, Nanaya (f), NIDABA (f), NINBAL (f), NINGIŠZIDA (f), NINKAR-RAK (f), NINŠUBUR (f), Qatar, Rušpan, Saggar, Sibitti (f), Sulmi, Šaḫan, Šala (š) (f), Turrunû, Tutu, Yamam, Zababa

本論集に収録した論文の初出一覧

1　アムル（アモリ）人のバビロニア移住とその故郷

この論文の初出は，古代オリエント博物館の情報誌『ORIENTE』No. 33 (2006年7月) 4-13頁に寄稿した「アムル（アモリ）人のバビロニア移住」である。2006年にシアトルで開催されたアメリカ・オリエント学会で口頭発表した原稿が本論文のもとになっている。『ORIENTE』No. 33所掲の論文には，同誌の編集責任者であった脇田重雄氏が常木晃氏，和田久彦氏，東京大学総合研究博物館，国士舘大学イラク古代文化研究所などからお借りしてくださって沢山の写真が掲載されているが，本論集ではそれらは割愛させていただいた。なお，この論文では触れていなかったシリアのビシュリ山南西部の南側に位置するエル・コウムについての説明と地図1点と写真1点は今回追加したものである。

2　メルフム役人と遊牧民支配

初出は中央大学人文科学研究所の『人文研紀要』68号（2010年）387-412頁に寄稿した「ジムリ・リム治下のマリ王国の遊牧民支配—放牧地の長メルフム役人の役割を中心に—」である。なお，“Nomads and Farmers in the Orbit of the Mari Kingdom in the 18th Century (B.C.E.) Syria—A Few Observations on *merhum*-officials and their Roles—”, *Al-Rafidan* (Special Issue) 2010, pp. 231-238も同じテーマを扱った論文である。

3　マリ王国地方行政の一側面について——スガーグム制度を中心に——

初出は中央大学文学部史学科『紀要』32号（1987年）1-18頁に寄稿した「マリ王国地方行政の一側面について——スガーグム制度を中心に——」である。（本小論は昭和60年度文部科学省科学研究費助成［一般研究C］による研究成果の一部である。）なお，同じテーマを扱った論文“A Further Look at the Institution of *sugāgūtum* in Mari”を *JANES* 19 (1989), 113-118に寄稿している。

4　マリのヤミン人捕虜解放記録

初出は2009年に前川和也編『シリア・メソポタミア世界の文化接触：民族・文化・言語』（文部科学省科学研究費補助金による特定領域研究「セム系部族社会の形成」（研究領域番号：124）平成20年度研究集会報告）68-85頁に寄稿した「マリ出土のヤミン人捕虜解放記録――シリア・メソポタミア世界の文化接触の観点から――」であるが，許可を得てここに再録したものである。

5　マリ文書に見られる *tēbibtum* について

初出は，中央大学文学部史学科『紀要』35号（1990年）1-70頁に寄稿した「マリ文書に見られる *tēbibtum* について」である。（本稿は1988-1989年度中央大学特殊研究費による研究成果の一部である）許可を得てここに再録した。

6　マリ預言文書

マリ預言文書に関しては，1981年に早稲田大学文学部紀要『史観』104号18-31頁に「所謂マリ『預言文書』についての一考察」として寄稿した後，1982年には“Two Remarks on the So-called Prophetic Texts from Mari”と題する論文を *Acta Sumerologica* 4, 143-148に，また同じ1982年に「マリ文書に見られる預言，夢・幻およびイゲルムについて」と題する論文を中央大学文学部史学科『紀要』27号1-65頁に寄稿した。その14年後の1996年に中央大学文学部史学科『紀要』41号1-63頁に「マリ預言再論―新預言文書を中心に―」と題する論文を，また2010年に日本旧約学会の『旧約学研究』7号69-91頁に「マリ出土の預言報告書に見られる預言と預言者」を，さらに2019年には日本オリエント学会の三笠宮追悼記年論集 *Prince of the Orient. Ancient Near Eastern Studies in Memory of H.I.H. Prince Takahito Mikasa*（*Orient, Supplement* I), 163-173に“Reports of Prophecy from Mari: A Revisit”と題する論文を寄稿した。本論集の第6論文は，これまでに発表してきたこれらの論文を集約したものと考えていただきたい。

7　キティートゥム預言をめぐって

初出は2006年に中央大学文学部史学科『紀要』51号1-24頁に「メソポタミア北部と

ディヤラ地域――キティートゥム預言文書を中心に――」と題して発表した論文である。（本稿は2003年度中央大学特定課題研究助成による研究成果の一部である）許可を得てここに再録した。

8　マリの預言文書とアッシリアの預言文書

第8論文は，2018年10月に同志社大学で行われた秋期旧約学会シンポジウムで「旧約聖書と古代オリエント世界――メソポタミアの預言文書を中心に――」と題して口頭報告したものである。

9　夢を報告している手紙（付イゲルームの報告）

第9論文は，1982年に中央大学文学部史学科『紀要』27号1-65頁に「マリ文書に見られる預言，夢・幻およびイゲルームについて」と題して寄稿した論文の夢に関する部分が元になっている。

10　マリ文書に見られる内臓占い

第10論文は，1979年に「マリ文書に見られる内臓占いについて」と題して中央大学文学部史学科『紀要』24号，1-43頁に寄稿したものを，その後に出版された史料等を利用して改訂したものである。

11　マリにおける公的祭儀と民間信仰――パンテオンを中心に――

本論文は，1976年の日本オリエント学会誌『オリエント』19/1号，1-15頁に「マリにおける公的祭儀と民間信仰―パンテオンに関連して」と題して寄稿したものを，許可を得て転載したものであるが，その元になっているのは，1974年にコロンビア大学に提出した学位論文の結論部分の一部である。その後多くのマリ文書が出版されたが，1976年の論文で述べたことは現在も有効であると考える。第11論文の表2のBコラム（1976年段階で利用できた史料に基づく数値）とその後史料が大幅に増えた1995年段階で利用できた史料に基づくCコラムを比べていただければ，「現在でも有効である」の意味がおわかりいただけるものと考える。

12　古バビロニア時代マリの家畜支出記録に見るマリの公的パンテオン

1990年の『日本オリエント学会創立35周年記念オリエント学論集』（刀水書房）379-395頁に寄稿した「古バビロニア時代マリの家畜支出記録に見られるマリの公的パンテオンについて」を許可を得て転載したものである。なお，1991年に同じテーマを扱った論文“On the Official Pantheon of the Old Babylonian City of Mari as Reflected in the Records of Issuance of Sacrificial Animals”を *Acta Sumerologica* 13, 249-258に寄稿している。

13　アンヌ，男神それとも女神？

初出論文は1974年に *JANES* V/1-2, 299-307に寄稿した“Annu(m) in the Mari Texts: a God or Goddess?”と題する論文である。これは私の *Deities in the Mari Texts*（1974）と題する学位論文の一部でもある。

14　マリ文書に現われる神ダガン

第14論文の初出はイスラエル文化研究会（現日本ユダや学会）の学会誌『ユダヤ・イスラエル研究』第7号（1975年），1-11頁の「マリ文書に現れる神ダガンについて」である。この論文は，1974年にコロンビア大学に提出した学位論文 *Deities in the Mari Text*（1974）の一部に基づいて書かれたものである。

15　マリ文書に現われるイクルブ・エル神

この論文の初出は，日本オリエント学会の欧文学会誌 *Orient* 11（1975年），15-24に寄稿した“A Mari Note: Ikrub-El and Related Matters”である。

16　マリ文書に現われるイトゥール・メール神

この論文は，2011年に“The God Itūr-Mēr in the Middle Euphrates Region during the Old Babylonian Period”と題して，*Revue d'Assyriologie et d'Archéologie Orientale,* Paris, 129-136に寄稿したものを許可を得て和訳・転載した。

17　神名を含むマリ人名に反映されている人々の関心事

この論文は，1992 年（公財）中近東文化センターで開催された古代近東の「都市とその生活」をテーマとする第 1 回コロキアムで発表された論文を集めた Eiko Matsushima (ed.), *Official Cult and Popular Religion in the Ancient Near East*, Heidelberg, 1993, 114–125に掲載された“Popular Concerns Reflected in Old Babylonian Mari Theophoric Personal Names”と題する論文を，許可を得て和訳・転載したものである。

18　神名を含む女性名について

第 18 論文は，もともと“A Study of Women's Theophoric Personal Names in the Old Babylonian Texts from Mari”と題して日本オリエント学会の欧文誌 *Orient* 30–31（1995 年）（三笠宮崇仁殿下 80 歳記念論集）234-253 頁に寄稿した論文を許可を得て和訳・転載したものである。

あとがき

マリ文書との出会いは，私がコロンビア大学で博士論文提出資格を取得し，論文作成に取り掛かった1970年ころにまで遡る。私は，セオドール・ギャスター（Theodor H. Gaster）先生が所属しておられた宗教学科の学生であったが，アッシリア学が専門のモシェ・ヘルド（Moshe Held）先生がおられた中東学科との間で合同プログラムを作っていただき，両先生の指導を受けていた。マリの宗教について博士論文を書くことになったのは両先生の助言による。当時既に2800点以上のマリ文書が出版されていた。

既刊のマリ文書には宗教に関わる文書がたくさんあり，学位論文は神々の研究に的を絞って書くことにした。私は，まず既刊のマリ文書を読んで，神々に関わる部分を拾ってカードに書き取ることから始めた。本論集に再録している論文からもわかるように，人名も重要な史料なので，マリ文書に出てくる人名も１つ１つカードに書き取っていった。こうして作成されたカードは最終的に1万枚を超えた。今ならファイルメーカーなどのソフトを利用してパソコンに入力すれば，データの整理や分析は一瞬のうちにできるのであるが，当時まだパソコンは無く，カードの整理に途方もなく時間がかかった。今顧みれば，私の博士論文は知的作業の成果というよりは，長時間にわたる手作業によるカードの整理の成果であったというべきであろう。

私にとって幸運だったのは，ドサン（Dossin）他によるARMT XIII（1964）が出版された後10年間ほど新しいマリ文書が出版されなかったため，デュラン（Durand）を中心とした新しい世代の研究者たちによって次から次へと出版されることになるマリ文書に煩わされることなく，1974年に無事学位論文を完成させることができた。

学位論文では扱うことができなかった預言，夢，内臓占いなどは私の次の研究テーマとなった。次いで，スガーグム役人やメルフム役人などの研究を通してマリの地方行政について研究を進めた。また，マリの人名研究は，その後ファイルメーカーに入力した1万5千を超える人名データが基になっている。

私の研究対象となった史料は主に手紙であった。これは手紙がマリ文書の中では分量的に大きな部分を占めていたことによる。マリの手紙は，歴史の史料としては取り扱いの難しさはあるが，当時の王や役人や高位の女性たちの気持ちが吐露されていたりして非常に興味深い。「上メソポタミア王国」の王であったシャムシ・アダド1世が息子でマリの王であったヤスマハ・アッドゥに宛てて書き送った手紙は，親心に溢れていて，そこに「親が子に伝える帝王学」と呼ぶに相応しいものを見ることができる（例えば，ARM IV 7＋M.5737）。また，マリの軍隊と共にバビロンに派遣された内臓占師が，大隊長が自分達に羊を支給してくれないため軍隊の安全に関して内臓占を行うことができないと王に訴える手紙もある（ARM XXVI 101）。あるいはまた，マリ王ジムリ・リムの外交政策に従ってアンダリグの王ヒムディヤに嫁いだジムリ・リムの娘インバトゥムが自分の夫を弁護して父王に書き送った手紙（ARM X 84）もある。さらにはまた，本論集では紹介できなかったが，バンヌムのような高位の役人が同じく高位の役人であったアスクドゥムを妬み，ジムリ・リム王に不満を訴える手紙もある（例えばARM XXVI 5，中田 2022, 65-66 参照）。結局私はその後もマリ文書の研究を続けることになったが，そのきっかけを作ってくれたギャスター先生とヘルド先生に感謝している。

私の研究は，マリの発掘とマリから出土した文書の出版・研究に携わってきた主にフランスの研究者たちの研究に負うところが大で，彼らが拾い落とした落穂拾いに過ぎない面もあるが，それでもマリ研究に多少の貢献ができたところもあったのではないかと思う。マリ研究はメソポタミア研究の中心というよりはその周辺部の研究ということになるが，マリ文書は研究の対象として大変興味深い文書であると考える。

この度，幸運にも中央大学の学術図書出版助成を受け，本論集を出版できることを光栄に思っている。

（2024年2月記）

略号表と参考文献

略　語　表

AAM	Archives administratives de Mari AAM 1 = ARM 23
AfO	Archiv für Orientforschung
AIPHOS	Annuaire de l' Institut de Philologie et d' Histoire Orintales et Slaves, Brussels
Amurru	Amurru
AnOr	Analecta Orientalia
AOAT	Alter Orient und Altes Testament
AOS	American Oriental Society
ARM	Archives royales de Mari
ARMT	Archives royales de Mari（texts in transliteration and translation）本論集では，ARMT と表記すべき場合も慣例に従い ARM と表記している。
AS	Assyriological Studies（Chicago）
ASJ	Acta Sumerologica, Japan
BA	Biblical Archeologist（Now Near Eastern Archeology）
BASOR	Bulletin of the American Schools of Oriental Research
BCSMS	Bulletin of the Canadian Society for Mesopotamian Studies
BIN	Babylonian Inscriptions in the Collection of J. B. Nies
CAD	The Assyrian Dictionary of the Oriental Institute of the University of Chicago
CRRA/RAI	Compte rendu, Rencontre Assyriologique Internationale
DN	Divine Name
f または（f）	女性または女神であることを表示
FAOS	Freiburger altorientalische Studien
FM	Florilegium Marianum
HThR	Harvard Theological Review
IOS	Israel Oriental Studies
JANES	Journal of the Ancient Near Eastern Society
JAOS	Journal of the American Oriental Society
JCS	Journal of Cuneiform Studies

LAPO	Littératures Anciennes du Proche-Orient, Paris
LAPO 16:	J.-M. Durand, *Documents épistolaires du Palais de Mari*, Tome I
LAPO 17:	J.-M. Durand, *Documents épistolaires du Palais de Mari*, Tome II
LAPO 18:	J.-M. Durand, *Documents épistolaires du Palais de Mari*, Tome III
MAD	Materials for the Akkadian DICTIONARY,
M.A.R.I.	Mari. Annales de Recherches Interdisciplinaires
MHE	Mesopotamian History and Environment
MOS Studies	Proceedings of the MOS Symposium, Leiden
MS	Mesopotamian Studies, Malibu, California
MVAG	Mitteilungen der Vorderasiatisch-Aegyptischen Gesellschaft
NABU	Nouvelles Assyriologiques Brèbes et Utilitaires
OBO	Orientalia Lovaniensia Analecta
OECT	Oxford Editions of Cuneiform Texts
OLA	Orientalia Lovaniensia Analecta
Or	Orientalia
Orient	Journal of the Society for Near Eastern Studies in Japan
PN	Personal Name
Prof. N.	Professional Name
RA	Revue d' Assyriologie et d' Archéologie Orientale
R.I.M.A.	The Royal Inscriptions of Mesopotamia. Assyrian Periods
R.I.M.E.	The Royal Inscriptions of Mesopotamia. Early Periods.
RlA	Reallexikon der Assyriologie und Vorderasiatischen Archäologie, Berlin-Boston
SBL	Society of Biblical Liferature
St.Mar.	A. Parrot (ed.), *Studia Mariana,* Leiden, 1950.
TCL	Textes Counéiforme du Louvre
	TCL 22-31 = ARM 1-10
TCM	Textes Counéiforme du Mari
	TCM 1 = ARM 14,
	TCM 2–5 = ARM 18-21
TCS	Texts from Cuneiform Sources
TUAT	Texte aus der Umwelt des Alten Testaments
UF	Ugarit-Forschungen
VT	Vetus Testamentus
WVDOG	Veröffentlichungen der Deutschen Orient-Gesellschaft

YOS	Yale Oriental Series, Babylorian Texts

参考文献

Adams, R. McC. 1965: *Land behind Baghdad. A History of Settlement on the Diyala Plains*, Chicago-London.

Albà, A. M. 2004: "La locatization des terroirs Bejaminites du royaume de Mari," in C. Niclee (ed.), *Nomades et sédentaire dans le Proche-orient ancient*, Amurru 3, Paris, 225-234.

Albright, W. F.-R. P. Dougherty 1926: "From Jerusalem to Baghdad down the Euphrates" *BASOR* 21, 1-21.

Ali, F. A. 1964: *Sumerian Letters: Two Collections from the Old Babylonian School*, Ph. D. Dissertation submitted to the University of Pennsylvania. Philadelphia.

Anbar, M. 1968: "Changement des noms des tribus nomades dans le relation d' un même évent," *Biblica* 49, 228-232.

Anbar, M. 1973: "le début du règne de Šamaš-Addu Ier," *IOS* 3, 17-18

Anbar, M. 1974, "Les *sakbû* et les *bazaḫātum* à Mari," *UF* 6, 439-441 (*UF* 7, 1975, 592 の訂正論文を参照).

Anbar, M. 1981a: "L' activité divinatoire de l' āpilum《répondant》, d' après une letter de Mari," *RA* 75, 91.

Anbar, M. 1981b: "Notes brèves," *RA* 75, 91.

Anbar, M. 1985: "La distribution géographiques des Bini-yamina d'après les Archives Royales de Mari," in Durand, J.-M. et J.-R. Kupper (eds.), *Miscellanea Babylonica, Mélanges offerts à Maurice Birot*, Paris, 17-24.

Anbar, M. 1991: *Les tribus amurrites de Mari*, OBO 108, Freiburg.

Anbar, M. 1993: Review Article of ARM XXVI/1, *M.A.R.I.* 7, 385-398.

Annonymous 1983: "Excavations in Iraq," *Iraq* 49, 199-224.

Artzi, P.-A. Malamat 1971: "The Correspondence of Šibtu, Queen of Mari in ARM X," *Or*NS 40, 75-89.

Aynard, J.-R. 1971, "Index des noms de personnes de G. Dossin, *RA* 65, 40-66," *RA* 65, 184-190.

Bardet, G., F. Joannès, Lafont, D. Soubeyran et P. Villard (eds.), 1984: *Archives administratives de*

Mari, I, ARM XXIII, Paris.

Batto, B. F. 1974: *Studies on Women at Mari,* Baltimore.

Bayliss, M. 1973: "The Cult of Dead Kin in Assyrian and Babylonian," *Iraq* 35, 115-25.

Beaulieu, P.-A. 2005: "The God Amurru as Emblem of Ethnic and Cultural Identity," in W. H. van Soldt (ed), *Ethnicity in Ancient Mesopotamia,* CRRA 48, Leiden, 31-46.

Berger, P. R. 1969: "Einige Bemerkungen zu Friedrich Ellermeier: *Prophetie in Mari und Israel,*" Herzberg, 1969, *UF* 1, 207ff., 221.

Birot, M. 1953: "Trois textes économiques de Mari (II)," *RA* 47, 161-174.

Birot, M. 1955: "Trois textes économiques de Mari (III)," *RA* 49, 15-31.

Birot, M. 1956: "Textes économiques de Mari (IV)," *RA* 50, 57-72.

Birot, M. 1958, "Un recensement de femmes au royaume de Mari," *Syria* 35, 9-26.

Birot, M. 1960: *Textes administratifs de la Salle 5 du palais,* ARM IX, Paris.

Birot, M. 1964: *Textes administratifs de la Salle 5 du palais,* ARM XII, Paris.

Birot, M. 1972: "Simaḫlânê, roi de Kurda," *RA* 66, 1972, 131-136

Birot, M. 1974: *Lettres de Yaqqim-Addu,* ARM XIV, Paris.

Birot, M. et al. 1979: *Répertoire analytique, Tomes 1-XIV, XVIII et textes divers hors-collection,* ARM XVI/1, Paris, 43-249.

Birot, M. 1984: "Les chroniques 'assyriennnes' de Mari," *M.A.R.I.* 4, 219-242, Paris.

Borger, R, 1964: *Einleitung in die assyrischen Königsinschriften,* I, Leiden/Köln.

Bottéro, J. et A. Finet 1954: Répertoire analytique des Tomes I à V, ARM XV, Paris. 1-164, 283-340.

Bottéro, J. 1957: *Textes économiques et administratifs,* ARM VII, Paris.

Bottéro, J. 1958: "Les divinités sémituques anciennes en Mésopotamie," S. Moscati (ed.), *Le Antiche divinità Semitiche,* Studi Semitici I, Roma, 35, 51-52.

Bottéro, J. et al. 1964: *Textes divers,* ARM XIII, Paris.

Bottéro, J. 1965: *Fischer Weltgeschichte* 2, Die altorientalischen Reiche I, Franfurt am Mein und Hamburg.

Boyer, G. 1958: *Textes juridiques,* ARM VIII, Paris.

Buccelalati, G. 1966: *The Amorites of the Ur III Period*, Naples.

Buccellati, G. & M. 1988: *Mozan* 1, BM 20, Malibu.

Burke, M. 1961, "Ganibâtum, ville du moyen Euphrate," *RA* 55, 147-151.

Burke, M. L. 1963: *Textes administratifs de la salle 111 du palais*, ARM XI, Paris.

Caquot, A. 1962: "Sur l' onomastique religieuse de Palmyre," *Syria* 39, 231-256.

Carter, E. & M. W. Stolper 1984: *Elam: Surveys of Political History and Archaeology*, Berkeley.

Charpin, D. 1984: "Inscriptions votives d' époque assyrienne," *M.A.R.I.*. 3, Paris, 41-51.

Charpin, M. 1985a "Les archives d' époque ‹assyrienne›," *M.A.R.I.*.4, 244-247, 252.

Charpin, D.1985b: "Les archives du devin Asqudum dans la residence du 'Chantier A,' *M.A.R.I.* 4, 453-462.

Charpin, D. et J.-M. Durand 1985c: "La prise du pouvoir par Zimri-Lim, " *M.A.R.I.* 4, 293-343.

Charpin, D. 1986a: "Les Elamites à Šubat-Enlil," in L. de Meyer, H. Gasche et F. Vallat (eds.), *Fragmenta Historiae Aelamicae, Mélanges offerts à M.-J. Steve*, Paris. 129-137.

Charpin, D. et J.-M. Durand, 1986b: "«Fils de Sim' al»: Les origines tribales des rois de *M.A.R.I.*," *RA* 80, 141-183.

Charpin, M. 1987; "La hierarchie de l' armée babylonienne," *M.A.R.I.*. 5, 663-664.

Charpin, D. 1988: "Lettres d' Uṣur-awassu," ARM XXVI/2, 7-232.

Charpin, D. 1989: "L' akkadien des lettres d' Ilan-ṣurâ," *Reflets des Deux Fleuves, Volume de Mélanges offerts à A. Finet, Akkadica, Supplementum* VI, Leuven, 81-40.

Charpin, D. 1991, "Une traité entre Zimri-Lim de Mari et Ibāl-pī-El II d' Ešnunna," in Charpin, D. et F. Joannès (eds.) 1991, *Marchands, diplomates et empereurs: Études sur la civilisation mésopotamienne offertes à Paul Garelli*, Paris, 139-166.

Charpin, M. 1992a: "Mari entre l' est et l' ouest: politique, culture, religion," *Akkadica* 78, 9-10.

Charpin, M. 1992b: "Le contexte historique et géographique des prophéties dans les textes retrouvés à Mari," *BCSMS* 23, 21-31.

Charpin, D. 1993a: "Un souverain éphémère en Ida-maraṣ: Išme-Addu d' Ašnakkum," *M.A.R.I.*. 7, 165-191.

Charpin, D. 1993b: "Données nouvelles sur la poliorcétique," *M.A.R.I.*. 7, 193-203.

Charpin, D. 1995: "La fin des archives dans le palais de Mari," *RA* 89, 29–40.

Charpin, D. 1997: "Sapîratum, ville du Suhûm," *M.A.R.I.*. 8, 1997, 341–366.

Charpin D. 2001: "Eshnunna" in F. Joannès (ed.), *Dictionnaire de la civilization Mésopotamienne*, Paris, 314–318.

Charpin, D. 2002: "Prophètes et rois dans le Proche-Orient Amorrite. Nouvelles données, nouvelles perspectives," *Recueil d'études à la mémoire d'André Parrot*, FM VI, Paris, 7–38.

Charpin D. 2003: "La «toponymie en miroir» dans le Proche-Orient amorrite," *RA* 97, 19–32.

Charpin, D. – N. Ziegler 2003: *Mari et le Proche-Orient à l'époque amorrite. Essai d'histoire politique*, Florilegium marianum V, Paris.

Charpin, D., D. O. Edzard & M. Stol 2004: *Mesopotamien. Die altbabylonische Zeit,* OBO 160/4, Freiburg.

Charpin, D. 2011a: "Patron and Client: Asqudum the Diviner," in K. Radner and E. Robson (eds.), *The Oxford Handbook of Cuneiform Culture*, Oxford, 2011, pp. 248–269.

Charpin, D. 2011b: "Le «Pays de Mari et des bédouins» à l' époque de Samsu-iluna de Babylone," *RA* 105, 2011, 41–59.

Charpin, D. 2012: "Le prophetisme dans le Proche-Orient d' après les archives de Mari (XVIIIe siècle av. J.-C.)," in J.-D. Macchi et al. (eds.), *Les recueils prophétiques de la Bible,* Geneve.

Charpin, D. 2014: "The Historian and the Old Babylonian Archives," in Baker, H. D. & M. Jursa (eds.), *Documentary Sources in Ancient Near East and Greco-Roman Economic History: Methodology and Practice*, Oxford-Havertown, PA., 24–58.

Clay, A. T. 1912: *Personal Names from Cuneiform Inscriptions of the Cassite Period*, YOS I, New Haven.

Clay, A. T. 1917: "Babylonian Names," *Encyclopaedia of Religion and Ethics*, Vol. 9, 140–143.

Dahood, M. 1958: "Ancient Semitic Deities in Syria and Palestine, " Moscati (ed.), *Antiche Divinite Semitiche*, Roma, 68, 78–80.

Dalley, S. 2002: *Mari and Karana*, Piscataway, N. J.

Deimel, A. 1920: "Die Listen über den Ahnenkult aus der Zeit Lugalbandas und Urukaginas," *Or* 2, 1920, 32–51.

Deimel, A. 1923:, *Schultexte aus Fara*, II, WVDOG 43, Leipzig, 5 obv. v 6（=rev. v. 3）.

Dercksen, J. G. 2004: *Old Assyrian Institutions*, PIHANS Vol.98, Leiden.

Dietrich M.-O. Loretz 1966: Review of Huffmon, *Amorite Personal Names in the Mari Texts*, 1965, 235–244.

Dossin, G. 1938a: "Un rituel du culte d' Ištar provenant de Mari," *RA* 35, 1–13.

Dossin, G. 1938b: "Les archives épistolaries du palais de Mari," *Syria* 19, 117–118.

Dossin, G. 1939a: "Benjaminites dans les textes de Mari," Mélanges Syriens offerts à Dussaud, Monsieru R. Paris, 981–996（*Recueil Georges Dossin. Mélanges d'Assyriologie*［1934–1959］）, *Akkadica*-Supplementum 1, Leuven, 1983, 150–165 に再録）.

Dossin, G. 1939b: "Les archives économiques du palais de Mari," *Syria* 20, 1939, 97–113.

Dossin, G. 1940: "Inscriptions de fondation provenant de Mari," *Syria* 21, 152–169.

Dossin, G. 1948: "Une révération du dieu Dagan à Terqa," *RA* 42, 125–134.

Dossin, G. 1950a: "Le Panthéon de Mari" in A. Parrot（ed.）, *Studia Mariana*, Leiden, 41–50.

Dossin, G. 1950b: "Les noms d' années et d' éponymes dans les 'Archives de Mari,' "A. Parrot（ed.）, *Studia Mariana*, Leiden, 51–61.

Dossin, G. 1950c: *Correspondance de Šamši-Addu et de ses fils*, ARM I, Paris, 1950.

Dossin, G. 1952: *Correspondance de Iasmaḫ-Addu*, ARM V, Paris.

Dossin, G. 1966a: "Sur le prophétisme à Mari," CRRA 14, 77–86.

Dossin, G. 1966b: "Un 'pantheon d' Ur III à Mari," *RA* 61, 97–104.

Dossin, G. 1970a: "La route de l' étain, en Mésopotamie au temps de Zimri-Lim," *RA* 64, 97–106.

Dossin, G. 1970b: " Archives de Sûmu-Yamam, roi de Mari," *RA* 64, 1970, 17–44.

Dossin, G. 1971: "Deux listes nominatives du règne de Sûmu-Iamam," *RA* 65, 37–66（Tablet A = A.3562, Tablet B = A.3151）.

Dossin, G. 1972: "Adaššum et *kirḫum* dans des textes de Mari," *RA* 66, 113–115.

Dossin, G. 1973: "Une mention de Cananeens dans une lettre de Mari," *Syria* 50, 277–282.

Dossin, G. 1974a: "Le site de Tuttul-sur-Baliḫ," *RA* 68, 25–34.

Dossin, G. 1974b: "Deux listes nominatives du règne de Sûmu-Iamam," *RA* 68, 184–190.

Dossin, G. 1978: *Correspondance féminine*, ARM X, Paris.

Durand, J.-M. 1982: "In vino veritas," *RA* 76, 1982, 43-50.

Durand, J.-M. 1983a: *Textes administratifs des Salles 134 et 160 du Palais de Mari*, ARMT XXI, Paris.

Durand, J.-M. 1983b: "A propos des noms de parenté à Mari," *M.A.R.I.* 2, 215-217.

Durand, J.-M. 1983c: "Relectures d' ARMT VIII, II: ARMT VIII, 89 et le Travail du métal à Mari," *M.A.R.I.* 2, 123-139.

Durand, J.-M. 1984: "Trois études sur Mari," *M.A.R.I.* 3, 127-180.

Durand, J.-M., D. Soubeyran & P. Villard;1985: ARM XXIV, 1985.

Durand, J.-M. 1985b: "La situation historique des šakkanakku: nouvelle approche," *M.A.R.I.* 4, 147-172.

Durand, J.-M. 1987a: "Documents pour l' histoire du royaume de Haute-Mésopotamie, I," *M.A.R.I.* 5, 158-198.

Durand, J.-M. 1987b: "Villes fantomes de Syrie et autres lieux," *M.A.R.I.* 5, 199-234.

Durand, J.-M. 1997c: Documents épistlaires du palais de Mari, Tome 1, LAPO 16, Paris.

Durand, J.-M. 1987d: "Histoire du royaume de Haute-Mésopotamie, I," *M.A.R.I.* 5, 155-198.

Durand, J.-M. 1987e: "*rêš warḫim*," *N.A.B.U.*, No.73.

Durand, J.-M 1988a: *Archives épistolaires de Mari* I/1, ARM XXVI, Paris.

Durand, J.-M. 1998b: *Documents épistlaires du palais de Mari*, Tome 2, LAPO 17, Paris.

Durand, J.-M. 1990: La cité-état d' Imar à l' époque des rois de Mari," *M.A.R.I.* 6, 39-92.

Durand, J.-M 1991: "Précurseurs syriens aux protocoles Néo-Assyriens" in Charpin, D. et F. Joannès, *Marchants, diplomates et empreurs. Études sur la civilisation mésopotamienne offertes à Paul Garelli*, Paris, 13-71.

Durand, J.-M. 1993: "Le combat entre le Dieu de l' orange et la Mer en Mésopotamie," *M.A.R.I.* 7, 41-61.

Durand, J.-M. 1996: "Itūr-Mēr, dieu des serments," in *Jurer et maudire: pratiques politiques et usages juridiques du serment dans Ie Proche-Orient ancient*, ed. by S. Lafont, Paris, 57-69.

Durand, J.-M. 2000: *Les documents épistolaires du palais de Mari*, III LAPO 18, Paris.

Durand, J.-M. 2002: *Le Culte d'Addu d'Alep et l'affaire d'Alahtum*, FM VII, Paris.

Durand, J.-M. 2004: "Peuplement et sociétes à l' époque amorrite. (1) Les clans Bensim' alites," *Nomades et sédentaires dans le Proche-Orient ancient, Compte rendu de la XLVIe Rencontre Assyriologique Internationale* (Paris, 10-13 juillet 2000), ed. by Christophe Nicolle, Amurru 3, Paris, 111-197.

Durand, J.-M. 2008: "La religion amorrite en Syrie à l' époque des archives de Mari," *Mythologie et Religion des Sémites Occidentaux*, ed. by G. del Olmo Lete, OLA 162/1, Leuven, 161-716.

Dussaud, R. 1935: "Deux stéles de Ras Shamra portant une dédicace au Dieu Dagon," *Syria* 16, 177-180.

Ebeling, E., B. Meissner and E. F. Weidner 1926, *Altorientalische Bibliothek*, 1, Leipzig.

Ebeling, E. 1931: *Tod und Leben nach den Vorstellungen der Babylonien*, I, Berlin. und Leipzig.

Edzard, D. O. 1957: *"Zweite Zwischenzeit" babyloniens*, Wiesbaden.

Edzard, D. O. 1963: " ^mNingal-gāmil, ^fIštar-damqat. Die Genuskongruenz im akkadischen theophoren Personennamen," *ZA* NF 21, 117.

Edzard, D. O. 1965: "Mesopotamien. Die Mythologie der Sumerer und Akkader," in Haussig, H. W., *Wörterbuch der Mythologie*, Bd I., 17-139.

Edzard, D. O. 1967: "Pantheon und Kult in Mari," in *La Civilisation de Mari*, CRRA 15 ed. by Kupper, J.-R., 51-71.

Edzard, D. O. (eds.) 1993: *Mythen und Epen* I, TUAT III/3, Gütersloh, 495-506.

Edzard, D. O. 1995: "Martu (mardu) A. Gott," *RlA* VII 5-6, Berlin-New York, 433-438.

Edzard, D. O. 1997: *Gudea and his Dynasty*, RIME 3/1, Toronto.

Ellis, M. deJong 1987: "The Goddess Kititum Speaks to King Ibalpiel: Oracle Texts from Ishchali," *M.A.R.I.*. 5, 235-266.

Ellermeier, F. 1968: *Prophetie in Mari und Israel*, Herzberg.

Evans, G. 1963: "The incidence of labour -Service at Mari," *RA* 57, 67-78.

Falkenstein, A. 1954: Review of ARM I~III, *BiOr.* 11, 112-117.

Falkenstein, A. 1966: "«Wahrsagung» in der sumerischen Überlieferung," *CRRA* 14, 45-68.

Finet, A. 1954: Répertoire analytique des Tomes I à V, ARM XV, Paris, 165-281.

Finet, A. 1956: *L'Accadien des Lettres de Mari*, Académie Royale de Belgique, Classe des lettres et des sciences morales et politiques, Memoires, LI/1, Bruselles.

Finet, A. 1964: "Iawi-Ilâ, roi de Talḫayûm" *Syria* 41, 117-142.

Finet, A. 1966: "la place du devin dans la société de Mari," *La divination en Mésopotamie ancienne et dans les regions voisines*, CRRA 14, 87-93.

Finet, A. 1970: "Les symboles du cheveu, du bord du vétement et de l' ongle en Mésopotamie," A. Abel et al. (eds.) *Eschatologie et cosmologie*, Bruxelles, 102ff.:

Finet, A. 1982: "Les autorites locales dans le royaume de Mari," *Akkadica* 26, 1-16.

Finkelstein, J. J. 1966: "The Genealogy of the Hammurapi Dynasty," *JCS* 20, 95-118.

Finkelstein, J.J. et al. (eds.), 1967: *Oriental and Biblical Studies, Collected Writings of E. A. Speiser*, Philadelphia.

Finkelstein, J. J. 1969: "Collections of Laws from Mesopotamia and Asia Minor," *The Ancient Near East. Supplementary Texts and Pictures Relation to the Old Testament,* Princeton, 523-528.

Frankfurt, H. 1948: *Kingship and the Gods. A study of Ancient Near Eastern Religion as the Integration of Society and Nature*, Chicago and London.

Frayne, D. R. 1990: Old Babylonian Perhod (2003-1595 BC), *RIME* 4 (2003-1595 BC), Toronto-Buffalo-London.

Frayne, D. R. 1992: *The Early Dynastic List of Geographical Names*, AOS 74, New Haven.

Frayne, D. R. 1993: *Sargonic and Gutian Periods, (2334-2113 BC)*, R.I.M.E. 2, E2.1.1.11–12.

Frayne, D. R. 1997: *Ur III Perhod (2112-2004 BC)*, R.I.M.E. 3/2, Toronto-Buffalo-London.

Frayne, D.R. 2008: *Presargonic Perhod (2700-2350)*, R.I.M.E. 1, Toronto. Toronto-Buffalo-London.

Gadd, J. C. 1940 : " Tablets from Chagar Bazar and Tall Brak," *Iraq* 7, 22-61, Pls. I-V.

Gadd, J. C. 1971[3]: "Babylonia C. 2120-1800 BC," *Cambridge Ancient History*, 3rd ed., Cambridge, 595-643.

Gadd, J. C. 1973, *Cambridge Ancient History*, II/1, 1973[3], 417-463

Gelb, I. J. 1952: *Sargonic Texts from the Diyala Region*, MAD 1, Chicago.

Gelb, I. J. 1957a: "La Lingua degli Amorite," *Atti della Accademia nazionales dei lincei, Series* 8, Rendiconti classe de scienze morali, storiche e filologiche, Vol. 12.

Gelb, I. J. 1957b: *Glossary of Old Akkadian*, MAD 3, Chicago.

Gelb, I. J. 1961^2: *Old Akkadian Writing and Grammar*, MAD 2, Chicago.

Gelb, I. J. 1962: "The Earliest History of the West Semitic Peoples," *JCS* 15, 34–35.

Gelb, I. J. 1970, *Sargonic Texts in the Ashmolean Museum,* Oxford, MAD V, Chicago.

Gelb, I. J. 1980: *Computer-Aided Analysis of Amorite*, AS 21, Chicago.

Glaeseman, R.R. 1978: *The Practice of the King's Meal at Mari* (Unpublished Ph.D. Dessertation to the University of California, Los Angeles.

Glock, A.E. 1968: *Warfare in Mari and Early Israel,* Unpublished Ph.D. Dissertation, the University of Michigan.

Goetze, A. 1947, *Old Babylonian Omen Texts,* YOS X, New Haven.

Goetze, A. 1953, "An Old Babylonian Itinerary," *JCS* 7, 51–72.

Goetze, A. 1957a, "Reports on Extispicy from Old Babylonian and Kassite Times," *JCS* 11, 89ff.

Goetze, A. 1957b: "On the Chronology of the Second Millennium, B. C.," *JCS* 11, 63–73.

Grayson, A. K. 1987: *Assyrian Rulers of the Third and Second Millennia BC (to 1115 BC)*, R.I.M.A. 1, Toranto-Baffalo-London.

Gronenberg, B. (ed.) 1980: *Répertoire géographique des textes cunéifomes*, Bd. 3, Wiesbaden.

Gröndahl, F. 1967: *Die Personennamen der Textes aus Ugarit*, Rome.

Güterbock, H. G. 1965: "A Votive Sword with Old Assyrian Inscription," in *Studies in Honor of D. Landsberger on His Seventy-fifth Birthday, April 21, 1963*, AS 16, Chicago.

Guichard, M. 1995: "Confusions de signs," *NABU*, No. 81.

Guichard, M. 1997: "Le sel à Mari (III)," *FM* III, 167–200.

Hallo, W. W. 1957: *Early Mesopotamian Royal Titles*, AOS 43.

Hallo, W. W. 1964: "The Road to Emar," *JCS* 18, 57–88.

Hallo, W. W. and W. K. Simpson 1998, *The Ancient Near East. A History* (2nd ed.), Fort Worth.

Hallo, W. W. 2004, "Bookkeeping in the 21st Century, BCE," in Hudson, M. & C. Wunsch 2004: *Creating Economic Order. Record Keeping, Standardization, and the Development of Ac-*

counting in the Ancient Near East, International Scholars Conference on Ancient Near Eastern Economies, Vol. 4, Bethesda, 89–106.

Harrak, A. 1989: "Historical Statements in M.A. Archival Sources," *JAOS* 109, 207f.

Harris, R. 1964: "The *nadītu*-women," *Studies Presented to A. L. Oppenheim,* Chicago, 116–117.

Haussig, H.W. 1965: *Wörterbuch der Mythologie* I, Stuttgart.

Heimpel, W. 2003: *Letters to the King of Mari,* Mesopotamian Civilization 12, Winona Lake.

Heintz, J. G. 1969: "Oracles prophetique et 'guerre sainte' selon les archives royales de Mari et l' Ancien Testament," *VTS* 17, 112ff.

Held, M. 1968: "The Root ZBL/SBL in Akkadian, Ugaritic and Biblical Hebrew," *JAOS* 88, 93–94.

Hirsch, H. 1961: *Untersuchungn sur altassyrischen Religion,* AfO Beiheft 13/14, Graz.

Hirsch, H. 1963: "Die Inschrifen der Könige von Agade," *AfO* 20, 11–82.

Hudson, M. 2004: "The Role of Accounting in Civilizations' s Economic Takeoff," in Hudson, M. & C. Wunsch 2004: *Creating Economic Order. Record Keeping, Standardization, and the Development of Accounting in the Ancient Near East,* International Scholars Conference on Ancient Near Eastern Economies, Vol. 4, Bethesda, 1–22.

Huffmon, H. B. 1965: *Amorite Personal Names in the Mari Texts: A Structural and Lexical Study,* Baltimore.

Huffmon, H. B. 1968, "Prophecy in the Mari Letters," *BA* 31, 101ff.

Huffmon, H. B. 1971: "Yahweh and Mari," H. Goedicke (ed.), *Near Eastern Studhes in Honor of W. F. Albright,* Baltimore, 283–289.

Huffmon, H. B. 2000: "A Company of Prophets: Mari, Assyria, Israel," in M. Nissinen (ed.), *Prophecy in Its Ancient Near Eastern Context,* SBL Symoposium Series 13, Atlanta, 47–70.

Irons, W. 1971: "Variantion in Political Stratification among the Yomut Turkmen," *Anthropological Quartery* 44, 151.

Ishida, T. 1977: *The Royal Dynasthes in Ancient Israel,* Berlin-New York.

Jacobsen, Th. 1939: *The Sumerian Kinglist,* AS 11, Chicago.

Jacobsen, Th. 1953: "The Reign of Ibbi-Sin," *JCS* 7, 36ff.

Jacobsen, Th. 1970: *Toward the Image of Tammuz and Other Essays on Mesopotamian History and Culture*, Cambridge.

Jagher, R. Reto & Jean-Marie Le Tensorer 2011: "Il Kowm, a Key Area for the Palaeolithic of the Levant in Central Syria," in J.-M. Le Tensorer, R. Jagher & M. Otte (eds.), *The Lower and Middle Paleolithic in the Middle East and Neighbouring Regions*, Liege, ERAUL, 126, 197-208.

Joannès, F. 1988 "Lettres de Yasîm-El," ARM XXVI/2, 233-355

Joannès, F. 1991: "L' étain de l' Elam à Mari, " *Actes de la RAI 36*, MHE, Occational Publications 1. 67-75.

Joannès, F. 1996: "Routes et voies de comunication dans les archives de Mari," *Amurru* 1, Paris, 323-361.

Kienast, B. 1978: *Die altbabylonischen Briefe und Urkunden aus Kisurra*, FAOS 2/1, Wiesbaden.

King, L. W. 1896: *Babylonian Magic and Sourcery,* London.

Koch, K 1972: "Die Briefe 'prophetischen' Inhalts aus Mari. Bemerkungen zu Gattung und Sitz im Leben," *UF* 4, 53ff.

Kramer, S. N. 1963: *The Sumerians*, Chicago.

Kraus, F. R. 1949: "Nippur und Isin nach altbabylonischen Rechtsurkunden," *JCS* 3, 67-68.

Kraus, F. R. 1984: *Königliche Verfügungen in altbabylonischer Zeit,* Studia et Documenta XI, Leiden.

Kuhrt, A. 1996: *The Ancient Near East,* Routledge History of the Ancient World, Vol. 1, London.

Kupper, J.-R. 1947, "Un gouvernment provincial dans le royaume de Mari," *RA* 41, 149-183.

Kupper, J.-R. 1950a: "Le recensement dans les textes de Mari," in A. Parrot (ed.), *Studia Mariana*, Leiden, 99-110.

Kupper, J.-R. 1950b: *Correspondance de Kibri-Dagan*, ARM III, Paris.

Kupper, J.-R. 1957: *Les nomads en Mésopotamie au temps des rois de Mari*, Paris.

Kupper, J.-R. 1961: *L'iconographie du dieu Amurru dans la glyptique de la Ier dynastie babylonienne*, Brusselles.

Kupper, J.-R. 1964: "Correspondance de Kibri-Dagan," *Syria* 41, 105-116.

Kupper, J.-R. 1967: *La civilization de Mari,* CRRA 15.

Kupper, J.-R. 1973, *Cambridge Ancient History*, II/1, 1973^3, 1–41.

Kupper, J.-R. et al. 1979: *Répertoire Analytique, Tomes 1-XIV, XVIII et textes divers hors-collection,* ARM XVI/1, Paris, 1–42.

Kupper, J.-R. 1982a: "L' usage de l' argent à Mari," in G. van Driel et al. (eds.), *Zikir Šumim. Assyriological Studies Presented to F.R. Kraus on the Occasion of his Seventieth Birthday,* Leiden, 163–172.

Kupper, J.-R. 1982b: "Les pouvoirs locaux dans le royaume de Mari," in A. Finet (ed.), *Les pouvoirs locaux en Mésopotamie,* Bruxelles, 43–47.

Kupper, J.-R. 1983: *Documents administratifs de la salle 135 du palais de Mari,* ARM XXII/1–2, Paris.

Kupper, J.R. 1990: "Une lettre du géneŕal Yassi-Dagan," *M.A.R.I.* 6, 337–347.

Lacambre, D. 2002: "*Niggallum,* lecture akkadienne du mois ŠE.KIN.KU_5 dans le calendrier dit 'de Samsî-Addu' ", FM VI, Paris, 505–512.

Lafont, B. 1984a: Bardet, G., F. Joannès, B. Lafont, D. Soubeyran & P. Villard, *Archives administratives de Mari 1,* ARMT XXIII, Paris, 227–326.

Lafont, B. 1984b: "Le roi de Mari et les prophetès du dieu Adad," *RA* 78, 7–18

Lafont, B. 1985: "Les *ṣābum* du roi de Mari au temps de Yasmah-Addu," in J.-M. Kupper (eds.), *Miscellanea Babylonica, Mélanges offerts à Maurice Birot,* Paris, 161–179.

Lafont, B. 2001: "Relations internationals, alliances et deplomatie au temps des royaumes amorrites--Essai de synthèse," in J.-M. Durand et D. Charpin (eds), *Amurru* 2 (Actes du colloque international, Paris, mai 1993), 213–328.

Lambert, M. 1970: "Textes de Mari dix-huitième campagne-1969," *Syria* 47, 245–60.

Lambert, W. G. 1960: *Babylonian Wisdom Literature,* Oxford.

Lambert, W. G. and A. R. Millard, 1969: *Atra-hasīs: the Babylonian Story of the Flood,* Oxford.

Lambert, W. G. 1971: "Götterlisten," *Reallexikon der Assyriologie,* 3rd ed., 1957–1971, 473–479.

Lambert, W. G. 1985: "The Pantheon of Mari," Durand, J.-M. et J.-Cl. Margueron (eds.), *M.A.R.I.* 4, 1985, 525–539.

Landsberger, B. 1954: "Assyrische Königsliste und 'dunkles Zeitalter," *JCS* 8, 106–133.

Landsberger, B. 1955: "Remarks on the Archives of the Soldier Ubarum," *JCS* 9, 121–131.

Landsberger, B. – Tadmor, H. 1964: "Fragments of Clay Liver Models from Hazor," *IEJ* 14, 201ff.

Larsen, M.T. 1974: "Unusual Eponymy-datings from Mari and Assyria," *RA* 68, 15–24.

Larsen, M.T. 1976: *The Old Assyrian City-State and its Colonies*, Coppenhagen, 230–235.

Lebeau, M. et Talon, Ph. 1989: *Reflets des deux fleuves. Volume de mélanges offerts à A. Finet, Akkadica*, Supplementum VI, Leuven.

Lebeau, M. 2000: "Les voies de communication en Houte Mésopotamie au IIIe millénaire avant notre ère," in O. Rouault et M. Wáfler (eds.), *La Djéjire et l'Euphrates syriens*, Subartu 7, Broples, 158.

Leemans, W. F. 1960: *Foreign Trade in the Old Babylonian Period*, Leiden.

Le Tensorer, J.-M 2011: "El Kowm, a key area for the Paleolithic of the Levant in Central Syria," in Le Tensorer, J.-M. et al. *The Lower and the Middle Lithic Neighboring Regions, Basel Symposium* (2008), Liege, 197–208.

Leick, G. 1991: *A Dictionary of Ancient Near Eastern Mythology*, London & New York.

Limet, H. 1986: *Textes administratifs relatifs aux métaux*, ARMT XXV, Paris.

Limet, H. 1968: L' anthroponymie sumérienne dans les documents de la 3e dynastie d' Ur, Paris.

Lods, A- Dossin, G. 1950: "Une tablette inédite de Mari, intéressante pour l' hisoire ancienne du pophétisme sémitique," in H. H. Rowley (ed.), *Studies in Old Testament Prophecy Presented to Professor T. H. Robinson by the Society for Old Testament Study on his Sixty-fifth Birthday August 9th, 1946*, Edingburg, 103–106.

Loretz, O. 1969: *Texte aus Chagar Bazar und Tell Brak*, AOAT 3/1, Neukirchen- Vluyn.

Luke, J.T. 1965: *Pastoralism and Politics in the Mari Period: A Re-examination of the Character and Political Significance of the Major West Semitic Tribal Groups and the Middle Euphrates, ca 1828–1758* (Unpublished Ph.D. Dissertation, The University of Michigan.

Malamat, A. 1989: *Mari and the Early Israelite Experience, The Schweich Lecture*, Oxford.

Malamat, A. 1971: "Mari," *BA* 34, 2–22.

Margueron, J.-C. 2004: *Mari Métropole de l'Euphrate*, Paris.

Margueron, J.-C. 2014: *Capital of Northen Mesopotamia in the Third Millennium: The Archaeology of Tell Hariri on the Euphrates*, Oxford-Philadelphia.

Marzal, A. 1971: "The Provincial Governor at Mari, his Title and Appointment," *JNES* 30, 190ff.

Meissner, B. 1926: "Šamši-Adad, I," *Altorientalische Bibliothek*, 1, Leipzig.

Messerschmidt, L. et al. 2018: *Keilschrifttexte aus Assur historischen Inhalts*, Pennsylvania.

Michalowski, P. 2011: The Correspondence of the Kings of Ur, Winona Lake.

Moorey, P. R. S. 1994: *Ancient Mesopotamian Materials and Industries*, Oxford.

Moran, W. L. 1969a: *The Ancient Near East. Supplementry Texts and Pictures Relating to the Old Testament*, ed. by J. B. Pritchard, Princeton, 623–632.

Moran, W. L. 1969b: "New Evidence from Mari on the History of Prophecy," *Biblica* 50, 15–56.

Moran, W. L. 1981: "*duppuru* (*dubburu*)-*tuppuru*, too?" *JCS* 33, 44–47.

Moran, W. L. 1987: *Les lettres d'El Amarna*, LAPO, Paris

Moran, W. L. 1992: *The Amarna Letterrs*, Baltimore -London.

Nakata, I. 1995: "A Study of Women' s Personal Names in the Old Babylonian Texts from Mari," *Orient* XXX-XXXI, 1995, 234–253.

Nakata, I. 1973: "Annu in the Mari Texts: a God or Goddess?", *JANES* V/1–2, 299–307.

Nakata, I. 1974: *Deities in the Mari Texts*, unpublished Ph.D. Dissertation, Columbia University.

Nakata, I. 1975, "A Mari Note: IKRUB-EL and Related Matters," *Orient* XI, 15–24.

Nakata, I. 1982: "Two Remarks on the So-called Prophetic Texts from Mari," *ASJ* 4, 143–148.

Nakata, I. 1989: "A Further Look at the Institution of *sugāgūtum* in Mari," *JANES* 19, 113–118.

Nakata, I. 1991: "On the Official Pantheon of the Old Babylonian City of Mari as Reflected in the records of Issuance of Sacrificial Animals," *ASJ* 13, 1991, 256–258.

Nakata, I. 1993: "Popular Concerns Reflected in Old Babylonian Mari Theophoric Personal Names," in E. Matsuhima (ed.), *Official Cult and Popular Religion in the Ancient Near East*, Heidelberg, 114–125.

Nakata, I. 2010: "Nomads and Farmers in the Orbit of the Mari Kingdom in the 18th Century (B.C.E.) Syria. A Few Observations on *merhum*-officials and their Roles," *Al-Rafidan* (Special Issue), 231–238.

Nakata, I. 2016:a "Economic Activities of *nadītum*-women of Šamaš Reflected in the Field Sale Contracts (MHET II/1-6)," in Lion, B. & C. Michel (eds.), *The Role of Women in Work and Society in the Ancient Near East*, Studies in Ancient Near Eastern Records, Vol. 13, Boston-Berlin, 2016, 255-269.

Nakata, I. 2019: "Reports of Prophecy from Mari: A Revisit," *Prince of the Orient. Ancient Near Eastern Studies in Memory of H.I.H. Prince Takahito Mikasa*, Orient, Supplement I, 168-171.

Nissinen, M. 1998: *References to Prophecy in Neo-Assyrian Sources*, State Archives of Assyria, Studies VII, Helsinki.

Nissinen, M. 2000a: *Prophecy in its Ancient Near Eastern Context. Mesopotamian, Biblical, and Arabian Perspectives*, SBL Symposium 13, Atlanta.

Nissinen 2000b: "Spoken, Written, Quoted, and Invented: Orality and Writtenness in Ancient Near Eastern Prophecy," in Ben Zvi, Ehud and M. H. Floyd (eds.), *Writings and Speech in Israelite and Ancient Near Eastern Prophecy*, SBL Symposium 10, Atlanta, 235-271.

Nissinen, M. 2003: *Prophets and Prophecy in the Ancient Near East*, SBL Writings from the Ancient World, 12, Atlanta.

Noort, E. 1977: *Untersuchungen zum Gottesbescheid in Mari*, AOAT 202, Neukirchen-Fluyn.

Nougayrol, J. 1966: "La divination babylonienne," *La divination en Mésopoamie ancienne et dans les régions voisines*, CRRA 14, 5-19.

Nougayrol, J. 1968, Ugaritica V, Text 18, 42-62.

Nougayrol, J. 1969: "Rapports Paléobabyloniens d' haruspices," *JCS* 21, 219-235.

Noth, M. 1953: "Mari und Israel," *Geschichte und Altes Testament* (A. Alt zum siebzigtsten Geburtstag), *Beiträge zur historischen Theologie* 16.

Oppenheim, A. L. 1952: "The Archives of the Palace of Mari. A Review Article," *JNES* 11, 1952, 129-139.

Oppenheim, A L. 1954; "The Archives of the Place of Mari II: a Review Article," *JNES* 13, 141-148.

Oppenheim, A. L. 1956: The Interpretation of Dreams in the Ancient Near East with a Translation of an Assyrian Dream-Book, *Transactions of the American Philosophical Sociery*, NS 46/3,

Philadelphia.

Oppenheim, A. L. 1967: *Letters from Mesopotamia*, Chicago.

Oppenheim, A. L. 1964 and 1977^2: *Ancient Mesopotamia, Portrait of a Dead Civilization*, Chicago (2nd ed.)

Paffrath, P. T. 1913: *Zur Götterlehre in den altbabylonischen Königsinschriften*, Studien zur Geschichte und Kultur des Altertums, VI, 5/6, Paderhorn.

Parpola, S. 1997: *Assyrian Prophecies*, State Archives of Assyria IX, Helsinki.

Parrot, A. (ed.) 1950: *Studia Mariana*, Leiden.

Pedersén, O. 1998: *Archives and Libraries in the Ancient Near East 1500–300 B.C.*, Bethesda.

Podany, A. 2002: *The Land of Hana*, Bethesda.

Pope, M. 1955: *El in the Ugaritic Texts*, Leiden.

Pope, M.-W. Röllig 1965: "Die Mythologie der Ugariter und Phönizier" in *Wörterbuch der Mythologie,* I, ed. by H. W. Haussig, Stuttgart, 217–312.

Postgate, J. N. 1984: "The historical geography of the Hamrin basin," *Sumer* 40, 149–59. これは . *Sumer* 35 (1979) 151 頁以下で出版された論文の改訂版である。)

Ranke, H. 1905: *Early Babylonian Personal Names,* BE Res. 3.

Reiner, E. 1956: *Šurpu, A Collection of Sumerian and Akkadian Incantations*, *AfO* Beiheft, 11, Graz.

Renger, J. 1966: "Untersuchungen zum Priestertum in der altbabyonischen Zeit," *ZA* 58, 110–148.

Renger, J. 1969: "Untrsuchungen zum Priestertum der altbabylonichen Zeit: 2 Teil," *ZA* 59, 104–230.

Roberts, J. J.M. 1971, "Erra --Scorched Earth," *JCS* 24, 11–16.

Roberts, J. J.M. 1972: *The Earliest Semitic Pantheon*, Baltimore and London.

Römer, W. H. Ph. 1971: *Frauenbriefe über Religion, Politik, und Privatleben in Mari,* AOAT 12, Neukirchen-Vluyn.

Römer, W. H. Ph. 1993: "Die Heirat des Mardu" in W. H. Ph. Römer and D. O. Edzard (eds.), *Mythen und Epen* I, TUAT III/3, Gütersloh, 495–506.

Ross, J. F. 1970: "Prophecy in Hamath, Israel, and Mari," *HThR* 63, 1–28.

Rouault, O. 1977: Mukannišum. L' administration et l' économie palatiales à Mari, ARM XVIII, Paris.

Rouault, O. 1984: *Terqa Final Report,* No. 1, BM 16, Malibu.

Roux, G. 1980: *Ancient Iraq* (2nd edition), London.

Rutten, M. 1938: "Trente-deux modèles de foies en argile inscrits provenant de Tell-Hariri (Mari)," *RA* 35, 36ff.+Pls. 18.

Salonen, E. 1968: "Zum altbabylonischen Kriegswesen," *BiOr* 25, 160–162.

Sasson, J.M. 1969: *The Military Establishments at Mari,* Studia Pohl 1, Rome.

Sasson, J.M. 1972a: "Some Comments on Archive Keeping at Mari," *Iraq* 34, 55–67.

Sasson, J.M. 1972b: "Notes on Some Personal Names from Mari" *RA* 66, 179–180.

Sasson, J.M. 1973: "Biographical Notices on Some Royal Ladies from Mari," *JCS* 25, 59–78.

Sasson, J.M. 1977: "Treatment of Criminals at Mari. A Survey," *JESHO* 20, 90–113.

Sasson, J.M. 1985: "' Year: Zimri-Lim Offered a Great Throne to Shamash of Malanum' -- An Overview of One Year in Mari, Part I: The Presence of the King," *M.A.R.I.* 4, 444–452.

Sasson, J. M. 1994: "The Posting of Letters with Divine Messages," *FM* II, 299–316, Paris.

Sasson, J. M. 2015a: *From the Mari Archives. An Anthology of Old Babylonian Letters,* Winona Lake.

Sasson, J. M. 2015b: "Siege Mentality: Fighting at the City Gate in the Mari Archives," S. Yona et al. (eds.), *Marbeh Ḥokmah. Studies in the Bible and the Ancient Near East in Loving Memory of V. A. Hurowitz,* Winona Lake, 465–478 and 473.

Schneider, N. 1939, "Die Götternamen von Ur III," *AnOr* 19, 16–17.

Sollberger, E. 1956a: *Corpus des inscriptions "royales" présargoniques de Lagaš*, Genèva, Urn. 24 III 3-6.

Sollberger, E. 1956b: "Selected Texts from American Collections," *JCS* 10, 11–31.

Sollberger, E. 1966: *The Business and Adminisrative Correspondance under the Kings of Ur*, TCS 1, Locusts Valley.

Sollberger, E. - J.-R. Kupper 1971: *Inscriptions royales sumeriennes et akkadiennes*, Paris. Paris.

Sollberger, E. 1976: "Ibbi-Suen" in *RlA* 5/1–1, 1–8.

Soubeyran, D. 1984: Bardet, G., F. Joannès, B. Lafont, D. Soubeyran et P. Villard, *Archives Administratives de Mari* 1, ARM XXIII, Paris, 327-452.

Speiser, E. A. 1958: "Census and Ritual Expiation in Mari and Israel," *BASOR* 149, 17-25.

Speiser, E. A. 1967: Finkelstein, J. J. et al. (eds.), *Oriental and Biblical Studies, Collected Writings of E. A. Speiser*, Philadelphia, 1967.

Stamm, J. J. 1939: *Die akkadische Namengebung*, MVAG 44, Leipzig.

Steinkeller, P. 1982: "The Mesopotamian God Kakka," *JNES* 41, 289-294.

Steinkeller, P. 2004: "The functon of Written Documentation in the Administrative Praxis of Early Babylonia," in Hudson, M. & C. Wunsch (eds.), *Creating Economic Order. Record Keeping, Standardization, and the Development of Accounting in the Ancient Near East,* International Scholars Conference on Ancient Near Eastern Economies, Vol. 4, Bethesda, 65-88.

Stol, M. 1976: *Studies in Old Babylonian History*, Leiden.

Streck, M. P. 1999: "Hammurabi oder Hammurapi?" *ArOr* 67, 1999, 655-669.

Talon, Ph. 1979: "La taxe «sugāgūtum» à Mari," *RA* 73, 143-151.

Talon, Ph. 1982: "La "*sugāgūtum*" à Mari: un pouvoir local récupéré," in A. Finet (ed.), *Les pouvoirs locaux en Mésopotamie et dans les régions adjacentes*, Bruxelles, 54-68.

Talon, Ph. 1985a: *Textes administratifs des salles Y et Z du palais de Mari,* ARM XXIV/1-2, Paris.

Talon, Ph. 1985b: "Quelques réflexions sur les clans Hanéens," J.-M. Durand et J.-R. Kupper (eds.), *Mescellanea Babylonica, Mélanges offerts à Maurice Birot,* Paris, 277-284.

Talon, Ph. 1986: "Les nomades et le royaume de Mari," *Akkadica* 48, 1-9.

Thureau-Dangin, F. 1907: *Sumerischen und akkadischen Königsinschriften,* Leipzig.

Thureau-Dangin, F. 1933: "Iahdunlim, roi de Ḫana," *RA* 33, 49-54.

Tigay, J. H. 1982: *The Evolution of the Gilgamesh Epic*, Philadelphia.

Tsukimoto, A. 1980: *Untersuchungen zur Totenflege (kispu[m]) im alten Mesopotamien,* Doctoral Dissertation, University of Tübingen.

van der Mieroop, M. 1987: *Craft in the Early Isin Period*, Leuven, 1987.

van der Mieroop, M. 2004: "Accounting in Early Mesopotamia: Some Remarks," in Hudson, M. & C. Wunsch (eds.), *Creating Economic Order. Record Keeping, Standardization, and the De-*

velopment of Accounting in the Ancient Near East, International Scholars Conference on Ancient Near Eastern Economies, Vol. 4, Bethesda, 47–64.

van der Toorn, K. 2000: "From the Oral to the Written: The Case of Old Babylonian Prophecy," in Ben Zvi, E. and M. H. Floyd (eds.), *Writings and Speech in Israelite and Ancient Near Eastern Prophecy*, SBL Symposium 10, Atlanta, 219–234.

Veenhof, K.R. 1985: "Eponyms and Mari Chronology," *M.A.R.I.* 4, 210–212.

Villard, P. 1984: Chapitre V of G. Bardet, F. Joannès, B. Lafont, D. Soubeyran et P. Villard, *Archives administratives de Mari* I, ARM XXIII, Paris, 435–585.

Villard, P. 1986: "Une roi de Mari à Ugarit," *UF* 18, 397–412.

Villard, P. 1994: "Nomination d'un Scheich" in D. Charpin et J.-M. Durand (eds.), *Recueil d'études à mémoire de Maurice Birot*, FM II, Paris, 291–297.

von Soden, W. 1950: "Verkündigung des Gotteswillens der prophetisches Wort in den altbabyonischen Briefe aus Mari," *Die Welt des Orients,* 1/5, 399.

von Soden, W. 1980: Review of ARM X, *Or*NS 49, 208–212

Wäffler, M. Warburton, D. et al. 1990: *Tall al-Hamidiya, Vorbericht 1985–1987-Symposion Recent Excavation in Upper Khabur Region*, Bern, December 1986.

Weidner, E. 1945/51: "Bemerkungen zur Königliste aus Chorsabad," *AfO* 15, 85–102.

Weiss, H. 1985: "Tell Leilan and Šubat Enlil," *M.A.R.I.* 4, 269–284.

Whiting, J., R. M. 1987: *Old Babylonian Letters from Tell Asmar*, AS 22.

Wilcke, C. 1969: "Drei Phasen des Niedergangs des Reiches von Ur III," *ZA* 60, 85–102.

Wirth, E. 1971: S*yrien. Eine geographische Landeskunde*, Wissenshaftliche Länderkunden, Band 4/5.

Wiseman, D. J. 1953: *The Alalakh Tablets*, London.

Wohl, H. 1971: "The Problem of the *muḫḫû*," *JANES* 3, 112–18.

Yamada, Sh. 2008: "A Preliminary Report on the Old Babylonian Texts from the Excavation of Tell Taban in the 2005 and 2006 Seasons: The Middle Euphrates and Habur Areas in the Post-Hammurabi Period," *Al-Rafidan*, XXIX, 58

Yamada, Sh. 2011: "A *pudûm* Rotation List from Tell Taban and the Cultural Milieu of Tabatum in the Post-Hammurabi Period," " *RA* 105, 137-156.

Young, D.W.-V. H. Matthews 1977, "On the 'raison d' être' of the *sugāgu* in Mari, *Or*NS 46, 122-126.

Ziegler, N. 2001: "Amorrite" in Joannès (ed.), *Dictionnaire de la civilization Mésopotamienne*, Paris, 40-42.

Zimmern, E. 1901: *Beiträge zur Kenntnis der babylonischen Religion*, II, Ritualtafeln für den Wahrsager, Beschwörer und Sänger, Leipzig.

大村正子　2004：「アジェムホユック」，日本オリエント学会編『古代オリエント事典』（岩波書店），290。

大西庸之　2007：「マリ文書における ha-na の解釈をめぐって」『オリエント』50／1, 1-19.

川崎康司　2004：「リンム」（日本オリエント学会編『古代オリエント事典』，岩波書店，807 頁

月本昭男　1996：『ギルガメシュ叙事詩』岩波書店。

月本昭男　2010：「古代メソポタミアの預言と預言文書」『古代メソポタミアの神話と儀礼』岩波書店，259-288

中田一郎　1975:「マリ文書に現われる神ダガンについて」『ユダヤ・イスラエル研究』7 号 1-11.

中田一郎　1981：「所謂マリ『預言文書』についての一考察」『史観』（早稲田大学史学会）第 104 冊，18-31.

中田一郎　1982：「マリ文書に見られる預言，夢・幻およびイゲルムについて」中央大学文学部史学科『紀要』27 号，1-65.

中田一郎　1985a：「*ṣīt-šamsi - erēb šamši* についての一試論」『オリエント学論集三笠宮殿下古稀記念』（小学館），247-251.

中田一郎　1985b：「アスクドゥムとマリ王国行政の一側面」中央大学文学部史学科『紀要』30 号，1-18.

中田一郎　1987：「マリ王国地方行政の一側面について―スガーグム制度を中心に―」『紀要』（中央大学文学部史学科）第 32 号，1-33.

中田一郎　1990a：「マリ文書に見られる *tēbibtum* について」中央大学文学部史学科『紀要』35 号，1-70.

中田一郎　1990b：「古バビロニア時代マリの家畜支出記録に見られるマリの公的パンテオンについて」『日本オリエント学会創立 35 周年記念オリエント学論集』（刀水書房），379-395.

中田一郎　1996：「マリ預言再論―新預言文書を中心に―」中央大学文学部史学科『紀要』41 号，1-63.

中田一郎　1999：「ディヤラ地域研究のための覚え書き」中央大学文学部史学科『紀要』44，43-94.

中田一郎　2001[2]：『ハンムラビ「法典」』（第 2 版）リトン .

中田一郎　2006a：「メソポタミア北部とディヤラ地域―キティートゥム預言文書を中心に―」中央大学文学部史学科『紀要』51，1-24.

中田一郎　2006b：「アムル（アモリ）人のバビロニア移住」『オリエンテ』（古代オリエント博物館情報誌）No. 33, 4-13.

中田一郎　2007：『ソポタミア文明入門』（岩波ジュニア新書）岩波書店.

中田一郎　2009：「マリ出土のヤミン人捕虜解放記録―シリア・メソポタミア世界における文化接触の観点から―」，前川和也編『シリア・メソポタミア世界の文化接触：民族・文化・言語』（文部科学省科学研究費補助金による平成 20 年度研究集会報告書）（2009 年 2 月），68-85.

中田一郎　2010a：「ジムリ・リム治下のマリ王国の遊牧民支配――放牧地の長メルフム役人の役割を中心に――」中央大学人文科学研究所『人文研紀要』 68 号，387-412.

中田一郎　2010b：「マリ出土の預言報告書に見られる預言と預言者」『旧約学研究』第 7 巻，69-91.

中田一郎　2014：『ハンムラビ王　法典の制定者』（世界史リブレット「人」シリーズ，山川出版社 .

中田一郎　2020：「ユーフラテス川中流の氾濫原に建設された古代都市マリ――発掘調査からわかる都市マリの景観と歴史――」山田重郎編『都市文明の本質。古代西アジアにおける都市の発生と変容の学際研究』(2018-2022 年度文部科学省科学研究費補助金　新学術領域研究　研究成果報告 2019 年度), 73-85 頁.

中田一郎　2022:「古代都市国家マリにおける王権交代と王国役人――バンヌムとアスクドゥムの場合――」山田重郎編『都市文明の本質』(科研費新学術領域研究, 研究成果報告 2021 年度), 61-70.

藤本啓助　1992:「マリの織物工房組織について」『オリエント』35-1, 48-70.

前田徹　2004:「年名」日本オリエント学会編『古代オリエント事典』, 岩波書店, 661-662.

三宅裕　1999:「The Walking Account: 歩く預金口座―日アジアにおける家畜と乳製品の開発」常木晃編『食料生産社会の考古学』朝倉書店, 1999 年, 50-71.

固有名詞索引

事項索引

資料(テキスト)索引

固有名詞索引

原語のみで表記されている固有名詞はここに含まれていない

ア 行

カ　行

サ　行

タ行

ナ　行

ハ　行

マ　行

ヤ　行

ラ　行

事項索引

原語で表記されている事項はここに含まれていない。

あ　行

か　行

さ　行

た　行

な　行

は　行

ま　行

や　行

ら　行

わ　行

資料(テキスト)索引

この資料（テキスト）索引には17章および18章で言及されている人名の出典を示す資料は含まれていない。

著者紹介

中田一郎（なかた・いちろう）

1937 年	和歌山県田辺市に生まれる
1959－1963 年	早稲田大学第一文学部（西洋史学専攻）（卒業）
1963－1964 年	早稲田大学文科系大学院修士課程（中退）
1964－1966 年	ヒブルー・ユニオン・カレッジ 大学院（中退）
1966－1974 年	コロンビア大学大学院（1974 年 Ph.D. 取得）
1977－1983 年	中央大学文学部助教授
1983－2007 年	中央大学文学部教授
2007－現在	中央大学名誉教授
2010－2016 年	（公財）古代オリエント博物館館長

［主な著訳書］
『ハンムラビ「法典」』リトン，1999 年
『メソポタミア文明入門』岩波書店，2007 年
『ハンムラビ王―法典の制定者』山川出版社，2014 年

バビロンに滅ぼされた悲運の王国
古代マリ王国の政治と宗教
中央大学学術図書（106）

2024 年 10 月 15 日　初版第 1 刷発行

著　者　中　田　一　郎
発行者　松　本　雄一郎

発行所　中　央　大　学　出　版　部
郵便番号 192－0393
東京都八王子市東中野 742－1
電話 042(674)2351　FAX 042(674)2354

印刷　藤原印刷㈱
ISBN978－4－8057－4152－8
本書の出版は，中央大学学術図書出版助成規定による。

本書の出版は，中央大学学術図書出版助成規定による。